भारतीय एवं पाश्चात्य काव्य-सिद्धान्त

भारतीय एवं पाश्चात्य काव्य-सिद्धान्त

डॉ. गणपतिचन्द्र गुप्त

डी. लिट्.

भू.पू. कुलपति, हिमाचल प्रदेश-विश्वविद्यालय एवं कुरुक्षेत्र-विश्वविद्यालय, आचार्य एवं निदेशक, क.मुं. हिन्दी तथा भाषाविज्ञान विद्यापीठ, आगरा विश्वविद्यालय, आगरा

लोकभारती प्रकाशन

लोकभारती प्रकाशन
पहली मंजिल, दरबारी बिल्डिंग, महात्मा गाँधी मार्ग
प्रयागराज-211 001

वेबसाइट : www.lokbhartiprakashan.com
ईमेल : info@lokbhartiprakashan.com

शाखाएँ : 1-बी, नेताजी सुभाष मार्ग, दरियागंज
नयी दिल्ली-110 002
अशोक राजपथ, साइंस कॉलेज के सामने
पटना-800 006 (बिहार)
1, अनमोल सोराबजी संतुक लेन
मरीन लाइंस, मुम्बई-400002

प्रथम संशोधित संस्करण : 2009
छठवाँ संस्करण : 2026

सुपर माधव ग्राफिक्स
प्रयागराज द्वारा मुद्रित

BHARTIYA EVAM PASHCHATYA
KAVYA SIDHANT
by Dr. Ganpati Chandra Gupta

ISBN : 978-81-8031-112-3

मूल्य : ₹ 750

प्रबुद्ध पाठकों से निवेदन

प्रस्तुत कृति में भारतीय एवं पाश्चात्य काव्य सिद्धान्तों से सम्बन्धित मेरे मौलिक निबन्ध संकलित हैं। मैंने चेष्टा की है कि इसमें सभी प्रमुख सिद्धान्तों का प्रतिनिधित्व हो जाय, इसी दृष्टि से प्रस्तुत संस्करण में पाँच नये निबन्ध और जोड़ दिये गये हैं। इसके प्रथम संस्करण को पाठकों ने जिस प्रेम एवं उत्साह से अपनाया, वह मेरे लिए सुखद अनुभूति है, किन्तु, दुर्भाय से इसके साथ एक कटु स्थिति भी जुड़ी हुई है–वह यह कि हिन्दी के कुछ दिग्गजों का विचार है कि जो पुस्तक या कृति सामान्य पाठकों में जितनी अधिक प्रचलित होती है उतना ही उसका स्तर नीचा होता है। किसी पुस्तक का सामान्य पाठकों या विद्यार्थियों के लिए उपयोगी सिद्ध होना–आजकल गुण के स्थान पर दोष माना जाने लगा है। अतः इस सम्बन्ध में मैं अपने कुछ विचार प्रस्तुत करना आवश्यक समझता हूँ।

यदि कोई पुस्तक ऐसी है जिसमें कृतिकार या लेखक की कोई मौलिकता नहीं है और न ही उसकी शैली में कोई वैशिष्ट्य है–केवल स्तरीय पुस्तकों के विचारों का सुगम या सुबोध शैली में विद्यार्थियों के लिए प्रस्तुत कर दिया गया है तो उस स्थिति में हम ऐसी कृति को शुद्ध छात्रोपयोगी मानकर साहित्यिक दृष्टि से विशेष महत्त्व प्रदान नहीं कर सकते। किन्तु जहाँ लेखक ने प्रतिपाद्य विषय-वस्तु का सर्वांगीण विवेचन-विश्लेषण करते हुए निजी तर्कों एवं युक्तियों का आश्रय लिया हो और अन्त में अपना कोई नया मत या निष्कर्ष प्रस्तुत किया हो तो वहाँ निश्चय ही ऐसी कृति की नूतन योगदान के रूप में स्वीकार करना होगा।

प्रस्तुत पुस्तक के सम्बन्ध में भी मैं विनम्रतापूर्वक यह कहना चाहूँगा कि मैंने जिन सिद्धान्तों की विवेचना इसमें की है, उन्हें पहले स्वयं जहाँ तक सम्भव हुआ आधारभूत ग्रन्थों के आधार पर समझा है, आत्मसात् किया है–और फिर उन्हें निजी दृष्टिकोण से परखते हुए अपनी विशिष्ट शैली में प्रस्तुत किया है। इसीलिए अनेक परम्परागत सिद्धान्तों के परीक्षण में जिन तर्कों या युक्तियों का आश्रय ग्रहण किया गया है वे मेरे अपन`चिन्तन पर आधारित हैं। साथ ही प्रत्येक सिान्त के सम्बन्ध में जो भी निष्कर्ष दिया गया है वह सर्वथा मौलिक है–यह दूसरी बात हे कि वह कुछ अन्य विद्वानों के निष्कर्षों से मेल खाता हो। जब दो लेखक तटस्थ दृष्टि से किसी भी विचार या सिद्धान्त का विवेचन-विश्लेषण करते हैं तो सम्भव है कि उनके निष्कर्षों में भी समानता आ जाये, भले ही दोनों एक-दूसरे के मतों से परिचित हों या न हों।

परम्परागत सिद्धान्तों के अतिरिक्त कुछ सिद्धान्त ऐसे भी हैं जिनकी स्थापना ही सर्वथा मौलिक रूप में मेरे अन्य ग्रन्थों में हुई है; यथा–'साहित्य की आत्मा : आकर्षण शक्ति' (मेरे शोध प्रबन्ध–'साहित्य-विज्ञान' में), साहित्य की विकास-प्रक्रिया का सिद्धान्त' (मेरे 'हिन्दी साहित्य का वैज्ञानिक इतिहास' में), 'बौद्धिक रस : एक नूतन स्थापना', (मेरे 'रस-सिद्धान्त का पुनर्विवेचन' में) 'रस-सिद्धान्त' की आधुनिक दृष्टि से नयी व्याख्या' (रस-सिद्धान्त सम्बन्धी निबन्ध में) आदि। ये सिद्धान्त न केवल हिन्दी काव्य-शास्त्र के लिए अपितु विश्व की सार्वभौम समीक्षा के लिए भी

सर्वथा नूतन हैं। मेरा विश्वास है कि सुधी पाठक इन पर गम्भीरता से विचार करके इन्हें हृदयंगम करने की चेष्टा करेंगे। इन निबन्धों का और अधिक व्यापक रूप में अध्ययन करने के लिए इनके आधारभूत ग्रन्थों का अध्ययन अपेक्षित है।

हाँ, दुर्भाग्य से एक दोष न केवल मेरी इस कृति में अपितु प्रायः सभी कृतियों में विद्यमान है, वह यह कि कठिन से कठिन बात को भी अतयन्त सरल ढंग से प्रस्तुत करना। इसी दोष के कारण मेरी कृतियों को विद्वत्तापूर्ण मानने में मेरे कई मित्रों को संकोच हो तो स्वाभाविक है क्योंकि आजकल विद्वत्ता की कसौटी यह है कि साधारण से साधारण बात को भी ऐसी उलझी हुई भाषा एवं आडम्बरपूर्ण शब्दावली में प्रस्तुत किया जाय कि जिसे पढ़कर पाठक चौंक जाये तथा बार-बार पढ़ने पर भी प्रतिपाद्य तत्त्व उसके पल्ले न पड़े और उस स्थिति में उसे विवश होकर यह स्वीकार करना पड़े कि—सचमुच लेखक बहुत उच्च स्तर का है, उसका विषय बहुत गम्भीर है जिसे समझना उसकी शक्ति से बाहर है!

वस्तुतः ऐसी ही कृतियों के रचयिताओं को ही आज विद्वानों की श्रेणी में प्रतिष्ठित किया जाता है, उनकी रचनाओं को उच्च-स्तरीय घोषित किया जाता है तथा उनके विचारों को आधुनिक अति आधुनिक बताया जाता है—यह दूसरी बात है कि तथाकथित 'आधुनिक विचारों' में से अधिकांश पाश्चात्य विचारों के अधूरे अध्ययन एवं अस्पष्ट बोध पर आधारित हों।

पर इसके लिए केवल साहित्यकारों को ही क्यों दोष दिया जाये? आज राष्ट एवं समाज के सभी पक्षों पर, चाहे वह राजनीति हो, समाज-सेवा हो या लोकनीति हो सर्वत्र ही आडम्बर की पूजा एवं सदाचरण की उपेक्षा हो रही है, अतः साहित्य के क्षेत्र में भी इसी स्थिति का प्रतिबिम्ब परिलक्षित हो तो स्वाभाविक है।

अस्तु, भले ही उपर्युक्त दोष के कारण प्रस्तुत कृति विद्वानों की प्रशंसा प्राप्त करने से वंचित रहे, किन्तु मेरे लिए अपने सामान्य पाठकों एवं विद्यार्थियों की संतुष्टि ही पर्याप्त है। अन्ततः एक दिन आज के विद्यार्थियों में से ही कल के महान आचार्यों का आविर्भाव होगा जो निश्चय ही साहित्य एवं साहित्यलोचन का छद्म आधुनिकतावाद, अस्पष्ट एवं उलझे हुए ज्ञान एवं वागाडम्बर के कृत्रिम वैभव से मुक्त करके साहित्य का सही मूल्यांकन करेंगे—ऐसी मुझे आशा है।

—गणपतिचन्द्र गुप्त

कं० मुं० हिन्दी एवं भाषाविज्ञान विद्यापीठ,
आगरा—२८२००४
२०.३.१९८९

अनुक्रम

●

भारतीय एवं पाश्चात्य काव्य-शास्त्र : एक सर्वेक्षण

भारतीय काव्य-शास्त्र

भारतीय साहित्य—शास्त्र का आरम्भ सामान्यतः भरतमुनि के 'नाट्य-शास्त्र' (लगभग प्रथम शती ईस्वी) से माना जाता है। आचार्य भरत से लेकर अब तक के साहित्य-शास्त्र के इतिहास को हम सामान्यतः पाँच कालों में विभक्त कर सकते हैं—(१) स्थापना काल—पाँचवीं शती के अन्त तक। (२) नव अन्वेषण काल—छठी शती से ग्यारहवीं शती तक। (३) संशोधन काल—बारहवीं शती से सत्रहवीं शती तक (४) पद्यानुवाद काल—सत्रहवीं शती से उन्नीसवीं शती के मध्य तक (५) नवोत्थान काल—उन्नीसवीं शती के अंतिम चरण से अब तक तक। इन पाँचों की उपलब्धियों पर यहाँ क्रमशः विचार किया जाता है।

१. स्थापना काल—यद्यपि आचार्य आचार्य भारत से भी पूर्व अनेक आचार्य हो गए होंगे, किन्तु इस काल के उपलब्ध ग्रन्थों में केवल भरतमुनि के ही 'नाट्य-शास्त्र' का नाम आता है; अतः आचार्य भरत को ही भारतीय साहित्य-शास्त्र की स्थापना का श्रेय दिया जा सकता है। उन्होंने नाट्य-कला का सर्वांगीण विवेचन करने के साथ साथ नाटक से सम्बन्धित अन्य कलाओं तथा साहित्य (काव्य) के भी विभिन्न तत्त्वों पर भी प्रकाश डाला है। साहित्य-शास्त्र में उनकी सबसे बड़ी देन रस-सिद्धान्त है। इस सिद्धान्त के अनुसार साहित्य का लक्ष्य पाठक या श्रोता की भावनाओं को उद्वेलित करके उसे आनन्द प्रदान करना है—इसी आनन्द को साहित्य-शास्त्रीय शब्दावली में 'रस' कहते हैं। इस लक्ष्य की पूर्ति उसी स्थिति में संभव है जबकि साहित्य की सामग्री को किसी एक मूल भावना (या स्थायी भाव) से संबद्ध करके प्रस्तुत किया जाय। या दूसरे शब्दों में, सारी रचना के केन्द्र में कोई एक स्थायीभाव स्थित रहे तथा उसके विभिन्न अंश उसी स्थायीभाव के विभिन्न अवयवों के रूप में स्थित रहें। वे अवयव भी तीन प्रकार के माने गए हैं—विभाव, अनुभाव, और संचारी भाव। वस्तुतः ये तीनों अवयव स्थायी भाव के ही घटक तत्त्व है तथा इन्हीं के माध्यम से स्थायीभाव प्रस्तुत होता है। इसी तथ्य को सूत्र रूप में प्रस्तुत करते हुए आचार्य भरत ने कहा था—'विभावानुभाव व्यभिचारी संयोगाद् रस-निष्पत्तिः अर्थात् विभाव अनुभाव एवं व्यभिचारी के संयोग से रस की निष्पत्ति होती है। परवर्ती व्याख्याताओं ने इस सूत्र को अपने-अपने दृष्टिकोण से व्याख्या करते हुए रस-सिद्धान्त का विकास कई रूपों में किया है, जिस पर आगे विचार किया जायगा। यहाँ इतना ही कहना पर्याप्त होगा कि आचार्य भरत ने रस-सिद्धान्त के रूप में एक अत्यन्त महत्त्वपूर्ण सिद्धान्त को प्रस्तुत किया जो आज भी प्रचलित एवं मान्य है।

(२) **नव अन्वेषणकाल**—भारतीय साहित्य-शास्त्र का सर्वतोमुखी विकास इस काल (छठी शती से ग्यारहवीं शती तक) में हुआ। इसी काल में एक ओर भामह (छठी शती), दंड़ी (सातवीं

शती), वामन (आठवीं शती), आनन्दवर्द्धनाचार्य (दसवीं शती), एवं क्षेमेन्द्र (ग्यारहवीं शती) जैसे मौलिक चिन्तक उत्पन्न हुए, जिन्होंने साहित्य के नये-नये तत्त्वों का अन्वेषण करते हुए अनेक नवीन सिद्धान्तों की स्थापना की, तो दूसरी ओर भट्टलोल्लट (८-९ वीं शती), शंकुक (नवीं शती), भट्टनायक (नवी-दसवीं शती), अभिनवगुप्त (दसवीं-ग्यारहवीं शती), राजशेखर (१०वीं शती), धनंजय (१० वीं शती), महिम भट्ट (१०-११वीं शती) और भोजराज (११वीं शती) जैसे प्रतिभाशाली व्याख्याताओं का आविर्भाव हुआ, जिन्होंने पूर्ववर्ती आचार्यों की स्थापनाओं का सूक्ष्म विश्लेषण एवं तीक्ष्ण खंडन-मंडन करते हुए भारतीय साहित्य को व्यापक एवं गम्भीर रूप प्रदान किया।[1] इस युग की देन की हम यहाँ मुख्यतः दो वर्गों में विभक्त कर सकते हैं—(क) नवीन सिद्धान्तों की स्थापना और (ख) नवीन व्याख्याएँ यहाँ दोनों पर क्रमशः विचार किया जाता है।

(क) नवीन सिद्धान्तों की स्थापना—इस युग में साहित्य सम्बन्धी पाँच नये महत्वपूर्ण सिद्धान्तों की स्थापना हुई—(१) अलंकार सिद्धान्त (२) रीति सिद्धान्त (३) ध्वनि सिद्धान्त (४) वक्रोक्ति सिद्धान्त और (५) औचित्य सिद्धान्त। यद्यपि ये सिद्धान्त पर्याप्त मौलिक हैं, किन्तु हमें यहाँ इस तथ्य को न भूल जाना चाहिए कि इनमें से अधिकांश का प्रेरणा-स्रोत भरतमुनि का नाट्य-शास्त्र ही है। आचार्य भरत ने विभिन्न प्रसंगों में अलंकार, गुण-दोष, औचित्य आदि तत्त्वों की चर्चा गौण रूप से की थी; परवर्ती अलंकार, रीति एवं औचित्य संप्रदाय के प्रवर्तकों ने इसी चर्चा से संकेत पाकर स्वतंत्र एवं व्यापक सिद्धान्तों की स्थापना की है। इसी प्रकार वक्रोक्ति की चर्चा भी वक्रोक्तिवाद के प्रवर्त्तन के बहुत पूर्व भामह एवं दंडी द्वारा हो चुकी थी तथा ध्वनि का आधार भी पूर्ववर्ती ग्रन्थों में उपलब्ध होता है। पर इससे इनका महत्त्व कम नहीं होता।

उपर्युक्त पाँचों सिद्धान्तों में क्रमशः काव्य के पाँच पक्षों पर बल दिया गया है। अलंकार में काव्य शैली की बाह्य साज-सज्जा पर, रीति, में काव्य के स्वाभाविक गुणों, जैसे—शुद्धता, संक्षिप्तता, स्पष्टता, नाद-सौन्दर्य आदि पर, ध्वनि में उसके अर्थ की व्यंग्यात्मकता पर, वक्रोति में अर्थ की लाक्षणिकता पर और औचित्य में विषय और शैली के पारस्परिक संतुलन पर सर्वाधिक बल दिया गया है। इस दृष्टि से प्रथम चार सिद्धान्तों की रूपवादी (Formalist) तथा अंतिम को वस्तुवादी कहा जा सकता है। रूपवादी सिद्धान्तों में काव्य के रूप को आकर्षक बनाने के लिए क्रमशः चार विधियों पर प्रकाश डाला गया है—(१) बाह्य तत्त्वों के द्वारा अलंकरण (२) नाद-सौन्दर्य (३) अर्थ की व्यंग्यात्मकता और (४) अर्थ का वैचित्र्य। किन्तु इन्हें इसी से संतोष नहीं हुआ; प्रत्येक सिद्धान्त के अनुयायियों ने अन्य सिद्धान्तों के द्वारा प्रस्तुत विधियों को भी नाम बदल कर अपने सिद्धान्त के क्षेत्र में समाविष्ट कर लेने का प्रयास किया है। इस सम्बन्ध में वे साम्राज्यवादी मनोवृत्ति से ग्रसित रहे। जिस प्रकार एक चक्रवर्ती सम्राट धरती पर किसी भी अन्य शासक की स्वतंत्र सत्ता को मान्यता नहीं देना चाहता, वह सभी शासकों की भूमि पर अपना ही प्रत्यक्ष या अप्रत्यक्ष अधिकार स्थापित कर लेना चाहता है, लगभग उसी प्रकार इन सिद्धान्तों के अनुयायियों ने भी अपने सिद्धान्त के अतिरिक्त किसी अन्य सिद्धान्त की स्वतन्त्र सत्ता को

१. आचार्य का जीवन-काल श्री बलदेव उपाध्याय के 'भारतीय साहित्य-शास्त्र' के आधार पर दिया गया है।

मान्यता न देकर उसकी भूमि को अपने ही क्षेत्र में ले लेने का प्रयास किया है। एक ओर अलंकारवादियों ने रस को एक अलंकार मात्र मान लिया, तो वक्रोक्तिवादी कुन्तक ने सारे अर्थालंकारों को वाक्य-वक्रता में स्थान देकर अलंकार का अस्तित्व ही समाप्त कर दिया। इसी प्रकार ध्वनिवादियों ने 'अलंकार ध्वनि' भेद की कल्पना करके अलंकार सिद्धान्त के सारे वैभव को हस्तगत कर लेना चाहा, तो दूसरी ओर अलंकारवादियों ने ध्वनि के ही विभिन्न रूपों को 'गूढ़ार्थ-प्रतीतिमूलक' अलंकारों की संज्ञा दे दी। पारस्परिक प्रतिद्वन्द्विता एवं क्षेत्र-विस्तार की इस प्रवृत्ति के कारण एक ओर ये सिद्धान्त अनिश्चित, अमर्यादित एवं अप्रामाणिक हो गए तो दूसरी ओर इससे साहित्य-शास्त्र भी अव्यवस्थित एवं असंतुलित हो गया।

(ख) **नवीन व्याख्याएँ**—इस युग में नवीन सिद्धान्तों के आविष्कार के साथ साथ परम्परागत मतों की नवीन व्याख्याएँ भी हुईं। इस क्षेत्र में सर्वाधिक महत्त्वपूर्ण कार्य आचार्य भट्टलोल्लट, शंकुक, भट्टनायक एवं अभिनवगुप्त का है। इन्होंने मुख्यतः रस सिद्धान्त की ही नई व्याख्याएँ प्रस्तुत की। आचार्य भट्टलोल्लट ने भरत के रस सूत्र की नई व्याख्या करते हुए अपने 'उत्पत्तिवाद' की स्थापना की। भरत का रस सिद्धान्त संयोजनवादी था—जिस प्रकार विभिन्न तत्त्वों के संयोजन से किसी वस्तु या कार्य की योजना होती है, वैसे ही विभाव, अनुभाव, संचारी के संयोजन से रस-निष्पत्ति का कार्य संपादित होता है। भरत-सूत्र का 'संयोग शब्द भी इसी तथ्य को सूचित करता है। भट्टलोल्लट ने इसके स्थान पर रस को विभावों से उत्पन्न, संचारी भावों से पुष्ट एवं अनुभावों से व्यक्त सिद्ध करते हुए निष्पत्ति का अर्थ क्रमशः तीनों प्रसंगों में उत्पत्ति, पुष्टि एवं अभिव्यक्ति सिद्ध किया। इस प्रकार भट्टलोल्लट ने रस निष्पत्ति को यांत्रिक रचना व्यापार के स्थान पर क्रमिक विकासवादी रूप प्रदान किया, जो अधिक वैज्ञानिक एवं व्यावहारिक है। आचार्य शंकुक ने भट्टलोल्लट की व्याख्या का खण्डन करते हुए 'अनुमितिवाद' की स्थापना की उन्होंने न्याय-शास्त्र के अनुमानवाद को आधार बनाते हुए रस की प्रत्यक्ष अनुभूति के स्थान पर उसकी अप्रत्यक्ष अनुमिति की संभावना को सिद्ध किया। इस दृष्टि से आचार्य शंकुक की सबसे बड़ी देन यह है कि उन्होंने पहली बार इस तथ्य का उद्‌घाटन किया कि रस लौकिक जीवन की प्रत्यक्ष अनुभूतियों से भिन्न कोटि की अनुभूति है। दूसरे, उन्होंने स्थायीभाव और रस का भी अन्तर स्पष्ट करने का प्रयास किया, किन्तु उन्हें इसमें सफलता नहीं मिली। आचार्य भट्टनायक ने रस-निष्पत्ति की क्रिया को तीन मनोवैज्ञानिक प्रक्रियाओं—अभिधा (अर्थ-बोध), भावकत्व एवं भोजकत्व—में विभाजित करते हुए साधारणीकरण के सिद्धान्त की प्रतिष्ठा की। यद्यपि परवर्ती आचार्यों ने भट्टनायक की स्थापनाओं को निराधार सिद्ध करने का प्रयास किया है, किन्तु वे इसमें अधिक सफल नहीं हुए। आधुनिक साहित्य-शास्त्र एवं सौन्दर्य-शास्त्र के नवीनत्तम अनुसंधानों से यह सिद्ध हो गया है कि भट्टनायक का मत बहुत महत्त्वपूर्ण था। आधुनिक युग में एक ओर आई०ए० रिचर्डस ने काव्यास्वादन की प्रक्रिया का मनोवैज्ञानिक अध्ययन प्रस्तुत करते हुए ऐसी प्रक्रियाओं का विवेचन किया है, जो उपर्युक्त तीनों प्रक्रियाओं के अनुरूप है, तो दूसरी ओर सौन्दर्य-शास्त्र के क्षेत्र में भाववादी चिन्तकों ने इम्पैथी सिद्धान्त की प्रतिष्ठा की है, जिसे भट्टनायक के शब्दों में 'साधारणीकरण' का सिद्धान्त कह सकते हैं इम्पैथी का अर्थ समानुभूति या साधारणीकरण भी होता है। अस्तु, भट्टनायक की देन का आधुनिक दृष्टि से भी बहुत महत्त्व है।

अभिनवगुप्त ने भट्टनायक की अनेक मान्यताओं का खण्डन करते हुए भी साधारणीकरण को स्वीकार किया है। किन्तु अब तक रस-निष्पत्ति के सभी व्याख्याताओं द्वारा काव्य के पाठक या श्रोता के व्यक्तित्व की उपेक्षा होती रही, किसी का भी ध्यान इस तथ्य की ओर नहीं गया कि रसानुभूति में काव्य-वस्तु के अतिरिक्त स्वयं पाठक का भी थोड़ा-बहुत योग-दान रहता है। अभिनवगुप्त ने इस ओर ध्यान देते हुए अभिव्यक्तिवाद की प्रतिष्ठा की। उसके मतानुसार काव्यास्वादन से पाठक के हृदय में किसी नये तत्त्व की सृष्टि नहीं होती, अपितु उसकी जन्मजात वासनाएँ ही उद्वेलित होकर व्यक्त हो जाती है। ये वासनाएँ सभी प्राणियों में विद्यमान होती है। आधुनिक मनोविज्ञान की शब्दावली में वासनाओं को सहज प्रवृत्तियों (Instincts) का नाम दिया जा सकता है। इस दृष्टि से अभिनवगुप्त का अभिव्यक्तिवाद अरस्तू के विरेचन सिद्धान्त, फ्रायड के वासना सिद्धान्त एवं क्रोचे के अभिव्यक्तिवाद के बहुत समीप पड़ता है। अरस्तू और अभिनवगुप्त—दोनों ने ही काव्य के माध्यम से वासनाओं के विरेचन या उनकी अभिव्यक्ति को स्वीकार किया है, किन्तु एक ने केवल दूषित वासनाओं पर ही बल दिया जबकि दूसरे ने ऐसा नहीं किया। फ्रायड ने भी वासनाओं की अभिव्यक्ति को स्वीकार किया, पर वे सारा बल कामवासना पर ही केन्द्रित कर देते हैं जबकि अभिनवगुप्त ऐसा नहीं करते। क्रोचे के अभिव्यक्तिवाद का सम्बन्ध मुख्यतः काव्य-रचयिता की सहजानुभूति से है जबकि अभिनवगुप्त का मत पाठक की सहज प्रवृत्तियाँ से सम्बद्ध है। अरस्तू, इस अन्तर के होते हुए भी अभिनवगुप्त का अभिव्यक्तिवाद एक अत्यन्त महत्त्वपूर्ण सिद्धान्त है।

इस प्रकार हम देखते हैं कि इस युग में नवीन सिद्धान्तों की स्थापना एवं पुराने सिद्धान्तों की नयी व्याख्या—इन दोनों ही क्षेत्रों में महत्त्वपूर्ण कार्य हुआ। वस्तुतः इस युग को हम भारतीय साहित्य-शास्त्र का स्वर्ण-युग कह सकते हैं। वैसे भी यह भारतीय इतिहास का स्वर्ण-युग माना जाता है।

(३) **संशोधन काल (११वीं शती से १७वीं शती तक)**—इस काल में मम्मट (११वीं-१२वीं शती) रुय्यक (१२वीं शती), हेमचन्द्र (१२वीं शती), रामचन्द्र गुणचन्द्र (१२वीं शती), जयदेव (१३वीं शती), विश्वनाथ (१३-१४वीं शती), भानुदत्त (१३-१४वीं शती), जगन्नाथ (१७वीं शती) प्रभृति आचार्य हुए जिन्होंने किसी नये सिद्धान्त की स्थापना न करके पूर्व प्रचलित सिद्धान्तों में किंचित् संशोधन एवं समन्वय प्रस्तुत किया। इस युग के आचार्यों में पूर्ववर्ती आचार्यों जैसी कट्टरवादिता का अभाव मिलता है; वे किसी एक ही सिद्धान्त से न बँधकर विभिन्न सिद्धान्तों की उपलब्धियों को स्वीकार करते हैं यही कारण है कि इनके ग्रन्थों में रस, ध्वनि, अलंकार, रीति, वक्रोक्ति आदि सभी को थोड़ा-बहुत स्थान प्राप्त हुआ है, यह दूसरी बात है कि वे किसी को कम महत्त्व देते हैं और किसी को अधिक। किन्तु उनकी यह समन्वयवादिता किसी प्रौढ़ व्यापक एवं मौलिक दृष्टिकोण की सूचक नहीं है, अपितु सार संकलन की प्रवृत्ति की द्योतक है। इनमें एक-दो आचार्यों को छोड़कर शेष में विवेचन की गंभीरता, विश्लेषण की सूक्ष्मता एवं निष्कर्षों की मौलिकता का प्रायः अभाव है। इस दृष्टि से यह युग भारतीय साहित्य-शास्त्र की जरा अवस्था का सूचक है।

(४) **पद्यानुवाद काल (१७वी-१९वीं शती)**—इस काल में संस्कृत का स्थान आधुनिक भाषाओं ने ले लिया था, अतः भारतीय साहित्य-शास्त्र भी अनेक प्रादेशिक भाषाओं में विभक्त

हो गया। यहाँ हम केवल हिन्दी की दृष्टि से इसे पद्यानुवाद-काल कह सकते हैं, क्योंकि इस युग में केशव, चिन्तामणि, कुलपति, सोमनाथ, भिखारीदास, प्रतापसाहि आदि आचार्य हुए जिन्होंने पद्यबद्ध रीतिग्रन्थ लिखे। यद्यपि इस क्षेत्र में शताधिक कवि अवतरित हुए, किन्तु शास्त्रीय विवेचन का कार्य कवियों के वश का काम नहीं था। यही कारण है कि इनकी देन का मूल्यांकन करते हुए डॉ० भगीरथ प्रसाद मिश्र को लिखना पड़ा—"यह बात स्पष्ट रूप में कही जा सकती है कि हिन्दी के अधिकांश लेखकों (कवियों) का लक्षण भाग अस्पष्ट अथवा अपूर्ण है। ये आचार्यत्व के अयोग्य हैं। वे कवि ही प्रधानरूप से हैं और उनका आचार्यत्व या शास्त्रीय विवेचन का प्रयत्न बहुत सफल नहीं है।"[१] इसी निष्कर्ष की पुष्टि डॉ० सत्यदेव चौधरी ने भी की है। उनके शब्दों में—चिन्तामणि आदि आचार्यों ने भारतीय काव्य-शास्त्र के विकास में कोई योगदान नहीं दिया—यह स्पष्ट है। हिन्दी के वर्तमान काव्य-शास्त्रीय सिद्धान्तों के निर्माण में भी इनका योगदान नहीं है—यह भी स्पष्ट है।"[२]

(५) **नवोत्थान काल (१९वीं शती के अन्तिम चरण से अब तक)**-इस काल इस काल को भी हम मुख्यतः तीन युगों में विभक्त कर सकते हैं—(१) भारतेन्दु-द्विवेदी-युग (१८७५-१९२५) (२) शुक्ल युग (१९२६-१९४०) (३) शुक्लोत्तर युग (१९४१ से अब तक) इसमें से प्रथम युग में भारतेन्दु हरिश्चन्द्र, महावीर प्रसाद द्विवेदी, मिश्र बन्धु, श्यामसुन्दरदास प्रभृति विद्वान् आते हैं जिन्होंने अपने कुल लेखों एवं पुस्तकों में साहित्य-सिद्धान्तों का विवेचन किया। भारतेन्दु ने अपने 'नाटक' ग्रन्थ में नया दृष्टिकोण प्रस्तुत करते हुए प्राचीन सिद्धान्तों के नवीनीकरण या प्राचीन और नवीन के समन्वय पर बल दिया। उन्होंने भारतीय नाटकों के साथ यूरोपीय नाटकों की भी चर्चा करते हुए भारतीय एवं पाश्चात्य साहित्य-शास्त्र के समन्वय की ओर संकेत किया। (डॉ० श्यामसुन्दर दास ने इस प्रौढ़ ग्रन्थ को किसी अन्य का रचित बताया, जो ठीक नहीं। भारतेन्दु ने इसे अपने आराध्यदेव को समर्पित करते हुए भूमिका में इसे स्वरचित बताया है, अतः इस पर सन्देह करना अनुचित है। डॉ० श्यामसुन्दर दास जी की शंका का निराकरण हम अन्यत्र विस्तार से कर चुके हैं।) आगे चलकर अन्य विद्वानों ने भी भारतीय एवं पाश्चात्य काव्य-शास्त्र की सामग्री को हिन्दी गद्य में प्रस्तुत किया है। यद्यपि इनमें मौलिकता का अभाव है, किन्तु इन्होंने रीतिकालीन दृष्टिकोण, परम्परा और शैली को त्याग कर नये दृष्टिकोण और नयी शैली (गद्य में विवेचन करने की शैली) का प्रवर्त्तन करके स्तुत्य कार्य किया। शुक्ल युग में आचार्य रामचन्द्र शुक्ल के द्वारा परम्परागत साहित्य-शास्त्र को नया रूप प्राप्त हुआ। उन्होंने आधुनिक युग की परिवर्तित परिस्थितियों को ध्यान में रखते हुए प्राचीन सिद्धान्तों की निजी दृष्टि से व्याख्या की—विशेषतः रस-सिद्धान्त की। इस क्षेत्र में उनकी देन महत्त्वपूर्ण है। उन्होंने आनन्दवादी रस-सिद्धान्त को नीतिवादिता से समन्वित करते हुए रस को दो कोटियाँ निर्धारित की हैं। जहाँ हमारा काव्य के आश्रय से तादात्म्य हो जाता है, यहाँ उच्चकोटि की रस-दशा प्राप्त होती है। अन्यथा नायक के दुष्चरित होने की स्थिति में—मध्यम कोटि की रसानुभूति होती है।

---

१. हिन्दी काव्य-शास्त्र का इतिहास : डॉ० भगीरथ प्रसाद मिश्र, द्वितीय संस्करण,
२. हिन्दी रीति-परम्परा के प्रमुख आचार्य : डॉ० सत्यदेव चौधरी पृ० ७५०।

रस के विभिन्न स्थायी भावों की भी उन्होंने विस्तृत विवेचना प्रस्तुत की है। अस्तु, इस क्षेत्र में आचार्य शुक्ल की देन महत्त्वपूर्ण है।

शुक्लोत्तर युग के साहित्य-शास्त्रीय विद्वानों में डॉ० गुलाबराय, आचार्य हजारीप्रसाद द्विवेदी, आचार्य नन्ददुलारे वाजपेयी और डॉ० नगेन्द्र का नाम विशेष रूप से उल्लेखनीय है। डॉ० गुलाबराय ने भारतीय एवं पाश्चात्य सिद्धान्तों को सरल एवं सुबोध शैली में प्रस्तुत करके परवर्ती अनुसंधान-कर्त्ताओं का मार्ग प्रशस्त किया। आचार्य हजारीप्रसाद द्विवेदी का मुख्य क्षेत्र ऐतिहासिक एवं व्यावहारिक समीक्षा का है, किन्तु इस क्षेत्र में भी उन्होंने अनेक लेखों में समन्वयात्मक दृष्टिकोण प्रस्तुत किया है। आचार्य वाजपेयी का भी मुख्य क्षेत्र व्यावहारिक समीक्षा का ही है, फिर भी उन्होंने अनेक निबन्धों में भारतीय और पाश्चात्य साहित्य-शास्त्र को निकट लाने का स्तुत्य प्रयास किया है। डॉ० नगेन्द्र का असली क्षेत्र साहित्य-शास्त्र है। इस क्षेत्र में उनकी देन तीन रूपों में की जा सकती हैः एक तो उन्होंने परंपरागत भारतीय सिद्धान्तों की नई व्याख्याएँ प्रस्तुत की हैं, जो आधुनिकता एवं मौलिकता से युक्त हैं। रस-निष्पत्ति की नई व्याख्या प्रस्तुत करते हुए उन्होंने स्पष्ट किया है कि पाठक का तादात्म्य काव्यगत आश्रय से नहीं, अपितु स्वयं काव्य-रचयिता से ही होता है। इसी प्रकार ध्वनि, रीति आदि के क्षेत्र में भी उन्होंने अनेक पूर्व प्रचलित भ्रान्तियों का निराकरण किया है। दूसरे, उन्होंने पाश्चात्य काव्य-शास्त्र को भी विस्तृत व्याख्याओं के सहित हिन्दी में प्रस्तुत किया है तथा करवाया है। तीसरे, प्राचीन और नवीन, भारतीय और पाश्चात्य तत्त्वों की पारस्परिक तुलना के द्वारा उनके सापेक्ष महत्त्व का दिग्दर्शन कराया है वस्तुतः उन्होंने हिन्दी-समीक्षा को एक ऐसी व्यापक भूमि प्रदान की है, जिससे विश्व-साहित्य-शास्त्र के दो चरम छोरों—ग्रीक एवं संस्कृत साहित्य शास्त्र—का गुम्फन उसमें हो जाता है।

उपर्युक्त विद्वानों के अतिरिक्त आचार्य बलदेव उपाध्याय, श्री रामदहिन मिश्र, डा० भगीरथप्रसाद मिश्र, डॉ० गोविन्द त्रिगुणायंत डा० रामलाल सिंह, डॉ० भोला शंकर व्यास, डा० आनन्दप्रकाश दीक्षित, श्री राममूर्ति त्रिपाठी, डॉ० सत्यदेव चौधरी आदि विद्वानों ने भी अपने ग्रंथों में भारतीय साहित्य-शास्त्र के विभिन्न पक्षों एवं सिद्धान्तों का विवेचन आधुनिक दृष्टिकोण से प्रस्तुत किया है। अतः इसमें कोई संदेह नहीं कि परंपरागत भारतीय साहित्य-शास्त्र हिन्दी में आकर और भी अधिक विकसित एवं प्रौढ़ हो गया है। 'साहित्य-विज्ञान' के रूप में वह शास्त्रीय रूढ़ियों एवं परंपरागत असंगतियों से मुक्त होकर नये रूप में प्रस्तुत हुआ है। इस प्रकार भारतीय काव्य शास्त्र आज अत्यन्त उन्नत एवं विकसित अवस्था में है।

पाश्चात्य काव्य-शास्त्र

पाश्चात्य काव्य-शास्त्र के इतिहास को सामान्यतः तीन कालों में विभक्त किया जाता है— (१) प्राचीन काल—५वीं शती ई० पूर्व से ४थी शती ई० तक। (२) मध्य काल—५ वीं शती ई० से १५वीं शती तक। (३) आधुनिक काल—१६वीं शती से अब तक। यहाँ तीनों कालों का संक्षिप्त परिचय क्रमशः प्रस्तुत किया जाता है। (१) प्राचीन काल—इस काल के आचार्य में प्लेटो (४२७ ई० पूर्व-३४७ ई० पूर्व), अरस्तू (३८४ ई० पू०-३२२ ई० पू०), लोजाइनस (पहली, शती), होरेस (६५ ई० पू०-८ ई०पू०), सिसरो (१०६-४३ ई०), क्विण्टिलियन

(४०-११८ई०), ड्रिमैट्रियस (प्रथम शती) आदि के नाम उल्लेखनीय हैं। प्लेटो मूलतः साहित्य-शास्त्री नहीं थे, उन्होंने अपने 'गणतन्त्र' में राजनीति के सिद्धान्तों की विवेचना करते हुए प्रासंगिक रूप में काव्य की चर्चा की है। काव्य के सम्बन्ध में उनका विचार था कि वह मिथ्या संसार की भी मिथ्या अनुकृति है—अतः वह सत्य से दुगुनी दूर होता है। दूसरे, वे जीवन एवं समाज के लिए काव्य को हेय समझते थे, क्योंकि इसमें इससे हमारी भावनाएँ उद्वेलित हो जाती हैं। प्लेटो के विचार से एक आदर्श गणराज्य में किसी भी ऐसी वस्तु को स्थान नहीं दिया जा सकता, जो लोगों की भावनाओं को उभारकर उन्हें दुर्बल एवं चरित्रहीन बनाए। इसलिये उन्होंने अपने आदर्श राज्य में से कविता का निष्कासन करते हुए कहा था—"अतः अब हमारे लिए यह न्याय होगा कि हमें जिस देश को सुशासित रखना हैं, उसमें कवि का प्रवेश-निषेध कर दें, क्योंकि वह आत्मा के इस (दुर्बल) अंश को जागृत, पोषित और परिपुष्ट करता है तथा विवेक अंश का क्षय करता है।"[१] इस प्रकार प्लेटो ने काव्य का विरोध करते हुए उसके सम्बन्ध में दो तथ्यों पर प्रकाश डाला—(१) काव्य प्रकृति की अनुकृति है। (२) काव्य हमारी भावनाओं को उद्वेलित करता है।

प्लेटो के शिष्य अरस्तू में उपर्युक्त दोनों तथ्यों को स्वीकार करते हुए भी कविता को महत्त्वपूर्ण स्थान प्रदान किया। उन्होंने दोनों तथ्यों को महत्त्वपूर्ण सिद्धान्तों का रूप दिया—(१) अनुकृति सिद्धान्त एवं (२) विरेचन सिद्धान्त। जहाँ प्लेटो ने अनुकृति-जन्य आनन्द को मिथ्या वस्तु पर आधारित आनन्द घोषित किया था, वहाँ अरस्तू ने इसे ज्ञानार्जन्य आनन्द माना। उन्होंने प्रतिपादित किया—"जिन वस्तुओं के प्रत्यक्ष दर्शन में हमें क्लेश होता है, उन्हीं की यथावत् अनुकृति का भावना आह्लादकारी बन जाता है, जैसे किसी अत्यन्त जघन्य पशु अथवा शव की रूप-आकृति का उदाहरण लिया जा सकता है इसका कारण यह है कि ज्ञान के अर्जन से अत्यन्त प्रबल आनन्द प्राप्त होता है। केवल दार्शनिक को ही नहीं, सामान्य व्यक्ति को भी—जिसकी ज्ञानार्जन-क्षमता अपेक्षाकृत कहीं सीमित है। अतः किसी प्रतिकृति को देखकर मनुष्य के आह्लादित होने का कारण यह है कि उसका भावन करने में वह कुछ ज्ञान प्राप्त करता है या निष्कर्ष ग्रहण करता है—शायद वह अपने मन में कहता है, 'अरे! यह तो अमुक है!"—क्योंकि यदि, आपने मूल वस्तु को नहीं देखा तो आपका आनन्द अनुकरण-जन्य न होगा; वह अङ्कन, रंग-योजना या किसी अन्य कारण पर आधृत होगा।"[२] इस प्रकार अरस्तू महोदय ने प्लेटो के इस आक्षेप का निराकरण करने का प्रयास किया कि काव्य अनुकरण-मूलक होने के कारण अज्ञान या मिथ्या का प्रचार करता है या काव्यजन्य आनन्द मिथ्या आनन्द है। अवश्य ही उन्हें इसमें सफलता मिल गई, किन्तु उनके प्रतिपादन में कुछ दूसरे प्रकार की असंगतियाँ आ गईं। वे एक ओर तो काव्य-जन्य आनन्द को ज्ञानार्जन का आनन्द बताते हैं, पर दूसरी ओर यह भी कहते हैं कि यह आनन्द उसी अवस्था में मिलेगा जबकि हमने कला में प्रस्तुत वस्तु को पहले देखा हो; ऐसी स्थिति में—देखी हुई वस्तु को पुनः देखने में—ज्ञानार्जन की बात कैसे स्वीकार की जा सकती

---

१. पाश्चात्य काव्य-शास्त्र की परंपरा : डॉ० नगेन्द्र, पृ० २०।

२. वही, पृ० २७।

है! नई वस्तु को देखना ज्ञानार्जन कहलाता है; देखी हुई को पुनः देखना 'ज्ञानार्जन' नहीं कहलाता, अपितु 'प्रत्यभिज्ञा' या 'पहचान' कहलाता है। दूसरे, ज्ञानार्जन से आनन्द की उपलब्धि की बात भी स्वीकार नहीं की जा सकती, अन्यथा काव्य की अपेक्षा इतिहास, भूगोल, दर्शन एवं विज्ञान की पुस्तकों से अधिक आनन्द मिलता है, क्योंकि वे काव्य को अपेक्षा अधिक ज्ञान प्रदान करती हैं। अतः हम आचार्य अरस्तू के उपर्युक्त मंतव्य को स्वीकार नहीं कर सकते। वस्तुतः उन्होंने इस प्राकर की युक्तियाँ अपने युग के प्लेटोवादियों की तृष्टि के लिए ही कहीं थीं। किन्तु उनकी संतुष्टि इससे भी और अच्छे ढंग से हो सकती थी। प्लेटो मानते थे कि वास्तविक सत्य तो केवल सूक्ष्म विचार (Idea) के रूप में अध्यात्म जगत् में ही स्थित है, भौतिक जगत् में जो कुछ है, वह उस सूक्ष्म विचार का प्रतिबिम्ब मात्र है तथा इसी लिए मिथ्या है। दूसरे शब्दों में सूक्ष्म जगत् सत्य है और भौतिक जगत् मिथ्या है। इस दृष्टि से काव्य के पक्ष में हम तर्क दे सकते हैं कि कवि स्थूल भौतिक जगत् को पुनः सूक्ष्म आइडिया (Idea) में परिवर्तित कर देता है–मिथ्या जगत् को सत्य विचार में बदल देता है। जिस प्रकार गणित का नियम है– Two negatives make a positive : उसी प्रकार द्विगुणित मिथ्या = मिथ्या जगत् की मिथ्या अनुकृति = का अर्थ सत्य किया जा सकता है। कम से कम काव्य के प्रसंग में तो यह बात सर्वांश में लागू होती है। इस प्रकार प्लेटो के ही तर्क से उनके आक्षेप का निराकरण किया जा सकता था।

प्लेटो के दूसरे आक्षेप का निराकरण करते हुए अरस्तू ने विरेचन-सिद्धान्त का प्रतिपादन किया। उन्होंने त्रासदी का विवेचन करते हुए लिखा–"त्रासदी किसी गंभीर, स्वतः पूर्ण तथा निश्चित आयाम से युक्त कार्य की अनुकृति का नाम है...जिसमें करुणा तथा त्रास के उद्रेक द्वारा इन मनोविकारों का उचित विरेचन किया जाता है।"[१] आगे संगीत-कला के प्रसंग में उन्होंने इसे और स्पष्ट करते हुए लिखा–"करुणा और त्रास से आविष्ट व्यक्ति–प्रत्येक भावुक व्यक्ति–इस प्रकार का अनुभव करता है, और दूसरे भी अपनी-अपनी संवेदन शक्ति के अनुसार प्रायः सभी, इस विधि से एक प्रकार की शुद्धि का अनुभव करते हैं, उनकी आत्मा विशद और प्रसन्न हो जाती है। इस प्रकार विरेचन राग मानव-समांज को निर्दोष आनन्द प्रदान करते हैं।"[२] अस्तु विरेचन-सिद्धान्त से यह सिद्ध हो जाता है कि काव्य दूषित भावनाओं के विरेचन या निष्कासन के द्वारा हमारे मन को निर्दोष बनाता है–अतः प्लेटो का यह आक्षेप कि काव्य दूषित भावनाओं को उभारकर समाज को दुर्बल एवं चरित्रहीन बनाता है, मिथ्या सिद्ध हो जाता है। यहाँ एक प्रश्न अवश्य उठता है कि यदि त्रासदी से हमारी दूषित भावनाएँ विरेचित हो जाती हैं तो क्या कामदी से हमारी निर्दोष या पवित्र भावनाएँ भी विरेचित हो जाती हैं? ऐसी स्थिति में जहाँ त्रासदी से नैतिक लाभ होता है, वहाँ कामदी से नैतिक हानि होनी चाहिए। यदि ऐसा नहीं है तो कामदी से आनन्दानुभूति का क्या आधार है? वस्तुतः हमारे विचार से अरस्तू का विरेचन-सिद्धान्त केवल त्रासदी पर ही आधारित होने के कारण एकांगी एवं अपूर्ण है। वासनाओं की अभिव्यक्ति भारतीय आचार्य अभिनवगुप्त ने मानी है, किन्तु उनका अभिव्यक्तिवाद केवल त्रासदी पर ही

---

१. अरस्तू का काव्य-शास्त्र : डॉ० नगेन्द्र, पृ० ८७।

२. पाश्चात्य काव्य-शास्त्र की परम्परा : डॉ० नगेन्द्र, पृ० ४२।

नहीं, सभी प्रकार के काव्य पर लागू होता है, अतः वह अधिक व्यापक एवं संगत है। इस दृष्टि से 'विरेचन' का भी अर्थ 'अभिव्यक्त' करते हुए उसे अधिक व्यापक एवं संगत रूप दिया जा सकता है।

उपर्युक्त त्रुटियों के होते हुए भी अरस्तू का काव्य-विवेचन बहुत प्रौढ़ है। उन्होंने काव्य के विभिन्न रूपों एवं उसके विभिन्न तत्त्वों की बहुत ही स्पष्ट रूप में व्याख्या की है, इसीलिए वे समस्त पाश्चात्य काव्य-शास्त्र के आदि आचार्य माने जाते हैं।

इस काल के तीसरे प्रमुख आचार्य लोंजाइनस (Longinus) जिन्होंने अपने ग्रन्थ "On the sublime" में उदात्तत्त्व का विवेचन किया। उन्होंने उदात्त या औदात्य को ही काव्य के आत्म-तत्त्व के रूप में प्रतिष्ठित करते हुए लिखा–'सच्चे औदात्य से हमारी आत्मा जैसे अपने आप ही ऊपर उठकर गर्व से उच्चाकाश में विचरण करने लगती है तथा हर्ष और उल्लास से परिपूर्ण हो उठती है, मानों जो कुछ हमने सुना है, वह स्वयं अपनी ही कृति हो।"[१] अस्तु, उनके विचार से काव्यजन्य आनन्द का मूल कारण काव्यगत औदात्य ही है, जिसके उन्होंने पाँच उद्गम-स्रोत बताये हैं–(१) विचारों की महानता, (२) भावों का उद्दाम एवं शक्तिशाली प्रतिपादन (३) अलंकारों की समुचित योजना (४) उत्कृष्ट अभिव्यक्ति और (५) गरिमामय रचना विधान। इन सभी स्रोतों के पीछे वस्तुतः लेखक या कवि के व्यक्तित्व की महानता निहित होती है, क्योंकि उनके विचार से महान् आत्माओ की वाणी से ही औदात्य की झंकृति होती है। इस दृष्टि से लोंजाइनस की सबसे बड़ी देन यह मानी जाती है कि उन्होंने साहित्य के प्रति व्यक्तिवादी दृष्टिकोण प्रस्तुत किया, इसीलिए उन्हें प्रथम स्वच्छन्दतावादी या व्यक्तिवादी आलोचक होने का गौरव प्राप्त है। वैसे उनके सिद्धान्त की व्याख्या करते हुए हमने अन्यत्र स्पष्ट किया है कि औदात्य काव्य का अतिरिक्त गुण है–जिसका वास्तविक क्षेत्र धर्म, दर्शन एवं नीतिशास्त्र है–अतः इसे काव्य के आधारभूत तत्त्व के रूप में मान्यता नहीं दी जा सकती।

इस काल के रोमी आचार्यों में होरेस का स्थान महत्त्वपूर्ण है। उन्होंने काव्य के विभिन्न तत्त्वों पर प्रकाश डालते हुए औचित्य पर विशेष बल दिया है। उनके शब्दों में–"यदि वक्ता के शब्द परिस्थिति के अनुकूल नहीं तो सम्पूर्ण रोमवासी उच्चवर्ग के हो या निम्न वर्ग के–उन पर जो खोलकर हँसेंगे।"[२] वस्तुतः उनका औचित्य तत्त्व स्वाभाविकता, संगति, सामंजस्य आदि गुणों को ही समन्वित रूप में प्रस्तुत करता है। आगे चलकर, सिसरो, क्विण्टिलियन, डिमैट्रियस प्रभृति आचार्यों ने शैली पक्ष पर अधिक बल देते हुए अलंकार एवं गुण-दोषों की विवेचन विस्तार से की है। अलंकारों के सूक्ष्म विश्लेषण की दृष्टि के समस्त पाश्चात्य काव्य-शासत्र में क्विण्टिलियन एवं डिमैट्रियस का सर्वोच्च स्थान है। साथ ही यह भी उल्लेखनीय है कि इनका अलंकार, रीति एवं गुण सम्बन्धी वर्गीकरण एवं विश्लेषण भारतीय अलंकारवादियों एवं रीतिवादियों से गहरा मिलता-जुलता है।

---

१. काव्य में उदात्त तत्त्व : डा० नगेन्द्र, पृ० ५२।

२. काव्य-कला डा० नगेन्द्र, पृ० ६।

अस्तु, इस काल में पाश्चात्य साहित्य-शास्त्र का सर्वांगीण विकास परिलक्षित होता हैं। प्लेटो से डिमैट्रियस तक विभिन्न आचार्यों ने काव्य की सर्जन-प्रक्रिया, उसकी आस्वादन-प्रक्रिया, उसके भाव-पक्ष, विचार-पक्ष शैली पक्ष आदि विभिन्न पक्षों का विश्लेषण करते हुए अनेक नये सिद्धान्त प्रस्तुत किये, जो पर्याप्त महत्त्वपूर्ण हैं।

(२) **मध्य काल**—यह काल बौद्धिक चिन्तन की दृष्टि से बहुत महत्त्पूर्ण नहीं है, यहाँ तक कि इसे इतिहासकार 'अंधकार का युग' की संज्ञा देते हैं। डॉ० केसरीनारायण शुक्ल ने इस युग की परिस्थितियों का विश्लेषण करते हुए लिखा है—"ईसा की प्रथम दो शताब्दियों के बाद व्यापक अराजकता का सयय आया। इस बीच रोमन साम्राज्य पूर्वी और पच्छिमी दो टुकड़ों में टूट गया।...इस उथल-पुथल के फलस्वरूप रोम का महत्त्व लुप्त हो गया और पच्छिमी योरूप पर पाँचवीं शताब्दी के बाद अंधकार का अभेद्य पर्दा पड़ गया, जिसके साथ राजनीतिक अस्त-व्यस्तता और मानसिक पक्षपात का आगमन हुआ। इस समय के बाद विद्या का ह्रास हो गया, प्राचीन ग्रन्थ लुप्त हो गए और रोमन शैक्षिक विधान का, जिसने की पच्छिम में प्राचीन अध्ययन के क्रम को बनाए रखा था, सहसा अन्त हो गया। ज्ञानार्जन की पूर्व परम्पराएँ नष्ट हो गईं और बौद्धिक कार्य-कलाप से लोगों के मन विरत हो गए"[1]

इस युग के साहित्य-चिन्तकों में मुख्यतः इटैलियन साहित्यकार दान्ते का नाम उल्लेखनीय है। उन्होंने एक ओर अपने 'डिवाइन कामेडी' में अन्योक्ति पद्धति की सम्यक् रूप में प्रतिष्ठा की, तो दूसरी ओर उन्होंने काव्य के विभिन्न पक्षों पर नये विचार प्रस्तुत किए। उन्होंने परम्परागत मृत भाषा की अपेक्षा जीवित जन-भाषा को साहित्य के लिए अधिक उपयुक्त समझा। अतः उन्होंने जन-भाषा का समर्थन जोरदार शब्दों में किया। इसी प्रकार काव्य-विषय के सम्बन्ध में भी निर्णय देते हुए उन्होंने तीन विषयों को—युद्ध, प्रेम और नैतिक सौन्दर्य को—उत्तम घोषित किया। काव्य शैली का भी उन्होंने निजी दृष्टिकोण से विश्लेषण करते हुए अनेक महत्त्वपूर्ण निष्कर्ष प्रस्तुत किए। अस्तु, इसमें कोई संदेह नहीं कि दान्ते ने काव्य-शास्त्र के कई पक्षों पर नये विचार प्रस्तुत किए जो पर्याप्त महत्त्वपूर्ण है।

(३) **आधुनिक युग**—पाश्चात्य काव्य-शास्त्र के क्षेत्र में आधुनिक युग का सूत्रपात करने का श्रेय सर फिलिप सिडनी (१५वीं शती) को है, जिन्होंने अपने निबन्ध "The Defence of poetic" (कविता की वकालत) में सुधारवादियों के इस आक्षेप का निराकरण किया कि कविता अनाचार एवं अनैतिकता का प्रचार करती है। उन्होंने प्लेटो के मत को भी संशोधित रूप में प्रस्तुत करते हुए सिद्ध किया कि प्लेटो का आक्षेप केवल अनैतिक साहित्य के सम्बन्ध में है, सारे साहित्य के सम्बन्ध में नहीं। इतना ही नहीं, उन्होंने नीतिवादी दृष्टिकोण से काव्य को उपयोगी सिद्ध करते हुए इसके पक्ष में कई तर्क दिये, जैसे, कविता मनुष्य को सभ्य और सुसंस्कृत बनाती है, वह नैतिकता की शिक्षा प्रभावशाली ढंग से दे सकती है तथा वह एक आदर्श एवं श्रेष्ठ जगत् की कल्पना प्रस्तुत करती है। इस प्रकार सिडनी ने अपने लेख के द्वारा काव्य सम्बन्धी परम्परागत दृष्टिकोण बदलने का स्तुत्य प्रयास किया।

---

१. पाश्चात्य समीक्षा सिद्धान्त : डा० केसरीनारायण शुक्ल, पृ० ११६-११७।

सत्रहवीं शती के आलोचकों में जान ड्राइडन का नाम उल्लेखनीय है। उन्होंने साहित्य-शास्त्र के क्षेत्र में अनेक नई स्थापनाएँ प्रस्तुत कीं, जिनमें से कुछ ये हैं--(१) कवि का कार्य जीवन को स्वाभाविक रूप में चित्रित करना है (२) कविता का मुख्य लक्ष्य आनन्द देना है, शिक्षा देना गौण है। (३) कवि बिम्बों के माध्यम से भावनाओं का चित्रण करता है। (४) कवि कल्पना-शक्ति के आधार पर काव्य-रचना करता है। (५) अरस्तू के संकलन-त्रय का निर्वाह आवश्यक नहीं है। ड्राइडन ने नई मान्यताओं के द्वारा अनेक परम्परागत धारणाओं पर तीखा प्रहार किया। विशेषतः कवि-कल्पना सम्बन्धी मत से अरस्तू का अनुकृति सिद्धान्त निराधार सिद्ध हो जाता है।

अठारहवीं शती के साहित्य-चिन्तकों में पोप, जान्सन, लेसिंग, शिलर और गेटे का महत्वपूर्ण स्थान है। पोप ने परम्परागत तत्त्वों को अपनाते हुए भी नये दृष्टिकोण का परिचय दिया। उन्होंने कविता में स्वाभाविकता एवं भावनात्मकता को प्रमुखता देते हुए लिखा--"प्रकृति की भाँति कविता में भी जो हमारे मन को प्रभावित करती है, उसके पृथक्-पृथक् अंग-प्रत्यंगों की सुडौलता नहीं होती, हम एक आँख अथवा अधर को सौन्दर्य की संज्ञा नहीं देते--सौन्दर्य उन सबकी सम्मिलित शक्ति एवं निष्पन्न परिणाम की संज्ञा है।"[१] काव्यानन्द का स्रोत भावात्मकत को मानते हुए उन्होंने प्रतिपादित किया--"परन्तु ऐसी कविताओं पर जिनमें न ज्वार आता है, न भाटा; जो शुद्ध होते हुए भी भाव-विहीन होती हैं : जो एक ही रीति से मंद-मंद प्रवाहित होती हैं; जो दोषों से बचती हुई एक ही बँधी-बँधाई गति अपनाये रहती हैं--हम दोष भले न लगायें, परन्तु (उनसे ऊबकर) सो तो सकते हैं।" पोप ने स्वाभाविकता एवं सहजता का अनुमोदन करते हुए भी काव्याभास का समर्थन किया, क्योंकि उनके विचार से 'लेखक में सच्ची सहजता कला (अभ्यास) से आती है, संयोग से नहीं--जैसे, जिन्होंने नृत्य-कला सीखी हो, उनकी गति में सबसे अधिक सहजता होती है।" इस प्रकार साहित्य की विभिन्न समस्याओं के सम्बन्ध में उन्होंने समन्वयवादी दृष्टिकोण का परिचय दिया।

डॉ० जानसन अपने युग के सबसे अधिक प्रभावशाली आलोचक माने जाते हैं। उन्होंने प्राचीन सिद्धान्तों को नये रूप में प्रस्तुत करते हुए उनका दृढ़तापूर्वक समर्थन किया। उनकी महत्त्वपूर्ण स्थापना यह है कि साहित्य में जब सामान्य मानव-स्वभाव का उद्घाटन होता है तो दर्शक या पाठक उसके साथ तादात्म्य का अनुभव करता है।[२] साथ ही उन्होंने यह भी प्रतिपादित किया कि काव्य न केवल आनन्द प्रदान करता है वह हमें शिक्षा भी देता है। प्राचीन और नवीन के बीच उन्होंने भी पोप भी भाँति समन्वय का मार्ग अपनाते हुए अपना मत व्यक्त किया।-- 'लेखक का प्रथम प्रयास प्रकृति और परम्परा में भेद करना होना चाहिए--अर्थात् जिसकी प्रतिष्ठा उपयुक्त होने के नाते हुई है और जो प्रतिष्ठित हो जाने के कारण ही उपयुक्त है, इन दोनों का भेद उसे हृदयंगम कर लेना चाहिए जिससे वह नवीनता लाने की लालसा में अनिवार्य सिद्धान्तों का अतिक्रमण न करे और न ऐसे नियमों को--जिनके प्रवर्तन का अधिकार किसी साहित्यिक तानाशाह को न था--तोड़ने के अनावश्यक डर के मारे अपनी दृष्टि की परिधि में आये हुए

---

१. पाश्चात्य काव्य काव्य-शास्त्र की परम्परा, पृ० १०२-१०५।

२. आलोचना के सिद्धान्त : शिवदानसिंह चौहान, पृ० १००।

सौन्दर्य का समावेश करने में विमुख हो।"[1] अपनी इस नीति के कारण उन्होंने त्रासदी और कागदी आदि के सम्बन्ध में प्रचलित अनेक रूढ़ियों का बहिष्कार निर्ममतापूर्वक किया।

लेसिंग, गेटे, शिलर आदि जर्मन आलोचक मूलतः साहित्य-सर्जक थे, किन्तु उन्होंने साहित्य की समस्याओं पर भी गौण रूप से विचार किया है। लेसिंग ने कला की प्रेषणीयता पर सर्वाधिक बल देते हुए इस पक्ष का विश्लेषण प्रस्तुत किया। गेटे ने काव्य के विभिन्न रूप-भेदों और उसकी विभिन्न प्रवृत्तियों का वर्गीकरण एवं विश्लेषण करते हुए क्लासिक काव्य को स्वस्थ, प्राणवान एवं आनन्ददायी तथा रोमांटिक काव्य को रुग्ण, दुर्बल एवं विकृत सिद्ध किया। कविता की विषयवस्तु के सम्बन्ध में भी उन्होंने मौलिक सामग्री की अपेक्षा परम्परागत वस्तु को ही अपनाने का उपदेश देते हुए नये कवियों को बताया कि उन्हें अपने आत्म-तत्त्व के अनुकूल ही विषय-वस्तु का चयन करना चाहिए। उनके शब्दों में—"उपलब्ध सामग्री के आधार पर सारा कार्य सहज ही और अच्छे ढंग से निष्पन्न हो जाता है। तथ्य और चरित्र उपलब्ध हों तो कवि को केवल उनमें प्राण-संचार करना होता है। वस्तुतः मैं तो उन्हीं विषयों के चयन का परामर्श दूँगा जिन पर पहले कार्य हो चुका हो। हमारे अधिकांश युवा लेखकों में इसके सिवाय कोई दोष नहीं कि उनका आत्म तत्त्व महत्त्वपूर्ण नहीं होता।" उन्होंने अरस्तू के काव्य-शास्त्र शास्त्र में नया परिशिष्ट जोड़कर अरस्तू के अनेक संदिग्ध मतों की व्याख्या करने का भी प्रयास किया था।

शिलर मूलतः नाटककार थे। उन्होंने अपने प्रसिद्ध लेख 'सरल तथा भावप्रवण कविता' में सौंदर्य-सिद्धान्तों के आधार पर काव्य-कला की व्याख्या तथा उसकी विभिन्न प्रवृत्तियों के वर्गीकरण का महत्त्वपूर्ण प्रयास किया। उन्होंने अपने युग की प्राचीन यूनानी युग से तुलना करते हुए भावानुभूति की प्रक्रिया के सम्बन्ध लिखा है—'प्राचीन यूनानियों की बात सर्वथा भिन्न थी। उनके समय में सभ्यता का ह्रास नहीं हुआ था, न वह अतिवादिता की ऐसी सीमा तक पहुँची थी कि प्रकृति से सम्बन्ध-विच्छेद आवश्यक हो जाता। उनके सामाजिक जीवन का संपूर्ण ढाँचा किसी कृत्रिम अवधारणा में विश्रान्ति न पाकर भावनाओं में या कला-कृति में विश्रान्ति पाता था...अतः यदि वे मनुष्य से बाहर प्रकृति को देखते थे तो उनके लिए आश्चर्यान्वित होने का कोई कारण न होता था और न उन्हें किन्हीं ऐसे माध्यमों की आवश्यकता का अनुभव होता था जिनके द्वारा वे प्रकृति का पुनः अन्वेषण कर सकें। लेकिन हम अपने आपमें सामंजस्य नहीं रख पाते—हमने मानवता के जो भी अनुभव किये हैं। उनसे हम असंतुष्ट हैं। अतः हम उससे दूर भागने के सिवा कोई रुचि उसके प्रति नहीं रख पाते—हम उस अपरूप आकार को अपनी दृष्टि से दूर ही रखना चाहते हैं।'[2] इस प्रकार हम देखते हैं कि इन जर्मन साहित्यकारों ने साहित्य की व्यावहारिक समस्याओं को युग परिस्थितियों के परिप्रेक्ष्य में रखकर विचार किया, जो दृष्टि की वैज्ञानिकता को सूचित करता है।

उन्नीसवीं शतीं में स्वच्छन्दतावादी आन्दोलन का प्रवर्त्तन एवं विस्तार हुआ, जिसके अग्रगामी नेताओं में वर्ड्सवर्थ, कॉलरिज और शैली का नाम विशेष रूप से उल्लेखनीय है। इन्होंने साहित्य

---

१. पाश्चात्य काव्य-शास्त्र की परंपरा, पृ० ११८।
२. पाश्चात्य काव्य-शास्त्र की परम्परा, पृ० १२६।

के क्षेत्र में रूढ़िवादिता, शास्त्रवादिता, नियमबद्धता,विचारात्मकता पूर्वाभ्यास की पद्धति का विरोध करते हुए नवीनता, स्वच्छन्दता, वैयक्तिकता, भावात्मकता एवं सहजता की प्रतिष्ठा की। वर्ड्सवर्थ ने लोकभाषा को ही काव्य भाषा के रूप में स्वीकार किए जाने का समर्थन करते हुए दोनों के अन्तर को अस्वाभाविक एव घातक सिद्ध किया। उन्होंने काव्य को अभ्यास एवं कौशल द्वारा रचित न मानकर शान्त क्षणों के सहज भावोद्रेक के रूप में रचित स्वीकार किया। कवि के लिए शिक्षा, नैतिकता एवं उपदेश देने के बंधन को उन्होंने अनुचित बताते हुए आनन्द को ही काव्य का मूल लक्ष्य स्वीकार किया। इसी प्रकार कॉलरिज ने कविता का विरोध गद्य से नं मानकर विज्ञान से माना। काव्य मौलिक रचना नहीं,अपितु अनुकृति है—इस स्थापना पर कुठाराघात करते हुए उन्होंने कल्पना सिद्धांत की प्रतिष्ठा की जिससे प्रमाणित हो जाता है कि कल्पनाजन्य कृति होने के कारण काव्य को नूतन सृष्टि के रूप में स्वीकार किया जा सकता है । शैली ने भी वर्ड्सवर्थ एवं कॉलरिज के सिद्धान्तों का समर्थन पूरी शक्ति से किया। अस्तु, परंपरागत मान्यताओं में परिवर्तन एवं संशोधन करने की दृष्टि से स्वच्छन्दतावादी काव्य-चिन्तकों का बहुत अधिक महत्त्व है।

उन्नीसवीं शती के उत्तरार्द्ध में कुछ ऐसे विचारकों का आविर्भाव हुआ जिन्होंने अति स्वच्छन्दतावादी प्रवृत्तियों को नियन्त्रित करते हुए स्वच्छन्दता, वैयक्तिकता एवं आनन्दवादिता के स्थान पर पुनः मर्यादा, सामाजिकता एवं उपयोगिता को प्रतिष्ठित करने का प्रयास किया—इसमें मैथ्यू आर्नल्ड, रस्किन, तॉलस्तॉय आदि प्रमुख थे। आर्नल्ड ने साहित्य को जीवन की आलोचना के रूप में स्वीकार करते हुए नैतिक मूल्यों एवं मानव-हित को काव्य के लिय श्रेयस्कर सिद्ध किया। उन्होंने काव्य की विषय-वस्तु के रूप में भी उदात्त कार्यों एवं चिरंतन भावनाओं को अपनाए जाने का समर्थन करते हुए लिखा—" समस्त राष्ट्रों में सदा-सर्वदा काव्य के शाश्वत विषय क्या रहे हैं?—कार्य' व्यापार, मानव के कार्य-व्यापार। उनमें एक निहित रोचकता होती है........।[1] यदि कवि समझता है कि सब कुछ उसी की शक्ति में है कि वह अपनी प्रतिपादन-कला से किसी मूलतः निकृष्ट- कार्य व्यापार को उत्कृष्ट कार्य-व्यापार के समान आनन्ददायक बना सकता है तो उसका यह विचार मिथ्या है।.......अतः सर्वप्रथम तो कवि को उत्कृष्ट कार्य-व्यापार का चयन कर लेना चाहिए और सबसे उत्कृष्ट कार्य-व्यापार कौन से होते हैं? निश्चय ही जो मानस के सहज संस्कारों को सबसे अधिक आन्दोलित करें—उन मूलवर्त्ती भावनाओं को (आंदोलित करें) जिनका जातीय मानस में स्थायी वास होता है और जो काल-निरपेक्ष होती हैं। ये भावनाएँ स्थायी और परिवर्तनशील होती हैं और इनके अनुरंजन के साधन भी स्थायी और परिवर्तनशील होते हैं।"[2] आर्नल्ड की ही भाँति रस्किन और तॉल्सतॉय ने भी कला और साहित्य को जीवन के उच्चादर्शों से सम्बन्धित किया। जहाँ रस्किन ने कला को आध्यात्मिक एवं नैतिक तत्त्वों की अभिव्यक्ति के एक पवित्र माध्यम का रूप दिया, वहाँ तॉल्सतॉय ने उसे हमारी उदात्त भावनाओं के उद्वेलन की शक्ति से युक्त सिद्ध किया। अस्तु, इन आचार्यों ने काव्य की लोक-

---

१. पाश्चात्य काव्य-शास्त्र की परंपरा, पृ० १३५-१३६।

२. वही, पृ० १९४।

हितवादी दृष्टिकोण से सुन्दर व्याख्याएँ प्रस्तुत कीं।

बीसवीं शताब्दी का काव्य-शास्त्र विभिन्न वादों एवं बहुमुखी प्रवृत्तियों से ग्रसित रहा है। इसमें मुख्यतः कलावाद, अभिव्यंजनावाद, प्रतीकवाद, बिम्बवाद, मनोविश्लेषणात्मक विचार धारा, समाजवादी या प्रगतिवादी विचार-धारा आदि उल्लेखनीय हैं। इन वादों एवं प्रवृत्तियों के उन्नायकों ने एकांगी दृष्टिकोण से साहित्य की विभिन्न व्याख्याएँ प्रस्तुत की हैं जो परस्पर-विरोधी हैं। उनसे साहित्य का स्वरूप स्पष्ट कम हुआ है, उसके सम्बन्ध में मिथ्या धारणाओं एवं भ्रान्तियों का प्रचार अधिक हुआ है। इन नाना मत-मतान्तरों के कारण आज समीक्षा के क्षेत्र में अराजकता की सी स्थिति उत्पन्न हो गई है—जिस तत्त्व को एक गुण मानता है, उसी को दूसरा दोष मानता है! ऐसी परिस्थिति में आई०ए०रिचईस, हरवर्ट रीड, एफ०एल०ल्युकस जैसे विद्वानों ने साहित्य-शास्त्र को विज्ञान एवं मनोविज्ञान के आधार पर व्यवस्थित रूप देने का प्रयास किया है, किन्तु इस क्षेत्र में अभी बहुत कार्य बाकी है। श्री हरबर्ट डिंगल तथा उनके अन्य कई साथियों ने साहित्य-समीक्षा को वैज्ञानिक रूप देने का आन्दोलन चलाया किन्तु उन्हें इसमें सफलता नहीं मिली, अतः आज काव्य-चिन्तन के क्षेत्र में अराजकता की सी स्थिति चल रही है—हर आलोचक का काव्य के संबंध में अपना-अलग सिद्धान्त है। अतः कह सकते हैं कि हर आलोचक की अलग-अलग ढ़पली और अलग-अलग राग है। यह स्थिति स्वयं स्वस्थ एवं संतुलित समीक्षा के लिए भी घातक है।

साहित्य के सार्वभौम सिद्धान्तों की स्थापना—यद्यपि भारतीय एवं पाश्चात्य चिन्तन के क्षेत्र में लगभग ढाई हजार वर्षों के काव्य के स्वरूप, उसके विभिन्न तत्त्वों एवं उसकी विभिन्न क्रिया-प्रतिक्रियाओं पर शताधिक विद्वानों द्वारा विचार हुआ है किन्तु दुर्भाग्य से इस दीर्घ एवं बहुव्यापी प्रयास के बावजूद भी काव्यशास्त्र की उपलब्धियाँ नगण्य हैं। इससे अधिक विडम्बना क्या होगी कि शताब्दियों के चिन्तन के बाद भी हम कविता या साहित्य की कोई एक ऐसी परिभाषा तक स्थिर नहीं कर पाये जो कि सर्वांगीण हो, सर्वव्यापक हो एवं सर्वमान्य हो! यदि साहित्य के किसी विद्यार्थी ने पूछा जाय कि कविता का लक्षण क्या है? जो इसके उत्तर में वह भरतमुनि से लेकर डॉ० नगेन्द्र तक या अरस्तू से लेकर हरबर्ट रीड त के शताधिक विद्वानों की कई सौ परिभाषाएँ गिना देगा किनतु वह कोई एक परिभाषाबताने की स्थिति में नहीं है। इसका तात्पर्य यह है कि सहस्राधिक वर्षों के विन्तन-मनन के बाद भी हम कविता, काव्य का साहित्य के विभिन्न पक्षों, जैसे कि साहित्य के तत्त्व, उसके भेदोपभेद, उसकी सृजन-प्रक्रिया, उसकी आस्वादन प्रक्रिया आदि के सम्बन्ध में किसी एक सर्व मान्य त की स्थापना करने में सफल नहीं हो सके, यह दूसरी बात है कि प्रत्येक विषय पर परस्पर-विरोधी मतों के ढर लग जायँ। वस्तुतः काव्यशास्त्र के क्षेत्र के में जितने अधिक विद्वान आये, उतनी ही उसमें परिभाषाएँ विचारधाराएँ एवं परस्पर-विरोधी धारणाएँ एकत्रित होती है। ऐसी स्थिति में साहित्य के पाठक के लिए यह समस्या है कि वह किस मत को ग्राह्य समझे और किसको त्याज्य?

परम्परागत काव्यशास्त्र की एक बहुत बड़ी सीमा यह भी है कि वह देशकाल की सामयिक अवधारणाओं से आबद्ध है। इसलिए उसमें सार्वजनीनता या विश्व व्यापकता का (यूनिवर्सिलिटी) अभाव है। काव्यशास्त्रीय सिद्धान्तों के पूर्व भारतीय या पाश्चात्य जैसे विशेषणों का प्रयोग करना ही यह सिद्ध करता है कि ये सिद्धान्त देश-विदेश की सीमाओं से आबद्ध हैं। उदाहरण के लिए

हम मनोविज्ञान, समाजशास्त्र, भौतिक विज्ञान, रसायनशास्त्र आदि के पूर्व कभी भी 'भारतीय' या 'पाश्चात्य' विशेषण का प्रयोग नहीं करते। भौतिक विज्ञान के अन्तर्गत हम किसी भी सिद्धान्त को भारतीय भौतिक विज्ञान या पाश्चात्य भौतिक विज्ञान की संज्ञा नहीं देते जबकि काव्यशास्त्र के क्षेत्र में ऐसा होता है। यदि हमें काव्यशास्त्र के सिद्धान्तों को भी सर्वव्यापक या यूनीवर्सल रूप देना है तो उन्हें शास्त्र की रूढ़ियों से मुक्त करके विज्ञान की पद्धति के आधार पर प्रतिष्ठित करना होगा।

कोई भी सिद्धान्त जो कि सर्वव्यापी होता है वह व्यक्ति विशेष की दृष्टि तक सीमित नहीं रहता जबकि काव्यशास्त्र के प्रायः सभी सिद्धान्त व्यक्तियों के नामानुक्रम से प्रचलित है। जैसे— "अरस्तू का विरेचन सिद्धान्त, अभिनवगुप्त का अभिव्यक्तिवाद, क्रोचे का अभिव्यंजनावाद, रिचर्ड्स का मूल्य सिद्धान्त आदि। इस प्रकार ये सिद्धान्त व्यक्ति विशेष की सीमित दृष्टि विशिष्ट दृष्टिकोण और उसके पूर्वाग्रह पूर्ण प्रयासों के द्योतक हैं, जो अपने-आप में इन सिद्धान्तों की सीमाओं के सूचक हैं। इन सिद्धान्तों को यूनिवर्सल रूप देने के लिए इन्हें व्यक्ति-विशेष की दृष्टि, सीमा, दृष्टिकोण एवं पूर्वाग्रहों से मुक्त करना होगा।

परम्परागत काव्य सिद्धांतों में से विशेषतः आधुनिक युग के पाश्चात्य सिद्धांतों में एक दोष यह भी पाया जाता है कि वे साहित्येत्तर विषयों जैसे—राजनीति, समाजशास्त्र, मनोविज्ञान, मनोविश्लेषण, शैलीविज्ञान आदि से प्रेरित एवं प्रभावित हैं। इस प्रकार के साहित्येतर सिद्धांत साहित्य के आधारभूत तत्त्व सौन्दर्य की उपेक्षा करते हुए काव्य-रचनाओं या साहित्यिक कृतियों को राजनीतिक प्रचार, समाजशास्त्रीय अवधारणाओं, मनोवैज्ञानिक एवं मनोविश्लेषणात्मक स्थापनाओं, भाषा वैज्ञानिक पद्धतियों के आरोपण का माध्यम बना देते हैं। हमारे विचार से साहित्येतर विषयों के ज्ञान का उपयोग उसी सीमा तक होना चाहिए जहाँ तक वह साहित्य की साहित्यिकता का उद्‌घाटन करने में सहायक सिद्ध होता है किन्तु आज इन इतर शास्त्रों की अवधारणाओं का प्रयोग इस तरह हो रहा है कि जिससे साहित्य की साहित्यकता ही तिरोहित, उपेक्षणीय एवं गौण होती जा रही है।

साहित्य विज्ञान की स्थापना—साहित्य-चिन्तन की उपर्युक्त सभी त्रुटियों के निराकरण का एक मात्र उपाय यही है कि हम काव्यशास्त्र या साहित्य-शास्त्र का वैज्ञानिक पद्धति से संशोधन एवं परिष्कार करते हुए उसे 'साहित्य-विज्ञान' में परिणत करें। इसके अन्तर्गत परम्परागत सभी सिद्धान्तों को कालक्रम से या कवियों के क्रम से न लेकर विषयक्रम से लिया जाना चाहिए उदाहरण के लिए साहित्य का आधारभूत क्या है? इस शीर्षक के अन्तर्गत भारतीय एवं पाश्चात्य विद्वानों के उन सभी मतों पर विचार किया जा सकता है जो कि इस प्रश्न से सम्बन्धित है। फिर इन सभी प्रश्नों पर तुलनात्मक दृष्टि से विचार करते हुए उन तत्त्वों का निर्देश किया जा सकता है, जो कि संगत एवं सार्थक हैं, शेष को ठुकराया जा सकता है। फिर इन संगत तत्त्वों के तुलनात्मक अध्ययन के आधार पर किसी एक सामान्य निष्कर्ष की उपलब्धि की जा सकती है। इसी प्रकार साहित्य के अन्य पक्षो, तत्त्वों एवं क्रिया-प्रक्रियाओं का अनुशीलन किया जा सकता है। इस प्रक्रिया द्वारा हम साहिथ्य के प्रत्येक विषय के सम्बन्ध में किसी निश्चित, प्रामाणिक, सर्वांगीण एवं सर्वमान्य निष्कर्ष तक पहुँच सकते हैं उसी स्थिति में हम साहित्य

सम्बन्धी विभिन्न जिज्ञासाओं, शंकाओं एवं समस्याओं का समाधान सर्वमान्य रूप में कर सकते हैं।

प्रस्तुत पंक्तियों के लेखक ने अपने डी० लिट० के लिए स्वीकृत शोध-प्रबन्ध 'साहित्य-विज्ञान' या 'साहित्य का वैज्ञानिक विवेचन' में उपर्युक्त लक्ष्य की पूर्ति का एक विनम्र प्रयास किया है, जिसमें भारतीय एवं पाश्चात्य काव्यशास्त्र, सौन्दर्य शास्त्र, आधुनिक मनोविज्ञान के तुलनात्मक अध्ययन के आधार पर सामान्यीकरण की प्रक्रिया के द्वारा अनेक ऐसे सिद्धान्तों की स्थापना की है जो कि साहित्य के शाश्वत् तत्वों पर आधारित होने के कारण सार्वभौम एवं सर्वकालिक अथवा यूनिवर्सल कहे जा सकते हैं मुख्यतः वे सिद्धान्त निम्नलिखित हैं–

१. साहित्य की आधारभूत शक्ति के रूप में आकर्षण शक्ति सिद्धान्त।

२. साहित्य की विषयवस्तु का वैज्ञानिक विश्लेषण।

३. साहित्य की शैली के रूपान्तरण की प्रक्रिया का सिद्धान्त।

४. साहित्य की सृजन-प्रक्रिया का सिद्धान्त।

५. साहित्य की आस्वादन प्रक्रिया का सिद्धान्त।

६. साहित्य की विकास-प्रक्रिया का सिद्धान्त।

उपर्युक्त सभी सिद्धान्तों भारतीय एवं पाश्चात्य काव्य सिद्धान्तों के तुलनात्मक अध्ययन पर आधारित एवं वैज्ञानिक पद्धति के द्वारा प्रतिपादित होने के कारण सर्वव्यापी कहे जा सकते हैं किन्तु हिन्दी समीक्षा का दुर्भाग्य यह है कि उसमें आज तक या तो संस्कृत के परम्परागत सिद्धान्तों–रस, अलंकार, रीति, वक्रोक्ति, ध्वनि और औचित्य–या पाश्चात्य समीक्षा के आधुनिक तत्वों व समीक्षा पद्धतियों की ही चर्चा बराबर होती रही है, वह स्वयं हिन्दी के विद्वानों द्वारा हिन्दी में प्रतिपादित सिद्धान्तों की सदा उपेक्षा करता रहा है इसी का परिणाम है कि आज हिन्दी समीक्षा के क्षेत्र में व्यवहृत एक भी ऐसा सिद्धान्त दृष्टिगोचर नहीं होता जो कि हिन्दी का अपना हो–वह या तो संस्कृत की परम्परा पर आधारित है या पश्चिम से उधार लिया हुआ है। वस्तुतः यह स्थिति हमारी आत्मलघुता, हीनता एवं पराधीनता की द्योतक है, जो कि हिन्दी समीक्षा के स्वतंत्र विकास के लिए अत्यधिक घातक है।

संभवतः जिन साहित्यकारों एवं समीक्षकों की जीवन-दृष्टि का विकास परतंत्र भारत या पराधीनता के वातावरण में हुआ , उनके लिए एकाएक आत्महीनता की भावना से मुक्त हो पाना कठिन है किन्तु हमारा विश्वास है कि भविष्य का हिन्दी चिन्तक जो कि स्वतंत्रता के वातावरण में विकसित हो रहा है, अवश्य ही हिन्दी समीक्षा को इस आत्महीनता एवं परावलम्बता से मुक्त करके उसे सार्वभौम या विश्व-समीक्षा के स्तर तक पहुँचाने में योग देगा।

●

भारतीय एवं पाश्चात्य काव्य सिद्धांत

१

साहित्य : स्वरूप-विवेचन

'साहित्य' शब्द की व्याख्या करते हुए 'हिन्दी-साहित्य-कोश' के रचयिताओं ने लिखा है—"साहित्य = सहित + यत् प्रत्यय, साहित्य का अर्थ है शब्द और अर्थ का यथावत् सहभाव अर्थात् 'साथ होना'। इस प्रकार सार्थक शब्द मात्र का नाम 'साहित्य' है।" यह व्याख्या किसी व्याकरणाचार्य के मस्तिष्क को भले ही सन्तुष्ट कर दे, किन्तु एक सामान्य विद्यार्थी की जिज्ञासा इससे शान्त नहीं होती। यह तो ठीक है कि 'साहित्य' से 'सहभाव' ध्वनित होता है किन्तु सहभाव किसका? यह सहभाव शब्द और अर्थ का ही हो, ऐसा संकेत इस शब्द में कहीं नहीं मिलता। कुछ विद्वानों ने 'साहित्य' में से **'सहित'** (अर्थात् स = हित + हित के साथ) को पृथक करते हुए हित-कारक रचना को 'साहित्य' बताया है, किन्तु यह व्याख्या भी सर्वांश में सत्य सिद्ध नहीं होती। एक अच्छे सुन्दर चिकने पत्र पर रंग-बिरंगे शब्दों में मुद्रित वह रचना भी जिसकी एक ओर 'अशोक-चक्र' तथा दूसरी ओर बैंक का नाम, गवर्नर के हस्ताक्षर, देय राशि व क्रम संख्या आदि अंकित हैं, किसी दरिद्र-नारायण के भक्त के लिए कम हितकारक नहीं होती, किन्तु इसी से क्या हम इसे 'साहित्य' की संज्ञा दे सकते हैं! वस्तुतः इन व्याख्याओं का अर्थ से सीधा सम्बन्ध नहीं है, किसी प्रकार खींच-तानकर प्रचलित अर्थ के साथ 'साहित्य' शब्द का संगति बैठाने का प्रयत्न किया गया है।

'साहित्य' शब्द की व्युत्पत्ति का रहस्य जानने के लिये इसके इतिहास पर दृष्टिपात करना उचित होगा। कहा जाता है कि 'साहित्य' शब्द का प्रचलन इस अर्थ में सातवीं-आठवीं शती से हुआ है। इससे पहले संस्कृत में 'साहित्य' के स्थान पर 'काव्य' शब्द का ही प्रयोग मिलता है। भामह, राजशेखर, कुन्तक, प्रभृति आचार्यों ने काव्य की परिभाषा करते हुए शब्द और अर्थ के सहभाव को ही काव्य बताया,[१] तथा इसी प्रसंग में उन्होंने 'सहितौ', 'सहभाव' आदि का उल्लेख किया, पर आगे चलकर 'शब्द और अर्थ के सहभाव (साहित्य)' के स्थान पर केवल सहभाव (साहित्य) ही रह गया। जिस प्रकार 'रेलवे-ट्रेन' में से अब केवल 'रेल' या 'ट्रेन' ही प्रयुक्त होते हैं, शेष दो शब्द प्रायः छोड़ दिये जाते हैं, वैसे ही 'शब्द और अर्थ का साहित्य' के स्थान पर केवल 'साहित्य' का ही प्रयोग चल पड़ा। वस्तुतः भाषा-विज्ञान के अनुसार प्रयत्नलाघव की प्रवृत्ति के कारण शब्दों का प्रचलन, प्रयोग एवं अर्थ-विकास इस प्रकार प्रायः होता रहता है; अतः 'साहित्य' शब्द का यह प्रयोग भी इसी प्रयत्नलाघव की प्रवृत्ति का परिणाम है।

यह भी भाषा-विज्ञान का नियम है कि जब एक ही अर्थ में दो शब्दों का प्रयोग होने लगता है तो उनमें से किसी एक का अर्थ संकुचित या परिवर्तित हो जाता है। जब संस्कृत

---

१. **द्रष्टव्य 'साहित्य विज्ञान' : प्रथम खण्ड, पृष्ठ १९-२०**

में भी 'काव्य' और 'साहित्य' दोनों शब्दों का प्रयोग एक ही अर्थ में होने लगा तो आगे चलकर काव्य का अर्थ संकुचित हो गया, वह केवल कविता तक सीमित रह गया जबकि 'साहित्य' का प्रयोग व्यापक रूप में—कविता, नाटक, उपन्यास, समीक्षा आदि सभी विधाओं (मुख्यत: गद्यात्मक रचनाओं) के लिए होने लग गया। इस प्रकार 'साहित्य' शब्द 'काव्य' का परवर्ती एवं उत्तराधिकारी होते हुए भी आज अपने पूर्वज से अधिक समृद्ध, व्यापक एवं विकसित है।

आधुनिक युग में 'साहित्य' शब्द का प्रचलन अंग्रेजी के 'लिटरेचर' शब्द की भाँति दो अर्थों में होता है—व्यापक अर्थ में वह समस्त लिखित एवं मौखिक रचनाओं के अर्थ में प्रयुक्त होता है जबकि संकुचित अर्थ में वह 'काव्य' के पर्याय के रूप में गृहीत होता है। दूसरे शब्दों में एक ओर वह समस्त प्रकार के ग्रन्थ-समूह को सूचित करता है तो दूसरी ओर वह एक विशेष कोटि की रचनाओं तक ही सीमित है। पाश्चात्य विद्वानों ने इन दोनों का अन्तर स्पष्ट करने के लिए एक को 'ज्ञान का साहित्य' कहा है तो दूसरे वर्ग की रचनाओं को 'भावना या शक्ति का साहित्य' की संज्ञा दी है। प्रसिद्ध विद्वान् डी क्विनसी (De Quincey) ने दोनों की तुलना करते हुए लिखा है कि जहाँ ज्ञान के साहित्य का लक्ष्य सिखाना होता है वहाँ भावना के साहित्य का लक्ष्य भावनाओं को जाग्रत करना होता है; एक में तथ्यों और उपदेशों की प्रधानता होती है जबकि दूसरे में कला और सौन्दर्य की अभिव्यक्ति होती है। प्रस्तुत लेख में हमारा विवेच्य भावना का साहित्य ही है जो कि गद्य और पद्य में लिखी हुई सभी प्रकार की कलापूर्ण-रचनाओं—कविता उपन्यास, कहानी, निबन्ध आदि—से सम्बन्धित है।

परिभाषा : भारतीय दृष्टि से

साहित्य का स्वरूप स्पष्ट करने के लिए हमारे अनेक प्राचीन और अर्वाचीन आचार्यों ने साहित्य की विभिन्न परिभाषाएँ निश्चित की हैं जिनमें से कुछ यहाँ विचारणीय हैं। आचार्य भामह (छठी-सातवीं शती) ने अपने 'काव्यालंकार' में लिखा था—**'शब्द और अर्थ मिलाकर काव्य** (साहित्य) **होता है'** तो दंडी के विचार से **'इष्ट अर्थ से विभूषित शब्द समूह ही काव्य-शरीर है।'** इसी प्रकार आचार्य वामन **'गुण तथा अलंकार से संस्कारित शब्दार्थ'** को साहित्य मानते हैं तो राजशेखर के विचारानुसार **'गुण से युक्त वाक्य ही काव्य है।'** आचार्य कुन्तक ने किंचित विस्तार से परिभाषा करते हुए लिखा—**"शब्द और अर्थ का मनोहर विन्यास साहित्य है, जिसमें शब्द और अर्थ परस्पर इतने संतुलित हों कि न तो कोई न्यून हो और न कोई अधिक हो।"** आगे चलकर मम्मट (११वीं शती) ने **'दोष-रहित गुणों से मंडित शब्दार्थ को भले ही वह कहीं-कहीं अलंकार शून्य हो'** काव्य माना है तो दूसरी ओर आचार्य विश्वनाथ (१४वीं शती) ने **'रसात्मक वाक्य'** को तथा पंडितराज जगन्नाथ (१७वीं शती) ने **'रमणीय अर्थ के प्रतिपादक शब्द'** को काव्य या साहित्य माना है।

वस्तुत: ये सब परिभाषाएँ विद्वानों के अपने-अपने दृष्टिकोण से प्रस्तुत हैं जिससे वे एकांकी एवं अपूर्ण सिद्ध होती हैं। उदाहरण के लिए भामह ने शब्द और अर्थ के मेल को साहित्य माना—पर शब्द और अर्थ का मेल तो प्रत्येक व्यक्ति की भाषा में होता है क्योंकि निरर्थक शब्दों का उच्चारण या तो कोई अबोध शिशु करता है या प्रलाप करने वाला पागल! क्या साहित्येतर रचनाओं में शब्द और अर्थ का साहचर्य नहीं होगा! ऐसी स्थिति

में केवल शब्दार्थ के साहचर्य को ही 'साहित्य' बताना उचित नहीं। हाँ, इससे एक विशेषता का पता अवश्य लगता है कि साहित्य में शब्द + अर्थ अर्थात् भाषा का प्रयोग होता है, बिना भाषा के कोई भी साहित्य नहीं रचा जा सकता।

दंडी, वामन, राजशेखर, कुन्तक, मम्मट, प्रभृति ने शब्दार्थ या भाषा के अतिरिक्त इष्ट अर्थ, गुण, अलंकार, मनोहर विन्यास, दोष-रहित आदि विशेषताओं का परिगणन किया—सच पूछें तो ये सारी विशेषताएँ एक ही बात की सूचक हैं, साहित्य में सौन्दर्य या आकर्षण होता है। गुण, अलंकार, रीति आदि सबका लक्ष्य साहित्य में सौन्दर्य या आकर्षण-शक्ति उत्पन्न करना है; इसी शक्ति के कारण साहित्य के शब्दार्थ इष्ट या प्रिय अथवा रोचक प्रतीत होते हैं। सामान्य भाषा और साहित्य के शब्दार्थ में यही अन्तर है—सामान्य प्रयोगों में सर्वत्र ही आकर्षण नहीं होता और जबकि साहित्य में सर्वत्र आकर्षण होता है। अतः इन सारी विशेषताओं का समाहार एक शब्द में करते हुए कहा जा सकता है कि साहित्य में आकर्षण होता है।

आचार्य विश्वनाथ और पंडितराज जगन्नाथ ने क्रमशः रसात्मकता और रमणीयता को साहित्य का आधार माना है, पर प्रश्न है कि इन विशेषताओं का पता कैसे चले? किसी भी रचना में रसात्मकता और रमणीयता के अस्तित्व का ज्ञान उसके आस्वादन से ही हो सकता है—जिस रचना के आस्वादन से रस या आनन्द की अनुभूति होती है उसी में रसात्मकता और रमणीयता स्वीकार की जाती है। अस्तु आनंद की अनुभूति साहित्य की तीसरी विशेषता है। सहित्य की इन तीनों ही विशेषताओं का समन्वय करते हुए 'साहित्य-विज्ञान' में साहित्य की सामान्य परिभाषा इस प्रकार निर्धारित की गयी है—"साहित्य भाषा के माध्यम से रचित वह सौन्दर्य या आकर्षण से युक्त रचना है जिसके अर्थ-बोध से सामान्य पाठक को आनन्द की अनुभूति होती है।" हमारे विचार से यह परिभाषा साहित्य की सामान्य परिभाषा के रूप में स्वीकर की जा सकती है।

पाश्चात्य दृष्टि

पाश्चात्य विद्वानों ने भी साहित्य की विभिन्न परिभाषाएँ की हैं जिनमें से कुछ यहाँ उल्लेखनीय हैं। आचार्य अरस्तू ने 'शब्दों के माध्यम से प्रस्तुत अनुकृति को काव्य या साहित्य की संज्ञा दी है।' सिडनी के विचार से 'काव्य या साहित्य वह अनुकरणात्मक कला है जिसका लक्ष्य शिक्षा और आनंद प्रदान करता है।' कालरिज के अनुराग 'काव्य रचना का वह विशिष्ट प्रकार है जिसका तात्कालिक लक्ष्य प्रसन्नता प्रदान करना होता है।' शेली के विचार से 'काव्य सर्वाधिक सुखी एवं श्रेष्ठतम हृदयों के श्रेष्ठतम क्षणों का लेखा-जोखा है।' हडसन ने भाषा के माध्यम से जीवन की अभिव्यक्ति को काव्य माना है। इस प्रकार अलग-अलग विद्वानों ने अलग-अलग परिभाषाएँ प्रस्तुत की हैं जिनसे काव्य या साहित्य को समझना कठिन है। वस्तुतः ये परिभाषाएँ अव्याप्ति या अतिव्याप्ति दोष से युक्त हैं। इसके अतिरिक्त इन्होंने काव्य या साहित्य क्या है, इसका उत्तर देने के स्थान पर काव्य और कवि, काव्य या पाठक तथा काव्य और जीवन के सम्बन्ध को सूचित किया है जिससे मूल प्रश्न का उत्तर नहीं मिलता। वस्तुतः ये साहित्य के विभिन्न दृष्टिकोणों एवं पक्षों को सूचित करती हैं किन्तु इनमें से किसी को भी साहित्य की एक सर्वाङ्गीण परिभाषा के रूप में स्वीकार करना कठिन है। अस्तु हमारे विचार से जो परिभाषा पीछे प्रस्तुत की जा चुकी है, वह इन सभी परिभाषाओं की अपेक्षा अधिक निर्दोष एवं व्यापक है। फिर भी साहित्य

के स्वरूप के स्पष्टीकरण के लिए केवल परिभाषा का निर्धारण ही पर्याप्त नहीं है, उसके विभिन्न लक्षणों एवं तत्त्वों का बोध भी अपेक्षित है, अतः आगे इन्हीं की चर्चा की जायेगी।

साहित्य के भेदक लक्षण

साहित्यिक और असाहित्यिक कृतियों के अंतर को स्पष्ट करने के लिए साहित्य के तीन भेदक लक्षण किये जा सकते हैं—(१) **स्थायित्व**, (२) व्यक्तित्व का प्रतिफलन और (३) रागात्मकता। साहित्य और असाहित्य (दर्शन, विज्ञान आदि) में सबसे पहला अन्तर स्थायित्व का होता है। जहाँ विज्ञान के क्षेत्र में एक ही विषय पर एक पुस्तक के स्थान पर दूसरी पुस्तक आने पर पहली का स्थान गौण हो जाता है या एक का स्थान दूसरी ग्रहण कर लेती है, पर साहित्य में ऐसा नहीं होता जिससे साहित्य की प्रत्येक कृति का महत्व स्थायी बना रहता है। साहित्य में इस स्थायित्व का मूल कारण यह है कि उसमें रचयिता के व्यक्तित्व का प्रभाव मिश्रित रहता है जिससे उसी विषय पर दूसरे व्यक्ति की रचना पहली रचना की स्थानापन्न नहीं हो पाती। उदाहरण के लिए भगवान् राम के चरित्र को लेकर तुलसी, केशव एवं मैथिलीशरण गुप्त—तीनों ने प्रबन्ध काव्य लिखे पर फिर भी तीनों का स्थान सुरक्षित है, क्योंकि उन सबमें उनके अपने-अपने रचयिताओं के व्यक्तित्व का प्रभाव अंकित है, जबकि गणित, भूगोल, कानून आदि साहित्येतर विषयों की कृतियों में ऐसा नहीं होता।

अस्तु, जहाँ विज्ञान सम्बन्धी रचनाओं में विषय-सापेक्ष तथ्यों का प्रतिपादन होता है जबकि साहित्यिक रचनाओं मे व्यक्ति-सापेक्ष भावनाओं और विचारों का—यही कारण है कि एक व्यक्ति की काव्य-रचना का **महत्व** उसी विषय पर लिखी गई दूसरे व्यक्ति की रचना के पश्चात् भी अक्षुण्ण रहता है।

साहित्य का दूसरा लक्षण 'व्यक्तित्व का प्रतिफलन' है। व्यक्तित्व क्या है? आजकल कुछ लोग शरीर की लम्बाई, चौड़ाई और बाह्य वेश-भूषा को ही व्यक्तित्व समझने की भूल करते हैं। इसमें कोई सन्देह नहीं कि स्थूल शारीरिक विशेषताएँ भी व्यक्तित्व के एक अंग हैं किन्तु वे ही सब कुछ नहीं हैं। व्यापक दृष्टि से व्यक्तित्व के अन्तर्गत किसी व्यक्ति के जीवन के प्रति दृष्टिकोण, उसकी विचार-धारा, उसका ज्ञानकोष, उसकी अनुभूतियाँ, उसका चरित्र, उसकी वैयक्तिक, पारिवारिक एवं सामाजिक स्थिति, उसकी रुचि और उसके व्यवहार आदि के समन्वित रूप को लिया जाता है। साहित्य पर रचयिता के व्यक्तित्व के प्रभाव की प्रक्रिया को स्पष्ट करने के लिए हम दो उदाहरण ले सकते हैं। मान लीजिए, हम चार वैज्ञानिकों को गुलाब के फूल के सम्बन्ध में कुछ लिखने के लिए प्रेरित करें और इसके पश्चात् उनके लेखों की परस्पर तुलना करें तो पता चलेगा कि चारों ने लगभग एक-जैसे ही तथ्यों का प्रतिपादन किया है। गुलाब के फूल में कौन-कौन से तत्त्व हैं? उसका विकास किस तरह होता है? उसका रंग-रूप और उसकी आकृति में क्या विशेषताएँ हैं? इन सब प्रश्नों का उत्तर चारों वैज्ञानिक प्रायः एक-जैसा ही देंगे। किन्तु यदि चार कवि इसी गुलाब के फूल के सम्बन्ध में कविताएँ लिखें तो चारों की रचनाओं में परस्पर आकाश-पाताल का अन्तर होगा। एक, जो प्रणय-लोक का पथिक है, उस गुलाब के फूल में अपनी प्रिया के रूप वैभव का दर्शन कर सकता है। दूसरा अपने दार्शनिक दृष्टिकोण के कारण उसी गुलाब के फूल की क्षणिक प्रफुल्लता के आधार पर संसार की क्षणभंगुरता का प्रतिपादन कर सकता है। तीसरा कवि जो यदि स्वभाव से मनमौजी है

तो गुलाब के फूल की ही भाँति मुस्कराते और हँसते हुए जीवन व्यतीत करने का सन्देश दे सकता है। चौथा कवि उसी गुलाब के फूल को गरीबों का खून चूसकर लाल होने वाले पूँजीपतियों का प्रतीक बना सकता है। इस प्रकार हम देखते हैं कि प्रत्येक कवि की रचना में उसकी विचारधारा, अनुभूति आदि वैयक्तिक विशिष्टताओं के कारण परस्पर गहरा अन्तर आ जाता है। इसी अन्तर को व्यक्तित्व का प्रतिफलन कहते हैं जिसके कारण साहित्यिक रचनाएँ अमर हो जाती हैं।

साहित्य का तीसरा प्रमुख लक्षण उसकी 'रागात्मकता' को बताया गया है। साहित्य में निर्जीव और शुष्क तथ्यों का वर्णन नहीं होता, अपितु भावनाओं और अनुभूतियों का प्रकाशन होता है। जहाँ विज्ञान के तथ्य हमारे मस्तिष्क को ही प्रभावित करके रह जाते हैं, वहाँ साहित्य में चित्रित भावनाएँ हमारे हृदय को भी आंदोलित करती हैं। अपनी भावोत्पादिनी क्षमता के कारण ही साहित्य 'साहित्य' की संज्ञा प्राप्त करता है।

साहित्य के तत्व

साहित्य को सम्यक रूप से समझने के लिए उसके लक्षणों के साथ-साथ उसके प्रमुख तत्वों की जानकारी भी अपेक्षित है। साहित्य के मुख्यतः चार तत्त्व निर्धारित किये गये हैं—(१) भाव, (२) कल्पना, (३) बुद्धि और (४) शैली। साहित्य का सर्वप्रमुख तत्व 'भाव' ही है—यही उसकी आत्मा है। जैसा कि पीछे बताया गया है, साहित्य का सर्वप्रमुख लक्षण रागात्मकता है जिसके लिए भावों का चित्रण अपेक्षित है। स्थूल घटनाओं और विस्तृत इतिवृत्त के निरूपण की अपेक्षा साहित्य में सूक्ष्य भावनाओं का अधिक महत्व है। दूसरे, साहित्य का लक्ष्य पाठक की ज्ञान-वृद्धि करना नहीं, अपितु उसके हृदय को भावनाओं से आप्लावित कर देना होता है, इस लक्ष्य की पूर्ति भावों के चित्रण के द्वारा सम्पन्न होती है।

हमारे प्राचीन आचार्यों ने साहित्य की इस आत्मा—भाव तत्व—को आज से दो सहस्त्र वर्षों पूर्व ही पहचान लिया था। आदि आचार्य भरतमुनि ने स्पष्ट रूप से साहित्य का लक्ष्य भावानुभूति को घोषित करते हुए भावनाओं का वर्गीकरण और विश्लेषण किया है। उन्होंने भावों के दो वर्ग किये हैं—संचारी और स्थायी। आगे चलकर भोजराज, अभिनवगुप्त, मम्मट, विश्वनाथ आदि आचार्यों ने भरत के भाव सम्बन्धी विवेचन को और आगे बढ़ाया। कहना न होगा कि भारतीय आचार्यों द्वारा किया गया भावों का विवेचन आधुनिक मनोविज्ञान की दृष्टि से भी अत्यन्त संगत एवं शुद्ध है। आधुनिक मनोविज्ञान के क्षेत्र में भी भाव की दो कोटियाँ हैं—(१) इमोशन (Emotion) और (२) सेंटीमेंट (Sentiment)। इमोशन और सेंटीमेंट क्रमशः संचारीभाव और स्थायीभाव से गहरा साम्य रखते हैं। भाव के सम्बन्ध में भारतीय आचार्यों ने तीन अंगों का विवेचन किया है—आलम्बन, उद्दीपन और अनुभाव। आधुनिक मनोवैज्ञानिकों ने भी इन्हें स्वीकार किया है। इस सम्बन्ध में विस्तृत चर्चा हम अपने प्रबन्ध 'साहित्य-विज्ञान' में कर चुके हैं।

साहित्य का दूसरा तत्व कल्पना है। साहित्य में भावनाओं का चित्रण कल्पनाशक्ति के प्रयोग के द्वारा ही सम्पन्न होता है। एक साधारण-से-साधारण घटना को भी कवि कल्पना के रंग में रंगकर ऐसा भव्य रूप प्रदान कर देता है कि वह हमारे हृदय को बलात आकर्षित कर लेता है। उदाहरण के लिए हम एक समाचार-पत्र में पढ़ते हैं कि जर्मनी व एक जहाज डूब गया जिसमें चार सौ व्यक्ति सवार थे। इस समाचार को पढ़कर हमारे

मस्तिष्क में थोड़ी हलचल भले ही हो जाय, किन्तु उसका इतना गहरा प्रभाव नहीं पड़ेगा कि हम शोक से अभिभूत होकर आँसू बहाने लग जायँ। किन्तु जब कवि इसी घटना को कल्पना के द्वारा चित्रित करके हमारे सामने प्रस्तुत करेगा तो चार सौ व्यक्ति तो क्या एक व्यक्ति के भी डूबने की घटना हमारे हृदय में करुणा की शत-शत धाराएँ उद्वेलित कर सकती है। वह हमें बतायेगा कि उस डूबने वाले जहाज में कौन-कौन व्यक्ति बैठे हुए थे, उनके हृदय में अपने प्रिय-जनों के मिलन की उत्कंठा किस प्रकार उद्वेलित हो रही थी; वे स्वदेश-गमन के किन-किन स्वप्नों को सँजोए हुए जा रहे थे, उनके घर पर उनकी असहाय वृद्धा माँ या चिरवियोगिनी पत्नी या दर्शनों की लालसा से विभोर छोटे-छोटे भोले बालक किस प्रकार प्रतीक्षा कर रहे थे, जब जहाज डूबने लगा तो उस पर बैठे हुए प्राणियों की क्या दशा हो गई थी—किस प्रकार क्षण-क्षण में पुरुष यात्रियों की चिन्ता महिलाओं की चीख-पुकार और बच्चों का करुण-रोदन बढ़ता जा रहा था। जीवन के अन्तिम क्षणों को सिंह की तरह आगे बढ़ता देखकर उन गौतुल्य यात्रियों का हृदय किस प्रकार शोक-विह्वल होकर हाहाकार कर उठा था और फिर उनके डूब जाने के समाचार को सुनकर चिर-प्रतीक्षा में लीन उनके प्रियजनों की क्या दशा हो गई थी—इन सबका चित्रण करता हुआ एक सच्चा कवि इस छोटी-सी घटना का ऐसा वर्णन कर सकता है कि हमारा हृदय पिघलकर आँसुओं की धारा में बहने लगे। वस्तुतः कवि अपनी कल्पना के बल पर दूसरों के दुःख-सुख और दूसरों की अनुभूतियों का चित्रण इस प्रकार कर देता है कि वह हमारा दुःख-सुख बन जाय। परोक्ष की घटना को वह प्रत्यक्ष रूप में, अतीत की घटना को वर्तमान में और सूक्ष्म भाव को स्थूल रूप में प्रस्तुत कर देता है। इसका श्रेय उसकी कल्पना-शक्ति को ही है।

काव्य में सौन्दर्य और चमत्कार की सृष्टि भी कल्पना के द्वारा ही की जाती है। न जाने हमारे कितने कवियों ने नारी की सूक्ष्म छवि के अंकन में अपनी अद्भुत कल्पना का परिचय दिया है। सुन्दरियों के सामान्य रूप-वैभव को उन्होंने चन्द्र की ज्योत्स्ना, दामिनी की चमक, रजनी की शीतलता, ओस की तरलता, पुष्प की प्रफुल्लता आदि से समन्वित करके अलौकिकता प्रदान कर दी है। यही नहीं, संसार के असंख्य निर्जीव पदार्थों और प्रकृति के अगणित चेतनाविहीन रूपों को भी कवि की कल्पना ने सजीवता और चेतना प्रदान कर दी है। धरती की गोद में कल-कल प्रवाहिनी सरिता को कालिदास की कल्पना ने एक ऐसी मद-विह्वला रमणी का रूप प्रदान कर दिया जिसके अगाध जलरूपी नितम्बों से लहरों के रूप में उद्वेलित वस्त्र बार-बार खिसका जा रहा था! नदी की चंचल तरंगों को उसने कामिनी के उन चंचल कटाक्षों का रूप प्रदान कर दिया जो वह अपने किसी प्रिय की ओर निक्षेप कर रही हो! अमरुकशतक के रचयिता ने युवती-बालाओं के द्वारा किए गए अपमान की मीठी घूँट में ही स्वर्ग के अमृत की कल्पना करके अपने हृदयागार को तृप्त कर लिया। भर्तृहरि की कल्पना नारी के उरोज-द्वय में एक ऐसी दुर्गम घाटी की रचना कर लेती है, जहाँ समररूपी तस्कर विराजमान है और जो मनरूपी पथिकों का सर्वस्व लूट लेता है! मैथिलकवि विद्यापति चंदन-चर्चित पयोधरों में अपने इष्टदेव शिव की कल्पना करके ही कृतकृत्य हो जाते हैं! प्रेम-पन्थ के परिचायक पद्मावतकार की कल्पना-रानी तो निर्जीव तोपों को भी मद-विह्वल गज-गामिनियों का रूप प्रदान करके उन्हें युवकों का प्राण ले लेनेवाली शक्ति से युक्त कर देती है! और आगे चलकर केशव, बिहारी, पद्माकर, भारतेन्दु, प्रसाद, पंत और महादेवी की कल्पना जो चमत्कार दिखाती है

उसका तो कहना ही क्या! वस्तुतः प्रत्येक युग और प्रत्येक भाषा का साहित्य कल्पना-शक्ति की अपूर्वक्षमता, अद्भुत वैभव और अलौकिक चमत्कार की कहानियों से भरा पड़ा है। वेदान्तवादियों के यहाँ जो स्थान 'माया' का है वही साहित्य में 'कल्पना' का है, अन्तर केवल इतना ही है कि उसकी माया सत् को असत्, में सूक्ष्म को स्थूल में और अलौकिक को लौकिक में परिवर्तित कर देती है जब कि साहित्यकार की कल्पना असत् को सत् में स्थूल को सूक्ष्म में तथा लौकिक को अलौकिक में परिवर्तित कर देने की विशेष शक्ति से भी विभूषित है!

साहित्य-जगत् का सम्राट् 'भाव' और 'कल्पना' उसकी दासी है। किन्तु कभी-कभी जब कल्पना भाव से भी आगे बढ़कर अपनी शक्ति का प्रदर्शन स्वतंत्र रूप में करने लगती है तो साहित्य का वैभव नष्ट हो जाता है। भाव-शून्य कल्पना साहित्य को कोरा चमत्कार बना देती है। बिहारी जैसे कवि जब इस तथ्य को भूलकर कल्पना का अत्यधिक आश्रय ग्रहण करने लगते हैं तो वहाँ काव्यात्मकता नष्ट हो जाती है। अतः साहित्य में कल्पना का उपयोग भावनाओं के चित्रण और विकास के लिए ही होना चाहिए, अन्यथा वह **महत्वहीन** हो जाती है।

साहित्य का तीसरा **तत्व** बुद्धि है। बुद्धि का सम्बन्ध तथ्यों, विचारों और सिद्धान्तों से है। साहित्य में किसी-न-किसी मात्रा में तथ्यों, विचारों और सिद्धान्तों का भी समावेश किया जाता है। इनके अभाव में कोरी भावनाओं का स्पन्दन दुःखी का चीत्कार बन जायेगी तथा बुद्धिशून्य कोरी कल्पना में और पागल के प्रलाप में कोई अंतर शेष नहीं रह जायेगा। अन्ततः साहित्य में वस्तुओं और घटनाओं का चित्रण उनके उचित रूप में ही किया जाता है। कथा-वस्तु की **सूक्ष्म** रेखाओं के निर्माण के लिए, घटनाओं की शृंखला को मिलाने के लिए और कार्य के अनुरूप फल दिखाने के लिए प्रत्येक प्रबन्धकार, कहानीकार और उपन्यासकार को बुद्धि का प्रयोग करना पड़ता है। इसके अतिरिक्त भावनाओं की सुदृढ़ ईंटों को वह विचारों के गारे से जोड़ कर काव्य भवन का निर्माण करता है। अतः न्यूनाधिक मात्रा में साहित्य में **बुद्धितत्व** भी सर्वत्र विद्यमान रहता है।

कुछ साहित्यकार तो निजी विचारों एवं सिद्धान्तों के प्रचार के उद्देश्य से ही साहित्य-रचना में प्रवृत्त होते हैं, अतः यह प्रश्न उठना स्वाभाविक है कि साहित्य में विचारों को कहाँ तक स्थान देना चाहिए। हमारे विचार से विचारों या सिद्धान्तों आदि का अभिधा शैली में वर्णन न होकर उनकी सूक्ष्म रूप में व्यंजना होनी चाहिए। 'निर्मला' उपन्यास में प्रेमचन्दजी कहीं भी यह नहीं लिखते कि दहेज-प्रथा या वृद्ध-विवाह बुरा है, किन्तु उस उपन्यास के पढ़ने से ये विचार स्वतः ही पाठक के हृदय में उत्पन्न हो जाते हैं। विचारों का चित्रण उसी सीमा तक होना चाहिए, जहाँ तक वे रचना के भाव-सौन्दर्य में बाधक न हों। साहित्य की आत्मा या उसका प्राण भाव है, अतः उसे किसी भी स्थिति में ठेस नहीं लगनी चाहिए। भाव-शून्य विचारों का वर्णन साहित्य की संज्ञा से वंचित करके उसे दर्शन, नीति-शास्त्र या उपदेश-ग्रन्थ का रूप दे देता है।

साहित्य के चौथे तत्व 'शैली' को लीजिए। कवि या साहित्यकार जिस भाषा, जिस रूप और जिस ढंग से अपने भावों, विचारों या इतिवृत्ति को व्यक्त करता है, वही शैली है। शैली के अन्तर्गत भाषा, शब्द-चयन, अलंकारों का प्रयोग, छन्दों का उपयोग, काव्य-रूप आदि का समावेश किया जाता है। काव्य के प्रारम्भिक तीन तत्व यदि उसके प्राण हैं

तो शैली उसका शरीर है। जैसे बिना शरीर के प्राण नहीं टिक सकते, वैसे ही बिना भाषा आदि के साहित्य का निर्माण नहीं हो सकता। हाँ, इतना अवश्य है कि यदि साहित्य का भाव-पक्ष उत्कृष्ट हो तो साधारण या दोष-पूर्ण शैली से भी काम चल सकता है, किन्तु सर्वोत्कृष्ट साहित्य वह है जिसका भाव-पक्ष और शैली-पक्ष (या कला-पक्ष) दोनों प्रौढ़ हों। किन्तु जब कविगण कवि केशव की भाँति शैली को ही सजाने में इतने अधिक लीन हो जाते हैं कि वे भाव-पक्ष को सर्वथा भुला बैठते हैं तो काव्यत्व का हनन हो जाता है। हमारे कुछ आचार्यों—जैसे वामन, कुन्तक, भामह आदि—ने भी शैलीगत गुणों को ही काव्य की आत्मा सिद्ध करने का असफल प्रयत्न किया था। फिर भी उनके द्वारा शैली सम्बन्धी सूक्ष्मातिसूक्ष्म गुणों की व्याख्या अत्यन्त सूक्ष्म रूप में हुई, जिसका महत्व कम नहीं। पाश्चात्य विद्वानों ने शैली का सम्बन्ध कवि के व्यक्तित्व से माना है।

इस प्रकार साहित्य के प्रमुख लक्षणों एवं उसके तत्वों की व्याख्या के अनन्तर हम कह सकते हैं जिस प्रकार ईश्वर के अनेक रूप एवं अनेक नाम हैं, उसी प्रकार साहित्य भी नाना रूपों और नाना संज्ञाओं से विभूषित है। उपर्युक्त लक्षणों और तत्वों का ज्ञान भी साहित्य के स्वरूप को आंशिक रूप में ही समझने में सहायता देता है; उसकी आत्मा का तो पूर्ण साक्षात्कार तभी सम्भव है जबकि हमारे हृदय में भावनाओं और अनुभूतियों का प्रकाश हो, हमारे मस्तिष्क में गंभीर अध्ययन की ज्योति हो और हमारे व्यक्तित्व में साधन का बल हो। अस्तु साहित्य क्या है और कैसा है—इसका उत्तर और अधिक विस्तार से देने की अपेक्षा हम उसका प्रत्यक्ष अनुभव प्राप्त करने का परामर्श देते हुए कबीर के उन शब्दों का प्रयोग करेंगे, जो उन्होंने ईश्वर के सम्बन्ध में प्रयुक्त किये थे—

"पारब्रह्म के तेज का कैसा है उनमान!
कहिये कूँ सोभा नहीं, देख्याँ ही परमान।"

●

२

साहित्य और व्यक्तित्व

साहित्य का उसके रचयिता के व्यक्तित्व से घनिष्ठ सम्बन्ध होता है—इस तथ्य को प्रायः स्वीकार किया जाता है, फिर भी इन दोनों के सम्बन्ध को और अधिक स्पष्ट करने के लिए हमें सर्वप्रथम 'व्यक्तित्व' का अर्थ निश्चित कर लेना चाहिए। 'व्यक्तित्व' सामान्य अर्थ में 'व्यक्ति' का भाववाचक रूप है, अतः यह व्यक्ति से सम्बन्धित सभी विशेषताओं एवं गुण-दोषों के लिए प्रयुक्त होता है। साहित्य के क्षेत्र में यह आंग्ल 'पर्सनैल्टी' (Personality) के पर्याय के रूप में प्रचलित है। अंग्रेजी के 'पर्सनैल्टी' शब्द की व्युत्पत्ति लैटिन के 'पर्सोना' (Persona) से मानी जाती है जिसका मूल अर्थ था—नाटक में लगाये जाने वाले नकली चेहरे, पर आगे चलकर इसका प्रयोग मूल पात्रों या अनुकार्यों के अर्थ में होने लगा। आधुनिक युग में 'पर्सनैल्टी' के अन्तर्गत व्यक्ति की शारीरिक विशेषताओं से लेकर उनकी वेश-भूषा तक की सभी प्रवृत्तियों का समावेश किया जाता है; किन्तु साहित्य में साहित्यकार के शारीरिक रूप-रंग या उसकी वेश-भूषा का स्थान नगण्य होता है, अतः हमें यह देखना है साहित्य के संदर्भ में व्यक्तित्व से क्या आशय है?

इस प्रसंग में आधुनिक मनोविज्ञान से भी सहायता ली जा सकती है। मनोविज्ञान के आचार्यों ने व्यक्तित्व की परिभाषा एवं विवेचना अपने-अपने ढंग से की है जिससे कोई एक सामान्य निष्कर्ष उपलब्ध नहीं होता। यथा—आचार्य मैक्डूगल ने 'व्यक्तित्व' की परिभाषा करते हुए लिखा है—'व्यक्ति की समस्त मानसिक शक्तियों एवं प्रवृत्तियों की पारस्परिक घनिष्ठ क्रिया-प्रतिक्रियाओं की समन्वित इकाई व्यक्तित्व है।' तो आग्डन महोदय के विचार से 'व्यक्तित्व व्यक्ति के आन्तरिक जीवन का प्रकाशन है।' इसी प्रकार कैटल ने 'विशेष परिस्थितियों में व्यक्ति के विशेष व्यवहार' को तथा कार्न ने व्यक्ति की समस्त मनोवैज्ञानिक प्रक्रियाओं को व्यक्तित्व माना है। इस प्रकार इन विद्वानों ने क्रमशः मानसिक शक्तियों एवं प्रवृतियों, आन्तरिक जीवन, बाह्य व्यवहार एवं विभिन्न क्रिया-प्रतिक्रिया पर बल दिया है जबकि मार्टन प्रिन्स ने व्यक्तित्व को अपेक्षाकृत व्यापक अर्थ में ग्रहण करते हुए व्यक्ति की समस्त जन्मजात शारीरिक प्रकृतियों, प्रेरणाओं, आवश्यकताओं, मूल प्रवृत्तियों, अनुभव-जन्य विकसित मानसिक दशाओं एवं प्रवृत्तियों के कुल योग को व्यक्तित्व माना है। इन मनोवैज्ञानिकों ने अंततः व्यक्ति की समस्त मानसिक प्रवृत्तियों को व्यक्तित्व के अन्तर्गत ले लिया है, किन्तु इससे शारीरिक पक्ष सर्वथा उपेक्षित हो गया है। हमारे विचार में व्यक्तित्व के अन्तर्गत व्यक्ति की सभी विशेषताओं एवं प्रवृत्तियों का समावेश करते हुए उसे चार पक्षों के अन्तर्गत विभक्त किया जा सकता है—१. शारीरिक पक्ष, २. बौद्धिक पक्ष, ३. भावात्मक पक्ष और ४ चारित्रिक एवं व्यावहारिक पक्ष। साहित्य का सम्बन्ध वैसे तो इन सभी पक्षों में न्यूनाधिक मात्रा में होता है, किन्तु बौद्धिक एवं भावात्मक पक्ष से विशेष रूप में होता है क्योंकि साहित्य के माध्यम से व्यक्ति अपनी

बौद्धिक वृत्तियों एवं भावात्मक प्रवृत्तियों—जीवन-दृष्टि, विचार-धारा, भावनाओं, अनुभूतियों आदि—की अभिव्यक्ति करता है। अंत: साहित्य के क्षेत्र में साहित्यकार के बौद्धिक एवं भावात्मक पक्षों के अध्ययन पर ही अधिक बल दिया जाता है।

साहित्यकार के व्यक्तित्व का निर्माण

सामान्य व्यक्तियों की भाँति साहित्यकार के व्यक्तित्व का भी निर्माण एकाएक नहीं होता, अपितु वह अनेक तत्त्वों के आधार पर क्रमशः विकसित होता है। इन तत्त्वों में से तीन तत्त्व प्रमुख हैं—वंश-परम्परा, वातावरण (परिस्थितियाँ) और द्वन्द्व। किसी भी व्यक्ति का व्यक्तित्व मूलतः उसकी वंश-परम्परा—उसके माता-पिता एवं उनके पूर्वजों के व्यक्तित्व का मिश्रित अंश होता है, अतः उसके रक्त के प्रत्येक कण में और उसके मस्तिष्क के प्रत्येक अणु में किसी न किसी मात्रा में उसके पूर्वजों का प्रभाव सदा विद्यमान रहता है; किन्तु इस प्रभाव की मात्रा वातावरण या परिस्थितियों के अनुसार सदा घटती-बढ़ती रहती है। व्यक्ति को जैसा पारिवारिक, सामाजिक, प्रान्तीय एवं राष्ट्रीय वातावरण तथा तत्सम्बन्धी परिस्थितियों का सम्पर्क प्राप्त होता है, उसी के अनुसार उसका व्यक्तित्व ढल जाता है; पर इसका यह तात्पर्य भी नहीं है कि वह वंश-परम्परा के प्रभाव से सर्वथा मुक्त हो जाता है। वस्तुतः वंश-परम्परा से प्राप्त तत्व वातावरण के अनुसार नया रूप ग्रहण करते हुए भी मूलतः वे अपरिवर्तित रहते हैं। जैसे एक पीतल के टुकड़े को आप थाली, लोटा, गिलास, चम्मच आदि में से चाहे जो रूप दे दें, फिर भी पीतल ही रहता है, उसी प्रकार व्यक्ति का व्यक्तित्व भी आन्तरिक रूप में परम्परा के शाश्वत तत्वों से अनुस्यूत रहता है, बाह्यरूप से भले ही उसमें कितना अन्तर क्यों न आ जाय। परम्परा और वातावरण के अतिरिक्त तीसरा तत्व द्वन्द्व है जो कि व्यक्ति के व्यक्तित्व के निर्माण व विकास में योग देता है। व्यक्ति को जैसी परिस्थितियों से द्वन्द्व करना पड़ता है उसी के अनुरूप उसका व्यक्तित्व अपनी दिशा या मार्ग खोज लेता है। अस्तु, व्यक्ति का व्यक्तित्व उसकी पूर्व परम्परा, उसके वातावरण एवं उसके मानसिक एवं बाह्य द्वन्द्व की क्रिया-प्रतिक्रिया का परिणाम होता है तथा यह बात साहित्यकारों पर भी सर्वांश में लागू होती है। ऐसी स्थिति में साहित्य में भी साहित्यकार के व्यक्तित्व की अभिव्यंजना का अर्थ है, उसकी पूर्व परम्पराओं, वातावरण एवं द्वन्द्व की क्रिया-प्रतिक्रियाओं की अभिव्यक्ति। साहित्य के प्रसंग में 'परम्परा' शब्द का अर्थ और अधिक व्यापक रूप में लेते हुए इसके अन्तर्गत न केवल साहित्यकार की पूर्व वंश-परम्परा को, अपितु उसे प्रभावित करने वाली पूर्ववर्ती सांस्कृतिक एवं साहित्यिक परम्पराओं को भी समाविष्ट किया जा सकता है।

साहित्य में व्यक्तित्व का प्रतिफलन

साहित्य के चार तत्त्व माने जाते हैं—विचार, भाव, कल्पना और शैली। साहित्यकार का व्यक्तित्व इन चारों ही तत्वों के अन्तर्गत किसी न किसी रूप में विद्यमान रहता है। सबसे पूर्व विचार को लीजिए—साहित्यकार जिस सामग्री से अपनी रचना का स्थूल ढाँचा और उसकी विषय-वस्तु का संगठन करता है, वह बहुत कुछ उसके ऐतिहासिक, भौगोलिक, पौराणिक या सामान्य ज्ञान पर आश्रित होती है जिसे हम विचार का एक रूप मान सकते हैं। इसके अनन्तर वह विभिन्न घटनाओं के आयोजन व विभिन्न पात्रों के चित्रण एवं उनके वार्तालाप के रूप में जिस दृष्टि एवं सामग्री का उपयोग करता है, वह भी उसके बौद्धिक पक्ष से सम्बद्ध होती है। इसके अतिरिक्त प्रत्यक्ष या अप्रत्यक्ष में वह

अपनी जीवन-दृष्टि, सामाजिक विचार-धारा, राजनैतिक मान्यता, दार्शनिक या धार्मिक आस्था-अनास्था की भी अभिव्यक्ति यत्र-तत्र करता है तथा कहीं किसी विचार-धारा का समर्थन एवं कहीं किसी का खंडन करता है। इन सबके पीछे उसके व्यक्तित्व का बौद्धिक पक्ष—उसका अपना दृष्टिकोण, ज्ञान, अनुभव एवं चिन्तन—ही छिपा रहता है तथा इस प्रकार साहित्य के समस्त बौद्धिक तत्त्व रचयिता के बौद्धिक पक्ष की अभिव्यक्ति के सूचक सिद्ध होते हैं।

साहित्यकार चाहे किसी पात्र की भावनाओं एवं अनुभूतियों का चित्रण एवं अभिव्यंजन करे, उनमें भी उसके निजी व्यक्तित्व की छाप विद्यमान रहती है। इतना ही नहीं, वह जिन भावनाओं को अपने साहित्य में प्रमुखता देता है, वे वस्तुतः उसके व्यक्तित्व एवं जीवन की ही प्रमुख भावनाएँ होती हैं। उदाहरण के लिए तुलसीदास के साहित्य में भक्ति की भावना का, बिहारी के काव्य में प्रणय-भावना का, मैथिलीशरण के काव्य में राष्ट्रीयता की भावना का अथवा नये कवियों में निराशा की-प्रवृत्ति का प्रमुख होना इस बात का परिचायक है कि इनके व्यक्तित्व में इन्हीं की प्रमुखता है। एक ही भावना को अनेक कवि व्यक्त करते हैं, पर फिर भी उसमें उनके व्यक्तित्व के भेद के अनुसार अन्तर रहता है। जायसी, बिहारी, प्रसाद आदि कवियों ने प्रणय-भावना का अंकन अपने-अपने काव्य में किया, फिर भी इन सबमें प्रणय का स्वरूप एक जैसा नहीं मिलता, जायसी के प्रेम में औदात्य अधिक है, बिहारी में कामुकता एवं रसिकता की सघनता है तो प्रसाद में भावना की कोमलता और स्निग्धता अधिक है। अस्तु, कवि की भावाभिव्यक्ति प्रत्यक्ष या अप्रत्यक्ष में उसके व्यक्तित्व के भावात्मक पक्ष—उसकी सहज प्रवृत्तियों, मनोवृत्तियों, भावनाओं, अनुभूतियों आदि के समन्वित रूप का प्रतिनिधित्व करती है; यह दूसरी बात है कि कई बार उसकी अभिव्यक्ति में स्वानुभूतियों के स्थान पर आरोपित या दूसरों से उधार ली हुई अनुभूतियाँ भी व्यक्त हो जाती हैं, पर उस स्थिति में भी इससे उसकी वैयक्तिक रुचि एवं प्रवृत्ति की दिशा का न्यूनाधिक परिचय अवश्य प्राप्त होता है।

विचार और भाव की ही भाँति कल्पना का भी साहित्यकार के व्यक्तित्व से घनिष्ठ सम्बन्ध होता है। यह ठीक है कल्पना का तथ्यों से प्रत्यक्ष सम्बन्ध नहीं होता, अतः उसका कवि के व्यक्तित्व से भी घनिष्ठ सम्बन्ध नहीं होता, पर फिर भी सभी व्यक्ति समान परिस्थितियों में एक जैसी कल्पनाएँ नहीं करते। इसका कारण यह है कि कल्पनाएँ व्यक्ति की मूल प्रवृत्ति, उसके अनुभवों एवं मानसिक बिम्बों तथा उसकी भावी आकांक्षाओं पर निर्भर होती हैं, अतः व्यक्तियों की कल्पनाओं में पारस्परिक अन्तर आ जाना स्वाभाविक है। अस्तु, साहित्यिक कृतियों में प्रयुक्त कल्पना अप्रत्यक्ष रूप में कृतिकार की ही मूल प्रवृत्तियों, अनुभवों एवं उसकी आकांक्षाओं की द्योतक होती है।

साहित्य के चौथे तत्त्व शैली के साथ तो व्यक्तित्व का और भी घनिष्ठ सम्बन्ध है। पश्चिम में तो अनेक विद्वानों ने साहित्यकार की शैली को ही उसका व्यक्तित्व घोषित किया है। गेटे के विचार में लेखक की शैली उसके मस्तिष्क की सच्ची अनुकृति है, तो चेस्टरफील्ड ने शैली को उसके विचारों की पोशाक माना है। बफन महोदय ने शैली को उसकी प्रकृति का अंग बताया है, तो मिडल्टन मरी महोदय ने उसे लेखक के भावात्मक दृष्टिकोण पर आधारित स्वीकार किया है। इधर बीसवीं शती के कुछ चिंतकों ने शैली और व्यक्तित्व के सम्बन्ध को और अधिक स्पष्ट करने का प्रयास किया है। प्रसिद्ध मनोविश्लेषक जुंग ने व्यक्तित्व के मुख्यतः दो भेद किए हैं—अन्तर्मुखी एवं बहिर्मुखी।

इनके भी चार-चार अवान्तर भेद और किए गए हैं—१. चिंतन प्रधान, २. अनुभूति प्रधान, ३. संवेदना प्रधान और ४. **सहजानुभूति** प्रधान। इस प्रकार व्यक्तित्व के कुल आठ भेद हो जाते हैं जिनके आधार पर अंग्रेजी विद्वान् हरबर्ट रीड ने अपने ग्रन्थ 'इंगलिश-प्रोज स्टायल' में साहित्य के रूपों और शैली के भेदों को आठ वर्गों में विभक्त करते हुए स्पष्ट किया है कि किस प्रकार साहित्य रूप-विधान एवं शैलीगत गुणों में साहित्यकार का व्यक्तित्व अनुस्यूत रहता है। इसी प्रकार एफ० एल० ल्यूकस ने भी अपने शैली-विषयक ग्रन्थ 'स्टायल' में प्रतिपादित किया है कि व्यक्ति का जैसा व्यक्तित्व, स्वभाव, चरित्र एवं व्यवहार होगा, वैसा ही रूप उसकी शैली का होगा। जो व्यक्ति अशिष्ट एवं चिड़चिड़े होते हैं, उनकी शैली में भी वैसा ही रूखापन या चिड़चिड़ापन होगा जबकि सहृदय, उदार, निष्कपट एवं विनोदी स्वभाव के व्यक्तियों की शैली में सरलता, स्पष्टता एवं रोचकता होगी। वस्तुतः शैली के विभिन्न गुण-दोष तथा उसकी विभिन्न प्रवृत्तियाँ मूलतः साहित्यकार के व्यक्तित्व के ही विभिन्न पक्षों को सूचित करती हैं—इसमें कोई सन्देह नहीं। इतना अवश्य है कि कई बार हम व्यक्तित्व के बाह्यरूप को जैसा देखते हैं, वैसा ही उसका आन्तरिक रूप नहीं होता—यथा, बाहर से वह सरल और उदार दिखाई देता हुआ भी भीतर से कुटिल एवं स्वार्थी हो सकता है—ऐसी स्थिति में साहित्य को उसके बाह्यव्यक्तित्व की अपेक्षा आंतरिक व्यक्तित्व से सम्बद्ध मानना उचित होगा। सच तो यह है कि व्यक्ति का आंतरिक व्यक्तित्व लोक-व्यवहार की अपेक्षा उसकी साहित्यिक रचनाओं में अधिक स्पष्टता से व्यक्त होता है, अतः साहित्य में व्यक्त व्यक्तित्व को ही व्यक्ति के वास्तविक रूप का प्रतिनिधि मानना अधिक संगत होगा। हो सकता है, कोई साहित्यकार जान-बूझकर अपने वास्तविक व्यक्तित्व को छिपाता हुआ अपनी रचना में काल्पनिक व्यक्तित्व की अभिव्यक्ति का प्रयास करे, किन्तु उस स्थिति में उसका साहित्य आत्मानुभूति से शून्य तथा काल्पनिकता एवं कृत्रिमता के भार से युक्त हो जायेगा। ऐसे साहित्य को सच्चे साहित्य के अन्तर्गत स्थान नहीं दिया जा सकता, अतः यह बात प्रत्येक रचना पर लागू होती है कि यदि वह सचमुच में साहित्यिक है तो उसमें रचयिता के व्यक्तित्व की भी प्रत्यक्ष या अप्रत्यक्ष रूप में अभिव्यक्ति अवश्य होगी। इस प्रकार साहित्य और साहित्यकार के व्यक्तित्व में घनिष्ठ सम्बन्ध की स्थापना सिद्ध होती है।

व्यक्तिवादी आन्दोलन और साहित्य

साहित्य के प्रारम्भिक विवेचकों ने प्रायः साहित्यकार के व्यक्तित्व की उपेक्षा की है। प्लेटो और अरस्तू ने कला और साहित्य को प्रकृति या भौतिक जगत् की अनुकृति मानते हुए कलाकार एवं साहित्यकार के व्यक्तित्व को गौण कर दिया था। पर पाश्चात्य आलोचना के क्षेत्र में कदाचित् लोंजाइनस पहले चिन्तक थे जिन्होंने साहित्य के पीछे साहित्यकार के व्यक्तित्व को देखने का प्रयास किया; वे साहित्य का सर्वोत्कृष्ट **तत्व** का गुण औदात्य (Sublime) को तथा औदात्य का मूल स्रोत साहित्यकार के व्यक्तित्व को मानते थे। उनके शब्दों में—'साहित्यकार के **आत्मतत्व** की महानता का प्रतिबिम्ब ही साहित्य का औदात्य है। सच्चा वाग्वैदग्ध्य उन्हीं में पाया जा सकता है, जिनकी चेतना व्यापक और उदार हो। जो लोग जीवन-भर क्षुद्र उद्देश्यों और संकीर्ण स्वार्थों के पीछे पड़े रहते हैं, वे मानवता के लिए स्थायी **महत्व** की रचना नहीं दे पाते। यह बिल्कुल स्वाभाविक है कि

जिनके मस्तिष्क महान् विचारों से परिपूर्ण होते हैं, उन्हीं की वाणी से उदात्त शब्द झंकृत होते हैं।' इस प्रकार लोंजाइनस ने साहित्यकार के व्यक्तित्व के विभिन्न पक्षों से उसकी रचना का घनिष्ठ सम्बन्ध स्थापित करते हुए व्यक्तिपरक विचारधारा का प्रवर्तन किया; किन्तु साथ ही उन्होंने वस्तु का भी महत्व न्यून नहीं किया।

लोंजाइनस के उपर्युक्त मत के बावजूद प्राचीन एवं मध्य युगों में साहित्यकार के व्यक्तित्व को अपेक्षित महत्व प्राप्त न हो सका। इसका मूल कारण यह है कि इन युगों में जन-साधारण की अपेक्षा देवी-देवताओं एवं राजा-महाराजाओं को, सामान्य जीवन वृत्त एवं स्वाभाविक घटनाओं की अपेक्षा अलौकिक एवं आश्चर्यजनक वृत्तान्त को और व्यक्ति के व्यक्तित्व की अपेक्षा सामाजिक जीवन को अधिक महत्त्व प्राप्त था। ऐसी स्थिति में व्यक्तिवादी दृष्टिकोण का अविकसित रह जाना स्वाभाविक था।

आधुनिक युग में प्रजातंत्रीय विचारों के उदय के साथ-साथ स्वातंत्र्य की भावना का विकास हुआ। सत्रहवीं-अठाहरवीं शती के अनेक राजनैतिक चिन्तकों ने प्रजातंत्रीय विचारों का प्रतिपादन किया जिनमें माण्टेस्क्यू (१६८९, १७५५), वाल्टेयर (१६९४, १७७८), रूसो (१७१२-१७७८) का नाम विशेष रूप में उल्लेखनीय है। इन लेखकों ने सिद्ध किया कि प्रत्येक व्यक्ति समान है, राजा और प्रजा के व्यक्तित्व में मूलतः कोई अन्तर नहीं है; यह धारणा गलत है कि राजा किसी दैवी शक्ति या विशेष प्राकृतिक अधिकार से सम्पन्न होता है; स्वतंत्रता एवं समानता प्रत्येक व्यक्ति का जन्मसिद्ध अधिकार है। इन विचारों के प्रचार के फलस्वरूप इंग्लैंड, अमरीका, फ्रान्स आदि देशों में अनेक राजनीतिक क्रान्तियाँ हुईं जिनसे प्रजातंत्रीय शासन-पद्धतियों की स्थापना हुई। आर्थिक क्षेत्र में औद्योगिक क्रान्तियाँ एवं पूँजीवाद के विकास ने भी व्यक्तिवादी दृष्टिकोण को आगे बढ़ाने में योग दिया। मनोविज्ञान एवं दर्शन के क्षेत्र में भी व्यक्तिवादी विचार-धाराओं की स्थापना हुई। फ्रायड, एडलर, जुंग, प्रभृति मनोविश्लेषकों ने मानसिक प्रवृत्तियों का संबंध व्यक्ति की दमित वासनाओं, कुण्ठाओं, हीन-भावना आदि से स्थापित करते हुए अप्रत्यक्ष रूप में व्यक्तिवाद का पोषण किया। दर्शन के क्षेत्र में अस्तित्ववाद व्यक्तिवाद के चरम रूप को प्रस्तुत करता है। वह समाज एवं राष्ट्र के परम्परागत नियमों एवं पूर्व-धारणाओं तथा सिद्धान्तों को व्यक्ति के लिए अनावश्यक एवं आरोपित मानता है। व्यक्ति का अस्तित्व प्रमुख है, उसकी व्याख्या करने वाले सभी सिद्धान्त एवं नियम गौण हैं—अस्तित्व की इस धारणा ने व्यक्तिवाद को एक अतिवाद की चरमसीमा तक पहुँचा दिया है, जहाँ वह सभी सामाजिक मर्यादाओं, नैतिक मूल्यों एवं राष्ट्रीय परंपराओं से विरक्त होकर उच्छृंखल विलासिता एवं सीमित अहं में केन्द्रित हो जाता है। यह स्थिति सचमुच ही व्यक्ति और समाज दोनों के लिए घातक है।

उपर्युक्त राजनीतिक, आर्थिक, मनोवैज्ञानिक एवं दार्शनिक प्रवृत्तियों का कला और साहित्य पर भी प्रभाव पड़ा है। कला के क्षेत्र में प्रारम्भ में स्वच्छन्दतावाद एवं अभिव्यंजनावाद की प्रतिष्ठा हुई जिन्होंने कला और साहित्य के क्षेत्र में किसी इतर महापुरुष की गाथाओं के वर्णन की अपेक्षा वैयक्तिक अनुभूतियों की सहज-व्यंजना को श्रेयस्कर घोषित किया। जहाँ इससे पूर्व कवि या कलाकार किसी सामाजिक स्थिति का चित्रण समाज की दृष्टि से करता था, वहाँ अब वह अपनी दृष्टि से समाज की व्याख्या प्रस्तुत करने लगा। वस्तुतः स्वच्छन्दतावादी काव्य चाहे अंग्रेजी का हो या हिन्दी का—यह

मूलतः व्यक्ति की भावनाओं को वैयक्तिक शैली में व्यक्त करता है। वस्तु की दृष्टि से वह व्यक्तिवाद है तो शैली की दृष्टि से अभिव्यक्तिवाद।

स्वच्छन्दतावादी काव्य में व्यक्तिवाद अपने स्वस्थ एवं संतुलित रूप में ही है अतः उसकी बात समाज की समझ में आती है; उसकी अनुभूतियों एवं प्रवृत्तियों के साथ सामाजिक सहानुभूति भी स्थापित हो जाती है; यही कारण है कि उसका साधारणीकरण हो जाता है। पर आगे चलकर उन्नीसवीं शती के प्रतीकवादियों एवं बीसवीं शती के बिम्बवादियों, दादावादियों एवं अतियथार्थवादी (Surrealists) कलाकारों ने व्यक्तिवाद को उसकी चरम अधोगति तक पहुँचा दिया। जहाँ व्यक्ति-स्वातन्त्र्य उच्छृंखलता का पर्याय बन गया है। इनकी काव्य वस्तु अस्वाभाविक एवं अशोभनीय होती है तो कथन-शैली अस्पष्ट एवं विचित्र। अतः इन आन्दोलनों के उन्नायकों ने सिद्ध कर दिया कि कोई वस्तु अपने अतिवादी रूप में विकृत हो जाती है—व्यक्ति भी आज अपने विकृत रूप में दृष्टिगोचर होता है।

उपर्युक्त सारी चर्चा पाश्चात्य कला और साहित्य को ध्यान में रखकर ही की गयी है। इस सम्बन्ध में हिन्दी साहित्य की चर्चा अलग से करना अनावश्यक है। हिन्दी का साहित्यकार अब पाश्चात्य कलाकार का ही अनुयायी एवं अनुकर्ता बन गया है—जिस प्रकार वहाँ क्रमशः स्वच्छन्दतावाद के बाद प्रतीक एवं बिम्बों के प्रयोग को लेकर प्रयोगवाद एवं नयी कविता (New verse) का आविर्भाव हुआ है, लगभग उसी प्रकार हिन्दी में छायावाद के बाद प्रयोगवाद नयी कविता आदि का आगमन हुआ है, फलतः पाश्चात्य साहित्य की सभी व्यक्तिवादी प्रवृत्तियों का अंधानुसरण स्वातंत्र्योतर हिन्दी साहित्य में देखा जा सकता है। सन् १९४७ में हमने राजनीतिक स्वतन्त्रता तो प्राप्त कर ली, किन्तु आर्थिक एवं मानसिक दृष्टि से अब भी हम पश्चिम के दास हैं। इसी का परिणाम है कि आज हमारे साहित्य में जो कुछ लिखा जा रहा है, उसमें शब्द हमारे हैं, किन्तु उनकी आत्मा विदेशी है—कदाचित् इसीलिए उनका अर्थ समझना कई बार कठिन हो जाता है।

अस्तु, हमारे विचार में साहित्य में व्यक्ति का स्थान उसी सीमा तक है जहाँ तक वह रचना के समाजीकरण अथवा साधारणीकरण में बाधक सिद्ध नहीं होता क्योंकि साहित्य का मूल लक्ष्य व्यक्ति की धारणाओं, अनुभूतियों एवं कल्पनाओं का समाजीकरण (साधारणीकरण) करना होता है। जहाँ साहित्यकार की वैयक्तिकता उसकी अनुभूतियों के समाजीकरण में बाधक सिद्ध होती है, वहाँ वह गुण के स्थान पर दोष बन जाती है। हलुए में बादाम उसके गुण व स्वाद की अभिवृद्धि के लिए डाले जाते हैं, किन्तु यदि वे खाने वाले के गले में अटकने लग जायँ तो बेकार हैं, इसीलिए उन्हें काटकर डाला जाता है। सच्चा साहित्यकार भी अपनी वैयक्तिकता को पिघलाकर उसे समाजीकृत रूप में ही प्रस्तुत करता है, अन्यथा उनमें और सामान्य वक्ता में कोई अन्तर न रहेगा। वैयक्तिकता न्यूनाधिक मात्रा में सभी के पास है पर उसे समाजीकृत सभी नहीं कर पाते—सामान्य व्यक्ति और साहित्यकार में यही अन्तर है। भारतीय आचार्यों ने साधारणीकरण एवं पाश्चात्य विद्वानों ने संप्रेषण की चर्चा करते हुए इसी समाजीकरण या निर्वैयक्तीकरण की ओर संकेत किया है। वस्तुतः साहित्यकार काव्य के माध्यम से वैयक्तिकता को समाजीकरण की प्रक्रिया के द्वारा निर्वैयक्तिकता में परिणत करता है—इसीलिए उसका

शोक केवल अपना शोक नहीं रह जाता, अपितु वह सारे समाज का शोक—करुण रस—बन जाता है। अतः हम कह सकते हैं कि वैयक्तिकता यदि साहित्य की आधार-वस्तु है तो निर्वैयक्तिकता उसका लक्ष्य है। वैयक्तिकता को निर्वैयक्तिकता में परिणत करना ही कला है, काव्य है और जादू है जो सबको मुग्ध कर लेता है। इस तथ्य को ध्यान में रखते हुए साहित्य में व्यक्ति को एक सीमित एवं संतुलित रूप में ही स्वीकार किया जाना चाहिए; व्यक्तित्व की अभिव्यंजना के नाम पर थोथे आत्म-प्रदर्शन, छिछले अहं, मिथ्या अभिमान एवं निजी कुण्ठाओं को असाधारणीकृत रूप में प्रस्तुत करना—साहित्य की मूल प्रकृति एवं प्रवृत्ति के प्रतिकूल है, अतः इससे बचना होगा।

●

३

साहित्य की आत्मा

साहित्य[1] का वह आधारभूत तत्व या गुण कौन-सा है जिसके कारण साहित्य 'साहित्य' कहलाता है या जिसके अभाव में किसी भी रचना को 'साहित्य' नहीं कहा जा सकता? यह प्रश्न साहित्य-चर्चा के आदिकाल से लेकर आज तक विभिन्न शब्दों में प्रस्तुत किया जा चुका है। प्राचीन भारतीय आचार्यों ने इसी प्रश्न को 'काव्य की आत्मा' के रूप में उठाते हुए उस मूल तत्व के अनुसंधान का प्रयत्न किया, जो प्रत्येक साहित्यिक रचना के लिए अनिवार्य है। इस सम्बन्ध में विभिन्न आचार्य किसी एक सर्वसम्मत निर्णय पर नहीं पहुँच सके, अपितु वे अलग-अलग निष्कर्षों पर पहुँचे जिनके आधार पर भारतीय काव्य-शास्त्र में छह संप्रदायों या वादों की स्थापना हुई—१. रस, २. अलंकार, ३. रीति, ४. ध्वनि, ५. वक्रोक्ति, और ६. औचित्य। इनमें से हम किस मत को ग्रहण करें—इसका निर्णय करने के लिए प्रत्येक पर अलग-अलग विचार किए जाने की अपेक्षा है।

१. रस सिद्धान्त—इससे पूर्व कि काव्यात्मा के रूप में रस के औचित्य पर विचार किया जाय, यह समझ लेना आवश्यक है कि 'रस क्या है।' आचार्य भरत मुनि के अनुसार साहित्यिक रचनाओं में प्रस्तुत या व्यक्त स्थायी भाव का आस्वाद ही रस है। परवर्ती आचार्यों ने भी प्रायः काव्य के आस्वाद को रस माना है। इसके स्वरूप को स्पष्ट करते हुए इसे आनन्द या काव्यानन्द का भी पर्यायवाची बताया गया है। पर यह आस्वाद या आनन्द विशुद्ध काव्यगत तत्व न होकर काव्य और पाठक के सम्पर्क का परिणाम सिद्ध होता है। दूसरे शब्दों में आस्वाद या आनन्द की प्रक्रिया पाठक के मन में सम्पादित होती है, अतः आनन्दतत्व को काव्य का परिणाम या फल तो माना जा सकता है, किन्तु स्वयं काव्य की आत्मा नहीं। काव्य की आत्मा का निवास काव्य में ही होना चाहिए जबकि रस का उद्‌बोधन पाठक के हृदय में होता है। इस संबंध में डॉ० नगेन्द्र ने भी विभिन्न मतों का विवेचन करते हुए निष्कर्ष रूप में कहा है—'रस सर्वथा विषयीगत है! सहृदय की आत्मा में ही उसकी स्थिति है, वस्तु में नहीं, वस्तु तो केवल उसको उद्‌बुद्ध करती है।' ऐसी स्थिति में इसको काव्य की आत्मा न मानकर उसका परिणाम या फल ही मानना अधिक उचित होगा।

यहाँ एक प्रश्न उठता है कि रस-सिद्धान्त के अनुसार काव्य का वह तत्व कौन-सा है जिसके कारण पाठक को रस या आनन्द की अनुभूति होती है! इसके उत्तर में कहा जा सकता है कि स्थायी भाव ही वह प्रमुख तत्व है जिसे रस का मूलाधार माना गया हैं। पर स्थायी भाव अपने-आप में रसानुभूति में समर्थ नहीं है। एक तो काव्य में उसका

---

१. इस लेख में हमने 'साहित्य' और 'काव्य' को एक दूसरे के पर्यायवाची के रूप में ग्रहण किया है।

प्रस्तुतीकरण प्रत्यक्ष में न होकर अप्रत्यक्ष में होता है, क्योंकि स्थायी भावों का नामोल्लेख काव्य का दोष माना जाता है। वस्तुतः स्थायी भाव के नामोल्लेख के स्थान पर उसकी व्यंजना अपेक्षित है। पर स्थायी भाव की व्यंजना ही रसानुभूति के लिए पर्याप्त नहीं है। लौकिक जीवन एवं लोक-व्यवहार में भी स्थायी भाव की व्यंजना रात-दिन देखी जाती है—एक वृद्धा को अपने युवा पुत्र की मृत्यु पर शोक की व्यंजना करते या किसी भयानक दृश्य के उपस्थित हो जाने पर जनता को भयभीत होते देखा जाता है—किन्तु वहाँ तो रस या आनन्द की अनुभूति नहीं होती। अतः स्थायी भाव की व्यंजना को ही रस का मूलाधार मानना कठिन है। फिर भी यदि इसे स्वीकार कर लिया जाय तो यहाँ एक विवाद और उपस्थित होगा—स्थायी भाव को आत्मा माना जाय या व्यंजना को ? ध्वनिवादी कहेगा कि महत्व स्थायी भाव का नहीं व्यंजना या ध्वनि का है। सच पूछा जाय तो काव्य में स्थायी भाव की तो प्रत्यक्ष सत्ता रहती ही नहीं जबकि व्यंजना का व्यापार प्रत्यक्ष होता है, अतः स्थायी भाव की अपेक्षा व्यंजना का ही महत्व अधिक सिद्ध होता है। ऐसी स्थिति में व्यंजना को ही काव्य की आत्मा क्यों न मान लिया जाय ? ध्वनिवादियों ने व्यंजना को ही ध्वनि के रूप में प्रतिष्ठित करते हुए उसे काव्य की आत्मा घोषित किया है—अतः इस प्रश्न पर आगे ध्वनि के प्रसंग में विचार किया जायेगा; यहाँ इतना ही कहना पर्याप्त होगा कि रस काव्यगत आत्मा का कार्य परिणाम या उसकी देन है, वह स्वयं काव्यात्मा के पद का अधिकारी नहीं है।

२. अलंकार संप्रदाय—अलंकार संप्रदाय के आचार्यों के अनुसार अलंकार ही काव्य की आत्मा है। प्रश्न उठता है—स्वयं 'अलंकार' क्या है ? इसके उत्तर में आचार्य दंडी ने कहा है—'काव्य शोभाकरान् धर्मानलंकारान्प्रचक्षते' अर्थात् 'काव्य के शोभाकारक धर्म अलंकार' कहे जाते हैं। भामह, उद्भट्, वामन, रुद्रट आदि ने भी अलंकार को चारुत्व, सौन्दर्य या शोभा का हेतु या साधक माना है। अतः कहना चाहिए कि अलंकार वह तत्व है जिससे काव्य में शोभा, चारुत्व या सौन्दर्य का संचार होता है, ऐसी स्थिति में चारुत्व या सौन्दर्य को ही काव्य की आत्मा क्यों न माना जाय ? सौन्दर्य साध्य है, अलंकार साधन। अतः काव्य में सौन्दर्य की अपेक्षा अलंकार की सत्ता गौण ही सिद्ध होती है। कुछ आचार्यों ने "सौन्दर्यमलंकारः" कहते हुए सौन्दर्य या अलंकार को एक दूसरे का पर्यायवाची भी घोषित किया है, किन्तु वह ठीक नहीं है। एक तो प्रत्येक अलंकार सौन्दर्य का कारण सिद्ध नहीं होता। कई बार अलंकार का प्रयोग सौन्दर्य के स्थान पर असौन्दर्य का भी कारण सिद्ध होता है। जैसा कि केशव की 'रामचन्द्रिका' में कई स्थलों पर हुआ है। दूसरे, अलंकारों को ही सौन्दर्य मान लेने पर सहज सौंदर्य की सत्ता लुप्त हो जाती है। तीसरे, सौन्दर्य केवल अलंकार से ही नहीं, वक्रोक्ति, ध्वनि आदि अन्य साधनों से भी सम्भव है। अतः अलंकार को सौन्दर्य का पर्यायवाची मान लेना भाषा के साथ बलात्कार होगा। अस्तु, अलंकारवादियों की मान्यताओं का सारांश यही है कि अलंकारों से काव्य में सौन्दर्य उत्पन्न होता है तथा वह यह सौन्दर्य ही पाठक को आह्लाद की अनुभूति प्रदान करता है—जिसे रसवादियों के अनुसार रसानुभूति भी कहा जा सकता है। इस निष्कर्ष के अनुसार अलंकार काव्य के साधन, सौन्दर्य काव्य की आत्मा तथा आह्लाद या रस काव्य का फल सिद्ध होता है जिसे तालिका रूप में इस प्रकार उल्लेख किया जा सकता है—

काव्य के साधन		**काव्य की आत्मा**		**काव्य का फल**
अलंकार	→	सौन्दर्य	→	रस

३. रीति सम्प्रदाय—इस सम्प्रदाय के अनुसार रीति ही काव्य की आत्मा है। विशेष प्रकार की पद-रचना को ही रीति (विशिष्ट पद-रचना रीति) बताया गया है। वह 'विशेष' क्या है? इसके उत्तर में कहा गया है—'विशेषौ गुणात्मा' अर्थात् गुणों से युक्त होना ही विशेषता है। दूसरे शब्दों में गुणों से युक्त रचना-पद्धति रीति है। गुणों का स्वरूप स्पष्ट करते हुए आचार्य वामन ने कहा है—'काव्य शोभाया: कर्तारो धर्मा गुणा: अर्थात् काव्य में शोभा उत्पन्न करने वाले धर्म ही गुण हैं। ऐसी स्थिति में गुण काव्यगत, **शोभा** या **सौन्दर्य** के साधन मात्र सिद्ध होते हैं जिन्हें साध्य से अधिक महत्व नहीं दिया जा सकता।' यहाँ भी वही स्थिति है जो कि अलंकार के क्षेत्र में थी। अलंकारवादियों ने अलंकार को काव्य-सौन्दर्य का कारण माना है जब कि रीतिवादियों ने गुणों—माधुर्य, प्रसाद, ओज आदि को। पर यह विवाद अनावश्यक है, सौन्दर्य पर न तो अलंकारों का ही एकाधिकार स्वीकार किया जा सकता है और न ही गुणों का। अलंकार एवं गुणों के अतिरिक्त भी अनेक ऐसे तत्त्व हो सकते हैं जो कि सौंदर्य-सृष्टि में सहायक हो सकें। फिर यदि अलंकार गुणों के स्थान पर किसी तीसरे प्रकार के साधन से भी सौंदर्य की सृष्टि हो जाती है तो उसे भी तिरस्कृत नहीं किया जा सकता। अत: इस विश्लेषण के अनुसार काव्य की आत्मा के रूप में तो सौंदर्य को ही स्वीकार करना होगा—अलंकार एवं रीति तो उसके विभिन्न साधनों में से कुछ हैं।

४. ध्वनि सम्प्रदाय—ध्वनि-सिद्धान्त की भी स्थिति अलंकार और रीति से भिन्न नहीं है। ध्वनियों ने एक ओर तो व्यंजना को ही सर्वाधिक महत्व प्रदान करते हुए व्यंग्यार्थ को काव्य का अनिवार्य तत्व माना है, पर दूसरी ओर व्यंग्यार्थ के साथ सौंदर्य की भी शर्त लगाई है। जिस व्यंग्यार्थ से चारुत्व या सौंदर्य का प्रकाशन होता है उसी को ध्वनि के अन्तर्गत स्थान दिया गया है। 'ध्वनि' की परिभाषा करते हुए 'ध्वन्यालोक' में कहा गया है—"जो चारुत्व अन्य उक्ति से प्रकाशित नहीं किया जा सकता उसी को प्रकाशित करने वाला व्यंजना-व्यापार-युक्त शब्द (वाक्य) ही ध्वनि कहलाता है।" यहाँ स्पष्ट ही चारुत्व के प्रकाशन एवं व्यंजना-व्यापार—दोनों को ध्वनि के आधारभूत तत्वों के रूप में स्वीकार किया गया है, जिनमें से प्रथम साध्य है तथा द्वितीय उसका साधन। अत: हम 'चारुत्व' या सौंदर्य को ही काव्य की आत्मा क्यों न मानें? आगे चलकर अन्य प्रसंगों में भी 'ध्वन्यालोक' के रचयिता ने काव्य के विभिन्न साधनों एवं अंगों को चारुत्व एवं सौंदर्य के हेतु के रूप में उल्लिखित किया है। अत: ध्वनि सिद्धान्त भी सौंदर्य को ही काव्य का सर्वोपरि तत्व स्वीकार करता हुआ अप्रत्यक्ष रूप में उसे काव्य की आत्मा मान लेता है।

५. वक्रोक्ति-सम्प्रदाय—आचार्य कुन्तक ने वक्रता या वैचित्र्य से युक्त उक्ति ही 'वक्रोक्ति' के रूप में स्वीकार करते हुए उसे काव्य की आत्मा के पद पर प्रतिष्ठित काव्य-सौंदर्य (कवि-कर्म-कौशलजन्य शोभा या चारुता) के पर्यायवाची के रूप में भी उल्लिखित किया है। वस्तुत: कुन्तक ने स्थान-स्थान पर वक्रता, वैचित्र्य, चारुत्व एवं सौंदर्य का उल्लेख एक दूसरे के पर्याय के रूप में किया है। वक्रोक्ति के भेदोपभेदों के प्रसंग में भी वक्रता के विभिन्न प्रकारों का लक्ष्य सौंदर्य का प्रस्फुटन ही माना है। एक स्थान पर उन्होंने स्पष्ट रूप में सुन्दर अर्थ को ही काव्य का सर्वस्व मानते हुए कहा है—'काव्य में वही अर्थ कहा जाता है जो अपने स्वभाव से ही सुन्दर और सहृदयों को आनंद देने वाला हो।' यदि वक्रोक्ति के स्थान पर कोई सहजोक्ति या स्वभावोक्ति भी सौंदर्ययुक्त हो तो कुन्तक उसे काव्यत्व से युक्त मानने में कोई संकोच नहीं करते। अत: कहना चाहिए कि वक्रोक्ति

भी अन्ततः काव्य-सौंदर्य के विभिन्न अंगों में से एक अंग है, उसकी वक्रता सौंदर्य-सृष्टि का ही एक प्रकार है। आचार्य कुन्तक वक्रता को अपने-आप में सौंदर्य मानते हैं, किन्तु हम उसे सौंदर्योत्पत्ति के अनेक साधनों में से एक साधन मात्र मान सकते हैं, क्योंकि वक्रता सर्वत्र ही सौंदर्य में परिणत नहीं होती। इस प्रकार वक्रोक्ति-संप्रदाय के अनुसार भी काव्य की आत्मा के रूप में सौंदर्य को स्वीकृति देते हुए वक्रोक्ति को उसका एक अंग माना जा सकता है।

६. **औचित्य-सम्प्रदाय**—इस संप्रदाय के प्रवर्तक आचार्य क्षेमेन्द्र ने विभिन्न तत्त्वों में सामंजस्य का प्रयास करते हुए औचित्य सिद्धान्त की स्थापना की। उन्होंने अलंकार, रीति, गुण आदि विभिन्न तत्वों के उचित प्रयोग—औचित्य को ही काव्य की आत्मा सिद्ध किया, किन्तु यह उनके ही कथन से प्रमाणित हो जाता है कि औचित्य अपने-आप में साध्य नहीं हैं, अपितु वह भी काव्य-सौंदर्य का साधन है। यहाँ उनके कुछ उद्धरण प्रस्तुत हैं—

"अलंकार तभी **शोभा** बढ़ाने में समर्थ होते हैं जब कि उनका विन्यास उचित स्थान पर हो।"

"औचित्य के बिना न अलंकार **रुचिरता** देते हैं न गुण।"

"प्रतिपाद्य अर्थ के अनुरूप अलंकार का प्रयोग हो तो इस **औचित्य** से काव्य भारती इस प्रकार **शोभित** होती है, जैसे पीन स्तनों पर पड़े हार से सुन्दरी।"

उपर्युक्त उद्धरणों से स्पष्ट है कि अन्ततः औचित्य काव्यगत शोभा रुचिरता या सौंदर्य का ही संयोजक तत्व है। पर केवल औचित्य से ही—सौंदर्य के अभाव में—कोई उक्ति काव्यात्मक नहीं हो जाती; जैसे—'राम दशरथ के पुत्र थे' या 'दो और दो चार होते हैं' में पूरा औचित्य है, किन्तु ये काव्यात्मक नहीं हैं। अतः काव्य का प्रमुख तत्व तो सौन्दर्य ही है, औचित्य उसके अनेक सहायकों में से एक है।

इस प्रकार विभिन्न भारतीय मतों के निरीक्षण-परीक्षण से हम इसी निष्कर्ष पर पहुँचते हैं कि अलंकार, गुण (रीति), ध्वनि, वक्रोक्ति, औचित्य आदि काव्य में सौन्दर्योत्पत्ति के विभिन्न साधन एवं उपादान हैं—काव्य की आत्मा के रूप में इन्हें स्वीकार नहीं किया जा सकता। काव्य की आत्मा सौन्दर्य है जिसे भारतीय आचार्यों ने शोभा, रुचिरता, चारुत्व आदि पर्यायवाचियों के माध्यम से स्वीकृति प्रदान की है। रस इसी काव्य-सौन्दर्य की अनुभूति है; जिसे आधुनिक सौन्दर्य-शास्त्र की शब्दावली में "Aesthetic Experience" या 'सौन्दर्यानुभूति' कहा जा सकता है। संक्षेप में—

काव्य के विभिन्न साधन	**काव्य की आत्मा**	**काव्य का फल**
अलंकार, गुण (रीति), ध्वनि, वक्रोक्ति, औचित्य आदि	सौन्दर्य (शोभा, चारुता, रुचिरता)	रस या सौन्दर्यानुभूति

'सौन्दर्य क्या है?'—उपर्युक्त विवेचन से यह तो स्पष्ट है कि विभिन्न भारतीय मत अप्रत्यक्ष रूप में सौन्दर्य को ही काव्य की आत्मा स्वीकार करते हैं, किन्तु इससे एक नया प्रश्न उपस्थित होता है कि सौन्दर्य क्या है? पाश्चात्य सौंदर्य-शास्त्र के आचार्यों ने भी न केवल काव्य, अपितु सभी ललित कलाओं के प्रमुख तत्व के रूप में सौन्दर्य को मान्यता प्रदान की है, किन्तु सौन्दर्य के स्वरूप के सम्बन्ध में वे भी किसी निष्कर्ष पर नहीं पहुँच पाये हैं। फिर भी यदि सौन्दर्य सम्बन्धी विभिन्न मतों में समन्वय स्थापित करने का प्रयास किया जाय तो एक बात स्पष्ट है कि सौन्दर्य किसी भी वस्तु का वह गुण है, जो हमें

आकर्षित करता है। विभिन्न वस्तुओं के आकर्षण व विकर्षण की क्षमता को ही व्यावहारिक क्षेत्र में सौन्दर्य एवं असौन्दर्य का नाम दिया जाता है। 'सौन्दर्य' शब्द का प्रयोग भी हम अभिधात्मक एवं लक्षणात्मक संकीर्ण एवं व्यापक—अर्थों में करते हैं। अपने अभिधात्मक या संकीर्ण अर्थ से सौन्दर्य का सम्बन्ध किसी भी वस्तु के बाह्य आकार, रूप एवं रंग आदि ऐसे स्थूल गुणों में है जिनका बोध केवल चक्षुओं के माध्यम से ही किया जा सकता है। जिस प्रकार सुगन्ध एवं दुर्गन्ध का अनुभव केवल घ्राणेन्द्रिय से ही किया जा सकता है, उसी प्रकार सुन्दर एवं असुन्दर का निर्णय चक्षुरिन्द्रिय से किया जा सकता है। इस प्रकार अभिधात्मक अर्थ में सौन्दर्य वस्तु के उस गुण का नाम है, जो हमारी चक्षुरिन्द्रिय को आकर्षित करता है। नेत्रों के इसी आकर्षण को कवियों ने बार-बार सौन्दर्य-लोलुपता कहा है। लाक्षणिक या व्यापक अर्थ में सौन्दर्य का सम्बन्ध वस्तुओं के केवल बाह्य रूप-रंग से ही नहीं है, अपितु उसकी उन सूक्ष्म विशेषताओं मे भी है जिनका अनुभव चक्षुरिन्द्रिय की सहायता के बिना भी किया जा सकता है। यथा—'वह बहुत सुन्दर गाती है!' गीत की मधुरता का सम्बन्ध कर्णेन्द्रिय से है, चक्षुओं से नहीं, फिर भी यहाँ 'सुन्दर' शब्द या प्रयोग लाक्षणिक रूप में किया गया है। काव्य-कला के क्षेत्र में भी सौन्दर्य का प्रयोग प्रायः लाक्षणिक रूप में होता है क्योंकि काव्यगत वस्तुओं को हम प्रत्यक्ष न देखकर कल्पना के माध्यम से ही देखते हैं। इस प्रकार व्यापक अर्थ में सौन्दर्य, आकर्षण-शक्ति का ही दूसरा नाम है। किसी भी वस्तु, पदार्थ, व्यक्ति का बाह्य रूप-रंग, स्थूल चेष्टाएँ, उनकी कोई भी आन्तरिक विशेषता जो हमारी इन्द्रियों को मन या बुद्धि को आकर्षित कर ले—सौन्दर्य है। अस्तु, सौन्दर्य—आकर्षित करने की क्षमता या आकर्षण-शक्ति ही है।

आकर्षण शक्ति सिद्धांत—उपर्युक्त विवेचन से हम इस निष्कर्ष पर पहुँचते हैं कि साहित्य की आत्मा या मूल शक्ति सौन्दर्य या आकर्षण-शक्ति है। वस्तुतः साहित्य के प्रसंग में सौन्दर्य का प्रयोग अभिधात्मक अर्थ में न होकर लाक्षणिक अर्थ में ही होता है, अतः अपने विवेचन को अधिक स्पष्ट एवं प्रामाणिक बनाने के लिए 'सौन्दर्य' के स्थान पर 'आकर्षण' का प्रयोग अधिक संगत है। समय-समय पर भारतीय एवं पाश्चात्य साहित्यकार एवं आलोचक साहित्य-चर्चा के प्रसंग में 'आकर्षण' एवं 'आकर्षण-शक्ति' का उल्लेख भी प्रायः करते रहे हैं जिससे उपर्युक्त निष्कर्ष की पुष्टि होती है। भारतीय आचार्यों में भामह[१], दंडी[२], रुय्यक,[३] रामचन्द्र शुक्ल,[४] डॉ० श्यामसुन्दरदास,[५] डॉ०

---

१. **'शब्द-रचना' की चतुराई जितनी 'चित्ताकर्षक होती है उतनी अर्थालंकार नहीं।' (भामह)।**

२. **"विषय-वस्तु को रूप-संपत्ति का गुण-सौन्दर्य सहृदय काव्य रसिकों के चित्त को 'आकृष्ट' कर लेता है।" (दंडी)**

३. **"........वाक्य का अर्थभूत व्यंग्य ही काव्य का जीवन है, यही पक्ष सहृदय पुरुषों का 'आकर्षण' है।" (रुय्यक)**

४. **"इनकी उक्तियों में विरोध और असम्भव का चमत्कार लोगों को बहुत 'आकर्षित' करता था।" (रामचन्द्र शुक्ल)**

५. **'अलंकार का प्रयोजन अंग विशेष को अधिक 'आकर्षक' बना देता है....।' (डॉक्टर श्यामसुन्दरदास)**

गुलाबराय,[१] डॉ० हजारी प्रसाद द्विवेदी,[२] डॉ० नगेन्द्र,[३] सुमित्रानन्दन पंत,[४] प्रभृति ने तथा पाश्चात्य लेखकों में लोंजाइनस,[५] होरेस,[६] दमित्रियस,[७] क्विण्टिलियन,[८] पोप, कोलरिज, मैथ्यू आर्नल्ड, वाल्टरपेटर आदि ने साहित्य-विवेचन के प्रसंग में आकर्षण शक्ति का उल्लेख करते हुए इसके अस्तित्व को मान्यता प्रदान की है, पर वह विचित्र बात है कि अब तक किसी ने न तो इस काव्य-गत आकर्षण-शक्ति के रहस्य को ही उद्घाटित करने का प्रयास किया और न ही 'आकर्षण-शक्ति' जैसा सिद्धान्त स्थापित किया। बिना किसी पूर्व-प्रचलित सिद्धान्त के ही आकर्षण-शक्ति की चर्चा होना इस बात का प्रमाण है कि यह एक सार्वदेशिक एवं सार्वकालिक तत्त्व है जिसे बिना किसी प्रचार के मान्यता प्राप्त है। पर साहित्य की मूल शक्ति को और अधिक स्पष्टता एवं गंभीरता से समझने के लिए आधुनिक ज्ञान-विज्ञान के आधार पर इसे सुव्यवस्थित सिद्धान्त का रूप दिया जा सकता है। वस्तुतः 'साहित्य-विज्ञान' में प्रस्तुत पंक्तियों के लेखक ने ऐसा ही करने का प्रयास किया है—यहाँ उसी के आधार पर संक्षेप में इस सिद्धान्त का परिचय दिया जाता है।

आकर्षण-शक्ति का वैज्ञानिक आधार—अब तक साहित्य के जिन सिद्धान्तों की स्थापना की गयी थी, वे मूलतः दार्शनिक दृष्टिकोण पर आधारित थे, क्योंकि प्राचीन युग में दर्शन को ही प्रमाण माना जाता था, किन्तु आधुनिक युग विज्ञान का है, अतः इस युग में किसी भी सिद्धान्त को प्रामाणिक सिद्ध करने के लिए उसे दर्शन के स्थान पर विज्ञान के आधार पर प्रतिष्ठित किए जाने की आवश्यकता है। आकर्षण-शक्ति-सिद्धान्त भी आधुनिक विज्ञान के सिद्धान्तों पर आधारित है। भौतिक विज्ञान के अनुसार ब्रह्माण्ड के सभी पदार्थों में दो आधारभूत तत्वों का अस्तित्व है—द्रव्य (matter) और शक्ति (Energy)। ये दोनों तत्व भी मूलतः एक हैं क्योंकि समस्त द्रव्य का रूपान्तर शक्ति में

---

१. 'कबीर के प्रति रवीन्द्रनाथ के 'आकर्षण' के कई कारण थे......" (डॉ० गुलाब राय)
२. "........प्रसाद के नाटकों के 'आकर्षण तत्त्व हैं।" (आचार्य हजारी प्रसाद द्विवेदी)
३. "......काव्य में घटना हमको निश्चय ही 'आकृष्ट' करती है। ....किन्तु इस 'आकर्षण का रहस्य घटना की क्रिया प्रतिक्रिया में न होकर उसमें निहित मानव तत्व एवं भाव में होता है।" (डॉ० नगेन्द्र)
४. "......कविता की भाषा का प्रमाण राग है। 'राग' का अर्थ है 'आकर्षण': यह वह शक्ति है जिसके विद्युत्स्पर्श से खिंचकर हम शब्दों की आत्मा तक पहुँचते हैं।" (सुमित्रानन्दन पंत)
५. "पाठक कुछ तो घटनाओं के चयन से 'आकर्षित' होता है और कुछ उनके पारस्परिक संघटन कौशल से।" (लोंजाइनस)
६. "कविताओं का सुन्दर होना ही पर्याप्त नहीं, वे 'आकर्षक' भी होनी चाहिए उनमें ऐसी शक्ति होनी चाहिए कि श्रोता के मन को जिधर चाहे खींच लें।" (होरेस)
७. "प्रायः विषय-वस्तु 'आकर्षणहीन' और विकर्षक होती है, किन्तु लेखक उसे अपनी चारुता का स्पर्श प्रदान करता है।" (दमित्रियस)
८. "अलंकारों की सबसे बड़ी शक्ति अभिभाषण को 'आकर्षण' युक्त बना देना है।" (क्विण्टिलियन)

तथा शक्ति का रूपान्तर द्रव्य में होता रहता है। अस्तु; मूलतत्त्व शक्ति ही है। यह शक्ति ब्रह्माण्ड के कण-कण में व्याप्त है तथा समय-समय पर विभिन्न तत्त्वों एवं पदार्थों के रूप में अपना रूपान्तर करती रहती है। ब्रह्माण्ड में व्याप्त शक्ति को न तो घटाया जा सकता है, न बढ़ाया जा सकता है और न ही उसे नष्ट किया जा सकता है—अतः वह अनन्त, अक्षय और अमर है। इस शक्ति की दो अवस्थाएँ होती हैं—एक सक्रिय और दूसरी निष्क्रिय। इसी को हम 'जागृत' एवं 'सुषुप्त' रूप कह सकते हैं। जब भी शक्ति जागृत एवं सक्रिय होती है तो वह एक साथ दो रूपों में कार्य करती है—आकर्षण एवं विकर्षण। एक दिशा का विकर्षण ही दूसरी दिशा में आकर्षण है, अतः संक्षेप में शक्ति के सभी सक्रिय रूपों को आकर्षण शक्ति भी कह दिया जाय तो अनुचित न होगा।

ब्रह्माण्ड में व्याप्त यह आकर्षण-शक्ति अलग-अलग क्षेत्रों, स्तरों व माध्यमों में अलग-अलग रूपों में कार्य करती है जिससे इस एक शक्ति को अनेक नाम दिये जाते हैं—यथा-गुरुत्वाकर्षण-शक्ति, चुम्बक-शक्ति, विद्युत-शक्ति, आणविक शक्ति, यौनाकर्षण शक्ति, मानसिक शक्ति आदि। क्षेत्र और माध्यम का अन्तर होते हुए भी ये सभी शक्तियाँ मूलतः एक हैं। इस तथ्य को आधुनिक विज्ञान ने स्वीकार किया है क्योंकि एक रूप का परिवर्तन दूसरे रूप में होना संभव है। दूसरे, ये सभी शक्तियाँ आकर्षण-विकर्षण के रूप में कार्य करती हैं तथा इनकी प्रवृत्तियाँ समान हैं। हमने भौतिक विज्ञान, रसायन-विज्ञान, जीव-विज्ञान एवं मनोविज्ञान के आधार पर शक्ति के विभिन्न रूपों का तुलनात्मक अध्ययन करने के बाद आकर्षण-शक्ति की आठ ऐसी प्रवृत्तियों का अनुसंधान किया है जो शक्ति के प्रायः सभी रूपों में प्रत्यक्ष-अप्रत्यक्ष रूप में उपलब्ध होती हैं। वे ये हैं—(१) शक्ति सदा आकर्षण-विकर्षण के रूप में कार्य करती है। (२) शक्ति का संगठन त्रिगुणात्मक तत्वों के रूप में होता है जिन्हें धनात्मक (Positive), ऋणात्मक (Negative) एवं उभयात्मक (Neutral) तत्वों की संज्ञा दी जा सकती है। (३) शक्ति के धनात्मक एवं ऋणात्मक तत्वों में परस्पर आकर्षण रहता है—जबकि स्वजाति के प्रति विकर्षण रहता है। (४) शक्ति की दो अवस्थाएँ होती हैं—जागृत एवं सुषुप्त। जागृत अवस्था में शक्ति कार्य करती है और सुपुप्त में निष्क्रिय हो जाती है। शक्ति के जब धनात्मक एवं ऋणात्मक तत्वों में परस्पर संतुलन या साम्य रहता है तो शक्ति निष्क्रिय रहती है जबकि इस सन्तुलन के भंग हो जाने पर शक्ति जागृत एवं सक्रिय हो जाती है। (५) सक्रिय हो जाने के बाद शक्ति चार प्रक्रियाओं के रूप में कार्य करती है—संपर्क-स्थापना या संयोजन, संप्रेषण, द्रवण और अभिव्यक्ति। (६) आकर्षण-शक्ति विभिन्न स्तरों पर विभिन्न रूपों में कार्य करती है, एक स्तर पर कार्य करने वाला रूप दूसरे स्तर के लिए प्रायः अनुपयोगी हो जाता है। (७) आकर्षण-शक्ति सदा वक्र एवं चक्राकार गति से आवर्तन-परिवर्तन के रूप में आगे बढ़ती है। (८) शक्ति का लक्ष्य सदा अपूर्णता से पूर्णता की ओर वैषम्य से साम्य की ओर तथा असंतुलन से सन्तुलन की ओर अग्रसर होने का रहता है।

आकर्षण-शक्ति की उपर्युक्त सभी प्रवृत्तियाँ साहित्य की शक्ति में भी उपलब्ध होती हैं—इसका स्पष्टीकरण 'साहित्य-विज्ञान' या 'साहित्य का वैज्ञानिक विवेचन' में विस्तार से किया गया है।

साहित्य की आकर्षण-शक्ति—जैसा कि पीछे कहा गया है, साहित्य की आकर्षण-शक्ति विश्व में व्याप्त शक्ति का ही एक रूप है। शक्ति के अन्य रूपों से वह क्षेत्र, स्तर एवं माध्यम की दृष्टि से ही पृथक है, किन्तु उसकी मूलभूत प्रवृत्तियाँ वे ही हैं जो सामान्य

रूप में शक्ति में अन्य रूपों में मिलती है। जिस प्रकार वैज्ञानिक विभिन्न भौतिक पदार्थों से उनमें निहित शक्ति को जगाकर अपने लक्ष्य की पूर्ति करता है, उसी प्रकार साहित्यकार भी विभिन्न मानसिक तत्त्वों की शक्ति को जगा कर उसे एक ऐसा माध्मय या रूप प्रदान करता है जिसे हम साहित्य कहते हैं। साहित्यकार का द्रव्य मानसिक क्षेत्र का होता है तथा उसका माध्यम भाषा का होता है अतः उसकी कार्य-प्रणाली अत्यन्त सूक्ष्म एवं अदृश्य होती है। कलाकार के मन में जो कुछ घटित होता है, उसे हम रसायन-शाला के प्रयोगों की भाँति प्रत्यक्ष रूप में नहीं देख पाते, पर उसकी आन्तरिक प्रक्रिया बहुत-कुछ शक्ति के बाह्य एवं स्थूल रूपों के अनुरूप ही होती है।

साहित्यकार द्वारा प्रयुक्त द्रव्य को भी मुख्यतः तीन तत्वों में विभक्त किया जाता है— (१) भाव, (२) विचार, (३) कल्पना। ये तत्व क्रमशः धनात्मक, ऋणात्मक एवं उभयात्मक कोटि के कहे जा सकते हैं। साहित्य की आकर्षण-शक्ति को उद्दीप्त करने के लिए धनात्मक एवं ऋणात्मक तत्वों का सम्पर्क ही पर्याप्त नहीं है, अपितु कल्पनाशक्ति का जागरण भी अपेक्षित है। भावों और विचारों का सम्पर्क तो सामान्य जीवन में भी रहता है, किन्तु कला और साहित्य में कल्पना की शक्ति सर्वाधिक सक्रिय रहती है जिससे कटु भाव और शुष्क विचार भी आकर्षक बन जाते हैं। यहाँ यह उल्लेखनीय है कि साहित्य में कोरे भाव, कोरे विचार या कोरी कल्पना-शक्ति से आकर्षण-शक्ति की उद्दीप्ति सम्भव नहीं, अपितु इनमें से एक का दूसरे के साथ सम्पर्क एवं सहयोग अपेक्षित है क्योंकि आकर्षण-शक्ति की यह प्रवृत्ति है कि वह विरोधी तत्वों के सम्पर्क से ही उद्दीप्त होती है। उदाहरण के लिए काले रंग और पीले रंग में या सफेद और नीले में परस्पर विरोध है, अतः चित्रकार इन विरोधी रंगों के सम्पर्क से ही आकर्षण की उद्दीप्ति करता है। यही बात साहित्य की शक्ति पर लागू होती है।

सभी रचनाओं में भाव, विचार और कल्पना की मात्रा समान नहीं होती, किसी में भाव की प्रमुखता होती है तो किमी में विचार की और किसी में कल्पना की तथा शेष दो तत्व गौण रूप में होते हैं। इस भेद के कारण साहित्य की आकर्षण शक्ति के भी तीन भेद हो जाते हैं भावात्मक आकर्षण, बौद्धिक आकर्षण और कल्पनात्मक आकर्षण (या रूपात्मक आकर्षण)। यहाँ क्रमशः तीनों के उदाहरण प्रस्तुत किये जाते हैं :

(क) भावात्मक आकर्षण—

वहै चतुराई सों चिताई, चाहिबे की छवि
वहै छैलताई न छिनक बिसरति है।
आनंद-निधान प्रान प्रीतम सुजान जू की,
सुधि सब भाँतिन सों बेसुध करति है।

—घनानन्द

या—

राति न सुहात, ना सुहात परभात आली,
जब मन लागि जान,काहू निरमोही सौं।

—पद्माकर

(ख) बौद्धिक आकर्षण—

करत-करत अभ्यास के जड़मति होत सुजान।
रसरी आवत जात ते सिल पै परत निसान॥

या—

सबै सहायक सबल के कोउ न निबल सहाय।
पवन जगावत आग को दीपहिं देत बुझाय।

(ग) कलात्मक आकर्षण—

माली आवत देखि के कलियां करैं पुकार।
फूले-फूले चुनि लिये काल हमारी बार॥ —कबीर

या—

मृग-मरीचिका के चिर पथ पर,
सुख आता प्यासों के पग धर,
रुद्ध हृदय के पट लेता कर,
गर्वित कहता "मैं मधु हूँ मुझसे
क्या पतझड़ का नाता?

—महादेवी

उपर्युक्त अंशों में क्रमशः भाव, विचार एवं कल्पना की प्रधानता के कारण आकर्षण की उद्दीप्ति हुई है। साहित्य की विषय-वस्तु में इन तीन तत्वों में से किसी एक की प्रधानता के कारण उसकी भाषा-शक्ति में भी अन्तर आ जाता है। जब विचार की प्रमुखता होती है तो वह रचना अभिधात्मक, भाव की प्रमुखता होने पर लाक्षणिक तथा कल्पना की प्रमुखता होने पर व्यंग्यात्मक हो जाती है।

साहित्य की आकर्षण-शक्ति साहित्यकार और पाठक के मन में क्रमशः चार प्रक्रियाओं के रूप में कार्य करती है—(१) संयोजन, (२) संप्रेषण, (३) द्रवण और (४) अभिव्यक्ति। आकर्षण-शक्ति के कारण ही कवि और पाठक की सर्वप्रथम विषय-वस्तु में रुचि उत्पन्न होती है जिससे उनका विषय के साथ सम्पर्क-स्थापना या संयोजन होता है, तदनन्तर विषय के साथ तादात्म्य स्थापित होता है जिसे संप्रेषण की प्रक्रिया कहा जा सकता है। संप्रेषण के अनन्तर क्रमशः द्रवण एवं अभिव्यक्ति की प्रक्रियाएँ सम्पन्न होती हैं जिनके द्वारा साहित्यकार एवं पाठक की अन्तश्चेतना द्रवित होकर व्यक्त होने लगती है। साहित्यकार में यह अभिव्यक्ति जहाँ रचना के रूप में होती है, वहीं पाठक में हर्ष, उल्लास एवं आनन्द की अभिव्यक्ति के रूप में होती है। इस प्रकार ये चारों प्रक्रियाएँ, क्रमशः पहले साहित्यकार के मन में तथा फिर पाठक के मन में सम्पादित होती है। प्राचीन और अर्वाचीन साहित्यशास्त्र का साधारणीकरण, तादात्म्य विवेचन, सम्प्रेषण, अभिव्यंजना आदि की क्रियाएँ इन्हीं चारों प्रक्रियाओं के विभिन्न पक्षों को सूचित करती हैं।

इस प्रकार उपर्युक्त सिद्धान्त के अनुसार साहित्य की साहित्यिकता का मूल आधार

साहित्यकार द्वारा उद्दीप्त आकर्षण-शक्ति ही है। अन्य सिद्धान्तों के साथ भी इस सिद्धान्त का मेल हो जाता है। रस वस्तुतः आकर्षण की ही व्यापक एवं गंभीर अनुभूति है तो अलंकार, रीति, वक्रोक्ति, ध्वनि आदि आकर्षण की उद्दीप्ति के ही विभिन्न साधन हैं। वस्तुतः यही आकर्षण-शक्ति काव्य की आत्मा या साहित्य की शक्ति है। पाश्चात्य आचार्य होरेस ने ठीक कहा था—"काव्य का सुन्दर होना ही पर्याप्त नहीं है, वह आकर्षक भी होना चाहिए—उसमें ऐसी शक्ति होनी चाहिए कि श्रोता के मन को जिधर चाहे खींच सके।"

●

४

साहित्य में कल्पना और बिम्ब

प्राचीन युग में साहित्य-मीमांसकों का ध्यान कल्पना-शक्ति की ओर बहुत कम गया था जिससे वे काव्य-सर्जन की प्रक्रिया की यथोचित मीमांसा में असफल रहे। एक वर्ग ने यदि कवि की रचना-शक्ति को अनुकरण कीं प्रक्रिया के रूप में ग्रहण करते हुए उसे मिथ्या जगत् की मिथ्या अनुकृति प्रस्तुत करने वाला घोषित कर दिया, तो दूसरे वर्ग ने काव्य-सृजन की प्रक्रिया को किसी दिव्य शक्ति या दैवी प्रेरणा पर आधारित मानकर कवि को ईश्वर का प्रतिनिधि सिद्ध कर दिया। वस्तुतः ये दोनों ही मत अतिवादी थे तथा वास्तविकता से दूर थे, जबकि काव्य-प्रतिभा न तो शुद्ध अनुकृति पर आधारित है, न ही उसमें कोई दैवी शक्ति है। वस्तुतः उसका मूलाधार कवि की उस मानसिक शक्ति में निहित है, जो कि अप्रत्यक्ष में, प्रत्यक्ष को, अतीत को वर्तमान में, स्थूल को सूक्ष्म में और असुन्दर को सुन्दर में परिणत कर देने की क्षमता से युक्त है। इसी शक्ति को मनोविज्ञान में 'कल्पना' के नाम से पुकारा जाता है। यह कल्पना न तो शिक्षा-दीक्षा एवं पूर्वाभ्यास पर आधारित है और न इसके पीछे किसी दैवी शक्ति का हाथ है—वस्तुतः यह मानव की एक प्राकृतिक मानसिक शक्ति है, जो कि न्यूनाधिक मात्रा में सभी में होती है; किन्तु कवि में यह अपेक्षाकृत अधिक मात्रा में होती है, इसी से वह काव्य-रचना में सफल होता है।

कल्पना : स्वरूप मीमांसा—कल्पना एक मानसिक तत्त्व है, अतः उसके सम्बन्ध में साहित्यिक दृष्टि से विचार करने से पूर्व मनोविज्ञान के आधार पर उसका स्वरूप स्पष्ट कर लेना चाहिए। सुप्रसिद्ध मनोविज्ञान-वेत्ता मैक्डूगल महोदय ने कल्पना की परिभाषा करते हुए कहा है—'अप्रत्यक्ष वस्तुओं से सम्बन्धित चिन्तन-मनन ही कल्पना है।' वुडवर्थ महोदय के विचारानुसार कल्पना 'एक मानसिक कौशल है।' एक अन्य लेखक ने कल्पना की परिभाषा करते हुए लिखा है—'कल्पना अपने सरलतम रूप में एक ऐसी शक्ति कही जा सकती है, जो कि पूर्व-अनुभवों की प्रतिलिपि पुनरुत्पादित करती है।' इसी प्रकार जे०पी० सार्त्र ने अपने कल्पना सम्बन्धी ग्रन्थ में उसके चार प्रमुख लक्षण बताये हैं—(१) उसका सम्बन्ध चेतना से होता है। (२) उसमें अर्द्ध-निरीक्षण की प्रवृत्ति होती है। (३) उसका आलम्बन शून्य या सत्ताहीन होता है। (४) वह स्वच्छन्द होती है। इन परिभाषाओं एवं लक्षणों को ध्यान में रखते हुए कहा जा सकता है कि कल्पना एक ऐसी मानसिक शक्ति है, जो व्यक्ति के पूर्व-अनुभवों के आधार पर अप्रत्यक्ष, सूक्ष्म एवं नूतन वस्तुओं या विचारों का आविष्कार, निर्माण या पुनर्निर्माण करती है। अतीत के अनुभव हमारे मन में बिम्ब रूप में संचित होते हैं, उन्हीं बिम्बोंका परस्पर जोड़-तोड़ करके वह नये रूपों का निर्माण करती है। यद्यपि कल्पना इच्छा-प्रेरित होती है, पर बुद्धि का अंकुश वह बहुत कम स्वीकार करती है—यह दूसरी बात है कि वह अपने पीछे बुद्धि को भी ले चले—इसलिए, वह स्वच्छन्द कही जा सकती है। जब कल्पना बुद्धि के ही नेतृत्व एवं नियंत्रण में कार्य

करने लगती है तो उसी स्थिति में उसे कल्पना न कहकर चिन्तन या मौलिक चिन्तन कहा जाता है। जब वही कल्पना भावानुभूतियों से प्रेरित होकर भाषा के माध्यम से कार्य करती है तो वह उच्चकोटि की साहित्यिक कृतियों के सर्जन में सक्षम होती है। इस प्रकार कल्पना ही वह मूल शक्ति है, जो जीवन और जगत् के विभिन्न क्षेत्रों में नूतन विचारों, नयी वस्तुओं एवं नये क्रिया-कलापों का आविष्कार करती है।

मनोवैज्ञानिकों ने कल्पना के विभिन्न भेदोपभेद भी किए हैं। मूलतः कल्पना के दो भेद माने जाते हैं—(१) ग्रहणात्मक (Receptive) और (२) सर्जनात्मक (creative)। ग्रहणात्मक कल्पना से हम अप्रत्यक्ष वस्तु के वर्णन के आधार पर उसका बोध प्राप्त करते हैं, जबकि सर्जनात्मक कल्पना द्वारा स्वयं नयी वस्तु का निर्माण करते हैं। सर्जनात्मक कल्पना के भी दो भेद किए गये हैं—(१) व्यवहारोन्मुख (Pragmatic) और (२) सौन्दर्योन्मुख ! इनमें से प्रथम का उपयोग जीवन की व्यावहारिक समस्याओं के समाधान में, नयी योजनाओं के निर्माण में एवं नूतन विचारों व सिद्धान्तों की स्थापना में होता है, जबकि दूसरी—सौन्दर्योन्मुख—का उपयोग कलाकृतियों के और दिवा-स्वप्नों के निर्माण में होता है। वस्तुतः साहित्य-रचयिता का सम्बन्ध कल्पना के इसी दूसरे भेद से है।

साहित्य में कल्पना-शक्ति—साहित्य में कल्पना-शक्ति के महत्व की प्रतिष्ठा का श्रेय सबसे अधिक स्वच्छन्दतावादी कवियों को है। अंग्रेज़ी साहित्य में स्वच्छन्दतावाद (Romanticism) के प्रवर्तकों ने परम्परागत अनुकृति-सिद्धान्त के स्थान पर कल्पनाशक्ति की प्रतिष्ठा करते हुए उसे काव्य का सर्वोपरि तत्व घोषित किया। एस० टी० कोलरिज ने अपने ग्रन्थ 'वायग्राफिया लिट्रेरिया' (साहित्य की जीवन-कथा) में कल्पनाशक्ति का विस्तृत एवं सूक्ष्म विवेचन प्रस्तुत करते हुए अपना निर्णय इन शब्दों में दिया है—Finally, good sense is the body of poetic genius. fancyits drapery, motion its life and imagination the soul that is everywhere and in each, and forms all into one graceful and intelligent whole," अर्थात् अन्ततोगत्वा विवेक-शक्ति काव्यात्मक प्रतिभा का शरीर है, अनुमान शक्ति उसका वस्त्र, भावावेश उसका जीवन है तथा कल्पना-शक्ति ही वह आत्मा है, जो कि (प्रत्येक काव्य में) सर्वत्र होती है तथा समस्त तत्वों को एक सुष्ठु एवं बोध-गम्य रूप प्रदान कर देती है।'

साहित्य में कल्पना-शक्ति कई कार्य करती है, जिन्हें मुख्यतः पाँच वर्गों में विभक्त किया जा सकता है—(१) विषय-वस्तु का चेतन-स्तर पर प्रस्तुतीकरण। साहित्यकार जिस द्रव्य-सामग्री या वस्तु का उपयोग अपनी रचना में करता है, वह प्रायः उसके अवचेतन एवं अचेतन मन में विभिन्न अनुभूतियों, संस्कारों, बिम्बों एवं धारणाओं के रूप में विद्यमान रहती है जिसे स्मृति एवं कल्पना की सहायता से चेतन स्तर पर लाया जाता है। पर स्मृतियां वस्तु को मूलरूप में ही पुनरुत्पादित करती हैं जिससे उसमें रूपगत नवीनता एवं साहित्यिक आकर्षण का आविर्भाव नहीं हो पाता, जबकि कल्पना उसे नूतन एवं आकर्षक रूप में प्रस्तुत करती है। इसलिए कल्पना द्वारा प्रस्तुत विषय ही काव्यात्मक शक्ति से युक्त हो पाता है। (२) कल्पना का दूसरा कार्य—द्रव्य या विषय-वस्तु का विस्तार करना है। इसी से वस्तु विस्तृत, स्पष्ट एवं अनुभूतिगम्य रूप प्राप्त करती है। (३) नये द्रव्य का आविर्भाव या नयी वस्तु की कल्पना करना भी कल्पना-शक्ति का तीसरा कार्य है। इसी से साहित्यकार नयी घटनाओं एवं नूतन पात्रों की सृष्टि करता है। (४) द्रव्य या

विषय-वस्तु को अनुभूतिगम्य बनाना कल्पना का चौथा कार्य है। [१]कल्पना अपनी वस्तु को बिम्बों या सजीव चित्रों के रूप में प्रस्तुत करती है, इससे वे सहज ही पाठक के लिए अनुभूतिगम्य हो जाते हैं। (५) देश-काल एवं व्यक्ति के सम्बन्धों से मुक्ति—यह कल्पना का पाँचवाँ या अन्तिम कार्य है। दैनिक जीवन में हम अपने अनुभव दूसरे व्यक्तियों को सुनाते हैं, पर फिर भी वे सामान्य श्रोता को आकर्षित नहीं कर पाते। इसका मूल कारण यह है कि वहाँ हमारा अनुभव देश-काल की सीमाओं में बँधा हुआ तथा वैयक्तिकता से ग्रस्त होता है जिससे उसका साधारणीकरण या समाजीकरण नहीं हो पाता जबकि कला में वस्तु के पूर्ण प्रभावोत्पादक एवं सम्यक् आस्वादन के लिए उसका साधारणीकरण अपेक्षित है। वस्तुतः वस्तु का वैयक्तिक व देश-काल की सीमाओं से मुक्त हो जाना ही साधारणीकरण है। कल्पना द्वारा प्रस्तुत सामग्री इन सीमाओं से मुक्त हो जाती है—अतः वह काव्य के साधारणीकरण में योग देती है। भारतीय आचार्यों के अनुसार साधारणीकरण ही काव्य की वह प्रक्रिया है, जो काव्यास्वादन के चरम लक्ष्य की पूर्ति का साधन है। इस दृष्टि से कल्पना के इस कार्य का महत्व बहुत अधिक है।

कल्पना और बिम्ब—कल्पना साहित्य में कई प्रकार के कार्य करती है उनमें एक कार्य सूक्ष्म विचार को स्थूल बिम्ब के रूप में प्रस्तुत करने का भी है। यद्यपि स्वच्छन्दतावादी कवियों ने कल्पना को ही सर्वाधिक महत्व दिया था, किन्तु परवर्ती युग में कल्पना की अपेक्षा बिम्ब को अधिक महत्व दिया जाने लगा। उन्नीसवीं शती के उत्तरार्द्ध में अंग्रेजी कविता में अनेक ऐसे आन्दोलनों का प्रवर्तन हुआ जिन्होंने बिम्ब विधान को ही कवि-कर्म का लक्ष्य घोषित करते हुए उसका घोर समर्थन किया। वस्तुतः बिम्ब-विधान के समर्थकों ने एक प्रकार से 'बिम्बवाद' की ही स्थापना करते हुए बिम्ब की ऐसी विस्तृत एवं व्यापक व्याख्या प्रस्तुत की जिसके अनुसार काव्य का सब कुछ बिम्ब में ही समाविष्ट हो जाता है। वस्तुतः काव्य-शास्त्रियों की यह दुर्बलता सदा से रही है कि वे सिद्धांत को इतना विस्तार देते हैं कि वह अपनी मूल सीमाओं से भी आगे बढ़कर विकृत हो जाता है। यही अलंकार, रीति, वक्रोक्ति एवं ध्वनि-सिद्धान्त के प्रतिपादकों ने किया और यही बिम्बवादी कर रहे हैं। अस्तु, हमारे विचार में बिम्ब-विधान श्रेयस्कर होते हुए भी बिम्बवाद की कट्टर एवं अंधधारणाएँ ग्राह्य नहीं हैं। यहाँ पर बिम्ब सिद्धांत को उसके सीमित एवं संतुलित रूप में प्रस्तुत करते हुए उसके पक्षों का परिचय देने का प्रयास करेंगे।

'बिम्ब' क्या है ?—शाब्दिक दृष्टि से 'बिम्ब' (image) का अर्थ है—प्रतिमा, आकृति, रूप, चित्र आदि। मनोविज्ञान के अनुसार जब हम इन्द्रियों के माध्यम से स्थूल जगत् की विभिन्न वस्तुओं के सम्पर्क में आते हैं तो उनका प्रतिबिम्ब या चित्र हमारे मन में अंकित हो जाता है तथा ये प्रतिबिम्ब ही समय-समय पर हमारी वासना, संस्कार, स्मृति, भावना आदि को जागृत करने का कार्य करते हैं। ये बिम्ब एक प्रकार से संचित अनुभूतियों के रूप में हमारे अवचेतन मन में सदा विद्यमान रहते हैं, पर समय-समय पर स्मृति एवं कल्पना की सहायता से पुनः हमारे चेतन स्तर पर उदित होकर हमें भाँति-भाँति के बोध प्रदान करते हैं। कवि या कलाकार इन्हीं बिम्बों को अपनी रचना में प्रस्तुत करता है, जिन्हें ग्रहण करते हुए पाठक या दर्शक सामाजिक विषय का बोध प्राप्त करते हैं। दूसरे

---

१. कल्पना के इन क्रिया-व्यापारों के स्पष्टीकरण के लिए द्रष्टव्य 'साहित्य विज्ञान' का द्वितीय खण्ड—'साहित्य के तत्व'।

शब्दों में बिम्ब ऐन्द्रिय अनुभूति का प्रतिबिम्ब है, जो कि मन में अंकित हो जाता है।

साहित्यिक दृष्टि से बिम्ब की अनेक परिभाषाएँ की गयी हैं। सी० डी० लेविस महोदय ने बिम्ब के स्वरूप का सांगोपांग विवेचन करते हुए कहा है—'काव्यात्मक बिम्ब शब्दों के माध्यम से निर्मित एक ऐसा चित्र है, जिसका किसी न किसी प्रकर के ऐन्द्रिक गुण से सम्पर्क हो।'[१] राविन स्कैल्टन के विचारानुसार 'बिम्ब एक ऐसा शब्द है जो कि ऐन्द्रियानुभूति का भाव जाग्रत करता है।[२] इसी प्रकार डॉ० नगेन्द्र के मत से 'काव्य-बिम्ब शब्दार्थ के माध्यम से कल्पना द्वारा निर्मित एक ऐसी मानव-छवि है, जिसके मूल में भाव की प्रेरणा रहती है।'

काव्य-बिम्ब या काव्यगत बिम्ब के स्वरूप के सम्यक् बोध के लिए उसके पाँच लक्षणों पर भी विचार किया जा सकता है। काव्य-बिम्ब का पहला लक्षण है—चित्रात्मकता। इससे आशय यह है कि जिस प्रकार चित्र में वस्तु का प्रतिबिम्ब होता है, उसी प्रकार बिम्ब में भी ऐसा प्रतिबिम्ब होता है जो पाठक के मन में उस वस्तु की अनुभूति जगा सके। दूसरा लक्षण शब्दरूपात्मकता है—अर्थात काव्य में बिम्ब चित्र की भाँति रेखाओं में नहीं, अपितु शब्दों के माध्यम से प्रस्तुत होता है। तीसरा लक्षण ऐन्द्रिकता है—जिसका अर्थ है कि वह चित्र केवल स्थूल वस्तु का ही प्रतिबिम्ब न हो, अपितु उसका सम्बन्ध ऐन्द्रियबोध से भी होना चाहिए या यों कहिए कि उसमें हमारी इन्द्रियों को गुदगुदा देने की क्षमता होनी चाहिए। चौथा लक्षण भावोत्पादकता है अर्थात काव्य-बिम्ब में भावोत्पादन की क्षमता का होना अनिवार्य है। पाँचवें लक्षण के अनुसार उसमें आरोपण का अभाव होना चाहिए अर्थात् वह अलंकारों की भाँति मूल वस्तु पर ऊपर से या बाहर से आरोपित नहीं होना चाहिए, उसका वस्तु से सीधा सम्बन्ध होना चाहिए, अन्यथा बिम्ब और अलंकार में कोई अन्तर नहीं रह जायेगा।

काव्य-बिम्ब के विभिन्न आचार्यों ने भेदोपभेद भी किए हैं तथा पश्चिम के कुछ विद्वानों ने तो इसे इतना विस्तार दे दिया है कि उससे काव्य की प्रत्येक वस्तु बिम्ब में ही आ जाती है। हिन्दी के विद्वानों ने भी प्रायः इन्हीं का अनुसरण किया है जो ठीक नहीं। इस सम्बन्ध में सबसे अधिक विवाद का विषय यह है कि क्या बिम्ब चाक्षुष अनुभूति से ही सम्बद्ध है अथवा अन्य इन्द्रियों से भी। पश्चिम के अनेक मीमांसकों ने बिम्ब का सम्बन्ध प्रायः सभी प्रकार की ऐन्द्रियानुभूतियों से माना है, पर हमारे विचार में यह मान्यता बिम्ब के मूल स्वरूप के प्रतिकूल है। एक ओर वे बिम्ब को वस्तु का प्रतिरूप या चित्र मानते हैं, तो दूसरी ओर उसे श्रवणेन्द्रिय एवं घ्राणेन्द्रिय से भी सम्बन्धित मानते हैं—यह परस्पर-विरोधी वस्तु है। गुलाब के फूल का बिम्ब हमारे मन में अंकित हो सकता है, पर उसकी सुगन्ध का चित्र कैसे सम्भव है? गाने वाली का इमेज हमारे मन में उभर सकता है, पर उसके स्वर-माधुर्य का प्रभाव बिम्ब रूप में कैसे अंकित हो सकता है? वस्तुतः जहाँ चाक्षुष अनुभूतियाँ बिम्ब रूप में अंकित होती हैं, वहाँ घ्राणेन्द्रियों एवं श्रवणेन्द्रियों के माध्यम से प्राप्त सूक्ष्म एवं अगोचर गुणों की अनुभूतियाँ हमारे मन में 'संस्कार' रूप में ही विद्यमान रहती हैं। कहने का तात्पर्य यह है कि गन्ध एवं ध्वनि का

---

१. बिम्ब सिद्धान्त के परिचय के लिये दृष्टव्य—डॉ० नगेन्द्र कृत 'काव्य-बिम्ब'।

२. साहित्य की शैली।

बिम्ब नहीं, संस्कार मात्र अंकित होता है, क्योंकि इनका बिम्ब या चित्र सम्भव ही नहीं। ऐसी स्थिति में गंध या ध्वनि के चित्र (बिम्ब) की बात करना या तो 'बिम्ब' शब्द का अनर्थ अथवा भाषा के साथ खिलवाड़ करना है। यदि बिम्ब के अन्तर्गत हम सभी अनुभूतियों को लेना चाहते हैं तो फिर हमें बिम्ब की परिभाषा में से 'चित्र', 'मूर्त', 'रूप', 'प्रतिबिम्ब' 'मूर्ति' आदि शब्दों को निकाल देना चाहिए। परिभाषा को ज्यों का त्यों रखते हुए भी बिम्ब से सभी अनुभूतियों को सम्बद्ध कर देना सर्वथा अवैज्ञानिक एवं असंगत प्रयास है।

और यदि बिम्ब की परिभाषा को बदलते हुए प्रत्येक प्रकार के विचार, भाव या अनुभूति के अगोचर रूप के वर्णन को ही हम 'बिम्ब' संज्ञा देने लगें, तो फिर कविता में ही क्यों, हमारे मुख से उच्चरित प्रत्येक शब्द को बिम्ब सिद्ध किया जा सकता है। अस्तु, साहित्याचार्यों से हमारा निवेदन है कि शास्त्र-मीमांसा के समय भावुकता से नहीं, बौद्धिकता से काम लें तो अपने विवेचन के साथ अधिक न्याय करेंगे।

अतः बिम्ब के विभिन्न भेदों के अन्तर्गत विभिन्न इन्द्रियों के आधार पर उन्हें घ्राणपरक, स्वादपरक, ध्वनिपरक, चाक्षुष आदि भेदों में विभाजित करना हमें मान्य है, क्योंकि बिम्ब अपने-अपने सही अर्थ में केवल चाक्षुष होता है—अन्य भेद भ्रामक है। इनके अतिरिक्त भी बिम्ब के अनेक भेद किये गये हैं; यथा—'सरल बिम्ब', 'तात्कालिक बिम्ब', 'विशृंखलिक बिम्ब', 'प्रतिमाशून्य बिम्ब (Abstract Image)', रूपकात्मक बिम्ब', 'आलंकारिक बिम्ब', 'प्रतीकात्मक बिम्ब' आदि। ये भेद न केवल अनावश्यक हैं अपितु कहीं-कहीं तो बिम्ब के मूल स्वरूप के प्रतिकूल भी हैं। यथा 'प्रतिमा-शून्य बिम्ब' लीजिए; यह ऐसा है जैसा कि कोई कहे कि 'मधुरताशून्य मिठाई' या 'लावण्यशून्य लवण'। जब बिम्ब का लक्षण ही प्रतिमायुक्त होना है तो उनका एक भेद प्रतिमाशून्य मानना स्वतोव्याघात दोष का उदाहरण प्रस्तुत करना है। इसी प्रकार बिम्बों को रूपकों और अलंकारों से सम्बद्ध करके भी बिम्ब, रूपक, अलंकार आदि भिन्न-भिन्न सिद्धान्तों की सीमाओं के पार्थक्य को मिटाकर उन्हें घुला-मिला देने का प्रयास मात्र है।

बिम्ब और अलंकार—यद्यपि कुछ अलंकारों में बिम्बात्मकता का एवं कुछ बिम्बों में आलंकारिकता का गुण दृष्टिगोचर होता है, फिर भी दोनों एक नहीं हैं। बिम्ब-योजना का लक्ष्य जहाँ केवल वस्तु के रूप-रंग को ही गोचर रूप में प्रस्तुत करते हुए उसको ऐन्द्रिक बोध प्रदान करना होता है, जबकि अलंकार का लक्ष्य प्रस्तुत के साथ अप्रस्तुत का सादृश्य या वैषम्य प्रदर्शित करते हुए बौद्धिक चमत्कार उत्पन्न करना भी होता है। दूसरे, बिम्ब जहाँ केवल प्रस्तुत या उपमेय का ही बोध प्रदान करता है; वहाँ अलंकार में अप्रस्तुत या उपमान का भी संयोग होता है। तीसरे, बिम्ब मूलतः स्वभावोक्ति पर आधारित होता है, जबकि अलंकार का आधार अतिशयोक्ति या अत्युक्ति या अत्युक्तिपूर्ण कथन होता है। दूसरे शब्दों में जहाँ बिम्ब वस्तु के प्रत्यक्ष चित्रण द्वारा प्रभाव उत्पन्न करता है वहाँ अलंकार अप्रत्यक्ष का अन्य विषय के सहयोग से यह कार्य संपादित करता है—अतः इन दोनों के इस अन्तर को ध्यान में रखते हुए दोनों को पृथक सिद्धान्तों के रूप में ग्रहण करना उचित होगा।

बिम्ब और प्रतीक—बिम्बवादियों ने 'प्रतीकात्मक बिम्ब' तथा प्रतीकवादियों ने 'बिम्बात्मक प्रतीक' जैसे भेदों की कल्पना करके एक दूसरे के क्षेत्र में अनुचित अधिकार

करने का प्रयास किया है। वस्तुतः बिम्ब और प्रतीक में गहरा अन्तर है—(१) बिम्ब में विषय-वस्तु का बोध प्रत्यक्ष एवं अभिधा में प्रस्तुत किया जाता है जबकि प्रतीक के मूल में लक्षणा एवं व्यंजना कार्य करती है। (२) बिम्ब में शब्दावली सदा एकार्थक होती है, जबकि प्रतीक में शब्दों के कम से कम दो अर्थ होते हैं—'मधुर-मधुर मेरे दीपक जल' में दीपक प्रतीक है, जिसके दो अर्थ हैं—दिया और जीवन। (३) बिम्ब का लक्ष्य चित्रात्मकता है, जबकि प्रतीक वक्रता के द्वारा आकर्षण उत्पन्न करता है। अतः बिम्ब और प्रतीक प्रत्येक स्थिति में भिन्न कोटि के तत्त्वों पर आधारित सिद्धान्त सिद्ध होते हैं।

बिम्ब विधान की प्रक्रिया—डॉ० नगेन्द्र ने बिम्ब-रचना की प्रक्रिया का विवेचन करते हुए उसके तीन सोपान निर्धारित किए हैं—(१) अनुभूति का निर्वैयक्तीकरण, (२) साधारणीकरण और (३) शब्दार्थ के माध्यम से अभिव्यक्ति। इन प्रक्रियाओं द्वारा कवि की सर्जन-प्रक्रिया का भी पता चलता है। कवि या साहित्यकार किसी भी अनुभूति के व्यावहारिक योग के समय काव्य का सर्जन करने में असमर्थ रहता है, क्योंकि उस समय वह अनुभूति में इतना तल्लीन रहता है कि उससे ऊपर उठकर उसे तटस्थ रूप में नहीं देख पाता। जब आगे चलकर कवि की अनुभूति संस्कार-रूप में अवशिष्ट रहती है तो उसी स्थिति में वह उसे निर्वैयक्तिक रूप में प्रस्तुत कर पाता है। इस निर्वैयक्तीकरण की ही अगली अवस्था साधारणीकरण है—अर्थात् कवि की अनुभूति सबकी अनुभूति बनने योग्य हो जाती है। तीसरी स्थिति है—शब्दार्थ के माध्यम से अभिव्यक्ति। कवि की साधारणीकृत अनुभूति शब्दों में व्यक्त होती है। यद्यपि डॉ० नगेन्द्र ने इन तीनों स्थितियों का विवेचन अत्यन्त मौलिक एवं सूक्ष्म रूप में किया है, पर एक स्थल पर हम उनसे सहमत नहीं हैं। वे लिखते हैं—'लक्षणा के प्रयोग द्वारा रूप-रेखाओं में रंग भरकर······(कवि) बिम्ब को पूर्णता प्रदान करता है।' हमारे विचार में यह बात वक्रोक्ति एवं प्रतीक योजना पर तो लागू होती है, पर बिम्ब-योजना पर नहीं, क्योंकि बिम्ब के मूल में स्वाभावोक्ति एवं अभिधा-शक्ति ही कार्य करती है। सम्भवतः उन्होंने भी पाश्चात्य बिम्बवादियों की भाँति बिम्ब को व्यापक अर्थ में ग्रहण कर लिया है जिसके अनुसार अलंकार, वक्रोक्ति, प्रतीक आदि सभी बिम्ब में आ जाते हैं। फिर भी यदि डॉ० नगेन्द्र बिम्ब और प्रतीक को भिन्न-भिन्न मानते हैं तो हमारा निवेदन है कि वे अपनी उपर्युक्त धारणा पर पुनर्विचार करें।

बिम्ब का काव्यात्मक मूल्य—जिस प्रकार अलंकार, वक्रोक्ति, प्रतीक आदि का लक्ष्य काव्य में सौन्दर्य या आकर्षण उत्पन्न करना है, उसी प्रकार बिम्ब-योजना का भी लक्ष्य यही है। बिम्ब-योजना में मूल वस्तु को ही इस प्रकार प्रस्तुत किया जाता है, जिससे वह हमारी कल्पना-शक्ति को उत्तेजित करती हुई अनुभूतिगम्य हो सके। जहाँ बिम्ब-योजना से इस लक्ष्य की पूर्ति नहीं होती अर्थात् न तो वह हमारी कल्पनाशक्ति को ही उत्तेजित करती है और न ही भावानुभूति प्रदान करती है—वहाँ वह काव्यात्मक दृष्टि से निरर्थक है। बिम्ब-योजना में यह शक्ति उसी स्थिति में आती है, जबकि एक तो वह भावानुभूति से प्रेरित हो तथा दूसरे, बिम्ब अपने आप में पूर्ण हो। भावानुभूति से शून्य बिम्ब तथा खंडित बिम्ब काव्य के सौन्दर्य में अभिवृद्धि नहीं करते, यथा—बिहारी से एक उदाहरण प्रस्तुत है—

इत आवति चलि जाति उत चली छ-सातक हाथ।
चढी हिंडोरे सैं रहै लगी उसासन साथ॥

यहाँ विरहिणी नायिका का सांगोपांग चित्र प्रस्तुत किया गया है। इसमें स्थूल दृष्टि से बिम्ब के सभी बाह्य लक्षण दृष्टिगोचर होते हैं, पर फिर भी अनुभूति की यथार्थता के अभाव में वह काव्यात्मक दृष्टि से आकर्षण शून्य है। दूसरी ओर यहाँ सफल बिम्ब-योजना के कुछ उदाहरण प्रस्तुत है—

(क) भौंह ऊँचे आँचर उलठि, मौरि-मौरि मुँह मोरि।
नीठि नीठि भीतर गई, डीठि-डीठि सों जोरि॥

(ख) वैदी भाल, तमोल मुख, सीस सिलसिले बार।
दृग आँजे राजे खरी, बेई सहज सिंगार॥

यहाँ दोनों दोहों में अनुभूतिपूर्ण बिम्बयोजना उपलब्ध होती है। वस्तुतः कल्पना यदि बिम्ब की उत्पादिका है तो अनुभूति उसकी संगिनी है—उसके अभाव से बिम्ब आकर्षणशून्य सिद्ध होता है। इसलिए कॉलरिज ने लिखा था—"Images however beautiful...... do not of themselves characterize the poet. They become proofs of original genius only as far as they are modified by predominant passion; or by associated thoughts or images awakened by that passion अर्थात् बिम्ब चाहे कितने ही सुन्दर क्यों न हों...... वे अपने आप में कवित्व के प्रमाण नहीं हैं। वे कवि की मौलिक प्रतिभा को उसी सीमा तक प्रमाणित करते हैं, जहाँ तक वे पूर्ववर्ती भावावेग के प्राबल्य से अनुप्राणित होते हैं या फिर तत्सम्बन्धित किसी विशेष विचार या भावावेग की अनुभूति को जगाते हैं। ऐसी स्थिति में बिम्ब को काव्य में भावानुभूति व्यंजना का एक माध्यम या साधन ही मानना उचित होगा, साध्य से परे साधन का कोई स्वतंत्र महत्व स्वीकार नहीं किया जा सकता। फिर भी, दुर्भाग्य से अनेक आधुनिक कवि शुष्क विचारों या दूरारूढ़ कल्पना के बल पर अनुभूतिशून्य बिम्बों के निर्माण में लगे हुए हैं, उनके बिम्ब काव्यानुभूति में सहयोग देने के स्थान पर बाधक सिद्ध हो रहे हैं, फिर भी वे अपनी बिम्ब-योजना का गुणगान करते नहीं अघाते। वस्तुतः बिम्ब-योजना की सफलता इसी में है कि वह स्वप्रेरित एवं अनुभूति से अनुप्राणित हो, काव्य-वस्तु में वह ऊपर से आरोपित या चेष्टापूर्वक कल्पित प्रतीत न हो, अन्यथा यह काव्यत्व के लिए घातक सिद्ध होती है। ऐसी ही बिम्ब विधान की भर्त्सना करते हुए सी० डी० लेविस ने उसे 'खण्डित', 'मृत' एवं 'निरर्थक' विशेषणों से भूषित किया है।

बिम्ब-विधान और रस सिद्धान्त—यदि बिम्ब-विधान पर रस सैद्धान्तिक दृष्टि से विचार किया जाय, तो वह काव्य में स्थायी भाव के चित्रण का ही माध्यम सिद्ध होता है। स्थायी भाव एवं अन्य भावों का काव्य में उल्लेख एक प्रकार का काव्य-दोष माना जाता है, क्योंकि भावों का उल्लेख अनुभूति में सहायक सिद्ध नहीं होता। उदाहरण के लिए यदि हम कहें कि 'परशुराम को लक्ष्मण पर क्रोध आ गया' तो यहाँ क्रोध की कोई अनुभूति नहीं होती, अतः क्रोध को अनुभाव एवं संचारी भावों के माध्यम से प्रस्तुत किया जाता है। बिम्ब-सिद्धान्त की शब्दावली में इसी बात को दोहराया जाय तो कहा जा सकता है कि काव्य में क्रोध का नामोल्लेख नहीं, अपितु उसका बिम्ब-विधान होना चाहिए। वस्तुतः स्थायी भाव एवं रस के विभिन्न अवयव—आलम्बन, आश्रय, उद्दीपन, अनुभाव, संचारी आदि—नाटक में तो साकार रूप से प्रस्तुत किए जा सकते हैं, पर काव्य में तो उनका बिम्ब ही प्रस्तुत किया जाता है। बिहारी ने नायिका के हावों एवं अनुभावों को बिम्ब रूप

में ही प्रस्तुत किया है, इस क्षेत्र में यही उनकी सफलता का रहस्य है।

रस और बिम्ब के पारस्परिक सम्बन्ध की घनिष्ठता का दूसरा प्रमाण यह है कि स्वयं बिम्बवादी आचार्यों ने भी बिम्ब को भावों की अभिव्यक्ति के माध्यम के रूप में स्वीकार किया है। कल्पना-सिद्धांत के घोर समर्थक कॉलरिज से लेकर काव्यात्मक बिम्ब के व्याख्याता सी० डी० लेविस तक विभिन्न आचार्यों ने बिम्ब और भाव के सहयोग को आवश्यक माना है। लेविस महोदय के अनुसार तो काव्यात्मक बिम्ब का लक्षण ही यही है कि वह भावावेग से अनुप्राणित हो। हिन्दी में रस-सिद्धांत के समर्थक आचार्य डॉ० नगेन्द्र द्वारा ही बिम्ब सिद्धांत की सर्वप्रथम सांगोपांग विवेचना होना भी यही सिद्ध करता है कि ये सिद्धांत परस्पर विरोधी न होकर एक दूसरे के पूरक हैं। ऐसी स्थिति में क्या हम यह कह सकते हैं कि काव्य में भावानुभूति का बिम्ब-रूप में प्रस्तुतीकरण ही रस-निष्पत्ति का आधार है? शायद यह प्रश्न उन व्यक्तियों को जो कि या तो भरत, दंडी, भामह की बात को ही वेद वाक्य मानते हैं या फिर पश्चिम के किसी भी सिद्धांत की तुलना में भरत के प्रत्येक विचार को अग्राह्य एवं निन्दनीय मानते हैं, अरुचिकर प्रतीत होगा। फिर भी यदि हम अपने चिन्तन को सन्तुलित एवं सर्वांगीण रूप देना चाहते हैं तो इस प्रकार के प्रश्न की उपेक्षा नहीं की जा सकती।

●

९

काव्य की मूल प्रेरणा और उसका प्रयोजन

साहित्य या काव्य का मूल प्रेरणा-स्रोत और उसका प्रयोजन क्या है इन प्रश्नों को लेकर पर्याप्त वाद-विवाद हुआ है, किन्तु फिर भी इनका कोई एक स्पष्ट उत्तर प्राप्त नहीं हुआ। इसका एक कारण तो यह है कि अधिकांश विद्वानों ने 'प्रेरणा' शब्द को ठीक अर्थ में ग्रहण नहीं किया, प्रायः उन्होंने 'प्रेरणा' और 'प्रयोजन' को एक ही अर्थ में लेकर 'प्रेरणा' सम्बन्धी विवेचन को प्रयोजन सम्बन्धी बातों में उलझा दिया है। 'प्रेरणा' का सम्बन्ध उस व्यक्ति, वस्तु, घटना या दृश्य से है, जो कवि को काव्य-विशेष की रचना में प्रवृत्त करता है, जबकि प्रयोजन से तात्पर्य काव्य-रचना के उद्देश्य या उससे प्राप्त होने वाले लाभ से है। 'प्रेरणा' से सम्बन्धित विषय की स्थिति काव्य-रचना से पूर्व रहती है; जबकि 'प्रयोजन' से सम्बन्ध रखने वाला पदार्थ काव्य-रचना के अनन्तर उपलब्ध होता है। कई बार प्रेरणा और प्रयोजन एकाकार भी हो जाते हैं। जब कवि का प्रेरणा-स्रोत कोई और न होकर उसकी रचना से होने वाले लाभ का विचार ही होता है तो वहाँ काव्य रचना का प्रेरणा-स्रोत और उसका प्रयोजन—दोनों एक ही माने जाएँगे किन्तु इस विशेष परिस्थिति को छोड़कर अन्यत्र हमें इन दोनों के पारस्परिक अन्तर को ध्यान में रखना चाहिए। दूसरा कारण यह है कि काव्य-प्रेरणा पर विचार करते समय कवियों, आलोचकों, दार्शनिकों और मनोवैज्ञानिकों की परस्पर-विरोधी बातों को बिना किसी क्रम या विश्लेषण के एकत्र-संकलित कर दिया गया है, इससे यह प्रश्न सुलझने के स्थान पर अधिक उलझता गया। तीसरे, कवियों और साहित्यकारों की व्यक्तिगत रुचि और देश के अनुसार भी उनके प्रेरणा-स्रोत में अन्तर आ जाता है। किन्तु इसका भी हमारे विवेचकों ने विशेष ध्यान नहीं रखा। चौथे, काव्य के विभिन्न रूपों और उनकी शैली के अनुसार भी उनके प्रेरणा-स्रोतों में परस्पर अन्तर आ जाता है, अतः कहानी, उपन्यास, नाटक आदि विभिन्न प्रकार की रचनाओं के पीछे सर्वत्र एक जैसा ही प्रेरक तत्त्व ढूँढ़ना उचित नहीं, जबकि इस प्रश्न पर विचार करने वाले विद्वानों ने प्रायः इस तथ्य की उपेक्षा की है। अस्तु, काव्य की मूल प्रेरणाओं पर सम्यक् रूप से विचार करने के लिए हमें उपर्युक्त चारों असावधानियों से बचकर चलना चाहिए।

सबसे पूर्व हमें अपने कवियों के अनुभव से लाभ उठाना चाहिए। आदि कवि वाल्मीकि के सम्बन्ध में कहा जाता है कि उन्हें काव्य-रचना की प्रेरणा क्रौंच-वध की प्रसिद्ध घटना से प्राप्त हुई। एकाकी पक्षी की शोक-विह्वल दशा देखकर कवि का हृदय शोकानुभूति से उद्वेलित हो उठा और उनके मुँह से अनायास ही दो पंक्तियों का श्लोक उच्चरित हो गया। इस साक्ष्य के आधार पर दो निष्कर्ष निकाले जा सकते हैं (१) प्रत्यक्ष जीवन की घटनाओं से काव्य-रचना की प्रेरणा मिलती है। (२) शोकानुभूतियों से काव्य-रचना की प्रेरणा मिलती है। यहाँ प्रश्न उपस्थित होता है कि इन दोनों निष्कर्षों में से किसे

अधिक महत्व दें। घटना को या अनुभूति को? 'घटना' के अभाव में 'अनुभूति' का उद्रेक नहीं होता और बिना अनुभूति के उद्रेक के, घटना प्रभाव-शून्य सिद्ध होती है, अतः दोनों का ही महत्व है। जीवन में घटनाएँ तो बहुत होती हैं; किन्तु वे सभी ऐसी अनुभूति प्रदान नहीं करती कि जिससे काव्य-रचना की प्रेरणा मिले। इन दोनों में समन्वय स्थापित करते हुए कहा जा सकता है कि मार्मिक घटनाओं की अनुभूति काव्य-रचना की प्रेरणा प्रदान करती है।

महाकवि कालिदास के 'मेघदूत' का प्रेरणा-स्रोत स्वयं कवि का प्रिया-विरह बताया जाता है, अतः यहाँ भी उपर्युक्त निष्कर्ष का ही समर्थन होता है। गाथासप्त-शतीकार ने अपने काव्य के आरम्भ में ही रसिक जनों को काम की शिक्षा देना अपनी काव्य-रचना का निमित्त माना है, जिसे हम प्रेरणा न कहकर 'उद्देश्य' मानना उचित समझते हैं। गीत गोविन्दकार जयदेव ने भी हरिस्मरण और विलास-कला का औत्सुक्य शान्त करना अपने काव्य का लक्ष्य माना है, यह भी काव्य-प्रेरणा का कारण न होकर उसका प्रयोजन या लक्ष्य ही है।

हिन्दी के कवियों में विद्यापति का बहुत ऊँचा स्थान है। कहा जाता है कि उन्होंने अपने रस-पूर्ण गीतों की रचना राजा शिवसिंह और रानी लखिमादेवी की प्रेरणा से की थी और इस तथ्य का प्रमाण उनके गीतों की अंतिम पंक्ति में मिल भी जाता है—वे प्रायः अपने गीतों के अन्त में राजा शिवसिंह और रानी लखिमादेवी का उल्लेख करते है। इससे यह निष्कर्ष निकाला जा सकता है कि कुछ विशिष्ट व्यक्तियों का प्रभाव भी उनसे सम्बन्धित कवियों को काव्य-रचना की प्रेरणा दे सकता है।

भक्ति-काल के कवियों का मूल प्रेरणा-स्रोत सामान्यतः उनके इष्टदेव का स्वरूप एवं चरित्र ही रहा है, किन्तु फिर भी उनमें परस्पर थोड़ा-बहुत अन्तर मिलता है। तुलसी के लिए तो 'एक भरोसा, एक बल' और 'एक आस' उनका आराध्य देव ही रहा, किन्तु सूरदास की कविता-बाला को दैन्य और ग्लानि की पंकिल-भूमि में से निकालकर सौंदर्य, शृंगार और प्रेम की वाटिका में उपस्थित करने का श्रेय महाप्रभु बल्लभाचार्य को ही है। प्रेम-दीवानी मीरा के गीतों का उद्गम स्रोत उनकी हृदय की प्रणय-वेदना का अजस्र प्रवाही स्रोत ही रहा है—"घायल की पीड़ा घायल जाणें" के स्वरों में घायल हृदय की छटपटाहट ही व्यंजित है! जिस प्रकार पत्थर, लकड़ी या धातु पर चोट मारने से स्वतः ही एक ध्वनि निकल पड़ती है, कुछ वैसे ही विरह की चोट से कबीर, जायसी और मीरा के गान शत-शत स्वरों से फूट पड़े! इन भक्त-कवियों में कुछ ऐसे भी हैं जिन्हें काव्य-प्रेरणा अपने मित्रों से प्राप्त हुई। नन्ददास ने 'रस-मंजरी' की रचना का ऐसा ही कारण बताया है। इस प्रकार भक्त-कवियों के काव्य के आधार पर ये चार काव्य-प्रेरणाएँ सिद्ध होती हैं—(१) इष्टदेव या आराध्य का स्वरूप व चरित्र, (२) आचार्य या गुरु का निर्देशन, (३) भक्ति-भाव और प्रणय-वेदना की अनुभूति और (४) मित्रों की जिज्ञासा।

रीतिकाल के प्रवर्त्तक आचार्य केशवदास ने 'कवि-प्रिया' की रचना अपनी प्रिय शिष्या प्रवीणराय पातुर की शिक्षा के लिए तथा 'रसिक-प्रिया' की रसिकों के लिए (रसिकन को रसिक प्रिया कीन्हीं केशवदास) की है। इन्हें काव्य-प्रेरणा न कहकर काव्य प्रयोजन के अन्तर्गत लेना चाहिए। किन्तु अधिकांश रीति-काल के मूल में आश्रयदाता की शिक्षा, उसकी प्रसन्नता या उसके मनोरंजन का विचार ही प्रेरणा का कार्य करता रहा है, अतः

इसे भी प्रेरणा का एक स्रोत मानना उचित होगा। किन्तु रीतिमुक्त श्रृंगारी कवियों ने अपनी प्रणयानुभूतियों की प्रेरणा से काव्य-रचना की, जैसा कि घनानन्द ने लिखा है—'लोग है लागि कवित्त बनावत, मोहिं तो मेरे कवित्त बनावत !'

भारतेन्दु-युग के कवि प्रायः अपने समाज और राष्ट्र की दुर्दशा से क्षुब्ध होकर काव्य-रचना में प्रवृत्त हुए हैं। भारतेन्दु जी की अनेक रचनाओं में देश की अधोगति का क्षोभ ही विभिन्न भावनाओं के रूप में व्यक्त हुआ है। इसी प्रकार द्विवेदी-युग का साहित्यकार भी समाज सुधार और राष्ट्रोत्थान की लहर से प्रेरित दिखाई देता है। इस युग के महापुरुषों—दयानन्द, रवीन्द्र और गांधी का प्रवाह भी अनेक रचनाओं के मूल में प्रेरक शक्ति का कार्य करता रहा है। विश्व-कवि रवीन्द्र के उर्मिला सम्बन्धी लेख से 'साकेतकार' को प्रेरणा मिलने की बात सर्वविदित है।

छायावादी कवियों ने अपने प्रेरणा स्रोत का उल्लेख अनेक स्थानों पर किया है, अतः उनके सम्बन्ध में अधिक स्पष्टता से विचार किया जा सकता है। प्रसाद जी की प्रेरणा का स्रोत प्रायः वह लौकिक या अलौकिक आलम्बन रहा है, जो 'आलिंगन में आते-आते सकुचाकर भाग गया।' श्री सुमित्रानन्दन पन्त ने स्पष्ट रूप से स्वीकार किया है कि उन्हें कविता लिखने की प्रेरणा कूर्मांचल के प्राकृतिक वातावरण से मिली है, किन्तु आगे चलकर उन्होंने विरह-वेदना को भी काव्य-रचना का मूल कारण बताया है—

वियोगी होगा पहला कवि, आह से उपजा होगा गान!
निकलकर आँखों से चुपचाप, बही होगी कविता अनजान!!

इस प्रकार पंत जी ने प्रकृति के सौन्दर्य और लौकिक प्रणय दोनों को ही काव्य-रचना का प्रेरक स्वीकार किया है। महादेवी जी के काव्य की मुख्य प्रवृत्ति दुःखवाद ही है और इस दुःखवाद का मूल-स्रोत है—

इन ललचाई पलकों पर, पहरा था जब व्रीड़ा का!
साम्राज्य मुझे दे डाला, उस चितवन ने पीड़ा का!!

अस्तु, उनके काव्य का स्रोत उनकी हृदयगत पीड़ा है और उस पीड़ा का स्रोत किसी अलौकिक की प्रेम-भरी चितवन है। दूसरे शब्दों में अलौकिक प्रणय ही महादेवी जी के भव्य उद्गारों का मूल स्रोत है।

प्रगतिवादी कवियों का प्रेरणा-स्रोत मार्क्सवादी जीवनदर्शन, सामाजिक विषमता, शोषक वर्ग की विलासिता और शोषित वर्ग की दीनता आदि में ढूँढ़ा जा सकता है। इसीलिए इलाहाबाद की सड़क पर मध्याह्न में पत्थर तोड़ती हुई मज़दूरिन या गाँवों के अर्धनग्न मनुष्यों पर कविता लिखी गई है। नवीनतम प्रयोगवादी कविता में तो अनियंत्रित काव्य-चेतना और अदम्य अहंकार ही प्रेरक के रूप में दृष्टिगोचर होता है।

उपर्युक्त पर्यालोचन से स्पष्ट है कि विभिन्न युगों में तथा विभिन्न वर्गों के कवियों में काव्य प्रेरणा के मूलाधार भी भिन्न-भिन्न रहे हैं। इन्हें हम मुख्यतः निम्नांकित शीर्षकों में विभाजित कर सकते हैं—(१) बाह्य प्रकृति और जगत् के किसी दृश्य, घटना, परिस्थिति या अवस्था का प्रभाव। (२) किसी अन्य व्यक्ति, आश्रयदाता, गुरु, आचार्य या मित्र की प्रेरणा। (३) किसी विचार या जीवन-दर्शन का प्रभाव। (४) लौकिक या अलौकिक प्रणय, विरह या शोक की अनुभूति। वस्तुतः प्रथम तीन वर्ग के उपादान भी उसी स्थिति में प्रभावित करते हैं, जबकि वे कवि की अनुभूति के विषय बन जाते हैं, अतः निष्कर्ष रूप

में कह सकते हैं कि प्रकृति, जगत्, व्यक्ति आदि के सम्पर्क से उत्पन्न किसी विचार या भाव की अनुभूति ही काव्य-प्रेरणा की मूल स्रोत है। यहाँ प्रश्न उपस्थित होता है कि हमारी सभी अनुभूतियाँ काव्य-प्रेरणा का रूप क्यों नहीं ग्रहण करतीं? इसका उत्तर होगा कि प्रत्येक व्यक्ति की अनुभूति काव्य-प्रेरणा नहीं बन सकती—जिस व्यक्ति में काव्य-रचना की प्रतिभा और शक्ति होगी, उसी की अनुभूतियाँ काव्य-रचना की प्रेरणा दे सकती हैं। साथ ही अनुभूतियों की सघनता एवं मार्मिकता का परिणाम भी महत्वपूर्ण है। यही कारण है कि कुछ विशिष्ट व्यक्तियों की कुछ विशेष समय की कुछ विशेष मार्मिक अनुभूतियाँ ही कवि के हृदय को काव्य-रचना के लिए प्रेरित कर पाती हैं, सभी अनुभूतियाँ नहीं।

विभिन्न विद्वानों का मत

अनेक पाश्चात्य और पूर्वी विद्वानों ने भी काव्य-प्रेरणा के सम्बन्ध में विचार किया है। प्रसिद्ध दार्शनिक सुकरात ने दैवी प्रेरणा को ही काव्य-प्रेरणा माना है। उनका विचार था कि जब ईश्वर जगत् के मनुष्यों से बातचीत करना चहता है तो वह कवियों की वाणी के माध्यम से अपने आपको व्यक्त करता है। संभवतः इस विचार से कवियों और उनकी कविता के गौरव में अभिवृद्धि होती है, किन्तु इससे काव्य-प्रेरणा सम्बन्धी प्रश्न का कोई यथार्थ उत्तर उपलब्ध नहीं होता। यदि सभी कविताओं के पीछे दैवी प्रेरणा होती तो काव्य के क्षेत्र में अनेक अश्लील, अपवित्र एवं कामुकतापूर्ण दृश्य दृष्टिगोचर नहीं होते और न ही कविता के नाम पर तुकबन्दियाँ तैयार होतीं। सुकरात के शिष्य प्लेटो और प्रशिष्य अरस्तू ने अनुकरण की वृत्ति को काव्य-प्रेरणा का आधार बताया है। संभवतः नाटक के मूल में तो अनुकरण की प्रवृत्ति स्वीकार की जा सकती है, किन्तु काव्य के अन्य अंगों—कविता, कहानी, उपन्यास आदि के क्षेत्र में ऐसा मानना उचित नहीं है। अनुकरण किसी प्रस्तुत वस्तु, रूप या ध्वनि का ही किया जाता है; जबकि काव्य-कृतियों का निर्माण सर्वथा मौलिक रूप में होता है, अतः इस मत को स्वीकार नहीं किया जा सकता।

प्रसिद्ध विचारक हीगेल ने सौन्दर्य, प्रेम और आत्माभिव्यक्ति की प्रवृत्ति को काव्य-रचना का मूल कारण बताया है। अभिव्यंजनावाद के प्रवर्तक क्रोचे महोदय ने भी आत्माभिव्यंजना को ही काव्य-प्रेरणा माना है। भारतीय विद्वानों में श्री रवीन्द्रनाथ टैगोर ने भी इसी मत का समर्थन करते हुए लिखा है—"हमारे मन के भाव की यह स्वाभाविक प्रवृत्ति है कि यह अनेक हृदयों में अपने को अनुभूत करना चाहता है। ....हृदय-जगत् अपने को व्यक्त करने के लिए आकुल रहता है, इसलिए चिरकाल से मनुष्य के अन्दर साहित्य का वेग है।"

हिन्दी के प्रसिद्ध आलोचक एवं विद्वान श्री नन्ददुलारे वाजपेयी ने इस प्रश्न पर विस्तार से विचार करते हुए लिखा है—"काव्य की प्रेरणा अनुभूति से मिलती है, यह स्वतः एक अनुभूत तथ्य है। गोस्वामी तुलसीदास ने रामचरितमानस की रचना करते समय लिखा था—स्वान्तः सुखाय तुलसी रघुनाथगाथा भाषानिबन्धमति-मंजुल-मातनोति। यहाँ 'स्वान्तः सुखाय' से उनका तात्पर्य आत्मानुभूति या अनुभूति से ही है। रस-सिद्धान्त का निरूपण करने वाले शास्त्रज्ञों ने काव्य का उत्पादन विभाव, अनुभाव, संचारी भाव आदि को बताया है। साहित्य मात्र के मूल में अनुभूति या भावना कार्य करती है, यह रस-सिद्धान्त की प्रक्रिया से स्पष्ट हो जाता है।"

डॉ० गुलाबराय जी ने आत्म-विस्तार को काव्य का प्रेरक तत्त्व मानते हुए स्पष्ट किया है—"भारतीय दृष्टि से आत्मा का अर्थ संकुचित व्यक्तित्व नहीं है। विस्तार में ही

आत्मा की पूर्णता है।.........ये सभी हृदय के ओज को उद्दीप्त कर काव्य के प्रेरक बन जाते हैं।"

इस प्रकार विभिन्न काव्य-शास्त्रियों ने आत्माभिव्यंजना, अनुभूति और आत्मविस्तार को काव्य का प्रेरक माना है। ये तीनों शब्द भी स्थूल से परस्पर अन्तर रखते हुए भी सूक्ष्म दृष्टि से एक ही अर्थ के द्योतक हैं। अनुभूति से ही आत्माभिव्यक्ति होती है—जब अनुभूति ही नहीं तो अभिव्यक्ति किसकी होगी—तथा भावानुभूति और आत्माभिव्यक्ति से ही हृदय का विस्तार होता है, अतः यह तीनों मत एक ही प्रक्रिया-भावानुभूति के पोषक हैं।

मनोविश्लेषकों के मत

पश्चिम के विभिन्न मनोविश्लेषकों ने काव्य प्रेरणा के सम्बन्ध में अनेक मौलिक निष्कर्ष प्रस्तुत किये हैं। फ्रायड ने अतृप्त काम वासना को ही काव्य-प्रेरणा माना है। हमारी कुंठाएँ और दबी हुई वासनाएँ अपने विकास का मार्ग खोजती हुई काव्य, कला तथा स्वप्न आदि की सृष्टि करती हैं। फ्रायड के शिष्य एडलर ने हीनता की भावना को काव्य-प्रेरणा का स्रोत माना है। उनके विचार से मानव अपने अभावों और न्यूनताओं की पूर्ति साहित्य के द्वारा करता है। युग के विचारानुसार मानव की सम्पूर्ण क्रियाओं का उद्देश्य अपने अस्तित्व की रक्षा ही है। साहित्य भी मनुष्य की आत्मरक्षा की प्रवृत्ति का ही परिणाम है। वस्तुतः इन विद्वानों ने साहित्य को एकांगी एवं संकुचित दृष्टिकोण से देखते हुए अपने मत स्थापित किये हैं। यदि हम उनकी मान्यताओं को व्यापक रूप में ग्रहण करें तो उनके निष्कर्ष ठीक अर्थ के द्योतक हो सकते हैं। फ्रायड जिसे 'अतृप्त वासनाओं की तृप्ति' कहता है, उसे ही यदि 'अव्यक्त भावनाओं की अभिव्यक्ति' कहा जाय या एडलर की 'हीन भावना' की पूर्ति के स्थान पर 'संकुचित भावना का विस्तार' अथवा युग के 'आत्म-रक्षा' में आत्मा का अर्थ 'सूक्ष्म भावलोक' से लिया जाय तो इनकी व्याख्याएँ किसी सीमा तक संगत सिद्ध हो सकती हैं।

काव्य के विभिन्न रूप और काव्य-प्रेरणा

यहाँ हमें यह भी ध्यान रखना चाहिए कि जिस प्रकार विभिन्न कवियों के काव्य प्रेरणा के स्थूल आधारों में परस्पर अन्तर होता है, वैसे ही काव्य-रूप के मूल प्रेरक भौतिक आधारों में भी भेद होता है। जिस प्रकार प्रबन्ध काव्य मुख्यतः चरित्र नायक के गुण-गान की प्रेरणा से प्रेरित होता है, वैसे ही मुक्तक काव्य और गीतिकाव्य में रचयिता की स्वानुभूतियों की प्रेरणा अधिक सशक्त होती है। उपन्यास और कहानी में लेखक के अन्तर्जगत् की अपेक्षा बाह्य-जगत् के प्रभाव की प्रेरणा अधिक होती है जबकि निबन्ध और आलोचना में निजी विचारों की व्यंजना का लक्ष्य प्रमुख होता है। अस्तु, व्यक्ति और विषय के अनुसार काव्य प्रेरणा के असंख्य स्थूल आधार ढूँढ़े जा सकते हैं, किन्तु सूक्ष्म रूप में सभी में भावानुभूति का कोई न कोई अंश अवश्य विद्यमान होता है। भावना ही काव्य की शक्ति है और इस शक्ति की प्रेरणा के बिना कोई भी वाक्य, विचार या तर्क गतिशील होकर काव्य का रूप धारण नहीं कर सकता। अतः हमारे विचार से किसी भी प्रकार की भावानुभूति कवि को अभिव्यक्ति की प्रेरणा दे सकती है और उसकी यह अभिव्यक्ति ही, कविता का रूप धारण कर लेती है।

काव्य का प्रयोजन

काव्य की प्रेरणा पर विचार कर लेने के अनन्तर हम काव्य के प्रयोजन के प्रश्न को लेते हैं। इस प्रश्न पर दो प्रकार से विचार किया जा सकता है। कवि काव्य की रचना क्यों करता है और पाठक काव्य का अनुशीलन किसलिए करता है? प्रायः विद्वानों ने इस विषय पर विचार करते समय इन दोनों पक्षों को घुला-मिला दिया है जो उचित नहीं। कवि और पाठक दोनों के काव्य प्रयोजन में थोड़ा-बहुत अन्तर होना अनिवार्य है; अतः हम यहाँ पहले कवि के दृष्टिकोण से विचार करते हैं। 'काव्य प्रकाश' के रचयिता मम्मट ने अपने ग्रन्थ में काव्य-निर्माण का प्रयोजन बतलाते हुए लिखा है—

काव्यं यशसेऽर्थकृते व्यवहारविदे शिवेतरक्षतये।
सद्यः परनिर्वृतये कान्ता-सम्मिततयौपदेशयुजे॥

—काव्य-प्रकाश १/२

अर्थात् यश की प्राप्ति, सम्पत्ति-लाभ, सामाजिक व्यवहार की शिक्षा, रोगादि विपत्तियों का नाश, तुरन्त ही उच्चकोटि के आनन्द का अनुभव और प्रेयसी के समान मधुर उपदेश देने के लिए काव्य ग्रन्थ उपादेय (प्रयोजनीय) हैं।

उपर्युक्त श्लोक के आधार पर काव्य के निम्नांकित प्रयोजन स्वीकार किये जा सकते हैं :—

१. यश-प्राप्ति—प्रायः कविगण यश-प्राप्ति के उद्देश्य से ही काव्य-रचना में प्रवृत्त होते हैं।[१] कुछ महान् कवि ऐसे भी हो सकते हैं जिनका उद्देश्य भले ही प्रारम्भ में यश-प्राप्ति न रहा हो, किन्तु काव्य-रचना के अनन्तर वे अपनी रचना की प्रशंसा अवश्य चाहते हैं। महाकवि जायसी ने अपने काव्य 'पद्मावत' के सम्बन्ध में लिखा है, 'औ मैं जानि कवित्त अस कीन्हा। मकु यह रहै जगत महँ चीन्हा।' महाकवि तुलसीदास जी ने यद्यपि 'स्वांतः सुखाय' की घोषणा की है, किन्तु साथ ही उन्होंने यह भी स्वीकार किया है कि 'जो प्रबन्ध बुद्ध नहिं आदरहीं। जो स्रम बादि बालकवि करहीं।' इसके अतिरिक्त 'निज कवित्त केहि लाग न नीका' से भी यही ध्वनित होता है कि इस महाकवि का भी हृदय यश की इच्छा से सर्वथा शून्य नहीं था। अस्तु, जैसा कि अंग्रेजी में कहा जाता है—Fame is the last infirmity of noble minds. (प्रसिद्धि बड़े आदमियों की सबसे अंतिम कमजोरी है), यह बात कवियों और साहित्यकारों पर भी लागू होती है।

२. अर्थ-प्राप्ति—काव्य का दूसरा महत्वपूर्ण प्रयोजन अर्थ या धन है। मध्यकाल के अधिकांश दरबारी कवियों ने धन-प्राप्ति के उद्देश्य से ही अपने आश्रयदाताओं की प्रशंसा में काव्य लिखे हैं। बिहारी के सम्बन्ध में प्रसिद्ध है कि उन्हें प्रत्येक दोहे के लिए एक स्वर्ण मुद्रा दिये जाने का वचन दिया गया था। आधुनिक युग में भी अनेक कवियों पर यह बात लागू होती है।

---

१. इस सम्बन्ध में भिखारीदास का यह छन्द है—
एक लहैं तपपुंजन्ह के फल, ज्यों तुलसी अरु सूर गोसाई।
एक लहैं बहु संपत्ति केशव भूषण ज्यों वर वीर बड़ाई॥
एकन्ह को जस ही सौं प्रयोजन है रसखानि रहीम की नांई।
दास कवित्तन्ह की चरचा बुधि वसन्त को सुख दे सब ठांई॥

३. व्यवहार ज्ञान—बहुत से कवि अपने निकट सम्बन्धियों, मित्रों या पुत्रादि को नीति एवं व्यवहार की शिक्षा देने के लिए भी काव्य-रचना करते हैं।

४. लोक-हित—अपने युग और समाज को अनिष्ट से बचाने के लिए भी काव्य-रचना की जाती है। 'कुरुक्षेत्र' के रचयिता दिनकर ने अपने काव्य में विश्व को युद्ध के अनिष्ट से बचाने के लिए ही शांति का संदेश दिया है।

५. आत्म-शांति—काव्य-रचना के अनन्तर कई बार कवियों को अपूर्व शांति एवं आनन्द का अनुभव होता है, अतः इसे भी काव्य का एक प्रयोजन स्वीकार किया जा सकता है।

६. कान्ता-सम्मित उपदेश—अपने उपदेश, विचार या सिद्धान्त को मर्मस्पर्शी बनाने के लिए भी काव्य का माध्यम अपनाया जाता है। कबीर, नानक आदि सन्त कवियों ने अपने विचारों का प्रकाशन इसीलिए कविता के माध्यम से किया है। महाकवि बिहारी ने भी विभिन्न अवसरों पर अपने आश्रयदाताओं को उपदेश देने के लिए कुछ दोहों की रचना की थी, जैसे—

स्वारथ सुकृत न श्रम वृथा देखु विहंग विचार।
बाज पराये पानि परि, तू न विहंगनु मार॥

कहते हैं कि जब महाराज जयसिंह औरंगजेब के आदेश पर महाराजा शिवाजी से युद्ध की तैयारी कर रहे थे, तब बिहारी ने यह दोहा उन्हें सुनाया था। संभवतः इसी के प्रभाव से महाराज ने शिवाजी और औरंगजेब में संधि करवाने का प्रयत्न किया था।

मम्मट के अतिरिक्त हमारे अनेक आचार्यों और कवियों ने भी काव्य-प्रयोजन पर विचार किया है। साहित्य दर्पणकार ने काव्य को धर्म, अर्थ, काम और मोक्ष का दाता स्वीकार किया है। महाकवि तुलसीदास ने अपना प्रयोजन 'स्वान्तः सुखाय' ही माना है, किन्तु अन्य कवियों के लिए वे स्पष्ट रूप में घोषित करते हैं—

"कीरति भनिति भूति भलि सोई। सुरसरि सम सब कर हित होई॥"

रीतिकाल के प्रसिद्ध आचार्य एवं कवि भिखारीदास ने काव्य के अनेक प्रयोजन स्वीकार किए हैं—"कुछ सूर और तुलसी की भाँति काव्य साधना के रूप में तपस्याओं का फल प्राप्त करते हैं; कुछ केशव और भूषण की भाँति धन-सम्पत्ति प्राप्त करते हैं, कुछ को रसखान और रहीम की भाँति केवल यश से ही प्रयोजन होता है। दास के विचार से कविता की चर्चा बुद्धिमान को सभी स्थानों पर सुखदायी सिद्ध होती है।" आधुनिक युग के सुप्रसिद्ध कवि मैथिलीशरण गुप्त ने कला का व्यापक प्रयोजन समाजहित स्वीकार करते हुए कहा—**"मानते हैं जो कला को कला के अर्थ ही, स्वार्थिनी करते कला को व्यर्थ ही।"** इस प्रकार हमारे कवियों ने कला का प्रयोजन केवल स्वार्थ-साधन तक ही सीमित न मानकर परमार्थ और लोक हित की साधना को स्वीकार किया है।

आधुनिक हिन्दी आलोचकों के विचार

आचार्य रामचन्द्र शुक्ल ने इस सम्बन्ध में विस्तार से विचार करते हुए लिखा है—"प्रायः सुनने में आता है कि कविता का उद्देश्य मनोरंजन है। पर जैसा कि हम पहले कह आये हैं कि कविता का अन्तिम लक्ष्य जगत् के मार्मिक पक्षों का प्रत्यक्षीकरण उनके साथ मनुष्य हृदय का सामंजस्य-स्थापन है।" वे कविता से केवल मनोरंजन के उद्देश्य का

विरोध करते हुए लिखते हैं—"मन को अनुरंजित करना, उसे सुख या आनन्द पहुँचाना ही यदि कविता का अन्तिम लक्ष्य माना जाय, तो कविता भी केवल विलास की एक सामग्री हुई।" वस्तुत कविता आचार्य शुक्ल के विचार में एक दिव्य अनुभूति प्रदान करने वाली शक्ति है, अतः कवि का लक्ष्य भी वे पाठक के हृदय का विस्तार करना मानते हैं।

आचार्य हजारीप्रसाद द्विवेदी साहित्य का लक्ष्य मनुष्य जाति का हित करना मानते हैं। वे स्पष्ट रूप में घोषित करते हैं—"मैं साहित्य को मनुष्य की दृष्टि से देखने का पक्षपाती हूँ। जो वाग्जाल मनुष्य को दुर्गति, हीनता और परमुखापेक्षिता से बचा न सके, जो उसकी आत्मा को तेजोद्दीप्त न बना सके, जो उसके हृदय को परदुःखकातर और संवेदनशील न बना सके, उसे साहित्य कहने में मुझे संकोच होता है।"

आचार्य नन्ददुलारे वाजपेयी ने साहित्य का प्रयोजन आत्मानुभूति बताया है। उनके शब्दों में—"......हम इस निष्कर्ष पर पहुँचते हैं कि काव्यानुभूति स्वतः एक अखंड आत्मिक व्यापार है जिसे किसी दार्शनिक, राजनीतिक, सामाजिक या साहित्य खंड-व्यापार या वाद से जोड़ने की आवश्यकता नहीं। समस्त साहित्य में इस अनुभूति या आत्मिक व्यापार का प्रसार रहा है।......काव्य का प्रयोजन मनोरंजन अथवा सामाजिक वैषम्य से दूर भावना अथवा पलायन से भी नहीं हो सकता, क्योंकि वैसी अवस्था में आत्मानुभूति के प्रकाशन का पूरा अवसर रचयिता को नहीं मिल सकेगा। उसकी रचना अधूरी और अपंग रहेगी।" डॉ० नगेन्द्र ने अपने एक लेख में साहित्य का प्रयोजन आत्माभिव्यक्ति स्वीकार किया है। आचार्य गुलाबरायजी ने विभिन्न मतों का समन्वय करते हुए लिखा है—"भारतीय दृष्टि में आत्मा का अर्थ संकुचित व्यक्तित्व नहीं है। विस्तार ही में आत्मा की पूर्णता है। लोकहित भी एकात्मवाद की दृढ़ आधार-शिला पर खड़ा हो सकता है। यश, अर्थ, यौन सम्बन्ध, लोक-हित सभी आत्म-हित के नीचे या ऊँचे रूप हैं।......इन सब प्रयोजनों में वही उत्तम है, जो आत्मा को व्यापक से-व्यापक और अधिक से अधिक सम्पन्न अनुभूति में सहायक हो। इसी में लोक-हित का मान है।"

इस प्रकार हम देखते हैं कि आचार्य मम्मट से लेकर आचार्य गुलाबराय तक विभिन्न विद्वानों और कवियों ने 'काव्यप्रयोजन' के सम्बन्ध में विभिन्न बातें कही हैं। इन्हें हम दो वर्गों में विभाजित कर सकते हैं—एक जिन्होंने यथार्थवादी दृष्टिकोण से विचार करते हुए, इस प्रश्न पर विचार किया है कि कवि काव्य में किस प्रयोजन से प्रवृत्त होता है? दूसरे, वे जिन्होंने आदर्शवादी दृष्टिकोण से यह बताने का प्रयत्न किया है कि काव्य प्रयोजन क्या होना चाहिए? आचार्य मम्मट, भिखारीदास, आचार्य नन्ददुलारे वाजपेयी और डॉ० नगेन्द्र ने किसी आदर्श को थोपने के प्रयत्न से बचते हुए यथार्थ दृष्टि से विचार किया है, जबकि अन्य विचारकों ने कविता के महान् प्रयोजन का दिग्दर्शन आदर्शवादी दृष्टिकोण से कराया है। कवि का प्रयोजन क्या होता है और क्या होना चाहिए—ये दो अलग-अलग प्रश्न हैं। पहले प्रश्न के उत्तर में प्रायः सभी विद्वान् एकमत हो सकेंगे, किन्तु दूसरे के सम्बन्ध में ऐसी आशा नहीं की जा सकती। प्रत्येक पाठक और आलोचक अपने दृष्टिकोण को ही सर्वोपरि रखेगा। एक समाजसुधारक पाठक कवि से यह आशा करेगा कि वह सुधारवादी दृष्टिकोण से काव्य में प्रवृत्त हो, एक रसिक मनोविनोद के प्रयोजन का समर्थन करेगा, तो एक साम्यवादी सामाजिक क्रान्ति का प्रयोजन अपनाने का परामर्श देगा। इसी प्रकार विभिन्न धर्म-सम्प्रदाय एवं राजनीतिक दलों के संचालक व्यक्ति कवियों को अपनी-अपनी आवश्यकता के अनुरूप परामर्श दे सकते हैं—अतः हमारे दृष्टिकोण से हमारा विवेच्य

विषय "काव्य प्रयोजन क्या है ?" है "क्या होना चाहिए ?" नहीं। पहले प्रश्न का भी अन्तिम निर्णय करने से पूर्व हम पाश्चात्य आलोचकों के मन्तव्यों पर विचार कर लेना आवश्यक समझते हैं।

पाश्चात्य विद्वानों के विभिन्न मन्तव्य

पाश्चात्य देशों में काव्य को एक कला मानते हुए प्रयोजन के सम्बन्ध में विभिन्न मत प्रकाश में आये हैं, जिनमें कुछ ये हैं—(१) कला कला के लिए (२) कला जीवन के लिए (३) कला जीवन से पलायन के लिए (४) कला जीवन में प्रविष्ट होने के लिए (५) कला सेवा के लिए (६) कला आत्मानुभूति के लिए (७) कला आनन्द के लिए (८) कला विनोद के लिए (९) कला सर्जन की अदम्य आवश्यकता-पूर्ति के निमित्त।

'कला के लिए कला' इस मत के प्रवर्तक एवं समर्थकों में श्री ए० सी० ब्रेडले, आस्कर वाइल्ड, जे० ई० स्पिनगार्न आदि प्रमुख हैं। इनके विचार से कला का या कलाकार का मात्र लक्ष्य कला या सौन्दर्य की सृष्टि करना मात्र होता है, अतः कलाकार से नीति, धर्म या उपदेशों के प्रतिपादन की आशा करना अनुचित है। श्री जे० ई० स्पिनगार्न महोदय के शब्दों में—"We have done with all moral judgment of art. Some said that poetry was meant to instruct, some merely to please, some to do both. Romantic criticism first enunciated the principle that art has no aim except expression. that its aim is complete when expression is complete, that beauty has its own excuse for being." अर्थात् कला की नैतिक दृष्टि से परीक्षा करने की परंपरा को हमने समाप्त कर दिया है। कुछ कहते थे कि कविता का उद्देश्य शिक्षा देना है, कुछ केवल प्रसन्नता प्रदान करना उसका लक्ष्य मानते थे और कुछ दोनों पर ही बल देते थे। किन्तु रोमांटिक समीक्षा पद्धति ने सबसे पूर्व यह सिद्धान्त स्थापित किया कि कला का लक्ष्य केवल अभिव्यक्ति है—अभिव्यक्ति के पूर्ण होते ही कला का लक्ष्य पूर्ण हो जाता है। सौंदर्य स्वयं ही अपना साध्य है, उसकी उपयोगिता का कोई कारण ढूँढ़ना अनावश्यक है।" इस प्रकर इस मत के अनुयायियों ने कलाकार या कवि को समस्त बाह्य बंधनों से मुक्ति प्रदान कर दी। कला का सर्वप्रथम लक्ष्य कला माना जा सकता है, किन्तु फिर भी उसका सम्बन्ध कुछ अन्य बातों से भी है। एक कलाकार जब किसी कलाकृति का निर्माण कर लेता है तो उसका लक्ष्य पूरा हो जाता है, फिर भी वह अपनी रचना को प्रकाशक के पास भेजता है—ऐसा क्यों ? कवि या लेखक अपनी रचना को अपने ही तक सीमित क्यों नहीं रखते ? अवश्य ही इसमें यश प्राप्ति, धन-प्राप्ति या और कुछ प्राप्ति का विचार रहता है—अतः कला का प्रयोजन कला भले ही रहे, किन्तु कलाकार का प्रयोजन उससे थोड़ा भिन्न अवश्य होता है। उदाहरण के लिए एक सड़क का लक्ष्य दिल्ली हो सकता है; किन्तु उस सड़क पर चलने वाले पथिक का लक्ष्य कोरा दिल्ली न होकर 'वह कार्य होता है जो दिल्ली में ही सम्पन्न हो सकता है।' अस्तु, 'कला कला के लिए' का अर्थ "कलाकार कला के लिए" नहीं है। हमारा प्रश्न कलाकार के प्रयोजन से सम्बन्धित है, जिसका उत्तर यहाँ नहीं मिलता।

दूसरा मत 'कला जीवन के लिए' की घोषणा करता है। प्रश्न है जीवन किसका ? लेखक का या पाठक का ? जीवन का सम्बन्ध एक ओर रोटी, आवास और वस्त्र से भी है—जो कि धन के माध्यम से प्राप्त होते हैं—तो दूसरी ओर उच्चकोटि के विचारों,

भावनाओं और सौन्दर्य से भी है। अनेक पाश्चात्य विद्वानों ने इस सारे की आड़ में कविता का लक्ष्य नैतिकता, उपयोगिता आदि सिद्ध किया है। पर प्रश्न है कि समाज को नीति की शिक्षा देने से स्वयं कवि को क्या मिलता है। वह समाज को शिक्षा देने का कार्य किस उद्देश्य से या किस प्रयोजन से करे? फिर क्या जीवन में कोरी नैतिकता ही सब कुछ है— सौन्दर्य का क्या कोई मूल्य नहीं है? इन प्रश्नों का उपयुक्त उत्तर इस मत के समर्थक नहीं दे पाते। वस्तुतः स्वयं 'जीवन' शब्द ही इतना व्यापक है कि इसका जो चाहे अर्थ किया जा सकता है।

'कला को जीवन से पलायन के निमित्त' का अर्थ भी स्पष्ट है। जीवन से पलायन का अर्थ है मृत्यु का आलिंगन करना। भला, जो मृत्यु का आलिंगन करना चाहता है, वह कविता क्यों लिखेगा? वस्तुतः इस मत के प्रचारक 'जीवन' का अर्थ "जीवन की कठिनाइयाँ" करते हैं। उनके विचार से जो लोग संसार की विषमताओं और कर्कशताओं का सामना नहीं कर पाते, वे काव्य उपवन में शरण लेते हैं या दूसरे शब्दों में अपने दुःख को भुलाने के लिए काव्य-रचना करते हैं। इस मत के समर्थन में विभिन्न कवियों के कव्यों से कुछ पंक्तियाँ ढूँढ़ी भी जा सकती हैं, जैसे

ले चल वहाँ भुलावा देकर, मेरे नाविक! धीरे-धीरे!
जिस निर्जन में सागर-लहरी, अम्बर के कानों में गहरी!
निश्चल प्रेम-कथा कहती हो, तज कोलाहल की अवनी रे!

—प्रसाद

\+ \+ \+

मन मेरा खोजा करता है, क्षण भर को वह ठौर!
छिपा लूँ अपना शीश जहाँ अरे है वह वक्षस्थल कहाँ?

—बच्चन

यह ठीक है उपर्युक्त पंक्तियों में 'पलायन' की कल्पना मिलती है, किन्तु इसी को काव्य रचना का निमित्त मानना अनुचित है। कवि के हृदय में शत-शत कल्पनाएँ एवं भावनाएँ समय-समय पर उद्वेलित होती रहती हैं, अतः उन्हें ही काव्य-प्रयोजन मानना उचित नहीं। एक कवि स्वर्ग प्राप्ति की आकांक्षा व्यक्त करता है, दूसरा वीर भावनाओं की अभिव्यक्ति करता है और तीसरा गरीबों का चित्रण करता है इसका यह तात्पर्य नहीं कि वे क्रमशः स्वर्ग-प्राप्ति के लिए या युद्ध करने के लिए अथवा गरीब बनने के लिए काव्य-रचना करते हैं। और फिर सभी रचनाओं में पलायन की भावनाओं का चित्रण नहीं होता—अतः समस्त कवियों का प्रयोजन पलायनवाद मान लेना सर्वथा अनुचित है।

कुछ अन्य विद्वान् उपर्युक्त मत से सर्वथा विरोधी बात कहते हैं कि 'कला जीवन में प्रविष्ट होने के लिए' है। यहाँ भी शब्दों का अनर्थ किया गया है। हमारा जीवन में प्रवेश तो उसी दिन हो जाता है, जिस दिन हम माता के उदर से जन्म लेते हैं—अतः यहाँ जीवन का अर्थ है जीवन का सौन्दर्य या जीवन का रहस्य। आलोचकों की बुद्धि का चमत्कार देखिए कि वे एक ही कवि में पलायनवाद और जीवन में प्रवृत्ति दोनों को सिद्ध करने में सफल हो जाते हैं। ऊपर हमने वे पंक्तियाँ उद्धृत की थीं; जिनके आधार पर प्रसाद को पलायनवादी सिद्ध किया गया है। अब वे पंक्तियाँ देखिए जिन्हें प्रवृत्ति-मूलक बताया गया है—

जिसे तुम समझे हो अभिशाप, जगत् की ज्वालाओं का मूल,
ईश का वह रहस्य वरदान, कभी मत इसको जाओ भूल।

ये शब्द कामायनी की श्रद्धा के हैं, इनका प्रसाद के काव्य-प्रयोजन से क्या सम्बन्ध है—यह हमारी समझ में नहीं आता। यदि इसी प्रकार काव्य-प्रयोजन ढूँढ़ने लगें तो अकेली कामायनी के आधार पर प्रसाद के दस-बीस से अधिक काव्य-प्रयोजन सिद्ध किये जा सकते हैं—जैसे—प्रलय करना, नई सृष्टि का निर्माण करना, यज्ञ करना, जीव-हिंसा का समर्थन और विरोध करना आदि-अदि। वस्तुतः जीवन से पलायन या जीवन में प्रवेश—दोनों के लिए कविता लिखने की अपेक्षा नहीं होती; हाँ, पाठक भले ही काव्य की छाया में बैठकर दुःख को भूल सकता है या जीवन के निगूढ़ रहस्य को समझ सकता है।

'कला सेवा के अर्थ'—की व्याख्या करते हुए आचार्य गुलाबराय जी ने लिखा है—"अस्पतालों में मरीजों को कविता सुनाना, संगीत सुनाना यह कला का सेवापक्ष ही है।" हमारी आचार्य जी के प्रति पूरी श्रद्धा है, किन्तु फिर भी हमें यह विश्वास नहीं होता कि मरीजों के लिए काव्य-रचना की जाती है। कम-से-कम हिन्दी साहित्य के इतिहास में तो अभी तक किसी ऐसे कवि का नाम नहीं आता। कदाचित् यह बात आचार्य जी ने विदेशी विद्वानों के मत के आधार पर ही लिखी हो। सम्भव है; वहाँ ऐसे भी कलाकार हों जो मरीजों के लिए ही काव्य-साधना करते हों। हाँ, ऐसे कवि अवश्य मिलते हैं जो कला-साधना करते-करते स्वयं मरीज बन जाते हैं।

'कला आत्मानुभूति के लिए' और 'कला आनन्द के लिए' इन दोनों विचारों में परस्पर इतना साम्य है कि दोनों को एक ही कहा जा सकता है। कलाकार को आनन्द की अनुभूति तो होती ही है, पर उससे भिन्न भी उसका कोई-न-कोई प्रयोजन अवश्य होता है, अन्यथा वह अपनी रचना को किसी अन्य के सम्मुख प्रस्तुत नहीं करता। जो लोग 'मनोविनोद के लिए' कला मानते हैं, उनकी बात भी इससे मिलती-जुलती है। हमारे विचार से आत्मानुभूति, आनन्द, मनोविनोद आदि का सम्बन्ध कलाकार की अपेक्षा पाठक या द्रष्टा से अधिक है। हाँ, यह अवश्य स्वीकार किया जा सकता है कि अनेक कवि 'सृजन की अदम्य आवश्यकता' से प्रेरित होकर ही काव्य-रचना करते हैं, इसके अतिरिक्त उनका कोई प्रयोजन नहीं होता।

उपर्युक्त मंतव्यों के विश्लेषण से स्पष्ट है कि इनमें हमारे प्रश्न का कोई यथार्थ उत्तर उपलब्ध नहीं होता। वस्तुतः पाश्चात्य विद्वानों के मत एकांगी दृष्टिकोण पर आधारित हैं, जिनमें आंशिक सत्य है। हमारे विचार से सभी कवियों का काव्य-प्रयोजन एक जैसा ही नहीं होता। कुछ सृजन की अदम्य आकांक्षा से प्रेरित होकर काव्य-रचना में प्रवृत्त होते हैं तो कुछ यश, धन तथा मान-मर्यादा की प्राप्ति के लिए तथा कुछ अपने आराध्य देव या आश्रयदाता की संतुष्टि के निमित्त, तो कुछ अपने मत, विचार या सिद्धान्तों के प्रचार के प्रयोजन से काव्य-रचना करते हैं। आचार्य मम्मट की उक्ति में इन सभी तथ्यों का संकेत मिल जाता है, अतः हम उनके मत का ही समर्थन करना उचित समझते हैं।

पाठक के दृष्टिकोण से

दूसरा प्रश्न है—पाठक काव्य में किस प्रयोजन से प्रवृत्त होता है? इसके दो उत्तर दिये जा सकते हैं—(१) आनन्द प्राप्ति के लिए (२) अपने ज्ञान में अभिवृद्धि के लिए।

हमारे विचार से पाठक काव्य में उस विशेष प्रकार की आनन्दानुभूति के लिए ही प्रवृत्त होता है, जो किसी अन्य साधन से उपलब्ध नहीं होती। कुछ लोग पाठक का लक्ष्य ज्ञान-वृद्धि भी मान सकते हैं, किन्तु यह लक्ष्य गौण ही होगा। ज्ञानवृद्धि के लिए काव्य की अपेक्षा इतिहास, राजनीति, अर्थशास्त्र, दर्शन-शास्त्र, नीतिशास्त्र आदि के ग्रन्थ अधिक उपयोगी होंगे, अतः इन्हें छोड़कर काव्य में प्रवृत्त होने की आवश्यकता नहीं। हाँ, जो लोग साहित्य सम्बन्धी परीक्षाएँ उत्तीर्ण करने के लिए काव्यानुशीलन करते हैं, उन पर अवश्य यह बात लागू होती है।

६
कला कला के लिए

सूक्ष्म-सत्ता (परमात्मा) के विभिन्न दार्शनिकों ने मुख्यतः तीन लक्षण स्वीकार किये हैं—सत्, चित् और आनन्द। मनुष्य उसी सूक्ष्म-सत्ता का व्यक्त रूप माना गया है। मनुष्य का भी सूक्ष्म-जीवन तीन बातों पर आधारित रहता है—ज्ञान, भावना और क्रिया। इसमें ज्ञान का संबंध सत् से है, क्रिया का चित से और भावना का आनन्द से। अतः परमात्मा के अनुरूप ही मानव-जीवन में इन तीनों तत्वों की प्रमुखता है। आधुनिक युग के मनोवैज्ञानिक भी मानव-जीवन में उपर्युक्त तीनों प्रवृत्तियों—ज्ञान, क्रिया और भावना (to know, to will, to feel) की ही प्रमुखता स्वीकार करते हैं। मानव-जीवन से संबंधित विभिन्न विषय इन्हीं तीनों प्रवृत्तियों से प्रेरित हैं। ज्ञान की प्रवृत्ति ने विज्ञान और दर्शन को, क्रिया की प्रवृत्ति ने धर्म और व्यवसाय को और भावना की प्रवृत्ति ने साहित्य और कला को जन्म दिया। यद्यपि विज्ञान, व्यवसाय और कला तीनों का संबंध मानव-जीवन से है, फिर भी तीनों के लक्ष्य में परस्पर गहरा अन्तर सिद्ध होता है, जहाँ विज्ञान का लक्ष्य सत्यं है, व्यवसाय का शिवं, वहां कला का सुन्दरम् है। इनमें से यदि कोई भी विषय अपने लक्ष्य को भूलकर अन्यत्र दृष्टिपात करने लगेगा तो उससे वह तो पथ-भ्रष्ट हो ही जावेगा, साथ ही जीवन में भी विकृति उत्पन्न कर देगा। यदि एक वैज्ञानिक किसी सुन्दर पुरुष के टुकड़े-टुकड़े करके उनके मूल तत्त्वों की जानकारी प्राप्त करने के स्थान पर यदि वह उसके सौन्दर्य से अभिभूत होकर कविता लिखने लग जाय तो वैज्ञानिक न रहकर कवि बन जायेगा। इसी प्रकार शिवं का रक्षक न्यायाधीश यदि किसी अभियुक्ता बाला के अधिकारों को भूलकर उसके सौन्दर्य पर ही मुग्ध होने लगेगा तो वह भी अपने कर्तव्य-पथ से भ्रष्ट हो जायेगा। ठीक इसी प्रकार सौन्दर्य-साधना में रत कलाकार जब अपने मूल लक्ष्य को भूलकर सत्यं और शिवं की ओर आकर्षित होने लगेगा तो वह अपनी कला को कला के स्थान पर दर्शन या नीति-शास्त्र का रूप दे देगा। अस्तु, जीवन की सफलता इसी में है कि प्रत्येक व्यक्ति अपने कर्तव्य और क्षेत्र को ही प्रमुखता दे। यदि एक व्यक्ति दूसरे व्यक्ति के कर्तव्य-क्षेत्र में प्रवेश करेगा तो इससे उसका महत्व तो नष्ट हो ही जायेगा, संसार में भी बड़ी अव्यवस्था और विकृति आ जायेगी। जल का गुण शीतलता है और अग्नि का उष्णता, उनका धर्म इसी बात में है कि दोनों अपने-अपने गुणों को बनाए रखें। किन्तु आश्चर्य की बात तो यह है कि संसार के अनेक विद्वान् जो एकांगी दृष्टिकोण से ही सभी वस्तुओं को देखने के अभ्यस्त हैं, एक वस्तु का गुण दूसरी वस्तु में ढूँढ़ने का प्रयास करते हैं। उसी दृष्टिकोण का परिणाम है कि साहित्य और कला में विज्ञान, दर्शन और नीतिशास्त्र के तत्त्वों की आशा की जाती है। विभिन्न विद्वानों के विचार से जीवन में केवल सौन्दर्य से काम नहीं चल सकता, उपयोगिता की दृष्टि से भी सौन्दर्य का विशेष महत्व नहीं है, अतः वे चाहते हैं कि कला सौन्दर्य के साथ-साथ कुछ ऐसी उपयोगी बातों या नैतिकता की भी शिक्षा दे जिससे कि जीवन की उन्नति हो। इसी दृष्टिकोण के समर्थन और विरोध को लेकर विचारकों के दो पक्ष हो गये हैं, एक उनका जो कला का चरम

लक्ष्य सौन्दर्य मानते हैं, इनका नारा है—"कला कला के लिए," और दूसरा, उनका जो कला का चरम लक्ष्य नैतिकता की शिक्षा देना मानते हुए कहते हैं—"कला जीवन के लिए।" अतः इन दोनों पक्षों के विचार के अध्ययन के अनन्तर ही हम किसी निष्कर्ष पर पहुँच सकते हैं।

कला जीवन के लिए—सुश्री महादेवी वर्मा ने जीवन तथा कला में आदर्श का महत्व बताते हुए लिखा है—

"......आदर्श हमारी दृष्टि की मलिन संकीर्णता धोकर, उसे बिखरे यथार्थ के भीतर छिपे हुए सामंजस्य को देखने की शक्ति देता है, हमारी व्यष्टि में सीमित चेतना को मुक्ति के पंख देकर समष्टि तक पहुँचने की दिशा देता है और हमारी खण्डित भावना को अखण्ड जागृति देकर उसे जीवन की विविधता नाप लेने का वरदान देता है। जब आदर्श जलभरे बादल की तरह आकाश का असीम विस्तार लेकर पृथ्वी के असंख्य रंगों, अनन्त रूपों में नहीं उतर सकता तब शरद के सूने मेघ-खण्ड के समान शून्य का धब्बा बना रहना ही उसका लक्ष्य हो जाता है.........।"

विज्ञान, दर्शन एवं साहित्य के क्षेत्र में 'आदर्शवाद' शब्द का प्रयोग विभिन्न विशिष्ट धारणाओं एवं मान्यताओं के अर्थ में किया जाता है। दर्शन के क्षेत्र में आदर्शवाद भौतिकवाद का विरोधी है। "भौतिकवादी भौतिक द्रव्य को सत्य मानता है और मन अथवा चेतना को उसका उपजात एवं अनुगामी। इसके ठीक विपरीत दार्शनिक आदर्शवादी मन अथवा चेतना को परम सत्य एवं परम तत्व और भौतिक द्रव्य को उससे उद्‌भूत मानता है। उसकी मान्यता यह है कि परम तत्व जन जैसा चेतन है।" (हिन्दी साहित्य कोश : पृष्ठ ८५)। इस प्रकार दर्शन के क्षेत्र में आदर्शवाद को अध्यात्मवाद का पर्यायवाची कहा जा सकता है। किन्तु देश और काल के भेद से इसके स्वरूप में परस्पर थोड़ी-बहुत विभिन्नता भी सदा रही है।

सौन्दर्य-शास्त्र (Aesthetics) के क्षेत्र में भी विचारकों का एक ऐसा समूह रहा है जो 'आदर्शवादी' कहा जा सकता है। इस वर्ग में वे चिन्तक आते हैं जो वस्तु का सौन्दर्य उसके भौतिक तत्वों में न मानकर या तो उसकी उपयोगिता में मानते हैं अथवा द्रष्टा की दृष्टि में मानते हैं। सुकरात, प्लेटो, हरबर्ट, रिचर्ड्स आदि विचारक इसी श्रेणी में आते हैं। सुकरात ने उपयोगिता को ही सौन्दर्य का पर्यायवाची मानते हुए एक स्थान पर लिखा था—"A dung basket if it answers its end may be a beautiful thing whlle a goldcn shleld not well for use, is ugly thing" अर्थात् एक गोबर से भरी हुई टोकरी भी सुन्दर कही जा सकती है यदि वह अपना कोई उपयोग रखती है, जब कि चमचमाती हुई स्वर्ण-जटित थाल भी असुन्दर है यदि वह उपयोग की दृष्टि से अपूर्ण है।

सुकरात के शिष्य प्लेटो ने प्रत्यक्ष संसार को किसी अप्रत्यक्ष जगत् की प्रतिच्छाया घोषित करते हुए समस्त सौन्दर्य को किसी एक अलौकिक शक्ति से सम्बन्धित माना है। हमारी आत्मा सौन्दर्य की खोज में भटकती रहती है, किन्तु सौन्दर्य में सच्चे स्वरूप का आस्वादन करना कोई सरल कार्य नहीं। उसके विचारानुसार विभिन्न शास्त्रों के गम्भीर अध्ययन एवं मनन से विकसित एक विशेष प्रकार की मानसिक शक्ति से ही हम सौन्दर्य-बोध कर सकते हैं। यद्यपि सौन्दर्य-बोध की यह अपूर्व क्षमता तर्क-बद्ध अध्ययन से ही उदित होती है, फिर भी वह तर्क से शून्य होती है। सौन्दर्य तर्क-गम्य नहीं अनुभूति-गम्य है। आधुनिक पाश्चात्य विद्वानों में आई० ए० रिचर्ड्स ने भी सौन्दर्य की व्याख्या

आदर्शवादी दृष्टिकोण से करते हुए कहा कि हमारी भावात्मक संतुष्टि का नाम ही सौन्दर्य है। किसी वस्तु को देखकर जब हमारी भावनाओं में एकाग्रता या तन्मयता आ जाती है तो हम तृप्ति का अनुभव करते हैं और हम उस वस्तु को भूल से सुन्दर कह बैठते हैं, जबकि वास्तव में सौन्दर्य हमारी इस मानसिक तृप्ति की देन है। इस प्रकार आदर्शवादी दार्शनिकों की ही भाँति आदर्शवादी सौन्दर्य शास्त्रियों ने भी भौतिकता की अपेक्षा आध्यात्मिकता को, स्थूलता की अपेक्षा सूक्ष्मता को, और यथार्थ की अपेक्षा कल्पना को अधिक महत्व दिया है।

साहित्य के क्षेत्र में आदर्शवाद का प्रयोग किसी एक वर्ग या एक काव्य-धारा के लिए नहीं होता—जैसा कि कुछ अन्य वादों के सम्बन्ध में होता है—अपितु व्यापक रूप में उसका प्रयोग एक विशिष्ट दृष्टिकोण के लिए होता है। वस्तुतः इसका प्रयोग 'यथार्थवाद' के विरोध में किया जाता है। काव्य में विषय-वस्तु का चित्रण वास्तविक रूप में करना यथार्थवाद कहलाता है, जब कि उसे वास्तविक से ऊपर उठाकर प्रस्तुत करना आदर्शवाद है। यथार्थवाद जहाँ 'क्या है ?' का उत्तर देता है, वहाँ आदर्शवाद यह बताता है कि 'क्या होना चाहिए।' यथार्थवादी मनुष्य की दुर्बलताओं का चित्रण करके उसके पतन को चित्रित करता है, जबकि आदर्शवादी उसकी उदात्त प्रवृत्तियों को उभार करके उसे उत्थान की ओर अग्रसर करता है! यथार्थवादी समाज की समस्याओं को नग्न रूप में प्रस्तुत करके ही चुप हो जाता है, जबकि आदर्शवादी उनका समाधान भी करने का प्रयत्न करता है। यथार्थवादी ईश्वर, पाप-पुण्य; भाग्य एवं पुनर्जन्म को स्वीकार नहीं करता, जबकि आदर्शवादी इन सबमें विश्वास करता है। यथार्थवादी की दृष्टि धरती पर रहती है, जबकि आदर्शवादी आसमान की ओर ताकता है। यथार्थवादी को केवल वर्तमान से प्रेम होता है, जबकि आदर्शवादी अतीत के गौरव और भविष्य की कल्पनाओं में डूबा रहता है। यथार्थवादी काव्य की रचना का अन्त प्रायः निराशा, वेदना, पराजय एवं दुःख में होता है जबकि आदर्शवादी के काव्य में नये जीवन के मधुर स्वप्नों, भावी सफलता की आशाओं, पाप पर पुण्य की विजय का चित्रण होता है। प्रश्न है ऐसे सुन्दर, मधुर, दिव्य एवं अलौकिक आदर्शवाद में कौन से दोष हैं जिससे सभी कलाकार या सभी पाठक इसे पसन्द नहीं कर पाते ?

इसका सीधा सा कारण यह है कि वह कल्पना के गगन में उड़ान भरता है, जबकि हमारा वास्तविक जीवन यथार्थ की ठोस भूमि पर आधारित है। वह हमें कल का आश्वासन देता है जबकि हम आज की पीड़ा से घायल हो रहे हैं। वह हमारी रोटी की आवश्यकता के उत्तर में संगीत की मीठी रागिनी सुनाता है। आदर्शवाद की अति सूक्ष्मता, अति काल्पनिकता और अलौकिकता से ही ऊबकर लोग यथार्थवाद की शरण लेते हैं।

दूसरा प्रश्न है कि जब आदर्शवाद इतना बुरा है तो इसमें कौन से गुण हैं जिससे कुछ लोग इसका समर्थन करना उचित समझते हैं ? इसका उत्तर यही है कि यथार्थवाद हमारा शरीर है तो आदर्शवाद हमारी आत्मा है। यदि हमारे जीवन के लिए रोटी, कपड़े और मकान की आवश्यकता सर्व-प्रमुख है, तो मीठी कल्पनाओं, मधुर स्वप्नों एवं उच्च आदर्शों के बिना भी जीवन नहीं रह सकता। संसार की वाटिका में यदि हम यथार्थ के काँटों को देखते रहें, तो भय है कि कहीं हम निराश होकर आत्महत्या ही न कर लें; अतः उसके आदर्श के फूलों को भी देखना नितान्त आवश्यक है। अतः जीवन और साहित्य—दोनों में यथार्थ और आदर्श का उचित संतुलन आवश्यक है। जैसा कि श्रीमती महादेवी वर्मा ने

लिखा है—'आदर्श जीवन के निरपेक्ष सत्य का बालक है और यथार्थ जीवन की सापेक्ष सीमा का जनक, अतः उनकी अन्योन्याश्रित स्थिति न ऊपर से कभी प्रकट हो सकती है और न भीतर से कभी मिट सकती है। उनकी गति विपरीत दिशोन्मुख होकर भी जीवन की परिधि को दो ओर से स्पर्श करने का एक लक्ष्य रखती है।'

कला कला के लिए

कला का उद्देश्य विशुद्ध कला या सौन्दर्य को मानने वाले विद्वानों में क्रोचे, आस्कर, वाल्ड, वाल्टर पेटर, जे० ई० स्पिनगार्न आदि प्रमुख हैं। क्रोचे का मत 'अभिव्यंजनावाद' के नाम से प्रसिद्ध है। उन्होंने आत्मा की दो प्रवृत्तियाँ मानी हैं—एक विचारात्मक या सैद्धान्तिक (Theoretic) और दूसरी व्यावहारिक (Practical)। इस विचारात्मक या सैद्धान्तिक प्रवृत्ति के भी दो उपभेद हैं, एक स्वानुभूति से प्रेरित (Intuition), और दूसरी तर्क की क्रिया (Logic) से उत्पन्न। व्यावहारिक प्रवृत्तियों के भी क्रोचे ने दो भेद किये हैं—आर्थिक और नैतिक। इस प्रकार ये चार प्रवृत्तियाँ निश्चित हुई—(१) स्वानुभूति से प्रेरित (Intuition), (२) तर्क की क्रिया से उत्पन्न (Logic), (३) आर्थिक (Economic) और (४) नैतिक (Ethical)। कला का संबंध इनमें से प्रथम प्रवृत्ति-स्वानुभूति—से ही है, अतः शेष प्रवृत्तियाँ जिनमें नैतिक प्रवृत्तियाँ भी सम्मिलित हैं, कला से असम्बद्ध हैं। कला-सृष्टि की प्रक्रिया को स्पष्ट करते हुए उन्होंने कहा है जब कोई भी कलाकार स्वानुभूति को सहज स्वाभाविक रूप में अभिव्यक्त कर देता है, तो वही कला का रूप धारण कर लेती है। अतः अभिव्यक्ति की पूर्णता ही कला की पूर्णता है। अभिव्यक्ति ही उसका सौन्दर्य है। इस प्रकार क्रोचे विभिन्न प्रवृत्तियों के वर्गीकरण के द्वारा कला का क्षेत्र नैतिकता से भिन्न मानता है। यदि कलाकार अनैतिक तत्वों की अभिव्यंजना करता है, तो यह दोष स्वयं कलाकार का नहीं है, अपितु उस समाज का है जिसके वातावरण के प्रभाव से उसने ऐसी अनुभूति ग्रहण की। अतः जो आलोचक कला में नैतिकता देखना चाहते हैं, वे पहले समाज के वातावरण में नैतिकता को प्रतिष्ठित करें।

श्री आस्कर वाइल्ड और स्पिनगार्न महोदय ने भी कला का क्षेत्र नैतिकता से भिन्न मानते हुए 'कला कला के लिए' का समर्थन किया है। आस्कर वाइल्ड ने स्पष्ट रूप में घोषित किया है—"समालोचना में सबसे पहली बात यह है कि समालोचक को यह परख हो कि कला और आचार के क्षेत्र पृथक्-पृथक् हैं।" जे० ई० स्पिनगार्न के शब्दों में—"शुद्ध काव्य के भीतर सदाचार या दुराचार ढूँढ़ना ऐसा ही है जैसा कि रेखागणित के समत्रिकोण त्रिभुज को सदाचारपूर्ण कहना और समद्विबाहु त्रिभुज को दुराचारपूर्ण।"

श्री ब्रेडले महोदय ने भी "कला कला के लिए" मत का समर्थन करते हुए कहा है कि कला को सौन्दर्य के माप-दण्ड से ही नापना चाहिए। हाँ, अनैतिकतापूर्ण रचनाओं को नागरिकों की दृष्टि से प्रकाशित न भी किया जाय तो कोई बात नहीं। ब्रेडले ने बतलाया है कि रोसिटी (Rosseti) ने अपनी एक कविता को जिसे मर्यादावादी टेनीसन ने भी पसन्द किया था, लोक-मर्यादा के भय से प्रकाश में नहीं आने दिया। इस सम्बन्ध में ब्रेडले महोदय का कहना था कि उसका यह निर्णय नागरिक की दृष्टि से था, कलाकार की हैसियत से नहीं।

आधुनिक मनोविश्लेषकों में भी अनेक ने कलावाद का समर्थन किया है। फ्रायड ने काव्य को अतृप्त वासनाओं की अभिव्यक्ति माना है। ऐसी स्थिति में काव्य में कामुकता और अश्लीलता का आ जाना स्वाभाविक है। इस धारणा से साहित्यकारों को नग्न दृश्यों

के चित्रण की छूट मिल गयी। वे कला के आचरण में अपने कुत्सित मन की गन्दगी को प्रस्तुत करने लगे हैं। यदि क्रोचे ने स्वाभाविक अभिव्यक्ति को काव्य का लक्ष्य माना था, तो फ्रायडवादी अश्लील अभिव्यक्ति को ही अपना साध्य मानने लगे हैं।

वस्तुतः क्रोचे, स्पिनगार्न, ब्रेडले, फ्रायड आदि सभी कलावाद के समर्थकों के विचार अतिवादी हैं। सर्वप्रथम क्रोचे ने अभिव्यक्ति को ही सौन्दर्य मानकर एक बड़ी भारी भ्रान्ति का प्रचार किया। प्रत्येक व्यक्ति में थोड़ी-बहुत अनुभूति की मात्रा तो होती ही है और वह किसी-न-किसी रूप में उसे अभिव्यक्त भी करता है, किन्तु प्रत्येक व्यक्ति की प्रत्येक भावाभिव्यक्ति काव्य का रूप धारण नहीं करती। जब दो व्यक्ति परस्पर झगड़ते हैं तो उनकी उक्तियों में क्रोध की सफल अभिव्यक्ति होती है, पर क्या उसे हम काव्य की संज्ञा दे सकते हैं? अभिव्यक्ति काव्य का साधन है, साध्य नहीं। दूसरे व्यक्ति का चरित्र भी उसकी विकसित भावनाओं पर आधारित होता है, अतः चारित्रिक वृत्तियों—नैतिकता आदि—का हमारी भावनाओं से गहरा सम्बन्ध होता है तथा काव्य की भी मूलाधार भावनाएँ होती हैं। इस दृष्टि से नैतिकता और काव्यात्मकता—दोनों का प्रेरणास्रोत एक ही है। अतः कला को नैतिकता से सर्वथा पृथक् मानना उचित नहीं।

यह ठीक है कि कला का सर्वोपरि गुण उसका सौन्दर्य है, किन्तु यह सौन्दर्य यदि नैतिकता से शून्य होगा तो उससे प्रभाव में न्यूनता आयेगी। स्वयं सौन्दर्य को सौन्दर्य बनाये रखने के लिए भी नैतिकता की प्रधान रूप में न सही, गौण रूप में आवश्यकता है। जैसा कि हमने प्रारम्भ से प्रतिपादित किया था कि सौन्दर्य का लक्ष्य हमारे जीवन में आनन्द की प्रतिष्ठा करना है, किन्तु जो तत्व ऐसा करने में समर्थ न हो, उसे सौन्दर्य की उपाधि से कैसे विभूषित कर सकते हैं?

महात्मा टालस्टाय ने भी कला का मानदण्ड नैतिकता को सिद्ध करते हुए लिखा है—"in every age and in every human society there exists a religious sense of what is good and what is bad common to the whole society and it is this relgious conception that decides the value of the feelings transmitted by art." अर्थात् "प्रत्येक युग में तथा प्रत्येक समाज में क्या अच्छा है क्या बुरा यह कला द्वारा प्रतिपादित भावनाओं के मूल में निर्धारित किया जाता है।"

आधुनिक युगीन पाश्चात्य विद्वानों में रस्किन ने कला में नैतिकता का समर्थन दृढ़तापूर्वक किया। रस्किन महोदय ने सौन्दर्य का सम्बन्ध आध्यात्मिकता से स्थापित करते हुए बताया है कि हमारी सौन्दर्यानुभूति हमारी इन्द्रियों, या हमारी मानसिक शक्तियों पर आधारित नहीं है, अपितु उसका सम्बन्ध हमारी आस्तिक भावनाओं से है। साथ ही उसका यह भी विश्वास है कि सच्चरित्र व्यक्ति ही उच्च कोटि की कला का सृजन और आस्वादन कर सकता है। इसी प्रकार मैथ्यू आर्नल्ड, रिचर्ड्स आदि विद्वानों ने भी नैतिकता का समर्थन किया है।

जहाँ कलावादियों ने सौन्दर्य को इतना अधिक महत्त्व दिया है कि उससे नैतिकता अस्वस्थ हो जाती है तो नैतिकता को इतना बढ़ावा भी दिया है कि उससे सौन्दर्य का दम घुट जाता है।

भारतीय दृष्टिकोण

हमारे प्राचीन आचार्यों ने इस संबंध में एक सन्तुलित दृष्टिकोण का परिचय दिया है। रस-सिद्धान्त के अनुसार कला का लक्ष्य सामाजिक को रसानुभूति या आनन्द प्रदान करना

है। स्थूल दृष्टि से रस-सिद्धान्त पाश्चात्य कलावाद के निकट प्रतीत होता है, क्योंकि दोनों ही कलाओं का लक्ष्य सौंदर्य या आनन्दानुभूति स्वीकार किया गया है, किन्तु सूक्ष्म दृष्टि से विचार करने पर दोनों में गहरा अन्तर दृष्टिगोचर होगा। पाश्चात्य कलावाद में जहां स्वयं रचयिता का आनन्द ही साध्य है, वहाँ रस-सिद्धांत में सामाजिक या पाठक का। इस स्थिति में कला समाज विरोधी रूप धारण नहीं कर सकती। यदि कला नैतिकता का विरोध करेगी, तो वह सामाजिक के हृदय को प्रभावित करने में असमर्थ सिद्ध होगी। यही कारण है कि हमारे यहाँ कवियों की उच्छृंखल प्रवृत्तियों पर अंकुश लगाने के लिए 'रसाभास' जैसे विशेषणों का आविष्कार किया गया है।

रस-सिद्धांत के अतिरिक्त अन्य सम्प्रदायों के आचार्यों ने भी कला का मानदण्ड तो सौंदर्य को ही रखा है, किन्तु वे उसका लक्ष्य सामाजिक की तृप्ति ही मानते हैं। अस्तु, भारतीय काव्य-शास्त्र के क्षेत्र में कला स्वतन्त्र रहती हुई भी नैतिकता के साथ मैत्रीपूर्ण व्यवहार करती रही है, अतः दोनों में कोई विरोध नहीं मिलता। हाँ, जब-जब समाज के दृष्टिकोण में भी नैतिकता सम्बन्धी मान्यताओं में परिवर्तन हुआ तो उसका प्रभाव साहित्य पर भी पड़ा। नायिका-भेद के अन्तर्गत परकीया को भी स्थान दिया जाना इसी तथ्य का द्योतक है।

आधुनिक भारतीय विद्वानों के दृष्टिकोण में अवश्य पाश्चात्य के प्रभाव के कारण थोड़ी अतिवादिता आ गई। जहाँ आचार्य हजारीप्रसाद द्विवेदी कला में नीति को ढूँढ़ना पाप समझते हैं। उनके शब्दों में—"उच्च अंग की कला के भीतर किसी तत्व की खोज करना सौन्दर्य देवी के भी मन्दिर को कलुषित करना है।" यदि राष्ट्रकवि मैथिलीशरण गुप्त एक ओर लिखते हैं **"मानते हैं जो कला को कला के अर्थ ही, स्वार्थिनी करते कला को व्यर्थ ही।"** तो दूसरी ओर महाकवि दिनकर जी का विचार है—"मैं यह मानता हूँ कि बसन्त का गुलाब और कवि के स्वप्न अपने में पूर्ण होते हैं, वे किसी को कुछ सिखाने के लिए नहीं होते!" हमारे विचार से काव्य में कला का मूल लक्ष्य तो सौंदर्य ही होना चाहिए, किन्तु उसमें अनैतिक तत्वों का ऐसा मिश्रण न हो कि वह समाज को क्षति पहुँचाने लगे। हाँ, यदि उसकी कलात्मकता को ठेस पहुँचाए बिना कुछ उपयोगी तत्वों का भी समावेश किया जा सके तो यह उसका विशेष गुण होगा। कला के क्षेत्र में सौंदर्य को नष्ट कर देने वाली अति नैतिकता और नैतिकता को ठेस पहुँचाने वाली सुन्दरता—ये दोनों ही त्याज्य हैं। यदि एक मिष्ठान-विक्रेता अपने मिष्ठान्न में ऐसी गुणकारी वस्तुएँ मिलाता है जिनसे उसका स्वाद ही बिगड़ जाता है या उसके स्वाद को बढ़ाने के लिए ऐसी वस्तुएँ मिलाता है कि खाने वाले को तुरंत हैजा हो जाता है—तो दोनों ही स्थितियों में उसकी मिठाई हमें स्वीकार्य नहीं होगी। सौंदर्य के नाम पर कला को समाज-विरोधी रूप देना ऐसा ही है, जैसा स्वाद की वृद्धि के लिए हैजा फैलाने वाली मिठाई का निर्माण करना। वस्तुतः कला में सौंदर्य और नैतिकता का संतुलित एवं समन्वित रूप ही श्रेयस्कर है। कला जीवन-साध्य है तथा जीवन कला-साध्य। कला जीवन से दूर कोई एकान्तमयी कोरी कल्पना नहीं और न जीवन कला से दूर कोई जड़ पदार्थ है। कला और जीवन दोनों समाज सापेक्ष हैं, दोनों एक दूसरे के पूरक हैं। उत्कृष्ट कला में दोनों का समन्वित रूप ही दृष्टि-गोचर होता है अतः कवीन्द्र रवीन्द्र के शब्दों में कहा जा सकता हैं—'सौंदर्य-मूर्ति ही मंगल की पूर्ण मूर्ति और मंगल-मूर्ति ही सौंदर्य का पूर्ण स्वरूप है।'

७

कविता क्या है?

कविता क्या है? इस छोटे से प्रश्न को लेकर आज तक विश्व के न जाने कितने विद्वानों, दार्शनिकों और आचार्यों ने विचार किया है किन्तु फिर भी इसका कोई एक सर्व-सम्मत उत्तर प्राप्त नहीं हो सका। प्रसिद्ध विचारक सुकरात ने कविता की व्याख्या करते हुए इसे दैवी प्रेरणा से प्रेरित सन्देश का रूप दिया है। उनके विचार से जब ईश्वर हमसे बातचीत करना चाहता है तो वह कवियों की वाणी के माध्यम से अपने शब्दों को व्यक्त कर देता है। कवि के सहज स्वाभाविक उद्‌गार दैवी उद्‌गार हैं। निःसन्देह सुकरात की इस व्याख्या से कविता और रचयिताओं के महत्व में पर्याप्त अभिवृद्धि होती है, किन्तु इससे कविता के यथार्थ रूप का बोध नहीं होता। सभी कवियों के उद्‌गार किसी दिव्य सन्देश को व्यक्त करते हैं—इसे स्वीकार करना उचित नहीं।

सुकरात के शिष्य प्लेटो ने कविता को अत्यन्त हेय एवं घृणापूर्ण दृष्टिकोण से देखा। उसकी धारणाओं का मूलाधार अनुकृति का सिद्धान्त है। यह समस्त स्थूल जगत् किसी अलौकिक सूक्ष्म जगत् की प्रतिच्छाया मात्र है, अतः वह तो मिथ्या है ही, जबकि कविगण अपनी कविताओं में इस मिथ्या जगत के मिथ्या पदार्थों को भी मिथ्या अनुकृतियाँ अंकित करते हैं। इस प्रकार कविता में मिथ्या की मात्रा द्विगुणित हो जाती है। दूसरे, कवि या साहित्यकार हमारे ज्ञान की अभिवृद्धि न करके हमारी वासनाओं, इच्छाओं एवं भावनाओं को आन्दोलित करते हैं जिससे हमारे वैयक्तिक, पारिवारिक, सामाजिक एवं राष्ट्रीय जीवन में दुर्बलता, अशक्तता एवं अनियमितता आती है। इन आक्षेपों के आधार पर प्लेटो ने अपने देशवासियों को कविता का बहिष्कार कर देने का परामर्श दिया था। उनके शब्दों में—"We should expel poetry from the city such being her nature. In case she should accuse us of brutality and boorishness,"......let us state that it the pleasure producing poetry and imitation have any arguments to show that she is in her right place in a well-governed city, we shall be very glad to receive her back again." (Greek Literary Criticism, page 87) अर्थात् "कविता की मूल प्रकृति को ध्यान में रखते हुए उसे अपने राज्य में से निकाल देना चाहिए। यदि वह हम पर निर्दयता या अन्याय का आरोप लगाये तो हमें उसे बता देना चाहिए कि हमारे इस सुव्यवस्थित राज्य में उसे तभी स्थान मिल सकता है, जब वह अपने आपको निर्दोष एवं उपयोगी सिद्ध करे।" वस्तुतः प्लेटो ने कविता के केवल असुन्दर पक्ष को एकांगी दृष्टिकोण से देखा, इसी से उनका कविता सम्बन्धी विवेचन ऊहात्मक एवं दोषपूर्ण हो गया है।

अरस्तू ने कविता का विवेचन यथार्थवादी शैली में करते हुए एक ओर जहाँ सुकरात की दिव्य प्रेरणा की बात का खंडन किया है, वहीं दूसरी ओर प्लेटो के आक्षेपों का भी

निराकरण किया। काव्य-प्रेरणा के उसने दो कारण बताये—"एक तो मनुष्य में स्वभाव से ही अनुकरण की प्रवृत्ति विद्यमान है तथा दूसरे, अनुकरणात्मक रचनाओं से हमें आनन्द की उपलब्धि होती है।" प्लेटो की भाँति अरस्तू ने भी कविता का मूल रूप अनुकृति को ही माना है किन्तु इसे उन्होंने दोष के स्थान पर उसका गुण माना है। यद्यपि वे तथ्य जिनका अनुकरण काव्य में किया जाता है, अपने आपमें शोकपूर्ण होते हैं, किन्तु फिर भी उनके कलागत स्वरूप से हमें आनन्द ही प्राप्त होता है। कविता से आनन्द क्यों प्राप्त होता है? अरस्तू की शब्दावली में कह सकते हैं कि कोई नई बात सीखना किसी नई वस्तु को समझना अपने-आप में सबसे बड़ी प्रसन्नता है। जब हम किसी चित्र को देखकर उसका अर्थ समझते हैं तो हमें उससे प्रसन्नता का अनुभव होता है। कविता की परिभाषा करते हुए अरस्तू ने उसे 'छन्दोबद्ध अनुकृति' बताया है।

यद्यपि अरस्तू ने अपने पूर्ववर्ती आचार्यों की विचार-परम्परा को आगे बढ़ाया है, किन्तु कविता के सम्बन्ध में उनके निष्कर्ष भी भ्रान्ति-शून्य नहीं हैं। एक तो कविता को अनुकृति मानना सबसे बड़ी भ्रान्ति है। अनुकृति स्थूल पदार्थों, प्रत्यक्ष क्रिया-व्यापारों एवं वास्तविक तथ्यों की ही की जा सकती हैं, जबकि कविता में सूक्ष्म भावनाओं एवं काल्पनिक घटनाओं का चित्रण होता है। दूसरे, काव्य-जन्य आनन्दों को वस्तुओं और तथ्यों के ज्ञान-जन्य आनन्द के तुल्य बताना भी भ्रामक है। वास्तव में इन यूनानी दार्शनिकों का ध्यान कविता के सर्वप्रमुख तत्व—भाव की ओर नहीं गया। उनकी दृष्टि कविता के स्थूल अवयवों एवं उसके बाह्य रूप तक ही सीमित रही, अतः उनकी विवेचना के आधार पर कविता के स्वरूप का सम्यक् रूप से ज्ञान प्राप्त करना सम्भव नहीं।

भारतीय दृष्टिकोण

कविता क्या है—इसी प्रश्न को भारतीय आचार्यों ने दूसरे शब्दों—'काव्य की आत्मा क्या है?'—उठाया था। सम्भवतः शाब्दिक दृष्टि से दोनों प्रश्न परस्पर भिन्न प्रतीत हों, किन्तु अर्थ और लक्ष्य की दृष्टि से दोनों में गहरी समानता है। पहले प्रश्न में कविता के समग्र रूप के सम्बन्ध में पूछा गया है, जबकि दूसरे में उसके सर्वप्रमुख तत्व पर ही बल दिया गया है—अतः दूसरा प्रश्न पहले का ही पूरक है। जब हमें काव्य की आत्मा का ज्ञान हो जायेगा, तो उसके शेष अंगों तथा पूरे स्वरूप का निर्णय करना हमारे लिए कठिन नहीं रहेगा। अतः काव्य की आत्मा सम्बन्धी वाद-विवाद का अध्ययन इस प्रसंग में उपयोगी ही सिद्ध होगा।

काव्य की आत्मा के सम्बन्ध में हमारे यहाँ छः प्राचीन सम्प्रदाय प्रचलित हैं—रस सम्प्रदाय, अलंकार-सम्प्रदाय, रीति सम्प्रदाय, वक्रोक्ति-सम्प्रदाय, ध्वनि-सम्प्रदाय और औचित्य-सम्प्रदाय। रस-सम्प्रदाय के प्रवर्तक आचार्य भरतमुनि थे। यद्यपि उन्होंने काव्य की आत्मा-संबंधी वाद-विवाद में प्रत्यक्ष रूप से भाग नहीं लिया, किन्तु उन्होंने अप्रत्यक्ष रूप से काव्य का उद्देश्य पाठक को रसानुभूति प्रदान करना बताया है। काव्य की वह शक्ति जिससे रस की निष्पत्ति होती है, वही काव्य की आत्मा है। काव्य में यह शक्ति भावनाओं के चित्रण द्वारा उत्पन्न होती है। अतः रस-सिद्धान्त के अनुयायी भाव, भावनाओं और उनसे सम्बन्धित विभिन्न अंगों—विभाव, अनुभावादि को ही काव्य का प्राण मानते हैं। संक्षेप में रस-सम्प्रदाय के अनुसार काव्य की आत्मा उसकी भावोत्पादिनी शक्ति है। ध्यान रहे, भावानाओं का वर्णन इस ढंग से भी किया जा सकता है कि पाठक उससे जरा भी

प्रभावित न हो, ऐसी स्थिति में वह वर्णन काव्य का रूप धारण नहीं कर सकेगा। इसीलिए रस-सिद्धान्त के प्रवर्तकों ने कोरे भाव के स्थान पर रस(=भावोत्पादिनी शक्ति) को महत्व दिया है।

अलंकार-संप्रदाय के अनुसार काव्य की आत्मा उनका सौन्दर्य है। इस संप्रदाय के उन्नायकों में भामह, दंडी और रुद्रट का नाम प्रमुख रूप से लिया जाता है। इनके विचारानुसार काव्य में सौन्दर्य की सृष्टि अलंकारों के प्रयोग से ही होती है, अतः वे अलंकार को ही काव्य का सर्व-प्रमुख तत्व मानते हैं। यद्यपि इन्होंने अलंकार को बहुत ही व्यापक अर्थ में ग्रहण किया है, किन्तु फिर भी उससे काव्य के मूल रूप का स्पष्टीकरण नहीं होता। रस का संबंध जहाँ काव्य की मूल विषय-वस्तु से है, वहाँ अलंकार केवल उसके कथन के प्रकार से सम्बन्ध रखता है। दूसरे, रस में एक आवश्यक शर्त यह है कि काव्य के पाठक को आनन्द की उपलब्धि हो, जबकि अलंकार सम्प्रदाय इस ओर कोई ध्यान नहीं देता। अस्तु, कोरी आलंकारिकता काव्य की मूल आत्मा न होकर उसका बाह्य उपकरण मात्र है; वह साधन ही है, साध्य नहीं।

'रीति-संप्रदाय' के प्रवर्तक वामन ने 'विशिष्ट-पद-रचना' या रीति को ही काव्य की आत्मा मानते हुए काव्य-रचना की विभिन्न शैलियों को ही काव्य का सर्वप्रमुख तत्व घोषित किया है। इसी प्रकार'वक्रोक्ति-सम्प्रदाय' के प्रवर्तक आचार्य कुन्तक ने शैली की वक्रता या असाधारणता को ही काव्य की आत्मा के रूप में प्रस्तुत किया। ध्वन्यालोक के रचयिता आनन्दवर्धन ने काव्य का महत्व उसकी व्यंजना-शक्ति के वैभव को प्रदान किया। वस्तुतः अलंकार, रीति, वक्रोक्ति और ध्वनि—ये चारों सम्प्रदाय काव्य की आत्मा की अपेक्षा उसके अन्य अंगों की व्याख्या अधिक करते हैं। रस को यदि काव्य की आत्मा या प्राण कहा जा सकता है तो ये चारों उसके शरीर के विभिन्न अंग व तत्व माने जा सकते हैं। औचित्य-सम्प्रदाय के प्रवर्तक क्षेमेन्द्र ने इन सभी के उचित प्रयोग को ही काव्य की आत्मा माना है। अतः हम सभी निष्कर्ष पर पहुँचते हैं कि काव्य की आत्मा या उसका सर्वप्रथम तत्व रस या भावोत्पादिनी शक्ति (संक्षेप में—भाव-तत्व) ही है।

काव्य की आत्मा का निर्णय हो जाने के अनन्तर हम उसके बाह्य रूप पर भी विचार कर सकते हैं। काव्य के भी अनेक रूप एवं भेद मिलते हैं, जिनमें से एक 'कविता' भी है। सबसे पूर्व काव्य के तीन भेद हैं—गद्यबद्ध, पद्यबद्ध एवं चम्पू (गद्य-पद्य मिश्रित)। पद्यबद्ध काव्य को ही कविता कहते हैं। इनके भी अनेक रूप हैं—प्रबंध काव्य, मुक्तक-काव्य और गीति-काव्य। प्रबन्ध काव्य में प्रारम्भ से लेकर अन्त तक दीर्घ कथा चलती रहती है। मुक्तक काव्य के छन्द एक दूसरे से विश्रृंखलित रहते हैं। गीति-काव्य में संगीतात्मकता का समावेश होता है। अस्तु, रूप-आकार आदि की दृष्टि से प्रबन्ध, मुक्तक एवं गीति में परस्पर अन्तर है, किन्तु ये सभी पद्यबद्ध होते हैं—अतः रस यदि कविता की आत्मा है तो पद्यबद्धता या छन्दोबद्धता उसका शरीर है, ध्वनि उसका रूप-रंग है, अलंकार उसके आभूषण हैं, वक्रोक्ति उसकी वाणी का माधुर्य है और रीति उसके व्यवहार की कमनीयता है।

कविता के विभिन्न लक्षण

कविता के इस समग्र रूप को विभिन्न विद्वानों ने परिभाषाओं और लक्षणों के संकीर्ण वृत्त से बाँधने का प्रयत्न किया है। काव्य-प्रकाश के रचयिता मम्मट के शब्दों में अलंकार

हो या न हो, दोषरहित, गुण रहित, शब्द और अर्थमयी रचना काव्य है (तद्दोषौ शब्दर्थो सगुणावनलंकृति पुनः क्वापि)। आचार्य विश्वनाथ के विचारानुसार रसात्मक वाक्य ही काव्य—वाक्यं रसात्मकं काव्यम्—पंडितराज जगन्नाथ ने रमणीय अर्थ के प्रतिपादक शब्द को काव्य बताते हुए लिखा है—"रमणीयार्थ-प्रति-पादक शब्दः काव्यम्।" वस्तुतः यहाँ 'काव्य' शब्द को साहित्य के अर्थ में प्रयुक्त किया गया है, अतः इन परिभाषाओं से कविता के लक्षण स्पष्ट नहीं होते। आचार्य रामचन्द्र शुक्ल ने भी कविता को व्यापक अर्थ में प्रयुक्त करते हुए लिखा है—"जिस प्रकार आत्मा की मुक्तावस्था ज्ञान-दशा कहलाती है, उसी प्रकार हृदय की यह मुक्तावस्था रस-दशा कहलाती हैं। हृदय की इसी मुक्ति-साधना के लिए मनुष्य की वाणी जो शब्द-विधान करती आई है, उसे कविता कहते हैं।" (चिन्तामणि, भाग १)। यह लक्षण केवल कविता पर ही नहीं, काव्य के अन्य रूपों पर भी लागू होता है, अतः इससे भी कविता के स्वरूप का बोध स्पष्ट रूप में नहीं होता।

अनेक पांश्चात्य विद्वानों ने विशुद्ध कविता के लक्षणों को ध्यान में रखकर उसकी परिभाषा की है, अतः उन पर भी विचार कर लेना उचित होगा। प्रसिद्ध विद्वान् अरस्तू की परिभाषा पर पीछे विचार किया जा चुका है। मैथ्यू आर्नल्ड ने कविता को मूलतः जीवन की आलोचना बताया है—"Poetry is at boottom a criticism of life."—किन्तु यह लक्षण तो दर्शनशास्त्र, नीतिशास्त्र, इतिहास और आत्मकथाओं में भी मिलता है, अतः इसे कविता का लक्षण बताना, कविता का उपहास करना है। महाकवि वर्ड्सवर्थ ने कविता को शांति के समय स्मरण की गई उत्कट भावनाओं का सहजोद्रेक बताया है—"poetry is the spontaneous overflow of powerful feelings, it takes its origin from emotions recollected in tranquility." इन शब्दों में कविता की उत्पत्ति और उसके मूल तत्व 'भाव' पर तो प्रकाश पड़ता है, किन्तु उसके अन्य लक्षणों का पता इनसे नहीं चलता। उसी युग के अन्य महाकवि कालरिज ने कविता को उत्तमोत्तम क्रम-विधान—"poetry, the best words in the best order" बताकर उसकी प्रशंसा-मात्र की है, जो उपन्यास पर भी लागू हो सकती है। कारलायल (Carlyle) ने कविता को संगीतमय विचार घोषित करके उसके भाव-पक्ष की उपेक्षा कर दी है—"poetry, we will call musical thought. डॉ० जानसन (Dr Jonhson) के शब्दों में कविता सत्य और आनन्द के सम्मिश्रण की वह कला है, जिसमें बुद्धि की सहायता के लिए कल्पना का प्रयोग किया जाता है—"Poetry is the art of uniting pleasure with truth of calling imagination to the help of reason." वस्तुतः ये लक्षण साहित्य की प्रत्येक रचना में किसी-न-किसी मात्रा में उपलब्ध होते हैं, अतः इसे विशुद्ध कविता की परिभाषा नहीं कहते। हडसन ने कविता की परिभाषा करते हुए उसे कल्पना और भावना के द्वारा जीवन की व्याख्या करने वाली बताया है—Poetry is interpretation of life through imagination and emotion." इस परिभाषा से कविता के भावपक्ष का ही बोध होता है, उसके शैली-पक्ष की चर्चा उसमें नहीं है।

हमारी दृष्टि में ये सभी परिभाषाएं महत्वपूर्ण हैं, किन्तु कविता के महत्वपूर्ण लक्षणों का परिचय उनमें से किसी भी एक से नहीं मिलता। किसी में भाव-पक्ष गौण है तो किसी में कला-पक्ष। डॉ० सूर्यकान्त ने एक स्थान पर कविता के दो लक्षण निर्धारित किए हैं—भावों को तरंगित करने की शक्ति और पद्यबद्धता। भले ही आज के युग में कविता गद्यात्मक होती जा रही है। (और साथ में वह उतनी ही प्रभावशून्य होती जा रही है,)

किन्तु फिर भी उसका पद्य, छन्द या लय में से कोई न कोई बन्धन तो उसे स्वीकार करना ही पड़ता है। अतः इन दो प्रमुख लक्षणों को ध्यान में रखते हुए कहा जा सकता है कि कविता, पद्य-छन्द या लय में बंधे हुए ऐसे शब्दों की निधि है जो हमारी भावनाओं को तरंगित करके हमें रसानुभूति प्रदान कर सके।

कविता के तत्व

सामान्य रूप से तो कविता में भी वे ही चार तत्व—भाव, कल्पना, बुद्धि और शैली—पाए जाते हैं, जिनकी चर्चा हमने लेख—'साहित्य और उसके तत्व' में की है। यहाँ हम कविता सम्बन्धी कुछ विशेष बातों की ही व्याख्या करेंगे।

जैसा कि पीछे कहा गया है, कविता के मुख्यतः तीन रूप प्रचलित हैं—प्रबन्धकाव्य, मुक्तक और गीति। तात्विक दृष्टि से इन तीनों रूपों में परस्पर गहरा अन्तर है। प्रबन्धकाव्य और मुक्तक में गीतिकाव्य की अपेक्षा ये तत्व अधिक होते हैं—(१) कथावस्तु (२) पात्रों का चरित्र-चित्रण। (३) विभिन्न दृश्यों का विस्तृत रूप में वर्णन। (४) विभिन्न समस्याओं, विचारधाराओं एवं जीवन-दर्शन की व्यंजना। मुक्तक काव्य में विविधता के स्थान पर एकरूपता होती है; अतः उसमें किसी एक प्रसंग, एक दृश्य या एक भाव-दशा का ही अंकन प्रमुख रूप में होता है। दूसरे, मुक्तककार की शैली में संक्षिप्तता एवं व्यंजना अपेक्षित होती है। गीतिकाव्य के ये पाँच लक्षण स्वीकार किये गये हैं—(१) भावात्मकता, (२) संगीतात्मकता, (३) वैयक्तिकता, (४) संक्षिप्तता और (५) शैली की कोमलता। वस्तुतः प्रबन्धकाव्य तो अपनी इतिवृत्तात्मकता एवं विचारात्मकता के कारण गद्य-काव्य के बहुत समीप पहुँच जाता है, कविता का सच्चा रूप और कवि की सच्ची भावात्मकता की परीक्षा गीतिकाव्य में ही होती है। 'भावोद्‌गार' या 'भावोच्छ्वास' के रूप में उच्छवासित होने वाली कविता का दर्शन गीतिकाव्य में ही होता है।

कविता और साहित्य के अन्य रूप

कविता के इन तीनों रूपों की तुलना साहित्य के अन्य रूपों से भी की जा सकती है। जिस प्रकार पद्य के तीन रूप—प्रबन्ध, मुक्तक और गीतिकाव्य हैं, वैसे ही गद्य के तीन रूप—उपन्यास, कहानी और एकांकी हैं। प्रबन्धकाव्य और उपन्यास में परस्पर गहरा साम्य दृष्टिगोचर होता है। दोनों में ही कथावस्तु का संघटन, पात्रों का चरित्र-चित्रण, विभिन्न दृश्यों का विस्तृत रूप में अंकन तथा विचारधारा की अभिव्यक्ति होती है। अतः यह कहना कि उपन्यास आधुनिक युग का महाकाव्य है, बहुत कुछ ठीक जँचता है। फिर भी दोनों की प्रकृति में थोड़ा अन्तर होता है। महाकाव्य में उपन्यास की अपेक्षा अधिक रागात्मकता, अधिक आदर्शवादिता एवं अधिक संगीतात्मकता होती है। जैसा साम्य प्रबन्धकाव्य और उपन्यास में मिलता है, वैसा कहानी और मुक्तक काव्य में दृष्टिगोचर नहीं होता। मुक्तक का क्षेत्र कहानी की अपेक्षा बहुत ही सीमित होता है; कहानी में वस्तु, पात्र एवं संवाद की आयोजना किसी-न-किसी अंश में अवश्य रहती है, किन्तु मुक्तक-काव्य में प्रायः किसी एक परिस्थिति, एक भाव-दशा या एक विचार का ही चित्रण होता है। छोटे भावात्मक पत्र या भावात्मक गद्यकाव्य गीतिकाव्य की शैली के निकट पड़ते हैं, पर दोनों में प्रभाव की दृष्टि से गहरा अन्तर होता है। गीतिकाव्य की स्वर-लहरियों में एक ही भाव की गूँज आदि से अन्त तक सुनाई देती है, जबकि गद्य-काव्य और पत्रों में अनेक भावों और अनेक विचारों के लिए स्थान होता है। वस्तुतः गद्य के क्षेत्र में ऐसी विधा

अभी तक प्रचलित नहीं हुई, जो मुक्तक काव्य और गीतिकाव्य की तुलना में रखी जा सके। हाँ, छोटी-छोटी टिप्पणियाँ और भावात्मक गद्यांशों का विकास इस रूप में किया जा सकता है।

कविता का महत्व

कविता का महत्व पूर्वी और पश्चिमी सभी देशों में समान रूप से स्वीकार किया गया है। एक ओर अग्निपुराण का रचयिता काव्य-रचयिता को ब्रह्म के समकक्ष महत्व प्रदान करता है तो दूसरी ओर शेक्सपीयर कवि को एक नूतन सृष्टि का रचयिता घोषित करता है देखिए—

अपारे खलु संसारे कविरेव प्रजापतिः।
यथास्मै रोचते विश्वं तथेदं परिवर्तते॥ —व्यास

The forms of things unknown. the poet's pen
Turns them to shapes and gives to airy nothings
A local habitation and a name.

—Shakespeare

वस्तुतः भावनाओं को आन्दोलित करने की जो शक्ति कविता में है, वह साहित्य के किसी अन्य रूप में नहीं मिलती। आधुनिक युग में बौद्धिकता के विकास के साथ-साथ मानवीय जीवन में रागात्मक तत्वों का ह्रास होता जा रहा है, अतः कुछ विद्वानों के मत में कविता का महत्व भी न्यून होता जा रहा है, किन्तु यह मत भ्रान्तिमूलक है। जिस वस्तु का जितना अधिक अभाव होगा, उतनी ही उसके मूल्य में अभिवृद्धि होगी—इस नियम के अनुसार भावी युग की बौद्धिक शुष्कता से पीड़ित मानवता को काव्य-उपवन की शीतल हरियाली और भी अधिक अपेक्षित होगी। आचार्य रामचन्द्र शुक्ल के शब्दों में—"ज्यों-ज्यों सभ्यता बढ़ती जायेगी, त्यों-त्यों कवियों के लिए काम बढ़ता जायेगा। मनुष्य के हृदय की वृत्तियों से सीधा सम्बन्ध रखने वाले रूपों और व्यापारों को प्रत्यक्ष करने के लिये उसे बहुत से पर्दों को हटाना पड़ेगा। इससे यह स्पष्ट है कि ज्यों-ज्यों हमारी वृत्तियों पर सभ्यता के नये-नये आवरण चढ़ते जायेंगे, त्यों-त्यों एक ओर तो कविता की आवश्यकता बढ़ती जायेगी, दूसरी ओर कवि-कर्म कठिन होता जायेगा।" अतः कविता का महत्व भविष्य में अक्षुण्ण रहेगा, इसमें कोई संदेह नहीं। हाँ, इतना भय अवश्य है कि कहीं कृत्रिम कवियों के बौद्धिक क्रिया-कलापों के फेर में पड़ कर स्वयं कविता का रूप ही विकृत न हो जाय, जैसा कि आजकल हो रहा है।

८

नाटक : स्वरूप और रूपतत्व

विभिन्न विद्वानों ने 'नाटक' या 'नाट्य' शब्द की व्याख्या करते हुए इसकी व्युत्पत्ति, परिभाषा एवं उसके स्वरूप पर प्रकाश डाला है। पाणिनि ने 'नाट्य' शब्द की व्युत्पत्ति 'नट्' धातु से सिद्ध की है, जबकि 'नाट्य-दर्पण' के रचयिता रामचन्द्र गुणचन्द्र ने 'नाट्' धातु से 'नाट्य' की उत्पत्ति मानी है। बेबर और मोनियर विलियम्स ने सिद्ध किया है कि 'नट्', 'नाट्' आदि धातुएँ नृत्' (नाचना) धातु से बिगड़ कर बनी हैं। किन्तु ऋग्वेद में 'नट्' और 'नृत' दोनों धातुओं का प्रयोग मिलता है। अतः 'नट्' को विकृत रूप मानना उचित नहीं। धनंजय ने अपने 'दश-रूपक' में 'नृत' नृत्य और नाट्य का अन्तर स्पष्ट करते हुए बताया है कि नृत ताल-लय के आश्रित होता है, नृत्य भावाश्रित और नाट्य रसाश्रित होता है। हमारे विचार से वृत्त और नृत्य में विशेष अन्तर नहीं है—इन दोनों में ही ताल-लय और भाव का आश्रय लिया जाता है, जबकि नट्, नाट्य और नाटक में अनुकरण व अभिनय की प्रमुखता होती है। नृत्य नाट्य का एक अंग हो सकता है, किन्तु नाट्य नृत्य का नहीं; स्पष्टतः ही 'नाटक' 'नृत्य' से अधिक व्यापक अर्थ को सूचित करता है।

'नाटक' के पर्यायवाची के रूप में 'रूपक' का भी प्रयोग किया जाता है, किन्तु मूलतः दोनों के अर्थ में सूक्ष्म अन्तर है। नाटक के मूल पात्रों की विभिन्न चेष्टाओं आदि का अनुकरण मात्र अपेक्षित है, जबकि रूपक में इसके साथ-साथ मूल पात्रों के रूप का आरोपण भी आवश्यक है। 'नाटक' शब्द में गति एवं क्रियात्मकता की प्रमुखता होती है, जबकि रूपक में स्थूल रूप—वेश-भूषा—आदि को अधिक महत्व दिया जाता है। संस्कृत के आचार्यों ने 'रूपक' को अधिक व्यापक अर्थ में प्रयुक्त करते हुए उसके अठारह भेद किए हैं जिनमें से एक भेद नाटक भी है।

नाटक के संबंध में पाश्चात्य विद्वानों की धारणा भारतीय विद्वानों की धारणा से किंचित भिन्न है। अंग्रेजी में 'नाटक' का पर्यायवाची 'ड्रामा' (Drama) शब्द है। आइवर ब्राउन ने 'ड्रामा' का अर्थ स्पष्ट करते हुए इसका संबंध यूनानी के एक शब्द-विशेष से स्थापित किया है जिसका अर्थ होता है—'कृत' या 'किया हुआ।' इसी को हम 'कार्य' कह सकते हैं। वस्तुतः पाश्चात्य नाटकों में 'कार्य' को सर्वाधिक महत्व दिया जाता है, किन्तु भारतीय नाटकों में 'अभिनय-कला' या 'रस' को प्रमुखता दी जाती है। इसी दृष्टिकोण-भेद के कारण दोनों के स्वरूप, लक्षण एवं तत्वों में अन्तर मिलता है।

नाटक के लक्षण

संस्कृत के प्राचीन आचार्यों ने नाटक के विभिन्न लक्षणों पर विस्तार से प्रकाश डाला है। भरतमुनि ने अपने 'नाट्य-शास्त्र' में लिखा है। **"योऽयं स्वभावो लोकस्य सुख दुःख**

समन्वितः। सोऽगाद्यभिनयोपेतो नाट्यमित्यभिधीयते।'' अर्थात् जिसमें स्वभाव से ही लोक का सुख-दुःख समन्वित होता है तथा अंगों आदि के द्वारा अभिनय किया जाता है उसी को 'नाटक' कहते हैं। आचार्य अभिनवगुप्त ने इसी की व्याख्या करते हुए लिखा है—**"प्रत्यक्ष कल्पानुध्यवनायविषयो लोकप्रसिद्धः सत्यासत्याविदि-लक्षणत्वात् यच्छब्दवाच्योलोकस्य सर्वस्य साधारणतया स्वत्येन भाव्यमानश्चर्व्यमाणोऽर्थोनाट्यम्''** अर्थात् नाटक वह दृश्य काव्य है जो प्रत्यक्ष, कल्पना एवं अध्यवसाय का विषय बन सत्य एवं असत्य से समन्वित विलक्षण रूप धारण करके सर्वसाधारण को आनन्दोपलब्धि प्रदान करता है। महिम भट्ट का मत है कि अनुभाव-विभावादि के वर्णन से जब रसानुभूति होती है तो उसे काव्य कहते हैं और जब काव्य को गीतादि से रंजित एवं अभिनेताओं द्वारा प्रदर्शित किया जाता है तो वह नाटक का स्वभाव धारण कर लेता है। रामचन्द्र ने अपने 'नाट्य-दर्पण' में नाटक के लक्षणों पर प्रकाश डालते हुए लिखा है, जो प्रसिद्ध आद्य (पौराणिक एवं ऐतिहासिक) राजचरित पर आधारित हो, जो धर्म, काम एवं अर्थ का फलदाता हो और जो अंक आय (पंच अर्थ प्रकृति), दशा (पंचावस्था) से समन्वित हो, उसे नाटक कहा जाता है।

नाटक के लक्षणों का और भी अधिक विस्तृत एवं स्पष्ट निरूपण आचार्य विश्वनाथ ने किया है। उन्होंने 'साहित्य-दर्पण' में लिखा है--'नाटक' का वृत्त (कथा) प्रसिद्ध हो; उसमें पाँचों संधियों का समन्वय होना चाहिए। उनमें विलास, समृद्धि आदि गुणों तथा अनेक प्रकार के ऐश्वर्यों का वर्णन होना चाहिए। उसमें पाँच से लेकर दस तक अंक होते हैं। पुराणाद्रि से प्रसिद्ध वंश में उत्पन्न धीरोदात्त, प्रतापी, गुणवान् कोई राजर्षि अथवा दिव्य या दिव्यादिव्य पुरुष नाटक का नायक होता है। शृंगार या वीर इनमें से कोई एक रस प्रधान होता है—अन्य सब रस अंगभूत रहते हैं। इसे निर्वहण संधि में अत्यन्त अद्‌भुत (कौतूहलवर्द्धक) बनना चाहिए। इनमें चार या पाँच पुरुष प्रधान कार्य के साधन में रत रहने चाहिए तथा गौ के पूँछ में अग्रभाग के समान इसकी रचना होनी चाहिए।'' (साहित्य-दर्पण' : शालिग्रामकृत भाष्य, पृष्ठ १७०-१७१)

नाटक के उपर्युक्त लक्षणों पर विचार करते समय सहसा यह प्रश्न उपस्थित होता है कि हमारे आचार्यों ने 'ख्यात-वृत्त' पर इतना अधिक बल क्यों दिया है? इसका उत्तर स्पष्ट है। नाटक की रचना उच्च वर्ग के शिक्षित लोगों को ही नहीं, निम्न वर्ग के अशिक्षित जन-समुदाय को भी ध्यान में रखकर की जाती है, अतः 'ख्यात-वृत्त' होने पर वे उसे अधिक स्पष्टता से ग्रहण कर सकते हैं। दूसरे कल्पित आख्यानों के नये-नये पात्रों के प्रति हमारी भावना का विकास एकाएक उतनी गम्भीरता से नहीं हो सकता जितना कि ख्यात नायकों—राम, युधिष्ठिर, अर्जुन, अशोक, प्रताप आदि—से हो सकता है। रसानुभूति में हमारे पूर्व-संस्कार एवं प्रारम्भिक धारणाओं का भी गहरा योग होता है। महाराणा प्रताप का नाम सुनते ही जिस उदात्त भावना का संचार हमारे हृदय में हो जाता है, वह किसी कल्पित 'चन्द्रसिंह' या 'भानुप्रताप' के दर्शन से नहीं होता। कल्पित पात्रों के साथ हमारा तादात्म्य नाटक का कुछ अंश देख लेने के अनन्तर आगे चलकर होता है; फलतः हमारी अनुभूति में पूर्ण सघनता आने में अधिक देर लग जाती है। भारतीय आचार्यों ने रसनिष्पत्ति को उद्देश्य मानते हुए नाटक के लक्षणों का प्रतिपादन किया है, जबकि पाश्चात्य विद्वानों ने 'कार्य' को महत्व देते हुए संघर्ष संकलन-त्रय, दुखान्त, सुखान्त आदि लक्षणों को प्रमुखता दी है।

नाटक के तत्व

भारतीय आचार्यों ने नाटक के पाँच तत्त्व निर्धारित किये हैं—(१) वस्तु, (२) पात्र, (३) रस, (४) अभिनय और (५) वृत्ति। पाश्चात्य आलोचक सामान्यतः ये ६ तत्व—वस्तु, पात्र, कथोपकथन, देश-काल, शैली और उद्देश्य स्वीकार करते हैं। प्रथम दो तत्व तो भारतीय एवं अभारतीय विद्वानों में समान रूप से प्रचलित हैं ही, शेष तत्वों में भी किसी प्रकार सामंजस्य स्थापित किया जा सकता है। हमारे यहाँ अभिनय के उपभेदों में 'वाचिक अभिनय' का उल्लेख किया गया है। जिसे हम पाश्चात्य विद्वानों के 'कथोपकथन' का पर्याय मान सकते हैं। अभिनय के भेदोपभेदों में वेश-भूषा एवं क्रिया-कलापों की स्वाभाविकता पर बल दिया गया है जिसमें 'देशकाल' के धर्म का पालन हो जाता है। भारतीय नाटकों का रस ही उद्देश्य है अतः पाश्चात्य 'उद्देश्य' तत्व का समाहार भारतीय नाटकों के रस में तथा 'शैली' का समाहार 'वृत्ति' में किया जा सकता है। इस प्रकार भारतीय तत्वों में पाश्चात्य तत्वों का समाहार हो जाता है, किन्तु पाश्चात्य तत्वों में भारतीय तत्वों का समन्वय नहीं हो पाता। नाटक में ही नहीं, काव्य के प्रत्येक अंग में भावतत्व की प्रमुखता होती है, अतः भावानुभूति या रस-तत्व का नाटक में महत्वपूर्ण स्थान है, किन्तु पाश्चात्य आलोचकों ने इस ओर ध्यान नहीं दिया। इसी प्रकार अभिनय भी 'नाटक' को 'नाटक' बनाता है, किन्तु इसका यूरोपीय विद्वानों ने उल्लेख नहीं किया। पाश्चात्य विद्वान् जो ६ तत्व नाटक में गिनाते हैं, वे ही उपन्यास और कहानी में भी गिना देते हैं—इसका तात्पर्य है नाटक, उपन्यास और कहानी में तात्विक दृष्टि से कोई अंतर नहीं है। वस्तुतः भारतीय आचार्यों के द्वारा किया गया तात्विक विवेचन एवं विश्लेषण अधिक प्रौढ़ एवं प्रमाणिक है तथा वह नाटक के स्वरूप को स्पष्ट करने में अधिक समर्थ है, अतः हम यहाँ भारतीय दृष्टिकोण को प्रमुख रूप से ग्रहण करते हुए विभिन्न तत्वों का परिचय देंगे।

१. वस्तु—नाटक की वस्तु या कथावस्तु (Plot) के मुख्यतः दो भेद किये गये हैं—(१) आधिकारिक और (२) प्रासंगिक। नाटक के प्रमुख फल के भोक्ता को अधिकारी या नायक कहते हैं, अतः उससे सम्बन्धित कथा को, जो कि नाटक की प्रमुख कथा होती है, आधिकारिक कहते हैं। गौण पात्रों से सम्बन्धित प्रसंगवश उपस्थित कहानी को प्रासंगिक कहते हैं। नाटक में प्रासंगिक कथाओं का समावेश प्रमुख या आधिकारिक कथा की आवश्यकता-पूर्ति के निमित्त या उसे बढ़ाने के लिये ही किया जाता है। उदाहरण के लिए यदि 'रामचरित नाटक' लिया जाय तो उसमें बालि-सुग्रीव सम्बन्धी प्रकरण प्रासंगिक रूप में ही ग्रहण किया जायेगा।

प्रासंगिक कथा भी दो प्रकार की होती है—पताका तथा प्रकरी। पताका मुख्य कथा के साथ-साथ अन्त तक चलती है, जबकि प्रकरी बीच में ही समाप्त हो जाती है। कथावस्तु के आधार की दृष्टि से भी तीन भेद किये गये हैं—(१) प्रख्यात, जिसका आधार इतिहास, पुराण या लोक-आख्यान होता है। (२) उत्पाद्य, जो नाटककार के द्वारा कल्पित होता है। (३) मिश्र, जिसमें इतिहास और कल्पना का मिश्रण, किया जाता है।

कथावस्तु को क्रमशः नाटक में या रंगमंच पर प्रस्तुत किया जाता है, जिसे सम्यक् रूप से ग्रहण करने के लिए पाँच अवस्थाओं में बाँटा जाता है—(१) प्रारंभ—इसमें कथानक का आरम्भिक भाग आता है, जिससे नायक की इच्छा या उसके प्रमुख उद्देश्य

का पता चलता है। (२) प्रयत्न—इसमें नायक के उद्देश्य की पूर्ति के निमित्त किये गये प्रयत्नों का चित्रण होता है। (३) प्रत्याशा—इस अंश में नायक का उत्कर्ष होने लगता है, उसके मार्ग की कठिनाइयाँ दूर होने लगती हैं जिनसे उनकी फल-प्राप्ति की आशा होने लगती है। (४) नियताप्ति—इसमें नायक की फल-प्राप्ति निश्चित हो जाती है। और (५) फलागम—इसमें नायक को सम्पूर्ण फल की प्राप्ति हो जाती है। पाश्चात्य विद्वानों ने भी नाटक की पाँच अवस्थाएँ मानी हैं—(१) प्रारम्भ, (२) विकास, (३) चरम सीमा, (४) उतार और (५) अन्त या समाप्ति। कहने की आवश्यता नहीं कि अवस्थाओं का यह विश्लेषण भारतीय आचार्यों के विवेचन से बहुत कुछ मिलता-जुलता है।

कथानक की एक अवस्था से दूसरी अवस्था के विकास का पता उसकी कुछ प्रमुख घटनाओं से चलता है जिन्हें 'अर्थ-प्रकृति' कहते हैं। कथा-वस्तु की अवस्थाओं के अनुसार इसकी भी संख्या ५ मानी जाती है—बीज,बिंदु, पताका, प्रकरी और कार्य। प्रत्येक अवस्था और अर्थ-प्रकृति में मेल कराने का कार्य सन्धियों द्वारा सम्पन्न होता है जिनकी संख्या भी ५ मानी गई है—१. मुख, २. प्रतिमुख, ३. गर्भ, ४. अवमर्श और ५. निर्वहण या उपसंहार। निम्नांकित तालिका द्वारा अर्थ-प्रकृति, अवस्था एवं संधियों के पारस्परिक सम्बन्ध को अधिक स्पष्टता पूर्वक ग्रहण किया जा सकता है—

अर्थ-प्रकृति	**अवस्था**	**सन्धि**
१. बीज	प्रारम्भ	मुख
२. बिंदु	प्रयत्न	प्रतिमुख
३. पताका	प्रत्याशा	गर्भ
४. प्रकरी	नियताप्ति	विमर्श (अवमर्श)
५. कार्य	फलागम	निर्वहण या उपसंहार

नाटक में सारी कथावस्तु को प्रत्यक्ष रूप से रंगमंच पर प्रस्तुत करना कठिन होता है, अतः उसके कुछ अंश की केवल सूचना ही किसी प्रकार दे दी जाती है। इस सूच्य वस्तु की सूचना देने वाले साधनों को 'अर्थोपक्षेपक' कहते हैं। ये भी पाँच प्रकार के बताये गये हैं—(१) विष्कम्भक—नाटक के आरम्भ में या दो अंकों के बीच में दो गौण पात्रों के वार्तालाप द्वारा जब सूचना दी जाती है उसे विष्कम्भक कहते हैं। (२) चूलिका—पर्दे के पीछे से दी जाने वाली सूचना को चूलिका कहा जाता है। (३) अंकास्य-अंक के अन्त में जहाँ बाहर जाने वाले पात्रों द्वारा अगले अंक की कथा की सूचना दिलाई जाती है उसे अंकास्य कहते हैं। (४) अंकावतार—जहाँ पर पहले अंक के पात्र ही बाहर जाकर फिर लौट आते हैं, उसे अंकावतार कहते हैं। (५) प्रवेशक—नवागन्तुक निम्नकोटि के पात्र द्वारा दी जाने वाली सूचना को 'प्रवेशक' कहते हैं।

इस प्रकार कथावस्तु, उपर्युक्त भेदोपभेदों, विभिन्न अंगों व साधनों के सूक्ष्म विश्लेषण से भारतीय आचार्यों की सूक्ष्म दृष्टि का परिचय मिलता है। आधुनिक विद्वान् इन शास्त्रीय भेदोपभेदों के पचड़े से बचने के लिए प्रायः अर्थ-प्रकृतियों, अवस्थाओं, संधियों व 'अर्थोपक्षेपक' को उपेक्षा की दृष्टि से देखते हैं।

२. पात्र—भारतीय आचार्यों ने नाटक के पात्रों को नाटक, नायिका, प्रतिनायक, पीठमर्द, विदूषक, दूतिका आदि वर्गों में विभाजित किया है। नाटक के प्रधान पात्र को ही

नेता कहते हैं। 'नेता' शब्द 'नी' धातु से बना है जिसका अर्थ है 'ले चलना', जो कथा को फल की ओर ले जाता है, वही नेता होता है। फल-प्राप्ति नायक को ही होनी चाहिए। कई बार नाटकों या उपन्यासों में यह पता लगाना कठिन हो जाता है कि इसका नायक कौन है? आचार्य गुलाबरायजी के शब्दों में—''नायक जानने का यही साधन है कि हम देखें कि कथा का फल किसके साथ लगा हुआ है। श्रोता; द्रष्टा या पाठक जिसके उत्थान या पतन में अधिक-से-अधिक रुचि रखते हैं। फल हमेशा मूर्त्त नहीं होता। प्रतिज्ञा का पूर्ण होना भी एक प्रकार का फल होता है।''

चारित्रिक दृष्टि से नायक के चार प्रमुख भेद किये गये हैं—(१) धीरोदात्त, (२) धीर-ललित, (३) धीर-प्रशांत और (४) धीरोद्धत। धीरोदात्त सर्वोत्कृष्ट श्रेणी का व्यक्ति होता है। उसका चरित्र उदार होता है। उसमें शक्ति के साथ क्षमा तथा दृढ़ता और आत्म-गौरव के साथ विनय और निरभिमानिता रहती है। इसके उदाहरण रामचन्द्र हैं। धीर-ललित कोमल स्वभाव का होता है तथा इसमें रसिकता एवं कलाप्रेम का उन्मेष अधिक पाया जाता है। शृंगार रस-प्रधान नाटकों का नायक धीर-ललित ही होता है। धीर-प्रशांत संतोषी, विनम्र एवं शांत स्वभाव का होता है। कुटिल, नीतिज्ञ, कपटी एवं प्रचण्ड व्यक्तित्व वाले नायक को धीरोदात्त की कोटि में रखा जाता है। नायक का यह वर्गीकरण आधुनिक परिस्थितियों एवं मनोविज्ञान की दृष्टि से कहाँ तक उचित है, इस सम्बन्ध में गवेषणा की अपेक्षा है।

नायिका के भेदोपभेदों को भी संस्कृत व हिन्दी के आचार्यों ने पर्याप्त विस्तार दिया है। विशेषतः शृंगार रस के नाटकों में ही नायिका को अधिक महत्व दिया जाता है। अतः शृंगार व प्रेम की परिस्थितियों, अवस्थाओं व भाव-दशाओं के दृष्टिकोण से नायिका के सहस्राधिक भेद किये हैं। सबसे पूर्व सामाजिक स्थिति के आधार पर नायिका के तीन भेद—स्वकीया, परकीया और सामान्या किये जाते हैं। इनके भी प्रत्येक के नायिका की अवस्था के अनुसार तीन-तीन अवान्तर भेद—मुग्धा, मध्या और प्रौढ़ा किये गये हैं; इनके भी अनेक अवान्तर भेद किये गये हैं। इसके अतिरिक्त नायिका की परिस्थितियों के अनुसार भी स्वाधीन-पतिका, वासक-सज्जा, उत्कंठिता, अभिसारिका, विप्रलब्धा, खण्डिता, कलहांतरिता, प्रवत्स्यत्पतिका, प्रोषित-पतिका, आगत-पतिका आदि भेद किये गये हैं। नायिका-भेद प्रारम्भ में काम-शास्त्र और नाट्य-शास्त्र का विषय था, किन्तु आगे चलकर यह काव्य-शास्त्र और काव्य-रचना का आधार बन गया, जिससे इसका भेदोपभेदों में पर्याप्त विस्तार हुआ।

नायक की सहायता करने वाले प्रमुख पात्र को 'पीठमर्द' तथा उसका विरोध करने वाले को प्रतिनायक कहते हैं। संस्कृत के नाटकों में एक विशेष-पात्र हास्य-रस की सृष्टि के लिए भी रखा जाता था जिसे 'विदूषक' कहा जाता है। वह प्रायः नायक का कोई मुँह-लगा अन्तरंग मित्र होता था तथा अपनी मूर्खतापूर्ण उक्तियों द्वारा हास्यरस का संचार करता था। कभी-कभी विदूषक नायक की गंभीर परिस्थिति में सहायता करके श्रद्धा का पात्र भी बन जाता है।

पाश्चात्य नाटकों में भी पात्रों के चरित्र-चित्रण को पर्याप्त महत्व दिया जाता है। प्राचीन भारतीय नाटकों में प्रायः पात्रों का चरित्र आदि से लेकर अन्त तक एक जैसा दिखाया जाता था, जबकि आधुनिक नाटकों में पात्रों के मानसिक संघर्ष का चित्रण करते

हुए उनके चरित्र का उत्थान या पतन दिखाया जाता है। नाटक में पात्रों के चरित्र पर प्रकाश डालने के मुख्यत: तीन साधन हैं—(१) कथोपकथन द्वारा, (२) स्वगत कथन द्वारा और (३) क्रिया-कलापों द्वारा। इसके अतिरिक्त पात्रों की वेशभूषा, विभिन्न चेष्टाओं आदि से भी उनकी चारित्रिक प्रवृत्तियों का पता चलता है।

३. रस—भारतीय काव्य-शास्त्र में साहित्य के सभी अंगों का प्रमुख उद्देश्य पाठकों को रसानुभूति प्रदान करना है। आदि आचार्य भरतमुनि ने भी नाट्य-रचना का लक्ष्य 'रस-निष्पत्ति' स्वीकार करते हुए रस-सिद्धान्त पर संक्षेप में प्रकाश डाला है। उन्होंने विभाव, अनुभाव और संचारी भावों के संयोग से रस की निष्पत्ति मानी है। रस-सिद्धान्त का आधार मानसिक क्रियाएँ व भावोत्पत्ति सम्बन्धी सूक्ष्म ज्ञान है अत: इसका मनोविज्ञान से गहरा सम्बन्ध है। मनोविज्ञान-शास्त्र के विद्वान् आर० एम० वुडवर्थ महोदय ने भावोत्पत्ति के सम्बन्ध में चार बातें विचारणीय निश्चित की हैं—(१) भाव; (२) भाव को प्रेरित करने वाला व्यक्ति या पदार्थ, (३) भावोत्तेजित होने वाले व्यक्ति के अंग-प्रत्यंगों की अवस्था और (४) बाह्य परिस्थितियाँ जो भाव को उद्दीप्त करती हैं। इन्हें हम क्रमश: भाव, आलंबन-विभाव, अनुभाव और उद्दीपन-विभाव कह सकते हैं। श्री शैण्ड और मैक्डूगल महोदय ने भाव के दो भेदों का प्रतिपादन किया है, इमोशन और सेंटीमेंट। भारतीय आचार्यों ने भी भावों का वर्गीकरण संचारी भाव और अस्थायी भाव के रूप में किया है जो क्रमश: इमोशन और सेंटीमेंट से गहरा साम्य रखते हैं। वस्तुत: रस-सिद्धान्त मनोविज्ञान के गूढ़ तत्त्वों एवं सूक्ष्म ज्ञान के आधार पर आश्रित है, किन्तु डॉ० राकेश गुप्त जैसे विद्वान् ने इसे भली प्रकार न समझ सकने के कारण इस पर अनेक आक्षेप प्रस्तुत किये हैं जो भ्रान्त धारणाओं पर आधारित हैं।

रस-निष्पत्ति की प्रक्रिया को लेकर भी भारतीय आचार्यों ने इसकी सूक्ष्म मीमांसा की है तथा अनेक नये-नये विचार प्रस्तुत किये हैं। इस क्षेत्र में सर्वश्री भट्ट लोल्लट, शंकुक, भट्टनायक, अभिनव गुप्त, धनंजय, जगन्नाथ, श्यामसुन्दर दास, रामचंद्र शुक्ल, नगेन्द्र, गुलाबराय आदि के नाम उल्लेखनीय हैं। यद्यपि यहाँ इन सब विद्वानों के मत-मतान्तरों पर प्रकाश डालना सम्भव नहीं, किन्तु संक्षेप में कहा जा सकता है कि अभिनेताओं के कुशल अभिनय के कारण दर्शकगण नाट्य-रचना के मूल भाव में इस प्रकार तन्मय हो जाते हैं कि वे अपने-पराये का भेद भूल जाते हैं। उनका नाटककार एवं उनके द्वारा चित्रित पात्रों की आत्मा के साथ तादात्म्य हो जाता है। इस प्रक्रिया को 'साधारणीकरण' कहते हैं। साधारणीकरण द्वारा एक अनिर्वचनीय आनन्द की अनुभूति होती है। इस आनन्दानुभूति का दूसरा नाम 'रस' है।

रस-सिद्धान्त ने भाव, विभाव, अनुभाव, संचारी भाव आदि के भी अनेक सूक्ष्म भेदोपभेद किये हैं। भाव या स्थायी भाव मुख्यत: नौ माने गये हैं—रति, हास, शोक, क्रोध, उत्साह, भय, जुगुप्सा, विस्मय और निर्वेद। इन्हीं से क्रमश: इन नौ रसों की उत्पत्ति मानी गई है—शृंगार, हास्य, करुण, रौद्र, वीर, भयानक, वीभत्स, अद्भुत और शान्त। नाटक के लिए रस को अनुपयुक्त माना गया है। विभाव के दो भेद हैं—आलम्बन और उद्दीपन। अनुभावों के भी अनेक उपभेद किये गये हैं—जैसे शारीरिक, मानसिक और सात्विक। ये सात्विक अनुभाव आठ माने गये हैं—स्तम्भ, स्वेद, प्रलय, रोमांच, वैवर्ण्य (रंग फीका पड़ जाना), वेपथु (काँपना), अश्रु और वैवर्ण्य (स्वर का बदल जाना)। संचारी भावों की संख्या ३३ निर्धारित की गई है, किन्तु इससे अधिक भी हो सकती है।

४. अभिनय—साहित्य की दूसरी विधाओं और नाटकों में सबसे बड़ा अन्तर यह है कि जहाँ अन्य विधाओं की रचना पठन या श्रवण के उद्देश्य से होती है, वहाँ नाटक की रचना दर्शन के निमित्त होती है। नाटक श्रव्य या पाठ्य नहीं अपितु दृश्य काव्य है, और उसे 'दृश्य काव्य' में परिणत करने वाला प्रमुख तत्व अभिनय है। अतः कहना न होगा कि यह नाटक का कार्य महत्वपूर्ण तत्व है।

नाटक खेलने वाले पात्र या अभिनेता रंगमंच पर उपस्थित होकर जो रूप परिवर्तन, चेष्टाएँ, वार्तालाप, कार्य आदि करते हैं, वह सब 'अभिनय' के अंतर्गत लिया जाता है। अभिनय को चार प्रकार का माना गया है, आंगिक, वाचिक, आहार्य और सात्विक। आंगिक के भी अनेक भेद किये गये हैं—शरीर, मुखज और चेष्टाकृत। आंगिक अभिनय में अंगों के संचालन के भिन्न-भिन्न प्रकार निश्चित किये गये हैं। प्रत्येक रस के अंगों का संचालन उसी के अनुकूल होता है। अभिनय में पात्रों के संभाषण आदि का विवेचन किया जाता है। भरतमुनि ने पात्रों के स्तर एवं उनकी शिक्षा के अनुकूल भाषा में संभाषण की आयोजना का समर्थन किया है। आहार्य के अंतर्गत पात्रों के रूप, आकृति, वेश-भूषा आभूषणादि पर विचार किया जाता है। नाट्य-शास्त्र में विभिन्न वर्गों के आहार्य सम्बन्धी अभिनय की विस्तृत विवेचना की गई है। यहाँ तक कि उन्होंने भिन्न-भिन्न स्थिति के लोगों के बालों और मूँछों की सजावट की भी विधि दी है, जैसे विदूषक को गंजा दिखाना चाहिये, बच्चों की तीन चोटियाँ होनी चाहिए; नौकरों की लम्बी चोटियाँ, आदि आदि।

सात्विक अभिनय के अन्तर्गत स्तम्भ, स्वेद, अश्रु आदि की चर्चा की जाती है। अभिनय में सबसे अधिक कठिन सात्विक अभिनय है। आजकल फिल्मों के क्षेत्र में अश्रु आदि के लिए अनेक कृत्रिम विधियों का प्रयोग किया जाता है।

५. वृत्तियाँ—कुछ विद्वान् वृत्ति और शैली को समान अर्थ में ग्रहण करते हैं जो ठीक नहीं है। शैली का सम्बन्ध मुख्यतः नाट्य–वस्तु के बहिरंग—उसकी भाषा आदि से है; जबकि वृत्ति उसकी मूल प्रकृति से सम्बन्ध रखती है। वृत्तियाँ चार बताई गई हैं—कैशिकी, सात्त्वती, आरभटी और भारती। कैशिकी में शृंगार, हास्य, गीत और नृत्य का बाहुल्य रहता है। सात्त्वती में शौर्य, दान, दया आदि वीरोचित कार्यों का निरूपण रहता है। आरभटी में माया, इन्द्रजाल, संग्राम, क्रोध, संघर्ष, घात-प्रतिघात आदि का निरूपण रहता है। भारती वृत्ति में स्त्रियाँ वर्जित मानी गई हैं। आधुनिक नाटकों और फिल्मों का भी इन वृत्तियों के आधार पर वर्गीकरण कर सकते हैं। प्रेम और रोमांस सम्बन्धी; समाज-सुधार एवं देश-प्रेम सम्बन्धी, जासूसी एवं रहस्यात्मक और मारकाट सम्बन्धी चल-चित्रों को क्रमशः कैशिकी, सात्त्वती, आरभटी और भारती में रखा जा सकता है।

नाटक के विभिन्न तत्वों का उपर्युक्त विवेचन मुख्यतः प्राचीन भारतीय नाट्य-शास्त्र के आधार पर किया गया है। आधुनिक युग में पाश्चात्य नाटककारों—इब्सन, बर्नार्ड शॉ—आदि के प्रभाव से भारतीय नाटकों के स्वरूप में पर्याप्त विकास हुआ है। अब नाटकों में ऐतिहासिक या ख्यात वृत्त के स्थान पर कल्पित आख्यानों को स्थान दिया जाता है। दूसरे, नाटक का नायक कोई महापुरुष या उच्चवर्ग का व्यक्ति हो, यह भी आवश्यक नहीं। तीसरे, व्यक्ति या व्यक्ति के प्रति द्वेष की अपेक्षा सामाजिक रूढ़ियों के प्रति विद्रोह अधिक दिखाया जाता है। चौथे, बाह्य संघर्ष की अपेक्षा आन्तरिक या मानसिक संघर्ष को प्रधानता दी जाती है। पाँचवें, गीतों और स्वगत-कथनों को प्रायः हटा

दिया गया है। वस्तुतः आधुनिक नाटक चम्पू (पद्य-गद्य) न रहकर विशुद्ध गद्य की श्रेणी में आ गया है।

यद्यपि नाटक का प्राचीन स्वरूप बहुत कुछ लुप्त हो गया है या यों कहिए कि विकसित हो गया है, किन्तु चल-चित्रों के रूप में उसने एक ऐसा नवीन रूप प्राप्त किया है, जो साहित्य के अन्य सभी अंगों की अपेक्षा सर्वाधिक लोकप्रिय है। विश्व स्वयं एक अद्‌भुत नाटक है और नाटक उसका भी एक नाटक है। अतः इसका रूप भले ही देशकाल के अनुसार परिवर्तित होता रहे, किन्तु इसका आकर्षण सदैव ज्यों का त्यों बना रहेगा।

●

१
रस–सिद्धान्त और उसका महत्व

'रस' शब्द भारतीय संस्कृति और साहित्य के चरम विकास से सम्बन्धित है। भारतीय जीवन के विभिन्न क्षेत्रों में 'रस' शब्द का प्रयोग सर्वोत्कृष्ट तत्व के लिए होता है। खाद्य-पदार्थों और फलों के क्षेत्रों में रस मधुरतम तरल पदार्थ का द्योतक है। संगीत के क्षेत्र में कर्णेन्द्रिय द्वारा प्राप्त 'आनन्द' का नाम 'रस' है। चिकित्सा के क्षेत्र में सर्वोत्कृष्ट प्राणदायिनी औषधियों को 'रस' कहा जाता है। अध्यात्म के क्षेत्र में स्वयं परमात्मा को ही रस या रस को ही परमात्मा घोषित किया गया है—"रसो वै सः" अर्थात् रस ही परमात्मा है। इसी प्रकार साहित्य के क्षेत्र में भी काव्य के आस्वादन से प्राप्त आनन्दानुभूति को ही रस की संज्ञा दी गई है। अस्तु, काव्यानन्द ही रस है।

रस-सिद्धान्त के प्रवर्तक आचार्य भरतमुनि माने जाते हैं। उन्होंने अपने नाट्यशास्त्र में रस के विभिन्न अवयवों का विवेचन किया है। भरतमुनि का समय अनुमानतः ईसा पूर्व प्रथम शताब्दी के निकट माना जाता है। भरत के पूर्व भी रस-सिद्धान्त के अस्तित्व का प्रमाण मिलता है। स्वयं भरत ने अपने पूर्ववर्ती आचार्यों की ओर संकेत करते हुए लिखा है—"एते ह्यष्टौ रसाः प्राक्ता द्रुहिणेन महात्मना।" फिर भी पूर्ववर्ती ग्रन्थ अनुपलब्ध होने के कारण भरत को ही आदि आचार्य माना गया है। भरतमुनि के कार्य को अनेक परवर्ती आचार्यों—भट्ट-लोल्लट, शंकुक, भट्टनायक, अभिनवगुप्त, भोजराज, विश्वनाथ, जगन्नाथ आदि ने आगे बढ़ाया। आगे चलकर हिन्दी के कवियों और आचार्यों ने भी रस-सिद्धान्त का महत्व स्वीकार किया है। आधुनिक युग में आचार्य रामचन्द्र शुक्ल और डॉ० नगेन्द्र ने रस-सिद्धान्त की नई व्याख्याएँ प्रस्तुत की हैं। वस्तुतः लगभग बीस शताब्दियों से भारत में रस-सिद्धान्त की प्रतिष्ठा अक्षुण्ण रूप से रही है। यद्यपि अलंकार, रीति, वक्रोक्ति, ध्वनि आदि संप्रदायों के प्रवर्त्तकों ने रस के विरोध में नये-नये संप्रदायों की स्थापना करने का प्रयास किया, किन्तु उन्हें सफलता न मिली और अन्त में उन्हें भी किसी-किसी रूप में रस का महत्व स्वीकार करना पड़ा।

भावों का वर्गीकरण

रस-सिद्धान्त के समर्थक काव्य का लक्ष्य पाठक को आनन्दानुभूति प्रदान करना स्वीकार करते हैं। इस काव्य-जन्य आनन्द का ही दूसरा नाम 'रस' है। यह आनन्दानुभूति या रसानुभूति पाठक की भावनाओं के उद्वेलन के द्वारा सम्पन्न होती है। अतः काव्य में भी ऐसी क्षमता होनी चाहिए कि त्रह पाठक की भावनाओं का उद्वेलन कर सके। यह क्षमता तभी आती है जब कि काव्य में विभिन्न भावों, भावनाओं एवं उनसे सम्बन्धित तत्त्वों का चित्रण सुचारु रूप में हुआ हो। अतः रस-सिद्धान्त एक ओर तो काव्य के सर्वप्रमुख तत्व के रूप में भाव को स्वीकार करता है तथा दूसरी ओर वह भावों के विभिन्न रूपों और उनके विभिन्न अंगों की व्याख्या प्रस्तुत करता है।

रस-सिद्धान्त के अनुसार सर्वप्रथम भावों का दो रूपों में वर्गीकरण किया जाता है— (१) स्थायी भाव और (२) संचारी भाव। स्थायी भाव धीरे-धीरे विकसित होता है— दीर्घकाल तक हृदय में स्थित रहता है जबकि संचारी भाव विद्युत की भाँति एकाएक प्रकाशित होकर कुछ ही क्षणों के अनन्तर लुप्त हो जाता है। उदाहरण के लिए प्रेम, घृणा, उत्साह आदि स्थायी भाव हैं जब कि रोष, हर्ष, भय आदि परिस्थितियों के अनुसार संचारी रूप में प्रकट होते हैं। भावों का यह वर्गीकरण आधुनिक मनोविज्ञान के भी सर्वथा अनुकूल सिद्ध होता है। मनोविज्ञान के अनुसार भी भावों के दो रूप हैं—(१) इमोशन (Emotion) और (२) सेंटीमेंट (Sentiment)। ये दोनों क्रमशः हमारे संचारी भाव और स्थायी भाव के ही पर्यायवाची हैं। इन दोनों के अन्तर को स्पष्ट करते हुए मनोवैज्ञानिकों के द्वारा कहा गया है कि इमोशन भावानुभव की प्रवृत्ति मात्र या यों कहिए कि भाव की उत्तेजित अवस्था मात्र (Emotion is a moved or stirred up state of feeling) है, जबकि सेंटीमेंट वह भावात्मक प्रवृत्ति है जो किसी आलम्बन-विशेष से सम्बद्ध होकर व्यवस्थित ढंग से विकसित होती है। (A sentiment is an organised system of emotional dispositions centred about the idea of some object—McDougall) श्री मैक्डूगल महोदय ने अपनी पुस्तक 'एन इंट्रोडक्शन टू सोशल साइकोलाजी' में इस पर विस्तार से प्रकाश डालते हुए लिखा—"प्रत्येक सेंटीमेंट के पीछे उसके उद्भव का पूरा इतिहास होता है। यह धीरे-धीरे विकसित होता हुआ अधिक गम्भीर और शक्तिशाली होता जाता है। जब कोई इमोशन बार-बार आलम्बन-विशेष के कारण उद्दीप्त होता रहता है तब दृढ़ और जटिल होता है और उसकी मूल अवस्था निर्मित हो जाती है। सेंटीमेंट के उदाहरण प्रेम और घृणा हैं।" हमारे आचार्यों ने स्थायी भाव और संचारी भाव का अन्तर बताते हुए इसी से मिलती-जुलती बात कही है। रस-गंगाधरकार ने लिखा है—"स्थायी भाव चित्त में चिरकाल तक वासनारूप से स्थित रहता हुआ आलम्बन से सम्बद्ध रहता है। वह विरोधी संचारी भावों से विच्छिन्न नहीं होता तथा आश्रय के हृदय में जीवन के दीर्घ भाग तक स्थित रहता है, जैसे प्रेम नामक चित्तवृत्ति।"

डॉ० नगेन्द्र से 'सेन्टीमेंट' का अनुवाद 'मनोवृत्ति' करते हुए रस-सिद्धान्त के 'स्थायी भाव' से सेंटीमेंट या मनोवृत्ति में सूक्ष्म अन्तर बताया है—(१) मनोवृत्ति (Sentiment) एक व्याप्त मनःस्थिति मात्र है जिसके समग्र रूप का अनुभव कभी नहीं हो सकता। मनोवृत्ति के संचारी का ही आस्वादन हो सकता है, स्वयं मनोवृत्ति का नहीं। परन्तु स्थायी भाव के विषय में यह बात नहीं है। (२) मनोवृत्ति (Sentiment) सदैव ही मनोविकार (Emotion) की आवृत्ति बन जाती है, परन्तु स्थायी भाव के विषय में यह सत्य नहीं है, हर्ष की आवृत्ति करते रहिये पर वह रति नहीं बन जायेगा। (३) मनोवृत्ति सदैव विचारमूलक है परन्तु स्थायी भाव विचारमूलक नहीं, प्रवृत्तिमूलक है। डॉ० नगेन्द्र के ये निष्कर्ष हमें स्वीकार्य प्रतीत नहीं होते। एक तो उन्होंने 'सेन्टीमेंट' का अनुवाद 'मनोवृत्ति' करके उसके रूप के सम्बन्ध में भ्रांति उत्पन्न कर दी है। 'सेन्टीमेंट' हमारे 'भावना' शब्द का समानार्थक है। मनोवृत्ति सामान्य मानसिक प्रवृत्ति मात्र होती है, उसमें भावात्मकता कम होती है जबकि भावना में भावात्मकता का अंश अधिक होता है। विभिन्न मनोवैज्ञानिकों ने सेन्टीमेंट की जो व्याख्या की है, वह भावना से साम्य रखती है। दूसरे, डॉ० नगेन्द्र ने जो विशेषताएँ सेन्टीमेंट की बताई हैं वे सब स्थायी भाव में भी मिलती हैं तथा जो न्यूनताएँ स्थायी भाव में ढूँढ़ी गई हैं वे सेंटीमेंट में भी विद्यमान हैं। हर्ष की

आवृत्ति करते रहने से यदि रति स्थायी भाव का विकास नहीं होता तो यह भी सत्य है कि हर्ष की आवृत्ति से प्रेम सेन्टीमेंट का भी विकास नहीं होता। अतः इसमें कोई सन्देह नहीं कि रस-सिद्धांत के आचार्यों द्वारा स्थायी और संचारी का वर्गीकरण आधुनिक मनोविज्ञान के भी अनुकूल है।

रस के विभिन्न अवयव

भावोद्वेलन के लिए आवश्यक तत्त्वों की विवेचना करते हुए भरतमुनि ने भावनाओं से सम्बन्धित मुख्यतः तीन अवयवों—विभाव, अनुभाव और संचारी भाव की चर्चा की है। विभाव क्या है ? वे व्यक्ति या पदार्थ जो भावोत्तेजना के मूल कारण हैं, विभाव कहलाते हैं। विभाव के भी दो भेद माने गये हैं—आलंबन और उद्दीपन। मानव-हृदय में भावनाओं का प्रस्फुटन किसी बाह्य वस्तु, दृश्य या किसी परिस्थिति-विशेष की कल्पना द्वारा ही होता है, इसी प्रमुख कारण को आलम्बन कहते हैं। जैसे सिंह को देखकर हमारे हृदय में भय उत्पन्न होता है, अतः यहाँ 'सिंह' आलम्बन है। किन्तु बाह्य कारण का प्रभाव भी मनुष्य पर परिस्थितियों के अनुसार ही पड़ता है। यदि हम सिंह को पिंजरे में बन्द देखते हैं, या हम हवाई जहाज में बैठे हुए ऊपर से सिंह को देखते हैं तो हमारे हृदय में भय का संचार नहीं होता—अतः भावोद्दीपन के लिए परिस्थितियों की अनुकूलता भी अपेक्षित है। इसी को 'उद्दीपन' कहा गया है। आलम्बन यदि आग लगाने वाला अंगारा है तो उद्दीपन अनुकूल हवा की भाँति उसे बढ़ाने में योग देता है। जिस प्रकार वर्षा के बीच आग बुझ जाती है, ठीक वैसे ही 'उद्दीपन' की प्रतिकूलता में 'आलम्बन' का प्रभाव भी नष्ट हो सकता है। श्मशान भूमि में रमणी की मनोरम छवि को देखकर भी रति का विकास नहीं होता।

जिस व्यक्ति के हृदय में आलम्बन और उद्दीपन के प्रभाव से भाव की उत्पत्ति होती है, उसे 'आश्रय' कहा जाता है। हृदयगत भावों के उद्वेलन से आश्रय की शारीरिक एवं मानसिक अवस्था में थोड़ा बहुत परिवर्तन आ जाता है; जैसे क्रोध में नेत्रों का लाल हो जाना, शोक में चीखना, आँसू बहाना आदि। इस परिवर्तन के द्योतक चिह्नों को 'अनुभाव' की संज्ञा दी गई है। हृदयस्थ भावों की व्यंजना अनुभावों के माध्यमों से होती है। भावनाओं का रूप अत्यन्त सूक्ष्म होता है जिनका वर्णन काव्य में नहीं किया जा सकता, अतः अनुभावों के चित्रण के द्वारा ही भाव की व्यंजना की जाती है, अतः काव्य में अनुभावों की व्यंजना आवश्यक मानी गई है।

एक ही स्थायी भाव के बीच-बीच में परिस्थितिवश अनेक भावों का भी संचार होता रहता है। उदाहरण के लिये प्रेम (स्थायी भाव) के क्षेत्र में प्रिय के मिलन पर 'हर्ष', उसके वियोग पर 'दुःख', उसकी उपेक्षा पर 'क्षोभ', अहित की आशंका पर 'चिन्ता' आदि भावों की अनुभूति होती है—इन्हें 'संचारी' कहा जाता है। 'संचारी भाव' स्थायी भाव के विकास में सहायक होते हैं, किन्तु यदि उनकी आयोजना प्रतिकूल रूप में हो तो वे बाधक भी सिद्ध हो सकते हैं। काव्य में स्थायी भाव को पुष्ट करने के लिए उसके अनुकूल संचारियों की ही आयोजना की जाती है।

इस प्रकार स्थायी भाव आश्रय के हृदय में आलम्बन के द्वारा उत्तेजित होकर उद्दीपन के प्रभाव से उदीप्त होकर, संचारी भावों से पुष्ट होता हुआ अनुभावों के माध्यम से व्यक्त होता है। जब काव्यगत स्थायी भाव की अनुभूति पाठक को होती है तो वही

'रसानुभूति' या 'रस-निष्पत्ति' कहलाती है।

रस के भेद या रस-संख्या—वैसे तो रस का सामान्य लक्षण एक ही माना गया है—उसका रसात्मक या आह्लादक होना। फिर भी प्रत्येक रस स्वरूप उसके स्थायी भाव की प्रकृति के अनुरूप होता है, अतः जितने प्रकार के स्थायी भाव हैं, उतने ही रस के भेद किये गये हैं। आचार्य भरतमुनि ने निम्नांकित स्थायी भावों के आधार पर क्रमशः आठ रसों को मान्यता दी थी—

स्थायी भाव	**रस**
१. रति	१. शृंगार
२. हास	२. हास्य
३. शोक	३. करुण
४. उत्साह	४. वीर
५. क्रोध	५. रौद्र
६. भय	६. भयानक
७. जुगुप्सा	७. वीभत्स
८. विस्मय	८. अद्भुत

भरतमुनि के नाट्यशास्त्र में ही इनके अतिरिक्त एक और रस की भी चर्चा मिलती है, जिसे 'शान्त रस' कहा गया है। इसका स्थायी भाव 'शम् या शान्ति' को स्वीकार किया गया है। आचार्य अभिनवगुप्त ने शान्त-रस को अत्यधिक महत्व प्रदान करते हुए इसका स्थायी भाव 'तत्व-ज्ञान' को स्वीकार किया है। कतिपय अन्य आचार्यों ने धृति, निर्वेद आदि को भी शान्त रस के स्थायी भाव के रूप में प्रस्तावित किया है। वस्तुतः शान्त रस के स्थायी भाव के सम्बन्ध में आचार्यों में मतभेद है। फिर भी उसे नवें रस के रूप में मान्यता प्राप्त है। इसके अतिरिक्त वात्सल्य स्थायी भाव पर आधारित 'वात्सल्य रस' को सख्य भाव या मैत्री भाव पर आधारित 'सख्य रस' को तथा श्रद्धा या भक्ति के स्थायी भाव पर आधारित 'भक्ति रस' को भी स्थापित करने का प्रयास विभिन्न आचार्यों द्वारा हुआ है। यदि इन सभी रसों को स्वीकार कर लिया जाय तो रस-भेदों की संख्या बारह तक पहुँच जाती है।

रस शास्त्र के इतिहास में जहाँ एक ओर समय-समय पर रसों की संख्या में अभिवृद्धि करने का प्रयास होता रहा, वहीं दूसरी ओर उसे अत्यधिक न्यून कर देने की भी चेष्टा की गयी। उदाहरण के लिए भरतमुनि ने करुण को ही एक मात्र रस माना है तो भोजराज ने शृंगार रस को रस राज घोषित करते हुए उसके अंतर्गत अन्य रसों को समाविष्ट करने का महत्वपूर्ण प्रयास किया है। इनके अतिरिक्त अभिनवगुप्त ने शान्त रस को सर्वोपरि मानते हुए सभी रसों की परिणति इसी में मानी है। आधुनिक युग में बौद्धिकता की दृष्टि से काव्य एवं साहित्य में भाव तत्व की अपेक्षा बुद्धितत्व की प्रमुखता है। अतः प्रस्तुत पंक्तियों के लेखक ने 'बौद्धिक रस' की स्थापना की है।[१] जिसकी चर्चा अन्यत्र की जायेगी।

---

१. बौद्धिक रस के सम्बन्ध में द्रष्टव्य—'रस सिद्धान्त का पुनर्विवेचन', पृ० ३३१।

रस-सिद्धान्त : मनोवैज्ञानिक दृष्टि से—रस-सिद्धान्त मूलतः भावों पर आधारित है। अतः आधुनिक दृष्टिकोण से इसे प्रामाणिक सिद्ध करने के लिए मनोवैज्ञानिक दृष्टि से भी विचार किया जाना आवश्यक है। डॉ० राकेश गुप्त ने अपने शोध-प्रबन्ध में रस-सिद्धान्त को आधुनिक मनोविज्ञान की दृष्टि से असंगत एवं अवैज्ञानिक सिद्ध किया है। डॉ० गुलाबराय, डॉ० नगेन्द्र आदि विद्वानों ने भी रस की मनोवैज्ञानिकता पर विचार किया है किन्तु उन्होंने कोई स्पष्ट निर्णय नहीं दिया। प्रस्तुत पंक्तियों के लेखक ने अपने ग्रन्थ—'रस-सिद्धान्त का पुनर्विवेचन' में आधुनिक मनोविज्ञान की दृष्टि से रस-सिद्धान्त का विवेचन करते हुए यह निष्कर्ष प्रस्तुत किया है कि रस-सिद्धान्त के आचार्यों द्वारा उल्लिखित स्थायी भाव मुख्यतः आधुनिक मनोविज्ञान की सहज प्रवृत्तियों (Instincts), भावनाओं (Sentiments) एवं मूलभावों (primary Emotions) के समन्वित रूप का सूचक है। इसी प्रकार संचारी भावों के अन्तर्गत आधुनिक मनोविज्ञान की मनोदशाओं (Moods), व्युत्पन्न भावों (Derived Emotions) एवं अनुभूति (Feelings) आदि का मिश्रित रूप है। स्थायी भाव के अन्तर्गत परिगणित मनःस्थितियाँ संचारी भावों की मनःस्थितियो से अपेक्षाकृत अधिक स्थिर एवं स्थायी हैं—अतः 'स्थायी' एवं संचारी का भेद संगत है। स्थायी भाव की अभिव्यक्ति के लिए विभाव, अनुभाव एवं संचारी भाव का अस्तित्व आधुनिक मनोविज्ञान की दृष्टि से भी आवश्यक है। अतः कहा जा सकता है कि कतिपय पारिभाषिक शब्दावलियों को छोड़कर रस-सिद्धान्त की आधारभूत स्थापनाएँ आधुनिक मनोविज्ञान के सर्वथा अनुरूप हैं। अतः इसे आधुनिक मनोविज्ञान के प्रतिकूल मानना उचित नहीं है।[१]

पाश्चात्य काव्यशास्त्र एवं सौन्दर्यशास्त्र—यद्यपि रस-सिद्धान्त मूलतः एक भारतीय सिद्धान्त है किन्तु यह आश्चर्य की बात है कि पाश्चात्य काव्यशास्त्र एवं सौन्दर्यशास्त्र के क्षेत्र में भी एक ऐसे सिद्धान्त का अस्तित्व उपलब्ध है, जिसकी स्थापनाएँ भारतीय रस-सिद्धान्त के बहुत कुछ अनुरूप है। जिस प्रकार हमारे यहाँ रसवादी आचार्यों ने काव्य या नाटक का प्रमुख तत्व भाव ही माना है तथा उसी की उद्दीप्ति या अभिव्यक्ति से पाठक को आनन्द प्रदान करना काव्य का लक्ष्य माना है, उसी प्रकार पाश्चात्य विद्वान बर्क (१८वीं शताब्दी), हरमन लात्ज, जार्ज सैंटायना, कॉलिंग वुड, ई० एफ० कैरिट्ट आदि ने कला और साहित्य का मूल लक्ष्य भावों के चित्रण या उनकी अभिव्यक्ति द्वारा सामाजिक को आनन्द प्रदान करना स्वीकार किया है। इनमें से कतिपय विद्वानों ने भावों का वर्गीकरण, स्थायी भाव एवं रस का अन्तर, साधारणीकरण या निर्वैयक्तिकता, तादात्म्य या समानुभूति जैसे तत्वों की भी स्थापना की है जो कि भारतीय रस-सिद्धान्त की अवधारणाओं के सर्वथा अनुरूप है। अस्तु, भले ही पाश्चात्य काव्य चिन्तकों एवं कला मीमांसकों ने इस सिद्धान्त को 'रस-सिद्धान्त' की संज्ञा न देकर 'भाव सिद्धान्त, भावाभिव्यक्ति, सिद्धान्त या भाव-सम्प्रेषण सिद्धान्त आदि के नामों से पुकारा हो, किन्तु इसमें सन्देह नहीं कि उनकी स्थापनाएँ भारतीय रस-सिद्धान्त से इतना अधिक मेल खाती हैं कि यदि हम उन सिद्धान्तों को रस-सिद्धान्त की भी संज्ञा दे दें तो अनुचित नहीं होगा। 'रस-सिद्धान्त का पुनर्विवेचन' में हमने इन भारतीय एवं पाश्चात्य रस-चिन्तकों की अवधारणा पर तुलनात्मक दृष्टि से विचार करते हुए रस-सिद्धान्त को एक अत्यन्त व्यापक एवं सार्वभौम (यूनीवर्सल) रूप

---

१. द्रष्टव्य—'रस-सिद्धान्त का पुनर्विवेचन'

प्रदान किया है, यह दूसरी बात है हिन्दी के दिगज विद्वानों को अभी इतना अवकाश नहीं है कि वे इस प्रकार के किसी भी मौलिक प्रयास का अध्ययन, विवेचन एवं मूल्यांकन कर सकें।

रस सिद्धान्त : आधुनिक दृष्टि से—रस सिद्धान्त के विरोधी प्रायः यह आक्षेप लगाते हैं कि इस सिद्धान्त की स्थापना मध्यकाल में हुई थी, जबकि जीवन में भावात्मकता या रागात्मकता को प्रमुख स्थान प्राप्त था जबकि आज का युग बौद्धिकता का है। दूसरे, रस-सिद्धान्त के आचार्यों ने अपनी धारणाओं को तद्युगीन दार्शनिक सिद्धान्तों पर प्रतिष्ठित किया है जबकि आज दर्शन की अपेक्षा विज्ञान या मनोविज्ञान का अधिक महत्व है। तीसरे, रस सिद्धान्त की स्थापना नाटक एवं प्रबन्ध काव्य की दृष्टि से की गयी थी जबकि आज का युग गीति और मुक्तक का है।

अस्तु, उपर्युक्त कारणों से रस-सिद्धान्त आधुनिक युग के लिए अमान्य एवं अनुपयोगी सिद्ध हो गया है—हमारे विचार से यह बात ऐसे सिद्धान्तों पर ही लागू हो सकती है जो कि देश-काल की सीमित अतधारणाओं पर आधारित हों, जबकि रस सिद्धान्त के आधारभूत तत्व शाश्वत् हैं; अतः वे देश-काल की सीमाओं से मुक्त कहे जा सकते हैं। कविता चाहे वैदिक युग की हो अथवा आधुनिक युग की उसमें रागात्मकता एवं आह्लादकता का सन्निवेश सर्वदा रहेगा, अन्यथा वह कविता न रहकर अकविता बन जायेगी। रस सिद्धान्त की व्यापकता एवं सार्वभौमिकता का एक बहुत बड़ा प्रमाण यह भी है कि वह न केवल भारतीय काव्यशास्त्र में अपितु पाश्चात्य काव्यशास्त्र एवं सौन्दर्यशास्त्र में भी उपलब्ध है। अस्तु, रस-सिद्धान्त की आधुनिक युग में भी उपयोगिता है, इसमें तो हमें कोई सन्देह नहीं, इतना अवश्य है कि आधुनिक युग की आवश्यकताओं के अनुरूप उसके बाह्य स्वरूप में या उसकी पारिभाषिक शब्दावली में थोड़ा परिवर्तन अपेक्षित है—उसके आधारभूत एवं शाश्वत् तत्वों को एक ऐसा स्वरूप प्रदान करने की आवश्यकता है, जिससे कि वह आधुनिक युग की आवश्यकताओं की पूर्ति कर सके।

उपर्युक्त लक्ष्य की पूर्ति के लिए 'रस-सिद्धान्त का पुनर्विवेचन' में दो प्रकार के प्रयास किये गये हैं—एक तो यह कि रस की परम्परागत शब्दावली के मूल अर्थ को सुरक्षित रखते हुए उसे नये शब्दों में प्रस्तुत किया गया है, जिससे कि वे आधुनिक युगीन पाठक के लिए सहज बोधगम्य हो सकें। दूसरे, आधुनिक युग की आवश्यकता के अनुरूप उसमें भाव-प्रधान ही नहीं, विचार-प्रधान काव्य या साहित्य की व्याख्या की दृष्टि से भी संशोधन-परिवर्द्धन किया गया है। आगे इन दोनों प्रयासों पर क्रमशः प्रयास डाला जायेगा।

आधुनिक दृष्टि से रस एवं उसके विभिन्न अवयवों या घटक तत्वों के परम्परागत रूप का विवेचन-विश्लेषण करते हुए तथा उनकी मूल प्रकृति को सुरक्षित रखते हुए उन्हें सामान्य या व्यापक शब्दावली में इस प्रकार प्रस्तुत किया गया है—

(१) रस = काव्यानुभूति/कलानुभूति

(२) स्थायी भाव = केन्द्रीय तत्त्व या प्रतिपाद्य

(३) विभाव = संदर्भ

(क) आलम्बन = प्रेरक तत्व

(ख) उद्दीपन = परिवेश

(४) अनुभाव = माध्यम (शैली)

(५) संचारी भाव = सहयोगी तत्व (विचार, अनुभूति, कल्पना आदि)

(द्रष्टव्य : 'रस सिद्धान्त का पुनर्विवेचन', पृ० सं० ३७५)

वस्तुतः रस-सिद्धान्त के सम्बन्ध में आधुनिक युग के विद्यार्थियों, अध्यापकों एवं चिन्तकों में जो अस्पष्टता एवं दुरूहता है, उसका मूल कारण रस की परम्परागत शब्दावली ही है। यदि हम उसके स्थान पर क्रमशः रचना के केन्द्रीय तत्व (प्रतिपाद्य, संवेदना या अनुभूति), प्रेरक तत्व, परिवेश (वातावरण) एवं माध्यम (शैली), जैसे शब्दों का व्यवहार करें तों वह अत्यन्त सुबोध एवं सहजगम्य प्रतीत होगा। दूसरे, शब्दावली से यह भी स्पष्ट है कि उसका केन्द्रीय तत्व (प्रतिपाद्य) कोई स्थायी भाव ही हो, यह आवश्यक नहीं है। रचयिता या साहित्यकार किसी भी विचार, समस्या या सिद्धान्त विशेष को भी केन्द्रीय तत्व के रूप में प्रतिष्ठित कर सकता है। इतना अवश्य है कि केन्द्रीय तत्व की काव्यात्मक या कलात्मक परिणति के लिए उसे तत्सम्बन्धी संवेदना या अनुभूति, प्रेरक तत्व, परिवेश एवं माध्यम शैली से समन्वित करना आवश्यक होगा, अन्यथा वह रचना केवल विचारों का प्रतिपादन बन कर रह जायेगी, कलात्मक सौन्दर्य का आविर्भाव उसमें नहीं हो सकेगा। अस्तु, इस नयी शब्दावली के आधार पर किसी भी साहित्यिक रचना का विवेचन-विश्लेषण एवं मूल्यांकन सम्यक् रूप में किया जा सकता है।

रस-सिद्धान्त के आधुनिकीकरण के लिए दूसरा महत्वपूर्ण प्रयास यह है कि रस की परम्परागत संख्याओं में विस्तार करते हुए 'बौद्धिक रस' की स्थापना करना जिससे कि उसके आधार पर ऐसी रचनाओं की भी व्याख्या की जा सके, जिनमें भाव की अपेक्षा विचार या समस्या की प्रमुखता है। इसका अर्थ यह नहीं है कि कोई भी रचना भावों या अनुभूतियों की सर्वथा उपेक्षा कर सकती है। वस्तुतः बौद्धिक रस में ऐसी ही रचनाओं को स्थान दिया जा सकता है, जिसमें भाव या अनुभूतियाँ विचार की तुलना में गौण हैं या जो विचार-विशेष या तत्व-विशेष की अभिव्यंजना के लिए साधन रूप में प्रयुक्त हुई हैं। अस्तु, बौद्धिक रस की स्थापना से इस आक्षेप का निराकरण सम्यक् रूप में हो जाता है कि रस-सिद्धान्त आधुनिक युग के विचार-प्रधान साहित्य के लिए अनुपयोगी है। इस रस की विस्तृत विवेचना हम आगे अलग अध्याय में कर रहे हैं; अतः यहाँ इतना ही कहना पर्याप्त होगा कि रस सिद्धान्त में ऐसी क्षमताएँ अन्तर्निहित हैं जिन्हें विकसित करके एक सार्वभौमिक एवं सार्वकालिक सिद्धान्त के रूप में मान्यता दी जा सकती है।

वस्तुतः युग और देश के अनुसार समीक्षा के मानदण्ड बदलते रहते हैं, किन्तु रस-सिद्धान्त एक ऐसा मानदण्ड है जो सभी युगों और सभी देशों की काव्य रचनाओं की समीक्षा का आधार सफलतापूर्वक बन सकता है, क्योंकि वह ऐसी मानवीय संवेदनाओं एवं भावानुभूतियों पर आधारित है जो कि शाश्वत् है। अस्तु, जब तक साहित्य का सम्बन्ध मानवीय संवेदनाओं से रहेगा तब तक रस-सिद्धान्त का भी महत्व अक्षुण्ण है।

१०

रस-निष्पत्ति एवं साधारणीकरण

आचार्य भरतमुनि ने अपने "नाट्यशास्त्र" के छठे अध्याय में रस सूत्र का प्रतिपादन करते हुए लिखा—"विभावानुभाव संचारीभाव संयोगाद्रस निष्पत्तिः"। अर्थात् 'विभाव, अनुभाव एवं संचारीभाव के संयोग से रस की निष्पत्ति होती है।' इस प्रकार उन्होंने रस निष्पत्तिः के आधारभूत तत्वों अथवा घटक तत्वों का तो उल्लेख सूत्र रूप में कर दिया, किन्तु फिर भी प्रश्न यह उठता है कि इन घटक तत्वों का क्रम एवं उपयोग किस प्रकार सम्भव है? दूसरे शब्दों में, उन्होंने घटक तत्वों का उल्लेख कर दिया रस निष्पत्ति की प्रक्रिया पर प्रकाश नहीं डाला। उदाहरण के लिए यदि कोई हमें किसी व्यंजन के निर्माण में प्रयुक्त होने वाले पदार्थों की सूची तो दे दे किन्तु उसके निर्माण के विधि-विधान पर प्रकाश न डाले तो उस स्थिति में उक्त व्यंजन का निर्माण कठिन हो जायेगा। अतः आचार्य भरतमुनि के परवर्ती रस चिन्तकों ने उनके इस सूत्र को स्पष्ट करते हुए रस निष्पत्ति की प्रक्रिया पर प्रकाश डाला है। दुर्भाग्य से इन परवर्ती आचार्यों के ग्रन्थ अनुपलब्ध हैं। अतः इस सम्बन्ध में स्पष्ट एवं निश्चित रूप से तो कुछ कहना कठिन है किन्तु "काव्य दर्पणकार" मम्मट ने एवं आचार्य अभिनव गुप्त ने अपनी 'अभिनव भारती' में रस सूत्र की व्याख्या करते हुए अपने पूर्ववर्ती आचार्यों के भी कुछ मतों का संक्षेप में उल्लेख किया है। जिन आचार्यों की चर्चा उपर्युक्त दोनों विद्वानों ने की है, उनमें भट्टलोल्लट, शंकुक एवं भट्टनायक का नाम उल्लेखनीय है। यद्यपि इन आचार्यों के मूल ग्रन्थ उपलब्ध नहीं हैं तथा उनके विचारों का परिचय हमें केवल मात्र परवर्ती युग के उपर्युक्त दो विद्वानों के उद्धरणों से ही प्राप्त होता है। यहाँ यह तथ्य ध्यातव्य है कि आचार्य अभिनव गुप्त ने इनके मतों का उल्लेख उनका खण्डन करने के उद्देश्य से ही किया था। ऐसी स्थिति में हम नहीं कह सकते कि उनके द्वारा उद्धृत मत अपने मूल रूप का प्रतिनिधित्व किस सीमा तक करते हैं क्योंकि कोई भी प्रतिद्वन्द्वी या विरोधी पक्ष का आचार्य जब खण्डन करने की दृष्टि से किसी मत को उद्धृत करता है तो वह उसके साथ पूरा न्याय करने में बहुत कम सफल होता है। वह विवेच्य मत के त्रुटिपूर्ण पक्षों पर अधिक बल देगा और उसके महत्वपूर्ण पक्षों को तिरोहित कर देगा। फिर भी आचार्य अभिनव गुप्त का दृष्टिकोण अत्यधिक सन्तुलित था। अतः उन्होंने पूर्ववर्ती मतों को उद्धृत करके न केवल उनके साथ न्याय किया है, अपितु उनके अस्तित्व को भी सुरक्षित रखने में योग दिया है क्योंकि आज आचार्य भट्ट लोल्लट, शंकुक और भट्टनायक के मूल ग्रन्थ अनुपलब्ध हो जाने के कारण उनके मतों की जानकारी का आधार-स्रोत 'काव्य-प्रकाश' एवं 'अभिनव भारती' ही हैं। वस्तुतः काव्य प्रकाश में उद्धृत अंश अत्यन्त संक्षिप्त है, अतः इन मतों का सम्यक् ज्ञान हमें 'अभिनव भारती' से ही प्राप्त होता है। अस्तु, आगे हम इसी के आधार पर इन विद्वानों के मतों का अध्ययन क्रमशः प्रस्तुत करेंगे।

भट्टलोल्लट का उत्पत्तिवाद—भट्टलोल्लट ने भरत के रस सूत्र की विस्तृत विवेचना करते हुए अनेक नूतन स्थापनाएँ प्रस्तुत की हैं। उन्होंने रस निष्पत्ति का स्पष्टीकरण करते हुए निष्पत्ति का अर्थ—"उत्पत्ति" माना है। इसीलिए उनके मत को "उत्पत्तिवाद" की संज्ञा दी जाती है। उनकी प्रमुख धारणाएँ निम्नलिखित हैं—

(क) विभावादि का संयोग स्थायी से—रस-सूत्र में विभाव, अनुभाव एवं संचारी भाव (व्यभिचारी भाव) के संयोग से रस-निष्पत्ति मानी गई है। किन्तु इसमें स्थायी भाव का कोई उल्लेख नहीं है। जबकि काव्य में रस-निष्पत्ति का मूल आधार ही स्थायी भाव होता है। अतः भट्टलोल्लट ने रस सूत्र की इस न्यूनता या त्रुटि की ओर संकेत करते हुए यह स्पष्ट किया कि 'वस्तुतः विभावादि तत्वों का संयोग स्थायी भाव से होता है। स्थायी भाव के उल्लेख के अभाव में यह सूत्र अपूर्ण रह जाता है।'

(ख) रस-निष्पत्ति की प्रक्रियाएँ—भट्टलोल्लट ने रस के विभिन्न अवयवों का क्रम, महत्व एवं योगदान स्पष्ट करते हुए रस-निष्पत्ति की तीन प्रक्रियाओं पर भी प्रकाश डाला है वे हैं—उत्पत्ति, प्रतीति एवं पुष्टि। भट्टलोल्लट के अनुसार विभावों से स्थायी भाव या रस की उत्पत्ति होती है, अनुभावों से उनकी प्रतीति तथा संचारी भावों से उसकी पुष्टि होती है। इस प्रक्रिया को और अधिक स्पष्ट करने के लिए हम दही की लस्सी का उदाहरण प्रस्तुत कर सकते हैं—"दही, पानी, बर्फ और चीनी आदि को मिलाकर तथा मथकर लस्सी तैयार की जाती है। 'दही' मूल उपादान है, जिससे लस्सी तैयार होती है, पानी, बर्फ और चीनी से वह बढ़ती है या पुष्ट होती है और मन्थन क्रिया से उत्पन्न झाग यह प्रतीत करवाते हैं कि अब लस्सी तैयार हो गयी। इस उदाहरण को रस-निष्पत्ति की प्रक्रिया पर लागू करते हुए कहा जा सकता है कि दही विभाव है, जिसका लस्सी रूप में उत्पादक, उत्पाद्य सम्बन्ध है कि पानी, बर्फ और चीनी आदि संचारी भाव है, जिसका लस्सी से पोष्य-पोषक सम्बन्ध (पुष्टि) है तथा झाग अनुभाव है जो लस्सी रूपी रस की प्रतीति करवाते हैं। यद्यपि विद्वानों ने भट्टलोल्लट के मत को 'उत्पत्तिवाद' का नाम दिया है किन्तु हमारे विचार से यह नाम भ्रामक हैं क्योंकि आचार्य भट्टलोल्लट ने केवल उत्पत्ति की प्रक्रिया को, अपितु पुष्टि और प्रतीति की प्रक्रिया को भी मान्यता प्रदान की है।

(ग) संचारी भाव और स्थायी भाव का सम्बन्ध—"भट्टलोल्लट" ने इस प्रश्न पर भी विचार किया है कि एक ही व्यक्ति के मन में स्थायी भाव और संचारी भाव दोनों का अस्तित्व एक साथ कैसे संभव है? यहाँ पर उल्लेखनीय है कि कई बार संचारी भाव, स्थायी भाव से विरोधी प्रकृति का भी होता है। जैसे कि रति या प्रेम स्थायी भाव में नायिका का क्रोध। प्रेम और क्रोध दो सर्वथा विरोधी मनःस्थितियाँ मानी जाती हैं। अतः दोनों का सह अस्तित्व कैसे संभव है? भट्टलोल्लट ने इसका समाधान करते हुए कहा है कि—"संचारी भाव संस्कार रूप में ही स्थायी भाव के साथ रहते हैं।" उन्होंने इस तथ्य का भी उद्घाटन किया है कि स्थायी भाव के अनुदभूत रूप हैं, वहाँ संचारी भाव उसके उद्भूत रूप के द्योतक हैं। इसे स्पष्ट करते हुए कहा जा सकता है कि जब स्थायी भाव उद्बुद्ध या जाग्रत होता है तो वह परिस्थिति भेद के अनुसार नाना रूपों में व्यक्त होता है। जब कोई किसी से प्रेम करता है तो उसके प्रेम की अभिव्यक्ति कई रूपों में होती है। उदाहरण के लिए—प्रेमी के मिलन पर हर्ष होता है, उसके वियोग पर शोक होता है, उसके द्वारा दिये गये आश्वासन के अनुसार समय पर न आने के कारण उस पर क्रोध आता है। जब हमारी उपेक्षा करके किसी और को अधिक महत्व देने लगता है तो ईर्ष्या

होती है और यहाँ तक कि जब वह दुःखी या पीड़ित होता है तो हमारे मन में अपार सहानुभूति या करुणा का उद्वेलन होता है। इस प्रकार विभिन्न परिस्थितियों में उत्पन्न ये भावावेग—हर्ष, शोक, क्रोध, ईर्ष्या, करुणा आदि हमारी प्रणय भावना के ही सूचक या द्योतक हैं या इनके कारण ही हमारी प्रेम की गम्भीरता का बोध होता है। यदि प्रिय के मिलन पर हमें हर्ष नहीं होता अथवा उसकी विदाई पर शोक नहीं होता तो कहना चाहिए कि उस स्थिति में हमारा प्रेम वास्तविक प्रेम नहीं होता। अस्तु, प्रेम या रति स्थायी भाव तो उपर्युक्त सभी अनुकूल या प्रतिकूल सहचारी भावों के साथ विद्यमान रहता है जिन्हें रस शास्त्रीय शब्दावली में 'संचारी भाव' कहा गया है। अस्तु, भट्टलोल्लट की यह धारणा सही है कि संचारी भाव और स्थायी भाव दोनों की स्थिति एक साथ सम्भव है, भले ही वे बाह्य दृष्टि से परस्पर विरोधी ही क्यों न प्रतीत होते हों। वस्तुतः स्थायी भाव का उद्बोधन ही संचारी भावों के माध्यम से होता है। अतः दोनों में किसी प्रकार की अभिन्नता या विच्छिन्नता स्वीकार नहीं की जा सकती।

(घ) स्थायी भाव व रस में अन्तर—भट्टलोल्लट के अनुसार स्थायी भाव और रस में आधारभूत अन्तर यह है कि जहाँ स्थायी भाव, विभाव, अनुभाव, संचारी भाव आदि अवयवों से युक्त नहीं होता वहाँ रस इनसे संयुक्त होता है। हमारे विचार से भट्टलोल्लट का यह मत स्वीकार्य नहीं है क्योंकि लौकिक जीवन में भी जब भी स्थायी भाव का उद्वेलन होगा तो उस समय उसका कोई न कोई आलम्बन, उद्दीपन, अनुभाव, संचारी भाव आदि का अस्तित्व लौकिक रूप के अनुसार रहता है। अतः भट्टलोल्लट के द्वारा दोनों में निर्दिष्ट किया गया अन्तर उचित नहीं है।

(ङ) रस की स्थिति किसमें?—रस की निष्पत्ति मूल ऐतिहासिक पात्रों में होती है या अभिनेता-अभिनेत्रियों में अथवा केवल पाठकों या दर्शकों में—यह प्रश्न भी रस-सिद्धान्त के सन्दर्भ में विचारणीय रहा है। लोल्लट के अनुसार रस की निष्पत्ति मूल ऐतिहासिक पात्रों में ही सम्भव है। अभिनेता या अभिनेत्रियाँ तो उसकी केवल अनुकृतिमात्र प्रस्तुत करते हैं। उदाहरण के लिए "शकुन्तला नाटक" में प्रणय स्थायी भाव की वास्तविक अनुभूति तो मूल ऐतिहासिक पात्र अर्थात् दुष्यन्त और शकुन्तला को हुई थी। नाटक में अभिनय करने वाले दुष्यन्त और शकुन्तला परस्पर वास्तविक प्रेम का अनुभव नहीं करते अपितु उसका केवल अभिनय करते हैं। पाठक या दर्शक भी अभिनेता, अभिनेत्रियों में वास्तविक पात्रों के अनुरूप अभिनय को देखकर प्रेम की प्रतीति करते हैं। इस प्रकार भट्टलोल्लट रस की वास्तविक अनुभूति नाटक के मूल या ऐतिहासिक पात्रों में ही मानते हैं। हमारे विचार से इस मत में भी थोड़ी-सी त्रुटि है—ऐतिहासिक मूल पात्र स्थायी भाव की अनुभूति प्राप्त करते हैं न कि रस की। प्रेम में तो कदाचित् स्थायी भाव और रस का अन्तर अधिक स्पष्ट नहीं हो पाता। किन्तु यदि हम शोक या करुण रस के आधार पर विचार करें तो स्पष्ट होगा कि शोक की वास्तविक अनुभूति तो सम्बन्धित मूल पात्रों को ही होती है किन्तु उसकी रस रूप में परिणति काव्य, नाटक या कला के माध्यम से प्रस्तुतीकरण के अनन्तर ही कलाकारों, दर्शकों एवं पाठकों को उपलब्ध होती है। हमें यहाँ यह न भूलना चाहिए कि स्थायी भाव लौकिक अनुभूति है जबकि रस कलाजन्य अनुभूति है, जिसकी उपलब्धि कला के माध्यम से ही सम्भव है।

(च) तद्रूपतानुसंधान से प्रतीति—यद्यपि नाटक के दर्शक पहले से ही जानते हैं कि जो अभिनेता राम का अभिनय कर रहा है, वह वास्तव में राम नहीं है और न ही सीता क

अभिनय करने वाली अभिनेत्री सीता है। यही नहीं कई बार तो चलचित्र या फिल्म में पहले से ही यह विज्ञापित होता है कि धर्मेन्द्र 'राम' का अभिनय कर रहे हैं या हेमामालिनी 'सीता' का। ऐसी स्थिति में दर्शक धर्मेन्द्र और हेमामालिनी को देखकर राम और सीता के या दुष्यन्त और शकुन्तला के क्रिया-कलापों को एवं उनके भावाभिव्यंजक व्यापारों को वास्तविक कैसे मान सकते हैं? जब दर्शक को स्पष्ट रूप में इस तथ्य का बोध है कि रजतपट पर प्रस्तुत दुष्यन्त और शकुन्तला न तो वास्तविक दुष्यन्त और शकुन्तला हैं और न ही उनके क्रिया-कलाप एवं भाव वास्तविक हैं, वह इस तथ्य को जानता है कि यह सब कुछ कृत्रिम है। ऐसी स्थिति में दर्शक उनसे क्यों प्रभावित होता है और किस प्रकार वह उनके भावों के साथ तादात्म्य स्थापित करता है? इस सन्दर्भ में यह भी तर्क दिया जाता है कि हम रस्सी से बने हुए कृत्रिम साँप से तब तक ही भयभीत होते हैं जब तक उसे वास्तविक सर्प के रूप में ग्रहण करते हैं किन्तु जब हम यह जान जाते हैं कि वह सर्प नहीं रस्सी मात्र है तो उस स्थिति में हमारे मन में भय की भावना जाग्रत नहीं होती। अतः नाटक में भी यह जान लेने पर कि सभी पात्र और उनके विभाव, अनुभाव, संचारी भाव आदि सब यथार्थ न होकर कृत्रिम हैं, तो उस स्थिति गें स्थायी भाव की निष्पत्ति किस प्रकार सम्भव है?

भट्टलोल्लट ने इसका उत्तर देते हुए 'तद्रूपतानुसंधान' शब्द का प्रयोग किया है जिसका अर्थ है कि हम अभिनेताओं में मूल पात्रों के अनुरूप गतिविधियाँ देखकर ही भाव की प्रतीति करते हैं। यह बात एक सीमा तक ठीक भी है—किसी भी फिल्म को देखते समय हम पहले से जानते हैं कि उसका नायक एक लखपति या करोड़पति अभिनेता है जो कि बम्बई के भव्य भवनों में निवास करता है किन्तु फिर भी जब वह भिखारी के रोल में अवतरित होता है तो उसका रूप, उसकी आकृति, उसकी वेशभूषा, उसके हाव-भाव, उसका रुदन आदि सब कुछ वास्तविक भिखारी के इतना अनुरूप प्रतीत होता है कि हम थोड़ी देर के लिए उसे एक सामान्य भिखारी के रूप में ही ग्रहण कर लेते हैं। इस तथ्य को जानते हुए भी कि वह वास्तविक जीवन में भिखारी नहीं है, एक करोड़पति अभिनेता है। वस्तुतः अभिनेता का भिखारी के तद्रूप अभिनय करना और उसे उसी रूप में ग्रहण कर लेना ये दोनों बातें अभिनेता की अभिनय कला एवं दर्शक की सहृदयता की द्योतक हैं। अतः हमारे विचार से भट्टलोल्लट का तद्रूपतानुसंधान-प्रतीति का सिद्धान्त संगत एवं उचित है।

इस प्रकार हम देखते हैं कि भट्टलोल्लट ने एक सूत्र की व्याख्या करते हुए अनेक नूतन, मौलिक एवं क्रान्तिकारी स्थापनाएँ प्रस्तुत की हैं जो कि रस-सिद्धान्त की चिन्तन-परम्परा को आगे बढ़ाने में महत्वपूर्ण योग देती हैं।

शंकुक का 'अनुमितिवाद'—मम्मट एवं अभिनव गुप्त ने भट्टलोल्लट के अनन्तर शंकुक के विचारों की चर्चा की है, जिन्हें समन्वित रूप में अनुमितिवाद की संज्ञा दी जाती है। आचार्य शंकुक के मतानुसार रस की निष्पत्ति का अर्थ है रस की "अनुमिति" इसीलिए उनके मत को अनुमितिवाद कहा जाता है। शंकुक के मत के मुख्यतः दो पक्ष हैं—एक पक्ष है जिसमें भट्टलोल्लट के मत का खण्डन किया गया है, जबकि दूसरे पक्ष में उन्होंने अपनी मौलिक स्थापनाएँ प्रस्तुत की हैं। यहाँ हम पहले प्रथम पक्ष को लेते हैं।

शंकुक ने वैसे तो भट्टलोल्लट के मत पर कई आक्षेप किये हैं, किन्तु उनमें अधिक महत्वपूर्ण ये हैं—(१) भट्टलोल्लट ने कहा था कि रस सूत्र में स्थायी भाव का उल्लेख न

होना उनकी अपूर्णता या त्रुटि है किन्तु शंकुक ने प्रतिपादित किया कि विभाव, अनुभाव और संचारी भाव से पृथक् स्थायी भाव की स्वतन्त्र सत्ता नहीं है, इसलिए उसका उल्लेख न करना ही उचित था। हमारे विचार से स्थायी भाव रस का मूल आधार है इसी के भेदों के अनुसार स्वयं भरतमुनि ने भी रस के आठ भेदों की स्थापना की थी। अतः स्थायी भाव जैसे तत्व का रस सूत्र में उल्लेख न होना निश्चय ही रस सूत्र की अपूर्णता का सूचक है। यहाँ यह भी उल्लेखनीय है कि स्वयं शंकुक अपने मत का प्रतिपादन करते समय स्थायी भाव की चर्चा बार-बार करते हैं ऐसी स्थिति में रस की परिपूर्ण व्याख्या में स्थायी भाव का उल्लेख या निर्देश अपरिहार्य है अस्तु हम यहाँ शंकुक के मत से सहमत नहीं हो सकते।

शंकुक ने दूसरा महत्वपूर्ण आक्षेप यह किया है कि भट्टलोल्लट ने स्थायी भाव और रस को एक ही मान लिया है जबकि दोनों में गहरा अन्तर है। जहाँ हम शंकुक की इस अवधारणा को तो स्वीकार कर सकते हैं कि स्थायी भाव और रस दोनों एक नहीं हैं निश्चत ही दोनों में गहरा अन्तर है। किन्तु यह अन्तर क्या है? इस प्रश्न का सम्यक उत्तर न भट्टलोल्लट दे सके और न ही स्वयं शंकुक। ऐसी स्थिति में शंकुक का आक्षेप करना विशेष महत्वपूर्ण नहीं है।

शंकुक ने रस-निष्पत्ति की पूर्वोक्त तीनों प्रक्रियाओं—उत्पत्ति, पुष्टि एवं प्रतीति का भी विरोध किया किन्तु उनका यह विरोध किसी ठोस आधार पर नहीं है। अतः इसे स्वीकार नहीं किया जा सकता। हमारे विचार से भट्टलोल्लट ने इन तीनों प्रक्रियाओं के माध्यम से रस के तीनों अवयवों के योगदान को स्पष्ट करने में महत्वपूर्ण योग दिया था जिसे शंकुक ने सम्भवतः अपने पूर्वाग्रह के कारण स्वीकार नहीं किया। इस प्रकार हम देखते हैं कि शंकुक के द्वारा आरोपित सभी आक्षेप विशेष महत्वपूर्ण नहीं हैं किन्तु उन्होंने इस सन्दर्भ में जो नूतन स्थापनाएँ प्रस्तुत की हैं वे निश्चय ही महत्वपूर्ण हैं, उनकी चर्चा आगे की जायेगी।

(क) स्थायीभाव का विभावादि से सम्बन्ध—स्थायी भाव से विभाव आदि का सम्बन्ध स्पष्ट करते हुए शंकुक ने बताया कि विभाव, स्थायी भाव के कारण, अनुभाव कार्य हैं तथा संचारी भाव उसके सहचारी हैं।

स्थायीभाव की प्रत्यक्ष प्रतीति असम्भव—शंकुक के मतानुसार नाटक में स्थायीभाव का अस्तित्व प्रत्यक्ष रूप में कभी सम्भव नहीं है उसकी प्रतीति विभाव, अनुभाव, संचारी आदि के माध्यम से ही होती है। उदाहरण के लिये यदि हम शकुन्तला नाटक देख रहे हैं तो उसमें उसके स्थायीभाव रति या प्रणय प्रत्यक्ष रूप में कहीं नहीं देखते, अपितु हम दुष्यन्त और शकुन्तला के रूप एवं सौन्दर्य, प्राकृतिक वातावरण, दोनों के हाव-भाव, उनके क्रिया-कलाप एवं उनकी अनुभूतियों की ही व्यंजना से इस तथ्य का बोध प्राप्त करते हैं कि दोनों में प्रेम हो गया है। स्वयं प्रेम कभी भी हमारे चक्षुओं के समक्ष प्रत्यक्ष रूप में उपस्थित नहीं होगा। निश्चय ही शंकुक की यह स्थापना अत्यधिक महत्वपूर्ण है। स्थायीभावों का प्रत्यक्षीकरण कभी नहीं होता वे केवल अपने अवयवों के माध्यम से अप्रत्यक्ष रूप में ही व्यक्त होते हैं। यह बात न केवल नाटक और कला अपितु लौकिक जीवन में भी लागू होती है।

(स) रस की अनुमिति—आचार्य शंकुक ने "न्याय दर्शन" के आधार पर रस-निष्पत्ति की व्याख्या करते हुए 'निष्पत्ति' का अर्थ 'अनुमिति' माना है। स्वयं 'अनुमिति' शब्द भी

न्याय-शास्त्र का पारिभाषिक शब्द है। अतः इसका अर्थ हमें भली-भाँति स्पष्ट कर लेना चाहिए। न्याय दर्शन के अनुसार ज्ञान प्राप्ति के चार साधन हैं—एक वस्तु को प्रत्यक्ष रूप में देखना, दूसरा—अनुमान, तीसरा उपमान और चौथा शब्द। उदाहरण के लिए आग को प्रत्यक्ष देखकर आग का ज्ञान प्राप्त करना प्रत्यक्ष है, जबकि कहीं धुआँ को प्रकट होते देखकर दूर से आग लगने की बात सोचना अनुमान है। आग के सदृश्य किसी और वस्तु को देखकर या किसी के द्वारा आग का विवरण शब्दों में सुनकर आग की सूचना प्राप्त करना क्रमशः उपमान और शब्द के उदाहरण हैं। अनुमिति का सम्बन्ध केवल अनुमान से है जिसके भी तीन भेद माने गये हैं—पहला पूर्ववत् अनुमान, दूसरा शेषवत अनुमान एवं तीसरा सामान्यतोदृष्ट अनुमान। जब हम किसी वस्तु की पूर्व स्थिति को देखकर आगे की घटना का अनुमान करते हैं तो यह पूर्ववत् अनुमान है। उदाहरण के लिए आसमान में बादलों की घटा को देखकर वर्षा के आगमन का अनुमान कर लेना पूर्ववत् अनुमान है। इसी प्रकार किसी भी वस्तु या घटना की परवर्ती स्थिति को देखकर अनुमान करना शेषवत् अनुमान है। जैसे कि हम किसी नये स्थान पर जायें और वहाँ सारी धरती पानी से भीगी हो और नदी नालों में बाढ़ आती हुई हो तो हम अनुमान कर लेते हैं कि इससे पूर्व भारी वर्षा हुई होगी। यही शेषवत् अनुमान है। कई बार हम सामान्य परिस्थितियों के आधार पर भी किसी वस्तु का अनुमान कर लेते हैं, जैसे कि प्रतिवर्ष जुलाई में मानसून आता है, अतः हम हर वर्ष यह अनुमान कर लेते हैं कि इस महीने में वर्षा होगी यह सामान्यतोदृष्ट अनुमान है। अनुमान की सहायता से प्राप्त होने वाला ज्ञान ही 'अनुमिति' कहलाता है।

शंकुक ने उपर्युक्त अनुमान सिद्धान्त को रस पर लागू करते हुए प्रतिपादित किया कि विभाव पूर्ववत् अनुमान है, अनुभाव शेषवत् अनुमान और संचारी भाव सामान्यतोदृष्ट अनुमान है। शंकुक का उपर्युक्त वर्गीकरण अनुमान सिद्धान्त के संदर्भ में तो ठीक है, किन्तु प्रश्न यह है कि क्या हम किसी नाटक या फिल्म में देखने की प्रक्रिया को अनुमान की प्रक्रिया मान सकते हैं? अनुमान बुद्धि की प्रक्रिया है न कि अनुभूति की, जबकि हम नाटक, काव्य एवं कला के आस्वादन के समय बुद्धि का कम, अनुभूति और कल्पना का उपयोग अधिक करते हैं। अनुमान में जैसी बौद्धिकता है वैसी बौद्धिकता कला आस्वादन में संभव नहीं। अपनी बात को स्पष्ट करने के लिए शंकुक ने 'चित्र-तुरंग न्याय' का भी उदाहरण दिया है जिसका तात्पर्य यह है कि जिस प्रकार घोड़े के चित्र को देखकर घोड़े का अनुमान कर लेते हैं, उसी प्रकार नाटक के पात्रों का अभिनय देखकर हम रस की अनुमिति कर लेते हैं। हमारे विचार से शंकुक का यह उदाहरण ही असंगत है क्योंकि घोड़े के चित्र को देखकर हम घोड़े का अनुमान नहीं करते अपितु उसका बोध प्राप्त करते हैं। यदि हम किसी रेतीले मार्ग पर चल रहे हैं और वहाँ किसी पशु के पैरों के चिह्न बने हों तो वहाँ हम अपनी बुद्धि एवं ज्ञान के द्वारा इस बात का अनुमान करते हैं कि ये पद-चिह्न किस पशु के हैं? किसी घोड़े के, खच्चर के या गर्दभ के? जब पद-चिह्नों को देखकर हम इस निष्कर्ष तक पहुँचते हैं कि इधर से पहले कोई घोड़ा ही गया है तो वहाँ हम उसे अनुमान की प्रक्रिया कहेंगे किन्तु घोड़े के साक्षात् चित्र को देखकर घोड़े का अनुमान लगाने की आवश्यकता नहीं पड़ती। अस्तु, हमारे विचार से भले ही शंकुक ने न्याय-दर्शन के आधार पर रस की नई व्याख्या करके अपनी विद्वता एवं मौलिकता को प्रमाणित कर दिया हो, किन्तु हम नहीं समझते कि उनका अनुमान-सिद्धान्त या उनका "अनुमितिवाद"

रस की अवधारणाओं को स्पष्ट करने में कोई महत्वपूर्ण योग देता है। जहाँ तक रस-निष्पत्ति की प्रक्रिया के स्पष्टीकरण की बात है शंकुक ने भट्टलोल्लट की सरल और स्पष्ट बातों को भी दार्शनिकता के आचरण में प्रस्तुत करके उन्हें और अधिक दुरूह एवं जटिल बना दिया है।

भट्टनायक का मुक्तिवाद—रस-निष्पत्ति की प्रक्रिया के स्पष्टीकरण में भट्टनायक (अनुमानतः ९वीं शताब्दी) का महत्वपूर्ण योगदान है। जैसा कि पहले कहा जा चुका है, उनका मूल ग्रंथ "हृदयदर्पण" उपलब्ध नहीं है अतः उनके मत की जानकारी केवल मम्मट और अभिनवगुप्त के उद्धरणों से ही मिलती है। इनकी मौलिक स्थापनाएँ निम्नलिखित हैं[१]—

१. काव्यास्वादन की तीन प्रक्रियाएँ—अब तक रस-निष्पत्ति का विवेचन-विश्लेषण केवल नाटक की दृष्टि से ही किया जाता रहा, किन्तु भट्टनायक ने नाटक के स्थान पर काव्य की दृष्टि से उस पर विचार किया। उन्होंने काव्यास्वादन या रस-निष्पत्ति की तीन प्रक्रियाओं का निर्धारण किया—एक अभिधा की प्रक्रिया, दूसरी भावकत्व की प्रक्रिया और तीसरी भोजकत्व की प्रक्रिया। अभिधा की प्रक्रिया से तात्पर्य यह है कि सर्वप्रथम हम काव्य के अनुशीलन द्वारा उसका अर्थ-बोध करते हैं। यदि काव्य का अर्थ ही हमें ज्ञात नहीं है तो इस स्थिति में उसके आस्वादन का प्रश्न ही नहीं उठता। उदाहरण के लिए यदि हमें जर्मन भाषा में रचित अत्यन्त सुन्दर काव्य भी सुनाया जाय तो उससे जर्मन भाषा के ज्ञान के अभाव में किसी भी प्रकार की अनुभूति प्राप्त नहीं होगी जबकि नाटक में हम ऐसे दृश्यों एवं क्रिया-कलापों का भी थोड़ा आस्वादन कर सकते हैं, जो भले ही किसी अज्ञात भाषा में प्रस्तुत हो, किन्तु काव्य में ऐसा सम्भव नहीं। इसीलिए अभिधा व्यापार या अभिधा की प्रक्रिया को भट्टनायक ने काव्यास्वादन के लिये सबसे पहला स्थान दिया है। किन्तु अभिधा शक्ति के द्वारा प्राप्त अर्थ हमारे भौतिक ज्ञान के स्तर तक ही सीमित रहता है। यह हमारे हृदय की भावनाओं को बहुत कम स्पर्श कर पाता है। जब अर्थ-बोध के अनन्तर काव्यगत वस्तु हमारे हृदय में भी भावना या अनुभूति का उद्वेलन करने लगे तो इस स्थिति को भट्टनायक के शब्दों में भावकत्व की प्रक्रिया का नाम दिया जा सकता है। भावकत्व से उनका आशय काव्य वस्तु के भावन या उसके संवेदन से था। दूसरे शब्दों में यह भी कहा जा सकता है कि काव्य की विषय-वस्तु अनुभूति-गम्य होने लगती है तो यह स्थिति भावकत्व व्यापार की सूचक है। भावकत्व के अनन्तर भोजकत्व की स्थिति आती है, जबकि हमारी काव्यजन्य अनुभूतियाँ अपनी लौकिक सीमाओं से मुक्त होकर आनन्द में परिणत हो जाती हैं। इसी आधार का उपभोग भोग या भोजकत्व की प्रक्रिया एवं स्थिति का सूचक है।

साधारणीकरण—यहाँ यह ध्यातव्य है कि काव्यजन अनुभूति, आनन्दानुभूति या रस-दशा में परिणित हो—इसके लिए यह आवश्यक है कि उन अनुभूतियों का साधारणीकरण हो जाय।

'साधारणीकरण' से तात्पर्य है कि काव्यगत अनुभूतियों का व्यक्ति विशेष तक सीमित न रहकर सर्वसाधारण तक व्याप्त हो जाना। उदाहरण के लिए हम रामलीला में लक्ष्मण-

---

१. द्रष्टव्य—'रस-सिद्धान्त का पुनर्विवेचन', पृ० सं० ३८-४४

शक्ति के प्रसंग में राम को अपने भाई के मूर्च्छित हो जाने के कारण शोकपूर्ण स्थिति में देखते हैं। कवि यहाँ जिस शोक का चित्रण करता है वह राम का है, पाठकों या श्रोताओं का नहीं, फिर भी राम के शोक से पाठक एवं श्रोता भी अभिभूत हो जाते हैं; इसका अर्थ यह हुआ कि काव्यगत शोक किसी एक व्यक्ति का शोक न रहकर सर्वसाधारण के या समस्त मानव-समाज के शोक में परिवर्तित हो जाता है। अतः यदि हम 'साधारणीकरण' को 'समाजीकरण' का अभिप्राय मानें तो अनुचित न होगा।

यहाँ साधारणीकरण के सम्बन्ध में कई प्रश्न उठ सकते हैं–एक तो यह कि क्या काव्य के प्रत्येक पात्र की भावनाओं का साधारणीकरण हो जाता है अथवा नहीं? दूसरा, साधारणीकरण का मूल आधार क्या है? तीसरा, साधारणीकरण का लौकिक भावों एवं काव्यगत-रूप से क्या सम्बन्ध है? यहाँ इन पर क्रमशः विचार किया जाता है।

इस प्रश्न पर अब तक अनेक आचार्य विचार कर चुके हैं कि काव्य में किसकी भावनाओं का साधारणीकरण होता है? संस्कृत के अधिकांश आचार्यों का मत था कि काव्य के नायक की भावानुभूतियों का साधारणीकरण होता है, किन्तु यह बात उसी स्थिति में लागू होती है, जबकि वह नायक उदात्त प्रकृति का हो। उदाहरण के लिये यदि काव्य का नायक कोई दुष्ट प्रकृति का व्यक्ति हुआ तो उसके साथ हमारी सहानुभूति नहीं रहेगी। अतः वहाँ साधारणीकरण भी नहीं होगा। हिन्दी के आचार्यों ने भी इस प्रश्न पर अपने-अपने ढंग से विचार किया है। आचार्य रामचन्द्र शुक्ल के मतानुसार काव्य में प्रस्तुत आलम्बन का साधारणीकरण होता है, जबकि डॉ० नगेन्द्र के अनुसार कवि की भावनाओं का साधारणीकरण होता है। किन्तु ये दोनों ही मत अपूर्ण एवं अस्पष्ट हैं। कुछ काव्यों में विशेषतः मुक्तक या गीति काव्य में स्वयं कवि ही अपनी भावनाओं की अभिव्यक्ति करता है, उससे इतर कोई और पात्र नहीं होता। ऐसी स्थिति में आचार्य शुक्ल का मत अव्यावहारिक सिद्ध हो जाता है। दूसरी ओर अधिकांश प्रबन्ध काव्यों में स्वयं प्रकट नहीं होता, वह विभिन्न पात्रों का ही प्रस्तुतीकरण करके रह जाता है। ऐसी स्थिति में कवि की भावनाओं के साधारणीकरण की बात भी अस्पष्ट प्रतीत होती है क्योंकि जहाँ कवि ही विद्यमान नहीं है, वहाँ उसकी भावनाओं के सम्बन्ध में निश्चयपूर्वक कुछ कहना कठिन है।

उपर्युक्त सभी मतों पर समन्वित रूप में विचार करते हुए यह कहा जा सकता है कि काव्यगत पात्र कवि की भावनाओं या अनुभूतियों के प्रतिनिधि होते हैं। विभिन्न पात्र वही रूप प्राप्त करते हैं जो कवि चाहता है। यदि हम उन पात्रों को उसी रूप में ग्रहण कर सकें जिस रूप में उन्हें चित्रित किया गया है तो यह उनका साधारणीकरण होगा। जहाँ कवि स्वयं ही काव्य का अनेक प्रमुख पात्र है, वहाँ भी कवि की भावनाओं का साधारणीकरण होगा या उसके साथ पाठक का तादात्म्य स्थापित होना आवश्यक है। यहाँ यह भी उल्लेखनीय है कि कवि कई बार एक ही परिस्थिति में दो परस्पर विरोधी भावों की अभिव्यक्ति करता है किन्तु उनमें से एक का साधारणीकरण हो जाता है अन्य का नहीं। उदाहरण के लिये 'रामचरितमानस' के परशुराम-लक्ष्मण संवाद में एक क्रोध से अभिभूत है तो दूसरा उसके उपहास में लीन है; यहाँ क्रोध एवं उपहास दो परस्पर विरोधी भाव एक साथ व्यक्त किये गये हैं। यहाँ यह प्रश्न उठता है कि हमारा साधारणीकरण किसके साथ होता है और क्यों? इसके उत्तर में निश्चयपूर्वक कहा जा सकता है कि इस प्रसंग में लक्ष्मण का उपहास भाव ही साधारणीकृत हो पाता है, परशुराम का क्रोध नहीं, अपितु उनका क्रोध भी हमारे उपहास की पुष्टि में योग देता है।

इस प्रकार स्पष्ट है कि काव्य में चित्रित प्रत्येक भाव का साधारणीकरण उसी सीमा तक होता है, जहाँ तक कि कवि की भावनाओं के वह अनुरूप है। दूसरे शब्दों में, काव्यगत भाव कवि की भावनाओं के प्रतिनिधि हैं तथा कवि उन्हें जिस रूप में भावित करता है, उसी रूप में वे साधारणीकृत होते हैं। यही कवि की सफलता का सबसे बड़ा रहस्य है। यदि ऐसा नहीं होता तो यह कवि, काव्य या पाठक की किसी विशेष न्यूनता या त्रुटि का द्योतक है।

लौकिक भाव या हमारे दैनिक जीवन के भाव हमारे व्यक्तित्व की सीमाओं से आबद्ध रहते हैं। इसलिए वे सर्बसाधारण की अनुभूति के विषय नहीं बन पाते। मान लीजिए एक व्यक्ति की एक लाख रुपए की लाटरी खुली है। वह हर्ष में विभोर होकर अपने आस-पास के सब लोगों को कहता फिर रहा है कि मेरी लाटरी खुल गई किन्तु उसके इस हर्ष में कितने लोग भागीदार होंगे? उसके कुछ सम्बन्धियों एवं मित्रों को छोड़कर शेष लोग कहेंगे–'हमें इससे क्या? तुम्हारी लाटरी खुली है तो तुम्हें पैसा मिलेगा।' अस्तु, लौकिक जीवन की भावानुभूतियाँ व्यक्ति-विशेष की सीमाओं में आबद्ध रहती हैं जबकि काव्य और कला में वे उन सीमाओं से मुक्त हो जाती हैं। इसी प्रक्रिया को पाश्चात्य विद्वानों ने 'निर्वैयक्तिकता' का नाम दिया है, जिसे भारतीय शब्दावली में 'साधारणीकरण' कहा जाता है।

इस सन्दर्भ में एक प्रश्न और विचारणीय रह गया है, वह यह कि काव्य में साधारणीकरण का आधार क्या है? इसके उत्तर में कलात्मक एवं दार्शनिक दृष्टि से अलग-अलग बातें कही गई हैं। कलात्मक दृष्टि से व्याख्या करते हुए भट्टनायक ने यह बताया है कि काव्य में दोषों के अभाव तथा गुण एवं अलंकारों के संयोजन से तथा नाटक में अभिनय के प्रभाव से काव्यगत विभावों का साधारणीकरण हो जाता है। यद्यपि यह बात भट्टनायक के द्वारा भली-भाँति स्पष्ट नहीं हो पाती, किन्तु इसका तात्पर्य यह है कि काव्य में गुण, अलंकार आदि के कारण सौन्दर्य का संचार हो जाता है और यह सौन्दर्य ही साधारणीकरण का मूल आधार है। नाटक में भी अभिनय-कला के सौन्दर्य के कारण साधारणीकरण होता है, किन्तु यह तो काव्यगत रचनागत आधार है जो कि साधारणीकरण के एक ही पक्ष को प्रस्तुत करता है। साधारणीकरण का दूसरा पक्ष पाठक, श्रोता या दर्शक से सम्बन्धित है। काव्यास्वादन के समय पाठक या श्रोता भी 'निज मोह-संकटता-निवारण' के बाद ही साधारणीकरण में सफल हो सकता है। 'निज मोह-संकटता-निवारण' का अर्थ है कि पाठक भी अपने निजी मोह (राग-द्वेष) के बन्धन की सीमाओं से मुक्त होने पर ही साधारणीकरण का भागीदार हो सकता है–इसी को पीछे 'निर्वैयक्तिकता' कहा गया है।

भट्टनायक ने निर्वैयक्तिकता के आधारभूत कारण का स्पष्टीकरण भारतीय दर्शन के आधार पर भी किया है। भारतीय दर्शन के अनुसार व्यक्ति में तीन प्रकार की मनःस्थितियाँ रहती हैं, सतोगुण प्रधान, रजोगुण प्रधान एवं तमोगुण प्रधान। वैसे तो प्रत्येक व्यक्ति में सत्, रज और तम न्यूनाधिक मात्रा में सदैव विद्यमान रहते हैं, किन्तु परिस्थिति-विशेष में इनमें से भी कभी एक गुण प्रधान हो जाता है और कभी दूसरा तथा शेष गुण उसी के अधीन हो जाते हैं। सत्वगुण की स्थिति में हम राग-द्वेष से मुक्त हो जाते हैं तथा उस स्थिति में हम प्रत्येक तथ्य, तत्व या क्रियाकलाप को तटस्थ दृष्टि से देख पाते हैं। कलात्मक आस्वादन के लिए इसी तटस्थता की आवश्यकता है जो कि सत्वगुण की सूचक है। काव्य, नाटक या कला के आस्वादन के समय सामाजिक की मानसिकता सत्वगुण

प्रधान हो जाती है जो कि 'तटस्थता' का ही दूसरा नाम है। इसी के फलस्वरूप वह कला के सौन्दर्य का आस्वादन यथार्थ रूप में कर पाता है।

उपर्युक्त तथ्य की ओर अधिक स्पष्ट करने के लिए हम यहाँ एक उदाहरण प्रस्तुत कर सकते हैं। मान लीजिए कि भारत एवं पाकिस्तान के बीच फुटबाल का मैच हो रहा है। दर्शकों में भारतीय, पाकिस्तानी एवं जापानी—इन तीनों देशों के लोग हैं। अब सोचिए मैच का वास्तविक आनन्द किसे प्राप्त होता है? जब भारत का खिलाड़ी बहुत अच्छा खेल रहा होता है और वह पाकिस्तान को गोल कर देता है तो उस समय पाकिस्तानी दर्शक दुःखी होते हैं। इसी प्रकार जब इसके विपरीत पाकिस्तानी खिलाड़ी अपने अद्भुत कौशल का परिचय देता हुआ भारत को गोल कर देता है तब भारतीय दर्शक दुःखी हो जाते हैं, जब कि पाकिस्तानी दर्शक हर्ष विभोर हो जाते हैं। इसका अर्थ यह है कि भारतीय एवं पाकिस्तानी दर्शक खेल के वास्तविक कौशल को नहीं देखते, अपितु वे अपनी-अपनी हार या जीत को देखते हैं सुख या दुःख का अनुभव प्राप्त करते हैं जबकि इन दोनों से पृथक् ज़ापानी दर्शक खेल का वास्तविक आनन्द प्राप्त करता है। वह तटस्थ दृष्टि से एवं निर्वैयक्तिक भाव से प्रत्येक खिलाड़ी की कला का आस्वादन करता है, भले ही वह खिलाड़ी भारत का हो अथवा पाकिस्तान का! ऐसी स्थिति में खिलाड़ियों के कला-कौशल के वास्तविक सौन्दर्य का आस्वादन न भारतीय दर्शक करते हैं और न पाकिस्तानी अपितु वह जापानी दर्शक करता है जो कि अपने-पराये की भावना से मुक्त है।

उपर्युक्त विवेचन से स्पष्ट है कि साधारणीकरण का मूल आधार एक ओर तो काव्यगत सौन्दर्य है तो दूसरी ओर प्रमाता की निर्वैयक्तिकता या तटस्थता है। इन दोनों के संयोग से ही काव्य के माध्यम से व्यक्त भाव या विचार साधारणीकृत हो पाते हैं। इस साधारणीकरण का ही दूसरा अंग है—'तादात्म्य'। तादात्म्य से तात्पर्य है 'उसकी आत्मा से मेल'। काव्य के प्रसंग में कवि की भावनाओं के साधारणीकरण के फलस्वरूप कवि और पाठक में तादात्म्य स्थापित हो जाता है। यह तादात्म्य की स्थिति सहानुभूति की स्थिति नहीं है, अपितु उससे और अधिक निकटता की स्थिति है, जिसे आधुनिक युग के कला-शास्त्रियों ने 'समानुभूति' (Empathy) की संज्ञा देते हुए उसे सहानुभूति (Sympathy) से भिन्न माना है। सामान्य जीवन में हम सहानुभूति व्यक्त करते समय व्यक्ति विशेष के दुःख के प्रति अपनी सहृदयता का तो परिचय देते हैं किन्तु हम उसके दुःख को पूर्णतः आत्मसात् नहीं कर पाते जबकि सहानुभूति में आलम्बन और आश्रय दोनों की अनुभूतियों की समता आ जाती है, यही 'तादात्म्य' है।

भोजकत्व व्यापार—भट्टनायक ने काव्यास्वादन की अन्तिम स्थिति को 'भोजकत्व' या 'भोग' अथवा 'उपभोग' का नाम दिया है, जिसका अर्थ है कि 'आनन्द की अनुभूति का भोग'। यहाँ यह उल्लेखनीय है कि रस का स्वरूप आनन्दमय है। अतः रस की अनुभूति का अर्थ है—'आनन्द की अनुभूति'। रस के कई भेद बताये गये हैं किन्तु सभी की अन्तिम परिणति आनन्द में होती है। भट्टनायक के अनुसार भी काव्य के सन्दर्भ में भावकत्व की प्रक्रिया के फलस्वरूप साधारणीकरण होता है और साधारणीकरण की ही चरम स्थिति रसानुभूति या आनन्दानुभूति है।

उपर्युक्त आनन्दानुभूति का मूल कारण क्या है? इसका उत्तर देते हुए भट्टनायक ने 'सांख्य दर्शन' को आधार बनाया है जिसके अनुसार हमारी आत्मा का स्वाभाविक गुण ही

आनन्द है, किन्तु रजोगुण एवं तमोगुण के प्रभाव से यह आनन्द का गुण लुप्त या आवृत्त हो जाता है। जब कला-स्वादन या योग-समाधि या किसी अन्य साधना के द्वारा आत्मा पर से रजोगुण एवं तमोगुण का आवरण हट जाता है तो सत्वगुण का प्रकटीकरण सहज ही है जाता है और यह सत्व गुण ही आनन्द की स्थिति का द्योतक है। अस्तु, दार्शनिक दृष्टि से सत्व का उद्रेक ही आनन्दानुभूति का मूल आधार है। यदि मनोवैज्ञानिक दृष्टि से कहें तो जब हम रजोगुण एवं तमोगुण के द्योतक राग-द्वेष से मुक्त हो जाते हैं तो हमें सहज ही आनन्द की अनुभूति प्राप्त होती है। वास्तव में सारा संसार सौन्दर्य से युक्त है किन्तु हम अपनी-अपनी वैयक्तिकता की सीमाओं तथा राग-द्वेष से ग्रस्त होने के कारण निर्द्वन्द्व भाव से उस सौन्दर्य का आस्वादन नहीं कर पाते। सौन्दर्य को देखते ही हम उसे प्राप्त करने की लालसा से उद्वेलित हो जाते हैं, जिसके फलस्वरूप वह सौन्दर्य भावना जो कि आनन्ददायिनी शक्ति से युक्त है, लुप्त हो जाती है और हम अपनी वासनाओं, इच्छाओं और लालसाओं से पीड़ित होकर दुःखी एवं अशान्त हो जाते हैं। अस्तु, न केवल काव्य में अपितु लौकिक जीवन में भी यदि हम तटस्थ, निर्वैयक्तिक एवं सतोगुणात्मक दृष्टिकोण को विकसित कर सकें तो हमारे लिए समस्त विश्व एक रंगमंच एवं संसार की सभी क्रियाएँ सौन्दर्य में परिणित हो सकती हैं और हम प्रत्येक क्षण आनन्द की अनुभूति प्राप्त कर सकते हैं। भारतीय दर्शन एवं साधना पद्धति में इसी स्थिति को 'आत्मानुभूति' की स्थिति कहा गया है जो कि आनन्द की चरम स्थिति की द्योतक है।

इस प्रकार हम देखते हैं कि भट्टनायक ने रस-निष्पत्ति की प्रक्रियाओं एवं साधारणीकरण सिद्धान्त की स्थापना के द्वारा रस-सिद्धान्त के इतिहास में एक क्रान्तिकारी कार्य किया।[१] उनके साधारणीकरण सिद्धान्त को तो एक 'सार्वभौम सिद्धान्त' की संज्ञा दी जा सकती है; जैसा कि हमने पीछे संकेत किया है—साधारणीकरण सिद्धान्त को न केवल भट्टनायक परवर्ती प्रायः सभी भारतीय आचार्यों ने मान्यता प्रदान की है, अपितु पाश्चात्य काव्यशास्त्र एवं सौन्दर्य-शास्त्र में भी इसकी सत्ता विभिन्न विद्वानों ने स्वीकार की है, यह दूसरी बात है कि उन्होंने इसका नामकरण विभिन्न शब्दों में किया है; यथा—'निर्वैयक्तिकता', 'स्वार्थ शून्यता', 'समानुभूति' आदि। इसके अतिरिक्त काव्य की दृष्टि से रस-निष्पत्ति के अन्य पक्षों एवं रस के स्वरूप को दार्शनिक आधार पर स्पष्ट करने में भी उनका योगदान महत्वपूर्ण है।

आचार्य अभिनव गुप्त का अभिव्यक्तिवाद—आचार्य अभिनव गुप्त (१०-११वीं शताब्दी) ने भरतमुनि के 'नाट्यशास्त्र' की विस्तृत टीका के रूप में 'अभिनव भारती' की रचना करते समय रस-सिद्धान्त पर निजी दृष्टिकोण से विचार किया है। जहाँ उन्होंने एक ओर पूर्ववर्ती आचार्यों के मतों की आलोचना की है, वहीं उन्होंने दूसरी ओर रस-सिद्धान्त के सम्बन्ध में अनेक नूतन स्थापनाएँ भी प्रस्तुत की हैं, जिन्हें यहाँ संक्षेप में प्रस्तुत किया गया जाता है—

(क) रस का स्वरूप—रस का स्वरूप स्पष्ट करते हुए अभिनव गुप्त ने यह प्रतिपादित किया कि रस नाटक या काव्य-रचना का कोई एक अंग या तत्त्व नहीं है, अपितु वह समस्त रचना में व्याप्त सर्वांगीण तत्व है। जिस प्रकार हम जीवित व्यक्ति के

---

१. भट्टनायक के मत के विस्तृत अध्ययन के लिए द्रष्टव्य—'रस सिद्धान्त का पुनर्विवेचन', पृ० सं० ३९-४५।

शरीर में प्राण को उसका कोई एक अवयव या तत्व नहीं मान सकते, उसी प्रकार रस को भी काव्य का कोई विशेष अवयव या तत्त्व नहीं कह सकते हैं। साथ ही उन्होंने यह भी स्पष्ट किया कि रस का सम्बन्ध नाटक या काव्य के सम्पूर्ण अर्थ से है। प्रायः स्थायी भाव, विभाव, अनुभाव आदि के आधार पर रचना की व्याख्या करते समय यह भ्रांति उत्पन्न हो जाती है कि रस की सत्ता केवल स्थायी भाव में अथवा किसी अन्य अवयव में होगी किन्तु वास्तव में ऐसा नहीं है। नाटक या काव्य में भाव आदि के अतिरिक्त विचार या शैली सम्बन्धी भी जिन तत्वों की अभिव्यक्ति की जाती है वे सभी रस में परिणित हो जाते हैं।

(ख) स्थायी भाव और रस का अन्तर—इन दोनों का अन्तर स्पष्ट करते हुए अभिनव गुप्त ने बताया कि स्थायी भाव जहाँ सामान्य जीवन की लौकिक अनुभूति है, वहाँ रस की अनुभूति कला, नाटक या काव्य के माध्यम से होती है। दूसरे, रस में स्थायी भाव विभिन्न शैलीगत तत्वों—गुण, अलंकार आदि से समन्वित होकर सौन्दर्य युक्त हो जाता है जब कि स्थायी भाव साधारण शब्दावली में व्यक्त होता है। तीसरे, रस में स्थायी भाव साधारणीकृत रूप में होता है, जबकि व्यावहारिक जीवन में ऐसा नहीं होता। चौथे रस की अनुभूति निर्विघ्न रूप में होती है और पाँचवें रस का आस्वाद सदैव आनन्दमय होता है जबकि लौकिक भावों पर ये बातें लागू नहीं होतीं। कहना न होगा कि अभिनव गुप्त ने रस और स्थायी भाव के अन्तर को स्पष्ट करने में पर्याप्त सफलता प्राप्त की है।

(ग) रसानुभूति के तीन आधार—किसी भी काव्य या नाटक से रस प्राप्ति में मुख्यतः तीन आधारों का योग रहता है—(१) काव्यगत आधार, (२) सामाजिकगत आधार एवं (३) परिस्थितिगत आधार। अभिनवगुप्त ने स्पष्ट किया कि जब तक काव्य या नाटक में विषयवस्तु को कलात्मक या सौन्दर्ययुक्त शैली में प्रस्तुत नहीं किया जायेगा, तब तक उससे रसानुभूति संभव नहीं है। दूसरे, पाठक या श्रोता अपनी जन्मजात वासनाओं या सहज प्रवृत्तियों के कारण ही रसानुभूति प्राप्त करते हैं। काव्य या नाटक के आस्वादन के समय हमारी वासनाएँ और सहज प्रवृत्तियाँ प्रभावित, उदबुद्ध एवं उद्वेलित होकर व्यक्त हो जाती हैं। उदाहरण के लिए जब काव्य या नाटक में उसका नायक अपने शत्रु से प्रतिशोध लेकर सन्तोष का अनुभव करता है तो पाठक या दर्शक की भी प्रतिशोध भावना साधारणीकरण की प्रक्रिया के द्वारा व्यक्त हो जाती है। दूसरे शब्दों में भले ही हम काव्य में अन्य पात्रों की भावनाओं—प्रेम, घृणा, शोक, भय आदि की अभिव्यक्ति देखते हों किन्तु काव्यगत पात्रों से हमारा ऐसा तादात्म्य स्थापित हो जाता है, उनके माध्यम से हम अपनी ही भावनाओं की अभिव्यक्ति करते हैं तथा हमारी सभी भावनाएँ किसी न किसी वासना या सहज प्रवृत्ति पर आधारित हैं। अतः कहना चाहिए कि अन्ततः काव्य, नाटक या कला से हमारी अपनी ही वासनाएँ या भावनाएँ अप्रत्यक्ष रूप में उद्वेलित होकर व्यक्त होती हैं। इस दृष्टि से काव्यास्वादन से प्राप्त होने वाला रस या आनन्द मूलतः हमारी अपनी ही वासनाओं, भावनाओं एवं सहज प्रवृत्तियों की अभिव्यक्ति का आनन्द है।

रसानुभूति का तीसरा आधार परिस्थितिगत है। यदि काव्यास्वादन के समय हमारी अपनी मनःस्थितियाँ या बाहर की परिस्थितियाँ अनुकूल न हुईं तो उस स्थिति में भी रस की अनुभूति नहीं होगी। रसानुभूति में बाधा उपस्थित करने वाली प्रतिकूल स्थितियों को अभिनव गुप्त ने 'विघ्न' की संज्ञा देते हुए उसके सात भेद बताये हैं; जो इस प्रकार हैं—

(१) **अर्थबोध की असमर्थता**—यदि काव्य या नाटक की भाषा ही अस्पष्ट, दुरूह या जटिल हो तो उससे रसानुभूति में विघ्न उपस्थित होगा। कई बार जब हमारा अपना भाषा-ज्ञान भी न्यून हो तो वहाँ भी ऐसा ही होगा। उदाहरण के लिए यदि हम जर्मन भाषा की कोई कविता सुन रहे हैं किन्तु यदि हमें जर्मन भाषा का ज्ञान नहीं है तो ऐसी स्थिति में भी उससे रस की उपलब्धि सम्भव नहीं है। (२) **निजी सुख-दुःख का प्रभाव**—यदि काव्यास्वादन के समय हम अपने व्यक्तिगत सुख-दुःख से अत्यधिक अभिभूत हों तो उस स्थिति में भी रसानुभूति सम्भव नहीं है। (३-४) **देश और काल की अविच्छिन्नता**—कला के आस्वादन के समय देश-काल की सीमाओं से मुक्त होना आवश्यक है। उदाहरण के लिए यदि हम शेक्सपियर का नाटक देख रहे हैं, जिसमें इंग्लैंड का वातावरण दिखाया गया है, जो कि भारतीय परिस्थितियों से भिन्न है। ऐसी स्थिति में यदि हम भारतीय परिवेश से ही जुड़े रहते हैं तो रस की अनुभूति नहीं होगी। इसी प्रकार किसी अतीत काल की रचना का अध्ययन करते समय हमारा आधुनिक काल या वर्तमान काल की सीमाओं से मुक्त होना आवश्यक है। (५) **माध्यम की अस्पष्टता**—मान लीजिए, हम कोई कविता सुन रहे हैं किन्तु कवि की आवाज इतनी धीमी है कि हमें वह सुनायी नहीं पड़ती या उसकी अभिव्यंजना अस्पष्ट है तो वहाँ भी रसानुभूति सम्भव नहीं है। (६) **प्रधान की अप्रधानता**—किसी भी काव्य, नाटक या रचना में प्रमुख पात्र या घटना को गौण या गौण को प्रमुख बना दिया जाये तो वहाँ भी रस की निष्पत्ति में बाधा होगी। (७) **प्रदर्शन की संशयात्मकता**—यदि काव्य या नाटक में किसी ऐसी घटना या परिस्थिति का चित्रण किया जाता है जो कि पाठक या दर्शक को सर्वथा अस्वाभाविक या असम्भव प्रतीत हो तो उस स्थिति में भी रस की अनुभूति नहीं होगी।

उपर्युक्त विवेचन से स्पष्ट है कि रस-निष्पत्ति के लिए जहाँ रचना में सौंदर्य का होना आवश्यक है, वहाँ पाठक की वासनाओं व भावनाओं की अभिव्यक्ति का होना तथा काव्यास्वादन के समय किसी भी प्रकार के विघ्न का उपस्थित न होना भी आवश्यक है। इस प्रकार अभिनवगुप्त ने रस-निष्पत्ति की व्याख्या काव्य, पाठक और परिस्थिति इन तीनों के आधार पर की है जो कि उनके व्यापक दृष्टिकोण एवं गम्भीर चिन्तन की द्योतक है। यहाँ यह उल्लेखनीय है कि जहाँ अभिनवगुप्त ने अपने पूर्ववर्ती आचार्यों की अन्य स्थापनाओं का खण्डन किया है वहाँ उन्होंने भट्टनायक के साधारणीकरण या तादात्म्य के सिद्धान्त को स्वीकार किया है।[१]

अभिनव गुप्त का महत्व—रस के स्वरूप एवं रस-निष्पत्ति की प्रक्रिया के स्पष्टीकरण में अभिनव गुप्त के योगदान का महत्व अनेक दृष्टियों से है। एक तो उन्होंने काव्य, नाटक या कला का सर्वोपरि तत्त्व सौन्दर्य को माना, जबकि उनके विचार से विभाव, अनुभाव, स्थायी भाव आदि केवल सौन्दर्य के साधन मात्र हैं। इतना ही नहीं उन्होंने काव्य में रस का आधार केवल स्थायी भाव को ही नहीं माना है अपितु विचार या ज्ञान तत्व के आधार पर भी रस की निष्पत्ति, स्वीकार की है—इसे हम आगे अपने अन्य निबन्ध—'बौद्धिक रस : एक नयी स्थापना' में स्पष्ट करेंगे। काव्य की विषयवस्तु को सौन्दर्य में परिणत करने में शैलीगत तत्वों के महत्व को स्वीकार करते हुए उन्होंने परम्परागत

---

१. **अभिनव गुप्त के मत के विस्तृत अध्ययन के लिए द्रष्टव्य—'रस सिद्धान्त का पुनर्विवेचन', पृ० ४५-५५।**

काव्य-सम्प्रदायों (रस, रीति, अलंकार, ध्वनि आदि) में पारस्परिक सामंजस्य स्थापित किया है। दूसरे, उन्होंने रसानुभूति का सम्बन्ध पाठक या सामाजिक की जन्मजात वासनाओं पर आधारित सहज प्रवृत्तियों एवं भावनाओं से भी स्थापित किया है। काव्य, नाटक या कला के माध्यम से हम अपनी वासनाओं एवं उन पर आधारित भावनाओं की अभिव्यक्तिजन्य आनन्द उपलब्ध करते हैं। इस सन्दर्भ में हम उनके विचारों की तुलना अरस्तू के 'विरेचन सिद्धान्त' या क्रोचे के 'अभिव्यंजनावाद' से भी कर सकते हैं। अरस्तू ने भी त्रासदीजन्य आनन्द का आधार हमारी अपनी दूषित एवं हेय वासनाओं के विरेचन (निष्कासन) को माना है किन्तु अभिनव गुप्त ने वासनाओं को दूषित या हेय नहीं माना, अपितु उनके सामान्य रूप को स्वीकार किया है। दूसरे, अरस्तू का सिद्धान्त केवल त्रासदी पर ही लागू होता है, कामदी पर नहीं, जबकि अभिनव गुप्त का सिद्धांत सभी रसों पर लागू होता है। इसका कारण यह है कि जहाँ अरस्तू ने सामान्य जीवन की वासनात्मक अभिव्यक्ति में और कलाजन्य अभिव्यक्ति में कोई अन्तर नहीं देखा वहाँ अभिनव गुप्त के अनुसार उनमें दो प्रमुख अन्तर हैं। एक तो कलाकृति में व्यक्त वासनाएँ एवं भावनाएँ शैली के सौन्दर्य से युक्त होती हैं दूसरे, उनका साधारणीकरण हो जाता है। इन दोनों तत्वों के कारण ही घृणा, भय, शोक जैसे लौकिक जीवन के कटु भाव भी कला के माध्यम से व्यक्त होकर मधुर अनुभूति या आनन्दानुभूति अथवा रसानुभूति में परिणत हो जाते हैं। अतः कहा जा सकता है कि अभिनवगुप्त का 'अभिव्यक्ति सिद्धान्त' अरस्तू के 'विरेचन सिद्धान्त' से बहुत अधिक सूक्ष्म, गम्भीर एवं व्यापक है।

क्रोचे ने भी कला एवं काव्यजन्य आनन्द को अभिव्यंजना या अभिव्यक्ति का आनन्द माना है। उसके मतानुसार कलाकार एवं सामाजिक दोनों ही कला के माध्यम से अपनी सहजानुभूति (Intuition) की अभिव्यक्ति करते हैं किन्तु अरस्तू की भाँति क्रोचे ने भी न तो लौकिक जीवन की अभिव्यक्ति और कलाजन्य अभिव्यक्ति के अन्तर को स्पष्ट किया है और न ही अभिव्यक्ति से पूर्व वासनाओं, भावनाओं एवं अनुभूतियों के साधारणीकरण की बात कही है। इसी प्रकार प्रसिद्ध मनोविश्लेषक फ्रायड ने भी कला के माध्यम से वासना या कामवासना की अभिव्यक्ति का सिद्धान्त प्रतिपादित किया है, किन्तु कलावस्तु के सौन्दर्यीकरण एवं भावानुभूतियों के साधारणीकरण की खोज वे भी नहीं कर सके; अतः कहना चाहिए कि अभिव्यक्तिवाद से सम्बन्धित उपर्युक्त सभी पाश्चात्यमत आचार्य अभिनव गुप्त के अभिव्यक्ति-सिद्धान्त की तुलना में अपूर्ण एवं अविकसित सिद्ध होते हैं।

तीसरे, अभिनवगुप्त पहले आचार्य हैं, जिन्होंने रस-निष्पत्ति की प्रक्रिया के सन्दर्भ में पाठक सामाजिक की उन सीमाओं एवं बाह्य स्थितियों का निरूपण किया है, जो कि काव्यास्वादन में विघ्न या बाधा उपस्थित कर सकती हैं। काव्य कितना ही सुन्दर क्यों न हो और पाठक कितना ही सहृदय क्यों न हो, फिर भी कुछ ऐसी स्थितियां या परिस्थितियाँ हो सकती हैं, जिनके कारण रस की निष्पत्ति नहीं होती—इस महत्वपूर्ण तथ्य की खोज करने का श्रेय आचार्य अभिनव गुप्त को ही है। उन्होंने इस सन्दर्भ में जिन सात प्रकार के विघ्नों की व्याख्या की है वे आधुनिक काव्य-चिन्तन एवं मनोविज्ञान की दृष्टि से भी सर्वथा संगत एवं मान्य कहे जा सकते हैं। इस प्रकार अभिनवगुप्त ने अपनी सूक्ष्म दृष्टि के आधार पर रस-निष्पत्ति का अत्यन्त व्यापक एवं गम्भीर रूप में विवेचन-विश्लेषण प्रस्तुत करके उसे परिपूर्णता की चरम सीमा तक पहुँचा दिया है। जहाँ तक कलानुभूति एवं काव्यास्वादन की प्रक्रिया का सम्बन्ध है, आचार्य अभिनव गुप्त की

स्थापनाएँ आधुनिक ज्ञान, मनोविज्ञान एवं सौन्दर्य-शास्त्र की भी चुनौतियों का सामना करने में समर्थ हैं। उनका रस केवल काव्यगत रस ही नहीं है, अपितु सभी कलाओं से प्राप्त होने वाले आनन्द का पर्याय है; अतः अभिनव गुप्त का रस सम्बन्धी विवेचन केवल काव्य-शास्त्र या नाट्य-शास्त्र की ही सीमाओं में आबद्ध नहीं है, अपितु वह विश्व के व्यापक कलादर्शन या सौन्दर्य-शास्त्र की भी अनेक महत्वपूर्ण गुत्थियों को सुलझाकर उसके विकास में योग देता है। वस्तुतः आचार्य भरतमुनि से लेकर अभिनव गुप्त तक लगभग एक सहस्राब्दि की कालावधि में काव्यास्वाद एवं काव्यास्वादन की प्रक्रिया का जो गम्भीर चिन्तन हुआ, उसी की चरम परिणति अभिनवगुप्त की स्थापनाओं में देखी जा सकती है, किन्तु इसका अर्थ यह नहीं है कि हम पूर्ववर्ती आचार्यों भरत, भट्टलोल्लट, शंकुक, भट्टनायक आदि के महत्व को गौण कर रहे हैं। वस्तुतः रस सम्बन्धी चिन्तन परंपरा को सतत् विकासोन्मुख रखने का श्रेय इन सभी विद्वानों को है और निश्चय ही अभिनव गुप्त की उपलब्धि में भी उनके पूर्ववर्ती आचार्यों की स्थापनाओं का योगदान कम नहीं है। साथ ही यह भी कहा जा सकता है कि काव्य एवं कला की आस्वादन-प्रक्रिया के प्रायः सभी पक्षों एवं अंगों का विभिन्न दृष्टियों से जैसा सूक्ष्म एवं प्रौढ़ विवेचन इन आचार्यों के द्वारा हुआ वह विश्व के कला-दर्शन एवं सौन्दर्य-शास्त्र के क्षेत्र में भारतीय मनीषा का स्थायी योगदान है जिसका सही मूल्यांकन अभी तक नहीं हो पाया है। हमारा विश्वास है कि भविष्य का कला-चिन्तक इस अभाव की पूर्ति कभी न कभी अवश्य करेगा तथा उसी स्थिति में हम इन आचार्यों के महत्व का बोध सम्यक् रूप में कर सकेंगे।

●

११

बौद्धिक रस : एक नयी स्थापना

काव्य या साहित्य की विषयवस्तु मुख्यतः भाव, विचार एवं कल्पना पर आधारित होती है—इसीलिए इस तथ्य को निर्विवाद रूप से स्वीकार किया जाता है कि साहित्यिक रचनाओं में इन तीनों ही तत्वों का अस्तित्व है किन्तु फिर भी सभी रचनाओं में ये तत्व समान रूप में विद्यमान नहीं रहते। रचयिता के दृष्टिकोण, लक्ष्य एवं उसके आधारभूत विषय के अनुसार किसी में विचार तत्व की प्रमुखता रहती है तो किसी में भाव या कल्पना की तथा ऐसी रचनाओं में अन्य तत्व भी गौण रूप में विद्यमान रहते हैं। इस दृष्टि से साहित्यिक रचनाओं को तीन वर्गों में विभक्त किया जा सकता है—(१) विचार प्रधान, (२) भाव प्रधान, (३) कल्पना प्रधान।[१] साहित्यिक दृष्टि से तीनों ही प्रकार की रचनाओं का महत्व है किन्तु भारतीय रस सिद्धान्त के सम्बन्ध में यह आक्षेप किया जाता है कि उसकी स्थापना भाव प्रधान रचनाओं को ध्यान में रखकर ही की गयी थी अतः वह शेष दो वर्गों की रचनाओं की उपेक्षा करता है। यह आक्षेप एक सीमा तक सही भी है क्योंकि हम देखते हैं कि आचार्य भरतमुनि ने प्रत्येक रचना में किसी न किसी एक स्थायी भाव की प्रमुखता को आवश्यक माना है। इतना ही नहीं उनके प्रसिद्ध सूत्र—'विभावानुभाव संचारी भाव संयोगाद्रस निष्पत्तिः' के अनुसार रस के जिन घटक तत्वों या अवयवों—विभाव, अनुभाव एवं संचारी भाव का उल्लेख किया गया है, यह भी इस तथ्य को प्रमाणित करता है कि काव्य कृति का मुख्य उद्देश्य विभाव, अनुभाव, संचारी आदि के संयोग से स्थायी भाव को ही चित्रित या व्यक्त करना है। ऐसी स्थिति में जिस रचना में कवि या साहित्यकार का लक्ष्य भाव विशेष की अपेक्षा किसी विचार-विशेष या सिद्धान्त का प्रतिपादन करना हो, वह रस-सिद्धान्त की दृष्टि से काव्य की कोटि में नहीं आ सकती। इसी स्थिति को ध्यान में रखते हुए आधुनिक युग के अनेक आलोचकों और विद्वानों ने इस बात पर बल दिया है कि रस-सिद्धान्त जो कि भाव की प्रमुखता पर आधारित है, आधुनिक युग की उन रचनाओं का मानदण्ड नहीं बन सकता, जिनमें भाव की अपेक्षा किसी विचार या सन्देश की प्रमुखता है। इसी आक्षेप के आधार पर आधुनिक युग में रस-सिद्धान्त की उपेक्षा होने लगी है। ऐसी स्थिति में यह आवश्यक है कि या तो हम किसी ऐसे सिद्धान्त की स्थापना करें जो कि विचार प्रधान काव्य या साहित्य पर भी लागू हो सकता हो अथवा रस-सिद्धान्त के स्वरूप में इस प्रकार वह परिवर्तन या संशोधन करे कि जिससे वह विचार-प्रधान रचनाओं के विवेचन, विश्लेषण एवं मूल्यांकन में सहायक सिद्ध हो सके। इससे पूर्व कि हम किसी नये सिद्धान्त की स्थापना का प्रयास करें हमें रस-सिद्धान्त की ही आधारभूत स्थापनाओं की पुनःपरीक्षा करते हुए यह देख लेना चाहिए कि क्या उसमें किसी प्रकार के संशोधन एवं परिष्कार की सम्भावनाएँ अन्तर्निहित

---

१. **द्रष्टव्य—'साहित्य-विज्ञान' या 'साहित्य का वैज्ञानिक विवेचन'**

हैं? क्या उसमें ऐसी क्षमताएँ हैं कि जिसके आधार पर उसे एक ऐसा नया और व्यापक रूप दिया जा सके जिससे कि वह केवल भाव-प्रधान ही नहीं विचार-प्रधान रचनाओं के मूल्यांकन में भी सार्थक सिद्ध हो सके। इसके लिए हमें सर्वप्रथम रस-सिद्धान्त के ही इतिहास पर दृष्टिपात करना होगा।

रस-सिद्धान्त का विकासक्रम—यदि हम रस-सिद्धान्त के इतिहास पर दृष्टिपात करते हुए विचार करें तो यह स्पष्ट होगा कि यह सिद्धान्त देशकाल की परिस्थितियों के अनुरूप निरन्तर विकासोन्मुख रहा है। इसके विकास के मुख्यतः तीन सोपान निर्धारित किये जा सकते हैं—(१) आचार्य भरतमुनि द्वारा प्रतिपादित प्रारम्भिक स्वरूप, (२) आचार्य अभिनव गुप्त द्वारा परिवर्तित एवं विकसित रूप एवं (३) मध्यकालीन भक्तियुग में विकसित नया स्वरूप। इन तीनों सोपानों में क्रमशः रस-सिद्धान्त नये-नये रूपों की ओर अग्रसर होता गया है। आचार्य भरतमुनि ने मुख्यतः नाटक की दृष्टि से भाव प्रधान रस की स्थापना करते हुए उसके आठ भेद स्वीकार किये जो कि आठ स्थायी भावों पर आधारित थे। आगे चलकर कुछ विद्वानों ने नवें रस—'शान्त रस'—की कल्पना की, किन्तु उसकी उपेक्षा यह कहकर कर दी गयी कि उसका चित्रण नाटक में नहीं हो सकता। अतः वह गौण है किन्तु आचार्य अभिनव गुप्त ने, जिनका आविर्भाव १०वीं-११वीं शताब्दी में हुआ था, शान्त रस को ही प्रमुखता प्रदान करते हुए रस-सिद्धान्त के स्वरूप में ऐसा संशोधन एवं परिवर्तन किया, जिससे कि वह विचार-प्रधान साहित्य का भी मानदण्ड बन सके। इसके लिए एक तो उन्होंने शान्तरस का स्थायी भाव 'तत्व ज्ञान' को घोषित करते हुए इसी को सर्वोत्कृष्ट रस के रूप में मान्यता दी। 'तत्व ज्ञान' से क्या अभिप्राय है? इसके उत्तर में स्पष्ट कहा जा सकता है कि वह विचार, अवधारणा या सिद्धान्त के बोध का सूचक है। अभिनव गुप्त स्वयं बहुत बड़े दार्शनिक थे, इसलिए उन्होंने दर्शन और काव्य में सामंजस्य स्थापित करने के लिए शान्त रस को माध्यम बनाया। इसमें कोई सन्देह नहीं कि किसी भी तत्व, विचार या सिद्धान्त को जितने अच्छे ढंग से काव्य के माध्यम से प्रस्तुत किया जा सकता है और उसे हृदयंगम करवाया जा सकता है उतने अच्छे ढंग से बौद्धिक चर्चा के द्वारा संभव नहीं। इसीलिए नीतिकारों ने भी काव्य को 'कान्ता सम्मत् उपदेश' की संज्ञा दी है। यह ठीक है कि प्राचीन युग में तत्व, विचार या सिद्धान्त का सम्बन्ध मुख्यतः दर्शन एवं नीति-शास्त्र से ही रहा और कदाचित् अभिनव गुप्त ने शान्त रस की पुष्टि करते समय दार्शनिक तत्वों की अभिव्यंजना को ही अपना लक्ष्य बनाया था किन्तु जब एक बार हम यह स्वीकार कर लेते हैं कि शान्त रस के माध्यम से विचारों की अभिव्यक्ति हो सकती है तो फिर यह बन्धन नहीं रहता कि ये विचार किसी एक विषय के ही हों। वस्तुतः शान्त रस के अन्तर्गत सभी प्रकार के विचारों की अभिव्यंजना के लिए अवकाश है। यहाँ यह भी उल्लेखनीय है कि अब तक प्राचीन एवं अर्वाचीन आचार्यों द्वारा शान्त रस के उदाहरण के रूप में जो उक्तियाँ प्रस्तुत की जाती रही हैं, उनमें धार्मिक, दार्शनिक, नैतिक आदि सभी प्रकार के विचारों को स्थान मिलता रहा है। ऐसी स्थिति में यदि हम 'शान्त रस' को 'बौद्धिक रस' का भी नाम दे दें तो अनुचित नहीं होगा।

रस की नयी परिभाषा—आचार्य अभिनव गुप्त ने न केवल शान्त रस के स्थायी भाव के रूप में 'तत्व ज्ञान' की प्रतिष्ठा करते हुए उसके महत्व में अभिवृद्धि की; अपितु उन्होंने इस लक्ष्य की पूर्ति के लिए रस की परम्परागत परिभाषा के समानान्तर एक और

नयी परिभाषा प्रस्तुत की; जो यह है—'काव्य अर्थात् भावयन्ति इति रस:'। इसका अर्थ यह है कि 'काव्य के अर्थ (विचार) का भावन ही रस है।' दूसरे शब्दों में कहा जा सकता है कि काव्य के माध्यम से प्रस्तुत अर्थ या विचारों का भावन, संवेदन या अनुभूति ही रस है। यहाँ यह ध्यातव्य है कि जहाँ भरतमुनि ने रस के लिए विभाव, अनुभाव और संचारी भाव का संयोग आवश्यक माना था वहाँ अभिनव गुप्त ने अपनी इस नयी परिभाषा में उन तीनों अवयवों की कोई चर्चा न करके केवल भावन या अनुभूति मात्र का उल्लेख किया है; ऐसा क्यों? भरतमुनि का लक्ष्य केवल स्थायी भाव के प्रतिपादन का था और स्थायी भाव के लिए विभाव, अनुभाव एवं संचारी भावों का संयोजन आवश्यक था फिर नाटक में इतना अवकाश होता है कि इन तीनों अवयवों को सम्यक् रूप में प्रस्तुत किया जा सकता है किन्तु काव्य या मुक्तक काव्य में जहाँ कवि का लक्ष्य केवल विचार-विशेष की ही व्यंजना का हो, वहाँ विभाव, अनुभावादि सम्बन्धी सारी सामग्री को जुटाना न तो संभव है और न ही आवश्यक। संभवतः इसी तथ्य को ध्यान में रखते हुए आचार्य अभिनव गुप्त ने रस की उपर्युक्त नयी परिभाषा प्रस्तुत की है, जिसमें विभाव, अनुभावादि तत्वों को सर्वथा गौण कर दिया गया है। यहाँ यह उल्लेखनीय है कि अभिनव गुप्त ने भरत की परिभाषा का खंडन किये बिना ही अपनी नयी परिभाषा प्रस्तुत कर दी है, जिसका अर्थ यह है कि जहाँ अन्य रसों में विभाव, अनुभाव आदि भी संयोजित हो सकते हैं; वहाँ विचार-प्रधान काव्य में इनकी आवश्यकता नहीं है।

यहाँ यह प्रश्न उठता है कि जब विभाव, अनुभाव आदि का आयोजन नहीं किया जायेगा तो विचार का संवेदन या भावन किस प्रकार संभव है? इसका उत्तर अभिनव गुप्त ने स्पष्ट रूप में दिया है। उन्होंने रस-निष्पत्ति की प्रक्रिया पर विचार करते हुए इस तथ्य का उल्लेख किया है कि काव्य के अर्थ को गुण, अलंकार आदि शैलीगत उपकरणों के द्वारा 'सम्यक् सुन्दरीभूत' कर दिया जाये तो उससे रस की निष्पत्ति हो सकती है। 'सम्यक् सुन्दरीभूत' का तात्पर्य है कि विचार को एक ऐसे सौन्दर्य में परिणत कर दिया जाय जिससे कि वह पाठक के मन को भलीभाँति आकर्षित कर सके। दूसरे शब्दों में कहा जा सकता है कि रस की निष्पत्ति के लिए जहाँ एक साधन तो यह है कि विभाव, अनुभाव आदि का संयोजन किया जाये तो दूसरा साधन यह भी है कि विचार को शैली के तत्वों, गुण, अलंकार, बिम्ब प्रतीक आदि के द्वारा कलात्मक सौन्दर्य में परिणत कर दिया जाय। यहाँ यह भी उल्लेखनीय है कि गहराई से विचार करने पर यह स्पष्ट हो जाता है कि कलात्मक सौन्दर्य की अनुभूति ही 'रस' है और इस कलात्मक सौन्दर्य की सृष्टि के लिए हम किन तत्त्वों या उपादानों का प्रयोग करते हैं, यह सब गौण है। अस्तु अभिनव गुप्त के मतानुसार काव्यगत सभी अर्थों या विचारों को शैली के सौन्दर्य के द्वारा रस रूप में परिणत किया जा सकता है।

जिस प्रकार आचार्य अभिनव गुप्त ने अपने युग में दर्शन-शास्त्र की महत्ता को ध्यान में रखते हुए शान्त-रस को प्रमुखता प्रदान की, उसी प्रकार १५वीं-१६वीं शताब्दी में जब भक्ति आन्दोलन आया और साहित्य में भक्ति भाव से ओत-प्रोत रचनाएँ लिखी जाने लगीं तो रस सिद्धान्त का विकास पुनः नयी दिशा की ओर हुआ। इस युग के आचार्यों ने अपने युग के काव्य को ध्यान में रखते हुए भक्ति रस, उज्ज्वल रस, वात्सल्य रस, सख्य रस आदि की स्थापना की। इससे यह तथ्य प्रमाणित होता है कि देशकाल की परिस्थितियों के अनुरूप रस-सिद्धान्त निरन्तर विकासोन्मुख रहा है और समय की मांग के अनुसार उसमें

नये-नये रसों का विकास होता रहा है। विकासवादी सिद्धान्त के अनुसार यही रस-सिद्धान्त की सबसे बड़ी शक्ति है क्योंकि डार्विन के मतानुसार जो वस्तु, प्राणी या पदार्थ देश-काल की परिस्थितियों के अनुरूप अपने को अनुकूलित कर लेने की क्षमता से युक्त है, वही आगे बढ़ सकता है। इसी स्थिति को ध्यान में रखते हुए यदि हम आधुनिक काल की परिस्थितियों के अनुरूप बौद्धिक रस की स्थापना का प्रयास करें तो अनुचित न होगा।

बौद्धिक रस ही क्यों—पीछे शान्त रस की चर्चा करते समय यह स्पष्ट किया जा चुका है कि आचार्य अभिनवगुप्त ने शान्त रस की प्रतिष्ठा विचार-प्रधान रचनाओं को ध्यान में रखकर ही की थी। ऐसी स्थिति में इस प्रश्न का उठना स्वाभाविक ही है, क्यों न हम 'शान्त रस' को ही 'बौद्धिक रस' का स्थानापन्न मानते हुए उसके अंतर्गत ही विचार-प्रधान साहित्य को स्थान दें? उस स्थिति में एक नये रस या बौद्धिक रस की कल्पना की क्या आवश्यकता है? इसके उत्तर में हमारा निवेदन है कि इसमें कोई संदेह नहीं कि शान्त रस की परिकल्पना के कारण विचार-प्रधान साहित्य को रस से संयुक्त करना बहुत सुगम हो गया किन्तु फिर भी इससे हमारी आज की विभिन्न आवश्यकता की पूर्ति सम्यक् रूप में नहीं होती। इसका एक कारण तो यह है कि परम्परागत धारणाओं के प्रभाव से शान्त रस मुख्यतः धार्मिक, दार्शनिक, नैतिक एवं भक्ति सम्बन्धी रचनाओं के लिये ही रूढ़ हो गया है। जब हम शान्त रस का उल्लेख करते हैं तो उससे उपर्युक्त विषयों की रचनाओं का ही बोध होता है, यह दूसरी बात है कि यह बोध शान्त रस सम्बन्धी भ्रांत धारणाओं पर आधारित है किन्तु फिर भी जब भ्रांत धारणाएँ हमारे मन और मस्तिष्क में गहराई से रूढ़ हो जाती हैं तो उनका उच्छेदन करना कई बार असम्भव हो जाता है। उदाहरण के लिये 'स्याही' शब्द का अर्थ है—'काले रंग की वस्तु।' पर आज हम लाल रंग और हरे रंग की मसि को भी 'स्याही' ही कहते हैं। अब यदि हम इस भ्रांति का निराकरण करने के लिए किसी जनरल मर्चेन्ट की दुकान पर जाकर बैठ जाएँ और हर ग्राहक को यह समझाने की चेष्टा करें कि केवल काले रंग की स्याही को ही 'स्याही' कहो, लाल रंग या हरे रंग की स्याही को 'स्याही' कहना बिलकुल अशुद्ध है तथा हम कई महीनों तक भी अपने इस कार्य को चालू रखें तो भी कदाचित् हमें स्याही शब्द के प्रचलित एवं रूढ़ 'अर्थ' को बदलने में सफलता प्राप्त नहीं होगी। यही बात शान्त रस के सन्दर्भ में लागू होती है।

दूसरे, शान्त रस की अवधारणा को प्रस्तुत करते हुए आचार्य अभिनव गुप्त ने एक समन्वयवादी नीति का अनुसरण किया है। उन्होंने एक ओर तो भरत के सूत्र को भी ज्यों का त्यों स्वीकार किया है तो दूसरी ओर धीरे से अपनी बात भी कह दी है। ऐसा प्रतीत होता है कि उस युग में भरतमुनि के अनुयायियों का इतना आतंक और प्रभाव रहा होगा कि जिससे अभिनव गुप्त ने अपने नये मत का प्रतिपादन करने के लिये भरत के मत का किंचित् मात्र भी खण्डन करने का प्रयास नहीं किया। यहाँ तक कि उन्होंने शान्त-रस के स्थायी भाव के रूप में तत्व ज्ञान को प्रस्तुत किया, जो कि अपने-आप में एक विरोधात्मक स्थिति है। 'भाव' और 'तत्व ज्ञान' में वैसा ही सम्बन्ध है जैसा कि मिश्री और नमक में। तत्व ज्ञान को भाव बताना ही अभिनव गुप्त की उस दुविधापूर्ण स्थिति का सूचक है, जहाँ वे विचार को भी प्रतिष्ठित करना चाहते हैं किन्तु भाव का भी खण्डन नहीं करते। वस्तुतः इस दुविधापूर्ण स्थिति के कारण ही शान्त रस का स्वरूप स्पष्ट नहीं हो सका—एक ओर वह शैली के सौंदर्य से युक्त तत्व-ज्ञान है तो दूसरी ओर उसके

संचारी भावों एवं अनुभावों की भी गणना की गयी है।

अस्तु, शान्त रस में वैचारिकता के लिए पर्याप्त अवकाश होते हुए भी हम उसे पूर्णतः 'बौद्धिक रस' की संज्ञा नहीं दे सकते। इसके लिये हमें केवल परम्परागत स्रोतों पर निर्भर न रहकर आधुनिक युग के कतिपय अन्य सिद्धांतों का भी आधार ग्रहण करना होगा। आगे हम ऐसा ही करने का प्रयास करेंगे।

पाश्चात्य काव्य-चिन्तन और विचार-तत्व—यद्यपि पाश्चात्य काव्य-चिंतन के क्षेत्र में साहित्य के प्रमुख तत्वों के अन्तर्गत विचार को अत्यन्त महत्वपूर्ण स्थान दिया गया है किन्तु फिर भी उसमें प्रायः सिद्धांतों का अभाव ही परिलक्षित होता है, जिनमें विचार को कला या काव्य के केन्द्रीय तत्व के रूप में मान्यता दी गई हो। इसका अपवाद केवल मात्र उदात्त सिद्धांत या औदात्य की अवधारणा ही है, जिसका प्रतिपादन सर्वप्रथम सुप्रसिद्ध ग्रीक आचार्य लौंजाइनस ने किया था। लौंजाइनस के अनुसार औदात्य का आधारभूत तत्व उदात्त विचार था, यह दूसरी बात है कि उन्होंने अपने सिद्धांत को व्यापक रूप देने के लिए इसके अन्तर्गत भाव, शैली, शिल्प आदि को भी समाविष्ट कर लिया किन्तु आगे चलकर कांट, हीगल, वर्क, सैंतायना जैसे विद्वानों ने कला के क्षेत्र में औदात्य को अत्यन्त गौरवपूर्ण स्थान प्रदान करते हुए भी उसे सीमित अर्थ में ग्रहण किया है। उनके विचारों का तुलनात्मक अध्ययन करने के अनन्तर हम इस निष्कर्ष पर पहुँचे हैं कि औदात्य से तात्पर्य एक ऐसे महान, भव्य, उच्च एवं उदात्त विचार से है जो कि कला और काव्य के माध्यम से व्यक्त होकर पाठक या सामाजिक के आत्म तत्व को ऊपर उठा सके।[1] इसका तात्पर्य यह हुआ कि औदात्य का सम्बन्ध उदात्त विचारों से है; प्रत्येक प्रकार के विचार से नहीं। विचार को संकीर्ण एवं क्षुद्र विचार औदात्य के पोषक नहीं माने जा सकते। अस्तु, संक्षेप में कहा जा सकता है कि औदात्य का अर्थ है—'उच्च कोटि के विचार।'

इसमें कोई संदेह नहीं कि औदात्य सिद्धान्त के उन्नायकों एवं अनुयायियों ने उच्च विचारों को ही कला और काव्य का सबसे बड़ा आधार माना है किन्तु फिर भी हम इसे सभी प्रकार की विचार-प्रधान रचनाओं पर लागू नहीं कर सकते। ऐसी स्थिति में औदात्य के सिद्धांत को शुद्ध विचारवादी सिद्धांत के रूप में मान्यता नहीं दी जा सकती।

आधुनिक युग के अनेक पाश्चात्य आलोचकों ने काव्य में भावात्मकता या रागात्मकता की अपेक्षा बौद्धिकता या विचारात्मकता को प्रमुख स्थान देने की चेष्ठा की है, जिसका प्रभाव हिन्दी कविता पर भी पड़ा है। हमारे यहाँ विचार कविता आंदोलन' सम्भवतः इसी प्रकार की अवधारणाओं से प्रेरित है, किन्तु दुर्भाग्य से न तो पश्चिम में ही और न ही भारतीय क्षेत्र में ऐसे किसी सिद्धान्त की स्थापना हो पाई है, जिसके आधार पर काव्यगत विचार का विवेचन-विश्लेषण सम्यक् रूप में हो सके। केवल मात्र यह कह देना कि आज का युग विज्ञान अथवा बौद्धिकता का युग है, अतः हमें अपने काव्य या साहित्य में भी उसी को प्रमुखता देनी चाहिए—यह कोरा विचार है। इसे सिद्धान्त रूप में प्रतिष्ठित करने के लिए अपेक्षाकृत अधिक चिंतन एवं ठोस आधार की अपेक्षा है। यद्यपि विचार-कविताओं का युग आया और समाप्त भी हो गया किन्तु फिर भी काव्यगत वैचारिकता का सैद्धान्तिक विवेचन अभी तक सम्यक् रूप में नहीं हो पाया है। ऐसी स्थिति

---

१. द्रष्टव्य—'रस सिद्धान्त का पुनर्विवेचन', पृ० सं० ३४०-३४१।

में बौद्धिक रस की स्थापना में आधुनिक युग के इन विचारवादी कवियों एवं कलाकारों की अवधारणाओं से विशेष सहायता प्राप्त होने की आशा नहीं की जा सकती। उनसे इस तथ्य का बोध अवश्य होता है कि आज भी बौद्धिक रस की स्थापना की आवश्यकता है।

बौद्धिक रस और 'साहित्य-विज्ञान'—बौद्धिक रस के स्वरूप, उसके आधारभूत तत्व एवं उसकी विभिन्न प्रक्रियाओं के विवेचन-विश्लेषण में प्रस्तुत पंक्तियों के लेखक के शोध-प्रबन्ध 'साहित्य-विज्ञान' का भी उपयोग सम्यक् रूप में किया जा सकता है। यहाँ यह भी उल्लेखनीय है कि 'साहित्य-विज्ञान' में साहित्य के समस्त द्रव्य या उसकी विषयवस्तु को मूलतः तीन तत्वों —(१) भाव, (२) विचार एवं (३) कल्पना—के अन्तर्गत विभक्त करते हुए उनकी प्रमुखता के आधार पर साहित्य के भी तीन भेद किये गये हैं—(१) भाव प्रधान, (२) विचार प्रधान एवं (३) कल्पना प्रधान। 'साहित्य-विज्ञान' के अनुसार तीनों प्रकार की रचनाओं में क्रमशः भावात्मक, बौद्धिक एवं कल्पनात्मक आकर्षण की सत्ता विद्यमान रहती है। इस दृष्टि से कहा जा सकता है कि विचार प्रधान काव्य या साहित्य में भी विचारात्मक या बौद्धिक आकर्षण की अभिव्यक्ति होती है। शान्त रस का स्थायी भाव 'तत्वज्ञान' माना गया था जो कि बौद्धिक रस की दृष्टि से अनुपयुक्त है। हमारे विचार से बौद्धिक रस का स्थायी तत्व या आधारभूत तत्व 'बौद्धिक आकर्षण' ही है। इससे यह स्पष्ट है कि काव्य में कोरी विचारात्मकता से काम नहीं चलता, अपितु उन विचारों को एक ऐसे रूप में प्रस्तुत करना होता है जिससे कि वे पाठक या श्रोता में आकर्षण की उद्दीप्ति कर सकें, अन्यथा काव्यगत विचार और दार्शनिक के विचार में कोई अन्तर न रह जायेगा।

काव्य या साहित्य में विचारों के द्वारा आकर्षण शक्ति को उद्दीप्त करने के लिये 'साहित्य-विज्ञान' में मुख्यतः तीन विधियों या पद्धतियों का विवेचन किया गया है—(१) विचार के सहयोग से प्रस्तुतीकरण। (२) भाव के सहयोग से प्रस्तुतीकरण और (३) कल्पना के सहयोग से प्रस्तुतीकरण। यहाँ क्रमशः इन तीनों पर प्रकाश डाला जाता है।

(१) विचार के सहयोग से प्रस्तुतीकरण—इस पद्धति के अनुसार कवि का लक्ष्य किसी विचार-विशेष का प्रतिपादन करना होता है, किन्तु वह उनकी पुष्टि के लिए किसी अन्य विचार का संयोजन करता है। यहाँ इनके दो उदाहरण प्रस्तुत हैं :—

(क) **करत-करत अभ्यास के जड़मति होत सुजान।**
रसरी आवत जात ते सिल पै परत निसान॥

(ख) **सबै सहायक सबल के कोउ न निबल सहाय।**
पवन जगावत आग को, दीपहिं देत बुझाय॥

उपर्युक्त उदाहरणों का अवलोकन करने से यह स्पष्ट होगा कि इनमें पहले एक प्रमुख विचार को प्रस्तुत किया गया है—जैसे कि अभ्यास करते-करते एक मूर्ख भी विद्वान हो सकता है या सभी समर्थ के सहायक होते हैं, असमर्थ की सहायता कोई नहीं करता। इन दोनों ही विचारों की पुष्टि दो अलग-अलग तथ्यों से की गई है—पहले में यह तथ्य प्रस्तुत किया गया है कि जिस प्रकार बार-बार रस्सी के आने-जाने से पत्थर पर भी निशान पड़ जाता है तो दूसरे में इस तथ्य पर प्रकाश डाला गया है कि जहाँ हवा आग की लपटों को बढ़ा देती है, वहीं एक दीपक को बुझा देती है। वैसे सूक्ष्म दृष्टि से देखा जाये तो विचार की पुष्टि के लिए जो तथ्यात्मक उदाहरण प्रस्तुत किये गये हैं, उनमें परस्पर कोई संगति

नहीं है। रस्सी से शिला पर निशान पड़ सकता है, किन्तु क्या हमारा मस्तिष्क भी शिला की भाँति कोई स्थूल पदार्थ है, जिससे कि बार-बार के अभ्यास से कोई चिह्न अंकित हो जाये। इस प्रकार विचारों की पुष्टि में दिये गये तथ्यात्मक विवरण रोचक अवश्य हैं, किन्तु वे तर्क की कसौटी पर बहुत उपयुक्त सिद्ध नहीं होते। इसलिए ये उक्तियाँ दार्शनिक न होकर काव्यात्मक ही अधिक हैं। भले ही इनमें परस्पर संगति या तर्क न हो किन्तु फिर भी वे विचार को पुष्ट करने या उसका बोध प्रदान करने में सहायक अवश्य सिद्ध होती हैं। (२) भावों के सहयोग से **प्रस्तुतीकरण** इसमें विचार को किसी भाव, संवेदना या अनुभूति के साथ सम्बन्धित करके प्रस्तुत किया जाता है जिससे विचार बोधगम्य बन जाता है। यहाँ इसके कुछ उदाहरण प्रस्तुत हैं—

राम नाम के पटतरे देबे को कछु नाहिं।
क्या ले गुरु सन्तोषिए हौंस रही मन माँहि॥

उपर्युक्त उदाहरण में राम नाम के महत्व का प्रतिपादन अत्यन्त अनुभूति पूर्ण शैली में किया गया है। कबीर यहाँ गुरु के प्रति अपने आभार को व्यक्त करते हुए कहते हैं कि उन्होंने मुझे राम नाम का ऐसा महान मंत्र दिया है कि उसके बदले में क्या दूँ! किस प्रकार उनके इस उपकार को चुकाऊँ। या गुरु को सन्तुष्ट करूँ। यह इच्छा मेरे मन में ही रह गई। इस प्रकार यहाँ एक विचार विशेष को कृतज्ञता की भावानुभूति के सहयोग से व्यक्त किया गया है जो निश्चय ही हमारे मन में काव्यात्मक आकर्षण की सृष्टि करता है। इसी प्रकार एक उदाहरण और लिया जा सकता है—

'कोउ कहे रे मधुप तुम्हें लाजौ नहिं आवत।
स्वामी तुम्हरौ श्याम 'कूबरी दास' कहावत॥
इहाँ उंचि पदवी हुती 'गोपीनाथ' कहाय।
अब जदुकुल पावन भयो दासी जूठन खाय॥'

—नन्ददास (भ्रमर-गीत)

उपर्युक्त उद्धरण में इस विचार का प्रतिपादन किया गया है कि जब श्रीकृष्ण गोकुल में थे तो 'गोपीनाथ' कहलाते थे, किन्तु अब मथुरा में जाकर वे 'कुबरीदास' बन गये हैं। गोपियाँ उद्धव से वाद-विवाद करती हुईं इस बात की पुष्टि करती हैं कि श्रीकृष्ण भले ही मथुरा में जाकर बहुत बड़े आदमी बन गये हों किन्तु उनकी दृष्टि में तो वे यहाँ (गोकुल में) अधिक बड़े थे, किन्तु इस विचार को स्पष्ट अभिधा में न कहकर लक्षणा एवं व्यंजना के सहयोग से प्रस्तुत किया गया है। निश्चय ही यहाँ लक्षणा और व्यंजना का आधार हास्य, उपहास और व्यंग्य से ओतप्रोत अनुभूतियाँ हैं। साथ ही इन उक्तियों से गोपियों के हृदय की भाव-विह्वलता, कृष्ण के मथुरा चले जाने के शोक और वहाँ जाकर बस जाने की स्थिति के प्रति गहरा रोष भी व्यक्त हुआ है। जिस कृष्ण को गोपियाँ सदैव अपना मानती थीं उसी के लिए उनका यह कथन—"स्वामी तुम्हरौ श्याम 'कूबरी दास' कहावत।" उनके हृदय की पीड़ा को व्यक्त करता है।

इस प्रकार विचार विशेष की अभिव्यक्ति के लिए कितनी ही भावानुभूतियों का सहयोग लेकर उसे आकर्षक एवं मार्मिक रूप प्रदान किया जा सकता है। (३) विचार के प्रस्तुतीकरण की तीसरी पद्धति यह है कि उसमें कल्पना का सहयोग लिया जाता है।

इसका एक उदाहरण यहाँ प्रस्तुत है—

"मृग मरीचिका के चिर पथ पर,
सुख आता प्यासों के पगधर,
रुद्ध हृदय के पट लेता कर,
गर्वित कहता मैं मधु हूँ मुझसे,
पतझर का क्या नाता!"

यहाँ कवयित्री महादेवी इस विचार का प्रतिपादन कर रही हैं कि सुख में व्यक्ति की इच्छाएँ और बढ़ जाती हैं, उसके सुख की लालसा कभी पूरी नहीं होती, उससे व्यक्ति का हृदय संकीर्ण हो जाता है और वह गर्व या मिथ्याभिमान से ग्रस्त होकर दीन-हीन एवं निर्धन लोगों से अपना सम्बन्ध-विच्छेद करता हुआ, उनसे विमुख हो जाता है।

अस्तु, कवयित्री ने यहाँ अपने सुख सम्बन्धी दार्शनिक विचारों की अभिव्यक्ति सुख का मानवीकरण करते हुए उसके विभिन्न क्रिया-कलापों के बिम्ब के माध्यम से की है, जिससे सुख की अनेक बुराइयाँ भली-भाँति स्पष्ट हो जाती हैं। कहना न होगा कि इस बिम्ब में सुख सम्बन्धी दार्शनिक विचारों को कल्पना शक्ति के सहयोग से एक अत्यन्त आकर्षक रूप प्रदान कर दिया गया है। वस्तुतः एक काव्य-रचयिता अपने विचारों की अभिव्यक्ति के लिए मानवीकरण, बिम्ब-विधान, अलंकरण आदि विभिन्न शैलीगत तत्वों का भी उपयोग करता है जो कि कल्पना-शक्ति पर ही आश्रित हैं।

इस प्रकार, हम देखते हैं कि विचार की अभिव्यंजना के लिए वैसे तो उपर्युक्त तीनों ही पद्धतियों का प्रयोग होता है किन्तु काव्यात्मक सौन्दर्य या आकर्षण की दृष्टि से पहली पद्धति की अपेक्षा दूसरी एवं तीसरी पद्धति अधिक श्रेयस्कर हैं। जहाँ विचार को केवल विचार या तथ्य के सहयोग से प्रस्तुत किया जाता है, वहाँ उसमें आकर्षण की मात्रा अत्यधिक न्यून रहती है; ऐसा प्रस्तुतीकरण हमारे मन और मस्तिष्क में गहराई से प्रविष्ट नहीं हो पाता, जबकि भाव और कल्पना के सहयोग से प्रस्तुत विचार अपेक्षाकृत अधिक आकर्षक रूप प्राप्त करके हमारी चेतना को गहराई से प्रभावित करता है। किन्तु यह कवि की प्रतिभा पर निर्भर है कि वह भाव के सहयोग से अधिक सफलता प्राप्त करता है अथवा अपनी कल्पना शक्ति के बल पर। यहाँ यह भी उल्लेखनीय है कि परम्परागत भारतीय काव्यशास्त्र के अनुसार ध्वनि के माध्यम से भी विचार की अभिव्यंजना सशक्त रूप में की जा सकती है, जबकि आधुनिक युगीन पाश्चात्य काव्य-चिन्तन में विम्ब-योजना एवं प्रतीक-योजना पर अधिक बल दिया गया है।

अस्तु, जिस रचना में रचयिता का लक्ष्य भाव-विशेष का प्रतिपादन न होकर विचार-विशेष का प्रतिपादन करना हो, भले ही इस लक्ष्य की पूर्ति के लिए साधन रूप में किसी भी तत्व का सहयोग प्राप्त किया गया हो, किन्तु यदि उसमें बौद्धिक आकर्षण की उद्दीप्ति हो गई हो तो उसे हम 'बौद्धिक रस' के अन्तर्गत स्थान दे सकते हैं। अस्तु, आकर्षण शक्ति सिद्धांत के अनुसार विचार-प्रधान साहित्य का भी उतना ही महत्व है जितना कि भाव-प्रधान का है। दोनों में ही क्रमशः बौद्धिक आकर्षण एवं भावात्मक आकर्षण की उदीप्ति होती है—इतना अवश्य है कि वह आकर्षण जितना अधिक सबल, सशक्त एवं गम्भीर होगा उतना ही वहहमारी चेतना को अधिक प्रभावित करके, हमें काव्यात्मक आनन्द या रस की अनुभूति प्रदान करेगा।

बौद्धिक रस एवं रस-सिद्धान्त का व्यापक रूप—बौद्धिक रस को आधुनिक समीक्षा के व्यावहारिक मानदंड के रूप में विकसित करने के लिए हमें रस-सिद्धान्त के उस परम्परागत रूप की उपेक्षा करनी होगी जो कि केवल भाव-प्रधान रचनाओं की दृष्टि से ही प्रतिपादित है, उसे विचार-प्रधान रचनाओं की व्याख्या में प्रयुक्त करने के लिए उसके उस व्यापक रूप को अपनाना होगा जिसकी विवेचना हम 'रस-सिद्धान्त का पुनर्विवेचन' (पृ० सं० ३७५) में तथा पीछे 'रस-सिद्धान्त और उसका महत्व' शीर्षक निबन्ध के अन्तर्गत कर चुके हैं। इस व्यापक रूप के अनुसार रस एवं उसके आधारभूत अवयवों या घटक तत्त्वों की मूल प्रकृति को सुरक्षित रखते हुए भी उन्हें सामान्य एवं व्यापक शब्दावली में प्रस्तुत किया गया है। 'बौद्धिक रस' की दृष्टि से उसे यहाँ पुनः प्रस्तुत किया जाता है—

परम्परागत शब्दावली		**सामान्य शब्दावली**		**बौद्धिक रस की दृष्टि से स्पष्टीकरण**
१. रस	=	काव्यानुभूति	=	बौद्धिक आकर्षण की अनुभूति
२. स्थायीभाव	=	केन्द्रीय तत्व	=	प्रतिपाद्य विचार/तत्व
३. विभाव	=	संदर्भ	=	प्रसंग/इतिवृत्त
(क) आलम्बन	=	प्रेरक तत्व	=	प्रेरक/आकर्षक
(ख) उद्दीपन	=	परिवेश	=	परिवेश/वातावरण
४. संचारी भाव	=	सहयोगी तत्व	=	तथ्य, अनुभूति, कल्पना, तर्क आदि
५. अनुभाव	=	माध्यम	=	शैलीगत तत्व

अस्तु, उपर्युक्त विवेचन से स्पष्ट है कि बौद्धिक आकर्षण से युक्त विचार प्रधान रचनाओं को बौद्धिक रस के अन्तर्गत स्थान दिया जा सकता है। इस प्रकार पूर्ववर्ती युगों में रस के भेदों के अन्तर्गत शान्त, भक्ति, उज्ज्वल, वात्सल्य आदि की स्थापना करते हुए युगीन आवश्यकता की पूर्ति की गयी, उसी प्रकार यह भी आज के युग की आवश्यकता है कि यदि हम रस-सिद्धान्त की परम्परा को जीवित रखना चाहते हैं तो उसका युगानुरूप विकास करते हुए उसके भेदों के अन्तर्गत 'बौद्धिक रस' को मान्यता प्रदान करें अन्यथा यह सिद्धान्त आज के युग की विचार-प्रधान रचनाओं के लिए अमान्य और अनुपयोगी सिद्ध हो जायेगा।

१२

अलंकार-सम्प्रदाय और उसके सिद्धान्त

'अलंकार' का शाब्दिक अर्थ है—'सुशोभित करने वाला' या वह 'जिससे सुशोभित हुआ जाता है'। इन दोनों अर्थों में परस्पर थोड़ा अन्तर है—पहला अर्थ जहाँ अलंकार का कर्ता या विधायक सूचित करता है, वहाँ दूसरे अर्थ से साधन-मात्र रह जाता है। काव्यशास्त्र में 'अलंकार' इन दोनों ही अर्थों में प्रयुक्त हुआ है। जहाँ वामन आदि ने अलंकार को व्यापक अर्थ में ग्रहण करते हुए सौन्दर्य के पर्यायवाची के रूप में ग्रहण किया है, वहाँ वह काव्य को सुशोभित करने वाला माना गया है, किन्तु जहाँ वह संकुचित अर्थ में—विशिष्ट कथन-शैलियों के रूप में प्रयुक्त हुआ है; वहाँ वह काव्य-सौन्दर्य का साधन-मात्र रह गया है। यहाँ भी हम इसका प्रयोग दूसरे अर्थ में ही कर रहे हैं।

अलंकार-सम्प्रदाय की परम्परा

भारतीय काव्य-सम्प्रदायों में रस के अतिरिक्त शेष सम्प्रदायों में सबसे पुराना अलंकार-सम्प्रदाय ही है। वैसे तो स्वयं भरत मुनि ने नाट्य-शास्त्र में चार अलंकारों—उपमा, दीपक, रूपक तथा यमक— की विवेचना की है किन्तु उन्होंने इन्हें अधिक महत्व नहीं दिया। अलंकारों को काव्य की आत्मा घोषित करते हुए पृथक रूप में अलंकार-सम्प्रदाय की स्थापना करने का श्रेय 'काव्यालंकार' के रचयिता भामह (छठी शताब्दी) को ही प्राप्त है। भरत और भामह के बीच में राम शर्मा, मेघाविन, राजमित्र आदि विद्वान हो चुके थे, जिन्होंने अलंकारों की चर्चा की थी, किन्तु उनके ग्रन्थ अनुपलब्ध हैं। इन विद्वानों के नाम केवल भामह के ही 'काव्यालंकार' में आये हैं। ऐसी स्थिति में अलंकार-सम्प्रदाय के प्रवर्तक भामह ही माने जाते हैं।

भामह का काव्यालंकार छः परिच्छेदों में विभाजित है जिनमें क्रमशः काव्य-शरीर-निर्णय, अलंकृति-निर्णय, दोष-निर्णय, न्याय-निर्णय और शब्दशुद्धि पर विचार किया गया है। भामह ने वक्रोक्ति को ही समस्त अलंकारों का मूल मानते हुए उनकी संख्या ३८ निर्धारित की है। भामह के परवर्ती दण्डी (सातवीं शताब्दी) ने 'काव्यादर्श' लिखकर अलंकार-सम्प्रदाय की परम्परा को आगे बढ़ाया। उन्होंने भामह के अलंकार-विवेचन में संशोधन करते हुए अलंकारों की संख्या ३५ तक ही सीमित रक्खी, किन्तु 'काव्यालंकार सार-संग्रह के रचयिता उद्‌भट (नवीं शती) ने भामह का ही समर्थन करते हुए तथा कुछ नये अलंकार जोड़कर इस संख्या को ४१ तक पहुँचा दिया। लगभग इसी समय रुद्रट ने 'काव्यालंकार' की रचना की जिसमें उन्होंने एक ओर तो अलंकारों का वर्गीकरण किया तथा दूसरी ओर उनकी संख्या ५० से भी अधिक निश्चित की, इतना ही नहीं, उन्होंने अलंकार-सम्प्रदाय की अनेक परंपरागत भ्रान्तियों का भी निराकरण किया। जैसे कि उनसे पूर्व अनेक अलंकारवादियों ने रस, भाव आदि को भी अलंकार मानने की भूल की थी, जबकि रुद्रट ने इसका स्पष्ट विरोध किया। आगे चलकर अनेक आचार्यों ने अलंकारों का

अपने-अपने ढंग से निरूपण किया जिनमें मम्मट (काव्य प्रकाश : ११वीं शती), रुय्यक (अलंकार सर्वस्व : १२वीं शती), जयदेव (चन्द्रालोक : १३वीं शती), विद्याधर (एकावली : १३-१४वीं शती), विश्वनाथ (साहित्य-दर्पण : १४वीं शती), केशव मिश्र (अलंकार शेखर : १६वीं शती), अप्पय दीक्षित (कुवलयानन्द : १४वीं शती) आदि उल्लेखनीय हैं। इनमें से मम्मट और विश्वनाथ को छोड़कर शेष सभी अलंकारवादी थे, जो कि अलंकार को ही काव्य की आत्मा मानते थे, जबकि मम्मट ध्वनि को व विश्वनाथ रस को मानते थे। रुद्रट-परवर्ती युग में अलंकार के क्षेत्र में संख्या-वृद्धि की ही मुख्य प्रवृत्ति रही—जिसके फलस्वरूप, 'कुवलयानन्द' तक पहुँचते-पहुँचते उनकी संख्या लगभग सवा सौ हो गई।

संस्कृत की यह परंपरा आगे हिन्दी में भी अबाध रूप से चलती रही है। प्रारंभ में मध्यकालीन कवियों ने ब्रजभाषा पद्य में शताधिक अलंकार संबंधी ग्रन्थ लिखे, जिनका मौलिकता या नवीनता की दृष्टि से विशेष महत्व नहीं है, एक प्रकार से संस्कृत ग्रन्थों के ही छायानुवाद मात्र हैं। आधुनिक युग में मुरारीदीन, भगवानदीन, अर्जुनदास केडिया, कन्हैयालाल पोद्दार, रामदहिन मिश्र आदि ने खड़ीबोली गद्य में अलंकारों का विवेचन किया। नवीनता इनमें भी नहीं है, किन्तु फिर भी लक्षणों एवं उदाहरणों की स्पष्टता की दृष्टि से ये महत्वपूर्ण हैं। इस क्षेत्र में सर्वाधिक स्तुत्य कार्य डॉ० नगेन्द्र का है जिन्होंने संक्षेप में आधुनिक दृष्टिकोण से इनका पुनर्मूल्यांकन करते हुए पाश्चात्य काव्याशास्त्र एवं मनोविज्ञान के आधार पर इनकी उपयोगिता प्रदर्शित की है। डॉ० ओमप्रकाश ने भी 'हिन्दी अलंकार साहित्य' के रूप में हिन्दी के अलंकार-साहित्य का विवेचन प्रस्तुत किया है। इस प्रकार हम देखते हैं कि अलंकार-विवेचन की परंपरा भामह से लेकर अब तक अक्षुण्ण रूप से चलती रही है—हाँ, उसका महत्व अवश्य सर्वदा एक सा नहीं रहा है।

अलंकार : परिभाषा एवं स्वरूप

यद्यपि हमने आरंभ में 'अलंकार' शब्द की विवेचना कर दी है, किन्तु अलंकारों के स्वरूप को सम्यक रूप में ग्रहण करने की दृष्टि से वह पर्याप्त नहीं है। सौन्दर्य के उपादान एवं साधन के रूप में अनेक तत्वों का प्रयोग हो सकता है, किन्तु वे सभी 'अलंकार' के क्षेत्र में नहीं आते। अलंकार का सामान्य अर्थ है—आभूषण। आभूषण जिस प्रकार शरीर के अंग नहीं हैं, ऊपर से धारण किये जाने वाले पदार्थ हैं, ठीक उसी प्रकार काव्य में भी अलंकार मूल विषय-वस्तु के अंग न होकर उसकी शैली से सम्बन्धित तत्व हैं। संक्षेप में हमारे विचार से अलंकार कथ्य न होकर कथनशैली के विशिष्ट प्रकार मात्र हैं। किन्तु अलंकारवादी ऐसा नहीं मानते हैं। उनकी धारणाएँ इस प्रकार हैं—

(क) **भामह**—"काव्य के रूपक आदि अलंकारों का अन्य आचार्यों ने अनेक प्रकार से वर्णन किया है। स्त्री का सुन्दर मुख भी बिना भूषण के नहीं सजता।"

(ख) **दंडी**—"काव्य के सौन्दर्य-कारक धर्मों को अलंकार कहते हैं।"

(ग) **जयदेव**—"जो अलंकार-शून्य शब्दार्थ में भी काव्यत्व स्वीकार करते हैं, वे चतुर मनुष्य अग्नि में भी अनुक्षणता को स्वीकार करें।" अर्थात् उष्णता का जो सम्बन्ध अग्नि से है, वही अलंकार का काव्य से है।

उपर्युक्त उक्तियों में अलंकार को काव्य का स्थिर एवं अनिवार्य तत्व माना गया है जबकि वामन, मम्मट, विश्वनाथ, प्रभृत्ति आचार्यों ने इसका खंडन किया है। साथ ही इन उक्तियों से अलंकार के स्वरूप का भी स्पष्टीकरण नहीं होता। आधुनिक युग में आचार्य

रामचन्द्र शुक्ल ने अलंकारों के स्वरूप की स्पष्ट रूप में मीमांसा करते हुए लिखा है—"वस्तु या व्यापार की भावना चटकीली करने और भाव को अधिक उत्कर्ष पर पहुँचाने के लिए कभी किसी वस्तु का आकार या गुण बहुत बढ़ाकर दिखाना पड़ता है, कभी उसके रूप-रंग या गुण की भावना को उस प्रकार के और रूप-रंग मिलाकर तीव्र करने के लिए समान रूप और धर्मवाली वस्तुओं को सामने करना पड़ता है। कभी-कभी बात को घुमा-फिरा कर भी कहना पड़ता है। इस तरह के भिन्न-भिन्न विधान और कथन के ढंग अलंकार कहलाते हैं।"

अलंकार और अलंकार्य का अन्तर

भारतीय काव्य-शास्त्रियों ने साहित्य में अलंकार और अलंकार्य में परस्पर अन्तर माना है। उन्होंने वर्णनीय वस्तु को अलंकार्य तथा वर्णन-शैली या शैलीगत विशेषताओं को अलंकार बताया है। जैसे 'मुख-चन्द्र' में 'मुख' अलंकार्य है जबकि 'चन्द्र' अलंकार है। किन्तु आधुनिक युग के अनेक पाश्चात्य विद्वान् इस धारणा का खंडन करते हैं। क्रोचे का कहना है कि अलंकार और अलंकार्य में कोई अन्तर नहीं है, दोनों एक ही हैं। उनका तर्क है—"One can ask oneself how an ornament can be joined to expression Externally ? In that case it must always remain. separate. Internally ? In that case either it does not assist expression and mars it or it does from part of it, and is not an ornament but a constituent element of expression indist inguishable from the whole."

अर्थात् यह पूछा जा सकता है कि उक्ति में अलंकार का समावेश कैसे हो सकता है। बाहर से ? तब तो फिर वह सदा ही उक्ति से पृथक रहेगा। यदि भीतर से, तो उस दशा में वह या तो उक्ति का साधक न होकर बाधक हो जायेगा या फिर उसका अंग बनकर अलंकार ही न रह जायेगा। उस स्थिति में वह उक्ति का ही अंग बनकर उससे सर्वथा अभिन्न हो जायेगा। इसमें कोई सन्देह नहीं कि सच्चे काव्य में वस्तु और अलंकार मिलकर एकाकार हो जाते हैं, उन्हें अलग-अलग कर देने पर काव्य का सौन्दर्य नष्ट हो जाता है, किन्तु फिर भी वस्तु और अलंकार का भेद मिटाया नहीं जा सकता। पानी में लाल रंग घुलकर एकाकार हो जाता है, किन्तु इसी से हम यह नहीं कह सकते कि पानी और लाल रंग—दोनों एक ही होते हैं। अतः क्रोचे का तर्क हमें निस्सार प्रतीत होता है।

अलंकारों का वर्गीकरण

जैसा कि आरम्भ में कहा जा चुका है, भारतीय आचार्यों ने अलंकारों के शताधिक भेद किये हैं, जिन्हें स्थूल रूप में ६-७ श्रेणियों में वर्गीकृत किया जा सकता है। इन श्रेणियों के सम्बन्ध में भी आचार्यों में परस्पर थोड़ा मतभेद रहा है। जहाँ रुद्रट ने वास्तव, औपम्य, अतिशय और श्लेष—ये चार श्रेणियाँ मानीं, वहाँ रुय्यक ने निम्नांकित ७ श्रेणियाँ निश्चित की हैं—(१) सादृश्य गर्भ, (२) विरोध मूल, (३) शृंखलाबद्ध, (४) तर्क न्याय मूल, (५) वाक्य न्याय मूल, (६) लोक-न्याय मूल, (७) गूढ़ार्थ प्रतीति मूल। परवर्ती विद्वानों ने भी प्रायः इसी वर्गीकरण को स्वीकार किया है, अतः इसका यहाँ संक्षिप्त परिचय देना उपयोगी सिद्ध होगा।

(१) सादृश्य गर्भ—इनमें वस्तु और अलंकार के उपमेय और उपमान के गुणधर्म आदि में किसी न किसी प्रकार से सादृश्य दिखाकर मूल भाव के प्रभाव की अभिवृद्धि की

जाती है। इस वर्ग में उपमा, रूपक, उत्प्रेक्षा आदि अलंकार आते हैं, जिनकी संख्या पं० रामदहिन मिश्र ने २८ मानी है।

(२) **विरोध मूल**—इसमें वस्तु और अलंकार के गुण-धर्मों में वैषम्य या विरोध की प्रमुखता रहती है। इस वर्ग में विरोध, विभावना, विशेषणोक्ति आदि १२ अलंकार गिने जाते हैं।

(३) **शृंखलाबद्ध**—इनमें विषय-वस्तु को क्रम या शृंखला के रूप में प्रस्तुत करके सौन्दर्य उत्पन्न किया जाता है। जिस प्रकार कमरे में बिखरी हुई वस्तुओं को एक क्रम से सजा देने पर उनकी शोभा बढ़ जाती है, वैसे ही शृंखलाबद्ध अलंकारों से काव्य-सौन्दर्य में अभिवृद्धि होती है। इसमें कारणमाला, एकावली आदि अलंकार आते हैं।

(४) **तर्क-न्याय मूल**—न्यायशास्त्रीय तर्क-अनुमानादि के द्वारा उक्ति को प्रभावशाली बनाया जाता है।

(५) **वाक्य-न्याय मूल**—जिससे तर्कपूर्ण सामान्य उक्ति या वाक्य के द्वारा वस्तु को प्रभावशाली बनाया जाय।

(६) **लोक-न्याय मूल**—इसमें लोक-व्यवहार (या नीति) के तत्वों के द्वारा उक्ति में प्रभाव उत्पन्न किया जाय।

(७) **गूढ़ार्थ-प्रतीति मूल**—इसमें मुख्यत: व्यंजना-शक्ति का वैभव रहता है।

इस वर्गीकरण के सम्बन्ध में डॉ० नगेन्द्र का मत है—"उपर्युक्त कोई भी कारण सर्वथा संगत नहीं है। साधर्म्य और अतिशय का आधार यदि मनोवैज्ञानिक है तो वाक्य न्याय आदि में स्वयं अलंकारों का स्वरूप-निर्धारण ही किसी निश्चित आधार को लेकर नहीं चलता है। उसका आधार शैली की सीमा को लाँघकर वस्तु तक ही नहीं, वरन् न्याय, दर्शन, वाणी और क्रिया तक फैल गया है। स्वभावत: ही मनोविज्ञान के प्रकाश में साहित्य का अध्ययन करने वाले आज के आलोचक का इनसे परितोष होना कठिन है।"

इस सम्बन्ध में हमारा निवेदन है कि अलंकारों का उपर्युक्त वर्गीकरण पूर्णत: संतोषजनक तो नहीं है, किन्तु वह उतना अनर्गल भी नहीं है। 'न्याय' शब्द के कारण ऐसा प्रतीत होता है कि कदाचित् इन अलंकारों का सम्बन्ध न्यायशास्त्र या दर्शनशास्त्र से होगा, जब कि वास्तविकता यह नहीं है। न्यायशास्त्र के एक भाग में तर्क-विद्या सम्बन्धी विवेचन है। यह एक तथ्य है कि कोई बात जब तर्क-संगत ढंग से कही जाती है तो वह प्राय: प्रभावशाली हो जाती है, इसी से न्याय व तर्क सम्बन्धी कुछ तत्वों को भी आचार्यों ने अलंकारों में स्थान दे दिया है जो आधुनिक मनोविज्ञान की दृष्टि से भी अनुचित नहीं है। इस प्रकार लोक-व्यवहार सम्बन्धी कुछ बातें भी कई बार वाणी की साज-सज्जा में उपयोगी होती हैं। अत: इन सबको अपनाकर अलंकारवादियों ने एक प्रकार से कथन-शैली की समृद्धि एवं वैभवशालिता के ही मार्ग का दिग्दर्शन कराया है।

अलंकारों के भेद

मुख्यत: अलंकारों के दो भेद हैं—शब्दालंकार और अर्थालंकार। शब्दालंकारों में अलंकार का सौन्दर्य केवल किसी शब्द-विशेष की ध्वनि और अर्थ पर आश्रित होता है, जो उस शब्द को बदल देने पर लुप्त हो जाता है। इसके विपरीत अर्थालंकारों का सम्बन्ध पूरे वाक्य के अर्थ से होता है। शब्दालंकारों के अनेक उपभेद किये गये हैं, जैसे—अनुप्रास,

यमक, वक्रोक्ति, श्लेष आदि। अनुप्रास में किसी वर्ण या अनेक वर्णों की आवृत्ति होती है। वस्तुतः अनुप्रास का सौन्दर्य आवृत्ति पर ही आश्रित है। इसके कुछ उदाहरण द्रष्टव्य हैं—

(क) **लपट से झट रूख जले-जले,**
नव नदी घट सूख चले-चले।

(ख) **तरिण के ही संग तरल तरंग से,**

(ग) **रस सिंगार सज्जन किये कंजनु भंजनु दैन।**
अंजन रंजन हू बिना खंजन भंजनु नैन॥

अनुप्रास से ही मिलता-जुलता यमक है। इसमें निरर्थक या भिन्नार्थक वर्णों की पुनरावृत्ति होती है, जैसे—

सुन कपे जग में बस बीर के सुयश का रण कारण मुख्य है।

यहाँ 'कारण' और 'कारण' की आवृत्ति में यमक है।

वक्रोक्ति में किसी बात का अर्थ काकु या श्लेष में बदल दिया जाता है।

जैसे—

मैंने कहा, 'प्रिये जाओ मत बैठो।'
वह भोली समझी कि 'जाओ, मत बैठो।'

'श्लेष अलंकार में एक ही शब्द को दो या उससे अधिक अर्थों से प्रयुक्त किया जाता है। यथा—'पानी गये न ऊबरें, मोती, मानस, चून।' यहाँ पानी के क्रमशः तीन अर्थ हैं— क्रान्ति, प्रतिष्ठा और जल। इसी प्रकार शब्दालंकारों के और भी अनेक भेद हैं, जो विशेष महत्वपूर्ण नहीं हैं।

अब अर्थालंकारों को लीजिए। जैसा कि हमने पीछे बताया है, अर्थालंकारों को सात वर्गों में विभाजित किया जाता है तथा उनकी कुल संख्या शताधिक है। यहाँ केवल कुछ महत्वपूर्ण अलंकारों का ही सोदाहरण परिचय दिया जाता है—

(क) उपमा—सबसे अधिक महत्वपूर्ण अलंकार है। कुछ आचार्यों ने तो केवल इसे ही अलंकार माना है, शेष सबको उपमा के भेदों में गिना है। उपमा में वर्ण्य वस्तु का सादृश्य किसी अन्य वस्तु से बताया जाता है। इसके सामान्यतः चार अंग माने जाते हैं— (१) उपमेय अर्थात् वर्ण्य वस्तु। (२) उपमान, जिससे सादृश्य बताया जाता है। (३) धर्म—दोनों वस्तुओं का सामान्य गुण। (४) वाचक—वह शब्द जिससे दोनों की तुलना का बोध होता है। जहाँ ये चारों अवश्य विद्यमान हों उसे 'पूर्णोपमा' कहते हैं अन्यथा उसे उपमा ही कहते हैं। इसका एक उदाहरण द्रष्टव्य है—

तापस-बाला सी गंगा कल,
शशि मुख से दीपित मृदु कर-तल।
लहरें उर पर कोमल कुन्तल।

यहाँ गंगा उपमेय है, तापस-बाला उपमान है, कल (सौन्दर्य) सामान्य गुण धर्म है। तथा 'सो' वाचक शब्द है। अस्तु, यह पूर्णोपमा है। उपमा के कतिपय अन्य उदाहरण—

(१) **कहो कौन हो दमयन्ती सी तुम तरु के नीचे सोई।**
हाय तुम्हें भी त्याग गया क्या अलि नल सा निष्ठुर कोई।

(२) **पड़ी थी बिजली सी विकराल।**
लपेटे थे घन जैसे बाल॥
कौन छेड़े ये काले साँप।
अवनिपति उठे अचानक काँप!!

(ख) रूपक—इसमें उपमेय और उपमान का केवल सादृश्य ही नहीं दिखाया जाता, अपितु दोनों को एक ही बना दिया जाता है या यों कहिए कि उपमेय को उपमान का ही रूप दे दिया जाता है : जैसे—

बीती विभावरी जाग री!
अम्बर-पनघट में डुबो रही तारा-घट-ऊषा-नागरी!!

यहाँ अम्बर को पनघट का, तारों को घट का तथा ऊषा को नागरी का रूप दे दिया गया है। इसके भी भेद-होते हैं। जहाँ रूपक उपर्युक्त उदाहरण की भाँति समस्त अवयवों के साथ हो तो उसे सावयव रूपक कहते हैं, किन्तु जहाँ सब अवयव न हों उसे निरवयव रूपक कहते हैं। निरवयव रूपक का उदाहरण देखिए—

जो चिन्ता की पहली रेखा,
अरी विश्व बन की व्याली।

जहाँ चिंता को 'व्याली' का रूप तो दे दिया गया है, किन्तु व्याली के विभिन्न अवयवों का चित्रण यहाँ नहीं किया गया।

(ग) उत्प्रेक्षा—उत्प्रेक्षा की स्थिति उपमा और रूपक के बीच की है। इसमें न तो उपमा की भाँति उपमेय और उपमान का केवल सादृश्य बताया जाता है और न ही रूपक की भाँति दोनों को एकाकार कर दिया जाता है। इसमें केवल उपमान की सम्भावना या कल्पनामात्र की जाती है। देखिए—

उपमा—मुख चाँद सा सुन्दर है।

रूपक—मुख चन्द्र के सौंदर्य का क्या कहना।

उत्प्रेक्षा—मुख मानों चाँद है।

उत्प्रेक्षा के भी अनेक भेद किये गये हैं। जैसे, वस्तुत्प्रेक्षा, हेतुत्प्रेक्षा, फलोत्प्रेक्षा आदि। इनमें क्रमशः विषय-वस्तु, कारण या परिणाम के सादृश्य की कल्पना की जाती है। जैसे

(१) **वस्तुत्प्रेक्षा**— **इसके अनन्तर अंक में रक्खे हुए सुस्नेह से**
शोभित हुई इस भाँति वह निर्जीव पति के देह से
मानो निदाधारम्भ में संतप्त आतप जाल से,
छादित हुई विपिन स्थली नव पतित किंशुकशाल से,
—मैथिलीशरण गुप्त

(२) **हेतुत्प्रेक्षा**— **मोर मुकुट की चन्द्रिकनि यों राजत नव कन्द।**
मनु ससि सेखर को अकस किय सेखर सत चन्द।
—बिहारी

(३) **फलोत्प्रेक्षा**— **नाना सरोवर खिले नव पंकजों को**
ले अंक में विहंसते मन मोहते थे,

मानों प्रसार अपने शतशः करों को,
वे माँगते शरद से विभूतियाँ थे।

—हरिऔध

(घ) अतिशयोक्ति—अतिशयोक्ति में प्रस्तुत विषय का निरूपण इस तरह से किया जाता है कि वह वास्तविकता से बहुत दूर चला जाता है। इसके भी अनेक भेद किये गये हैं, जैसे—रूपकातिशयोक्ति, भेदकातिशयोक्ति, असम्बन्धातिशयोक्ति, कारणातिशयोक्ति आदि। यहाँ इनके कुछ उदाहरण प्रस्तुत हैं—

(१) रूपकातिशयोक्ति—बाँधा है विधु को किसने इन काली जंजीरों से।
मणि वाले फणियों का मुख क्यों भरा हुआ हीरों से॥

—प्रसाद

(२) भेदकातिशयोक्ति—अनियारे दीरघ दृगनि किती न तरुनि समान।
वह चितवनि और कछु जेहि बस होत सुजान॥

—बिहारी

(३) असम्बन्धातिशयोक्ति—औषधालय भी अयोध्या में बने तो थे सही,
किन्तु उनमें रोगियों का नाम तक भी था नहीं।

—रा० च० उपाध्याय

(४) कारणातिशयोक्ति—मैं जब ही तोलने का करती उपचार,
स्वयं तुल जाती हूँ।
भुज-लता फँसाकर नर-तरू से,
झूले सी झोंके खाती हूँ।

—प्रसाद

(ङ) दीपक—इनमें उपमेय और उपमान दोनों के एक से गुणों का आख्यान होता है। जैसे—

काहू के केहू घटाओ घटैं नहिं,
सागर और गुन आगर प्रानी।

(च) प्रतिवस्तूपमा—इसमें भी दीपक की भाँति उपमेय और उपमान के समान गुणों की चर्चा होती है, किन्तु दीपक में दोनों के लिए एक से ही शब्दों का प्रयोग होता है जबकि इसमें अलग-अलग शब्दों का प्रयोग किया जाता है। देखिए—

सिंह सुता क्या कभी स्यार से प्यार करेगी?
क्या पर-नर का हाथ कुल-स्त्री कभी धरेगी!

(छ) व्यतिरेक—जहाँ उपमेय को उपमान से भी अधिक उत्कृष्ट बताया जाय, उसे व्यतिरेक कहा जाता है। उदाहरण—

स्वर्ग की तुलना उचित ही है किन्तु वहां सुर-सरिता कहाँ? सरयू कहाँ?
यह मरों को मात्र पार उतारती, यह यहीं से जीवों को तारती।

(ज) समासोक्ति—इनमें प्रस्तुत वर्णन के द्वारा अप्रस्तुत अर्थ ध्वनित किया जाता है, जैसे चाँदनी के सम्बन्ध में कविवर पन्त की निम्नांकित पंक्तियाँ—

जग के दुःख दैन्य-शयन पर यह रुग्णा बाला;
रे कब से जाग रही वह आँसू की नीरव माला।
पीली पड़ निर्बल कोमल देह लता कुम्हलाई।
विवसना लाज में लिपटी साँसों में शून्य समाई॥

(झ) व्याज-स्तुति—जहाँ स्तुति के रूप में निन्दा या निन्दा के रूप में स्तुति की जाय। उदाहरण—**'आप तो बहुत बड़े बलवान हैं, यह बच्चा भी आपसे डरता है।'**

(ञ) विरोधाभास—जहाँ मूलतः विरोध न होते हुए भी विरोध का आभास हो। उदाहरण—

तुम मांसहीन, तुम रक्तहीन,
हे अस्थिशेष तुम अस्थिहीन
तुम शुद्ध बुद्ध आत्मा केवल,
हे चिर पुराण, हे चिर नवीन।

(ट) काव्यलिंग—जहाँ कारण बताकर कोई बात सिद्ध की जाय। जैसे—

श्याम गौर किमि कहौं बखानी।
गिरा अनयन नयन बिनु बानी॥

इसके अतिरिक्त अलंकारों के और अनेक भेद हैं जिनकी चर्चा यहाँ स्थानाभाव से सम्भव नहीं।

अलंकारों का मनोवैज्ञानिक दृष्टि से महत्व

प्रायः यह कहा जाता है कि अलंकारों के प्रयोग से भाषा में कृत्रिमता आती है; किन्तु वास्तविकता यह नहीं है। यदि वैज्ञानिक दृष्टि से विचार करें तो यह ज्ञात होगा कि अलंकार न केवल काव्य-भाषा के लिए अपितु लोक-व्यवहार की सामान्य भाषा के लिए भी आवश्यक है। इतना ही नहीं, असभ्य से असभ्य या सर्वथा निरक्षर भट्टाचार्य की वाणी में भी हमें अलंकारों के अस्तित्व के प्रमाण मिलते हैं। जब सामान्य लड़ाई-झगड़ों में अशिक्षित लोग परस्पर गालियाँ देते हैं या अपने शत्रु को कहते हैं "तुम्हें पीस डालूँगा" या "तुम्हारी चमड़ी उधेड़ दूँगा" तो वहाँ अतिशयोक्ति, अत्युक्ति आदि का ही प्रयोग समझना चाहिए। इस प्रकार के प्रयोग करने वाला निश्चित रूप से जानता है कि वह जो कुछ कह रहा है, वैसा वह कर नहीं सकेगा, फिर भी वह ऐसा कहता है—क्यों ? वस्तुतः वह अपने क्रोध की पूर्ण अभिव्यक्ति के लिए ही ऐसा करता है। इसी प्रकार अन्य भावों—प्रेम, वात्सल्य, घृणा आदि में भी भाषा का प्रयोग अलंकारमय रूप से करते हैं। वास्तव में, भावोद्वेलित हृदय से जो शब्द स्फुरित होते हैं, उनकी न केवल शब्दावली और अर्थ में भिन्नता आ जाती है, अपितु उस समय वक्ता के लहजे, उच्चारण तथा उसकी मुखाकृति आदि में भी विकार आ जाता है। यही विचार सुन्दर भावों का सुन्दर प्रसंगों से सम्बद्ध होकर उसी प्रकार आकर्षक एवं प्रभावोत्पादक बन जाता है, जिस प्रकार रमणी की प्रत्येक चेष्टा हाव का सौन्दर्य प्राप्त कर लेती है। अस्तु, इसमें कोई सन्देह नहीं कि भावों की प्रेरणा से उच्चरित भाषा में विकृति या अलंकृति का आना सर्वथा स्वाभाविक है। इतना ही नहीं, यदि कोई व्यक्ति क्रोध या प्रेम व्यक्त करते समय भी अपनी बात सामान्य ढंग से

ही सामान्य लहजे में कहता है, वह अस्वाभाविक होगा तथा उसके क्रोध या प्रेम पर सन्देह होने लगेगा। सच्चे कवि भावाभिव्यक्ति से प्रेरित होकर सहज स्वाभाविक रूप में ही अलंकारों का प्रयोग करते हैं, या यों कहना चाहिए कि उनसे प्रयोग हो जाता है। किन्तु कई बार चमत्कारवादी कवि बिना भाव की प्रेरणा से ही चेष्टापूर्वक अपनी भाषा को अलंकृत करने का प्रयास करते हैं—ऐसी स्थिति में अवश्य ही उनकी भाषा कृत्रिम एवं अस्वाभाविक हो जाती है, जो स्तुत्य नहीं है।

यहाँ एक प्रश्न उठता है कि यदि अलंकार स्वतः ही भाषा में आ जाते हैं तो फिर उनकी विवेचना एवं शिक्षा से क्या लाभ? क्या कवियों को अलंकार की शिक्षा देने से उनकी भाषा कृत्रिम नहीं हो जायेगी? इसके उत्तर के लिए हमें थोड़ी गंभीरता से विचार करना चाहिए। यह एक तथ्य है कि हम अपने भावों की अभिव्यक्ति भी उसी माध्यम से सफलतापूर्वक एवं स्वाभाविकता के साथ कर सकते हैं जिसे हमने पहले से अर्जित कर रखा है। भाषा का जो रूप एवं स्तर हम सीख लेते हैं, भावाभिव्यक्ति के समय भी वही प्रयुक्त होता है। जहाँ एक असंस्कृत व्यक्ति अपना क्रोध व्यक्त करने के लिए किसी का पिता या बहनोई बन जाना आवश्यक समझता है, वहीं दूसरा व्यक्ति जो कि सुशिक्षित एवं सुसंस्कृत है, केवल 'दुष्ट' कहकर ही सन्तुष्ट हो जाता है। अतः भाषा एवं व्यवहार के जिस स्तर के हम अभ्यस्त हो जाते हैं, वही हमारे लिए सामान्य एवं स्वाभाविक बन जाता है। यही बात अलंकारों पर लागू होती है। जिसने पहले से अलंकारों का पूर्णतः ज्ञान प्राप्त एवं अभ्यास कर लिया हो, वह भावाभिव्यक्ति के समय भी उनका प्रयोग सहज-स्वाभाविक रूप में कर सकेगा, जैसे कि एक अभ्यस्त टाइपिस्ट दूसरों से बात करता हुआ भी सहज-स्वाभाविक रूप में अपनी गति बनाए रखता है या एक अच्छा साइकिल चलाने वाला साथी से बातें करता हुआ भी पूरी रफ्तार के साथ दौड़ सकता है। किन्तु जो आग लगने पर कुआँ खोदते हैं—वे पानी का इच्छित उपयोग नहीं कर पाते, हमारे विचार से अलंकारों के प्रयोग के लिए भावों की प्रेरणा के साथ-साथ उनका पूर्व-अभ्यास अपेक्षित है। यह अभ्यास पूर्व-कवियों की रचनाओं के सूक्ष्म अध्ययन से भी किया जा सकता है।

अब पाठक की दृष्टि से भी अलंकारों के मनोवैज्ञानिक आधार पर विचार किया जा सकता है। भारतीय आचार्यों ने अलंकारों का निरूपण करते हुए मुख्यतः आवृत्ति, सादृश्य, अतिशयोक्ति, वक्रोक्तिक्रम आदि को ही आधार बनाया है। अनुप्रास, यमक आदि शब्दालंकारों में आवृत्ति का ही सौन्दर्य होता है। जो ध्वनि सामान्यतः उपेक्षणीय होती है, वही बार-बार की आवृत्ति से सुन्दर एवं आकर्षक बन जाती है। उदाहरण के लिए, चर्र-चर्र करने वाला खिलौना या 'सी ई ई' करने वाली सीटी के प्रति बच्चे इतने आकर्षित हो जाते हैं कि वे मीठी गोलियों को ठुकराकर भी इन्हें लेना पसन्द करेंगे। खिलौने या सीटी में आवृत्ति का जो सौन्दर्य है उसी का विकसित रूप अनुप्रासादि में मिलता है।

अर्थालंकारों में उपमा, रूपक आदि का मूलाधार सादृश्य है। प्रश्न है केवल सादृश्य से उक्ति में सौन्दर्य की सृष्टि कैसे होती है? इसके उत्तर में हम कहेंगे कि कोरे सादृश्य से सौन्दर्य उत्पन्न नहीं हो सकता। उदाहरण के लिए, हम कहें कि 'उर्मिला सीता सी सुन्दर है' या 'काजल कोयले सा काला है' तो इससे उक्ति में कोई आकर्षण नहीं आ पाएगा। वस्तुतः सादृश्यमूलक अलंकारों में भी हीन वस्तु को किसी अन्य महत्वपूर्ण वस्तु के सदृश बताकर ही उनके महत्व में अभिवृद्धि की जाती है। इस बात को और अधिक स्पष्ट करने के लिए हम कुछ सामान्य सौन्दर्य-प्रसाधनों का उदाहरण दे सकते हैं। नेत्र पहले से काले होते हैं

अतः उनमें काजल लगाया जाता है। जबकि लाल ओठों की लालिमा की अतिरंजना के लिए लिपिस्टिक लगाया जाता है। कल्पना कीजिए यदि इस क्रम को उलट दिया जाय—यानी काजल ओठों पर तथा लाली आँखों में लगा ली जाय तो क्या होगा? वस्तुतः वहाँ 'सादृश्य' का लोप हो जायेगा। ठीक इसी प्रकार अलंकारों में सादृश्य और अतिरंजना—दोनों का समन्वय होना चाहिए।

शृंखलामूलक अलंकारों में 'क्रम' का सौन्दर्य होता है जबकि तर्क-न्याय-मूलक तथा लोक-न्याय-मूलक आदि से औचित्य का। कोई भी वस्तु ठीक क्रम से या उचित ढंग से प्रस्तुत होने पर सुन्दर लगती है। कमरे की बिखरी हुई पुस्तकों को क्रम से लगा दीजिए—देखिए उससे कमरे की कितनी शोभा बढ़ जाती है! अस्तु, हम कह सकते हैं कि अलंकारों के उपर्युक्त आधार सर्वथा मनोवैज्ञानिक हैं, बाकी यदि कोई अनुचित रूप से उनका प्रयोग करे तो इसमें अलंकारों का क्या दोष!

उपसंहार

अन्त में हम कह सकते हैं कि अलंकारों का निश्चित रूप से काव्य में महत्व है। उनसे भावों की स्पष्ट एवं उचित रूप में अभिव्यक्ति और उक्ति के प्रभाव में वृद्धि होती है तथा वे श्रोता के मन को आकर्षित एवं आन्दोलित करते हैं। किन्तु यह सब कुछ तभी होता है जबकि उनके पीछे भावों की प्रेरणा हो। अलंकार के लिए अलंकार का प्रयोग सफल नहीं होता। इसके अतिरिक्त जैसा कि हमने ऊपर स्पष्ट किया है, अलंकारों के प्रयोग के लिए पूर्वाभ्यास की भी अपेक्षा है। प्रायः यह कहा जाता है कि आज का युग अलंकारों का युग नहीं है। अतः काव्य से भी अलंकारों का बहिष्कार होना चाहिए—किन्तु इस तर्क का आधार ही खोखला है। क्या सचमुच ही आज का युग अलंकार का युग नहीं है? क्या आज विभिन्न प्रकार के सौन्दर्य प्रसाधनों—विभिन्न फैशन के वस्त्राभूषणों, रंग-बिरंगे पाउडर, लिपिस्टिक आदि का प्रयोग नहीं होता? वस्तुतः अलंकारों का रूप बदल गया है किन्तु अलंकार की मूल भावना आज भी मनुष्यों में ज्यों की त्यों विद्यमान है।

अलंकारों की प्रशंसा में साथ-साथ हम यह भी स्पष्ट कर देना चाहते हैं कि अन्ततः अलंकार अलंकार ही हैं। अलंकार के लिए हम अपने नाखून तो कटवा सकते हैं किन्तु यदि कोई अँगुलियाँ काटने के लिए कहे तो हम कभी स्वीकार नहीं करेंगे। दूसरे शब्दों में, अलंकार काव्य की आत्मा नहीं हैं काव्य का शरीर भी नहीं, वे केवल उसके बाह्य पक्ष को सुसज्जित करने के साधन मात्र हैं। अलंकारों से कुरूप को सुन्दर नहीं बनाया जा सकता, केवल सुन्दर के ही सौन्दर्य को बढ़ाया जा सकता है, ठीक वैसे ही यदि कवि के पास अनुभूतियों का संचित कोष है तो अलंकार भी उसकी वैभव वृद्धि में योग दे सकते हैं अन्यथा कोरे अलंकारों की पूँजी से कोई व्यक्ति कवि नहीं बन सकता।

१३
रीति-सम्प्रदाय और उसके सिद्धान्त

'रीति' के अर्थ पर विचार करते हुए आचार्य बल्देव उपाध्याय ने लिखा है—"रीति" शब्द रीङ् धातु से क्विन् प्रत्यय के योग से बनता है। अतः रीति का व्युत्पत्तिलभ्य अर्थ है—मार्ग। पन्थ, वीथि, गति, प्रस्थान—सब रीति के पर्यायवाची शब्द हैं।" काव्य-शास्त्र के क्षेत्र में भी 'रीति' का प्रयोग दो अर्थों में होता है—एक काव्य-रचना की सामान्य पद्धति, शैली आदि के अर्थ में तथा दूसरा, संस्कृत के एक सम्प्रदाय-विशेष के अर्थ में। वह सम्प्रदाय है, आचार्य वामन (९वीं शती) द्वारा प्रवर्तित रीति-सम्प्रदाय। यहाँ इस सम्प्रदाय विशेष के ही सिद्धान्तों पर प्रकाश डालना हमारा लक्ष्य है।

'रीति' की परम्परा

यद्यपि रीति को एक स्वतन्त्र सिद्धान्त के रूप में प्रतिष्ठित करने का श्रेय आचार्य वामन को ही प्राप्त है, किन्तु यह उनका सर्वथा नूतन सिद्धान्त नहीं है। उनसे पूर्व भी अनेक आचार्यों ने रीति की विवेचना विभिन्न रूपों में की थी, जिसका लाभ निश्चित ही वामन ने उठाया। आचार्य भरत ने अपने 'नाट्य-शास्त्र' में रीति से मिलते-जुलते शब्द 'प्रवृत्ति' का प्रयोग करते हुए इसके चार भेदों की व्याख्या की है। प्रत्येक देश के रहन-सहन और आचार-विचार में एक दूसरे से थोड़ा-बहुत अन्तर होता है—अतः इसी आधार पर भरत ने प्रवृत्ति' के भेद निश्चित किये थे। यदि आधुनिक शब्दावली में कहें तो भरत की प्रवृत्ति स्थानीय (Local colours) को सूचित करती है। उन्होंने चारों भेदों का नामकरण भी भौगोलिक आधार पर किया है—आवन्ती दाक्षिणात्य, रौद्र मागधी और पांचाली। सही बात तो यह है कि भरत के इस प्रवृत्ति सम्बन्धी विवेचन का सम्बन्ध नाटक में बाह्य उपकरणों—वेशभूषादि से ही अधिक है, काव्य के आधारभूत तत्वों से कम। फिर भी इसका इतना महत्व अवश्य है कि परवर्ती आचार्यों में से भी अनेक ने भौगोलिक आधार पर वर्गीकरण की परम्परा को अपनाया है।

'प्रवृत्ति' के अतिरिक्त आचार्य भरत ने नाटक में प्रयुक्त होने वाले काव्य के गुण-दोषों एवं लक्षणों की विशद व्याख्या की है। रीति-सिद्धान्त के आधारभूत प्रायः सभी तत्व भरत के इन गुण-दोषों एवं लक्षणों के अन्तर्गत मिल जाते हैं। अतः कहना चाहिए कि रीति की परम्परा आचार्य भरत से ही प्रवर्तित हो जाती है।

भामह (छठी शती) ने अपने काव्यालंकार में 'वैदर्भ' और 'गौड़' नाम से दो 'मार्गों' का उल्लेख किया है जिन्हें हम रीति के ही पर्यायवाची मान सकते हैं। भामह के अनन्तर दंडी ने भी 'रीति' के स्थान पर 'मार्ग' का ही प्रयोग करते हुए उसके उपर्युक्त दो भेदों की विवेचना की है। किन्तु उनका दृष्टिकोण इनके प्रति भामह की अपेक्षा अधिक सम्मानपूर्ण है। यही कारण है कि उन्होंने न केवल वैदर्भ मार्ग को उत्तम तथा गौड़ को निकृष्ट माना है, अपितु इनके आधार-भूत गुणों की भी व्याख्या की है। उनके विचार से वैदर्भ में श्लेष,

प्रसाद, समता, माधुर्य, सुकुमारता, उदारता, ओज, समाधि, कान्ति ये दस गुण होते हैं, जबकि इनके विपरीत गुणोंवाला मार्ग गौण होता है। इस प्रकार वैदर्भ में सब गुणों का संग्रह होता है जबकि गौण में सब दोषों का।

वामन ने अपने 'काव्यालंकार-सूत्र' में रीति को इतना अधिक महत्व प्रदान किया कि उसे काव्य की आत्मा तक घोषित कर बैठे। रीति का लक्षण स्पष्ट करते हुए उन्होंने बताया कि 'विशिष्टपद-रचना रीति' अर्थात् विशेष प्रकार की शब्द-रचना ही रीति है। वह विशेष प्रकार या शब्द-रचना की वह विशेषता क्या है, जिससे रीति का सम्पादन होता है? उसका उत्तर है—'विशेषो गुणात्मा' अर्थात् गुण का होना ही विशेषता है। इस प्रकार कहना चाहिए कि वामन काव्य का आधार रीति को तथा रीति का आधार गुण को मानते हैं—अतः 'गुण' ही काव्य का सर्वोत्कृष्ट तत्व सिद्ध होता है। वामन के द्वारा प्रस्तुत गुणों की सूची भी बहुत कुछ भरत एवं दंडी की सूची से ही मिलती-जुलती है, अतः इसे वामन की मौलिक देन के रूप में स्वीकार नहीं किया जा सकता। हाँ, वामन ने एक तो 'मार्ग' के स्थान पर 'रीति' नाम का प्रचलन किया और दूसरे उसके भेदों में भी वृद्धि की—वैदर्भी और गौड़ी के अतिरिक्त उन्होंने एक तीसरे भेद 'पांचाली' की और कल्पना की—इसे हम अवश्य उनकी मौलिकता मान सकते हैं।

वामन के परवर्ती आचार्यों ने भी रीति का थोड़ा-बहुत विवेचन करते हुए इस परम्परा को आगे बढ़ाया है। रुद्रट ने वामन की तीन रीतियों के अतिरिक्त एक चौथे भेद—'लाटी' की कल्पना की। साथ ही उन्होंने रीतियों के एक सामान्य आधार की भी उद्भावना की। उनके विचार से समास ही रीति का निर्णायक आधार है—जहाँ समास बिलकुल न हो वह वैदर्भी, जहाँ लघु हो वह पांचाली और जहाँ मध्य समास व दीर्घ समास हो, वे क्रमशः लाटी व गौड़ी रीति मानी जानी चाहिए। इसके अतिरिक्त किस रस में कौन सी रीति प्रयुक्त होनी चाहिए इसका भी स्पष्टीकरण उन्होंने किया है, जैसे शृंगार, करुण आदि में वैदर्भी और पांचाली या रौद्र में गौड़ी प्रयुक्त होनी चाहिए।

राजशेखर (९वीं शती) ने प्रवृत्ति, वृत्ति एवं रीति के अन्तर को स्पष्ट करते हुए पूर्व-विवेचन को अधिक व्यवस्थित रूप में प्रस्तुत करने का प्रयास किया। इनके पारस्परिक अन्तर उनके शब्दों में इस प्रकार हैं—"वेष-विन्यास क्रमः प्रवृत्ति, विलास-विन्यासक्रमो वृत्तिः, वचन-विन्यास क्रमों रीतिः" अर्थात् वेष-विन्यास का प्रकार प्रवृत्ति है, विलास-विन्यास का प्रकार वृत्ति तथा वचन-विन्यास का प्रकार रीति है। दूसरे शब्दों में प्रवृत्ति का सम्बन्ध वेशभूषादि से है, वृत्ति का क्रिया-कलाप-व्यवहार आदि से तथा रीति का भाषा एवं बोल-चाल आदि से। राजशेखर का यह स्पष्टीकरण निश्चित रूप से ही स्तुत्य है। रीति के भेदों के अन्तर्गत राजशेखर ने रुद्रट के लाटी को स्वीकार नहीं किया—उन्होंने वैदर्भी, पांचाली एवं गौड़ी को ही मान्यता देते हुए उनका विवेचन किया है।

दसवीं शती के आचार्य कुन्तक ने रीति के इतिहास में एक बड़ा भारी परिवर्तन किया। अब तक रीति का सम्बन्ध प्रदेश विशेष से माना जाता रहा था, जबकि कुन्तक ने इसे कवि-स्वभाव से सम्बन्धित सिद्ध किया। अपने इसी दृष्टिकोण के कारण उन्होंने रीति के विभिन्न भेदों का नामकरण भी नये ढंग से किया—सुकुमार मार्ग (वैदर्भी रीति), विचित्र मार्ग (गौड़ी) और मध्यम मार्ग (पांचाली)। कुन्तक का यह प्रयास बहुत सुन्दर था किन्तु परवर्ती आचार्यों ने इसकी उपेक्षा की, जिससे यह नामकरण प्रचलित न हो सका।

भोजराज (११वीं शती) ने वैदर्भी, गौड़ी, पांचाली और लाटी के अतिरिक्त दो और नये भेदों—आवन्ति और मागधी—की सृष्टि करके उनकी संख्या छः तक पहुँचा दी, किन्तु परवर्ती विद्वान् वामन के तीन भेदों को मानते रहे। आनन्द-वर्द्धन ने रीति का प्रयोग वक्ता, कथ्य, विषय एवं रस के औन्तित्य के अनुसार ही करने का परामर्श दिया। इस प्रकार रीति विवेचन की परम्परा ११-१२वीं शती तक अक्षुण्ण रूप से चलती रही। यहाँ यह भी उल्लेखनीय है कि कुन्तक, राजशेखर, भोज आदि आचार्य रीति-सम्प्रदाय के अनुयायी नहीं थे, किन्तु फिर भी उन्होंने अपने ग्रन्थों में रीति-विवेचन को स्थान दिया। इतना ही नहीं, 'नैषध चरित' के रचयिता श्रीहर्ष ने तो परम सुन्दरी दमयन्ती को ही रीति-विशेष का रूप दे डाला—

धन्यासि वैदर्भि गुणैरुदारैर्यया समाकृष्यत नैषधोऽपि॥
इत स्तुति का खलु चन्द्रिकाया यदब्धिमप्युत्तरलीकरोति।

अर्थात् हे वैदर्भी (दमयन्ती) ! तू सचमुच धन्य है जिसने अपने उदार गुणों से नैषध को आकृष्ट कर लिया है। चन्द्रिका की इससे बढ़कर स्तुति क्या हो सकती है कि वह समुद्र को भी अधिक तरह (चंचल) बना दे।

इससे प्रतीत होता है कि ग्यारहवीं-बारहवीं शती तक रीति-सिद्धान्त पक्षी-विपक्षियों के द्वारा सम्मान की दृष्टि से देखा जाता था, किन्तु परवर्ती युग में रस, ध्वनि और अलंकार के आगे यह गौण हो गया। यही कारण है कि हिन्दी के शताधिक कवि-आचार्यों (रीतिकालीन) में से कुछ ने ही रीति का उल्लेख किया है। केशव ने तो रीति के स्थान पर भरत की चार वृत्तियों को ही ले लिया है जबकि चिन्तामणि ने कुन्तक का अनुकरण करते हुए इसे कवि-स्वभाव से सम्बन्धित रूप में ग्रहण किया है। कुलपति, देव और दास ने भी रीति का उल्लेख अत्यन्त मितव्ययितापूर्वक किया तथा उन्होंने वामन के दृष्टिकोण की प्रायः उपेक्षा की है। अतः कहा जा सकता है कि हिन्दी के मध्यकालीन आचार्यों ने इस सिद्धान्त को प्रायः ठुकरा दिया।

रीति-सम्प्रदाय का काव्य के प्रति दृष्टिकोण

रीति-सम्प्रदाय के आधारभूत सिद्धान्तों का अध्ययन करने से पूर्व हमें उसका काव्यसम्बन्धी दृष्टिकोण समझ लेना चाहिए। आचार्य वामन ने 'काव्यालंकार सूत्र' के प्रथम अधिकरण में ही काव्य के लक्षण, स्वरूप, प्रयोजन आदि का विवेचन किया है जिसके आधार पर हम उनके दृष्टिकोण से अवगत हो सकते हैं। सबसे पहला प्रश्न है—काव्य क्या है ? वामन की दृष्टि से इसका उत्तर है—'काव्यशब्दोऽयं गुणालंकारसंस्कृतयो शब्दार्थयोर्वर्तते।" अर्थात् यह काव्य शब्द गुण तथा अलंकार से संस्कृत शब्द तथा अर्थ के लिए ही प्रयुक्त होता है। यदि वामन के इस लक्षण की उनके पूर्ववर्ती आचार्यों के द्वारा निरूपित लक्षणों से तुलना करें तो यह स्पष्ट रूप से ज्ञात होगा कि उनका लक्षण कितना अधिक व्यापक है। जहाँ भामह केवल 'शब्दार्थौ सहितौ काव्यम्" अर्थात् शब्द और अर्थ मिलकर ही काव्य होता है—कहकर रह जाते हैं, वहाँ वामन गुण तथा अलंकारों से संस्कृत की भी बात कहते हैं। प्रत्येक सार्थक शब्द काव्य नहीं हो सकता, कुछ विशेष गुणों वाले शब्द ही मिलकर काव्य रूप धारण कर सकते हैं। अतः स्पष्ट ही वामन के द्वारा गुण और अलंकारों की बात कहा जाना, अधिक उचित होता है। अस्तु, यदि उपर्युक्त लक्षण की व्याख्या करें तो उससे वामन की निम्नांकित मान्यताओं पर प्रकाश पड़ता है :—

(क) काव्य में शब्द और अर्थ के संस्कृत या परिष्कृत रूप का प्रयोग होता है या यों कहिए कि काव्य में परिष्कृत भाषा का प्रयोग होता है।

(ख) भाषा में यह परिष्कार गुण और अलंकारों के द्वारा आता है।

(ग) वामन शब्द और अर्थ दोनों के परिष्कार की बात कहते हैं—इससे स्पष्ट है कि वे काव्य के दोनों पक्षों—ध्वनि और अर्थ—दोनों को महत्वपूर्ण समझते हैं।

यहाँ कुछ प्रश्न उठ सकते हैं, जैसे कि क्या भाषा में परिष्कार केवल गुण और अलंकार से ही आ सकता है, अन्य साधनों से नहीं? या क्या काव्य केवल परिष्कृत या सुसज्जित भाषा में ही रचित हो सकता है अन्यथा नहीं? इन प्रश्नों के उत्तर में हम कह सकते हैं कि वामन के दृष्टिकोण से गुण और अलंकार ही काव्य के आधारभूत तत्व हैं, अतः यदि वे केवल इन्हें ही भाषा के परिष्कार का साधन मानें तो स्वाभाविक ही है। दूसरे प्रश्न के उत्तर में भी जहाँ तक वामन के दृष्टिकोण की बात है, वे केवल परिष्कृत भाषा में ही रचित काव्य को काव्य मानेंगे। वामन की यह मान्यता कहाँ तक तर्क-संगत है, इस पर हम आगे वामन के आधारभूत सिद्धान्तों की विवेचना करते समय विचार करेंगे। यहाँ केवल इतना ही याद रखना पर्याप्त होगा कि वामन के अनुसार गुण और अलंकार ही दो ऐसे तत्व हैं जिनसे परिष्कृत सुसज्जित होकर भाषा काव्य का रूप धारण करती है।

काव्य के सम्बन्ध में उसके लक्षण के अतिरिक्त दूसरा प्रश्न उपस्थित होता है कि उसकी आत्मा क्या है? अर्थात् वह कौन-सा आधारभूत तत्व है जिसके कारण काव्य, काव्य कहलाता है तथा जिसके अभाव में काव्य काव्यत्व से हीन हो जाता है? यह प्रश्न भारतीय आचार्यों में पर्याप्त वाद-विवाद का विषय रहा है। आचार्य वामन ने इसके उत्तर में 'रीति' को काव्य की आत्मा बताया। किन्तु सही बात तो यह है कि उनके द्वारा विवेचित 'रीति' अपने आप में साध्य न होकर काव्य के सौन्दर्य की साधन मात्र है। वामन ने यह स्पष्ट रूप में स्वीकार किया है कि "काव्यं ग्राह्यमलंकारात् सौन्दर्यमलंकारः।" (प्रथम अधिकरण १-२) अर्थात् काव्य अलंकार के कारण ग्राह्य होता है और अलंकार का अर्थ है सौन्दर्य। इस प्रकार सौन्दर्य ही काव्य का मुख्य तत्व है तथा दोषों का परित्याग, गुण और अलंकारों का प्रयोग—ये सब तो सौन्दर्य-सृष्टि के साधन मात्र हैं। दोषों के त्याग और गुण व अलंकारों के ग्रहण का सामान्य नाम ही 'रीति' है—अतः कहना चाहिए कि रीति तो काव्य-सौन्दर्य का साधन मात्र है। जिस प्रकार मनुष्य वायु, जल, भोजन आदि के द्वारा जीवन धारण करता है, किन्तु फिर भी इन्हें मनुष्य का प्राण या उसकी आत्मा नहीं माना जा सकता, ठीक वैसे ही काव्य में सौन्दर्य रूपी जीवन के लिए रीति को उसका साधन ही माना जा सकता है; साध्य नहीं। अस्तु, वामन ने एक ओर रीति को काव्य की आत्मा घोषित करके तथा दूसरी ओर सौन्दर्य को ही उसका साध्य मान करके दो परस्पर विरोधी मान्यताएँ व्यक्त की हैं जिनसे उनके दृष्टिकोण की अस्पष्टता प्रकट होती है।

इस प्रकार काव्य के प्रयोजन के सम्बन्ध में भी वामन ने अपना मत अस्पष्ट शब्दों में व्यक्त करते हुए लिखा है—"सुन्दर काव्य प्रीति का और कीर्ति का हेतु होने से दृष्ट और अदृष्ट फलवाला होता है।" डॉ० नगेन्द्र ने इसे अधिक स्पष्ट करते हुए कहा है—"वामन ने विस्तार में न जाकर काव्य के प्रयोजन केवल दो माने हैं—दृष्ट प्रयोजन प्रीति-आनन्द और अदृष्ट प्रयोजन कीर्ति। उन्होंने अपने स्तर को न तो धर्म और मोक्ष जैसे परम पुरुषार्थों तक ऊँचा उठाया है और न वे अर्थोपार्जन के निम्नतर स्तर तक ही उतरे हैं।

उनकी वृत्ति से प्रतीत होता है कि साधारणतः कीर्ति कवि की सिद्धि और आनन्द पाठक का प्राप्य है, तथापि मूलतः इन दोनों की व्यवस्था कवि और पाठक दोनों के लिए ही की गई है।" निस्संदेह डॉ० नगेन्द्र की इस व्याख्या से वामन का पक्ष बहुत सबल हो जाता है, किन्तु फिर भी यह स्पष्ट नहीं हो पाता कि किसी अन्य व्यक्ति की रचना से पाठक को कीर्ति किस प्रकार मिल सकती है? हमारे विचार से वामन ने अपना मत केवल कवि के दृष्टिकोण से ही व्यक्त किया है, क्योंकि उसे काव्य-रचना करते समय आनन्द प्राप्त होता है तथा उसके पश्चात् कीर्ति मिलती है। काव्य-प्रयोजन सम्बन्धी उपर्युक्त उल्लेख के अनन्तर वामन ने यह भी लिखा है—"काव्य-रचना की प्रतिष्ठा यश की प्राप्ति की सरणि मानी जाती है। अतः कीर्ति को प्राप्त करने के लिए और अकीर्ति के विनाश के लिए श्रेष्ठ कवियों को 'काव्यालंकार सूत्र' का अर्थ भली प्रकार हृदयंगम कर लेना चाहिए।" (प्रथम अधिकरण, प्रथम अध्याय, सत्र पाँचवाँ) इस कथन से यह प्रमाणित होता है कि वामन ने कवि के दृष्टिकोण से ही काव्य-प्रयोजन पर विचार किया था, पाठक के दृष्टिकोण से नहीं।

अस्तु, आचार्य वामन के काव्य सम्बन्धी दृष्टिकोण को संक्षेप में प्रस्तुत करें तो कह सकते हैं—(१) काव्य की रचना गुणों और अलंकारों से परिष्कृत एवं सज्जित भाषा में होनी चाहिए। (२) गुणों और अलंकारों से ही काव्य में सौन्दर्य उत्पन्न होता है, यह सौन्दर्य या सौन्दर्य उत्पन्न करने की विधि (रीति) ही काव्य की आत्मा है। (३) सौन्दर्य के कारण ही पाठक काव्य को पसन्द करता है तथा उसी से कवि को आनन्द व कीर्ति की उपलब्धि होती है। एक शब्द में, सौन्दर्य ही वामन के सारे दृष्टिकोण एवं उनकी समस्त मान्यताओं का मूलाधार है। वामन का विवेचन सर्वथा दोष-शून्य एवं तर्क-संगत चाहे न हो किन्तु इसमें कोई सन्देह नहीं कि उन्होंने कला के प्रति सच्चे सौन्दर्यवादी दृष्टिकोण को अपना कर उसके साथ न्याय करने का पूरा प्रयत्न किया है।

'रीति' के आधारभूत तत्व

जैसा कि हमने पीछे स्पष्ट किया है, वामन का दृष्टिकोण विशुद्ध सौन्दर्यवादी था, अतः उन्होंने उन सब गुणों को जिनसे काव्य सौन्दर्य की सृष्टि हो सकती है, रीति के आधारभूत तत्वों के रूप में संकलित किया है। किन्तु यदि किसी वस्तु में गुणों के साथ-साथ दोष भी विद्यमान हों तथा उसमें उचित साज-सज्जा का अभाव हो तो वहाँ गुण भी प्रभावहीन हो जाते हैं। इसी तथ्य को ध्यान में रखते हुए वामन ने एक ओर यह स्पष्ट किया है कि सौन्दर्य दोषों के त्याग तथा गुणों और अलंकारों के योग से उत्पन्न होता है, तो दूसरी ओर उन्होंने अपने ग्रन्थ में गुण, दोष और अलंकार का निरूपण विस्तार से अलग-अलग अध्यायों में किया। प्रायः हिन्दी के अनेक विद्वान्-रीति-सिद्धान्त की चर्चा करते समय केवल गुणों तक ही अपना विषय सीमित रखते हैं जबकि वास्तविकता यह है कि दोष और अलंकार भी इस सिद्धान्त में महत्वपूर्ण अंग है। अस्तु, हम यहाँ इन तीनों का ही क्रमशः विवेचन करते हुए इस सिद्धान्त को समझने का प्रयत्न करेंगे।

(१) गुण

यद्यपि गुणों को सर्वाधिक महत्व प्रदान करने का श्रेय वामन को ही है, किन्तु इनकी कल्पना उन्होंने अपने मस्तिष्क से नहीं की। उनसे पूर्व अनेक आचार्य इनकी चर्चा कर चुके थे। आचार्य भरत ने दोषों के विपर्यय रूप ऐसे तत्वों को, जो काव्यशैली को समृद्ध करते हैं, गुण माना था। इन गुणों की गणना भी उन्होंने इस प्रकार की थी—१. श्लेष, २.

प्रसाद, ३. समता, ४. समाधि, ५. माधुर्य, ६. ओज, ७. पद-सौकुमार्य, ८. अर्थ-व्यक्ति, ९. उदारता एवं १०. कान्ति। आगे चलकर दण्डी ने भी दस गुणों की विस्तृत विवेचना की है किन्तु उनका कोई सामान्य लक्षण निर्धारित नहीं किया। वस्तुतः गुणों का लक्षण स्पष्ट भी सर्वप्रथम वामन ने ही किया। उनके विचार से 'काव्य के शोभाकारक धर्म गुण कहलाते हैं—(काव्य-शोभायाः कर्तारो धर्मा गुणाः)। स्पष्ट ही यह लक्षण इतना व्यापक है कि इसके अनुसार वे सारे तत्व जिससे कि काव्य-सौन्दर्य की सृष्टि होती है, गुणों के अन्तर्गत आ जाते हैं। फिर वामन को इसी से संतोष नहीं हुआ, उन्होंने उन्हें काव्य के स्थायी तत्व घोषित कर दिया अर्थात् जहाँ काव्य है वहाँ गुण अवश्य है और जहाँ गुण नहीं, वहाँ काव्य भी नहीं। ऐसी स्थिति में गुणों की गणना सम्भव नहीं थी, किन्तु वामन ने उनकी संख्या बीस निश्चित कर दी—दस शब्द-गुण और दस अर्थ-गुण। वस्तुतः ये बीस गुण आचार्य भरत के द्वारा उल्लिखित दस गुण ही हैं, वामन ने केवल शब्द और अर्थ का भेद करके उनकी संख्या द्विगुणित कर दी। कहना न होगा कि वामन के परवर्ती विद्वानों ने भी इस संख्या-विस्तार में अपनी रुचि प्रदर्शित की है, जैसे कि भोजराज ने गुणों की संख्या ७२ तक पहुँचा दी। किन्तु यह संख्या वृद्धि विशेष महत्वपूर्ण नहीं है, अतः हम अपना विवेचन वामन तक ही सीमित रखेंगे। वामन द्वारा निरूपित गुणों का परिचय संक्षेप में स्वयं उन्हीं के दृष्टिकोण से इस प्रकार दिया जा सकता है—

(क) शब्द-गुण

१. ओज—'गाढ़बन्धत्वमोजः' अर्थात् रचना की गाढ़ता या गाढ़बन्धत्व 'ओज' गुण कहलाता है। दण्डी ने इसके सम्बन्ध में लिखा है कि जब वाक्यों में समासयुक्त पदों की बहुलता होती है तो ओज गुण का उदय होता है। हमारे विचार से वामन का भी अभिप्राय संश्लिष्ट शब्द-रचना से ही था।

२. प्रसाद—'शैथिल्यं प्रसादः' अर्थात् रचना की शिथिलता ही प्रसाद गुण है।

३. श्लेष—'मसृणत्वं श्लेषः' अर्थात् मसृणत्व या कोमलता को श्लेष कहते हैं।

४. समता—'मार्गभेदः समता' अर्थात् मार्ग का अभेद या शैली की एकरूपता समता गुण है।

५. समाधि—'आरोहाऽवरोहक्रमः समाधिः' अर्थात् (शैली में) उतार-चढ़ाव ही समाधि है।

६. माधुर्य—'पृथक्पदत्वं माधुर्यम्' शब्दों की पृथकता ही माधुर्य गुण है।

७. सौकुमार्य—'अजरठत्वं सौकुमार्यम्' अर्थात् कठोरता का अभाव ही सौकुमार्य है।

८. उदारता—'विकटत्वमुदारता' अर्थात् रचना शैली की विकटता ही उदारता कहलाती है।

९. अर्थ-व्यक्ति—'अर्थव्यक्तिहेतुत्वमर्थव्यक्तिः' अर्थात् वह गुण जिससे अर्थ की स्पष्ट अभिव्यक्ति होती है, अर्थ-व्यक्ति कहलाता है।

१०. कान्ति—'औज्ज्वल्यं कान्तिः' अर्थात् रचना-शैली की उज्ज्वलता या नवीनता का नाम ही कान्ति है।

शब्द-गुणों की उपर्युक्त सूची बड़ी विचित्र-सी है। पहले हम देखते हैं कि वामन ने रचना के गम्भीर बन्धत्व को ओज गुण माना है तो आगे उसके सर्वथा विरोधी गुण—

रचना की शिथिलता को भी उसने प्रसाद गुण मान लिया है। एक ओर वे शैली की एकरूपता को समता गुण मानते हैं तो दूसरी ओर वे शैली के उतार-चढ़ाव को भी गुण मान लेते हैं। इसके अतिरिक्त कई गुण ऐसे भी हैं जिनके नाम और अर्थ में परस्पर संगति नहीं बैठती—उदाहरण के लिए श्लेष, माधुर्य, उदारता आदि गुण ऐसे ही हैं। वस्तुतः स्वयं वामन को भी इन असंगतियों का थोड़ा आभास हो गया था, अतः उन्होंने प्रथम असंगति के निराकरण का प्रयास भी किया, किन्तु उन्हें सफलता नहीं मिली।

(ख) अर्थ-गुण

जिन दस शब्द-गुणों की चर्चा अभी हमने की है, वे ही दस अर्थ-गुण भी हैं—उनकी संख्या और नाम में कोई अन्तर नहीं है, किन्तु उनकी व्याख्या दूसरे ढंग से की गई है। जहाँ शब्द-गुणों में रचना के प्रगाढ़ बन्धन को ओज कहा गया है, वहाँ अर्थ-गुणों में अर्थ की प्रौढ़ता को ओज गुण माना गया है—"अर्थस्य प्रौढ़िरोजः" इसी प्रकार अर्थ की विमलता को प्रसाद, क्रमिक घटना को श्लेष, अर्थ की सुगमता को क्षमता; अर्थ के दर्शन को समाधि, उक्ति-वैचित्र्य को माधुर्य, अर्थ की सुकुमारता को सौकुमार्य, अग्राम्यत्व को उदारता, वस्तु के स्वभाव की स्पष्टता को अर्थ-व्यक्ति तथा रस की दीप्ति को कान्ति गुण कहते हैं। कहना न होगा कि शब्द-गुणों की ही भाँति अर्थ-गुणों में से भी अनेक अस्पष्ट एवं असंगत हैं। फिर यह भी विचित्र-सा है कि अर्थ-गुणों से कोई साम्य न होते हुए भी उन्हें वे ही नाम दिये गये हैं जो कि शब्दगुणों के लिए निर्धारित थे—क्या वामन के शब्द-कोश में नये नामों का भी अभाव था? फिर क्या उन्होंने अपने इन गुणों के छोटे-छोटे प्यालों में परम्परागत काव्य शास्त्र के बड़े-बड़े उदधियों को समेट लेने का दुःसाहस किया है—कहाँ रस-सिद्धांत के विभिन्न अंगों, अवयवों भेदों में उपभेदों का विशाल सागर और कहाँ वामन का यह नन्हा सा 'कान्ति' गुण। दोनों में पहाड़ और तिल का अन्तर है किन्तु वामन ने यह समझ लिया कि रस-दीप्ति को कान्ति गुण बता देने से ही समस्त रससिद्धान्त का प्रतिनिधित्व हो जायेगा। खैर, इससे इतना तो सिद्ध ही है कि अन्ततः वामन रस-सिद्धान्त की पूर्ण उपेक्षा नहीं कर सके—उसे उन्हें किसी न किसी रूप में अपनाना ही पड़ा।

(२) दोष

रीति का दूसरा महत्वपूर्ण आधार दोष है। जब तक कोई भी रचना दोषशून्य नहीं होगी तब तक उसमें गुणों का समन्वय भी सौन्दर्य उत्पन्न करने में समर्थ नहीं हो सकेगा, अतः साहित्यकारों के लिए दोषों का ज्ञान भी उतना ही अपेक्षित है जितना गुणों का। काव्यगत दोषों की चर्चा वामन से पूर्व भरत, भामह और दंडी भी कर चुके थे, किन्तु उनकी कोई सामान्य परिभाषा किसी ने नहीं दी। वामन के अनुसार दोष की परिभाषा है—"गुणविपर्ययात्मानो दोषः" अर्थात् गुण के विपर्यय का नाम दोष है या यों कहिए कि जो गुण का उल्टा है वही दोष है।

दोनों की संख्या के सम्बन्ध में भी विभिन्न आचार्यों में प्रायः मतभेद रहा है। आचार्य भरत ने दस दोष माने थे—१. गूढ़ार्थ (क्लिष्ट अर्थ), २. अर्थान्तर (अवर्ण्य का वर्णन), ३. अर्थहीन, ४. भिन्नार्थ, ५. एकार्थ (एक अर्थ के लिए अनेक शब्दों का प्रयोग), ६. अभिप्लुतार्थ (विभिन्न अर्थों में अन्विति का अभाव) न्यायादपेत (तर्क रहित) ८. विषम (छन्दोभंग), ९. विसन्धि (सन्धि का अभाव), १० शब्दहीन (हीन शब्द का प्रयोग)। आगे

चलकर भामह ने इनकी संख्या २१ तथा दंडी ने दस मानी है, जबकि वामन ने इन्हें चार भेदों—पद-दोष, पदार्थ-दोष, वाक्य-दोष और वाक्यार्थ दोष में वर्गीकृत करते हुए इनकी संख्या बीस मानी है। उनके द्वारा निरूपित दोषों की सूची इस प्रकार है—

(क) पाँच पद-दोष—१. असाधु (व्याकरण की दृष्टि से अशुद्ध शब्द का प्रयोग), २. कष्ट (कर्ण-कटु शब्द), ३. ग्राम्य, ४. अप्रतीत (अप्रचलित शब्द का (प्रयोग), ५. अनर्थक (निरर्थक)।

(ख) पाँच पदार्थ-दोष—१. अन्यार्थ—जहाँ शब्द का भिन्न अर्थ में प्रयोग हो, २. नेयार्थ—जिसका अर्थ कल्पना से लगाना पड़ता हो, ३. गूढ़ार्थ—अप्रसिद्धार्थ, ४. अश्लील, ५. क्लिष्ट—जहाँ अर्थ अत्यन्त दूरारूढ़ हो।

(ग) तीन वाक्य दोष—१. भिन्न वृत्ति, २. यतिभ्रष्ट, ३. विसंधि।

(घ) सात वाक्यार्थ-दोष—१. व्यर्थ—पूर्वापर विरोधी, २. एकार्थ—जिसमें एक ही अर्थ की आवृत्ति हो, ३. संदिग्ध, ४. अप्रयुक्त, ५. अपक्रम—जहाँ अर्थ में क्रम न हो, ६. अलोक—जिसका अर्थ देश, काल और प्रवृत्ति के विरुद्ध हो, ७. विद्या-विरुद्ध—जिसका अर्थ कला और शास्त्र के सिद्धान्तों के प्रतिकूल हो।

यद्यपि वामन ने दोष-विवेचन में भी विचार की प्रवृत्ति का परिचय दिया है, किन्तु फिर भी उसमें उनको पर्याप्त सफलता मिली है। उनका वर्गीकरण और विवेचन पर्याप्त स्पष्ट, संगत एवं महत्त्वपूर्ण है। निःसन्देह हमारी दृष्टि में उनका दोष-दर्शन अधिक गुणवान् है जबकि उनका गुण-विवेचन सर्वथा दोष-पूर्ण है।

(३) अलंकार

गुण और दोष के अनन्तर अब हम रीति के तीसरे महत्वपूर्ण अंग अलंकार को लेते हैं। यहाँ एक शंका का निराकरण कर देना चाहिए—वह यह है कि क्या वामन अलंकार को भी मान्यता देते थे? यदि ऐसा था तो फिर रीति-सम्प्रदाय को अलंकार-सम्प्रदाय से पृथक कैसे माना जा सकता है? इन शंकाओं के सम्बन्ध में हमारा समाधान यह है कि वामन अपने सिद्धान्त को नवीन एवं स्वतन्त्र घोषित करते हुए भी अलंकार की उपेक्षा नहीं कर सके। यही नहीं, उन्होंने एक स्थान पर तो अलंकार को व्यापक अर्थ में—सौन्दर्य के अर्थ में—ग्रहण करते हुए उसे ही काव्य का सर्वश्रेष्ठ तत्व मान लिया—"काव्यं ग्राह्यमलंकारात। सौन्दर्यमलंकारः।" किन्तु साथ ही ये अलंकार को उसके संकुचित अर्थ में भी ग्रहण करते हैं। इसीलिए वे लिखते हैं कि काव्य में सौन्दर्य दोषों के अभाव व गुण और अलंकारों के योग से उत्पन्न होता है। इससे स्पष्ट है कि वामन चाहे अलंकारवादी न हों; किन्तु अलंकार के महत्व को वे अवश्य स्वीकार करते थे। पर इसका यह भी तात्पर्य नहीं है कि वे अलंकारों को उतना ही महत्व देते थे जितना कि स्वयं अलंकारवादी भामह, दण्डी आदि देते थे—नहीं, यह बात नहीं है। जहाँ अलंकारवादी अलंकार को काव्य का स्थायी, नित्य व आवश्यक अंग मानते हैं, वहाँ वामन उनका काव्य से अनित्य सम्बन्ध मानते हैं। वे सौन्दर्य उत्पन्न नहीं कर सकते, अपितु सौन्दर्य में (यदि वह पहले से हो तो) केवल अभिवृद्धि कर सकते हैं। सौन्दर्य को उत्पन्न करने की शक्ति तो वामन के विचार से गुणों में ही है, अतः निश्चित रूप से रीति-सम्प्रदाय में अलंकारों का स्थान गुणों के अनन्तर ही है—वे उनसे हीन माने जाते हैं। यहाँ हमें यह भी न भूलना चाहिए कि जैसा व्यवहार वामन ने अलंकारों के साथ किया है, लगभग वैसा ही अलंकारवादियों ने गुणों के

साथ किया है, अर्थात् ये गुणों को मानते हैं किन्तु उन्हें अलंकारों से हीन समझते हैं। खैर, यह इन दोनों का आपस का झगड़ा है—हम बीच में क्यों पड़ें!

अर्थालंकारों के विवेचन में वामन ने प्रायः पूर्वागत परम्परा का ही अनुसरण किया है—यह दूसरी बात है कि उसकी संख्या में परिवर्तन करके तथा उनके नये वर्गीकरण के द्वारा उन्होंने अपनी किंचित् मौलिकता का भी परिचय दिया है। पहले उन्होंने सब अलंकारों को दो वर्गों में विभाजित किया है—शब्दालंकार और अर्थालंकार। शब्दालंकारों में उन्होंने केवल यमक और अनुप्रास को ही मान्यता दी है—शेष को इन्हीं के भेदों के रूप में स्थान दिया है। अर्थालंकार में से उन्होंने उपमा को सर्वाधिक महत्व प्रदान करते हुए इसका विवेचन अलग पूरे अध्याय में किया है तथा अगले अध्याय में लगभग २८-२९ अर्थालंकारों का ही उपमा के विभिन्न रूपों में निरूपण किया है। वस्तुतः वामन का अलंकार-सम्बन्धी विवेचन भी पर्याप्त तर्क-संगत एवं प्रौढ़ है।

रीति के प्रकार

जैसा कि हमने आरम्भ में उल्लेख किया था, आचार्य वामन ने रीति के तीन भेद किये हैं—(१) वैदर्भी, (२) गौड़ी और (३) पांचाली। वैदर्भी के सम्बन्ध में उनकी धारणा है—"समग्रगुणा वैदर्भी" अर्थात् जिसमें सारे गुण हों वह वैदर्भी है। गौड़ी में केवल ओज और कान्ति—ये दो गुण ही होते हैं तथा इसी प्रकार पांचाली में भी माधुर्य और सौकुमार्य ये दो गुण रहते हैं। इस प्रकार गुणों की संख्या के आधार पर वामन ने वैदर्भी को ही माधुर्य बताया है, शेष दो तो उपेक्षणीय हैं। इसका तात्पर्य यह हुआ कि जो रचना सभी गुणों से सम्पन्न हो, वही—वैंदर्भी—ही काव्य है, शेष का कोई महत्व नहीं। ऐसी स्थिति में इस वर्गीकरण का लाभ ही क्या है। फिर कोई रचना ऐसी भी हो सकती है जिसमें दो के स्थान पर चार या आठ गुण हों—उन्हें रीतिवादी कहाँ स्थान देंगे। वस्तुतः वामन के इस वर्गीकरण में अनेक असंगतियाँ एवं दोष विद्यमान हैं जिन पर आगे इस सम्प्रदाय के महत्व पर विचार करते समय प्रकाश डाला जायेगा।

उपर्युक्त वर्गीकरण के नामकरण के सम्बन्ध में भी एक शंका उठ सकती है कि इन रीतियों का विभिन्न भौगोलिक प्रदेशों—विदर्भ, गौड़, पांचाल—से क्या सम्बन्ध है। इसका समाधान करते हुए स्वयं वामन ने लिखा है—'यह बात नहीं है कि (कि रीतियों का देश-विशेष से सम्बन्ध हो।) देश-विशेष से 'द्रव्य-गुण' या काव्य-गुणों की उत्पत्ति नहीं होती है और न इस कारण रीतियों के नाम देशों के नाम पर रक्खे गए हैं। अपितु जिन-जिन देशों के लोगों ने जिस-जिस प्रकार की रचना-शैलियों का आविष्कार किया है, उन्हीं के आधार पर इनका नामकरण किया गया है। फिर भी देशों का काव्य-शैलियों से सीधा कोई सम्बन्ध नहीं है। यद्यपि इस प्रकार वामन ने समाधान करने का प्रयत्न किया है किन्तु उनके कथन में स्वतोव्याघात दोष होने के कारण उन्हें उसमें सफलता नहीं मिली। यही कारण है कि आगे चलकर कुन्तक ने वैदर्भी, गौड़ी और पांचाली के स्थानों पर क्रमशः सुकुमार, विचित्र तथा मध्यम मार्ग की कल्पना की जो अधिक तर्कसंगत है।

रीति और अन्य भारतीय सम्प्रदाय

यदि अन्य भारतीय काव्य-सम्प्रदायों से तुलना की दृष्टि से रीति-सिद्धान्त पर विचार करें तो इसका महत्व उनकी अपेक्षा न्यून ही सिद्ध होता है। जहाँ रस सिद्धान्त काव्य में भावात्मकता को प्रश्रय देता हुआ उसे एक अत्यन्त गम्भीर एवं उदात्त स्वरूप प्रदान करता

है, वहाँ रीति-सम्प्रदाय काव्य में केवल बाह्य-पक्ष या शैली-पक्ष की ही व्याख्या प्रस्तुत करता है। रीति-सिद्धान्त में जिन गुणों को आधार बनाया गया था, वे भी रस-सिद्धान्तों आचार्य भरत से ही उधार लिये हुए थे—किन्तु इस थोड़ी-सी पूँजी के बल पर ही काव्य-शास्त्र का पूरा भवन खड़ा करना बहुत कठिन था। इसी प्रकार अलंकार सम्प्रदाय के भी ऋण से वामन मुक्त नहीं कहे जा सकते। गुणों की अपेक्षा अलंकारों को हीन सिद्ध करने का जो प्रयास वामन ने किया, उसमें भी उन्हें सफलता नहीं मिली। फिर भी वामन शैली-पक्ष को ही महत्व देने के कारण रस-सिद्धान्त की अपेक्षा अलंकार सिद्धान्त के अधिक समीप पड़ते हैं। वक्रोक्ति और ध्वनि की अपेक्षा भी रीति का क्षेत्र अधिक संकीर्ण है। जहाँ कुन्तक ने वक्रोक्ति के अन्तर्गत काव्य के सूक्ष्मातिसूक्ष्म अवयय से लेकर उसके दीर्घतम रूप की व्याख्या अत्यन्त स्पष्टता से की है, वहाँ वामन की सारी शक्ति गुणों के स्पष्ट विवेचन एवं अलंकार एवं दोषों के संग्रह में ही लग गई है फिर भी विशुद्ध सौन्दर्यवादी होने के नाते उनका आधारभूत दृष्टिकोण कुन्तक के दृष्टिकोण से बहुत कुछ मिलता है।

ध्वनि-सम्प्रदाय की तुलना में भी रीति-सम्प्रदाय अत्यन्त तुच्छ प्रतीत होता है। ध्वनि-सम्प्रदाय ने रस, अलंकार आदि को सम्मानपूर्वक अपना कर अपने गौरव को स्थायी बनाने का प्रयास किया, जब कि रीति के प्रवर्तक ने रस और अलंकार को हेय स्थान देने का प्रयत्न किया। वस्तुतः ध्वनि मत की सूक्ष्मता एवं व्यापकता के साथ रीति की कोई तुलना नहीं।

रीति और पाश्चात्य शैली

भारतीय रीति की भाँति पाश्चात्य काव्य-शास्त्र के क्षेत्र में भी शैली की विवेचना बराबर होती रही है। यद्यपि अब शैली का अर्थ रीति से भिन्न हो गया है, किन्तु प्राचीन युग में दोनों का विवेचन एवं वर्गीकरण जिस ढंग से हुआ है उसमें परस्पर गहरा साम्य दृष्टिगोचर होता है। प्रसिद्ध ग्रीक आचार्य प्लेटो ने शैली के तीन भेद किये थे—(१) सहज सरल, (२) विचित्र; (३) मिश्र। कहना न होगा कि यह वर्गीकरण रीति के भेदों से बहुत मिलता-जुलता है। इसी प्रकार अरस्तू ने शैली के दो मूल गुण बताये थे—स्पष्टता और औचित्य। साथ ही उन्होंने एक अन्य स्थान पर शैली के चार दोषों का भी आख्यान किया—(१) समासों का अधिक प्रयोग, (२) अप्रचलित शब्दों का प्रयोग, (३) दीर्घ, अनुपयुक्त तथा अधिक विशेषणों का प्रयोग, (४) दुरारूढ़ तथा अनुपयुक्त रूपकों का प्रयोग। अरस्तू के ये दोष भारतीय आचार्यों के दोष-निरूपण के अनुकूल ही हैं।

उपर्युक्त आचार्यों के अतिरिक्त और भी अनेक पाश्चात्य आचार्यों ने शैली का विवेचन रीति से मिलता-जुलता किया है। प्रथम शताब्दी ईसा पूर्व के रोमन विद्वान् सिसरो ने शैली के आधारभूत तत्वों के अन्तर्गत इन चार गुणों की गणना की है—(१) उपयुक्त शब्द-चयन, (२) स्पष्टता, (३) सामंजस्यपूर्ण पद-रचना और (४) वर्णगुम्फन अर्थात् स्वर और व्यंजनों की मधुर योजना। आगे चलकर डयोनीसियस ने भी शैली के तीन प्रमुख गुणों—शुद्धता, स्पष्टता और समास तथा अनेक गौण गुणों—सजीवता, उदात्तता, गरिमा, शक्ति, शोभा आदि आख्यान करते हुए उसके तीन भेद किये हैं—कठिनोदात्त, मसृण या सज्जित और मिश्र। क्विन्टीलियन ने भारतीय आचार्यों की भाँति शैलियों का नामकरण भी भौगोलिक आधार पर किया, जैसे—ऐंटिक, एशियाटिक और रहोडियन। पं० बलदेव उपाध्याय ने तीनों को क्रमशः वैदर्भी, गौड़ी और पांचाली के समकक्ष रक्खा है।

इस प्रकार हम देखते हैं कि शैली सम्बन्धी प्राचीन पाश्चात्य विवेचन भारतीय रीति के सर्वथा अनुकूल है; किन्तु आधुनिक युग तक आते-आते पाश्चात्य विद्वानों के शैली-सम्बन्धी दृष्टिकोण में पर्याप्त अन्तर आ गया। उन्नीसवीं शताब्दी में वर्ड्सवर्थ तथा अन्य स्वच्छन्दतावादी साहित्यकारों ने सहज-स्वाभाविक शैली के पक्ष में प्रचार किया तथा चेष्टापूर्वक प्रयुक्त शैली को साहित्य के लिए अनुपयुक्त सिद्ध किया। दूसरी ओर क्रोचे के अभिव्यंजनावाद ने भी सहज-स्वाभाविक अभिव्यंजना को ही काव्य के लिए वांछनीय सिद्ध किया। वस्तुतः उनके विचार से तो शैली की पृथक् सत्ता मानना अनुचित है। पेटर और रैले ने भी शैली का सम्बन्ध मस्तिष्क और आत्मा से बताते हुए उसे रचयिता के व्यक्तित्व का अविच्छेद्य अंग माना। इस प्रकार पाश्चात्य काव्य-शास्त्र में शैली व्यक्ति-सापेक्ष हो गई—अर्थात् हर व्यक्ति की अपनी शैली होती है—इस तथ्य को मान लिया गया। ऐसी स्थिति में शैली का सामान्य रूप निश्चित करना स्वतः ही अनावश्यक हो गया। यद्यपि भारतीय विद्वानों में से भी अनेक ने शैली को व्यक्ति-सापेक्ष माना है, फिर भी उन्होंने उसके सामान्य गुणों की उपेक्षा नहीं की। वस्तुतः आज की शैली सम्बन्धी मान्यताओं में रीति के निम्नांकित भेद मिलते हैं—

(१) रीति के कुछ निश्चित भेद किये जा सकते हैं जबकि शैली का कोई निश्चित रूप या भेद निर्धारित करना कठिन है।

(२) रीति विषय-सापेक्ष है जबकि शैली व्यक्ति-सापेक्ष।

(३) रीति में पाठक या सामाजिक की दृष्टि से प्रमुखता प्राप्त है जबकि शैली में कवि या रचयिता की दृष्टि को।

(४) रीति के लिए अध्ययन, अभ्यास एवं प्रयत्न अपेक्षित है जबकि शैली सहज-स्वाभाविक रूपों को सूचित करती है।

(५) रीति परम्परा की प्रतीक है जबकि शैली स्वच्छन्दता की।

रीति-सम्प्रदाय का महत्व

रीति-सम्प्रदाय और उसके सिद्धान्तों का संक्षिप्त परिचय प्राप्त कर लेने के अनन्तर अब हम अपने दृष्टिकोण से उसका मूल्यांकन कर सकते हैं। सबसे पहले तो हमें यह देखना है कि रीति सिद्धान्त ने भारतीय काव्य-शास्त्र को क्या कुछ नया दिया? क्या वामन के ग्रन्थ के कारण काव्य की आत्मा सम्बन्धी समस्या के समाधान में कोई सहायता मिली? इन प्रश्नों के उत्तर में यह निःसंकोच कहा जा सकता है कि वामन ने जो कुछ दिया वह उनका अपना नहीं है। जैसा कि पीछे संकेत किया गया है, उनके सिद्धान्त मुख्यतः गुण, दोष और अलंकारों पर आधारित हैं और ये तीनों ही पूर्व विद्वानों द्वारा विवेचित हैं। उनका गुण-दोषों का विवेचन तो बहुत कुछ भरत के नाट्यशास्त्र पर आधारित है जबकि अलंकार सम्बन्धी सारी सामग्री भामह और दण्डी से ली हुई है। इस क्षेत्र में वामन की मौलिकता यह है कि एक तो उन्होंने गुण और दोषों का शब्द और अर्थ आदि के आधार पर अलग-अलग वर्गीकरण किया तथा दूसरे, उन्होंने गुणों को अलंकार से अधिक महत्वपूर्ण सिद्ध करने का प्रयास किया। किन्तु उनका गुणों का विवेचन इतना अधिक अस्पष्ट है कि उनके प्रयास को सफल नहीं माना जा सकता।

रीतियों का वर्गीकरण भी वामन का सर्वथा अपना नहीं है। जैसा कि आरम्भ में कहा जा चुका है, वामन से पूर्व भी वैदर्भी एवं गौड़ी मार्ग का भेद प्रचलित हो चुका था, अतः

उसमें एक नया भेद और बढ़ा देना कोई अधिक महत्व की बात नहीं है। हाँ, रीति को काव्य की आत्मा घोषित करने का साहस अवश्य ही अपने आप में अद्‌भुत है। पर यहाँ भी वे बड़ी दुविधा में पड़ गए—एक ओर वे सौन्दर्य को ही काव्य का प्रमुख गुण घोषित कर बैठे तो दूसरी ओर वे रीति को उसकी आत्मा मान बैठे। काव्य में सौन्दर्य ही साध्य होता है, रीति तत्व तो उसका साधन मात्र है, किन्तु साधन को साध्य से भी अधिक महत्व दे डाला। इसके अतिरिक्त उन्होंने विभिन्न रीतियों का क्षेत्र-विभाजन भी भली भाँति नहीं किया—वैदर्भी को दस गुणों वाली तथा शेष को दो-दो गुणों वाली घोषित कर दिया। ऐसी स्थिति में जहाँ दो से लेकर नौ तक गुण हों; उन्हें कौन-सी रीति में स्थान दिया जाय इसका निर्णय करना असम्भव है। दूसरे, वैदर्भी के दस गुणों में भी परस्पर विरोध है (जैसे-ओज और माधुर्य), ऐसी स्थिति में उन सबको एक स्थान पर कैसे एकत्रित किया जा सकता है? साथ ही यह भी द्रष्टव्य है कि वामन ने जिन गुणों की गणना की है, केवल उन्हीं के आधार पर किसी रचना में काव्यत्व की प्रतिष्ठा नहीं हो सकती। उदाहरण के लिए विज्ञान की पुस्तक भी सरल स्पष्ट एवं गम्भीर शैली में लिखी जा सकती है, किन्तु इसी से उसे काव्य नहीं कहा जा सकता। वस्तुतः वामन का गुण-सम्बन्धी दृष्टिकोण पर्याप्त असंगत, अस्पष्ट एवं अव्यावहारिक है। यदि वामन को कहीं सफलता मिली भी है तो वह उनके ग्रंथ के अलंकार एवं दोष सम्बन्धी अंग हैं। ऐसा प्रतीत होता है कि जहाँ तक किसी पूर्व-प्रचलित सिद्धान्त को समझने-समझाने की बात है, वामन उसमें पर्याप्त कुशल हैं, किन्तु ज्योंही वे कुछ नया कहने का प्रयास करते हैं, वहीं वे अस्पष्ट एवं दुविधा-ग्रस्त हो जाते हैं।

अस्तु, आचार्य वामन के प्रति हमारी पूरी श्रद्धा होते हुए भी हम उनकी देन को बहुत बड़ी न मानने के लिए विवश हैं। फिर भी इतना तो स्पष्ट है कि उन्होंने एक नये सम्प्रदाय के प्रवर्तन का साहस किया—अल्प शक्ति के बल पर ही महान् कार्य करने का प्रयास किया। उनकी रीति काव्य की आत्मा भले ही न बन पाए, किन्तु उसका काव्य से कोई-न-कोई सम्बन्ध तो है ही। कम-से-कम जो लोग शैली पक्ष की सर्वथा उपेक्षा करते हैं, उनके लिए तो वामन का मत चेतावनी देने के लिए पर्याप्त है। अतः डॉ० नगेन्द्र के शब्दों में कहा जा सकता है—"वाणी के बिना अर्थ गूँगा है। शैली के अभाव में भाव उस कोकिल के समान असहाय है जिसे विधाता ने हृदय की मिठास देकर भी रसना नहीं दी।......इस दृष्टि से शैली तत्व की अनिवार्यता असंदिग्ध है और रीतिवाद ने उस पर बल देकर काव्य-शास्त्र का निःसंदेह उपकार ही किया है।"

●

१४

ध्वनि-सम्प्रदाय और उसके सिद्धांत

भारतीय काव्य-सम्प्रदायों में ध्वनि-सम्प्रदाय का स्थान अत्यन्त महत्वपूर्ण है। इसका प्राचीनतम उपलब्ध ग्रंथ आनन्दवर्धन द्वारा रचित 'ध्वन्यालोक' है किन्तु स्वयं आनन्दवर्धन ने एक स्थान पर लिखा है—"काव्यस्यात्मा ध्वनिरिति बुधैर्यः समाम्नातपूर्वः" जिससे पता चलता है कि ध्वनि की परम्परा उनसे पहले भी रही है। फिर भी आनन्दवर्धन से पूर्व का कोई ग्रंथ न मिलने के कारण ध्वनि की प्रतिष्ठा एवं उसकी परम्परा के प्रवर्तक का श्रेय उन्हें ही दिया जाता है। ध्वनि-सम्प्रदाय के अनुसार काव्य की आत्मा ध्वनि है तथा ध्वनि का सम्बन्ध व्यंजना-शक्ति से है—अतः ध्वनि-सिद्धान्त को सम्यक् रूप से समझने के लिए पहले शब्द-शक्तियों का थोड़ा ज्ञान प्राप्त कर लेना उचित होगा।

शब्द-शक्तियाँ

भारतीय शास्त्रों में भाषा का अर्थ सूचित करने की क्षमता को शक्ति या वृत्ति के नाम से पुकारा गया है। इन शक्तियों की गणना विभिन्न विद्वानों ने विभिन्न प्रकार से की है, जिनसे उनकी कुल संख्या ६-७ तक पहुँच जाती है—जैसे अभिधा, लक्षणा, व्यंजना, तात्पर्य, रसना, भावना, भोग आदि। इनमें से प्रथम तीन शब्द-शक्तियाँ हैं, चतुर्थ का सम्बन्ध शब्द से न होकर वाक्य से है तथा तीन काव्य की ही विशिष्ट शक्तियाँ हैं जो अर्थ के भावन या रसास्वादन में योग देती हैं। ध्वनि का सम्बन्ध मुख्यतः शक्तियों से ही है—अतः यहाँ केवल शब्द-शक्तियों—अभिधा, लक्षणा एवं व्यंजना—का ही विवेचन क्रमशः किया जायेगा।

(क) अभिधा—शब्द की जिस शक्ति के कारण उसका साक्षात्संकेतित अर्थ सूचित होता है; या यों कहिए कि उसका सामान्य सर्वप्रचलित या उससे सीधा संबंध रखने वाला अर्थ प्रकट होता है, उसे अभिधा शक्ति कहते हैं। उदाहरण के लिए—मकान, कुर्सी, मनुष्य, गधा आदि के उच्चारण मात्र से जो अर्थ-बोध होता है, वही अभिधात्मक अर्थ है। यहाँ एक प्रश्न उठ सकता है कि इस अभिधात्मक अर्थ को बनाने वाला कौन है ? इसके उत्तर में विद्वानों ने विभिन्न बातें कही हैं। प्रसिद्ध भारतीय नैयायिक गदाधर भट्टाचार्य के मत से परम्परागत सामान्य शब्दों का अर्थ ईश्वर ने निश्चित किया है जबकि शास्त्रीय या पारिभाषिक शब्द शास्त्रकारों द्वारा गढ़े हुए हैं। भट्टाचार्य का यह मत अब बहुत पुराना हो गया है। यदि हमारे शब्द या शब्दार्थ स्वयं ईश्वर के द्वारा गढ़े हुए होते तो सभी मनुष्यों के द्वारा एक ही शब्द प्रयुक्त होते, इतनी भाषाएँ उत्पन्न नहीं होतीं। वस्तुतः आज के युग में जबकि स्वयं ईश्वर के ही अस्तित्व पर प्रश्नवाचक चिह्न लगा हुआ है, भट्टाचार्य के मत को मान्यता देना बहुत कठिन है।

पाश्चात्य विकासवादियों के मत से मानव जाति की उन्नति एवं समाज के आर्थिक विकास के साथ-साथ शब्दों और भाषा का विकास क्रमशः होता गया। निःसंदेह सामाजिक

विकास के अतिरिक्त और भी बहुत से कारण हो सकते हैं जिन्होंने अभिधात्मक अर्थ के सूचक शब्दों के विकास में योग दिया होगा, किन्तु फिर भी मूल कारण के सम्बन्ध में हम उपर्युक्त विकासवादी मत को ही स्वीकर करना उचित समझते हैं।

(ख) लक्षणा—अभिधा के अनन्तर दूसरी महत्वपूर्ण-शब्द-शक्ति लक्षणा है। इसकी परिभाषा करते हुए कहा गया है—"मुख्यार्थ की बाधा होने पर रूढ़ि या प्रयोजन के कारण जिस शक्ति के द्वारा मुख्यार्थ से सम्बन्धित अन्य अर्थ लक्षित हो, उसे लक्षणा कहते हैं।" इसे भली-भाँनि समझने के लिए लक्षणा के मुख्यतः तीन लक्षण निर्धारित किये जा सकते हैं—(१) मुख्यार्थ की बाधा—मुख्यार्थ से तात्पर्य है—वाच्यार्थ या अभिधेयार्थ। जहाँ लक्षणा शक्ति होती है वहाँ वाच्यार्थ लागू नहीं होता। उदाहरण के लिए यदि किसी मनुष्य के लिए कहा जाय कि 'वह गधा है' तो गधे शब्द का सामान्य प्रचलित अर्थ लागू नहीं होगा। (२) लक्षणा का दूसरा लक्षण यह है कि वह भिन्न अर्थ जो कि लागू होता है बिलकुल ऊपर से थोपा हुआ भी नहीं होना चाहिए, उसका वाच्यार्थ से कोई न कोई सम्बन्ध अवश्य होना चाहिए। जैसे, गधे को सामान्यतः मूर्ख समझा जाता है, अतः इसी सम्बन्ध से गधे का अर्थ भी मूर्ख कर लिया जाता है। (३) तीसरे, लक्षणा में भिन्न अर्थ का प्रयोग दो कारणों से होता है—या तो परम्परा के निर्वाह के कारण या फिर किसी विशेष प्रयोजन से। उदाहरण के लिए—जंगल जाना, नित्य-कर्म, हरिजन आदि शब्द परम्परा-निर्वाह को सूचित करते हैं तो 'गरीब की कुटिया'—'चरण-सेवक' आदि विशेष प्रयोजन को प्रकट करते हैं। अस्तु उपर्युक्त तीन लक्षणों के आधार पर ही अभिधा और लक्षणा का भेद स्पष्ट किया जा सकता है।

(ग) व्यंजना—अभिधा और लक्षणा से भिन्न अर्थ-शक्ति को व्यंजना कहा जाता है। साहित्य-दर्पणकार के शब्दों में, "अपना-अपना अर्थ बोधन करके अभिधा आदि वृत्तियों के शान्त होने पर जिससे अन्य अर्थ बोधन होता है, वह शब्द में तथा अर्थादिक में रहने वाली वृत्ति व्यंजना कहलाती है।" डॉ० भोलाशंकर व्यास ने इसे और अधिक स्पष्ट करते हुए लिखा है—"जिस प्रकार कोई वस्तु पहले से ही विद्यमान किन्तु गूढ़ वस्तु को प्रकट कर देती है, उसी प्रकार यह शक्ति मुख्यार्थ या लक्ष्यार्थ के झीने पर्दे में छिपे हुए व्यंग्यार्थ को स्पष्ट कर देती है।" यह वह शक्ति है, जो बाह्य सौन्दर्य के रेशमी पर्दे को हटाकर काव्य के वास्तविक लावण्य को व्यक्त करती है। इसीलिए इसे व्यंजना माना गया है, क्योंकि यह 'एक विशेष प्रकार का अंजन' है अर्थात् अभिधा या लक्षणा द्वारा अप्रकाशित अर्थ को प्रकाशित कर देता है। उदाहरण के लिए आफिस में बैठा हुआ कोई अफसर अपने क्लर्क से कहे "मैं जा रहा हूँ", तो इसका मुख्यार्थ इतना महत्वपूर्ण नहीं है, जितना इसका यह व्यंग्यार्थ कि "अब आफिस का काम तुम सम्हालो।" वस्तुतः इसी व्यंजना-शक्ति को ध्वनि-सम्प्रदाय में सर्वाधिक महत्व प्राप्त है। व्यंजना के द्वारा व्यक्त अर्थ को व्यंग्यार्थ या प्रतीयमान अर्थ कहते हैं। आनन्दवर्धन ने अपने ग्रन्थ में प्रतीयमान अर्थ की भूरि-भूरि प्रशंसा करते हुए उसे ही काव्य की आत्मा स्वीकार किया है। इसके सम्बन्ध में वे लिखते हैं :

प्रतीयमानं पुनरन्यदेव, वस्त्वस्ति वाणीषु महाकवीनाम्।
यत् तत् प्रसिद्धावयवातिरिक्तं, विभाति लावण्यमिवांगनासु॥
काव्यस्यात्मा स एवार्थस्तथा चादिकवेः पुरा॥
क्रौंच द्वन्द्व-वियोगोत्थः शोकः श्लोकत्वमागतः॥

अर्थात् "प्रतीयमान (अर्थ) कुछ और ही वस्तु है जो रमणियों के प्रसिद्ध अवयवों (मुख, नेत्रादि) से भिन्न लावण्य के समान महाकवियों की सूक्तियों में भासित होती है। काव्य की आत्मा का वही अर्थ है। इसी से प्राचीनकाल में क्रौंच पक्षी के जोड़े के वियोग से उत्पन्न आदि कवि वाल्मीकि का शोक श्लोक रूप में परिणत हो गया।" अस्तु इससे स्पष्ट है कि ध्वनि-सम्प्रदाय में व्यंग्यार्थ का कितना अधिक महत्व है।

ध्वनि की परिभाषा

ध्वनि की परिभाषा करते हुए ध्वन्यालोककार ने लिखा है—"जहाँ अर्थ स्वयं को तथा शब्द अपने अभिधेय अर्थ को गौण करके प्रतीयमान अर्थ को प्रकाशित करते हैं, उस काव्य-विशेष को विद्वानों ने ध्वनि कहा है।" इसका अभिप्राय यह है कि ध्वनि में व्यंग्यार्थ (प्रतीयमान) अर्थ तो होता ही है, किन्तु केवल इतना ही पर्याप्त नहीं है; उस प्रतीयमान अर्थ का वाच्यार्थ से अधिक महत्वपूर्ण होना अपेक्षित है। या यों कहिए कि जहाँ व्यंग्यार्थ प्रमुख एवं वाच्यार्थ गौण हो, वहीं ध्वनि मानी जा सकती है। प्रश्न है व्यंग्यार्थ को प्रमुखता किस कारण से प्राप्त हो सकती है? इसके उत्तर में कहा गया है कि सौन्दर्य के आधार पर ही व्यंग्यार्थ वाच्यार्थ से प्रधान हो सकता है। अतः हम इस निष्कर्ष पर पहुँचते हैं कि जहाँ व्यंग्यार्थ वाच्यार्थ से अधिक सुन्दर हो, वहीं ध्वनि का अस्तित्व स्वीकार किया जायेगा। किन्तु साथ ही, आनन्दवर्धन ने दूसरी स्थिति की भी पूर्ण उपेक्षा नहीं की—ऐसा काव्य जहाँ कि व्यंग्यार्थ वाच्यार्थ की तुलना में कम सुन्दर हो तथा वह वाच्यार्थ का अंग बन जाता हो, उसे उन्होंने 'गुणीभूत व्यंग्य' की संज्ञा दी है और जहाँ व्यंग्यार्थ अस्फुट रहता है, उसे 'चित्र काव्य' कहा है। इस प्रकार काव्य की तीन श्रेणियाँ हुईं—ध्वनि, गुणीभूत व्यंग्य और चित्र, जो क्रमशः उत्तम, मध्यम एवं अधम कोटि के काव्य को सूचित करती है।

ध्वनि का अस्तित्व

क्या गुण, अलंकार आदि से पृथक ध्वनि नाम का भी कोई अलग तत्व होता है—यह शंका भी अनेक बार अनेक विद्वानों द्वारा उठाई गयी है। इतना ही नहीं, ध्वनि के विरोधियों ने तो ध्वनि के मूलाधार व्यंग्यार्थ तक के अस्तित्व को भी अस्वीकार किया है। ध्वनि विरोधियों के मुख्यतः ये चार वितर्क हैं—(१) व्यंजना की अभिधा से पृथक् सत्ता नहीं है। (२) व्यंजना की लक्षणा से पृथक सत्ता नहीं है। (३) प्रतीयमान अर्थ या तथाकथित व्यंग्यार्थ अनुमान से ग्रहण होता है, अतः व्यंजना और ध्वनि को मानने की आवश्यकता नहीं। (४) ध्वनि का समन्वय समासोक्ति, अप्रस्तुत-प्रशंसा आदि अलंकारों में किया जा सकता है। इनमें से अनेक आक्षेपों का खंडन स्वयं ध्वन्यालोककार अपने ग्रन्थ के आरम्भ में कर चुके हैं। हम यहाँ पर पुनः संक्षेप में विचार कर सकते हैं।

सर्वप्रथम हम अभिधावादियों को ले सकते हैं। इनके भी पाँच वर्ग हैं—(१) अभिहितान्वयवादी, (२) अन्विताभिधानवादी, (३) निमित्तवादी, (४) दीर्घतराभिधा-व्यापारवादी, (५) तात्पर्यवादी। अभिहितान्वयवादियों के मत से काव्य में प्रयुक्त शब्द सबसे पहले अपने-अपने अभिधेय अर्थ को सूचित करते हैं, तदनन्तर वे परस्पर मिलकर पूरे वाक्य का अर्थ प्रकट करते हैं, जिसे तात्पर्यार्थ कहते हैं। व्यंग्यार्थ को ये तात्पर्यार्थ का ही अगला रूप मानते हैं, उससे पृथक् नहीं मानते हैं। निस्संदेह इस वर्ग के विद्वानों का यह तर्क बहुत कमजोर है। वे व्यंग्यार्थ को तात्पर्यार्थ का अगला रूप मानकर न केवल

दोनों का पार्थक्य स्वीकार कर लेते हैं, अपितु यह भी मान लेते हैं कि व्यंग्यार्थ तात्पर्यार्थ से अधिक विकसित होता है।

अन्विताभिधानवादियों के अनुसार भी व्यंग्यार्थ वाच्यार्थ से पृथक् नहीं है—वह शब्दों के अन्वित अर्थ से ही प्रकट होता है। इस वर्ग के विद्वान् अभिधा पर इतना बल देते हैं कि वे तात्पर्य-शक्ति को भी स्वीकार नहीं करते।

तीसरा वर्ग निमित्तवादियों का है, जिसके विचार से प्रतीयमान अर्थ के निमित्त शब्द ही हैं—शब्द और प्रतीयनान अर्थ में कारण-कार्य सम्बन्ध है। अस्तु, वे व्यंग्यार्थ का निमित्त शब्द एवं अभिधा शक्ति को मानते हुए व्यंजना की कल्पना को आवश्यक मानते हैं। इस मत का खंडन भी आगे चलकर मम्मट ने सफलतापूर्वक कर दिया है।

चौथा वर्ग दीर्घतराभिधाव्यापारवादियों का है : इस मत के अनुसार किसी भी शब्द और वाक्य से जितने भी अर्थ प्रतीत होते हैं; उन सभी में अभिधा शक्ति का ही कार्य होता है। अभिधा शक्ति किसी एक ही अर्थ को प्रकट करके क्षीण नहीं हो जाती, अपितु वह अन्य अर्थों की भी प्रतीति कराती रहती है। अभिधा के इस दीर्घतर व्यापार को तीर या बाण के उदाहरण से स्पष्ट किया जा सकता है। जब एक तीर किसी के शरीर में लगता है तो वह उस व्यक्ति के कवच को विद्ध करता है, हृदय में घुसता है और उसके प्राण ले लेता है। अब बताइए कि तीनों कार्य अकेले तीर की शक्ति से ही हुए या किन्हीं अन्य शक्तियों से? यदि इसका उत्तर 'अकेले तीर की शक्ति से ही' है, तो फिर यह भली-भाँति कहा जा सकता है कि वाक्य से प्रकट होने वाले वाच्यार्थ, लक्ष्यार्थ एवं व्यंग्यार्थ आदि सभी अकेली अभिधा की ही देन हैं।

इस मत के प्रवर्तक भट्टलोल्लट का एक अन्य तर्क यह है कि शब्द का अर्थ यही है जिसकी प्रतीति के लिए उसका प्रयोग किया गया हो। यदि कोई शब्द या वाक्य भिन्न अर्थ सूचित करता है तो अवश्य ही वहाँ वक्ता ने उसे भिन्नार्थ में प्रयोग किया होगा तथा ऐसी स्थिति में उस भिन्नार्थ को ही वाच्यार्थ मानना चाहिए। अस्तु, इस दृष्टिकोण से व्यंग्यार्थ का अस्तित्व ही सिद्ध नहीं होता। इसमें कोई संदेह नहीं कि भट्टलोल्लट के उपर्युक्त दोनों तर्क ही उनकी गहरी सूझ-बूझ एवं प्रबल तर्क-शक्ति को सूचित करते हैं, किन्तु इनका खंडन भी किया जा सकता है। पहले तर्क में उन्होंने एक ही तीर के द्वारा होने वाले कार्यों की तुलना विभिन्न अर्थों से की—किन्तु सादृश्य की दृष्टि से यह तुलना ठीक नहीं बैठती। वाच्यार्थ में उतना ही अन्तर नहीं है जितना कि हृदय में तीर लगने पर प्राणान्त हो जाने में है। हमारे विचार से यदि तीर का उदाहरण दिया ही जाय तो वह इस प्रकार होना चाहिए—शत्रु का तीर सेनापति को लगता है, उससे सेनापति घायल हो जाता है। सेनापति के घायल हो जाने के कारण सारी सेना भाग जाती है, पराजित हो जाती है। अस्तु, तीर लगने में और सेना के पराजित होने में जितना अन्तर है, लगभग उतना ही अन्तर वाच्यार्थ और व्यंग्यार्थ में है। स्पष्ट है कि जिस प्रकार तीर लगने का परिणाम होते हुए भी सेना की पराजय को उससे अभिन्न नहीं कहा जा सकता, उसी प्रकार वाच्यार्थ और व्यंग्यार्थ को भी एक नहीं कहा जा सकता।

दूसरे तर्क के सम्बन्ध में निवेदन है कि प्रत्येक वक्ता शब्दों का प्रयोग सदा वाच्यार्थ में ही नहीं करता, वह जान-बूझकर कई बार उन्हें व्यंग्यार्थ में प्रयुक्त करता है। जो सिद्धि उसे व्यंग्यार्थ से उपलब्ध होती है, वह उसे वाच्यार्थ से नहीं मिलती। ऐसी स्थिति में

वाच्यार्थ और व्यंग्यार्थ का अन्तर स्पष्ट रूप में प्रकट हो जाता है। कविवर बिहारी ने जो बात 'नहिं पराग नहिं मधुर मधु' के माध्यम से व्यंग्यपूर्वक कही थी, वही यदि वाच्यार्थ में कह दी गई होती तो उन्हें अपने लक्ष्य में सफलता नहीं मिलती। अस्तु, यह एक भ्रान्त धारणा है कि जान-बूझकर व्यंग्य का प्रयोग किये जाने पर वह व्यंग्यार्थ वाच्यार्थ की कोटि का हो जाता है।

अभिधावादियों में पाँचवाँ वर्ग तात्पर्य-शक्ति को मानता है। धनंजय के अनुज धनिक ने व्यंजना के स्थल पर तात्पर्य-शक्ति का समर्थन करते हुए लिखा था—"व्यंग्यार्थ वस्तुतः तात्पर्य ही है। प्रतीयमान अर्थ तात्पर्य से भिन्न नहीं है। अतः उसे व्यंजना द्वारा प्रतिपाद्य नहीं माना जा सकता न उसका व्यंजक काव्य ही ध्वनि है। तात्पर्य तो वस्तुतः जहाँ तक कार्य होता है वहाँ तक फैला रहता है। तात्पर्य को तराजू पर तोलकर यह नहीं कहा जा सकता है कि वह इतना ही है, यहीं तक है इससे अधिक नहीं।" निस्संदेह विद्वान व्याख्याता की मौलिकता प्रशंसनीय है, किन्तु यदि वे अर्थ का सारा कार्यभार अकेले तात्पर्य के कन्धे पर न डालकर उसका कुछ भाग व्यंग्य को भी सौंप देते तो सचमुच तात्पर्य और व्यंग्य—दोनों के साथ ही अधिक न्याय होता।

अभी तक हम अभिधावादियों से ही जूझते रहे हैं, किन्तु इनसे भी एक अधिक सबल दल—लक्षणावादियों का हमारे समाने और विद्यमान है। इतना ही नहीं, उधर अनुमानवादी महिम भट्ट तो इस प्रकार प्रचंड हो रहे हैं, मानों वे ध्वनि को बिलकुल धराशायी करके ही छोड़ेंगे। खैर सबसे पहले हम लक्षणावादियों से ही बात करते हैं। उनकी प्रमुख दलील है—"जिस प्रकार मुख्यार्थ की संगति न बैठने पर उपचार से लक्ष्यार्थ का ग्रहण होता है, ठीक उसी प्रकार वाच्यार्थ की संगति बैठने पर ही प्रतीयमान अर्थ की प्रतीति होती है, अतः क्यों न प्रतीयमान अर्थ को लक्ष्यार्थ का एक भेद मान लिया जाय?" इसके उत्तर में हमारा निवेदन है कि व्यंग्यार्थ सदा लक्षणा के माध्यम से ही प्राप्त नहीं होता, उसकी उपलब्धि सीधे वाच्यार्थ से भी हो सकती है। जहाँ लक्ष्यार्थ वाच्यार्थ के निष्क्रिय हो जाने पर ही काम करता है, वहाँ व्यंग्यार्थ वाच्यार्थ की सक्रियता की दशा में भी अपने काय में संलग्न हो जाता है। यों कहना चाहिए कि लक्ष्यार्थ वाच्यार्थ की हिंसा करके ही आगे बढ़ता है जबकि व्यंग्यार्थ पूरा अहिंसक होता है। ऐसी स्थिति में भला दोनों एक कैसे हो सकते हैं?

ध्वनि के सबसे बड़े विरोधी आचार्य महिम भट्ट ने तो इसके विरोध में पूरा एक ग्रंथ—व्यक्ति-विवेक—ही लिख डाला। इसमें उन्होंने ध्वनि की परिभाषा, उसके भेदोपभेदों आदि का खंडन करते हुए यह सिद्ध करने का प्रयत्न किया है कि ध्वनि वस्तुतः अनुमान से पृथक् नहीं है, अतः उन्होंने ध्वनि के स्थान पर 'काव्यानुमिति' नाम प्रस्तावित किया। उनके विचार से अर्थ के केवल दो ही प्रकार हैं—वाच्य तथा अनुमेय। वाच्य अर्थ से अनुमित अन्य अर्थ हेतु से जिसकी अनुमिति हो, वही अनुमेय है। इसी को ध्वनिवादियों ने व्यंग्य या प्रतीयमान अर्थ कहा है। इस प्रकार महिम जिस तत्व का खंडन करना चाहते थे, उसी को उन्होंने दूसरा नाम देकर स्वीकार कर लिया है। अतः ध्वनि को चाहे 'ध्वनि' कहा जाय या 'काव्यानुमिति', इसमें कोई विशेष अन्तर नहीं पड़ता है। हाँ, ध्वनि के विरोध में एक प्रबल युक्ति और है। वह यह कि क्या ध्वनि को समासोक्ति, अप्रस्तुत प्रशंसा आदि अलंकारों में समन्वित नहीं किया जा सकता? इस युक्ति पर भी आनन्दवर्धनाचार्य विचार कर चुके हैं और इन अलंकारों से ध्वनि की तुलना करते हुए उन्होंने स्पष्ट किया

है कि एक तो इनमें ध्वनि की भाँति व्यंग्यार्थ की प्रमुखता प्राप्त नहीं होती, दूसरे ध्वनि का क्षेत्र अलंकारों से अधिक व्यापक है, अतः ध्वनि में भले ही अलंकारों का समन्वय किया जा सके, किन्तु अलंकारों में ध्वनि को अन्तर्भूत नहीं किया जा सकता। हमारे विचार से यहाँ आनन्दवर्धन के मत में थोड़ी दुर्बलता है। यह ठीक है कि जिन अलंकारों से उन्होंने ध्वनि की तुलना की है, वे ध्वनि से थोड़े भिन्न हैं, किन्तु यदि उन्हें कोई साम्य रखने वाला अलंकार मिल भी जाता तो क्या वे उसे ध्वनि का पर्याय स्वीकार कर लेते? और सही बात तो यह है कि एक ऐसा अलंकार विद्यमान भी है—वह 'अन्योक्ति' है। अन्योक्ति में भी व्यंग्योक्ति की ही भाँति दो अर्थ होते हैं तथा व्यंग्यार्थ वाच्यार्थ से प्रमुख होता है। उदाहरण के लिए बिहारी के इस दोहे को लीजिए—

नहिं पराग नहिं मधुर मधु नहिं विकास इहि काल।
अली कली ही सों बंध्यो आगे कौन हवाल॥

उपर्युक्त दोहा यदि अलंकारवादियों की दृष्टि से अन्योक्ति है तो ध्वनिवादियों की दृष्टि से व्यंग्योक्ति या ध्वनि है—अतः कहना चाहिए कि ध्वनि भी एक विशेष प्रकार का अलंकार ही है, किन्तु उसे ध्वनिवादियों ने अत्यन्त व्यापक रूप प्रदान कर दिया है। यहाँ हमारा लक्ष्य केवल ध्वनि-सिद्धान्त का परिचय देना ही है, उसका खंडन करना नहीं, अतः इस सम्बन्ध में हम अधिक विचार अन्यत्र करेंगे।

वाच्यार्थ और व्यंग्यार्थ में अन्तर

वाच्यार्थ और व्यंग्यार्थ में निश्चित रूप से अन्तर है, इसे स्पष्ट करने के लिए हमारे आचार्यों ने अनेक स्पष्ट आधार निश्चित किये हैं, जो इस प्रकार हैं—

(क) **बोधा के अनुसार**—वाच्यार्थ की प्रतीति प्रत्येक व्यक्ति को हो सकती है, जब कि व्यंग्यार्थ कुछ व्यक्ति ही समझ सकते हैं।

(ख) **स्वरूप**—वाच्यार्थ और व्यंग्यार्थ के स्वरूप में भी प्रायः अन्तर होता है। उदाहरण के लिए यदि कहा जाय कि 'आप तो बहुत दुबले हैं' तो इसका व्यंग्यार्थ वाच्यार्थ से बिलकुल उलटा होगा।

(ग) **संख्या**—वाच्यार्थ प्राय. एक ही होता है जब कि व्यंग्यार्थ अनेक हो जाते हैं।

(घ) **निमित्त**—वाच्यार्थ केवल शब्द-ज्ञान से ही समझ में आ सकता है जब कि व्यंग्यार्थ को समझने के लिए प्रतिभा एवं बुद्धि भी अपेक्षित है।

(ङ) **काल**—वाच्यार्थ की प्रतीति तुरन्त हो जाती है जब कि व्यंग्यार्थ की प्रतीति उसके अनन्तर होती है।

(च) **कार्य**—वाच्यार्थ से केवल विषय का ज्ञान होता है जब कि व्यंग्यार्थ आनन्द या चमत्कार भी उत्पन्न करता है।

(छ) **आश्रय**—वाच्यार्थ केवल शब्दों पर आश्रित रहता है जब कि व्यंग्यार्थ शब्द, अर्थ, वक्ता के लहजे, प्रसंग आदि पर निर्भर होता है।

इस प्रकार हम देखते हैं कि वाच्यार्थ और व्यंग्यार्थ में निश्चित रूप से अंतर है, अतः दोनों का पार्थक्य ही मानना उचित है।

काव्यत्व का अधिवास कहाँ?

ध्वनि के सम्बन्ध में यह भी एक विवाद प्रचलित है कि काव्यत्व का अधिवास उसके किस पक्ष में है :—वाच्यार्थ में या व्यंग्यार्थ में? इस सम्बन्ध में आचार्य रामचन्द्र शुक्ल ने अपने इन्दौर वाले भाषण में कहा था—"वाच्यार्थ के अयोग्य और अनुपन्न होने पर योग्य और उपपन्न अर्थ प्राप्त करने के लिए लक्षणा और व्यंजना का सहारा लिया जाता है। अब प्रश्न यह है कि काव्य की रमणीयता किसमें रहती है? वाच्यार्थ में अथवा लक्ष्यार्थ में या व्यंग्यार्थ में? इसका बेधड़क उत्तर यही है—'वाच्यार्थ में', चाहे वह योग्य हो या उपपन्न हो अथवा अयोग्य और अनुपपन्न।" आगे उन्होंने 'साकेत' से उदाहरण देते हुए स्पष्ट किया—"आप अवधि बन सकूँ कहीं तो क्या कुछ देर लगाऊँ। मैं अपने को आप मिटाकर जाकर उनको लाऊँ।"—इसका वाच्यार्थ बहुत अत्युक्त, व्याहत तथा बुद्धि को सर्वथा अग्राह्य है। उर्मिला आप ही मिट जायेगी, तब अपने प्रियतम लक्ष्मण को वन से लायेगी क्या! यह सारा रस, सारी रमणीयता इसी व्याहत और बुद्धि को अग्राह्य वाच्यार्थ में ही है, इस योग्य और बुद्धि-ग्राह्य व्यंग्यार्थ में नहीं कि उर्मिला को अत्यन्त औत्सुक्य है। इससे स्पष्ट है कि वाच्यार्थ ही काव्य होता है, व्यंग्यार्थ या लक्ष्यार्थ नहीं।"

पं० रामदहिन मिश्र ने आचार्य शुक्ल के इस मत का खंडन करते हुए शास्त्रीय आधार पर काव्यत्व का अधिवास व्यंग्यार्थ में ही सिद्ध किया है। इसी मत का समर्थन करते हुए डॉ० नगेन्द्र ने भी लिखा है—"किसी रसात्मक वाक्य को पढ़कर हमें जो आनन्दानुभूति होती है उसके लिए उस वाक्य का कौन-सा तत्त्व उत्तरदायी है? उस वाक्य का वाच्यार्थ जिसमें शब्दार्थगत चमत्कार रहता है? अथवा व्यंग्यार्थ जिससे प्रत्यक्ष या अप्रत्यक्ष रूप से भाव रमणीयता रहती है?............इस उक्ति की वास्तविक रमणीयता का सम्बन्ध रतिजन्य व्यग्रता में ही है जो व्यंग्य है।" आगे चलकर उन्होंने और भी अधिक स्पष्ट शब्दों में कहा है—शुक्ल जी का यह तर्क बड़ा विचित्र लगता है कि सारी रमणीयता इसी व्याहत और बुद्धि को अग्राह्य वाच्यार्थ में है, इस योग्य और बुद्धिग्राह्य व्यंग्यार्थ में नहीं कि उर्मिला को अत्यन्त औत्सुक्य है। इसमें दो त्रुटियाँ हैं; एक तो उर्मिला को 'अत्यन्त औत्सुक्य है' यह व्यंग्यार्थ नहीं रहा, वाच्यार्थ हो गया। औत्सुक्य की व्यंजना ही चित्त की चमत्कृति का कारण है, उसका कथन नहीं। दूसरे, जिस अनुपपन्नता पर वे इतना बल दे रहे हैं, वह रमणीयता का कारण नहीं, उसका एक साधन मात्र है। उसका यहाँ वही योग है जो रस की प्रतीति में अलंकार का। उपर्युक्त विवेचन से ऐसा प्रतीत होता है मानों विरोध करते-करते अनायास ही किसी दुर्बल क्षण में शुक्ल जी पर क्रोचे का जादू चल गया हो।"

इस प्रकार यह विवाद एक साधारण बात से गम्भीर विषय बन गया है। इसके सम्बन्ध में हम दोनों ही आचार्यों के प्रति पूरी श्रद्धा रखते हुए अपनी धारणा इस प्रकार निवेदित कर देना चाहते हैं—

(क) वाच्यार्थ और व्यंग्यार्थ में से काव्यत्व का अधिवास कहाँ है? यह प्रश्न वैसा ही है जैसा कि यह पूछना कि प्राण धड़ में रहते हैं या सिर में? वस्तुतः जब तक सिर और धड़ संयुक्त रहते हैं तब तक ही दोनों में प्राण रहते हैं, दोनों को पृथक कर देने पर दोनों ही प्राण-हीन हो जाते हैं। ठीक उसी प्रकार जब तक वाच्यार्थ व्यंग्यार्थ में समन्वित है या व्यंग्यार्थ से आवृत्त है तब तक ही उक्ति में काव्य-तत्व की सत्ता रहती है।

(ख) ध्वनि की परिभाषा एवं उसके लिए पाँच अर्थों के अनुसार व्यंग्यार्थ से सम्बन्धित शब्द, अर्थ (वाच्यार्थ), व्यंग्यार्थ व्यंजना शक्ति, व्यंजित वस्तु, अलंकार रस आदि ये सब 'ध्वनि' संज्ञा से ही अभिभाषित होने योग्य हैं। अतः व्यंग्यार्थ जैसी निधि का स्वामी वाच्यार्थ भी सामान्य दरिद्र वाच्यार्थ ही नहीं रहता, अपितु वह ध्वनि नामधारी वैभवशालियों की ही पंक्ति में आ विराजता है।

(ग) यदि किसी ध्वनि-काव्य के दो अनुवाद तैयार करवाये जाएं, एक में केवल उसका वाच्यार्थ हो तथा दूसरे में उसका केवल व्यंग्यार्थ हो तो इस स्थिति में अवश्य ही काव्य-रसिक पहले अनुवाद को ही पसंद करेंगे; जैसे बिहारी के 'नहिं पराग नहिं मधुर मधु', वाले दोहे के दोनों प्रकार के अनुवाद देखिए—

१—अनुवाद (केवल वाच्यार्थ)

इस कली में न तो अभी पराग है, न ही मधुर मधु, और न ही यह पूरी तरह खिल ही पाई है। हे भ्रमर! तू अभी से इसके वशीभूत हो गया, न जाने आगे क्या हाल होगा?

२—अनुवाद (केवल व्यंग्यार्थ)

राजा जयसिंह से बिहारी कह रहे हैं कि तुम्हारी यह नवेली वधू अभी तो अल्प-वयस्क ही है; इसमें सौन्दर्य, यौवन एवं अनुराग का सम्पूर्ण विकास नहीं हो पाया है फिर भी तुम इसके वशीभूत हो रहे हो तो फिर न जाने आगे क्या हाल होगा?

निस्सन्देह यहाँ दूसरे अर्थ की अपेक्षा पहला ही अधिक आकर्षक है, और इसका कारण डॉ० नगेन्द्र के शब्दों में दूसरे अर्थ का वाच्यार्थ में परिणत हो जाना है। यही तो बेचारे व्यंग्यार्थ की सबसे बड़ी दुर्बलता है—वह वाच्यार्थ के बिना जीवित नहीं रह पाता, जबकि वाच्यार्थ उसी के बल पर ऐश्वर्य एवं सम्मान का भागी होता है। अस्तु, आचार्य शुक्ल ने दुर्बल क्षणों में नहीं—अपितु सोच-समझकर व्यंग्यार्थ की इस दुर्बलता का लाभ उठाया है। बाकी, 'व्यंग्यार्थ-समन्वित वाच्यार्थ' का ही नाम ध्वनि है। अतः दोनों के सह-अस्तित्व में ही सौन्दर्य की सत्ता मानी जा सकती है, किसी एक में नहीं।

ध्वनि के भेद

ध्वनि के सर्वप्रथम दो भेद किये जाते हैं—(१)अभिधामूला और (२) लक्षणामूला। जैसा कि इनके नाम से ही प्रतीत होता है, अभिधामूला में सीधे अभिधेय अर्थ से ही व्यंग्यार्थ ध्वनित हो जाता है, जबकि लक्षणामूला में लक्ष्यार्थ से व्यंयार्थ की प्रतीति होती है। इसके भी अनेक उपभेद हैं। अभिधामूला के दो उपभेद—(१) असंलक्ष्यक्रम ध्वनि और (२) संलक्ष्यक्रम ध्वनि। जहाँ वाच्यार्थ के साथ-साथ ही व्यंग्यार्थ ध्वनित हो जाता है—दोनों के बीच में कोई अन्तर प्रतीत नहीं होता, वहाँ असंलक्ष्यक्रम ध्वनि कहते हैं। जैसे—"अरे। यह तो यहाँ रुपये का दो छटाँक मिलता है।" इनका व्यंग्यार्थ है कि यहाँ महँगाई बहुत है। संलक्ष्यक्रम ध्वनि में वाच्यार्थ और व्यंग्यार्थ के बोध होने का क्रम प्रतीत हो जाता है, जैसे—

माली आवत देख के कलियाँ करें पुकार।
फूले फूले चुनि लिए कालि हमारी बार॥

यहाँ माली के स्थान पर काल या मृत्यु सम्बन्धी जिस अर्थ का बोध होता है, वही व्यंग्यार्थ है। यह वाच्यार्थ की अनुभूति के किंचित् बाद प्रतीत होता है।

उपर्युक्त दो भेदों के भी अनेक भेद किये गये हैं। असंलक्ष्यक्रम ध्वनि के छः प्रकार—पदगत, पदांशगत, वाक्यगत, वर्णगत, रचनागत और प्रबन्धगत तथा संलक्ष्यक्रम के तीन भेद—शब्द शक्त्युद्भव, अर्थ-शक्त्युद्भव और शब्दार्थोभय शक्त्युद्भव किये गये हैं, जिसका सोदाहरण विवेचन पं० रामदहिन मिश्र ने अपने 'काव्य दर्पण' में किया है। हम यहाँ इन्हें अधिक महत्वपूर्ण न समझकर छोड़ रहे हैं।

अब लक्षणामूला ध्वनि के भेदों को लीजिए। सर्वप्रथम इसके दो भेद—(१) अर्थान्तरसंक्रमित वाच्य एवं (२) अत्यंत तिरस्कृत वाच्य—किये गये हैं। यह तो हम पहले ही बता चुके हैं कि लक्षणा में मूल वाच्यार्थ की उपेक्षा होती है, किन्तु उस उपेक्षा की भी दो कोटियाँ हैं—एक जहाँ थोड़ी उपेक्षा हो जाती है, दूसरी जहाँ बिलकुल हो जाती है। लक्षणामूला ध्वनि के ये दोनों भेद क्रमशः इन्हीं दो कोटियों पर आश्रित हैं। अर्थान्तर-संक्रमित वाच्य में वाच्यार्थ थोड़ा-सा अन्य अर्थ में संक्रमित हो जाता है, जैसे—"राखी सजी पर कलाई नहीं है।" यहाँ 'कलाई" का व्यंग्यार्थ भाई की कलाई या वह भाई जिसको राखी बाँधी जा सके। स्पष्ट है कि यहाँ 'कलाई' का अर्थ संक्रमित हो गया है। इसके विपरीत 'अत्यन्त तिरस्कृत वाक्य' में वाच्यार्थ का बिलकुल तिरस्कार हो जाता है; "पेट में तो चूहे कूद रहे हैं।" यहाँ व्यंग्यार्थ में 'चूहे' शब्द का अर्थ सर्वथा तिरस्कृत हो जाता है।

अभिधामूला की भाँति लक्षणामूला के भी अनेक उपभेद और होते हैं जिनकी संख्या सैकड़ों तक पहुँचती है। हम अपने लेख में इन सबको स्थान देना अनावश्यक समझते हैं। हाँ, एक अन्य प्रकार से ध्वनि काव्य का और वर्गीकरण किया गया है, जो उल्लेखनीय है। इस वर्गीकरण के अनुसार ध्वनि के तीन भेद होते हैं—(१) रस ध्वनि, (२) अलंकार ध्वनि और (३) वस्तु ध्वनि। इन तीनों में क्रमशः रस, अलंकार और वस्तु (तथ्य या विषय) की व्यंजना होती है तथा इनमें रस ध्वनि को सर्वश्रेष्ठ माना गया है। इस प्रकार ध्वनि-सम्प्रदाय ने रस को अपने यहाँ सर्वोच्च स्थान देकर उसके साथ समझौता कर लिया है।

ध्वनि-सम्प्रदाय का महत्व

जैसे कि हमने अभी कहा है, ध्वनि-सम्प्रदाय ने रस को सर्वोच्च स्थान देकर उसके साथ समझौता कर लिया, किन्तु फिर भी यह विचारणीय है कि रस और ध्वनि में से किसका अधिक महत्व है? क्या ध्वनि इतनी व्यापक है कि रस उसमें समा जाय? हमारे विचार से ऐसा नहीं है। रस यदि साध्य है तो ध्वनि उसकी साधिका मात्र है। रस का सम्बन्ध काव्य के आधारभूत तत्वों से है जबकि ध्वनि केवल एक अभिव्यक्ति की प्रणाली है। यह ठीक है कि वह अभिव्यक्ति प्रणाली रसानुभूति के लिए सहायक सिद्ध होती है किन्तु फिर भी उसे आधारभूत तत्वों के समान महत्व नहीं दिया जा सकता। फिर यदि प्रतीयमान अर्थवाली धारणा को उसके मूल अर्थ में लिया जाये तो कवि को अपनी सारी बात ऐसी भाषा में कहना पड़ेगी, जहाँ दोहरे अर्थ हों। यह ध्यान रहे कि ध्वनि-सम्प्रदाय वालों ने रस ध्वनि, अलंकार ध्वनि आदि के भेद बना करके अपनी इस दोहरे अर्थ वाली धारणा में थोड़ा संशोधन कर लिया, किन्तु फिर भी ध्वनि का मूल लक्ष्य तो प्रतीयमान अर्थ ही है। इसके अतिरिक्त ध्वनि-सम्प्रदाय अपने आप में एक पूर्ण सिद्धान्त नहीं है, अन्ततः वह रस और अलंकार सम्प्रदाय को आधार बनाकर ही आगे बढ़ सका।

ध्वनि सम्प्रदाय में अन्य सम्प्रदायों की भाँति कई त्रुटियाँ और असंगतियाँ भी हैं। एक ओर ध्वनिकार प्रतीमान अर्थ को ही काव्य की आत्मा मानते हैं तो दूसरी ओर ध्वनि के पाँच अर्थों में प्रतीयमान अर्थ के अतिरिक्त ध्वनि के अन्य अवयव भी सम्मिलित कर लिये गये हैं। प्रतीयमान अर्थ की प्रधानता, अप्रधानता और शून्यता के आधार पर ही काव्य को उत्तम, मध्यम एवं अधम घोषित कर देना भी ध्वनिवादियों का अतिवाद है। सही बात तो यह है कि प्रतीयमान अर्थ भी चारुत्व या सौन्दर्य के हेतुओं में से एक है—यदि किसी अन्य हेतु से काव्य में चारुत्व आ जाता है तो काव्य मानने में क्या आपत्ति है ? हमें यह कहने में कोई संकोच नहीं है कि वस्तुतः काव्य की आत्मा वह चारुत्व या सौन्दर्य ही है जिसका उल्लेख बार-बार ध्वन्यालोककार द्वारा हुआ है तथा ध्वनि, अलंकार, रीति आदि ये सब उसी चारुत्व की उपलब्धि के साधन मात्र हैं। हाँ, इतना अवश्य है कि ध्वनि का स्थान साधनों में महत्वपूर्ण है।

●

१५
वक्रोक्ति सम्प्रदाय और उसके सिद्धान्त

वक्रोक्ति का अर्थ है वह उक्ति जिसमें वक्रता हो; वक्रता का शाब्दिक अर्थ है, टेढ़ापन, असामान्य विचित्र आदि। वक्रोक्ति-सम्प्रदाय के प्रवर्तक आचार्य कुन्तक ने वक्रता का अर्थ 'प्रसिद्ध कथन से भिन्न' अर्थात् असामान्य या विचित्र ही किया है। अस्तु, वक्रोक्ति सम्प्रदाय के अनुसार काव्य का सौन्दर्य उक्ति की विशिष्टता व विचित्रता में है तथा ऐसी उक्ति ही काव्य की आत्मा है। इसी दृष्टिकोण को लेकर आचार्य कुन्तक ने लगभग दसवीं शताब्दी में अपने नये मत की स्थापना करते हुए 'वक्रोक्तिजीवितम्' की रचना की। इस ग्रंथ में प्रतिपादित आधारभूत सिद्धान्त चाहे हमें स्वीकार्य हो या न हो, किन्तु इसमें कोई सन्देह नहीं कि आचार्य कुन्तक में पर्याप्त प्रतिभा एवं नूतन विवेचन की क्षमता थी। यद्यपि परवर्ती विद्वानों ने वक्रोक्ति-सम्प्रदाय को अपेक्षित महत्व प्रदान नहीं किया किन्तु फिर भी हमारे विचार में मौलिकता एवं व्यापकता की दृष्टि से इसकी देन ध्वनि-सम्प्रदाय से कम नहीं है।

वक्रोक्ति की परम्परा

यद्यपि वक्रोक्ति का पूर्ण भाग्योदय दसवीं शताब्दी में कुन्तक के द्वारा ही हुआ, किन्तु इससे पूर्व भी उसका जन्म एवं विकास हो चुका था। वस्तुतः वक्रोक्ति का इतिहास भी उतना ही पुराना है जितना कि स्वयं अलंकार-शास्त्र का है। भामह (छठी शती) ने अपने 'काव्यालंकार' में वक्रोक्ति को अत्यन्त व्यापक रूप में प्रस्तुत करते हुए इसे सब अलंकारों की जननी माना है। उनके विचारानुसार वक्रोक्ति के अन्तर्गत शब्द और अर्थ दोनों की वक्रता सम्मिलित है। यह वक्रोक्ति ही इष्ट (अर्थ) और वाणी (शब्द) की मूल अलंकार है—या यों कहिए कि अलंकार की मूल आधार है। साथ ही उन्होंने इसे अतिशयोक्ति का ही पर्यायवाची माना है। यह ध्यान रहे कि भामह अतिशयोक्ति को भी सभी अलंकारों की जननी मानते हैं। इस प्रकार भामह वक्रोक्ति को काव्यत्व का आधारभूत तत्व मान लेते हैं।

आगे चलकर दंडी ने वक्रोक्ति को स्वाभावोक्ति से पृथक् मानते हुए इसे भामह की भाँति विभिन्न अलंकारों का मूलाधार माना है। किन्तु वामन ने इसे एक विशिष्ट अलंकार मात्र मानकर इसके क्षेत्र को संकुचित कर दिया। वामन के परवर्ती रुद्रट तो वक्रोक्ति के और भी अधिक विरोधी निकले—उन्होंने इसका स्वरूप इतना अधिक संकीर्ण कर दिया कि वह केवल एक शब्दालंकार मात्र रह गई। इस प्रकार भामह से लेकर रुद्रट तक वक्रोक्ति के क्रमिक ह्रास की पूरी एक शृंखला चलती रही है। यह आश्चर्य की बात है कि हम वैभव वंचिता वक्रोक्ति को ध्वनि-सम्प्रदाय के प्रतिष्ठाता आचार्य आनन्दवर्द्धन ने इतना अधिक सम्मान प्रदान किया कि एक बार ही में अपनी समस्त खोई हुई प्रतिष्ठा को पुनः पा सकने में समर्थ हुई। आचार्य आनन्द वर्द्धन ने स्पष्ट शब्दों में लिखा—

सैषा । सर्वत्र वक्रोक्तिरनयाऽर्थो विभाव्यते।
यत्नोऽस्यां कविना कार्यः, कोऽलंकारोऽनया बिना।[१]

अर्थात् यह सब वही वक्रोक्ति है। इसके द्वारा अर्थ चमक उठता है। कवियों को इसमें विशेष प्रयत्न करना चाहिए। इसके बिना अलंकार है ही क्या?

सम्भवतः आनन्दवर्द्धन की इस प्रशंसा के कारण ही कुन्तक को इतना बल मिला कि वे ध्वनि-सम्प्रदाय के विरोध में वक्रोक्ति-सम्प्रदाय की स्थापना करते हुए वक्रोक्ति को काव्य की आत्मा घोषित कर सके। फिर भी इसमें कोई सन्देह नहीं कि वक्रोक्ति के प्रति कुन्तक का दृष्टिकोण आनन्दवर्द्धन से पर्याप्त व्यापक है। किन्तु परवर्ती आचार्यों और विद्वानों ने वक्रोक्ति को एक अलंकार-विशेष के रूप में ही स्वीकार किया; उसका व्यापक रूप उन्हें मान्य नहीं हो सका।

वक्रोक्ति-सम्प्रदाय का काव्य सम्बन्धी दृष्टिकोण

वक्रोक्ति सम्प्रदाय के आधारभूत सिद्धान्तों को समझने से पूर्व उसके काव्य सम्बन्धी दृष्टिकोण से परिचित हो जाना अधिक उपयोगी सिद्ध होगा। आचार्य कुन्तक ने अपने ग्रन्थ के आरम्भ में ही अपनी काव्य सम्बन्धी अनेक धारणाओं को व्यक्त किया है। सबसे पूर्व वे 'काव्य' शब्द की विवेचना करते हुए बताते हैं—कविः कर्म काव्यम्' अर्थात कवि का कर्म ही काव्य है। यहाँ प्रश्न उठता है—कवि किसे कहते हैं? कुन्तक इस सम्बन्ध में मौन हैं। ऐसा प्रतीत होता है कि 'कवि' शब्द की व्याख्या करना उन्होंने आवश्यक नहीं समझा। खैर, आगे चलकर वे काव्य का लक्षण प्रस्तुत करते हुए लिखते हैं—

शब्दार्थो सहितौ वक्रकविध्यापारशालिनि।
बन्धे व्यवस्थितौ काव्यं तद्विदाह्लादकारिणि॥

अर्थात्—काव्य-मर्मज्ञों को आनन्द देने वाली सुन्दर (वक्र) कवि-व्यापार युक्त रचना में व्यवस्थित शब्द और अर्थ मिलकर काव्य कहलाते हैं। आचार्य कुन्तक की उपर्युक्त परिभाषा से स्पष्ट है कि एक तो वे काव्य में शब्द और अर्थ दोनों को समान महत्व देते हैं; दूसरे वे प्रत्येक रचना के लिए 'आह्लाद-कारिणी' होना आवश्यक मानते हैं। डॉ० नगेन्द्र ने कुन्तक की इन्हीं मान्यताओं का सूक्ष्म विवेचन करते हुए निम्नांकित निष्कर्ष प्रस्तुत किये हैं जो अत्यन्त महत्वपूर्ण है—

(१) आचार्य कुन्तक के विचार से काव्य में वस्तु- तत्व एवं माध्यम या अनुभूति और अभिव्यक्ति—दोनों का तादात्म्य होता है।

(२) काव्य का वस्तु-तत्व साधारण न होकर विशिष्ट होता है अर्थात् उसमें ऐसे तथ्यों का वर्णन नहीं होता जो अति प्रचलित होने के कारण प्रभावहीन हो गये हों।

(३) काव्य की अभिव्यंजना-शैली असाधारण या अद्वितीय होती है।

(४) अलंकार काव्य का मूल तत्व है, केवल बाह्य भूषण मात्र नहीं।

(५) काव्य का काव्यत्व कवि कौशल पर आश्रित है—दूसरे शब्दों में काव्य एक कला है।

(६) काव्य की कसौटी काव्य मर्मज्ञों का मन प्रसादन है।

यह उक्ति मूलतः भामह की है जिसे आनन्दवर्द्धन ने अपने ग्रन्थ में उद्धृत किया है।

उपर्युक्त निष्कर्षों से स्पष्ट है कि कुन्तक का दृष्टिकोण विशुद्ध कलावादी या सौन्दर्यवादी था। किन्तु आधुनिक कलावादियों की भाँति यह एकांगी नहीं था। आधुनिक कलावादी केवल अपने मनःप्रसादन को ही काव्य की कसौटी मानता है, जबकि कुन्तक विद्वान् पाठकों की अनुभूति को ही प्रमाण मानते हैं—इसी अन्तर के कारण कुन्तक संकीर्ण व्यक्तिवाद से ऊपर उठ जाते हैं।

वक्रोक्ति : स्वरूप और भेद

जैसा कि हमने आरम्भ में कहा था; आचार्य कुन्तक ने वक्रोक्ति को अत्यन्त व्यापक रूप में ग्रहण किया था। सर्वप्रथम तो उन्होंने उसकी परिभाषा ही अत्यन्त व्यापक रूप में की; दूसरे, उनके भेदोपभेद का निरूपण इतने विस्तार से किया कि उसमें वर्ण-विन्यास से लेकर प्रबन्ध कल्पना तक काव्य के सभी अंगों का सन्निवेश हो जाता है। कुन्तक द्वारा की गई वक्रोक्ति की परिभाषा इस प्रकार है—

उभावेतावलङ्कार्यो तयोः पुनरलंकृति।
वक्रोक्तिरेव वैदग्ध्यभंगी-भणितिरुच्यते॥—१/१०

अर्थात् 'यह दोनों (शब्द और अर्थ) अलंकार्य होते हैं तथा विदग्धतापूर्ण कथन रूपी वक्रोक्ति ही उन दोनों की अलंकार होती है।

यहाँ अलंकार का अर्थ व्यापक रूप में ग्रहण करते हुए 'सौन्दर्य' समझना चाहिए। उद्धृत पंक्तियों में वक्रोक्ति को न केवल शब्द से या अर्थ से—अपितु दोनों से सम्बद्ध माना गया है। वह मूल वस्तु न होकर उसकी साज-सज्जा होती है; उसमें कथन-शैली का समस्त चारुत्व समन्वित हो जाता है।

आचार्य कुन्तक ने वक्रोक्ति के छः भेद किये हैं—(१) वर्ण-विन्यास-वक्रता, (२) पद-पूर्वार्ध-वक्रता, (३) पद-परार्ध-वक्रता, (४) वाक्य-वक्रता, (५) प्रकरण-वक्रता और (६) प्रबन्ध वक्रता। यहाँ हम प्रत्येक की अलग-अलग विवेचना करेंगे।

१. अर्थ विन्यास-वक्रता—कुन्तक के शब्दों में "जिसमें एक या दो या बहुत से वर्ण थोड़े-थोड़े अन्तर से बार-बार ग्रथित होते हैं, वह वर्ण-विन्यास-वक्रता अर्थात् वर्ण-रचना की वक्रता कही जाती है।" यहाँ वर्ण से तात्पर्य व्यंजन से है। वस्तुतः व्यंजनों की इस आवृत्ति को अलंकार-सम्प्रदाय के शब्दों में अनुप्रास का नाम दिया जा सकता है। इस वर्ण-विन्यास-वक्रता के भी तीन प्रकार माने गये हैं—(१) वर्गान्त से युक्त स्पर्श अर्थात् क से लेकर म तक के व्यंजनों का ङ, ञ, ण, न, म आदि से योग। (२) तलनादयः—अर्थात् त, ल, न आदि द्वित्व रूप में बार-बार आवृत्त हों, (३) उपर्युक्त दोनों भेदों के अतिरिक्त तीसरा भेद यह है जहाँ 'र' का बार-बार प्रयोग हो। वस्तुतः ये भेद भी रीति-गुणों—माधुर्य, ओज, प्रसाद आदि—के समन्वय की दृष्टि से किये गये प्रतीत होते हैं। इनके अतिरिक्त 'वर्ण-विन्यास-वक्रता' के और भी अनेक उपभेद किये गये हैं जिससे सभी प्रकार के अनुप्रासों, वृत्तियों, यमकों आदि का इसमें अन्तर्भाव हो जाता है। साथ ही आचार्य कुन्तक ने वर्ण-विन्यास-वक्रता के लिए कुछ आवश्यक प्रतिबन्ध भी निश्चित किये हैं। जैसे—एक तो वर्ण-योजना सदा प्रस्तुत विषय के अनुकूल होनी चाहिये। वर्ण-विन्यास-वक्रता के लिये अत्यन्त चेष्टा करना या असुन्दर वर्णों का प्रयोग उचित नहीं है। तीसरे, उसमें नवीन सौन्दर्य होना चाहिए। चौथे, प्रसाद गुण का होना आवश्यक है। पाँचवें, वह श्रुति-सुखद भी होनी चाहिए। इससे स्पष्ट है कि कुन्तक ने वक्रता का उसी सीमा तक ही समर्थन किया है, जहाँ

तक कि वह काव्य के सहज स्वाभाविक सौन्दर्य की अभिवृद्धि में सहायक सिद्ध हो—कृत्रिम रूप में प्रयुक्त वक्रोक्ति का समर्थन वे नहीं करते।

२. पद-पूर्वार्ध वक्रता—शब्द के आरम्भ में उत्पन्न वक्रता या यों कहिए कि मूल धातु से सम्बन्धित वक्रता को ही पद-पूर्वार्ध-वक्रता कहते हैं। इसके भी आठ भेद हैं : १. रूढ़ि-वैचित्र्य-वक्रता, २. पर्याय-वक्रता, ३. उपचार-वक्रता, ४. विशेषण-वक्रता, ५. संवृत्ति-वक्रता, ६. वृत्ति-वक्रता, ७. लिंग-वैचित्र्य-वक्रता, ८. क्रिया-वैचित्र्य वक्रता। इनका पृथक्-पृथक् विवेचन यहाँ किया जाता है :

(१) **रूढ़ि-वैचित्र्य वक्रता**—जहाँ कवि अपनी प्रतिभा के बल पर किसी शब्द के रूढ़ या वाच्य अर्थ को इस प्रकार परिवर्तित कर दे जिससे उक्ति में सौन्दर्य आ जाय, उसे रूढ़ि-वैचित्र्य-वक्रता कहते हैं। जैसे—

(क) **तब ही गुन सोभा लहैं, सहृदय जबहिं सराहिं।**
कमल कमल हैं तबहिं जब रवि-कर सों विकसाहिं॥

(ख) **सीता हरण तात जनि कहहु पिता सन जाई।**
जो मैं राम तो कुल सहित कहहि दशानन आई॥

उपर्युक्त अंशों में क्रमशः 'कमल' और 'राम' रुढ़ि-वैचित्र्य-वक्रता के उदाहरण हैं।

(२) **पर्याय-वक्रता**—एक ही अर्थ के द्योतक अनेक पर्यायवाची शब्द होते हैं किन्तु कवि उनमें से किसी एक को चुनकर उक्ति में वक्रता या सौन्दर्य उत्पन्न कर देता है—इसी को पर्याय-वक्ता कहते हैं। जैसे—

'अबला जीवन हाय तुम्हारी यही कहानी।'

यहाँ यदि 'अबला' के स्थान पर उसका दूसरा पर्यायवाची 'नारी' रख दिया जाय तो उसका मूल सौन्दर्य नष्ट हो जायेगा। अस्तु पर्यायवाची का कवि द्वारा ऐसा चुनाव ही पर्याय-वक्रता का उदाहरण है।

(३) **उपचार वक्रता**—'उपचार' शब्द का अर्थ है—'अत्यन्त विभिन्न पदार्थों में अत्यन्त सादृश्य के कारण उत्पन्न होने वाली समानता या एकता जैसे, 'मुख रूपी चन्द्र'। जहाँ भेद होते हुए भी अभेद का अनुभव हो, ऐसी वक्रता को ही उपचार कहते हैं। अमूर्त पर मूर्त का आरोप, अचेतन पर चेतन का आरोप तथा रूपकादि अलंकार इसी के अन्तर्गत आते हैं। एक उदाहरण—

झींगुर के स्वर का प्रखर *तीर*,
केवल प्रशान्ति को रहा चीर।

यहाँ 'तीर' और 'चीर' उपचार-वक्रता के उदाहरण हैं, क्योंकि झींगुर का स्वर मूलतः भिन्न होता हुआ भी यहां चीरने वाले तीर से अभिन्न प्रतीत हो रहा है।

(४) **विशेषण-वक्रता**—जहाँ विशेषणों की विचित्रता या वक्रता के कारण काव्य में सौन्दर्य हो, उसे विशेषण-वक्रता कहते हैं। उदाहरण—

सशंकित ज्योत्सना सी चुपचाप,
जड़ित-पद *नमित-पलक—दृग-पात*।

(५) **संवृत्ति-वक्रता**—जहाँ सर्वनाम आदि के द्वारा वस्तु का संवरण या गोपन करके वक्रता उत्पन्न की जाती है। जैसे—

वह चितवनि *औरे कछु* जिहि बस होत सुजान!'

धिक धिक ऐसे प्रेम को कहा कहहुँ मैं नाथ!'

(६) **वृत्ति-वक्रता**—यहाँ वृत्ति से अभिप्राय व्याकरण के समास, तद्धित आदि से है। इनसे सम्बन्धित वक्रता को ही वृत्ति-वक्रता कहते हैं—जैसे—

को घटि ए *भानुजा* वै हलधर के वीर

यहाँ वृषभानुजा में समास की वक्रता है।

(७) **लिंग वैचित्र्यवक्रता**—वह वक्रता लिंग-परिवर्तन के द्वारा उत्पन्न होती है, यथा—

(क) कामायनी में श्रद्धा के लिए—

कौन हो तुम वसंत के *दूत*

विरस पतझड़ सुकुमार!

(ख) पंत की निम्नांकित पंक्ति में—

सिखा दो ना हे *मधुप कुमारि* !

मुझे भी अपने मीठे गान।

भौरे का सामान्यतः पुल्लिंग में प्रयोग होता है, जबकि यहाँ उसे स्त्री-लिंग में प्रयुक्त किया गया है जो कि चारुत्ववर्द्धक है।

(८) **क्रिया वैचित्र्य-वक्रता**—क्रिया सम्बन्धी विचित्रता। इसके अनेक उदाहरण दृष्टव्य हैं—

उन्नत वक्षों में आलिङ्गन-सुख लहरों का *तिरता*

परिहै मनो रूप अब धरि च्वै।

आनन से छलकी परैं आँखें।

इस प्रकार हम देखते हैं कि पद-पूर्वार्ध वक्रता का क्षेत्र अत्यन्त व्यापक है। इसमें लक्षणा और शब्द-सम्बन्धी विचित्रता के अधिकांश प्रकार समन्वित हो जाते हैं।

३. पद-परार्ध-वक्रता—इसका सम्बन्ध शब्द के उत्तरार्द्ध अंश या प्रत्यय आदि से है। इसके भी अनेक भेद किये गये हैं, किन्तु यहाँ केवल कुछ उदाहरण देकर ही आगे बढ़ जायेंगे—

पिय सों कहहु संदेसड़ा हे भौंरा हे काग।

विकम्पित मृदु पुलकित गात।

यहाँ 'संदेसड़ा' और 'विकम्पित' में क्रमशः 'ड़ा' और 'वि' के प्रयोग के कारण जो सौन्दर्य आ गया है वह पद-परार्ध-वक्रता का उदाहरण है

४. वाक्य-वक्रता—यहाँ वक्रता का आधार पूरा वाक्य होता है। स्वयं वक्रोक्तिकार के शब्दों में—"वस्तु का उत्कर्ष-युक्त, स्वभाव से सुन्दर रूप में केवल सुन्दर शब्दों द्वारा वर्णन अर्थ या वस्तु की वक्रता कहलाती है।" यह लक्षण जरा अस्पष्ट है, स्पष्ट शब्दों में कहें तो

जहाँ किसी वस्तु या विषय के स्वाभाविक रूप का ही ऐसा सहज वर्णन हो कि उसमें किसी प्रकार का अर्थ सौन्दर्य उत्पन्न हो, उसे वाक्य-वक्रता कहते हैं। इसके भी अनेक भेद किये गये हैं—जिनमें मुख्य दो हैं—(१) स्वभावोक्ति, (२) अर्थालंकार। दोनों के क्रमशः दो उदाहरण—

(१) मैया मोहि दाऊ बहुत खिझायो।
मो सों कहत मोल को लीन्हो,
तोहों जसुमति कब जायो।
(२) उषा सुनहले तीर बरसती,
जय लक्ष्मी-सी उदित हुई।

वस्तुतः वाक्य-वक्रता के अन्तर्गत प्रमुख अर्थालंकारों का समावेश हो जाता है।

५. प्रकरण-वक्रता—प्रकरण-वक्रता की कोई स्पष्ट परिभाषा नहीं मिलती। हमारे विचार से प्रसंगगत वक्रता ही प्रकरण-वक्रता मानी जानी चाहिए। इसके भी अनेक भेद किये गये हैं, जिनमें से कुछ प्रमुख ये हैं—

(क) भावपूर्ण स्थिति की उद्‌भावना।
(ख) प्रसंग की मौलिकता।
(ग) पूर्व-प्रचलित प्रसंग में संशोधन।
(घ) रोचक प्रसंगों का विस्तृत वर्णन।
(ङ) प्रधान उद्देश्य की सिद्धि के लिए सुन्दर अप्रधान प्रसंग की उद्‌भावना।
(च) प्रसंगों का पूर्वापर क्रम से अन्वय।

विस्तार-भय से यहाँ इनका विस्तृत विवेचन नहीं किया जायेगा, वैसे नाम से इनका अर्थ स्पष्ट है।

६. प्रबन्ध-वक्रता—इसके अन्तर्गत प्रबन्ध-काव्य, महाकाव्य, नाटक (उपन्यास) आदि का सौन्दर्य आता है। इसके भी ६ भेद बताये गये हैं : (१) मूल-रस, परिवर्तन-ऐतिहासिक या पौराणिक आख्यान को इस प्रकार प्रस्तुत करना कि जिससे उसका मूलभाव और रस परिवर्तित हो जाय। (२) नाटक के चरित्र में संशोधन। (३) कथा के मध्य में किसी ऐसे कार्य की अवतारणा करना जो कि प्रधान कार्य की सिद्धि में योग दे। (४) नायक द्वारा मुख्य फल के साथ-साथ अनेक फलों की प्राप्ति। (५) प्रबन्ध का नामकरण प्रधान कथा या घटना या सूचक। (६) एक ही मूल कथा पर आश्रित प्रबन्धों का वैचित्र्य वैविध्य।

वक्रोक्ति के भेदोपभेदों के संक्षिप्त परिचय से यह स्पष्ट है कि कुन्तक—ने उसे इतना व्यापक रूप प्रदान करने का प्रयत्न किया था कि जिससे वह काव्य के सभी अवयवों एवं क्षेत्रों से सम्बन्धित हो सके। वर्ण-योजना से लेकर प्रबन्ध-योजना तक के सभी कवि-व्यापार वक्रोक्ति के इस व्यापक स्वरूप के अन्तर्गत आ जाते हैं, किन्तु दुर्भाग्य से परवर्ती विद्वानों ने इसे स्वीकार नहीं किया। आगे चलकर वक्रोक्ति एक शब्दालंकार मात्र रह गई जिसके दो भेद माने गये—(१) काकु वक्रोक्ति एवं (२) श्लेष वक्रोक्ति। काकु में स्वर के उतार-चढ़ाव या बोलने के लहजे के द्वारा अर्थ में चमत्कार उत्पन्न किया जाता है। जैसे—

मैंने कहा—प्रिये जाओ मत, बैठो!
वह भोली समझी कि जाओ, मत बैठो!

श्लेष-वक्रोक्ति में शब्द के अन्य अर्थ को ग्रहण करके अर्थ बदल दिया जाता है। यथा—"अरे **घनश्याम** हो तो यहाँ क्या काम, जाकर वर्षा करो।" वस्तुतः वक्रोक्ति का यह संकुचित स्वरूप कुन्तक की मान्यता के सर्वथा विपरीत है। यह संकुचित रूप उसे काव्य की आत्मा तो क्या, उसके शरीर की एक अँगुली बनने लायक भी नहीं छोड़ता।

वक्रोक्ति सिद्धान्त और अभिव्यंजनावाद

एक बार आचार्य रामचन्द्र शुक्ल ने पाश्चात्य अभिव्यंजनावाद को भारतीय वक्रोक्ति सिद्धान्त का ही विलायती उत्थान बताया था। तब से ही इन दोनों का नाम साथ-साथ लेने की एक परम्परा बन गई है, किन्तु वस्तुतः दोनों में गहरा भेद है। अभिव्यंजनावाद के प्रवर्तक क्रोचे की मान्यता थी कि कला का सम्बन्ध स्वयं प्रकाश्य ज्ञान से है जबकि कुन्तक शास्त्रीय ज्ञान को भी कला से असम्बद्ध नहीं मानते। दूसरे, क्रोचे उक्ति की सहज स्वाभाविकता में काव्य का सौन्दर्य मानते हैं, जबकि कुन्तक वक्रता या विचित्रता को ही सौन्दर्य का मूल आधार बताते हैं। तीसरे, क्रोचे मानसिक अभिव्यंजना को ही प्रमुख मानते हैं, बाह्य अभिव्यक्ति उनके लिए गौण है, इसके विपरीत कुन्तक बाह्य अभिव्यक्ति—शाब्दिक अभिव्यक्ति की ही चर्चा करते हैं, क्रोचे की तरह मानसिक अभिव्यक्ति की वे कल्पना ही नहीं करते। चौथे, क्रोचे कला को अविभाज्य मानते हैं। कुन्तक ने उसके विभिन्न भेदोपभेदों का निरूपण किया है। पाँचवें, क्रोचे केवल कवि की आत्म-तुष्टि को ही काव्य का लक्ष्य मानते हैं जबकि कुन्तक इसके स्थान पर सहृदय के मन को प्रसन्नता प्रदान करना लक्ष्य मानते हैं। वस्तुतः इस प्रकार अभिव्यंजनावाद और वक्रोक्ति-सिद्धान्त में गहरा अन्तर दृष्टिगोचर होता है, किन्तु डॉ० नगेन्द्र ने कई ऐसे बिन्दु भी ढूँढ़े हैं जहाँ दोनों में साम्य हो जाता है। जैसे—

(क) दोनों अभिव्यंजना को ही काव्य का प्राण-तत्व मानते हैं।

(ख) दोनों ने काव्य में कल्पना-तत्व को प्रमुखता दी है।

(ग) दोनों ही मूलतः उक्ति को अखंड, अविभाज्य और अद्वितीय मानते हैं। क्रोचे की भाँति कुन्तक ने भी अलंकार और अलंकार्य का भेद नहीं माना है।

(घ) दोनों ही सफल अभिव्यंजना अथवा सौन्दर्य-अभिव्यंजना में श्रेणियाँ नहीं मानते।

यद्यपि डॉ० नगेन्द्र ने अपनी प्रतिभा शक्ति के बल पर दोनों में थोड़ा साम्य खोज निकाला है, किन्तु यह साम्य भी केवल शाब्दिक है, ऊपरी है—अर्थ की दृष्टि से भीतर प्रवेश किया जाय तो वहाँ भी दोनों में गहरा वैषम्य दृष्टिगोचर होगा। उदाहरण के लिए इसी निष्कर्ष को लीजिए कि दोनों ही अभिव्यंजना को काव्य का प्राणतत्व मानते हैं। अभिव्यंजना से सामान्यतः काव्य के माध्यम या शैली का तात्पर्य लिया जाता है, किन्तु क्रोचे के लिए अनुभूत वस्तु से अलग शैली का कोई अस्तित्व ही नहीं है, जबकि कुन्तक शैली की वक्रता को ही काव्यत्व का सारा श्रेय दे डालते हैं। अतः कुन्तक और क्रोचे के अभिव्यंजना सम्बन्धी दृष्टिकोणों में आकाश-पाताल का अन्तर है। इसी प्रकार उक्ति की अखंडता के सम्बन्ध में भी दोनों का दृष्टिकोण परस्पर विरुद्ध है। क्रोचे वस्तुतः उसे अखंड मानते हैं, जबकि कुन्तक वर्ण-विन्यास-वक्रता, पद परार्ध वक्रता आदि के भेदों का निरूपण करके उसे खंड-खंड रूप में देखते हैं। अस्तु, जैसा कि आगे चलकर डॉ० नगेन्द्र ने स्वयं स्वीकार किया है, यही कहना उचित है कि दोनों के सिद्धान्तों में साम्य की अपेक्षा वैषम्य ही अधिक है।

उपसंहार

वक्रोक्ति-सम्प्रदाय के उपर्युक्त पर्यालोचन के अनन्तर हम अंत में कह सकते हैं कि इसके सिद्धान्त अधिक मान्यता एवं प्रचार नहीं पा सके, फिर भी इसका महत्व कम नहीं है। वक्रोक्ति के व्यापक रूप में रीति, अलंकार, ध्वनि, रस आदि सभी पूर्व प्रचलित सिद्धांतों का समन्वय किसी न किसी मात्रा में हो जाता है। कुन्तक की 'वर्ण-विन्यास वक्रता' में रीति के गुणों का 'पद पूर्वार्ध-वक्रता' और पदपरार्ध-वक्रता' में शब्दालंकारों का, 'वाक्य-वक्रता' में अर्थालंकारों का, 'प्रकरण-वक्रता' में ध्वनि का और 'प्रबन्ध वक्रता' में रस का प्रतिनिधित्व माना जा सकता है। वस्तुतः वर्ण-योजना से लेकर प्रबन्ध-योजना तक का समस्त कवि-कौशल एवं काव्य-सौंदर्य इसमें किसी न किसी रूप में समाविष्ट हो जाता है। फिर भी यह आश्चर्य की बात है कि इतना व्यापक होते हुए भी यह सिद्धांत युग की मान्यता प्राप्त करने में सफल क्यों न हो सका? हमारे विचार से इसके तीन कारण हो सकते हैं। एक तो सिद्धांत इतनी देर से आया कि इससे पूर्व रस, अलंकार, ध्वनि, रीति आदि विद्वानों के हृदय में स्थान बना चुके थे। अब लोगों में इतना उत्साह नहीं रह गया था कि वे किसी नव-आविष्कृत सिद्धान्त को समझने का कष्ट करते। दूसरे, यह सिद्धान्त शैली-पक्ष की दृष्टि से तो ठीक है, किन्तु काव्य के मूल विषय की वैसी व्याख्या प्रस्तुत नहीं करता जैसी कि रस-सिद्धान्त करता है। वस्तुतः जिन पक्षों की वक्रोक्ति-सिद्धान्त व्याख्या करता है उन्हीं की व्याख्या रीति, अलंकार, ध्वनि से भी हो जाती है। तीसरे, इसका विवेचन तथा भेदोपभेदों का वर्गीकरण भी थोड़ा अस्पष्ट एवं जटिल हो गया है। सम्भवतः इन्हीं कारणों में यह लोक-प्रिय नहीं हो सका। किन्तु यदि हम 'लोक-प्रियता' को ही किसी सिद्धान्त की कसौटी न मानें तो निश्चित रूप से कहा जा सकता है कि वक्रोक्ति-सिद्धान्त आचार्य कुन्तक की अद्भुत प्रतिभा, व्यापक दृष्टि एवं व्यवस्थित चिन्तन के समन्वय से उद्भूत एक महत्वपूर्ण सिद्धान्त है। मौलिकता एवं व्यापकता की दृष्टि से यदि इसे रीति, अलंकार और ध्वनि सिद्धान्त से भी अधिक महत्त्वपूर्ण बता दिया जाय तो कोई अनुचित नहीं होगा—हाँ, रस-सिद्धान्त से अवश्य यह हलका पड़ता है। अस्तु, प्राचीन आचार्यों के शब्दों में पुनः कहा जा सकता है—'सैषा सर्वत्र वक्रोक्ति''''कोऽलंकारोऽनया बिना'' (यह सर्वत्र वक्रोक्ति ही है''''कौन-सा सौन्दर्य है जो इसके बिना हो।)

१६
औचित्य-सम्प्रदाय और उसके सिद्धान्त

ईसा की ग्यारहवीं शताब्दी के आरम्भ तक भारतीय काव्य-शास्त्र के क्षेत्र में पाँच प्रमुख सम्प्रदाय—रस, अलंकार, रीति, ध्वनि और वक्रोक्ति—प्रतिष्ठित हो चुके थे, किन्तु फिर भी काव्य के आधारभूत तत्व के सम्बन्ध में कोई एक सर्वमान्य निर्णय नहीं हो सका। इतना ही नहीं, अनेक सम्प्रदायों की स्थापना के कारण 'काव्य की आत्मा' सम्बन्धी। विवाद सुलझाने के स्थान पर और अधिक उलझ गया था—रस, अलंकार रीति आदि प्रत्येक सम्प्रदाय अपने-अपने मत को प्रमुखता देते थे तथा दूसरे के मत को नीचा दिखाने का प्रयत्न करते थे। ऐसी स्थिति में काव्य के सामान्य अध्येता के सामने यह समस्या थी कि वह किस मत को माने और किसको नहीं। ठीक इसी समय आचार्य क्षेमेन्द्र ने औचित्य की स्थापना करके इस विवाद को सुलझाने में गहरा योग दिया। उन्होंने कहा कि काव्य में रस, गुण, अलंकार आदि सभी का महत्व है, किन्तु उसी अवस्था में जबकि ये सब औचित्य से समन्वित हों। औचित्य के अभाव में ये सभी तत्व व्यर्थ हैं। इस प्रकार औचित्य सम्प्रदाय इन सबके लिए उचित समन्वय का सन्देश लेकर उपस्थित हुआ।

औचित्य की पूर्व-परम्परा

यद्यपि 'औचित्य' की एक पृथक् सम्प्रदाय के रूप में स्थापना करने का श्रेय आचार्य क्षेमेन्द्र को ही है, किन्तु उनसे पूर्व भी अनेक आचार्य इसकी चर्चा सामान्य रूप से कर चुके थे। भरत ने नाट्य-शास्त्र में औचित्य का आधार लोक की रुचि, प्रवृत्ति एवं उसके रूप को मानते हुए लिखा—'जो लोक-सिद्ध है वह सब अर्थों में सिद्ध है और नाट्य का जन्म लोक-स्वभाव से हुआ है, अतः नाट्य प्रयोग में लोक ही प्रमाण है।' आगे चलकर उन्होंने यह भी प्रतिपादित किया कि जैसा पात्र हो, उसी के अनुरूप उसकी भाषा, वेश, चरित्र आदि होने चाहिए—

वयोऽनरूपः प्रथमवस्तु वेषः
वेषानुरूपश्च गति-प्रचारः।
गति-प्रचारानुगतं च पाठ्यं
पाठ्यानुरूपोऽभिनयश्य कार्यः।

अर्थात् 'वय के अनुरूप वेष होना चाहिए, वेष के अनुरूप गति, गति के अनुरूप पाठ्य तथा पाठ्य के अनुरूप अभिनय होना चाहिए।' इस प्रकार आचार्य भरत ने स्वाभाविकता के रूप में औचित्य का प्रतिपादन किया है—इतना अवश्य है कि उन्होंने 'औचित्य' शब्द का प्रयोग नहीं किया।

आगे चलकर दंडी ने भी यह संकेत किया कि काव्य में औचित्य का स्थान है। उपमा के प्रसंग में उन्होंने बताया कि यदि सहृदयों को उद्वेग न हो, तो उपमान और उपमेय के

लिंग-वचन आदि में परस्पर भेद होना भी कोई दोष नहीं है। वस्तुतः भामह, दंडी, वामन, रुद्रट आदि का दोष-विवेचन एक प्रकार से औचित्य के अभाव या अनौचित्य की ही व्याख्या है। किन्तु औचित्य की स्पष्ट रूप से व्याख्या करने वाले आचार्यों में सर्वप्रथम आनन्दवर्धन आते हैं। उन्होंने 'औचित्य' शब्द का प्रयोग करते हुए उसके छः प्रकार निश्चित किये—(१) रसौचित्य, (२) अलंकारौचित्य, (३) गुणौचित्य, (४) संघटनौचित्य, (५) प्रबन्धौचित्य, (६) रीति-औचित्य। इनमें से प्रत्येक का संक्षिप्त परिचय यहाँ दिया जाता है।

(१) रसौचित्य—इसका सम्बन्ध रस से है। काव्य में रस का उचित रूप से प्रतिपादन तब ही सम्भव है जबकि उसमें रसौचित्य हो। रसौचित्य के लिए आनन्दवर्धन ने मुख्यतः दस नियम निर्धारित किये हैं—(क) शब्द और उसके अर्थ का नियोजन औचित्यपूर्ण हो (ख) व्याकरण की दृष्टि से प्रयोग शुद्ध हो (ग) प्रबन्धकाव्य में संधि, घटना आदि का प्रयोग रसनानुकूल हो (घ) विरोधी रस के अंगों का वर्णन न हो (ङ) गौण वस्तु, घटना, पात्र तथा वातावरण का इतना विस्तार न हो कि उससे मुख्य रस ही दब जाय (च) अंगरस और अंगीरस का सम्बन्ध आपस में ठीक अनुपात में हो (छ) अन्य रसों की नियोजना में पारस्परिक अनुकूलता हो (ज) प्रबन्ध-काव्य या नाटक में रस का प्रयोग उचित अवसर पर हो (झ) विभाव, अनुभाव, संचारी आदि के वर्णन में औचित्य की रक्षा की जाय। हमारे विचार से इनमें से कुछ भेद तो अनावश्यक हैं। चौथे भेद (घ) में जो बात कही गई है, लगभग उसी को अगले तीन भेदों (ङ, च, छ) में दोहराया गया है। इसी प्रकार के अन्य भेदों में से भी अनेक को निकाला जा सकता है। रसौचित्य के सम्बन्ध में संक्षेप में इतना ही कहना पर्याप्त होगा कि काव्य में रस के विभिन्न अवयवों तथा विरोधी रसों का समन्वय उचित रूप से होना चाहिए, तब ही उससे रस-निष्पत्ति हो सकेगी।

(२) अलंकारौचित्य—इसके भी पाँच भेद बताये गये हैं—(क) अलंकारों का प्रयोग स्वाभाविक रूप में हो (ख) अलंकार लाने के लिये कवि को प्रयत्न नहीं करना चाहिए (ग) अलंकार भावों की पुष्टि में योग देने वाले होने चाहिए (घ) उनका स्थान काव्य में गौण होना चाहिए, मुख्य नहीं (ङ) यमक, श्लेष आदि शब्दालंकार कोरे चमत्कार के लिए प्रयुक्त न हों।

(३) गुणौचित्य—काव्य में विभिन्न गुणों का समन्वय रस के अनुकूल होना चाहिए। जैसे-–ओज का वीर रस में, माधुर्य का शृंगार और करुण में।

(४) संघटनौचित्य—संघटना या रचना का उद्देश्य रस है, अतः उसमें विभिन्न तत्वों का नियोजन रस के अनुकूल होना चाहिए। इसमें भी विचार नियामक हैं—

(क) संघटना रसानुकूल हो।

(ख) पात्र की प्रकृति, स्थिति तथा मानसिक दशा के अनुसार इसकी योजना हो।

(ग) प्रतिपाद्य विषय के अनुकूल हो।

(घ) काव्य की प्रकृति के अनुकूल हो।

(५) प्रबन्धौचित्य—प्रबन्धगत औचित्य के लिए आनन्दवर्धन ने निम्नांकित नियम निर्धारित किये हैं—(क) प्रसिद्ध तथा कल्पित वृत्तों में समानुपात रहना चाहिए। (ख) वर्ण्य वस्तु का प्रयोग प्रकृत रस के विपरीत नहीं होना चाहिए। (ग) जो घटनाएँ काव्य के

मुख्य ध्येय में बाधक सिद्ध होती हों उन्हें परिवर्तित कर देना चाहिए। (घ) प्रासंगिक घटनाओं का विस्तार अंगीरस की दृष्टि से करना चाहिए। (ङ) वर्णन विषय से दूर न जाना चाहिए। (च) अंग-घटना का विस्तार इतना न किया जाय कि वह अंगी बन जाय। (छ) प्रकृत रस के अनुकूल ही घटनाओं का चयन होना चाहिए। (ज) पात्रों की प्रकृति परिवर्तित न करनी चाहिए।

(६) **रीति-औचित्य**—रीति का प्रयोग भी उचित रूप से यानी वक्ता, रस, अलंकार तथा काव्य के स्वरूप के अनुकूल करना चाहिए।

उपर्युक्त विवेचन से स्पष्ट है कि आनन्दवर्धन ने औचित्य का प्रतिपादन पर्याप्त विस्तार से किया था। उनके अनन्तर कुन्तक एवं महिम भट्ट ने भी इसका उल्लेख अत्यन्त संक्षेप में अपने ग्रंथों में किया। कुन्तक ने इसकी परिभाषा करते हुए लिखा—"जिसके द्वारा स्वभाव का महत्व पुष्ट होता हो अथवा जहाँ वक्ता या श्रोता के अति स्वाभाविक सौन्दर्य के कारण वाच्य वस्तु आच्छादित हो जाती हो वह औचित्य है।" दूसरे शब्दों में किसी वस्तु के स्वाभाविक सौन्दर्य का वर्णन ही औचित्य है। महिम भट्ट ने अपने 'व्यक्ति-विवेक' में औचित्य के दो भेद माने हैं—शब्दौचित्य और अर्थौचित्य। इस प्रकार औचित्य की परम्परा चली आ रही थी कि क्षेमेन्द्र ने 'औचित्य विचार' लिखकर उसे काव्य का प्राण घोषित किया और साथ ही उसे अत्यन्त व्यापक रूप प्रदान किया।

औचित्य का लक्षण

आचार्य क्षेमेन्द्र ने औचित्य का लक्षण निर्धारित करते हुए कहा—"जो उसके योग्य है आचार्य लोग उसे उचित कहते हैं—उसका भाव औचित्य है।" इसे और अधिक स्पष्ट करते हुए डॉ० मनोहर गौड़ ने लिखा है—"काव्य में भी संयोजन-क्रिया की प्रमुखता रहती है। कल्पना का यही अर्थ होता है। जीवन में अनेकत्र अनेकदा दृष्ट एवं अनुभूत पदार्थों का किसी भाव या कथा के सहारे सामंजस्य संयोजन किया जाता है इस सामंजस्य के सदृश्य अथवा संतुलन को ही औचित्य कहा जाता है। यह सापेक्ष वस्तु है। नीम का चारा गौ के लिए असदृश्य और ऊँट के लिये सदृश है। अधिक भूषणों का उपयोग ग्रामीण स्त्री के लिए उचित एवं नागरिक के लिए अनुचित है। इस प्रकार औचित्य एक विधेयात्मक तत्व सिद्ध होता है। यही समस्त सौन्दर्य का मूल है।" हमारे विचार से औचित्य को आधुनिक शब्दावली में 'स्वाभाविकता' कहना अधिक उचित होगा। काव्य में घटनाओं और पात्रों के आयोजन में स्वाभाविकता होने पर ही वह प्रेषणीय हो पाता है। अस्तु, स्वाभाविकता ही औचित्य है।

औचित्य के अंग

आचार्य क्षेमेन्द्र ने काव्य के सूक्ष्मातिसूक्ष्म अवयव से लेकर उसके विशालतम रूप को ध्यान में रखते हुए औचित्य के २८ अंग या (भेद) निर्धारित किये हैं, जो इस प्रकार हैं—(१) पद, (२) वाक्य, (३) प्रबन्धार्थ, (४) गुण (५) अलंकार, (६) रस, (७) क्रिया, (८) कारक, (९) लिंग, (१०) वचन; (११) विशेषण, (१२) उपसर्ग, (१३) निपात, (१४) काल, (१५) देश, (१६) कुल, (१७) व्रत, (१८) तत्व, (१९) सत्व, (२०) अभिप्राय, (२१) स्वभाव, (२२) सार-संग्रह, (२३) प्रतिभा, (२४) अवस्था (२५) विचार, (२६) नाम, (२७) आशीर्वाद और (२८) काव्य के अन्य विविध अंग।

इन २८ तत्त्वों को सुगमता की दृष्टि से निम्नांकित चार विभागों में विभक्त किया जा सकता है—

(क) **शब्द**—पद, वाक्य, क्रिया, कारक, लिंग, वचन, विशेषण, उपसर्ग, निपात।

(ख) **काव्यशास्त्रीय तत्व**—प्रबन्धार्थ, गुण, अलंकार, रस, सार-संग्रह, तत्व, आशीर्वाद काव्य के अन्य अंग।

(ग) **चरित्र संबंधी**—व्रत, सत्व, अभिप्राय, स्वभाव, प्रतिभा, विचार, नाम।

(घ) **परिस्थिति संबंधी**—काल, देश, कुल, अवस्था।

उपर्युक्त अंगों के पर्यालोचन से पता चलता है कि आचार्य क्षेमेन्द्र ने काव्य की विषय-वस्तु और उसकी शैली—दोनों में ही औचित्य का विधान किया है।

औचित्य-अनौचित्य के कुछ उदाहरण

आचार्य क्षेमेन्द्र के दृष्टिकोण को सम्यक रूप से समझने के लिए हम यहाँ उनके द्वारा विवेचित औचित्य के कुछ उदाहरणों का अवलोकन कर सकते हैं। पद-औचित्य की विवेचना करते हुए वे लिखते हैं—"सूक्ति में किसी विशेष पद का उचित प्रयोग इस प्रकार शोभाकारक होता है, जैसे चन्द्रमुखी युवती के मस्तक पर कस्तूरी तथा श्यामा के मस्तक पर चन्दन का तिलक। जैसे—'हे देव! युद्ध के समय तुम्हारी इस खड़गधारा में शत्रुओं के कुल डूब गये।' इस प्रकार की प्रशंसा बहुशः बन्दियों से सुनकर भोली गुर्जर-नरेश की पत्नी जंगल में चकित होकर जल की आशा से पति के कृपाण की ओर देखती है। यहाँ 'भोली' शब्द से अर्थ के औचित्य का चमत्कार उत्पन्न होता है।" इसके विपरीत किसी अनुचित शब्द के प्रयोग से जिस प्रकार काव्य-सौन्दर्य को ठेस पहुँचती है, इसका स्पष्टीकरण करते हुए एक उदाहरण दिया गया है। 'सौंदर्य रूपी धन के व्यय का कुछ सोच नहीं किया; महान् क्लेश उठाया, स्वच्छन्द और सुख से रहने वाले लोगों को चिन्ता के ज्वर से पीड़ित किया। यह बेचारी भी योग्य पति के अभाव में दुखी है। विधाता ने इस तन्वी को जन्म देने में क्या प्रयोजन सोचा था। इसकी विवेचना करते हुए आचार्य क्षेमेन्द्र लिखते हैं कि यहाँ 'तन्वी' शब्द केवल अनुप्रास लोभ से प्रयुक्त हुआ है, वह किसी प्रकार के अर्थोचित्य के चमत्कार को प्रकट नहीं करता। उसके विचार से यहाँ सुन्दरी' शब्द का प्रयोग उचित था।

अलंकार-औचित्य के सम्बन्ध में आचार्यवर ने स्पष्ट किया है कि प्रतिपाद्य अर्थ के अनुरूप ही अलंकार का प्रयोग होना चाहिए। उदाहरण के लिए "अपना उत्सव देखने के लिए उत्सुक होकर वत्सराज कामदेव की भाँति इधर ही आ रहे हैं लड़ाई की चर्चा समाप्त हो चुकी है। अतः वे प्रेमी प्रत्येक मनुष्य के हृदय में निर्वासित साक्षात् कामदेव के समान लगते हैं।" यहाँ वत्सराज की कामदेव से उपमा शृंगार रस के प्रसंग में बड़ी चारुता उत्पन्न करती है। अतः यह औचित्य चमत्कार का कारण बनता है। इसी प्रकार रसौचित्य की व्याख्या करते हुए अनेक महत्वपूर्ण बातें कही गई हैं—"औचित्य के द्वारा रस और अधिक आस्वादनीय बनकर सब हृदयों में व्याप्त हो जाता है। मधुमास जैसे अशोक को अंकुरित कर देता है, उसी प्रकार यह भी भावुक हृदयों को अंकुरित कर देता है।....मधुर, तिक्त, आदि रसों को चतुराई से मिलाने पर जिस प्रकार एक विचित्र आस्वाद उत्पन्न होता है, उसी प्रकार शृंगार आदि रसों को परस्पर समन्वित करने पर एक विलक्षण रसानुभूति होती है।" अस्तु, आचार्य क्षेमेन्द्र ने औचित्य का प्रतिपादन सर्वत्र

काव्य-सौन्दर्य की अभिवृद्धि के लक्ष्य से ही किया है—अलंकार, गुण, रस आदि का ऐसा आयोजन जो काव्यत्व के विरुद्ध पड़ता है, उनके द्वारा निषिद्ध घोषित किया गया है।

क्षेमेन्द्र-परवर्ती आचार्य

क्षेमेन्द्र-परवर्ती आचार्यों में से कुछ ने 'औचित्य' की चर्चा तो की है किन्तु उन्होंने उसे काव्य का प्राण तत्व स्वीकार नहीं किया। मम्मट ने कहा है कि औचित्य के कारण गुण भी दोष या गुण बन सकता है—अतः उसके आधार पर गुण दोषों की ही परीक्षा की जा सकती है। इससे अधिक उसका महत्व नहीं है। आचार्य हेमचन्द्र ने अपने 'काव्यानुशासन' में औचित्य चर्चा गौण रूप से की है। उन्होंने यह बताया है कि पूर्व कवियों का अनुकरण कहाँ तक उचित है और कहाँ तक अनुचित। आगे चलकर साहित्यदर्पणकार विश्वनाथ एवं पंडितराज जगन्नाथ ने भी इसे गुण दोषों तक ही सीमित रक्खा। हाँ, आधुनिक युग के कतिपय आचार्यों ने अवश्य ही इसकी प्रशंसा की है। साहित्याचार्य बलदेव उपाध्याय ने इसके सम्बन्ध में लिखा है—"सच्ची बात तो यह है कि औचित्य भारतीय अलंकारिगें की संसार के आलोचना-शास्त्र को महती देन है। जितना प्राचीन तथा सांगोपांग विवेचन इसका भारत में हुआ है, उतना अन्यत्र नहीं। यह हमारे साहित्य के महत्व का पर्याप्त परिपोषक है।' इस सम्बन्ध में हम अपना मत लेख का उपसंहार करते समय व्यक्त करेंगे।

पाश्चात्य काव्य-शास्त्र और औचित्य

पाश्चात्य काव्य-शास्त्र के क्षेत्र में भी औचित्य पर पर्याप्त विचार हुआ है। प्रसिद्ध यवनाचार्य अरस्तू ने अपने 'पोइटिक्स' में चार प्रकार के औचित्य की मीमांसा की है—(१) घटनौचित्य; (२) रूपकौचित्य, (३) विशेषणौचित्य, (४) विषयौचित्य। घटनौचित्य के सम्बन्ध में उनका विचार है कि साहित्य में वर्णित घटना जगत् से सम्बद्ध और स्वाभाविक होनी चाहिए। दूसरे, प्रासंगिक घटना मुख्य घटना से उचित रूप में सम्बन्धित होनी चाहिए। रूपकोचित्य के सम्बन्ध में उनका मत है कि गद्य को प्रभावशाली एवं सुन्दर बनाने के लिए ही उनका प्रयोग करना चाहिए। रूपक में इस बात की भी सावधानी रखनी चाहिए कि वस्तु का उत्कर्ष दिखाने के लिए उत्कृष्ट गुणों से युक्त विशेषण प्रयुक्त करने चाहिए तथा अपकर्ष दिखाने के लिए हीन गुणों वाले विशेषण। साथ ही उपमान और उपमेय के जाति, गुण, धर्म आदि का भी साम्य अपेक्षित है। विशेषणौचित्य में विशेषण का लक्ष्य वर्ण्य विषय के भावार्थ को पुष्ट करना होता है। विषयौचित्य के लिए भावानुकूल भाषा का प्रयोग करना चाहिए। भाव यदि उदात्त है तो भाषा क्षुद्र या अशक्त नहीं होनी चाहिए। अरस्तू ने अपने दूसरे ग्रन्थ 'रेटारिक्स' में भी औचित्य (Propriety) की विशद रूप में विवेचना की है। इसमें शैली सम्बन्धी विभिन्न गुणों एवं तत्त्वों के औचित्य पर प्रकाश डाला गया है।

लौंजाइनस (२१३-२७६ ई) ने अपने उदात्त-तत्व सम्बन्धी ग्रंथ (On the sublime) में दो प्रकार के औचित्य—अलंकारौचित्य एवं शब्दौचित्य—की विवेचना की है। उन्होंने यह स्पष्ट रूप में स्वीकार किया है कि अलंकारों और शब्दों के उचित प्रयोग से ही काव्य के प्राण-तत्व—उदात्त तत्व की सिद्धि होती है।

आगे चलकर एक अन्य पाश्चात्य आचार्य होरेस ने अपने 'काव्य-कला' संबंधी प्रबन्ध में कवियों के लिए तीन उपदेश दिये हैं, जिनमें एक 'काव्य में औचित्य का सदा ध्यान रखना है।' इसका अधिक स्पष्टीकरण करते हुए उन्होंने बताया है कि यदि ऐतिहासिक

कथा को लेकर काव्य-रचना की जाय तो उसके पात्रों का स्वभाव परम्परा के अनुसार ही दिखाना उचित है। इसके अतिरिक्त अभिनय आदि में भावानुरूपता एवं स्वाभाविकता का ध्यान रखा जाना चाहिए। छन्दों के औचित्य के संबंध में उनकी सम्मति है कि जिस प्रकार का विषय हो, उसी के अनुकूल छन्द का चुनाव करना चाहिए।

आगे चलकर यूरोप के क्लासीकल युग में औचित्य की पूरी-पूरी मान्यता रही। इसी मार्ग के अनुयायी कवि तथा आलोचकों की दृष्टि में कला के क्षेत्र में अनुशासन की मान्यता वर्तमान थी; शास्त्र तथा लोक—दोनों का ही अनुशासन कला में उन्होंने माना था। लोक का अनुशासन औचित्य ही है। क्षेमेन्द्र ने काव्य के प्रेरणा तत्व जिस प्रकार जीवन से लिये थे, उसी प्रकार क्लासीकल समीक्षकों ने भी काव्य लोचन का आदर्श लोक को माना है। लोक के उदात्त, शिष्ट रूप को आदर्श बताया है। यही औचित्य की मूल भावना है।" (डॉ० मनोहरलाल गौड़)

अठारहवीं शती के महाकवि पोप ने भी औचित्य पर बड़ा बल दिया है। उन्होंने अपने समीक्षा सम्बन्धी पद्यात्मक लेख में भावानुकूल वर्ण-योजना पर विचार करते हुए लिखा है—

It is not enough no harshness gives offence,
The sound must seem an echo of sense,
Soft is the strain when zephyr gently blows,
And the smooth steam in smoother number flows,
But when loud surges lash the sounding shore,
The hoarse rough verse should like a torrent roar,

अर्थात् कविता में केवल उद्वेगकारी कर्ण-कटुता का अभाव ही पर्याप्त नहीं माना जा सकता, प्रत्युत वर्ण, भाव की प्रतिध्वनि के रूप में होना चाहिए। मलयानिल के बहने के अवसर पर प्रयुक्त शब्दों में सुकुमारता तथा कोमलता होनी चाहिए, मंद-मंद प्रवाही निर्झर और भी सुकोमल पदों में प्रवाहित होता है, किन्तु जब प्रचंड झंझावात का थपेड़ा खाकर भीषण-ऊर्मियां किनारों से टकराती हैं, जब ओजस्वी पद्य भी तुमुल प्रवाह की भाँति घोर गंभीर गर्जना करता है।' कहना न होगा कि पोप का यह निर्देश भारतीय आचार्यों के पदौचित्य एवं गुणौचित्य के ही अनुकूल है। वस्तुतः औचित्य को भारतीय एवं पाश्चात्य आचार्यों ने समान रूप से महत्व प्रदान किया है।

उपसंहार

अन्त में औचित्य सम्प्रदाय के महत्व के सम्बन्ध में हम निजी दृष्टिकोण से विचार कर सकते हैं। जहाँ तक उसकी उपलब्धियों का सम्बन्ध है, यह निःसंकोच कहा जा सकता है कि काव्य-शास्त्र में औचित्य की प्रतिष्ठा से एक बहुत बड़े अभाव की पूर्ति हुई। एक ओर तो इससे अलंकारवादियों, रीतिवादियों एवं वक्रोक्तिवादियों की अति चमत्कारवादी प्रवृत्तियों के नियंत्रण में योग मिला, दूसरी ओर काव्य में स्वाभाविकता को अत्यधिक सम्मान प्राप्त होने लगा। क्षेमेन्द्र ने यह स्पष्ट कर दिया कि केवल अलंकार और रीति का प्रयोग काव्य को सौन्दर्य के बढ़ाने में सहायता तो देता ही नहीं, अपितु उसे ठेस भी पहुँचा सकता है। यदि हम छठी शताब्दी से लेकर ग्यारहवीं शताब्दी तक की संस्कृत रचनाओं को

देखें तो पता चलेगा कि इस युग का साहित्य किस प्रकार कृत्रिम अलंकारयोजना से आच्छादित होकर सौन्दर्यविहीन; शुष्क एवं जटिल हो गया था। औचित्यवाद ने इसका घोर बहिष्कार करके परवर्ती युग की काव्य-रचनाओं को—भले ही ये संस्कृत भाषा की न होकर अन्य भाषा की हों—नया दृष्टिकोण प्रदान किया।

क्षेमेन्द्र का औचित्य या स्वाभाविकता सम्बन्धी दृष्टिकोण आधुनिक युग की धारणाओं के भी अनुकूल है। इतना अवश्य है कि जहाँ आधुनिक युग का साहित्यकार साहित्य को नियमों से सर्वथा मुक्त कर देने में उसकी स्वाभाविकता मानता है, वहाँ क्षेमेन्द्र आवश्यक नियमों का पालन करते हुए यथार्थ चित्रण में स्वाभाविकता मानते हैं। किन्तु यह अन्तर भी युग के दृष्टिकोण के अनुकूल ही है। उस युग का पाठक सामाजिक प्राचीन नियमों को श्रद्धा की दृष्टि से देखता था, अतः उसका पालन उस युग के साहित्यकार के लिए अपेक्षित था, जबकि आज का दृष्टिकोण बदल गया है।

यहाँ एक बात विचारणीय है कि क्या औचित्य को काव्य का जीवन या प्राण, माना जा सकता है? क्या औचित्य अपने-आपमें इतना समर्थ है कि वह काव्य में सौन्दर्यतत्व की प्रतिष्ठा कर सके? इन प्रश्नों का उत्तर हमें निषेधात्मक ही देना पड़ेगा। इसमें सन्देह नहीं कि औचित्य से काव्य में मूल सौन्दर्य की रक्षा होती है, उसके अभाव में सौन्दर्य नहीं रहता—कुरूपता में परिणत हो सकता है, किन्तु यह भी स्पष्ट है कि वह मूल सौन्दर्य का स्थानापन्न नहीं बन सकता। औचित्य में अपने-आपमें इतनी सामर्थ्य नहीं है कि वह काव्य-सौन्दर्य की सृष्टि कर सके। उदाहरण के लिए विज्ञान, दर्शन एवं इतिहास की पुस्तकें भी औचित्य से युक्त होती हैं—भाषा, शैली एवं विचार आदि मे से किसी का भी औचित्य वहाँ स्वीकार नहीं होता, किन्तु फिर भी उनमें वह सौन्दर्य नहीं आ पाता जो कि काव्य में उपलब्ध होता है। यह ठीक है कई बार औचित्य या स्वाभाविकता के कारण ही कोई उक्ति सुन्दर बन जाती है; किन्तु यदि हम सूक्ष्म दृष्टि से देखें तो वहाँ भी उसके सौन्दर्य के मूल में औचित्य के साथ-साथ कोई अन्य तत्व भी मिश्रित होगा। उदाहरण के लिए सूरदास के बाल-वर्णन की प्रशंसा में कई बार उसकी स्वाभाविकता की चर्चा की जाती है। किन्तु इसका यह तात्पर्य नहीं कि केवल स्वाभाविक या उचित होने के कारण ही वह सुन्दर है। वस्तुतः सूर के बाल-वर्णन में भावात्मकता का पुट ही सौन्दर्य का मूल कारण है, स्वाभाविकता तो उस मूल कारण की एक विशेषता मात्र है। इसमें कोई सन्देह नहीं कि अस्वाभाविक रूप में प्रस्तुत भावव्यंजना काव्य-सौन्दर्य की सृष्टि में सहायक नहीं होगी; किन्तु साथ ही यह भी असंदिग्ध है कि भावनाशून्य होने पर एक स्वाभाविक वर्णन भी दंडी द्वारा कथित 'वार्ता' मात्र रह जायेगा, काव्य की संज्ञा उसे नहीं दी जा सकेगी।

अस्तु, कहना चाहिए कि औचित्य वह तत्व है जो कविता-कामिनी के मुखचंद्र को निखारकर निष्कलंक, अम्लान एवं स्वच्छ तो बनाता है, किन्तु उसे ज्योत्स्ना का नया वैभव प्रदान करना उसके वश की बात नहीं है। प्रयोगवादी शब्दावली में कहें तो वह अधिक से अधिक 'लक्स की टिकिया' है, 'सौन्दर्य की पुड़िया' उसे नहीं कह सकते। या बिहारी के शब्दों में—

'वह चितबनि औरें कछु, तिहि बस होत सुजान।',

१७
प्लेटो का आदर्शवाद

पाश्चात्य संस्कृति एवं सभ्यता का आदिस्रोत यूनान रहा है। यूनान के दार्शनिकों, विचारकों एवं काव्य-चिन्तकों ने जिन सिद्धान्तों का प्रतिपादन ईसा से चार-पाँच शताब्दियों पूर्व किया था, उन्हीं की अनुगूँज परवर्ती युग में यूरोप के विभिन्न विचारकों की शब्दावली में सुनाई देती है। यूनान के गौरवशाली चिन्तकों एवं महान् दार्शनिकों में सुकरात के शिष्य प्लेटो (४२८ ई० पू०-३४७ ई० पू०) का नाम सर्वोपरि है। प्लेटो मूलतः दार्शनिक एवं आचार्य थे—उन्होंने ई० पू० ३८८ में अपनो जन्मभूमि एथेन्स में एक विद्यालय की भी स्थापना की थी तथा अपने अंतिम समय तक उसी में अध्यापन कार्य करते रहे। दिद्यालय की स्थापना से पूर्व वे विदेश भ्रमण के लिए चले गये थे। लगभग ग्यारह वर्ष तक उन्होंने एशिया माइनर से लेकर इटली तक विभिन्न देशों की यात्रा करते हुए विभिन्न दार्शनिक सिद्धान्तों एवं विद्याओं का ज्ञान प्राप्त किया। कदाचित यही कारण है कि हम प्लेटो में पूर्ववर्ती यूनानी दार्शनिकों से भिन्न, सर्वथा नूतन एवं मौलिक विचारों का उन्मेष देखते हैं। वैसे वे पूर्ववर्ती यूनानी दार्शनिकों—मुख्यतः पाइथागोरस एवं सुकरात के भी पर्याप्त ऋणी हैं। फिर भी प्लेटो का दृष्टिकोण सर्वत्र स्वतन्त्र एवं मौलिक दिखाई पड़ता है जिसका प्रकटीकरण उनके द्वारा रचित विभिन्न दार्शनिक एवं राजनीतिक ग्रन्थों में हुआ। उनके द्वारा रचित ग्रन्थों में 'दि रिपब्लिक' (गणराज्य), 'दि स्टेट्समैन' (राजनेता), 'दि लॉज' (विधि) आदि उल्लेखनीय हैं।

प्लेटो के साहित्यिक विचार उनके दार्शनिक एवं राजनीतिक सिद्धान्तों से प्रभावित हैं, अतः उनकी साहित्य-सम्बन्धी धाराओं के विवेचन से पूर्व उनके दार्शनिक एवं राजनीतिक विचारों को समझ लेना आवश्यक है।

प्लेटो के दार्शनिक विचार—दर्शन का चरम लक्ष्य सत्य या अन्तिम सत्य की खोज करना होता है, पर अन्तिम सत्य के सम्बन्ध में भी दार्शनिकों के मुख्यतः दो वर्ग रहे हैं—एक, जो किसी सूक्ष्म सत्ता या परोक्ष शक्ति को—जिसे परमात्मा का भी नाम दिया जाता है—अंतिम सत्य या शाश्वत तत्व मानते हैं, जबकि दूसरे वर्ग में वे आते हैं, जो इस स्थूल एवं भौतिक जगत् को ही सृष्टि का आधारभूत तत्व एवं सत्व मानते हैं। इन्हें क्रमशः आदर्शवादी एवं यथार्थवादी कहा जाता है। प्लेटो प्रथम वर्ग में आते हैं। वे मानते थे कि इस भौतिक जगत् के पीछे किसी सूक्ष्म, शाश्वत एवं अलौकिक जगत् का आधार है या यों कहिए कि वह जगत् किसी आध्यात्मिक लोक की प्रतिच्छाया है, अतः यह जगत् और इसके पदार्थ मिथ्या हैं, जबकि उनका वास्तविक रूप विचार (Ideas) रूप में अध्यात्म-लोक में विद्यमान है। इस सृष्टि का निर्माण किसी अलौकिक शक्ति या परमात्मा के विचारों (Ideas) के अनुसार हुआ—अतः विचार ही मूल तत्व है जबकि वस्तु मिथ्या है। प्लेटो के अनुसार इस संसार नें जितनी वस्तुएँ हैं, वे सभी विचाररूप में अलौकिक

जगत् में विद्यमान हैं। सांसारिक पदार्थ अपूर्ण, परिवर्तनशील एवं नाशवान् हैं, अतः वे मिथ्या हैं जबकि अलौकिक जगत् में विद्यमान उनका विचार या प्रत्यय अपरिवर्तनीय एवं शाश्वत होने के कारण—सत्य है। इस प्रकार वस्तु की अपेक्षा विचार या तत्व (Idea) को ही प्रमुखता देने के कारण ही प्लेटो के विचारों को तत्ववाद या आदर्शवाद (Idealism) कहा जाता है। ध्यान रहे अंग्रेजी का 'आइडियलिज्म' (आदर्शवाद) शब्द भी 'आइडिया' (विचार) से बना है—जो इस तथ्य का सूचक है कि वह वाद पदार्थों की अपेक्षा उनके विचार को अधिक महत्व देता है। आगे चलकर यही 'आदर्शवाद'—आध्यात्मिक विचारों, नैतिक सिद्धान्तों एवं उच्च कोटि के मानव-मूल्यों के लिए प्रयुक्त होने लगा। अस्तु, प्लेटो भारतीय अद्वैतवादियों की भाँति जगत् को मिथ्या और विचार-रूपी ब्रह्म को सत्य मानता था—उसकी उस धारणा का प्रभाव उसके राजनीतिक एवं साहित्यिक विचारों पर भी पड़ा, जिसे आगे स्पष्ट किया जायेगा।

राजनीतिक विचार—प्लेटो के समय यूनान की राजनीति अत्यन्त अस्त-व्यस्त दशा में थी। स्वयं प्लेटो के नगर में प्रजातंत्रीय व्यवस्था थी, पर वह भी अत्यन्त शोचनीय स्थिति में पहुँच गयी थी। प्रजातंत्र में जब शक्ति कुछ अदूरदर्शी, स्वार्थी, विलासी धनलोलुपों के हाथ में चली जाती है तो वह मूर्खों का शासन सिद्ध होता है। एथेन्स के इस मूर्ख-शासन ने ही प्लेटो के गुरु सुकरात के प्राण ले लिये थे जिसकी प्रतिक्रिया प्लेटो के मन में भी अत्यन्त तीव्र रूप में हुई थी। कदाचित् इसीलिए वह एक ऐसी शासन-प्रणाली का आविष्कार करने के लिए लालायित थे, जिसमें सत्य के पुजारियों को सर्वोपरि स्थान प्राप्त हो। वह तभी संभव है जबकि शासन की सत्ता किसी सत्यवेत्ता विद्वान् एवं सदाचारी कर्मनिष्ठ व्यक्ति के हाथ में रहे। इसी लक्ष्य की पूर्ति के लिए उसने एक ऐसे 'गणराज्य' की कल्पना की जिसका शासक कोई महान् दार्शनिक आचार्य या महात्मा होगा। अपने ग्रन्थ 'दि रिपब्लिक' में प्लेटो ने विस्तार से एक ऐसी योजना-पद्धति का प्रतिपादन किया है जिससे इस प्रकार के शासन का चयन हो सके। उसके विचारानुसार विद्यालयों में ही इस प्रकार के चयन की प्रक्रिया का सूत्रपात हो जाना चाहिए। सात से लेकर बीस वर्ष तक की आयु के विद्यार्थियों में से जो सर्वोच्च स्तर के सिद्ध हों, उन्हें सैनिक के रूप में चुना जाना चाहिए। इन सैनिकों को भी विशेष शिक्षा दी जानी चाहिए और उनमें से जो उच्च स्तर के सिद्ध हों, उन्हें शासक वर्ग में ले लिया जाना चाहिए। इस शासक वर्ग को भी विशेष शिक्षा-दीक्षा देकर उसमें से भी जो सर्वोच्च स्तर का सिद्ध हो, उसे राजा या प्रमुख शासक चुना जाना चाहिए। इस प्रकार प्लेटो के स्वप्नों का शासक न केवल दर्शन, विज्ञान एवं शासन-पद्धति में पारंगत होगा, अपितु वह अपने वैयक्तिक एवं चारित्रिक गुणों की दृष्टि से भी सम्पन्न होगा। सम्भव है, सत्ता-प्राप्ति के अनन्तर यह शासक भी स्वार्थी एवं लोभी होकर प्रजा के साथ अन्याय करने लगे—इस सम्भावना को समाप्त करने के लिए प्लेटो ने उसके लिए व्यक्तिगत धन-सम्पत्ति एवं परिवार का निषेध किया। प्लेटो का आदर्श शासक अपने उचित उपयोग के लिए राज्य की सम्पत्ति को काम में ले सकेगा तथा सीमित एवं अस्थायी रूप से किसी स्त्री से यौन-सम्पर्क भी स्थापित कर सकेगा, किन्तु वह विवाह करके अपना अलग घर कभी नहीं बसाएगा। सच पूछें, तो अधिकांश शासकों या मंत्रियों को प्रायः उनके बेटे-बेटियाँ ही अधिक बदनाम करते हैं या यों कहिए कि सन्तान-प्रेम के कारण ही कई बार शासकगण नियमों की अवहेलना कर देते हैं अथवा पक्षपात और सिफारिश का आश्रय ग्रहण करते हैं जिससे शासन में भ्रष्टाचार

का बीज-वपन होता है। प्लेटो इस यथार्थ से भली-भाँति परिचित थे—इसीलिए उन्होंने शासक के निजी परिवार एवं सम्पत्ति का सर्वथा निषेध किया है।

प्लेटो का लक्ष्य एक ऐसे राज्य की स्थापना करने का था जिसमें सत्य, न्याय, धर्म और सदाचार की पूर्ण प्रतिष्ठा हो सके। इसके लिए एक ओर शासक में इन सबकी प्रतिष्ठा आवश्यक है, तो दूसरी ओर राज्य की सारी व्यवस्था एवं उसका वातावरण भी उसके अनुकूल होना चाहिए। इस व्यवस्था और वातावरण को अनुकूल या प्रतिकूल बनाने में कला और साहित्य क्या योग दे सकते हैं—इसी दृष्टिकोण से प्लेटो ने इन पर विचार किया है। वस्तुतः कला और साहित्य पर स्वतंत्र एवं निरपेक्ष दृष्टि से विचार करना उनका लक्ष्य नहीं था, अपितु आदर्श गणराज्य की सहयोगिनी शक्तियों के रूप में ही इनकी आलोचना की गयी है, कदाचित् इसीलिए वे इनके साथ पूरा न्याय नहीं कर सके।

साहित्य सम्बन्धी दृष्टिकोण—प्लेटो के लिए साहित्य का महत्व उसी सीमा तक था, जहाँ तक वह उसके आदर्श-गण-राज्य के नागरिकों में सत्य, न्याय और सदाचार की भावना की प्रतिष्ठा में सहायक सिद्ध होता है। कला और साहित्य से असीम आनन्द प्राप्त होता है—इस तथ्य को प्लेटो महोदय अस्वीकार नहीं करते, किन्तु वे ऐसे आनन्द को जो उपर्युक्त लक्ष्यों की पूर्ति में बाधक सिद्ध हो, कोई महत्व प्रदान नहीं करते। दूसरे शब्दों में, कला और साहित्य की कसौटी उनके लिए सौन्दर्य या आनन्द न होकर उपयोगिता थी। इतना ही नहीं, स्वयं सौन्दर्य के सम्बन्ध में उनकी धारणा थी कि जो वस्तु उपयोगी है वही सुन्दर है। 'एक गोबर से भरी हुई टोकरी भी सुन्दर कही जा सकती है यदि वह अपना कोई उपयोग रखती हो, अन्यथा एक स्वर्णजटित चमचमाती हुई ढाल भी असुन्दर है यदि वह उपयोग की दृष्टि से महत्वशून्य हो।' संक्षेप में उन्होंने शुद्ध उपयोगितावादी दृष्टिकोण से ही साहित्य पर विचार किया। दुर्भाग्य से उस समय का यूनानी साहित्य कामोत्तेजक एवं भावोद्वेलनप्रधान था—अतः सामाजिक हित की दृष्टि से उपयोगी सिद्ध नहीं होता था; फलतः प्लेटो ने साहित्य के विरुद्ध मोर्चा लगाते हुए उस पर अनेक आक्षेप आरोपित किये, जिन पर आगे क्रमशः विचार किया जायेगा।

पहला आक्षेप : मिथ्यात्व—प्लेटो ने अपने पूर्वोक्त दार्शनिक सिद्धान्त के अनुसार काव्य या साहित्य को मिथ्या जगत् की मिथ्या अनुकृति सिद्ध किया। उनके विचारानुसार साहित्यकार जिन वस्तुओं या व्यक्तियों अथवा क्रिया-कलापों का वर्णन करता है, वे पहले से ही भौतिक जगत् में विद्यमान हैं—जिनकी अनुकृति वह अपनी रचनाओं में प्रस्तुत करता है। पर यह अनुकृति भी दो प्रकार की हो सकती है—एक कुर्सी को देखकर कुर्सी बनाना अनुकृति के द्वारा दूसरी अनुकृति प्रस्तुत करना है। यह दूसरे प्रकार की अनुकृति एक प्रकार की मिथ्या एवं भ्रामक अनुकृति है तथा चित्रकार, कवि और कथाकार भी ऐसी मिथ्या अनुकृति प्रस्तुत करते हैं। और इससे भी बुरा यह है कि जिन वस्तुओं की अनुकृति प्रस्तुत करते हैं वे स्वयं मिथ्या हैं, क्योंकि उनका सत्य रूप तो केवल विचार (Idea) रूप में अलौकिक जगत् में ही है। ऐसी स्थिति में कलाकार की स्थिति उस नकलची की सी हो जाती है, जो नकल भी झूठ की कर रहा हो। कल्पना कीजिए, परीक्षा-भवन में एक परीक्षार्थी किसी दूसरे परीक्षार्थी की नकल कर रहा है, और उस नकल में भी एक तो बहुत सी अशुद्धियाँ कर रहा है, दूसरे जिस उत्तर की वह नकल कर रहा है, वह भी अपने-आप में गलत हो! ऐसी स्थिति में वह परीक्षार्थी एक नहीं—तीन प्रकार की गल्तियाँ कर रहा है; नकल करना, गलत नकल करना और वस्तु की नकल करना! प्लेटो

के विचार से साहित्यकार की भी स्थिति ऐसी ही है! वह मिथ्या जगत् की मिथ्या अनुकृति प्रस्तुत करता है और इस प्रकार वह सत्य से तिगुना दूर है या यों कहिए कि वह तिगुने झूठ का आविष्कार है—अतः वह प्रशंसनीय नहीं दंडनीय है।

दूसरा आक्षेप : अमौलिकता एवं अज्ञानता—कवि या चित्रकार वस्तुतः कृति नहीं, अनुकृति एवं प्रतिकृति मात्र प्रस्तुत करता है, अतः उस पर दूसरा आरोप अमौलिकता एवं अज्ञानता का आरोपित किया जा सकता है। एक मोची के कार्य को देखकर जब दूसरा मोची अनुकृति द्वारा जूतों की जोड़ी बनाता है, तो हम उसे अमौलिक तो कह सकते हैं किन्तु अज्ञानी नहीं, क्योंकि वह जब तक जूता बनाने के सारे ज्ञान को प्राप्त नहीं कर लेता तब तक अनुकृति प्रस्तुत नहीं कर सकता। पर चित्रकार या कवि पर यह बात लागू नहीं होती! चाहे उन्हें इस बात का भी पता न हो कि जूते में जो चमड़ा लगता है, वह कहाँ से आता है या उसमें गाय की खाल का उपयोग होता है या बकरी की खाल का—पर फिर भी वे उसका प्रतिबिम्ब प्रस्तुत कर सकते हैं! ऐसी स्थिति में कवि का ज्ञान मोची के ज्ञान से भी कम होता है! फिर मोची के बनाये जूतों को तो पहनकर आप सड़क पर चल सकते हैं, काँटों से बच सकते हैं, सर्दी-गरमी से बच सकते हैं, पर क्या चित्रकार या कवि के द्वारा प्रतिबिम्बित जूतों से ऐसा कर सकते हैं? उनका क्या उपयोग है! उपयोग न सही, उनसे तो यह भी, पता नहीं चलता कि जूते कैसे बनाये जाते हैं, या कहाँ मिलते हैं! इस प्रकार प्लेटो के अनुसार तो कवि या चित्रकार का महत्व मोची या बढ़ई जितना भी नहीं है! प्लेटो के शब्दों में—"एक चित्रकार मोची, बढ़ई या अन्य कारीगर की कला से सर्वथा अनभिज्ञ होते हुए भी उनके कार्यों को इस प्रकार चित्रित कर देगा कि उससे सरल प्रकृति के लोगों अथवा बच्चों के मन में उसके वास्तविक कारीगर होने का भ्रम उत्पन्न हो जायेगा!" इस प्रकार कवि न केवल स्वयं अज्ञानी है, अपितु वह अज्ञान के प्रसार में भी योग देता है।

तीसरा आक्षेप : अनुपयोगिता—कवि या साहित्यकार अनुकृति के बल पर जो रचना प्रस्तुत करता है, वह किसी भी दृष्टि से उपयोगी सिद्ध नहीं होती, अतः प्लेटो के विचार से कलात्मक रचनाएँ, समाज के लिए सर्वथा अनुपयोगी हैं। कवि द्वारा वर्णित विषय से न तो उसकी यथातथ्य जानकारी प्राप्त हो सकती है और न ही उससे हमारे ज्ञान से अभिवृद्धि होती है। और तो और उससे शिक्षा-उपदेश भी प्राप्त नहीं होता। इसलिए प्लेटो ने कवियों को चुनौती देते हुए कहा है कि वे सिद्ध करें कि कविता की समाज के लिए क्या उपयोगिता है। कवियों में सर्वश्रेष्ठ उस युग में होमर माना जाता था तथा प्लेटो भी उसका कम सम्मान नहीं करता था, फिर भी उसकी महानता पर प्रश्नवाचक चिह्न लगाते हुए उसने कहा—"हमें होमर से यह पूछना है····क्या Asclepius की भाँति उसने कभी रोगियों को रोग-मुक्त किया है अथवा अपने पीछे अपने द्वारा वर्णित भेषज विद्या तथा अन्य कलाओं की किसी परम्परा को छोड़ा है?····युद्ध सम्बन्धी विभिन्न ब्यूह-रचनाओं, राजनीति-शिक्षण विधि आदि जो उनकी कविताओं के सच्चे और श्रेष्ठतम विषय हैं—इसके बारे में हम उससे क्या कोई जानकारी प्राप्त कर सकते हैं? उसे संबोधित करते हुए हम कह सकते हैं—'मित्रवर होमर! यदि तुम इस विवेचन में सक्षम हो कि किन प्रवृत्तियों द्वारा व्यक्ति निजी और सार्वजनिक जीवन में उच्चतर और हेय बनता है तो हमें बताओ कि तुम्हारी सहायता से किस राज्य ने श्रेष्ठ शासन का लाभ उठाया है? लकेदेमान की श्रेष्ठ व्यवस्था लाइसरगुस के कारण है तथा

इसी तरह और भी कई छोटे-बड़े नगर दूसरों के द्वारा लाभान्वित हुए हैं, पर क्या कोई यह कहता है कि तुन एक श्रेष्ठ विधायक रहे हो और तुम्हारे द्वारा किसी (राज्य) का हित सधा है!....क्या कोई ऐसा युद्ध है, जो उसके द्वारा अथवा उसकी सलाह मान कर लड़ा गया हो?....परन्तु होमर ने यदि सार्वजनिक सेवा का कोई कार्य सम्पन्न नहीं किया तो भी व्यक्तिगत रूप से क्या वह किसी का शिक्षक या मार्ग-दर्शक रहा है?....यदि होमर वास्तव में मनुष्य जाति के शिक्षण और उन्नयन में समर्थ हुआ होता—यदि वह मात्र अनुकर्ता न होकर ज्ञाता होता तो उसके पद-चिह्नों पर चलने वाले अनेकानेक शिष्य होते, जो उसकी परम्परा को आगे बढ़ाते और उसको अपने सम्मान और प्यार का पात्र बनाते!" (ग्रीक-साहित्य-शास्त्र : पृष्ठ २२-२३)

इस प्रकार प्लेटो होमर जैसे कवि की अपेक्षा उस व्यक्ति को अधिक महत्व देता है, जो किसी की चिकित्सा करके उसे रोग-मुक्त कर सके, या युद्धों का ज्ञान प्रदान कर सके अथवा राज्य की शासन-प्रणाली में कोई सुधार कर सके। दूसरे शब्दों में वह कवि में कवि के नहीं, अपितु चिकित्सक, योद्धा, नेता या अध्यापक के गुणों की खोज करता है! उसका यह प्रयास वैसा ही है जैसा कि कोई किसी फिल्म-अभिनेत्री से पूछे कि तुम्हें कमीज में बटन टाँकने आते हैं या नहीं—और उसके 'ना' कहने पर उसे सर्वथा घटिया और बदसूरत करार दे दे!

कवि : दुर्बलता एवं अनाचार का पोषक—प्लेटो के विचार से कवि न केवल अनुपयोगी एवं महत्वशून्य है, अपितु वह समाज में दुर्बलता एवं अनाचार का पोषण करने का भी अपराध करता है। प्लेटों के विचार से किसी भी समाज और राज्य में सत्य, न्याय और सदाचार की प्रतिष्ठा तभी संभव है, जबकि उसके सभी व्यक्ति अपनी वासनाओं एवं भावनाओं पर पूरा नियंत्रण रखते हुए विवेक-बुद्धि एवं नीति-ज्ञान के अनुसार चलें। इसके विपरीत कवि अपनी रचनाओं के माध्यम से व्यक्तियों की वासनाओं एवं भावनाओं को उद्वेलित कर देता है—ऐसी स्थिति में उसकी भावनाएँ प्रबल हो जाती हैं और बुद्धि का अंकुश ढीला पड़ जाता है। यह स्थिति व्यक्ति को न केवल दुर्बल एवं अशक्त बनाती है, अपितु उसे कुमार्ग की ओर भी अग्रसर करती है! यह ठीक है कि कविता से आनन्द मिलता है—इसे प्लेटो महोदय अस्वीकार नहीं करते, पर ऐसे आनन्द से क्या लाभ जो हममें दुर्बलता एवं दुराचार की प्रवृत्ति का संचार करे! इसीलिए उनकी स्पष्ट घोषणा है कि यदि हम राज्य में सत्य, न्याय और सदाचार की रक्षा करना चाहते हैं तो कविता का बहिष्कार करना होगा। कवियों को राज्य से निकाल देना होगा। उन्हें राज्य में वापस आने की भी छूट दी जा सकती है, बशर्ते कि वे यह सिद्ध कर सकें कि कविता न केवल आनन्ददायक है, अपितु राज्य और मानव-समाज के लिए हितकर भी है। पर ध्यान रहे वह कवियों को अपनी वकालत कविता में नहीं, अपितु गद्य में ही करने की अनुमति देता है; क्योंकि उसे भय है कि कविता में बोलने की छूट दी गयी, तो कदाचित् वे हमें फुसला लेने में सफल हो जायें!

आक्षेपों पर पुनर्विचार—इस प्रकार प्लेटो अपनी घोर आदर्शवादिता के कारण कविता का पूर्णतः बहिष्कार कर देता है, किन्तु यदि उसके आक्षेपों पर पुनर्विचार किया जाए तो वे एकांगी एवं निरर्थक सिद्ध होंगे। सबसे पहले मिथ्या जगत् की मिथ्या अनुकृति की ही बात लीजिए—प्लेटो के विचार से प्रत्यक्ष या तत्व (Idea) सत्य है, पदार्थ या वस्तु मिथ्या है; इस दृष्टि से कवि सत्य का विज्ञापक सिद्ध होता है, क्योंकि वह वस्तु को

विचार में पुनः रूपान्तरित कर देता है। वह व्यक्ति, नगर, उपवन भवन आदि स्थूल पदार्थों को पदार्थ-रूप में नहीं, अपितु विचार-रूप में परिणत कर देता है। दूसरे शब्दों में यदि अध्यात्मलोक का विचार-जगत् चिरन्तन, शाश्वत एवं सत्य है तथा भौतिक लोक नाशवान एवं मिथ्या है, तो कवि भौतिक लोक के नाशवान पदार्थों को पुनः वैचारिक सत्ता में परिणत करता हुआ इन्हें शाश्वत रूप प्रदान कर देता है। कवि जिन वस्तुओं एवं पात्रों की रचना करता है वे अमर होते हैं, अतः कहना चाहिए कि यह मिथ्या जगत् को सत्य में पुनः परिणत कर देता है। गणित का नियम है कि दो निषेधात्मक तथ्य एक विधेयात्मक तथ्य में परिणत हो जाते हैं (Two negatives make one positive)—नियम के अनुसार भी 'मिथ्या अनुकृति=सत्यकृति' कही जा सकती है। अतः उसका पहला आक्षेप भ्रामक एवं असंगत सिद्ध होता है।

दूसरे आक्षेप के अनुसार कवि अमौलिक एवं अज्ञानी है, क्योंकि वह सांसारिक वस्तुओं के अनुसार ही वर्णन करता है तथा उन वस्तुओं का शास्त्रीय (technical) ज्ञान भी उसे नहीं होता। उदाहरण के लिए जूता बनाने की कला में अभिज्ञ न होते हुए भी वह जूतों का वर्णन अपनी रचना में कर देता है अतः वह अज्ञानी है। पर प्लेटो महोदय भूल गये कि यदि जूता बनाने की कला भी जानता होता, तो उससे उसकी रचना में कोई अन्तर नहीं पड़ता; क्योंकि कविता में इसका कोई उपयोग होना कठिन था और यदि वह अपने ज्ञान-प्रदर्शन के लिए इसका उपगोग चेष्टापूर्वक करता भी, तो उससे उसकी रचना कविता न बनकर शास्त्र बन जाती। वस्तुतः इस विद्या का ज्ञान मोचियों के लिए ही अपेक्षित है—कवियों के लिए नहीं। कला और शास्त्र के क्षेत्र भिन्न-भिन्न हैं, अतः कलाकार से शास्त्र-ज्ञान की अपेक्षा करना अनुचित है।

तीसरे और चौथे आक्षेपों के अनुसार कविता अनुपयोगी, दुर्बलता की पोषक एवं अनाचार की प्रचारक है, इसलिये वह त्याज्य है। यहाँ हम सबसे पहले यही पूछते हैं कि 'उपयोगिता' क्या है? किसी वस्तु को उपयोगी बताने की कसौटी क्या है? क्या रोटी, वस्त्र और मकान उपयोगी हैं? यदि हैं तो क्यों? इनके उत्तर में कदाचित् कहा जाय कि ये पदार्थ व्यक्ति के जीवन की रक्षा करत हैं—पर प्लेटो के विचार से तो व्यक्ति का जीवन भी नाशवान है और वे वस्तुएँ भी नाशवान् हैं अतः सब मिथ्या है। जब सब जीवन जगत् मिथ्या ही है तो उन्हें बचाने का अर्थ होगा मिथ्या की रक्षा करना और सत्य को नष्ट करना!

शायद उपयोगिता की कसौटी यह बताई जाय कि जो वस्तु मानव-समाज को सुख पहुँचाती है, वह उपयोगी है। पर सुख की क्या कसौटी है? एक व्यक्ति किसी के बाग से चुराकर आम खाता है—उससे उसे सुख मिलता है, तो क्या हम कहेंगे कि चुराकर आम खाना उपयोगी है? कदाचित् यहाँ कहा जाय कि चोरी करना अनैतिकता है इसलिए उचित नहीं। दूसरे शब्दों में, ऐसा कार्य जो अनैतिक न होते हुए भी किसी को या समूह को सुख पहुँचावे, तो उपयोगी कहा जा सकता है। इस दृष्टि से कविता को देखा जाय तो वह भी कम उपयोगी सिद्ध न होगी। कविता के लिये अनैतिकता का होना आवश्यक नहीं है—वह सारे समाज को आनन्द पहुँचाती है, अतः उसे उपयोगी कहा जा सकता है। सच पूछा जाय तो जहाँ दूसरी वस्तुएँ अप्रत्यक्ष रूप से निम्नकोटि का सुख (ऐन्द्रिक आनन्द) पहुँचाती हैं वहाँ कविता उच्च कोटि का बौद्धिक आनन्द प्रत्यक्ष रूप में पहुँचाती है।

यह कहना भी अनुचित है कि भावनाएँ सदा व्यक्ति को दुर्बल एवं कुमार्गी ही बनाती हैं। यदि युद्ध-भूमि में प्राणों का बलिदान करने वाले सिपाही में राष्ट्र-प्रेम एवं कर्तव्य-परायणता की भावना न हो तो वह क्यों आत्म-त्याग करेगा? कोरी बुद्धि एवं शुष्क विचार हमें किसी भी भले-बुरे कार्य से विमुख तो कर सकते हैं, पर किसी भी महान् कार्य में प्रवृत्त नहीं कर पाते। यह एक मनोवैज्ञानिक तथ्य है कि जब तक हमारे विचार, चाहे वे कितने ही उच्च एवं उदात्त क्यों न हों, हमारी भावनाओं के अंग नहीं बन जाते या यों कहिए कि वे भावानुभूति में परिणत नहीं हो जाते, तब तक उन्हें क्रियान्वित करना कठिन होता है। मानसिक प्रवृत्तियों का क्रम यह है—बुद्धि >भावना > क्रिया। यदि हम अपने जीवन से भावना को बिलकुल निकाल दें—यद्यपि यह असंभव है—तो हम सर्वथा गतिहीन एवं कर्मशून्य हो जाएँगे। अतः प्लेटो का यह सन्देह अनावश्यक था कि कविता के कारण होने वाले प्रत्येक भावोद्वेलन से व्यक्ति दुर्बल एवं दुराचारी बनता है। हाँ, निम्न कोटि की वासना-प्रधान कुछ कविताओं पर भले ही यह बात लागू होती हो।

कविता प्रत्यक्ष रूप में नीति-नियमों एवं सदाचार की शिक्षा नहीं देती, पर अप्रत्यक्ष रूप में यह जैसा गंभीर प्रभाव उत्पन्न करती है, वैसा किसी अन्य साधन से संभव नहीं। इसीलिए अनेक बार दार्शनिक, राजनीतिक एवं मनोवैज्ञानिक विचारों के प्रतिपादन के लिए कविता का माध्यम अपनाया गया है। कबीर, तुलसी, भारतेन्दु जैसे कवियों ने वैचारिक क्रांति में जो सफलता प्राप्त की, उसका श्रेय उनकी काव्यकला को ही है। वस्तुतः भारतीय आचार्यों ने काव्य को 'कान्तासम्मित उपदेश' मानकर इस तथ्य की पुष्टि की है कि कविता नीति और सदाचार की शिक्षा भी अप्रत्यक्ष रूप में दे सकती है।

सच पूछें तो काव्य या साहित्य बौद्धिक आनन्द प्रदान करने के साथ-साथ हमारी सामाजिक चेतना का परिष्कार करता हुआ हमें व्यक्तिगत स्वार्थों के बन्धनों एवं निजी अहं की सीमाओं से मुक्त करता है। आचार्य शुक्ल की शब्दावली में वह हमें भाव-योग के मार्ग से मुक्ति प्रदान करता है। अतः कलात्मक, सामाजिक, नैतिक एवं आध्यात्मिक इन सभी दृष्टिकोणों से कविता मूल्यवान सिद्ध होती है। यह दूसरी बात है कि संकीर्ण दृष्टि, क्षुद्र मनोवृत्ति एवं निजी सीमाओं के कारण कोई कवि अपनी रचना का उपयोग वासनाओं के उत्तेजन, क्षुद्रताओं के प्रसार एवं अनैतिकता की स्थापना के लिए करे, पर इसमें कविता का क्या दोष है! यदि कोई स्वर्णजटित प्याले में अमृत के स्थान पर विष डालकर परोसे तो इसमें बेचारे प्याले का क्या दोष।

प्लेटो की उपलब्धियाँ—अस्तु, सामान्य रूप में प्लेटो के सभी आक्षेप निरर्थक एवं भ्रामक सिद्ध होते हैं, पर यह बात केवल सच्चे साहित्यकारों की सात्विक रचनाओं के आधार पर ही कही जा सकती है। कई बार कवि और कलाकार भी युगीन प्रवृत्तियों में बहकर अपनी रचनाओं को वासनाओं, कुण्ठाओं एवं अनाचारों की अभिव्यक्ति का माध्यम बनाते हैं। वे कवि-कर्म को जीवन की उदात्त एवं गंभीर साधना बनाने की अपेक्षा उसे कामुक लम्पटों एवं व्यभिचारियों की कला का रूप दे देते हैं—ऐसी स्थिति में कविता सचमुच अपने उच्च सिंहासन से लुढ़ककर बाजार की गंदी गलियों में—कूड़े के ढेर पर आसीन हो जाती है! दुर्भाग्य से प्लेटो भी ऐसे ही वातावरण में जी रहा था और यह सच है कि जब-जब कविता वासना से उन्मत्त, क्षुद्र व्यक्तियों अथवा प्रतिभा-शून्य नपुंसकों के हाथों में पड़ जाती है; तब-तब वह कला प्रदर्शन के स्थान पर नग्न होकर भोंडा नाच करने अथवा अस्पष्ट, बेसुरे एवं कर्कश स्वर में गाने के लिए विवश होती है! ऐसी

स्थिति में समाज कविता को उपेक्षित या निर्वासित कर देने के लिए भी प्रस्तुत हो तो स्वाभाविक है।

कविता की बुराई करते हुए भी उसकी प्रकृति एवं प्रक्रिया के बारे में प्लेटो ने जो संकेत दिये थे, वे अनेक दृष्टियों से महत्वपूर्ण हैं। एक तो उसने कविता को अनुकृति बताकर काव्य-मीमांसा के क्षेत्र में एक ऐसे सिद्धान्त की प्रतिष्ठा की, जो परवर्ती युग में विकसित होकर काव्य-समीक्षा का आधार बना। दूसरे, उसने काव्यानुभूति का स्वरूप आनन्ददायक एवं उसका आधार भावोद्वेलन को स्वीकार करते हुए आस्वादान-प्रक्रिया के आधारभूत सूत्रों की स्थापना की। इस दृष्टि से प्लेटो की स्थापनाएँ भारतीय रस-सिद्धान्त के बहुत निकट पड़ती है, क्योंकि दोनों ही काव्यानुभूति को भावोद्वेलन के द्वारा आनन्दानुभूति की उपलब्धि मानते हैं। फिर भी अपने दृष्टिकोण की एकांगिता एवं अपने युग के काव्य की दूषित प्रवृत्तियों के प्रभाव के कारण वह कविता को निष्पक्ष एवं संतुलित दृष्टि से नहीं देख सका। सच पूछा जाय तो वह मूलत: काव्य-मीमांसक नहीं, दार्शनिक एवं राजनीतिज्ञ था, उसका सर्वोच्च लक्ष्य अपने सपनों के आदर्श गणराज्य की प्रतिष्ठा करना था—ऐसी स्थिति में उनके हाथों यदि कविता का अपमान हुआ तो क्या आश्चर्य ! साथ ही हमें यह भी न भूलना चाहिए कि जब-जब कवि अपने उदात्त लक्ष्य से च्युत होकर वासना के कर्दम में लिप्त होता है, तब-तब उसकी वही गति होती है, जो प्लेटो के द्वारा हुई। ऐसी स्थिति में किसे दोष दिया जाय !

१८

अरस्तू के काव्य-सिद्धांत

पाश्चात्य ज्ञान-विज्ञान के क्षेत्र में यूनानी विद्वान अरस्तू (३७४ ई० पू०—३२२ ई० पू०) का स्थान इतना अधिक महत्त्वपूर्ण है कि उन्हें यदि पाश्चात्य विद्याओं का आदि आचार्य भी कह दिया जाय तो अत्युक्ति नहीं होगी। वे एक ओर प्रसिद्ध दार्शनिक प्लेटो के शिष्य थे तो दूसरी ओर विश्व-विजेता सिकन्दर महान् के गुरु होने का गौरव भी उन्हें प्राप्त है। उन्होंने अपने जीवन में लगभग चार सौ ग्रन्थों की रचना की जिनमें तर्क-शास्त्र भौतिकशास्त्र, मनोविज्ञान, ज्येतिर्विज्ञान, राजनीति-शास्त्र, आचार-शास्त्र, काव्य-शास्त्र आदि अनेक विषयों की सार-गर्भित विवेचना मिलती है। उनके साहित्य-सम्बन्धी [illegible] "काव्य-शास्त्र" (Poetics) एवं "भाषण-शास्त्र" (Rhetorics) में उपलब्ध होते हैं। इन्हीं के आधार पर हम यहाँ उनके प्रमुख काव्य-सिद्धान्तों पर प्रकाश डालने का प्रयत्न करेंगे।

अनुकृति सिद्धान्त

अरस्तू का सबसे अधिक महत्वपूर्ण सिद्धान्त 'अनुकृति-सिद्धान्त' है। वे अनुकृति को ही विभिन्न कलाओं—जिनमें काव्य-कला भी सम्मिलित है—का मूलाधार मानते हैं। यदि भारतीय शब्दावली का प्रयोग करें तो कह सकते हैं कि अरस्तू के विचार से काव्य की आत्मा 'अनुकृति' है। उन्होंने इस अनुकृति के माध्यम, विषय और विधान का विस्तार से विचार किया है। यद्यपि सभी कलाओं का मूल तत्त्व अनुकृति ही है, किन्तु उन सबके माध्यम आदि के पारस्परिक अन्तर के कारण ही वे एक दूसरे से पृथक् की जाती हैं, अत: काव्य के विशिष्ट अध्ययन के लिए उसके माध्यम आदि का ज्ञान अपेक्षित है।

(१) **काव्य में अनुकृति का माध्यम**—जिस प्रकार संगीत में सामंजस्य और लय का, नृत्य में केवल लय का, उपयोग होता है, उसी प्रकार काव्य-कला में अनुकृति के लिए भाषा का उपयोग किया जाता है। यह भाषा गद्य या पद्य-दोनों गें किसी भी रूप में प्रयुक्त हो सकती है। सामान्यत: लोग इस अनुकृति के तत्व को भूलकर केवल छन्द को ही कविता का प्रमुख लक्षण मन लेते हैं, किन्तु अरस्तू ने इस भ्रान्ति का निराकरण करते हुए स्पष्ट शब्दों में लिखा है—"...it is the way with people to talk on 'poet' to the name of a metre and talk of elegiac-poets and elegiac thinking that they call them them poets not by reason of the imitative nature of their work but indiscriminately by reason of the metre of their writing. Even if a theory of medicine or physical philosophy be put forth in a metrical form it is usual to describe the writer in this way...." अर्थात् 'प्राय: लोग 'छन्द' के साथ 'कवि' शब्द इस तरह जोड़ देते हैं, और शोक-गीति-रचयिताओं की चर्चा इस प्रकार करते हैं मानों वे अनुकृति के नहीं, वरन् छन्द के ही आधार पर, निर्विवेक रूप से कविपद के अधिकारी हों। यदि चिकित्सा-शास्त्र या भौतिक-दर्शन का कोई भी सिद्धान्त छन्दोबद्ध रूप

में प्रस्तुत किया जाय तो उसके भी प्रस्तुत-कर्ता को प्रथानुसार कवि कहा जायेगा।' वस्तुतः अरस्तू के विचार से साहित्य को भौतिक-शास्त्र से पृथक् करने वाला तत्व छन्द नहीं अपितु 'अनुकृति' है तथा उस अनुकृति के लिए छन्द ही माध्यम हो—ऐसा आवश्यक नहीं भाषा का कोई भी रूप काव्यात्मक अनुकृति का माध्यम बन सकता है।

(२) **अनुकरण के विषय**—काव्य में क्रिया-कलापों की अनुकृति प्रस्तुत होती है और इन क्रिया-कलापों के प्रतिनिधि होने हैं—मनुष्य। इन मनुष्यों को भी दो वर्गों में बाँटा जा सकता है—अच्छे और बुरे। यह विभाजन मुख्यतः नैतिक आचरण पर आधारित है तथा नैतिक आचरण के विभेदक लक्षण हैं—सद्वृत्ति और दुर्वृत्ति। इससे यह निष्कर्ष निकलता है कि काव्य में या तो यथार्थ जीवन से श्रेष्ठतर व्यक्तियों के कार्य प्रस्तुत होते हैं या हीनतर या फिर यथावत रूप में। यह भेद चित्रकारी, नृत्य, संगीत आदि में भी मिलता है। काव्य के त्रासदी और कामदी—दो भेदों में से कामदी का लक्ष्य हीनतर रूप को प्रस्तुत करना होता है, जबकि त्रासदी का लक्ष्य है भव्यतर चित्रण करना। इस प्रकार संक्षेप में कह सकते हैं कि काव्य में मानवीय क्रिया-कलापों का अनुकरण होता है।

(३) **अनुकृति की विधि**—काव्य के विभिन्न रूपों में अनुकृत विषय एवं उसके माध्यम की समानता होते हुए भी उनमें परस्पर विधि या शैली का अन्तर विद्यमान रहता है। अरस्तू ने सामान्यतः तीन शैलियों का उल्लेख किया है—(१) जहाँ कवि कहीं अपने विषय का वर्णन करता है तथा कहीं अपने पात्रों के मुँह से कुछ कहलवा देता है। उदाहरण के लिए होमर का काव्य देखा जा सकता है। (२) प्रारम्भ से लेकर अन्त तक कवि सर्वत्र एक जैसा ही रूप रखे। (३) कवि स्वयं दूर रहकर समस्त पात्रों को नाटकीय शैली में प्रस्तुत करे। अरस्तू के इस वर्गीकरण को और अधिक स्पष्ट करने के लिए हम कह सकते हैं कि पहली शैली प्रबन्धात्मक है, जिसमें कवि तथा विभिन्न पात्र प्रसंगानुसार कुछ कह सकते हैं। दूसरी आत्माभिव्यंजनात्मक है, जिसमें स्वयं कवि या कोई एक पात्र ही आदि से लेकर अन्त तक सारी विषय-वस्तु प्रस्तुत करता है। तीसरी नाट्य शैली है, जिसमें सभी पात्र वक्ता हो सकते हैं जबकि कवि को मौन हो जाना पड़ता है।

(४) **काव्य में अनुकृति का महत्त्व**—अरस्तू ने अनुकृति को इतना अधिक महत्व प्रदान किया है कि उनके विचार से काव्य की सृष्टि और उसके आस्वादन का मूल कारण अनुकृति ही है। वे काव्य के उद्भव पर प्रकाश डालते हुए लिखते हैं कि कविता सामान्यतः दो कारणों से प्रस्फुटित हुई प्रतीत होती है। इसमें से पहला कारण है—मानव की सहज स्वाभाविक अनुकरण की प्रवृत्ति। "अनुकरण की प्रवृत्ति मनुष्य में शैशवावस्था से ही विद्यमान रहती है। मनुष्य और अन्य प्राणियों में एक अन्तर यह है कि वह जीवधारियों में सबसे अधिक अनुकरणशील होता है तथा आरम्भ में वह सब कुछ अनुकरण के द्वारा ही सीखता है।" कविता की उत्पत्ति के दूसरे कारण के रूप में उसने सामंजस्य और लय की प्रवृत्ति का आख्यान किया है।

काव्य-सृष्टि के साथ-साथ काव्यास्वादन का रहस्य भी मनुष्य की अनुकरण की प्रवृत्ति में ही निहित है। अरस्तू के विचार से—"अनुकृत वस्तु से प्राप्त आनन्द भी कम सार्वभौम नहीं है। अनुभव इसका प्रमाण है—जिन वस्तुओं के प्रत्यक्ष दर्शन से हमें क्लेश होता है, उन्हीं की यथावत प्रतिकृति को देखकर हम प्रसन्नता का अनुभव करते हैं।" यहाँ एक प्रश्न उपस्थित होता है कि अनुकृति को देखकर हमें प्रसन्नता क्यों होती है? इनका उत्तर देते

हुए अरस्तू ने बताया है कि ज्ञान के अर्जन से प्रत्येक व्यक्ति को प्रबल आनन्द प्राप्त होता है। "अतः किसी प्रतिकृति को देखकर मनुष्य के आह्लादित होने का कारण यह है कि उससे वह कुछ ज्ञान प्राप्त करता है, वह वस्तुओं का अर्थ-ग्रहण करता हुआ सोचता है—"अरे, यह तो वह व्यक्ति है....."

उपर्युक्त मान्यता के विपरीत कई बार हम यह भी देखते हैं कि जिस वस्तु को हमने पहले नहीं देखा, उसे भी देखकर हम प्रसन्नता का अनुभव करते हैं—अतः यह कैसे कहा जा सकता है कि कलाजन्य आनन्द अनुकृति-जन्य आनन्द ही है। अरस्तू भी इसे स्वीकार करता हुआ कहता है कि "यदि आपने मूल वस्तु को नहीं देखा तो आपका आनन्द अनुकरण-जन्य न होगा—वह अंकन, रंग-योजना या किसी अन्य कारण पर आधृत होगा।"

अनुकृति-सिद्धान्त की व्याख्या एवं समीक्षा

अरस्तू के अनुकृति-सिद्धान्त की परवर्ती विद्वानों ने अपने-अपने ढंग से व्याख्या करते हुए उसे स्पष्ट करने का प्रयास किया। सबसे पूर्व तो अनेक विद्वानों ने अरस्तू के द्वारा प्रयुक्त 'मीमेसिस' (Mimesis) शब्द की ही मीमांसा की। यद्यपि यह शब्द अरस्तू का अपना आविष्कार नहीं था तथा यूनानी भाषा में यह बहुत पूर्व से प्रचलित था। काव्य के क्षेत्र में इसका प्रयोग अरस्तू से पूर्व प्लेटो भी कर चुके थे, किन्तु फिर भी आलोचकों का विचार है कि अरस्तू ने इसका प्रयोग प्लेटो से अधिक सूक्ष्म अर्थ में किया था। बूचर महोदय के विचारानुसार 'अनुकृति' का अर्थ सादृश्य-विधान अथवा मूल का पुनरुत्पादन नहीं है। कलाकृति में मूल का पुनरुत्पादन नहीं होता, अपितु जैसा वह इंद्रियों को प्रतीत होता है वैसा उत्पादन होता है। प्रो० गिलबर्ट मरे ने इस शब्द की व्याख्या करते हुए बताया कि 'अनुकरण' शब्द में 'करण' या 'सृजन' विद्यमान है, अतः अनुकरण का अर्थ स्पष्ट करते हुए कहा है, अपने पूर्ण अर्थ में अनुकरण का आशय है ऐसे प्रभाव का उत्पादन, जो किसी स्थिति, अनुभूति अथवा व्यक्ति के शुद्ध, प्रकृत रूप से उत्पन्न होता है। स्कॉट जेम्स ने अनुकरण को कल्पनात्मक पुनर्निर्माण का पर्यायवाची माना है। अस्तु, विभिन्न विद्वानों ने विभिन्न प्रकार 'अनुकरण' का स्पष्टीकरण करने का प्रयास किया है, किन्तु हमारे विचार से 'अनुकरण' शब्द अपने-आपमें इतना स्पष्ट है कि स्पष्टीकरण का बहाना बनाकर वे सिद्धान्त अपनी-अपनी मान्यताओं को अरस्तू पर थोपने का प्रयत्न करते रहे हैं। यही कारण है कि इनके द्वारा नई व्याख्याएँ ही अधिक हुई हैं, स्पष्टीकरण नहीं।

अरस्तू के भारतीय व्याख्याता डॉ० नगेन्द्र ने भी उनके अनुकृति सिद्धान्त की व्याख्या एवं समीक्षा करने का सफल प्रयास किया है। एक ओर उन्होंने 'मीमेसिस' (अनुकरण) शब्द की आवश्यकता को स्पष्ट रूप में स्वीकार करते हुए लिखा है—"मीमेसिस" का अर्थ 'इमीटेशन' के अर्थ में इतना भिन्न नहीं है कि उसमें सर्जना का भी अन्तर्भाव हो सके, अतएव यह आक्षेप असंगत नहीं हो सकता कि अरस्तू ने उचित शब्द का प्रयोग नहीं किया। जो अर्थ उन्होंने अनुकरण शब्द में भरना चाहा है, वह उसकी सामर्थ्य के बाहर है।'—तो दूसरी ओर उन्होंने उनके अर्थ-तत्व का अनुसंधान करते हुए कहा—"परन्तु शब्द को लेकर विवाद करना अधिक सार्थक नहीं होगा—विवेच्य विषय तो अर्थ है। यह सिद्ध है कि अनुकरण का अर्थ यथार्थ-मात्र नहीं है—वह पुनः सर्जन का पर्याय है और

उसमें भाव-तत्व तथा कल्पना-तत्व का यथेष्ट अन्तर्भाव है, उसमें सर्जना और सर्जना के आनन्द की अस्वीकृति कदापि नहीं है।"

विरेचन सिद्धान्त

अरस्तू का कला सम्बन्धी दूसरा महत्वपूर्ण सिद्धान्त—विरेचन सिद्धान्त है। 'विरेचन' का अर्थ है, विचारों का निष्कासन या शुद्धि। मूलतः इस शब्द का सम्बन्ध चिकित्सा-शास्त्र से है, जिसमें रेचक औषधि के द्वारा शारीरिक विकारों की शुद्धि को विरेचन कहते हैं। अरस्तू से पूर्व भी यह शब्द यूनान में प्रचलित था, किन्तु साहित्य पर इसे लागू करने का श्रेय अरस्तू को ही है। प्लेटो ने कला और काव्य पर यह आक्षेप लगाया था कि इससे हमारी दूषित वासनाएँ और मनोवृत्तियाँ उत्तेजित एवं पुष्ट होती हैं—सम्भवतः इसी का खण्डन करने के लिए अरस्तू ने प्रतिपादित किया कि कला और साहित्य के द्वारा हमारे दूषित मनोविकारों का उचित रूप में विरेचन हो जाता है—अतः वे समाज के लिए हानिकारक नहीं हैं। संगीत के प्रभाव का विश्लेषण करते हुए उसने लिखा—"संगीत सुनते समय हम कार्य और आवेग को अभिव्यक्त करने वाले रागों का भी आनन्द ले सकते हैं, क्योंकि करुणा और त्रास अथवा आवेश कुछ व्यक्तियों में बड़े प्रबल होते हैं और न्यूनाधिक प्रभाव तो प्रायः सभी पर रहता है। कुछ व्यक्ति हाल की दशा में आ जाते हैं; किन्तु हम देखते हैं कि धार्मिक रागों के प्रभाव से—ऐसे रागों के प्रभाव से, जो कि रहस्यात्मक आवेश को उद्‌बुद्ध करते हैं—वे शान्त हो जाते हैं, मानों उनके आवेश का शमन और विरेचन हो गया हो। करुणा और त्रास से आविष्ट व्यक्ति—प्रत्येक भावुक व्यक्ति इस प्रकार का अनुभव करता है और दूसरे भी अपनी-अपनी संवेदनशक्ति के अनुसार प्रायः सभी—इस विधि से एक प्रकार की शुद्धि का अनुभव करते हैं, उनकी आत्मा विशद और प्रसन्न हो जाती है। इस प्रकार विरेचन राग मानव-समाज को निर्दोष आनन्द प्रदान करते हैं।" (अरस्तू का काव्य-शास्त्र : भूमिका, पृ० ८६) इसी प्रकार त्रासदी के प्रसंग में भी अरस्तू ने लिखा कि करुणा तथा त्रास के उद्रेक के द्वारा इन मनोविकारों का उचित विरेचन हो जाता है। अतः स्पष्ट है कि अरस्तू कलाओं का लक्ष्य मनोविकारों का विरेचन मानते हैं।

अरस्तू-परवर्ती विद्वानों ने 'विरेचन' शब्द की व्याख्या करते हुए इसके विभिन्न अर्थ किये हैं, जिन्हें मुख्यतः तीन वर्गों में विभाजित कर सकते हैं—(१) अर्थ-परक अर्थ, (२) नीति-परक-अर्थ, (३) कला-परक-अर्थ। अर्थ-परक-अर्थ के अनुसार विरेचन का अर्थ है—बाह्य विकारों की उत्तेजना और उसके शमन के द्वारा आत्मा की शुद्धि और शांति। नीति-परक-अर्थ है—मनोविकारों की उत्तेजना द्वारा विभिन्न अन्तर्वृत्तियों का समन्वय या मन की शान्ति और परिष्कृति। विरेचन सिद्धान्त की कला-परक व्याख्या के सम्बन्ध में विभिन्न विद्वानों में मतभेद है। कुछ विद्वानों के विचार से कलाजन्य आनन्द भी विरेचन की परिधि में आता है तो कुछ इसे अस्वीकार भी करते हैं। उनके विचार से 'विरेचन' केवल अभावात्मक (विकारों को अभाव मात्र) क्रिया है, परितोष या आनन्द का भाव उसी सीमा से बाहर है किन्तु प्रो० बूचर ने इस प्रकार के तर्कों का खंडन करते हुए बताया है कि विरेचन के दो पक्ष हैं—एक अभावात्मक और दूसरा भावात्मक। मनोवेगों के उत्तेजन और तत्पश्चात् उनके शमन से उत्पन्न मनःशान्ति उसका अभावात्मक पक्ष है, इसके उपरान्त कलात्मक परितोष उसका भावात्मक पक्ष है। डॉ० नगेन्द्र ने इस सम्बन्ध में विचार करते हुए बूचर की मान्यता को अस्वीकार करते हुए लिखा है—"हमारा मत है

कि विरेचन में कला-स्वाद का साधक तो अवश्य है—समंजित मन कला के आनन्द को अधिक तत्परता से ग्रहण करता है, परन्तु विरेचन में कला-स्वाद का सहज अन्तर्भाव नहीं है, अतएव विरेचन-सिद्धान्त को भावात्मक रूप देना कदाचित् न्याय नहीं है, व्याख्याकार की अपनी धारणा का आरोप है। अरस्तू का अभिप्राय मनोविकारों के उद्रेक और उनके शमन से उत्पन्न मनःशान्ति तक ही सीमित है। 'विरेचन' शब्द से मन की वह विशदता ही अभिप्रेत है, जिसके आधार पर वर्तमान आलोचक रिचर्ड्स ने, "अन्तवृत्तियों के समंजन का सिद्धान्त प्रतिपादित किया है।"

इस प्रकार हम देखते हैं कि 'विरेचन' की कला-परक व्याख्या के सम्बन्ध में विद्वानों में पर्याप्त मतभेद हैं। हमारी दृष्टि में इस मतभेद का मूल कारण यह है कि विरेचन एक अपूर्ण एवं सीमित सिद्धान्त है, जो केवल दुखान्त रचनाओं पर ही लागू होता है, किन्तु अरस्तू के व्याख्याता इसे परिपूर्ण सिद्धान्त के रूप में ग्रहण करके व्याख्या करने का प्रयास करते हैं। काव्य और कलाओं द्वारा हमारी सभी प्रकार की भावनाओं की उद्दीप्ति और अभिव्यक्ति होती है जबकि विरेचन का सम्बन्ध केवल 'विकृत' या 'अशुद्ध' भावनाओं से ही है। अशुद्ध एवं कलुषित भावों के रेचन से मन के आनन्द प्राप्त करने की बात मानी जा सकती है, किन्तु पवित्र एवं शुद्ध भावों के रेचन के संबंध में क्या कहा जायेगा। अवश्य ही इस प्रसंग में विरेचन की बात नहीं कही जा सकती। अस्तु, इस एकांगी सिद्धान्त को सर्वांगीण रूप देना उचित प्रतीत नहीं होता।

विरेचन-सिद्धान्त और अभिनव गुप्त का अभिव्यक्तिवाद

अरस्तू के विरेचन सिद्धान्त की तुलना भारतीय आचार्य अभिनव गुप्त के अभिव्यक्तिवाद से भी की जा सकती है, क्योंकि दोनों आचार्य काव्यानन्द या रसास्वादन के मूल में वासनाओं के रेचन या उनकी अभिव्यक्ति की प्रक्रिया को स्वीकार करते हैं। अभिनव गुप्त ने साधारणीकरण की व्याख्या करते हुए स्पष्ट रूप से स्वीकार किया है कि काव्य के माध्यम से पाठक की हृदयस्थित वासनाओं की उद्दीप्ति एवं अभिव्यक्ति होती है—उनका यह 'अभिव्यक्ति, शब्द यहाँ अरस्तू के रेचन का समानार्थक माना जा सकता है। इस दृष्टि से दोनों सिद्धान्त एक ही हैं, किन्तु उनमें परस्पर थोड़ा अंतर भी है। जहाँ अरस्तू महोदय केवल दूषित वासनाओं के ही रेचन की बात कहते हैं, वहाँ अभिनव गुप्त ऐसा नहीं मानते। वे सभी प्रकार की वासनाओं की अभिव्यक्ति की बात स्वीकार करते हैं। दूसरे अरस्तू का विरेचन सिद्धान्त मुख्यतः करुणा एवं त्रास भाव की दृष्टि से प्रतिपादित है, जबकि अभिनव गुप्त का अभिव्यक्तिवाद सभी भावों पर लागू होता है। अस्तु, इस थोड़े से अन्तर के होते हुए भी इन दोनों को पर्याप्त निकट माना जा सकता है।

काव्य-रूपों का विवेचन

अरस्तू ने विभिन्न काव्य-रूपों की भी विस्तार में मीमांसा करते हुए अनेक महत्वपूर्ण बातें कही हैं। उन्होंने मुख्यतः काव्य के पाँच रूप माने हैं—(१) महाकाव्य, (२) त्रासदी, (३) कामदी, (४) रौद्र स्तोत्र, (५) गीत काव्य। इनमें से उन्होंने प्रथम तीन को ही महत्वपूर्ण माना है, शेष की चर्चा गौण रूप से की है। महाकाव्य को उन्होंने 'उच्चतर कोटे के पात्रों की पद्यबद्ध अनुकृति' मानते हुए उसकी अनेक विशेषताएँ बताई हैं, जिनमें

से कुछ ये हैं—(१) महाकाव्य काव्य का एक भेद है। (२) इसमें एक ही समय में घटित होने वाली अनेक घटनाएँ प्रस्तुत की जाती हैं। (३) इसमें उच्चकोटि के पात्रों का चित्रण होता है! (४) इसका आकार विपुल होता है। (५) इनमें एक ही छन्द का प्रयोग होता है। इसके अतिरिक्त अरस्तू ने महाकाव्य के चार मूल तत्वों पर प्रकाश डाला है—कथावस्तु, चरित्र, विचार-तत्व और पदावली। महाकाव्य के कथानक में सामान्यतः ये विशेषताएँ होती हैं—(क) वह प्रख्यात होता है। (ख) उसका क्षेत्र विस्तृत होता है। (ग) महाकाव्य का कथानक विस्तृत होते हुए भी किसी एक विशेष कार्य या घटना से सुसम्बद्ध होना चाहिए। (घ) उसमें पूर्वापर क्रम, संभाव्यता तथा कुतूहल आदि के गुण भी होने चाहिए—

महाकाव्य के पात्रों के सम्बन्ध में अरस्तू की सम्मति यह है कि उनका भद्र, वैभवशाली, यशस्वी, कुलीन, सहज मानव-गुणों से विभूषित एवं उदात्त होना अपेक्षित है। इसी प्रकार उन्होंने उसकी शैली में गरिमा और प्रसाद की आवश्यकता बताई है। अस्तु, वस्तु, पात्र, शैली सभी की दृष्टि से महाकाव्य एक आदर्श रचना होती है। अरस्तू की यह धारणा भारतीय आचार्यों के महाकाव्य सम्बन्धी लक्षणों से बहुत कुछ मिलती जुलती है। जैसा कि डॉ० नगेन्द्र ने 'अरस्तू का काव्य-शास्त्र की भूमिका में सिद्ध किया है—कथानक की ऐतिहासिकता, क्षेत्र की व्यापकता, कार्य की एकता, प्रबन्ध की सुव्यवस्था आदि की दृष्टि से अरस्तू एवं भारतीय आचार्यों के महाकाव्य सम्बन्धी लक्षण परस्पर अभिन्न हैं। हाँ इतना अवश्य है कि अरस्तू की दृष्टि महाकाव्य के बाह्य तत्वों पर ही अधिक रही—वे उसके भावतत्त्व की सूक्ष्मता तक नहीं पहुँच सके, जबकि भारतीय विद्वानों ने ऐसा किया है।

नाटक के विभिन्न रूपों की व्याख्या करते हुए अरस्तू ने उसके मुख्यतः दो भेद निर्धारित किये हैं—(१)त्रासदी और (२) कामदी। इन दोनों का उन्होंने विस्तार से विवेचन किया है। त्रासदी (Trasedy) की परिभाषा करते हुए उन्होंने बताया है कि इसमें किसी गम्भीर, स्वत:पूर्ण तथा निश्चित आयाम से युक्त कार्य की अनुकृति होती है। इसका माध्यम विभिन्न रूपों में प्रयुक्त अलंकार भाषा होती है। यह वर्णनात्मक न होकर अभिनयात्मक होती है तथा इसमें करुणा तथा त्रास के उद्रेक के द्वारा इन मनोविकारों का उचित विवेचन किया जाता है। त्रासदी के मुख्यतः ये छः अंग माने गये हैं—कथानक, चरित्र-चित्रण, पद-रचना, विचार-तत्त्व, दृश्य-विधान और गीत। इनमें से भी कथानक, चरित्र-चित्रण और विचार-तत्व, अनुकरण के विषय हैं जबकि दृश्य-विधान माध्यम है और पद-रचना तथा गीत उसकी शैली है।

कामदी (Comedy) को अरस्तू ने त्रासदी से हलकी मानते हुए लिखा है कि कामदी का लक्ष्य मनुष्य के हीन रूप का चित्रण करना होता है। जबकि त्रासदी में उसका भव्य रूप प्रस्तुत किया जाता है। कामदी का मूल भाव भी हास्य होता है उसकी विषय-वस्तु के आधार के रूप में किसी ऐसे दोष या चारित्रिक विकृति को ग्रहण किया जाता है, जो कि दर्शकों के मन में हास्य का संचार कर सके। अतः दोष अधिक गम्भीर नहीं होना चाहिए, अन्यथा वह हास्य की सृष्टि न करके किसी ऐसे गम्भीर भाव की उद्दीप्ति कर देगा, जो कि कामदी के अनुकूल न हो। इन भेदों के अतिरिक्त तात्विक दृष्टि से कामदी और त्रासदी में कोई गहरा अन्तर नहीं है।

उपसंहार

ऊपर विभिन्न शीर्षकों के अन्तर्गत अरस्तू के प्रमुख सिद्धान्तों का परिचय प्राप्त कर लेने के अनन्तर अन्त में हम कह सकते हैं कि काव्य-शास्त्र के क्षेत्र में अरस्तू के सिद्धान्त पूर्णतः स्वीकार्य न होते हुए भी अत्यन्त महत्वपूर्ण हैं। जहाँ उनका अनुकृति-सिद्धान्त कला की मूलभूत प्रकृति का परिचय देता है, वहाँ विरेचन से पाठक की आनन्दानुभूति का रहस्य प्रकट होता है। किन्तु साथ ही इनसे कला व काव्य के सम्बन्ध में भ्रांति का प्रचार होता है। अनुकृति-सिद्धान्त कला की नवीनता व मौलिकता पर प्रश्नवाचक चिह्न लगा देता है, तो विरेचन सिद्धान्त उसे मल एवं विकारों की शुद्धि करने वाला सिद्ध कर देता है। ये दोनों ही सिद्धान्त कला को अभावात्मक रूप दे देते हैं। यदि पहले से कोई वस्तु विद्यमान न हो तो कलाकार अनुकृति किसकी करेगा—और पाठक के मन में पहले से मल या विकार न हों तो कला किसका विरेचन करेगी! खैर, अरस्तू ने जिस युग के लिए ये सिद्धान्त प्रस्तुत किये थे, उस युग के लिए ठीक थे, किन्तु आज इन्हें ज्यों का त्यों स्वीकार करना कठिन है! हमारे विचार में अरस्तू के 'अनुकृति' के स्थान पर 'अनुभूति' और 'विरेचन' के स्थान पर 'अभिव्यक्ति' को रखना आधुनिक मान्यताओं के अधिक अनुकूल होगा। वैसे कुछ पाश्चात्य आलोचकों ने अरस्तू के इन शब्दों को इस तरह से घिसने का प्रयास किया है कि इनका अर्थ क्रमशः अनुभूति और अभिव्यक्ति हो जाय। अरस्तू के भारतीय व्याख्याता डॉ० नगेन्द्र ने भी उनके विचारों को नये सौन्दर्य से विभूषित करते हुए लिखा है—"वह अनुकृति नहीं है....परन्तु यह तो अरस्तू भी नहीं कहते। पहले तो 'अनुकृति' शब्द के विषय में भी विद्वानों को यह आपत्ति है कि अरस्तू के 'मीमेसिस' शब्द का अर्थ अनुकरण नहीं है, परन्तु यदि इस शब्द को सदोष मान भी लिया जाये, तो भी उनका आशय तो साधु है। यह निर्विवाद है कि वे काव्य को वस्तु का कल्पनात्मक पुनर्निर्माण या पुनः सृजन ही मानते हैं, स्थूल प्रतिरूपण नहीं।" अतः हमें मानना चाहिए कि अरस्तू के सिद्धान्त शाब्दिक दृष्टि से भले ही दोषपूर्ण हों—उनका आशय तो ठीक ही है। हाँ, इतना अवश्य है कि यदि अरस्तू का 'साधु-आशय' अरस्तू के ही शब्दों में अभिव्यक्त हो पाता तो अधिक अच्छा होता, क्योंकि आज यह शंका की जा सकती है कि कहीं यह साधु आश्रय, स्वयं अरस्तू का न होकर उनके साधु व्याख्याताओं का ही न हो।

१९

लोंजाइनस का औदात्य विवेचन

यूनान के साहित्य-चिन्तकों की परम्परा में लोंजाइनस (Longinus) का गौरवपूर्ण स्थान है। उनकी एक छोटी-रचना उपलब्ध है—On the Sublime ('औदात्य' पर विचार) जो कि अनेक शताब्दियों तक अज्ञात एवं अप्रकाशित रही। आधुनिक काल के विद्वानों को इसके अस्तित्व का पता सर्वप्रथम १५५४ ई० में चला तथा तदनन्तर १६५२ में इसका अंग्रेजी अनुवाद हुआ जिससे इसका प्रचलन योरप के विभिन्न भागों में हुआ। स्वयं लोंजाइनस के जीवन-काल के सम्बन्ध में भी विद्वानों में मतभेद है, कुछ उन्हें पहली शताब्दी का कोई अप्रसिद्ध लेखक मानते हैं, तो दूसरे उन्हें तीसरी शताब्दी के सुप्रसिद्ध लोंजाइनस के रूप में स्वीकार करते हैं, जो कि महारानी जेनोबिया का मंत्री था तथा जिसने अपनी स्वामि-भक्ति की प्रेरणा से आत्मोत्सर्ग कर दिया था। हमारे विचार से लोंजाइनस का उदात्त चरित्र उन्हें 'औदात्य' ग्रन्थ का रचयिता सिद्ध करने के लिए पर्याप्त है, अतः हम भी उन्हें तीसरी शताब्दी के महान् लोंजाइनस के रूप में स्वीकार करें तो अनुचित न होगा।

'औदात्य' स्वरूप-मीमांसा—'औदात्य' (Sublime) ग्रन्थ का मूल प्रतिपाद्य औदात्य सिद्धान्त ही है जिसकी विवेचना विस्तार से की गयी है। सबसे पहला प्रश्न उठता है—औदात्य क्या है। इसका समाधान करते हुए लोंजाइनस ने अनेक बातें कही हैं—(१) औदात्य अभिव्यक्ति की उच्चता और उत्कृष्टता का नाम है......। (२) अभिव्यक्ति की यह उच्चता (उदात्तता श्रोता के तर्क का समाधान नहीं करती, वरन् उसे पूर्णतया अभिभूत कर लेती है। (३) किसी वस्तु पर विश्वास करें या नहीं, वह अपने वश में है, पर औदात्य अपनी प्रबल एवं दुर्निवार शक्ति के कारण प्रत्येक पाठक को अनायास ही बहा ले जाता है। (४) किसी भी सर्जना के शिल्प; उसकी सुस्पष्ट व्याख्या और तथ्यों के प्रस्तुतीकरण के गुणों का ज्ञान उसके एक या दो अंशों से नहीं, अपितु सम्पूर्ण रचना के शिल्प-विधान से धीरे-धीरे होता है, जबकि उदात्त विचार यदि अवसर के अनुकूल हो तो एकाएक विद्युत की भाँति चमककर समूची विषय-वस्तु को प्रकाशित कर देता है तथा वक्ता के समस्त वाग्वैभव को एक क्षण में ही प्रकट कर देता है।

यदि उपर्युक्त कथनों का विश्लेषण करें तो औदात्य के अनेक लक्षणों पर प्रकाश पड़ता है—(क) औदात्य को अभिव्यक्ति की उच्चता से सम्बन्धित किया गया है, इसका अर्थ है कि वह शैली का कोई विशेष गुण है। (ख) दूसरे उद्धरण से ज्ञात होता है कि औदात्य तर्क का समाधान नहीं करता, अपितु वह श्रोता को अभिभूत कर लेता है, इसका तात्पर्य हुआ कि वह बौद्धिक तत्व न होकर भावोत्पादक गुण है, क्योंकि उसी स्थिति में वह श्रोता को बहा सकेगा। (ग) तीसरे कथन से भी यही स्पष्ट होता है कि औदात्य श्रोता को बलात् बहा ले जाता है अर्थात् वह अत्यन्त प्रभावशाली होता है। (घ) चौथे कथन के

अनुसार औदात्य एक ऐसा विचार है, जो कि अवसरानुकूल होकर रचना में एकाएक चमत्कार की भाँति स्फुरित होता है।

सच पूछें तो ये लक्षण परस्पर-विरोधी दिखाई पड़ते हैं, क्योंकि एक स्थान पर औदात्य को शैली का गुण कहा गया है, तो दूसरे स्थान पर उसे भावावेग एवं तीसरे पर उसे चमत्कारिक विचार बताया गया है। ऐसी स्थिति में औदात्य को शैली से सम्बन्धित मानें या भाव अथवा विचार से? इसका उत्तर जैसा कि लोंजाइनस की अन्य स्थापनाओं से स्पष्ट होता है, यही है कि औदात्य एक भाव भी है, विचार भी और शैली भी! औदात्य को यहाँ इतने व्यापक रूप में ग्रहण किया गया है कि उनकी सत्ता रचना के वस्तु पक्ष से लेकर शैली पक्ष तक—सर्वत्र व्यापक दिखाई देती है। इतना ही नहीं, लोंजाइनस के विचार से तो यह केवल कला का ही नहीं कलाकार का भी गुण है—जब कलाकार के व्यक्तित्व में औदात्य होता है तो वह उदात्त विषय, उदात्त भाव एवं उदात्त विचारों को अपनाता है, परिणामस्वरूप उसकी शैली में भी औदात्य का संचार हो जाता है तथा अन्त में यही औदात्य अपने सुसमन्वित रूप में प्रकट होकर श्रोता या पाठक की आत्मा को झंकृत कर देता है—जिसे हम 'चमत्कार' या 'आनन्द' कहते हैं। इस धारणा का यही स्पष्टीकरण परवर्ती विवेचन से होता है।

औदात्य का मूल आधार—औदात्य का मूल आधार क्या है? क्या वह वक्ता या लेखक की जन्मजात प्रतिभा पर ही आधारित होता है या उसका प्रस्फुटन शिक्षा-दीक्षा से किया जा सकता है? वह सहज है या अभ्यास पर निर्भर है? इन प्रश्नों पर विचार करते हुए लोंजाइनस ने मध्य मार्ग का अनुसरण किया है। उसके विचार से औदात्य न तो सर्वथा प्रतिभा-सापेक्ष्य है और न ही पूर्णतः अभ्यास-सापेक्ष्य है। वे औदात्य की मूल प्रेरक शक्ति प्रतिभा को मानते हुए भी यह स्वीकार करते हैं कि नियमों के ज्ञान एवं अभ्यास के द्वारा प्रातिभ ज्ञान का नियमन अपेक्षित है। जिस प्रकार मूल भावों को यदि सर्वथा स्वतंत्र छोड़ दिया जाय तो वे व्यक्ति को भटकाकर सर्वनाश की ओर ले जा सकते हैं, अतः उन पर बुद्धि का नियंत्रण अपेक्षित है, उसी प्रकार औदात्य के लिए भी प्रतिभा के साथ शिक्षा का समन्वय अपेक्षित है। पर इसका यह भी तात्पर्य नहीं कि अलंकारों या शब्दाडम्बर के ज्ञान से औदात्य की उपलब्धि हो सकती है। वस्तुतः औदात्य का आधार व्यक्ति का कोई एक पक्ष, एक गुण या एक प्रवृत्ति नहीं है, अपितु उसके पीछे संपूर्ण व्यक्तित्व की झलक होती है। केवल प्रतिभाशाली व्यक्ति चारित्रिक दृष्टि से हलका छिछोरा हो सकता है, उसकी वासनाएँ अपरिष्कृत एवं प्रवृत्तियाँ क्षुद्र भी हो सकती हैं—ऐसी स्थिति में औदात्य की आशा कैसे की जा सकती है! इसी प्रकार एक सुपठित विद्वान् महान् शास्त्रों का ज्ञाता होते हुए भी स्वार्थी, अहंवादी एवं दंभी हो सकता है, अतः उससे भी औदात्य सर्जना संभव नहीं। वस्तुतः औदात्य का स्रष्टा तो उदात्त व्यक्तित्व ही हो सकता है। एक महान् प्रतिभाशाली, उच्च विद्वान् एवं यशस्वी चरित्रवान् व्यक्ति ही उदात्त का उद्घोषक हो सकता है। लोंजाइनस के शब्दों में—Sublimity is, so to say, the image of greatness of soul"......true eloquence can be found only in those whose spirit generous and aspiring. For those whose whole lives are wasted in paltry and liberal thoughts and habits cannot possibly produce any work worthy of the lasting reverence of mankind. It is only natural that their words be full of sublimity whose thoughts are full of majesty." अर्थात् 'औदात्य आत्मा की

महानता का प्रतिबिम्ब है।...... सच्चा औदात्य केवल उन्हीं में प्राप्य है जिनकी चेतना उदात्त एवं विकासोन्मुख हैं। जिनका सारा जीवन तुच्छ एवं संकीर्ण विचारों के अनुसरण में व्यतीत होता है, वे सम्भवतः कभी भी मानवता के लिए कोई स्थायी महत्व की रचना प्रस्तुत करने में सफल नहीं होते। सर्वथा स्वाभाविक है कि जिनके मस्तिष्क उदात्त धारणाओं से परिपूर्ण हैं, उन्हीं की वाणी से उदात्त शब्द झंकृत हो सकते हैं।'

इस प्रकार औदात्य का सम्बन्ध केवल प्रतिभा, केवल अध्ययन और केवल भाषाभ्यास से नहीं, अपितु व्यक्ति के समूचे व्यक्तित्व से है। लोंजाइनस की यह धारणा उन्हें साहित्य-चिन्तन की परम्परा में एक विशिष्ट स्थान का अधिकारी प्रमाणित करती है। इससे पूर्व कदाचित् किसी भी अन्य आलोचक ने साहित्य का उसके रचयिता के व्यक्तित्व से इतना गहरा सम्बन्ध स्थापित नहीं किया था जितना कि यहाँ किया गया है। इस दृष्टि से उन्हें साहित्य में व्यक्तिवादी दृष्टि का मूल प्रवर्तक कहा जा सकता है।

औदात्य के पाँच स्रोत—यद्यपि औदात्य का मूलाधार साहित्यकार के व्यक्तित्व की ही महानता में निहित है, फिर भी स्पष्टता के लिए वस्तुगत दृष्टि से औदात्य के पाँच ऐसे स्रोतों की भी स्थापना की गई है जिनके द्वारा किसी भी कृति में औदात्य का संचार होता है। वे पाँच स्रोत क्रमशः ये हैं।

(१) उदात्त विचार—काव्यगत औदात्य के स्रोतों के अन्तर्गत सर्वप्रथम उदात्त विचार (grandeur of thought) को लिया गया है। यहाँ यही उदात्त व्यक्तित्व या महान् आत्माओं का प्रतिबिम्ब होता है, अतः इसे सर्वोच्च स्थान दिया गया है। व्यक्ति में औदात्य नैसर्गिक ही होता है, पर फिर भी शिक्षा-दीक्षा एवं संस्कारों से उसका सम्यक् विकास या पोषण सम्भव है। जैसा कि पहले कहा जा चुका है, उदात्त विचार महान् व्यक्तियों की वाणी से स्वतः ध्वनित होते हैं, अतः इसके लिए किसी विशेष बाह्य प्रयास की अपेक्षा नहीं होती। जिस लेखक या वक्ता का निजी व्यक्तित्व उदात्त होगा, वह स्वतः ही उदात्त विषयों, महान् कार्यों एवं महापुरुषों के चित्रण में रुचि लेता हुआ उनका चित्रण उदात्त रूपों में कर सकेगा। महापुरुषों एवं महान् क्रिया-कलापों के सम्यक् चित्रण के लिए उनके साथ तादात्म्य स्थापित करना आवश्यक है तथा यह कहने की आवश्यकता नहीं कि वह तादात्म्य केवल उन्हीं व्यक्तियों के द्वारा सम्भव है, जो स्वयं उदात्त व्यक्तित्व के धनी हों। इसका उदाहरण 'ईलियट' के रचयिता होमर के व्यक्तित्व एवं कृतित्व से दिया जा सकता है। होमर की महान धारणाएँ ही उनकी रचनाओं में उस महानता का संचार कर पायी हैं, जिसे दूसरे शब्द में 'औदात्य' कहा गया है।

(२) भावों का उदात्त रूप में चित्रण—काव्यगत औदात्य का दूसरा स्रोत उदात्त भावों का चित्रण है। लोंजाइनस से पूर्व कतिपय लेखकों ने या तो भाव और औदात्य की पृथकता को स्वीकार नहीं किया या फिर उन्होंने भावावेग को औदात्य में बाधक माना है। पर लोंजाइनस ने इस मत का तीव्र रूप में खंडन करते हुए भावावेग को औदात्य का सहायक माना है। "मेरे विचार से जो आवेग उन्माद उत्साह एवं उद्दामता से फूट पड़ता है और एक प्रकार से वक्ता के शब्दों को विक्षेप से परिपूर्ण कर देता है, उसके यथास्थान व्यक्त होने से स्वर में जैसा औदात्य आता है, वैसा अन्यत्र दुर्लभ है।" (ग्रीक साहित्य-शास्त्र, पृ० १६१)

भावावेग की अभिव्यक्ति के विभिन्न साधनों के अन्तर्गत लोंजाइनस ने सर्वाधिक महत्व परिस्थितियों (भारतीय शब्दावली में आलम्बन एवं उद्दीपन के संयोग) को दिया है। उपयुक्त परिस्थितियों का चयन एवं उनका सम्यक् रूप में संघटन ही भावावेग का जनक सिद्ध होता है। इसके अतिरिक्त भावों के चित्रण में विस्तारण एवं बिम्ब-विधान से भी सहायता ली जा सकती है।

(३) **अलंकार नियोजन**---औदात्य का तीसरा स्रोत अलंकारों का नियोजन है। अलंकारों के सम्बन्ध में लोंजाइनस का विचार है कि उनके सम्यक् प्रयोग से औदात्य की सिद्धि में पर्याप्त सहायता मिलती है। इस प्रसंग में उन्होंने अलंकारों के विभिन्न भेदों का भी निरूपण किया है, जिनमें से प्रमुख ये हैं—१. शपथोक्ति २. प्रश्नालंकार ३. विपर्यय ४. व्यतिक्रम ५. पुनरावृत्ति ६. प्रत्यक्षीकरण ७. संचयन ८. सार ९. रूपपरिवर्तन १०. पर्यायोक्ति ११. रूपक १२. उपमा आदि। (विस्तृत परिचय के लिए द्रष्टव्य—'ग्रीक साहित्य-शास्त्र')

लोंजाइनस के मतानुसार अलंकारों का प्रयोग इस ढंग से होना चाहिए कि श्रोता या पाठक को उनके प्रयोग का पता न चले। दूसरे शब्दों में, अलंकार भावावेग की प्रेरणा से सहज स्वाभाविक रूप में प्रयुक्त होने चाहिए, उसी स्थिति में वे प्रभावशली एवं औदात्य के उत्पादक सिद्ध होते हैं।

(४) **उत्कृष्ट भाषा**—औदात्य का चतुर्थ स्रोत उत्कृष्ट भाषा है। यह तथ्य है कि उपयुक्त एवं प्रभावोत्पादक शब्दावली श्रोता को आकर्षित करती हुई उसे भावाभिभूत कर लेती है। ऐसी शब्दावली, जिसमें भव्यता, सौन्दर्य, मार्दव, गरिमा, ओज, शक्ति आदि श्रेष्ठ गुणों की अभिव्यक्ति हो, प्रत्येक वक्ता या लेखक के लिए स्पृहणीय है। 'सुन्दर शब्द ही वास्तव में विचारों को विशेष प्रकार का आलोक करते हैं, किन्तु इससे यह तात्पर्य नहीं कि गरिमामयी भाषा ही प्रत्येक अवसर के अनुकूल है, क्योंकि छोटी-मोटी बातों को भारी-भरकम संज्ञा देना किसी छोटे से बालक के मुँह पर पूरे आकारवाला मुखौटा लगा देने के समान है।'

उत्कृष्ट भाषा की विभिन्न विशेषताओं के अन्तर्गत सुन्दर शब्दावली के अतिरिक्त ओज, प्रवाहपूर्णता, रूपकों का सीमित प्रयोग, उपमाओं एवं अत्युक्तियों का उचित प्रयोग आदि को स्थान दिया गया है। वस्तुतः भाषा के विभिन्न गुणों की उपयोगिता औदात्य की सृष्टि में है—यदि उसके ये गुण इस लक्ष्य की पूर्ति करते हैं तो स्वीकार्य है, अन्यथा नहीं।

(५) **गरिमामय रचना-विधान**—औदात्य का पाँचवाँ स्रोत गरिमामय रचना-विधान है। इसके अन्तर्गत सर्वप्रथम सामंजस्य (Harmoney) को स्थान दिया गया है। सामंजस्य का एक प्रकार शब्दों को विशेष क्रम में व्यवस्थित करता है। सामंजस्य में एक ऐसी शक्ति होती है जिससे कि वह न केवल श्रोता को प्रसन्नता प्रदान करता है, अपितु एक सीमा तक वह उसे द्रवित करके बहा भी ले जाता है। बाँसुरी की मधुर तान की भाँति रचना का सामंज्य भी हमारे मन से विभिन्न भावों को उद्वेलित करता हुआ औदात्य की अनुभूति प्रदान करता है। विभिन्न छन्दों का आविष्कार सामंजस्य की स्थापना के लिए ही हुआ है।

इस प्रकार किसी भी रचना में औदात्य की सृष्टि उदात्त विचार, उदात्त भावावेग, सम्यक् अलंकार-नियोजन, उत्कृष्ट भाषा एवं रचनागत सामंजस्य के द्वारा ही होती है। पर

ये सभी तो साधन मात्र हैं—इनका साध्य तो केवल औदात्य ही है, अतः इनकी सफलता एवं महत्ता उसी सीमा तक है, जहाँ तक वे साध्य की उपलब्धि में सफल सिद्ध होते हैं।

औदात्य के बाधक तत्व—औदात्य के साधक तत्वों की भाँति उसके बाधक तत्व भी हैं, जिन्हें 'दोष' कहा जा सकता है। इनके अन्तर्गत मुख्यतः भाषा की अव्यवस्था, प्रवाह-शून्यता, विषय से अधिक लय की प्रमुखता, उक्ति की अत्यधिक संक्षिप्तता, अस्पष्टता, आडम्बरपूर्ण शैली, अनुचित विचार, अभिव्यक्ति की क्षुद्रता, ग्राम्य पदों का प्रयोग, कर्णकटु भाषा, विषयानुरूप शब्दावली का अभाव आदि दोषों को लिया गया है। इन दोषों से रचना का प्रभाव नष्ट हो जाता है।

लोंजाइनस : पुनर्मूल्यांकन—भारतीय एवं पाश्चात्य दृष्टिकोणों को ध्यान में रखते हुए लोंजाइनस के विचारों का पुनर्मूल्यांकन किया जाय तो हमारे विचार में उसकी निम्नांकित उपलब्धियाँ एवं सीमाएँ स्वीकार की जा सकती हैं।

(क) उपलब्धियाँ—जैसा कि पीछे संकेत किया जा चुका है, ग्रीक साहित्य चिन्तन-परम्परा में लोंजाइनस पहले व्यक्ति हैं जिन्होंने काव्य-वस्तु एवं काव्य-गरिमा का सम्बन्ध रचयिता के व्यक्तित्व से स्थापित करते हुए उसे महत्व प्रदान किया। उनसे पूर्व अरस्तू ने अनुकृति सिद्धान्त द्वारा प्रकृति को ही काव्य का आधार स्रोत मानते हुए कवि के निजी व्यक्तित्व को सर्वथा उपेक्षित एवं तिरोहित कर दिया था। अनुकृति सिद्धान्त के अनुसार कला प्रकृति की अनुकृति है, इसका तात्पर्य है कि कला का सौन्दर्य प्रकृति के सौन्दर्य की ही अनुकृति-मात्र है, ऐसी स्थिति में कलाकार का क्या योगदान है? केवल अनुकृति प्रस्तुत कर देना तो कोई बहुत बड़ी बात नहीं है। लोंजाइनस ने अनुकृति सिद्धान्त की सर्वथा उपेक्षा करते हुए कवि के व्यक्तित्व की विशिष्टता एवं रचना की मौलिकता का प्रतिपादन किया, जो उसकी नूतन दृष्टि का प्रमाण है। वस्तुतः जहाँ प्लेटो घोर आदर्शवादी था, अरस्तू वस्तुवादी या यथार्थवादी, वहाँ लोंजाइनस स्वच्छन्दतावादी (रोमांटिक) था। पाश्चात्य परम्परा में कवि व्यक्तित्व को महत्व प्रदान करने के कारण ही लोंजाइनस को पहला रोमांटिक आलोचक माना जाता है जो ठीक ही है।

दूसरे, औदात्य सिद्धान्त की प्रतिष्ठा भी सर्वप्रथम लोंजाइनस द्वारा हुई। आगे चलकर विभिन्न पाश्चात्य आलोचकों एवं कला-मीमांसकों ने कला के दो प्रमुख तत्वों के अन्तर्गत सौन्दर्य एवं औदात्य को सर्वोच्च स्थान प्रदान किया है तथा कान्ट, हीगल, कैरिट, सैंतायन प्रभृति सौन्दर्य-शास्त्रियों ने इनकी विस्तार से मीमांसा की है। वस्तुतः आधुनिक कला-समीक्षा में अरस्तू के अनुकृति-सिद्धान्त की अपेक्षा औदात्य को ही अधिक महत्व प्राप्त है।

तीसरे, लोंजाइनस का दृष्टिकोण जितना गम्भीर है, उनका विवेचन-विश्लेषण भी उतना ही सूक्ष्म एवं व्यापक है। वे औदात्य को एक व्यापक रूप प्रदान करते हैं कि उसके अन्तर्गत कवि का व्यक्तित्व विचार-तत्व, भाव-तत्व, शैली का अलंकरण, शब्दचयन, रचना के गुण-दोष आदि सभी प्रमुख तत्व समाविष्ट हो जाते हैं। वे रचना की सर्जन-प्रक्रिया से लेकर उसकी आस्वादन-प्रक्रिया तक की स्थितियों को ध्यान में रखते हुए उसके सभी महत्वपूर्ण पक्षों की व्याख्या सर्वथा नूतन, मौलिक एवं प्रौढ़ रूप में प्रस्तुत करते हैं। यह तथ्य इस बात का प्रमाण है कि लोंजाइनस महान् चिन्तक एवं व्याख्याता थे।

भारतीय दृष्टि से लोंजाइनस का भावावेगों को महत्व देते हुए अलंकार, गुण-दोष आदि की मीमांसा करना विशेष महत्वपूर्ण है। यद्यपि लोंजाइनस ने मूलतः औदात्य को

लक्ष्य माना है, पर भावावेगों के उद्वेलन एवं तज्जन्य आनन्द की बात भी उन्होंने स्थान-स्थान पर की है जो भारतीय रस-सिद्धान्त के अनुकूल है। इसी प्रकार उनका रीति विवेचन भी भारतीय अलंकार एवं रीति सिद्धान्त के अनुकूल है।

(ख) सीमाएँ—जहाँ औदात्य की व्यापक रूप में प्रतिष्ठा करते हुए लोंजाइनस ने उसका सम्बन्ध विचार, भाव, शैली आदि सभी पक्षों से स्थापित करने का महत्वपूर्ण कार्य किया है, वहाँ उनकी यह सीमा भी है कि ऐसा करते समय उन्होंने औदात्य के मूल क्षेत्र को भुला दिया है। औदात्य का मूल अर्थ है—उच्च विचार या ऐसी भावनाएँ जो त्याग, आत्मबलिदान या परोपकार की प्रेरक हों। इस दृष्टि से औदात्य एक चारित्रक या नैतिक तत्व है, उसका कला से सीधा सम्बन्ध नहीं है। महर्षि दयानन्द सरस्वती के विचारों में या महात्मा गाँधी के जीवन-चरित्र में पर्याप्त मात्रा में औदात्य के होते हुए भी यह आवश्यक नहीं है कि वे कलात्मक सौन्दर्य से युक्त हों। कला का प्राथमिक गुण सौन्दर्य है, औदात्य उसका अतिरिक्त गुण है। फिर कला या काव्य में औदात्य को स्थान औदात्य के कारण नहीं, अपितु उसके काव्य-सौन्दर्य के कारण ही मिलता है, अन्यथा नहीं। उदाहरण के लिए कबीर की निम्नांकित उक्ति को लीजिए—

माली आवत देखि कै कलियाँ करें पुकार।
फूले-फूले चुनि लिए कालि हमारी बार।

यहाँ जिस उदात्त विचार की अभिव्यक्ति की गई है, वह अपने कलात्मक सौन्दर्य के कारण ही स्वीकार्य है, अन्यथा नहीं। यदि कोई अभिधा में लिख दे—'हम सबको मरना है अतः संसार का मोह छोड़ो'—तो यह वाक्य काव्य की कोटि में नहीं आयेगा, यद्यपि इसमें औदात्य है।

वस्तुतः औदात्य केवल शान्त रसात्मक काव्य का ही प्रमुख गुण है, अन्य प्रकार के काव्य में उसका होना आवश्यक नहीं है। औदात्य सौन्दर्य की अभिवृद्धि करने में, उसे अधिक गम्भीरता प्रदान करने में सहायक तो सिद्ध हो सकता है, पर वह उसका स्थानापन्न या जनक नहीं बन सकता। औदात्य की इस दुर्बलता को जानते हुए लोंजाइनस ने इसका सम्बन्ध भाव, अलंकार, गुण आदि से स्थापित कर दिया, पर यह सम्बन्ध अस्वाभाविक एवं असंगत है। अलंकार, वस्तुतः औदात्य के नहीं, सौन्दर्य माधुर्य एवं आनन्द के स्रोत हैं, अन्यथा रीतिकाल के शृङ्गारी कवियों का परकीयावर्णन औदात्यशून्य होता हुआ भी हमें प्रभावित नहीं करता। लगता है लोंजाइनस महोदय ने औदात्य का विस्तार करते-करते उसके मूल रूप को ही बदल डाला—वह उनके निबन्ध में, 'सौन्दर्य' का पर्यायवाची बन गया। अस्तु, हम औदात्य के इस व्यापक रूप को जो कि आरोपित एवं अनुपयुक्त है—अस्वीकार करते हुए भी उसे महानता के आधार रूप में स्वीकार कर सकते हैं। कला और काव्य का मूल गुण तो सौन्दर्य या आकर्षण ही है, पर यदि उसमें साथ ही औदात्य भी हो तो वह कला से महान् कला और काव्य से महान् काव्य बन जाता है, इसमें कोई सन्देह नहीं।

२०

क्रोचे का अभिव्यंजनावाद

अभिव्यंजना के प्रवर्तक क्रोचे (१८६६-१९५२ ई) का जन्म इटली में हुआ था। वे न केवल एक कला-मीमांसक अपितु एक गम्भीर तत्ववेत्ता दार्शनिक भी थे। उन्होंने इतिहास के स्वरूप, सौन्दर्य-शास्त्र, मार्क्सवादी अर्थ-व्यवस्था, आत्म-दर्शन आदि अनेक विषयों पर नवीन दृष्टिकोण से विचार किया। सन् १९०० में उन्होंने एक गोष्ठी में एक लेख—'Fundamental thesis of an aesthetic as science of expression and general linguisitics.' पढ़ा था। यही लेख उनके अभिव्यंजनावादी विचारों का मूलाधार बना। आगे चलकर उन्होंने इस सम्बन्ध में कुछ लेख और लिखे तथा एक लेख 'एनसाइक्लोपीडिया ब्रिटानिका' में भी दिया—इन सबसे उनकी प्रसिद्ध चारों ओर हो गई। उनका कला-सम्बन्धी सर्व-प्रमुख ग्रन्थ 'एस्थेटिक' (सौन्दर्य-शास्त्र) के नाम से प्रकाशित हुआ, जो अब विश्व की अनेक भाषाओं में अनूदित हो चुका है।

क्रोचे का आधारभूत दर्शन

क्रोचे के विचार प्रसिद्ध दार्शनिक हीगल से प्रभावित हैं, किन्तु उसने उनका अन्धानुकरण नहीं किया। जहाँ वह एक ओर हीगल का अनुयायी है, वहाँ दूसरी ओर वह उनका कठोर आलोचक भी है। हीगल ने पक्ष और विपक्ष के समन्वित रूप को ही सत्य मानते हुए एक नवीन दर्शन-पद्धति का आविष्कार किया था। अपनी इसी पद्धति के अनुसार हीगल ने कला को पक्ष, धर्म को विपक्ष और दर्शन को दोनों का समन्वित पक्ष माना है। क्रोचे ने हीगल की मूल-पद्धति का तो समर्थन किया, किन्तु कला के सम्बन्ध में उसके प्रयोग को उसने त्रुटिपूर्ण बताया। उसके मत से धर्म को कला का विपक्षी या विरोधी मानना अनुचित है।

हीगल ने आत्मा की भी त्रयात्मक स्थिति निर्धारित करते हुए उसकी तीन प्रवृत्तियाँ मानी थीं—(१) ज्ञानात्मक प्रवृत्ति (पक्ष), (२) व्यावहारिक प्रवृत्ति (विपक्ष) और (३) आध्यात्मिक प्रवृत्ति (समन्वय)। क्रोचे ने इसके स्थान पर केवल दो ही मूलभूत प्रवृत्तियाँ मानीं—ज्ञानात्मक और व्यावहारिक। इनमें भी प्रत्येक के उन्होंने दो-दो भेद किये—ज्ञानात्मक के दो भेद (१) सहजानुभूति और (२) विचारात्मक क्रिया। व्यावहारिक प्रवृत्ति के दो भेद—(१) आर्थिक या निजी योग-क्षेम से सम्बद्ध और (२) नैतिक। इस प्रकार क्रोचे के मत से सभी प्रवृत्तियों को उपर्युक्त चार वर्गों में विभाजित किया जा सकता है। कला और काव्य का सम्बन्ध इनमें से प्रथम प्रवृत्ति—सहजानुभूति से है। अतः आगे इसी पर विशेष रूप से विचार किया जायेगा।

सहजानुभूति

सहजानुभूति के स्वरूप को स्पष्ट करने के लिए क्रोचे ने 'नेति-नेति' के मार्ग को अपनाते हुए उसे बौद्धिक ज्ञान, प्रत्यक्षीकरण, संवेदना आदि से भिन्न बताया है।

सहजानुभूति और बौद्धिक ज्ञान की पृथकता का प्रतिपादन करते हुए वह लिखते हैं "पहली बात जो मस्तिष्क में अच्छी तरह बिठा लेनी चाहिए, वह यह है कि सहजानुभूत ज्ञान को किसी स्वामी की आवश्यकता नहीं होती। उसे किसी का सहारा नहीं चाहिए, उसके लिये यह आवश्यक नहीं कि वह दूसरे की आँखें उधार ले, कारण उसकी आँखें स्वयं काफी तेज हैं।" क्रोचे इस बात को स्वीकार करता है कि कई बार सहजानुभूति में भी बौद्धिक ज्ञान समन्वित हो जाता है, या बौद्धिक ज्ञान के मूल में सहजानुभूति हो सकती है, किन्तु फिर भी वह दोनों है, या बौद्धिक ज्ञान के मूल में सहजानुभूति हो सकती है, किन्तु फिर भी वह दोनों को एक नहीं मानता।

सहजानुभूति और प्रत्यक्ष-बोध के अन्तर को स्पष्ट करते हुए क्रोचे ने बताया है कि सहजानुभूति में यथार्थ और अयथार्थ का भेद नहीं होता जबकि प्रत्यक्ष-बोध में ऐसा होता है। इसी प्रकार सहजानुभूति ऐन्द्रिक संवेदनों से भी भिन्न है। सहजानुभूति साहचर्य या स्मृति व संस्कारों से भी भिन्न है। इस प्रकार सहजानुभूति को एक अच्छी पहेली बना देने के बाद क्रोचे ने अपने पाठकों पर दया करते हुए अन्त में रहस्योद्घाटन किया है कि सहजानुभूति अभिव्यंजना है। सामान्यतः सहजानुभूति और अभिव्यंजना—तो पृथक-पृथक क्रियाएँ प्रतीत होती हैं, किन्तु क्रोचे महोदय ऐसा नहीं मानते। उनके शब्दों में— "सहजानुभूति की क्रिया उसी अंश तक सहजानुभूति है जहाँ तक वह उसे अभिव्यक्त करती है। यदि इस उक्ति में विरोधाभास प्रतीत हो तो इसका कारण यह है कि साधारणतः 'अभिव्यंजना' का प्रयोग एक अत्यन्त सीमित अर्थ में किया गया है। इसे प्रायः 'शाब्दिक अभिव्यंजना' तक ही सीमित रखा जाता है। किन्तु शाब्दिक अभिव्यंजनाएँ भी होती हैं, जैसे रेखा, रंग और ध्वनि की अभिव्यंजनाएँ। इन सब तक हमारी मान्यता का विस्तार होना चाहिए।...... व्यक्ति का प्रकाशन चित्र, शब्द संगीत या अन्य किसी भी रूप में क्यों न हो, सहजानुभूति अभिव्यंजना का कोई न कोई रूप ढूँढ़ ही लेती है; वस्तुतः अभिव्यंजना सहजानुभूति का एक अभिन्न अंग है।" इन पंक्तियों को पढ़कर सामान्यतः अनेक शंकाएँ उत्पन्न होती हैं—एक ओर तो यह कहा गया है कि सहजानुभूति और अभिव्यंजना अभिन्न हैं, दूसरी ओर प्रतिपादित किया गया है कि सहजानुभूति अभिव्यंजना का कोई न कोई रूप ढूँढ़ लेती है, जिसका तात्पर्य है कि ढूँढ़ने वाला और जिसे ढूँढ़ा जाता है दोनों भिन्न हैं। प्रश्न है जब तक सहजानुभूति उस रूप को नहीं ढूँढ़ पाती, तब तक उसे क्या कहेंगे? वस्तुतः सहजानुभूति और अभिव्यंजना को लेकर क्रोचे ने यहाँ परस्पर विरोधी बातें कही हैं। क्रोचे अधिक से अधिक यह कहता था कि सहजानुभूति अनुभूति की प्रारम्भिक अवस्था है जबकि अभिव्यंजना उसकी अन्तिम दशा, किन्तु उसने दोनों को सर्वथा अभिन्न घोषित करके अपनी बात को अविश्वसनीय रूप दे डाला। यहाँ यह भी ध्यान देने की बात है कि एक ही वस्तु के दो रूपों को भी अभिन्न नहीं कह सकते—दूध और दही एक ही वस्तु के दो रूप हैं, फिर भी दही को दूध कहना भ्रमोत्पादक ही सिद्ध होगा। क्रोचे का प्रयास भी लगभग ऐसा ही है।

सहजानुभूति और कला

अभी हम एक पहेली भली-भाँति सुलझा ही नहीं पाये थे कि एक दूसरी पहेली और प्रस्तुत हो गई है। पहले हमने बताया था कि सहजानुभूति अभिव्यंजना होती है—यहाँ इस धारणा पर प्रकाश डाला जायेगा कि सहजानुभूति कला होती है। क्रोचे के विचार से प्रत्येक सहजानुभूति अभिव्यंजना है, और प्रत्येक अभिव्यंजना कला है, अतः यदि प्रत्येक

सहजानुभूति को कला कह दिया जाय तो यह तनिक भी अनुचित नहीं होगा। शायद कुछ लोग कहना चाहेंगे कि "प्रत्येक सहजानुभूति नहीं, कुछ विशिष्ट प्रकार की सहजानुभूति कला होती है" किन्तु क्रोचे इसे स्वीकार नहीं करता। ऐसी स्थिति में हमें यह सोचना पड़ेगा कि कदाचित सहजानुभूति का सम्बन्ध केवल कलाकार से ही होता होगा, पर यह बात भी क्रोचे के सिद्धान्त के अनुकूल नहीं। वह कवि में और साधारण व्यक्ति में गुण या प्रतिभा का कोई अन्तर नहीं मानता। वस्तुतः सामान्य व्यक्ति और कलाकार—दोनों में सहजानुभूति होती है। किन्तु दोनों की ही सहजानुभूति की मात्रा में अन्तर होता है। कलाकार की सहजानुभूति अधिक व्यापक एवं विस्तृत होती है—किन्तु इससे यह भी नहीं समझना चाहिए कि सामान्य व्यक्ति की सहजानुभूति का कोई महत्व ही नहीं है। जिस प्रकार जीव-शास्त्री के लिये चाहे मेढक का शरीर हो या आदमी का—दोनों ही महत्वपूर्ण हैं, वैसे ही क्रोचे के लिये प्रत्येक व्यक्ति की सहजानुभूति का महत्व है। वह लिखता है—
किसी को यह जानकर अचरज नहीं होता है कि पत्थर का एक टुकड़ा जिन रासायनिक तत्वों से निर्मित है, वे ही एक उन्नत पर्वत में भी विद्यमान हैं। छोटे-छोटे जानवरों और बड़े-बड़े जानवरों की शरीर क्रिया भी एक ही होती है और न ही पत्थरों के लिए पर्वतों से भिन्न, कोई विशिष्ट रासायनिक सिद्धान्त होता है। उसी प्रकार यह बात भी सम्भव नहीं कि छोटी सहजानुभूति का एक शास्त्र हो और बड़ी सहजानुभूति का कोई अन्य, या एक शास्त्र सामान्य सहजानुभूति का हो और दूसरा कलात्मक सहजानुभूति का हो। सौन्दर्य-शास्त्र केवल एक है, जो सहजानुभूति अथवा अभिव्यंजनात्मक ज्ञान का है।

कला के सम्बन्ध में प्रचलित इस प्राचीन विचार का कि कला प्रकृति की अनुकृति है क्रोचे खण्डन करता है। उसके शब्दों में—"यदि प्रकृति की अनुकृति से यह समझ जायें कि कला प्राकृतिक वस्तुओं की यांत्रिक प्रतिकृतियाँ, लगभग पूर्ण प्रतिलिपियाँ उपस्थित करती हैं और उनके समक्ष उसी प्रकार का भाव उद्वेलन होता है जैसा कि प्राकृतिक वस्तुओं द्वारा तो निःसंदेह यह स्थापना गलत है। मोम की रंगीन पुतलियाँ जो जीवन की नकल करती हैं, जिनके सामने संग्रहालयों में हम अवाक् खड़े रहते हैं, सौन्दर्यात्मक सहजानुभूतियाँ नहीं उत्पन्न करतीं।" अस्तु, उसके विचार से प्रकृति की अनुकृति का वास्तविक अर्थ सहजानुभूति ही है—अर्थात् प्रकृति के स्वरूप का जो बिम्ब हमारे मस्तिष्क में सहजानुभूति के रूप में उदित होता है, वही कला है।

कला में विषय और शैली की अभिन्नता

जैसा कि पहले कहा जा चुका है, क्रोचे अनुभूति और अभिव्यक्ति को एक ही मानता है; सहजानुभूति और अभिव्यंजना—दोनों उसके लिए एक हैं, अतः इसी आधार पर वह कला को विषय-वस्तु और उसकी शैली को भी अभिन्न घोषित करता है। उसकी मान्यता है कि जब कलाकार अपनी सहजानुभूति को अभिव्यंजना का रूप देता है तो उसमें वह नया कुछ भी नहीं जोड़ता—शैली के द्वारा वह विषय को प्रस्तुत नहीं करता, अपितु विषय ही शैली के रूप में अवतरित होता है। विषय और शैली में कोई अन्तर नहीं है, इसे स्पष्ट करते हुए उसने एक उदाहरण दिया है—"......Like water put into filter; which appears the same and yet different on the other side." अर्थात् जैसे फिल्टर में से पानी छानने पर, किंचित् अन्तर के साथ वही पुनः प्रकट होता है, ठीक वैसे ही अभिव्यक्त विषय (अर्थात् विषय = शैली) अनुभूत विषय का व्यक्त रूप है।

कला की अखण्डता

क्रोचे जिस प्रकार विषय और शैली में अभिन्नता मानता है, वैसे ही कला के अन्तः तत्वों एवं विभिन्न अंगों में भी वह एकता का ही प्रतिपादन करता है। उसके विचार से कला-कृति का विभिन्न तत्वों या विभिन्न अंगों के रूप में विश्लेषण करना सर्वथा अनुचित है "कलाकृति को हम खण्डों में, कविता को दृश्यों, उपाख्यान, उपमाओं व वाक्यों में, एक चित्र को अलग-अलग आकृतियों और वस्तुओं, पृष्ठभूमि, पुरोभूमि आदि में विभक्त करते हैं—यह क्रिया एकता का विरोध करती हुई प्रतीत होती है, इस प्रकार वर्गीकरण कृति को नष्ट कर देता है, जिस प्रकार जीव को हृदय, मस्तिष्क, धमनियों, मांस-पेशियों में बाँट देना जीवित प्राणी को शव में बदल देना है।" इसी प्रकार वह कला की विभिन्न श्रेणियों व कोटियों के निर्धारण का भी विरोध करता है। उसके विचार से जैसे सौन्दर्य की कोटियाँ नहीं हो सकतीं वैसे ही कला की भी कोटियाँ नहीं हो सकतीं।

कलाकार के साधन

कला-सृजन की प्रक्रिया का विश्लेषण करते हुए क्रोचे कलाकार के लिए चार साधन अपेक्षित मानते हैं। सर्वप्रथम तो उसके पास सजग इच्छा-शक्ति होनी चाहिए, जिससे कि वह सदैव कला-सृजन के लिए प्रस्तुत रहे। दूसरे, उसे कला के माध्यम का ज्ञान होना चाहिए—कला-सृजन के विभिन्न साधनों के उपयोग के ज्ञान एवं अभ्यास के अभाव में कला की सृष्टि में बाधा उपस्थित हो जायेगी। तीसरे, कला-सृजन के आरम्भ में कलाकार के लिए चिंतन अपेक्षित है। जब उसे एकाएक किसी कलात्मक विचार की अनुभूति होती है तो वह उसे अभिव्यक्त करने का प्रयास करता है। वह कई प्रकार से अभिव्यक्ति का प्रयत्न करता है। अन्त में एकाएक मार्ग खुल जाता है और अभिव्यक्ति का प्रवाह चल पड़ता है। इसी से कलाकार को कला-सम्बन्धी आनंद की अनुभूति होती है। चौथे, कलाकार में पर्याप्त कल्पना-शक्ति होनी चाहिए जिससे कि वह कलात्मक बिम्बों की आयोजना कर सके।

सामाजिक के लिए अपेक्षित क्षमताएँ

कलाकार की भाँति, सामाजिक के लिए कुछ क्षमताएँ अपेक्षित हैं। क्रोचे के विचार से सामाजिक को कला का आस्वाद प्राप्त करने के लिए एक तो कलाकार के दृष्टिकोण के साथ तादात्म्य स्थापित कर लेना चाहिए जिससे कि वह कला-कृति के माध्यम से कलाकार द्वारा अनुभूत कलात्मक बिम्बों को पुनः अनुभूत कर सके। इसके लिये उसे जल्दबाजी, सुस्ती, उत्तेजना, बौद्धिक भान्यताओं, व्यक्तिगत सद्भावनाओं से मुक्त होकर कला का अध्ययन या मनन करना चाहिए।

सामाजिक जिस शक्ति से कला के सौन्दर्यात्मक बिम्बों का पुनः उत्पादन करता है उसे 'रुचि' कहते हैं। यह रुचि कलाकार की प्रतिभा का ही दूसरा नाम है। सामाजिक कलाकार के स्तर तक उठ पाने में और उसकी आत्मा के साथ तादात्म्य स्थापित करने में जितना अधिक सफल हो सकेगा, उतना ही वह कला का अधिक आस्वादन कर सकेगा। वस्तुतः उसके विचार से कलात्मक आस्वादन की चरमावस्था के समय सामाजिक और कलाकार के बीच आत्मिक तादात्मय स्थापित हो जाता है।

क्रोचे के उपर्युक्त विचारों से स्पष्ट है कि वह कला-सृजन और कला-आस्वादन की प्रक्रिया में कोई अन्तर नहीं मानता। दोनों क्रियाएँ एक ही क्रिया के दो रूप हैं, या यों

कहिए कि जिस मार्ग पर चलकर कलाकार जिस मंजिल पर पहुँचता है; उसी मंजिल पर सामाजिक भी उसी मार्ग में पहुँचता है। हाँ, इतना अन्तर अवश्य है कि कलाकार की क्षमताएँ अधिक होती हैं, अतः वह नेतृत्व करता है, जबकि सामाजिक कलाकार का अनुकरण करता है। यह अन्तर भी हम अपनी ओर से बता रहे हैं, क्रोचे शायद इसे भी न मानता रहा हो।

सामान्य अनुभूति और कलाजन्य अनुभूति

क्रोचे के विचार से सामान्य अनुभूति और कलाजन्य अनुभूति में गहरा अन्तर है। सामान्य अनुभूति के मुख्य दो रूप हैं—(१) सुख और (२) दुःख। सुख दुःख का सम्बन्ध हमारी चार मूलभूत प्रवृत्तियों में से आर्थिक-व्यावहारिक से है जबकि कला का सम्बन्ध सहजानुभूति से है। अतः सामान्य अनुभूति का क्षेत्र ही कला से पृथक् सिद्ध होता है—ऐसी स्थिति में उसे कलाजन्य अनुभूति के समकक्ष कैसे रक्खा जा सकता है। फिर भी क्रोचे सामान्य प्रसन्नता और कलाजन्य आनन्द में गुणों का नहीं—मात्रा का अन्तर मानता है। नाटक को विभिन्न परिस्थितियों में देखकर हम हँसते हैं, आँसू बहाते हैं और आनन्द अनुभव करते हैं—किन्तु हमारा यह हँसना, आँसू बहाना या आनन्द सामान्य सुख-दुःख से हलका होता है। सामान्य जीवन के सुख-दुःख वास्तविक एवं गंभीर होते हैं जबकि कलाजन्य सुख-दुःख अवास्तविक—काल्पनिक—एवं ऊपरी होते हैं। अस्तु, क्रोचे इस निष्कर्ष पर पहुँचता है कि कलाजन्य अनुभूति सामान्य अनुभूति से भिन्न होती है।

क्रोचे के विचारों पर पुनर्विचार

क्रोचे के विभिन्न विचारों का संक्षिप्त परिचय प्राप्त कर लेने के अनन्तर अब हम निजी दृष्टिकोण से उसकी विवेचना कर सकते हैं। क्रोचे की धारणाएँ संक्षेप में इस प्रकार हैं।

१—सहजानुभूति, अभिव्यंजना और कला तीनों पर्यायवाची है।

२—कला में विषय और शैली की अभिन्नता रहती हैं।

३—कला का तात्विक या आंगिक विश्लेषण करना कला की हत्या करना है।

४—कला सृजन की प्रक्रिया और कला-आस्वादान की प्रक्रिया मूलतः एक ही है।

५—सामान्य अनुभूति और कलाजन्य अनुभूति में मात्रा का अन्तर है।

उपर्युक्त धारणाओं के औचित्य पर क्रमशः विचार करते हुए हम सर्वप्रथम सहजानुभूति, अभिव्यंजना एवं कला की एकता पर विचार करते हैं। क्रोचे की तर्कपद्धति की यह विशेषता है कि वह किन्हीं दो तत्वों या पदार्थों की किसी एक समानता के आधार पर ही दोनों को अभिन्न घोषित कर देता है। उदाहरण के लिए यदि हम क्रोचे की तर्क-पद्धति का प्रयोग करें तो कह सकते हैं कि गाय, भैंसें और कौआ तीनों एक ही हैं—कैसे? देखिए—गाय और भैंस दोनों दूध देती हैं, अतः यह निश्चित हुआ गाय = भैंस = कौआ। ठीक ऐसा ही फार्मूला यह है; सहजानुभूति = अभिव्यंजना = कला। एक इटालियन विद्वान् ने क्रोचे के इस फार्मूले की भर्त्सना करते हुए लिखा था कि क्रोचे को कला के समानार्थक शब्द ढूँढ़ने का इतना चाव था कि वह उचित और अनुचित को भी भूल जाता था। उक्त विद्वान की वह उक्ति हमें भी ठीक प्रतीत होती है।

इसी प्रकार कला में विषय और शैली की अभिन्नता की बात है। एक ही विषय को लेकर अनेक रचनाएँ लिखी जा सकती हैं, किन्तु उनकी शैली में अन्तर रहेगा। तुलसी ने राम के ही जीवन-चरित्र को लेकर 'रामचरित मानस' और 'कवितावली' की रचना की, किन्तु क्या दोनों में अन्तर नहीं है? यह ठीक है कि सदैव विषय के अनुरूप ही शैली का प्रयोग करना पड़ता है तथा दोनों में परस्पर गहरे समन्वय की अपेक्षा होती है, किन्तु केवल इसी आधार पर दोनों को एक नहीं कहा जा सकता। यदि ऐसा होता तो काव्य के विभिन्न रूपों के लिए प्रयुक्त विभिन्न शब्द—उपन्यास, नाटक गीति आदि निरर्थक हो जाते तथा इन सबकी शैली में कोई अन्तर न होता, विषय का ही अन्तर होता। किन्तु-स्थिति यह नहीं है, अतः क्रोचे की मान्यता को स्वीकार्य नहीं कहा जा सकता।

क्रोचे का यह विचार कि कला का सात्विक या आंगिक रूप में विश्लेषण करने से वह प्राण-शून्य हो जाती है—डरावना होता हुआ भी सत्य नहीं है। यह विचार वस्तुतः एक अत्यन्त भ्रान्त धारणा पर आश्रित है। किसी रचना का तात्विक विवेचन या विश्लेषण करने का यह तात्पर्य नहीं है कि उसके सचमुच टुकड़े-टुकड़े कर दिये जाते हैं। यह बात ऐसी है जैसी कि चिकित्सा-विज्ञान की कक्षा में प्राध्यापक के यह कहने पर कि, "मानव-शरीर को हम अनेक तत्वों में बाँट सतके हैं—रक्त, मांस, मज्जा, हड्डी······" कोई विद्यार्थी कहे कि—"नहीं साहब, ऐसा मत कीजिए, रक्त मांस, हड्डी को अलग-अलग कर देंगे तो शरीर जीवित कैसे रहेगा।" जब हम 'गोदान' या 'कामायनी' के विभिन्न तत्वों की विवेचना करते हैं, तो इसका यह तात्पर्य नहीं है कि हम कैंची लेकर पुस्तक के तत्वों को अलग-अलग कर देते हैं, अपितु केवल विवेचन-सुविधा के लिए ही अलग-अलग तत्वों की मीमांसा मौखिक रूप से की जाती है। जिस प्रकार 'आई स्पेशलिस्ट' को एक आँख दिखाने से वह आँख शरीर से अलग नहीं हो जाती, ठीक वैसे ही कला के विभिन्न अंगों की विभिन्न दृष्टिकोणों से परीक्षा करने से वे अंग कला से पृथक् नहीं हो जाते। अतः क्रोचे को यह केवल वहम था कि कला के विश्लेषण से उसकी मृत्यु हो जाती है। हाँ, यदि कला और कलाहीनता में भेद न कर सकने वाले किसी दार्शनिक के हाथ में वह पड़ जाय तब अवश्य ऐसा हो सकता है।

कला-सृजन को प्रक्रिया और कलास्वादन की प्रक्रिया को एक बताना भी ऐसा प्रतीत होता है कि मानों भोजन पकाना और भोजन खाना—दोनों एक ही हों। साथ ही कवि की प्रतिभा को पाठक की रुचि का पर्याय बताना भी बिलकुल विचित्र-सा लगता है। हमारी शेक्सपीयर के नाटकों में रुचि है, तो इसका तात्पर्य है कि हममें शेक्सपीयर बनने की प्रतिभा है, और यदि किसी को जैनेन्द्र के उपन्यास पसन्द हैं तो इसका मतलब है कि वह भी जैनेन्द्र जैसा उपन्यासकार बन सकता है। खैर, इसमें क्रोचे का दोष नहीं है; उसकी शैली ही ऐसी है, जिसे वह विषय से पृथक नहीं कर पाता; फिर भी इस प्रसंग में उसने एक बात अवश्य महत्वपूर्ण कही है—वह यह कि पाठक का कवि के साथ तादात्म्य हो जाता है। यह तथ्य रस-सिद्धान्त के साधारणीकरण के भी अनुकूल है।

सामान्य अनुभूति और कलाजन्य अनुभूति के अन्तर के सम्बन्ध में क्रोचे ने परस्पर-विरोधी बातें कही हैं। एक ओर यदि उसने दोनों का क्षेत्र भिन्न माना है, तो दूसरी ओर उसने उनमें अन्तर गुणों का नहीं, मात्रा का माना है। कलाजन्य अनुभूति को उसने लौकिक अनुभूति से हलका माना है। ऐसी स्थिति में हमारे लौकिक सुख-दुःख का हलका रूप कलाजन्य अनुभूति के समकक्ष सिद्ध होता है, जो ठीक नहीं।

अस्तु, इस प्रकार से क्रोचे का अभिव्यंजनावाद विचारों की दृष्टि से विशुद्ध अभिव्यंजनावाद है। वह अपनी बात को इस ढंग से कहता है कि पाठक पढ़कर चौंकता है, सोचता है, उलझता है और अन्त में वह जब तक स्वयं को या क्रोचे को अति बुद्धिमान नहीं मान लेता तब तक वह सुलझ नहीं पाता। क्रोचे की बेतुकी बातों से चिढ़कर एक बार 'Making of Literature' के रचियता जेम्स महोदय ने लिखा था the artist about whom he is philosophizing exists no where but in his own mind."—अर्थात् जिस कलाकर (या कला?) की क्रोचे व्याख्या कर रहा है, उसका निवास उसके दिमाग में ही है और कहीं नहीं!! क्रोचे के समकालीन और भी अनेक विद्वानों ने उसकी भर्त्सना की, किन्तु इससे उसका हित ही हुआ—क्योंकि 'बदनाम हुए तो क्या नाम नहीं हुआ!' और सचमुच यदि क्रोचे इससे थोड़ी भी भिन्न शैली अपनाता तो शायद उसका व्यापक प्रचार नहीं हो पाता।

क्रोचे की उपर्युक्त असंगतियों एवं त्रुटियों के बावजूद इतना अवश्य स्वीकार किया जा सकता है कि उसके प्रभाव के कारण कला और साहित्य को दार्शनिकता, बौद्धिकता, नैतिकता एवं उपयोगिता के नियन्त्रण से मुक्ति मिली तथा साथ ही शैली के बाह्य एवं आरोपित च'मत्कारिक तत्वों की अपेक्षा अनुभूति की सहज अभिव्यक्ति को बल मिला। अतः कला का लक्ष्य केवल कला या सौन्दर्य मानने वालों की दृष्टि से क्रोचे का महत्व अत्यधिक है—ऐसा निस्संकोच कहा जा सकता है।

२१

मैथ्यू आर्नल्ड के समीक्षा-सिद्धान्त

आधुनिक अंग्रेजी समीक्षा के क्षेत्र में मैथ्यू आर्नल्ड (१८२२-१८८८ ई०) का अत्यंत महत्वपूर्ण स्थान है। उन्हें १९वीं शताब्दी का सबसे बड़ा समीक्षक घोषित करते हुए स्काट जेम्स ने लिखा है--"इस देश में आर्नल्ड की स्थिति लगभग ५० वर्षों तक वैसी ही रही जैसी कि किसी समय यूनान के महान चिन्तक अरस्तू की थी। उन्होंने अपने युग की समीक्षा को उसी गहराई से प्रभावित किया जैसे कभी अरस्तू ने किया था। इसीलिए उनके अनुयायी उनके विचारों को अन्धविश्वास की सीमा तक स्वीकार करते थे।

इसी प्रकार डेविड डेशेज ने भी आर्नल्ड को आधुनिक युग के महान आलोचक के विशेषण से विभूषित किया है। यह दूसरी बात है कि २०वीं शती के कतिपय आलोचकों ने उन पर छींटाकशी करते हुए उनके महत्व को न्यून सिद्ध करने का भी प्रयास किया। संभवतः ऐसा उन प्रतिद्वन्द्वी आलोचकों द्वारा हुआ है जो कि आर्नल्ड के योगदान का मूल्यांकन करते समय वैयक्तिक पूर्वाग्रहों से मुक्त नहीं हो पाये, भले ही वे स्वयं निर्वैयक्तिकता के सिद्धान्त के पोषक रहे हों। वस्तुतः आर्नल्ड का महत्व एक कवि और समीक्षक के रूप में ही नहीं अपितु एक ऐसे समाजशास्त्री एवं सांस्कृतिक चिन्तक के रूप में भी है, जिन्होंने कविता, समाज और संस्कृति को एक दूसरे से विच्छिन्न होने से बचाया और तीनों के बीच घनिष्ठ सम्बन्ध स्थापित करके अपने युग को एक नयी दृष्टि और दिशा दी। जब-जब साहित्य में वैयक्तिकता एवं स्वच्छन्दता को केन्द्र बनाकर ऐसी प्रवृत्तियाँ उन्मीलित हो जाती हैं जो सामाजिक मर्यादाओं, नैतिक मूल्यों एवं सांस्कृतिक आदर्शों को ध्वस्त करने लगती हैं तब-तब किसी ऐसे महान आलोचक का अवतरण होता है जो कि अपने व्यक्तित्व की महत्ता, विचारों की गम्भीरता, चिन्तन की सूक्ष्मता एवं अभिव्यंजना की प्रौढ़ता के द्वारा इन समाज-विरोधी प्रवृत्तियों को नियंत्रित करने में सफल होता है। ऐसे ही महान् आलोचकों की परम्परा में मैथ्यू आर्नल्ड आते हैं।

उपर्युक्त तथ्य के स्पष्ट रूप में निदर्शन के लिए यह आवश्यक है कि हम उन युगीन परिस्थितियों का पर्यवेक्षण करें जो कि १९वीं शताब्दी के आरम्भ में अंग्रेजी साहित्य के क्षेत्र में विद्यमान थीं जबकि इसी शती के प्रथम चरण में आर्नल्ड का जन्म हुआ। अंग्रेजी-साहित्य के इतिहास में यह युग स्वच्छन्दतावादी आन्दोलन का युग था, जिसका नेतृत्व कर रहे थे—कॉलरिज, वर्ड्सवर्थ, शैले आदि। वर्ड्सवर्श ने अपने प्रसिद्ध कविता संग्रह "लिरीकल वैलेड्स" के द्वितीय संस्करण (१८०० ई०) की भूमिका में परम्परागत शास्त्रवाद के विरुद्ध विद्रोह का स्वर उद्घोषित करते हुए स्वच्छन्दतावाद के आदर्शों की घोषणा की। उन्होंने परम्परागत धारणाओं के विरुद्ध कविता में विचार की अपेक्षा भाव को, नियम की अपेक्षा स्वच्छन्दता को, समाज की अपेक्षा व्यक्ति को अधिक महत्व प्रदान करने की बात कही। इस स्वच्छन्दतावादी आन्दोलन में १९वीं शती के और भी कई

महत्वपूर्ण कवि और आलोचक सम्मिलित हो गये, जिन्होंने अपनी आलोचना के द्वारा स्वच्छन्दतावादी विचारधारा को पुष्ट करने में योग दिया। टी० एस० कॉलरिज ने कल्पना को ही सर्वाधिक महत्व प्रदान करते हुए उसे ही काव्य की आत्मा घोषित किया। अन्य कवियों ने भी कवि के लिए किसी भी प्रकार के बाह्य अनुशासन या विधि-विधान को अमान्य घोषित किया। वर्ड्सवर्थ के अनुसार कविता कवि की अनुभूतियों एवं भावों की सहज अभिव्यक्ति है। ऐसी स्थिति में किसी भी व्यक्ति का अपनी भावनाओं को नियंत्रित करने या उन्हें किसी विशेष ढाँचे में ढालने अथवा उन्हें शैली के तत्वों से सुसज्जित करने के लिए किसी भी प्रकार की चेष्टा करना न केवल अनावश्यक और अनुपयोगी है, अपितु स्वयं काव्य-तत्व के लिए भी घातक है। इसके साथ ही उन्होंने स्वच्छन्दतावादी कवियों को सभी प्रकार के सामाजिक दायित्वों की पूर्ति के लक्ष्य या सामाजिक हितों की रक्षा के उत्तरदायित्व से भी मुक्त कर दिया। कविता सामाजिक हितों की रक्षा करे या न करे यह कवि का कार्य नहीं है, अपितु किसी समाजशास्त्री, दार्शनिक या नीतिकार का है : कवि का कर्तव्य एवं उत्तरदायित्व इन सबसे भिन्न है। वह किसी भी अन्य के प्रति उत्तरदायी न होकर स्वयं अपने व्यक्तित्व के प्रति समर्पित है। अतः उसे हर मूल्य पर अपनी वैयक्तिकता की, निजी स्वतंत्रता की और वैयक्तिक भावानुभूतियों की रक्षा करनी चाहिए। ऐसी स्थिति में उसे उन आलोचकों की 'कुदृष्टि' से बचना चाहिए जो कि कवि को मर्यादा, नीति, नैतिकता या लोकहित की शिक्षा देना चाहते हैं। कवि का इन सबसे क्या मतलब? एक स्वच्छन्दतावादी विचार की दृष्टि से किसी कवि को नीति या लोकनीति अथवा नैतिकता की शिक्षा देना उसी प्रकार निरर्थक है जैसे कि कोई किसी अभिनेत्री से कहे कि आओ तुम्हें गणित या भूगोल पढ़ा देता हूँ। भला इनसे उस अभिनेत्री का क्या हित होगा? कुछ ऐसा ही दृष्टिकोण १९वीं शताब्दी के स्वच्छन्दतावादी कवि लेकर चल रहे थे। वे किसी भी ऐसे आचार्य, आलोचक या समीक्षक की बात सुनने के लिए तैयार नहीं थे जो कि सामाजिकता या नैतिकता की बात करता हो!

ठीक ऐसे समय पर मैथ्यू आर्नल्ड का अवतरण अंग्रेजी-समीक्षा के क्षेत्र में हुआ और यह अत्यन्त विचित्र एवं रहस्यपूर्ण तथ्य है जो कि उन्होंने अपने समीक्षात्मक लेखों के बल पर न केवल वर्ड्सवर्थ, कॉलरिज और शैले जैसे स्वच्छन्दतावादी कवियों को अपनी बात सुनाने में सफल हुए, अपितु उन्होंने अपने युग के साहित्य और आलोचना के दृष्टिकोण एवं वातावरण को ही आमूल-चूल परिवर्तित कर देने का प्रयास किया। कहाँ सामाजिकता, नैतिकता एवं सार्वजनीतता का उपहास किया जा रहा था और कहाँ आर्नल्ड के प्रयासों के फलस्वरूप ये साहित्य के नियामक तत्व समझे जाने लगे। जिस प्रकार एक उच्छृङ्खल व्यक्ति को लौह शृंखला में बाँध कर सही रास्ते पर लाया जाता है, ऐसा ही कार्य आर्नल्ड ने साहित्य के क्षेत्र में किया। उन्होंने स्वच्छन्दतावादी कवियों एवं काव्य की धारा के प्रवाह को अवरुद्ध करके उसे नयी दिशा अपितु कहना चाहिए कि विपरीत दिशा की ओर प्रवाहित कर देने का सफल प्रयास किया। इसके लिए आर्नल्ड को अपने दृढ़ आत्मविश्वास, गम्भीर चिन्तन एवं स्पष्ट दृष्टिकोण के साथ-साथ अपनी शैली को भी चाबुक के रूप में प्रयुक्त करना पड़ा। स्वच्छन्दतावादी काव्य के कुछ अग्रणी जो कि आवश्यकता से अधिक उछल-कूद करके वैयक्तिकता का उद्घोष करने, सामाजिकता का विरोध करने एवं नैतिकता का उपहास करने में लगे हुए थे, उन्हें स्पष्ट रूप में रुग्ण, विक्षिप्त या पागल तक घोषित करना पड़ा। अवश्य ही इससे उन लोगों के हृदय को

गहरी ठेस पहुँची होगी जो कि वर्ड्सवर्थ और शैले जैसे कवियों को अपना आराध्य मानने लग गये थे किन्तु आर्नल्ड ने अपने लक्ष्य को पूरा करने के लिए किसी की परवाह नहीं की। वे जानते थे कि स्वच्छन्दतावादी कवियों को रुग्ण और विक्षिप्त घोषित करना बर्रे के छत्ते में अँगुली डालने जैसा ही दुस्साहस है, किन्तु वे इससे चूके नहीं। उन्होंने पूरी शक्ति से और पूर्ण निर्ममता से स्वच्छन्दतावादी प्रवृत्तियों पर तीव्र प्रहार किये और यह कार्य उन्होंने अपने जीवन के अन्तिम क्षणों तक जारी रखा। भले ही प्रारम्भ में इसके लिए उन्हें गहरे विरोध का सामना करना पड़ा हो, किन्तु अन्त में वे पूरे राष्ट्र के अपने युग के एक श्रेष्ठ एवं महान् आलोचक के रूप में स्वीकृत कर लिये गये। आर्नल्ड का यह साहसिक अभियान बताता है कि किस प्रकार एक समर्थ आलोचक अपने साहित्य का नेतृत्व करता हुआ उसे सही दिशा देने में सफल हो सकता है।

श्रेष्ठ कला एवं काव्य की कसौटी—मैथ्यू आर्नल्ड भी अरस्तू की भाँति कला और काव्य की कसौटी प्रकृति के अनुकरण या चित्रण से प्राप्त आनन्द को ही मानते हैं, किन्तु उन्होंने अरस्तू की अवधारणाओं को इस ढंग से व्याख्यायित किया है कि जिससे वे अपने विचारों एवं सिद्धन्तों की पुष्टि कर सकें। अरस्तू मूलतः यथार्थवादी चिन्तक थे। अतः उन्होंने कलाजन्य ज्ञान या अभिज्ञान को ही आनन्द का मूल आधार माना। आर्नल्ड इसी धारणा को और अधिक विकसित करते हुए लिखते हैं—"अतः हम किसी भी यथार्थ चित्रण के रोचक होने की आशा कर सकते हैं, परन्तु यदि वह काव्यात्मक हो तो इससे भी अधिक की माँग की जा सकती है। वह मनोरंजन करे इतना ही पर्याप्त नहीं, उससे यह भी अपेक्षा की जायेगी कि वह पाठक को स्फूर्ति और आनन्द दे,·····उसमें मोहकता हो और वह मन को आह्लाद से भर दे।"

इस प्रकार आर्नल्ड यहाँ कविता से मानव-ज्ञान की वृद्धि के साथ-साथ मानव के आनन्द की भी अभिवृद्धि को आवश्यक बताते हैं। आगे चलकर वे शिलर के इस कथन के आधार पर कि—"सम्पूर्ण कला आनन्द के चरणों पर समर्पित है मानव को कैसे सुखी बनाया जाय—इससे महत्तर एवं गम्भीर समस्या कोई और नहीं है। उपयुक्त कला वही है जो परमानन्द की सृष्टि करे।" यहाँ स्पष्टतः कलाजन्य आनन्द का मानव-जाति के सौख्यवर्धन से सम्बद्ध स्थापित करते हुए उसी को परमानन्द घोषित किया गया है। अस्तु, जहाँ अरस्तू कला से केवल कलात्मक आनन्द की ही अपेक्षा करते थे वहीं शिलर का अनुमोदन करते हुए आर्नल्ड ने भी कला और काव्य का लक्ष्य अन्ततः मानव-जाति को सुखी करके परम आनन्द में अभिवृद्धि करना माना है। दूसरे शब्दों में यह भी कहा जा सकता है कि आर्नल्ड के दृष्टिकोण के अनुसार काव्य का लक्ष्य केवल व्यक्ति विशेष का मनोरंजन करना नहीं, अपितु समस्त मानवता का हित साधन करते हुए उसे आनन्द प्रदान करना है।

काव्य का विषय-चयन—कला और काव्य का लक्ष्य स्पष्ट करने के साथ-साथ ही आर्नल्ड ने इस प्रश्न पर भी विचार किया है कि वे कौन से तत्व या विषय हैं, जिनके चित्रण से काव्य से आनन्द प्राप्त हो सकता है? उस युग के स्वच्छन्दतावादी कवि काव्य के विषय को केवल वैयक्तिक अनुभूतियों तक सीमित कर रहे थे। उनके अनुसार काव्य का केवल एक ही विषय है—भाव या अनुभूति जिसे कल्पना के माध्यम से व्यक्त किया जाता है, किन्तु आर्नल्ड इस मत का खण्डन करते हुए स्पष्ट करते हैं कि यदि काव्य में

केवल भावों की ही व्यंजना की गयी और उनकी परिणति किसी कार्य या क्रिया-कलाप में न दिखायी गयी तो ऐसी स्थिति में वह हमें आनन्द प्रदान करने की अपेक्षा हमारे हृदय को भाव या वेदना से अभिभूत कर लेगा। स्वयं आर्नल्ड के शब्दों में—"अब प्रश्न यह उठता है कि ऐसी स्थितियाँ कौन-सी होती हैं जिनके यथार्थ चित्रण से भी काव्यानन्द की उपलब्धि न हो?—वे जिनमें वेदना की परिणति किसी क्रिया में न होती हो, वे जिनमें मानसिक कष्ट की सतत् अवस्था को दूर तक खींचा गया हो और बीच में किसी ऐसी घटना, आशा या संघर्ष का भी विधान न हो जिससे उसका कुछ प्रतिकार होता हो, वे जिनमें सब कुछ सहना ही हो, करना कुछ भी न हो। ऐसी स्थितियों में अनिवार्यतः कुछ विकृति रहती है, उनके वर्णन में एक प्रकार की विरसता होती है। वास्तविक जीवन में जब कभी ऐसी स्थितियाँ आती हैं, तो वे कष्टकर होती हैं, कारुणिक नहीं। काव्य में उनका चित्रण भी कष्टप्रद ही होता है।"

इसी प्रकार उस युग के अनेक आधुनिकतावादी कवि एवं आलोचक इस विचार को भी प्रचारित करने में लगे हुए थे कि यदि कोई भी विषय प्राचीन न होकर आधुनिक या समकालीन होगा तो वह पाठकों को अधिक आनन्द प्रदान करेगा। आर्नल्ड ने ऐसे ही विचारकों के मत को उद्धृत करते हुए लिखा है—"एक समझदार आलोचक ने कहा है : "जो कवि वास्तव में जनता का ध्यान आकर्षित करना चाहता हो, उसे चाहिए कि वह प्राणहीन अतीत का पल्ला छोड़ दे और महत्वपूर्ण वर्तमान के तथ्यों से—और वर्तमान के महत्व के कारण वे नूतन भी होंगे तथा रोचक भी—अपने विषयों का चयन करें।"

आर्नल्ड ने उपर्युक्त दोनों ही विचारों को भ्रांतिपूर्ण घोषित करते हुए प्रतिपादित किया कि न तो कोरी भावानुभूतियों के चित्रण से और न ही आधुनिक विषयों के प्रतिपादन से कोई काव्य रचना आनन्दप्रद बन सकती है। उन्होंने अपने दृष्टिकोण को स्पष्ट करते हुए कहा—'मैं इस मत को सर्वथा भ्रान्तिपूर्ण मानता हूँ। इस पर गहराई से विचार होना चाहिए। आज चारों ओर कुछ ऐसी समीक्षात्मक उक्तियाँ प्रचलित हैं, जिनमें दार्शनिकता की ध्वनि और उसका आभास मिलता है जबकि वास्तव में उनका कोई ठोस आधार नहीं होता। उपर्युक्त विचार एवं उक्तियाँ इसी तथ्य को प्रमाणित करती हैं। ऐसी उक्तियाँ एक ओर तो काव्य के पाठकों के निर्णय को विकृत करती हैं तो दूसरी ओर उनका अनुसरण करने वाले कवियों को भ्रम में डालती हैं।

शाश्वत विषय—आर्नल्ड ने अपने युग की प्रचलित भ्रान्तियों का निराकरण करते हुए अन्त में स्पष्ट किया कि कोई भी काव्य-रचना मानव के महत्वपूर्ण क्रियाकलापों या उसके महान् कार्यों के चित्रण से सफल कृति का रूप प्राप्त करता है। इसके लिए हमें केवल आधुनिक काल या काल-विशेष के विषयों तक ही सीमित नहीं रहना चाहिए अपितु हमें उन शाश्वत् विषयों एवं तत्वों की खोज करनी चाहिए जो कि विभिन्न राष्ट्रों की विभिन्न महान् कृतियों में समान रूप से उपलब्ध होते हैं। वे इस दृष्टि से विचार करते हुए इस निष्कर्ष पर पहुँचते हैं—'सभी राष्ट्रों में और सभी युगों में काव्य के शाश्वत विषय क्या रहे हैं? कार्य-व्यापार या मानव के कार्य, व्यापार; उनमें स्वतः ही रोचकता का गुण होता है किन्तु फिर भी कवि उन्हें एक ऐसी रोचक शैली में प्रस्तुत करता है जिससे कि उनका सम्प्रेषण सभी पाठकों तक हो सके। यदि कोई कवि समझता है कि कार्य या महान् कार्य में क्या रखा है—यह तो केवल उसकी अपनी काव्य शक्ति का वैशिष्ट्य है कि वह तुच्छ से तुच्छ कार्य को भी महान् कृति का रूप दे सकता है।' ऐसा सोचना निश्चय ही आर्नल्ड की

दृष्टि में विवेक-शून्यता का प्रमाण है। 'जब रचना का आधारभूत कार्य ही शक्तिहीन और प्रभाव-शून्य होगा तो फिर कवि कितनी ही अपनी कला की करामात दिखाये वह अपनी रचना में आनन्द का संचार नहीं कर सकता। अतः सर्वप्रथम तो कवि को उत्कृष्ट कार्य-व्यापार का चयन कर लेना चाहिए और सबसे उत्कृष्ट कार्य व्यापार कौन से होते हैं? निश्चय ही वे जो मानव के सहज संस्कारों को सबसे अधिक आन्दोलित करें—मूलवर्ती भावनाओं को आन्दोलित करें जिनका अस्तित्व मानव-जाति में स्थायी रूप में होता है और जो काल निरपेक्ष होती हैं।[१] ये भावनाएँ स्थायी और अपरिवर्तनशील होती हैं और इनके अनुरंजन के साधन की स्थायी और अपरिवर्तनशील रहते हैं।'

अस्तु, आर्नल्ड के विचार से विषय की प्राचीनता या अर्वाचीनता का काव्य की दृष्टि से विशेष महत्व नहीं है—महत्व है उसकी उस रागात्मकता का जो कि मानवजाति की शाश्वत वासनाओं पर आधारित होती है और अन्त में आर्नल्ड का स्पष्ट निर्णय है—"एक सहस्र वर्ष प्राचीन महान् कार्य भी आज के किसी लघुतर कार्य की अपेक्षा अधिक होगा, भले ही इस लघुतर कार्य के चित्रण में अत्यन्त सूक्ष्म काव्य कौशल का प्रयोग किया गया हो और भले ही वह अपनी आधुनिक अभिव्यंजना परिचित आचार-व्यवहार एवं समसामयिक सन्दर्भों के कारण हमारे क्षणिक भावों और रुचियों को अपनी ओर आकर्षित करने की अधिक क्षमता से युक्त हो। फिर भी वे उनके आधार पर यह आशा नहीं कर सकते कि उनकी काव्य-कृति से पूर्ण परितोष प्राप्त होगा, अपितु इसका परिणाम उनकी आशाओं के विपरीत भी हो सकता है। काव्य कृतियों का सम्बन्ध हमारी शाश्वत् भावनाओं के साम्राज्य से है—यदि वे इन्हें आकर्षित करती हैं तो और सब अपेक्षाएँ स्वतः ही शान्त और मौन हो जाती हैं।[२]

उपर्युक्त विवेचन से स्पष्ट है कि मैथ्यू आर्नल्ड के अनुसार काव्य का लक्ष्य है—सर्व-सामान्य को आनन्द प्रदान करना और इस लक्ष्य की पूर्ति होती है, ऐसे कार्यों के चित्रण से जो कि मानव की स्थायी वासनाओं को उद्वेलित करके रचना में रागात्मकता का संचार करती हैं। कहना न होगा कि आर्नल्ड की यह स्थापना भारतीय रस-सिद्धांत के सर्वथा अनुरूप है, जिसके अनुसार काव्य का लक्ष्य रस या आनंद प्रदान करना है और इस आनन्द की उपलब्धि के लिए ऐसे स्थायी भावों का चित्रण किया जाता है जो मनुष्य की जन्मजात वासनाओं पर आधारित होते हैं। प्रत्येक स्थायी भाव किसी न किसी जन्मजात वासना पर आधारित होता है और साथ ही उसकी व्यंजना के लिए कवि को विशेष प्रकार की परिस्थितियों एवं कार्य-व्यापारों का चित्रण करना पड़ता है। रस-सिद्धान्त की शब्दावली में इन परिस्थितियों को जहाँ 'विभाव' कहा गया है, वहाँ सभी प्रकार के

---

१. " The poet has in the first place to select an excellent action : and what actions are the most excellent? Those, certainly, which most powerfully appeal to the great primary human affections : to those elementary feelings which are independent of time....."
('English Literary Criticism And The Classical Background', Page 322)

२. 'पाश्चात्य काव्य-शास्त्र की परम्परा' सं० डॉ० सावित्री सिन्हा; पृ० १९५।

शारीरिक एवं मानसिक कार्यों को 'अनुभाव' की संज्ञा दी गयी है। चूँकि विभाव और अनुभाव काव्यगत पात्रों या उसके नायक-नायिका आदि से सम्बन्धित होते हैं, जो कि मानव-जाति के ही प्रतिनिधि होते हैं। ऐसी स्थिति में रस-सिद्धान्त के द्वारा भी इसी स्थापना की पुष्टि होती है कि मानव-जाति की जन्मजात वासनाओं पर आधारित स्थायी भावों (शाश्वत भावनाओं) की व्यंजना परिस्थितियों (विभावों) और क्रिया-कलापों (अनुभावों) के माध्यम से होनी चाहिए जिससे कि काव्य कृति से सर्व-सामान्य को रस या आनन्द की उपलब्धि हो सके। वस्तुतः जो बात रस-सिद्धान्त के माध्यम से भारतीय आचार्यों ने शास्त्रीय शब्दावली में लगभग दो सहस्राब्दि पूर्व कही थी, वही बात मैथ्यू आर्नल्ड सामान्य शब्दावली में उन्नीसवीं सदी में कह रहे हैं। इसका तात्पर्य यह नहीं है कि आर्नल्ड पर रस-सिद्धान्त का कोई प्रभाव है या उन्हें इसकी कोई जानकारी थी, किन्तु जब कोई भी व्यक्ति किसी यूनिवर्सल सत्य की उद्घोषणा करता है तो उसकी परिपुष्टि अन्य स्रोतों से भी हो जाना स्वाभाविक है। रस-चिन्तक भरतमुनि एवं महान् कार्य के प्रतिपादक आर्नल्ड दोनों ही अपनी-अपनी प्रतिभा एवं चिन्तन के बल पर काव्य के यूनिवर्सल सत्य को उद्घाटित करने में सफल हो गये थे। ऐसी स्थिति में यदि दोनों के निष्कर्ष समान हों तो इसमें कोई आश्चर्य नहीं।

यहाँ इस सन्दर्भ में एक बात और कही जा सकती है—अन्ततः अपवाद स्वरूप ऐसे उदाहरणों की कमी नहीं है, जहाँ कोई तुच्छ एवं क्षुद्र विषयों पर भी लेखनी चलाकर अपनी कलात्मक शक्तिमता के कारण सफलता के चरम शिखर तक पहुँच गया हो। इसका प्रत्यक्ष उदाहरण देव और बिहारी जैसे कवियों में देखा जा सकता है, जहाँ कि स्वकीयाओं की कामोत्तेजक मुद्राओं एवं परकीयाओं की चतुराई-पूर्ण उक्तियों की भी व्यंजना ऐसे ढंग से की गयी है कि पाठक उन्हें सुनकर 'वाह-वाह' कहे बिना नहीं रहता। निश्चय ही रीतिकाल के अनेक दरबारी कवियों ने क्षुद्र विषयों को अपनाकर भी महत्वपूर्ण कृतियों की रचना की है किन्तु आर्नल्ड की दृष्टि से यह कोई बहुत बड़ी उपलब्धि नहीं है। उनके विचार से ऐसे कवि या कलाकार अपनी कलात्मक प्रतिभा का अपव्यय या दुरुपयोग ही करते हैं, स्वयं आर्नल्ड के शब्दों में—"मैं इस बात से भी इनकार नहीं करता कि अत्यन्त तुच्छ कार्य या निकृष्ट विषय को लेकर भी किसी रचना में काव्य-शक्ति का प्रमाण प्रस्तुत किया जा सकता है परन्तु ऐसा करना अपनी शक्ति को व्यर्थ खोना ही है।'[1] यदि ऐसा समर्थ कलाकार अपनी कलात्मक प्रतिभा का उपयोग अधिक महत्वपूर्ण विषय पर करता है तो उसकी शक्ति द्विगुणित हो सकती है और कहना चाहिए उसकी सफलता महानता में परिणत हो सकती है। अस्तु, भले ही कोई तुच्छ विषयों को लेकर युग विशेष में प्रसिद्धि प्राप्त कर ले, किन्तु आर्नल्ड के विचार से यह उसकी प्रतिभा का परिपूर्ण उपयोग नहीं है।

कविता और संस्कृति—मैथ्यूआर्नल्ड केवल कवि एवं काव्य-चिन्तक ही न थे, अपितु वे अपने युग की सांस्कृतिक परम्परा एवं सामाजिक चेतना के भी सजग व्याख्याता थे। अतः यह स्वाभाविक था कि उन्होंने कला और काव्य का चिन्तन अपने युग की सामाजिकता एवं सांस्कृतिक स्थितियों के सन्दर्भ में किया। इस सम्बन्ध में गहराई से

---

१. 'पाश्चात्य काव्य-शास्त्र की परम्परा'—सं० डॉ० सावित्री सिन्हा; पृ० सं० २०३।

विश्लेषण करने के अनन्तर वे इस निष्कर्ष पर पहुँचते हैं कि समकालीन समाज में जिस सीमा तक विज्ञान एवं यांत्रिकी की प्रगति हुई है, उसी सीमा तक जीवन में असन्तुलन आ गया है। इसका कारण यह है कि विज्ञान के विकास के फलस्वरूप एक ओर तो लोगो के दृष्टिकोण में भारी परिवर्तन आया है और दूसरी ओर भौतिक साधनों एवं मुख्य-सुविधाओं में अभिवृद्धि हुई है किन्तु भौतिक समृद्धि का लाभ समाज के सभी लोगों को समान रूप में प्राप्त नहीं हुआ। समाज तीन वर्गों में बँट गया—उच्चवर्ग, मध्यम वर्ग एवं निम्न वर्ग। जहाँ उच्च वर्ग आध्यात्मिकता से विमुख होकर घोर भौतिकतावादी हो गया है तो माध्यम वर्ग अपनी अतृप्त इच्छाओं एवं कुण्ठाओं को लेकर क्षुद्र हो गया है एवं निम्न वर्ग में पाशविकता आ गई है। इस प्रकार समाज के किसी भी वर्ग में उच्चता एवं दिव्यता से युक्त दृष्टिकोण नहीं रह गया है। विभिन्न वैज्ञानिकों ने भौतिकवादी दृष्टिकोण से जो नयी स्थापनाएँ की है उनके प्रभाव से परम्परागत धार्मिक, दार्शनिक एवं नैतिक मान्यताएँ ध्वस्त हो गयीं। फलस्वरूप सांस्कृतिक मूल्यों का ह्रास या पतन हो गया। इसी को सांस्कृतिक विघटन या समकालीन अराजकता का नाम दिया गया है।

यह ठीक है कि वैज्ञानिक उन्नति के फलस्वरूप आज का समाज भौतिकता के क्षेत्र में बहुत प्रगति कर गया है, किन्तु फिर भी वह जीवन के उच्च, उदार एवं गंभीर मूल्यों से शून्य है। ऐसी स्थिति में उसे सच्चा-सुख या पूर्ण शान्ति प्राप्त नहीं हो सकती। सांस्कृतिक विघटन की यह स्थिति अर्वाचीन युग एवं समाज के लिए अत्यंत घातक है। उच्च सांस्कृतिक मूल्यों के अभाव में मनुष्य पशुता की ओर अग्रसर हो रहा है जिसके फलस्वरूप मानव-समाज में पारम्परिक द्वन्द्व, संघर्ष युद्ध एवं हिंसा की स्थितियों का प्रादुर्भाव होगा। अतः यह आवश्यक है कि आज के समाज में पुनः सांस्कृतिक एवं नैतिक मूल्यों की स्थापना की जाये। पहले यह कार्य धर्म और दर्शन के द्वारा सम्पन्न होता था किन्तु आधुनिक युग में इन दोनों पर से ही मनुष्य की आस्था खण्डित हो गयी है। ऐसी स्थिति में कविता ही एक ऐसा माध्यम हैं, जिसके द्वारा सांस्कृतिक मूल्यों की पुनःप्रतिष्ठा की जा सकती है। धर्म और नीति की उपेक्षा से समाज में जो रिक्तता आई है, उसकी पूर्ति कला और काव्य के द्वारा ही संभव है, किन्तु इस लक्ष्य की पूर्ति भी प्रत्येक प्रकार की कला या कविता नहीं कर सकती, अपितु वे ही रचनाएँ कर सकती हैं, जिनमें ऐसे महान कार्यों का चित्रण हुआ हो जो कि मानवता के शाश्वत मूल्यों से अभिभूत करने वाले हों और साथ ही वे सशक्त, प्रभावशाली एवं आह्लादकारी भी हों। इन गुणों से युक्त रचना ही अपने गुण की सांस्कृतिक विघटन की स्थिति का निराकरण कर सकती है।

कविता और विज्ञान—बहुत से आधुनिक चिन्तकों का विचार है कि आज के वैज्ञानिक युग में कविता की कोई उपयोगिता नहीं है, किन्तु आर्नल्ड ने इस विचार का पूरी शक्ति से खण्डन किया है। जैसा कि पीछे स्पष्ट किया जा चुका है, आधुनिक विज्ञान ने धर्म और दर्शन को चुनौती देते हुए उन परम्परागत आदर्शों, मूल्यों एवं विश्वासों को चकनाचूर कर दिया है जो कि मानव-संस्कृति के विकास के लिए अत्यंत महत्वपूर्ण थे। उनके अभाव में विज्ञान मानव जीवन के एक पक्ष—भौतिक एवं ऐन्द्रिय पक्ष को ही सन्तुष्ट कर सकता है, किन्तु मानव-जीवन की सम्पूर्णता केवल यहीं तक सीमित नहीं है। भौतिकता और ऐन्द्रियता जीवन के केवल एक पक्ष का प्रतिनिधित्व करती है, जबकि उसका दूसरा पक्ष सांस्कृतिक, नैतिक एवं चारित्रिक मूल्यों से सम्बन्धित है। इस दूसरे पक्ष की पुष्टि विज्ञान के द्वारा नहीं, अपितु कला और काव्य के द्वारा ही सम्भव है। जीवन की

पूर्ण सिद्धि के लिए विज्ञान के साथ-साथ कला और साहित्य की भी अपेक्षा है। इसलिये आज हम भले ही वैज्ञानिक सफलताओं की चकाचौंध में जीवन के दूसरे पक्ष की उपेक्षा कर दें किन्तु आर्नल्ड ने भविष्यवाणी की थी कि ज्यों-ज्यों समय बीतेगा, मानवता इस सत्य का अनुसन्धान करेगी कि जीवन की व्याख्या के लिये, उसे सच्चा सुख एवं शान्ति प्रदान करने के लिए तथा उसे परिपूर्ण बनाने के लिये काव्य की भी उतनी ही आवश्यकता है, जितनी कि विज्ञान की। वस्तुतः काव्य के बिना विज्ञान अधूरा सिद्ध होगा तथा भविष्य में धर्म और दर्शन का स्थान काव्य ग्रहण कर लेगा।

इस सन्दर्भ में यह भी उल्लेखनीय है कि आर्नल्ड ने कविता को जीवन की आलोचना घोषित किया है। उनकी इस घोषणा की अनुगूँज साहित्य के क्षेत्र में सर्वत्र सुनायी पड़ती है। किन्तु हमें यहाँ यह न भूलना चाहिए कि आर्नल्ड का आलोचना से तात्पर्य सामान्य आलोचना या निन्दा से नहीं है, अपितु वे इस शब्द का प्रयोग एक विशेष अर्थ में करते हैं। इसीलिए वे अपनी बात को और अधिक स्पष्ट करने के लिए कहते हैं कि 'कविता जीवन की आलोचना तो अवश्य है किन्तु वह आलोचना अपने विशेष काव्य-सत्य एवं काव्य-सौन्दर्य के विशेष नियमों पर आधारित होती है। दूसरे शब्दों में, काव्यगत आलोचना काव्यगत तत्वों और मूल्यों पर आधारित होती है और उसकी शैली भी विशिष्ट होती है। अतः हमें इस भ्रांति से बचना चाहिए जबकि मैथ्यूआर्नल्ड कविता को जीवन की आलोचना घोषित करते हैं तो वे कविता को कोरे विचार, प्रचार अथवा निन्दा-स्तुति का रूप प्रदान कर देते हैं। वस्तुतः ऐसा नहीं है। जब तक किसी रचना में काव्यात्मक तत्वों, मूल्यों एवं माध्यमों का अस्तित्व नहीं रहेगा तब तक वह 'कविता' नाम को ही सार्थक नहीं कर सकेगी किन्तु इतना अवश्य है कि आर्नल्ड द्वारा संस्तुत आदर्श और महान् कविता वह होगी जिसमें मानव के महान क्रिया-कलापों का चित्रण काव्यात्मक या आह्लादक शैली में किया जायेगा। ऐसी स्थिति में यह आक्षेप करना कि आर्नल्ड अपनी घोषणा के द्वारा कविता के स्तर को गिरा रहे हैं या उसे कोरे प्रचार का रूप दे रहे हैं अथवा उसे कलात्मक गुणों से शून्य कर रहे हैं, निरर्थक है।

हमारे विचार से आर्नल्ड कविता के स्तर को नहीं गिरा रहे थे, अपितु उसे वे एक ऐसी भव्य गरिमा एवं औदात्य से मण्डित करने का प्रयास कर रहे थे, जिसके कारण कोई भी कविता या काव्य सामान्य स्तर की न रहकर वाल्मीकि, तुलसी एवं प्रेमचन्द की रचनाओं के उदात्त स्वरूप को प्राप्त कर ले। इस प्रकार स्पष्ट है कि आर्नल्ड ने अपने समीक्षात्मक मूल्यों के द्वारा कविता के उच्च, उदात्त एवं गौरवपूर्ण रूप की प्रतिष्ठा का प्रयास किया।

आलोचना का स्वरूप एवं प्रयोजन—साहित्य-समीक्षा या आलोचना को आर्नल्ड ने एक अत्यन्त महत्वपूर्ण कार्य घोषित करते हुए उन्होंने एक ओर तो आलोचना के स्वरूप को विकसित करने के लिये कई उपाय सुझाए हैं तो उसकी व्यावहारिक पद्धति को भी उपयोगी बनाने की विधि पर प्रकाश डाला है। आलोचक के समक्ष सबसे पहली समस्या यह है कि वह किन तत्वों, मूल्यों एवं आदर्शों के आधार पर कृति का मूल्यांकन करे। इस समस्या के समाधान के लिए आर्नल्ड ने सुझाव दिया है कि परम्परागत या प्राचीन काव्य से उत्कृष्ट उदाहरणों को लेकर उनका उपयोग कसौटी के रूप में किया जाये किन्तु यह सुझाव अधिक व्यावहारिक नहीं था। अतः उन्होंने दूसरा सुझाव यह दिया कि प्राचीन काव्य के उत्कृष्ट अंशों के आधार पर उत्कृष्ट काव्य के सामान्य लक्षण निर्धारित किए

जाएँ और उनके आधार पर आज की रचनाओं का मूल्यांकन किया जाये। वस्तुतः जब तक वैज्ञानिक पद्धति द्वारा काव्य के सर्वसामान्य मूल्यों का निर्धारण नहीं होगा तब तक काव्य-समीक्षा में भी अराजकता की स्थिति बनी रहेगी। सामान्य लक्षणों या मूल्यों के अभाव में आलोचकगण अपनी-अपनी वैयक्तिक धारणाओं के आधार पर मनमाने ढंग से समीक्षा करेंगे। इस समीक्षा को व्यक्तिपरक मूल्यांकन का नाम भी दिया जा सकता है, जहाँ हर व्यक्ति हर रचना का वैयक्तिक दृष्टि से मूल्यांकन करता है। ऐसी आलोचना में सर्वांगीणता निष्पक्षता एवं तटस्थता का अभाव रहेगा।

इसी प्रकार उस युग में प्रचलित ऐतिहासिक आलोचना में भी काव्य कृति के आधारभूत स्थायी तत्वों के आधार पर मूल्यांकन न करके बाह्य स्थितियों, परिस्थितियों एवं प्रभाव के तत्वों के आधार पर मूल्यांकन किया जाता था। ऐतिहासिक स्थितियाँ और परिस्थितियाँ सदैव परिवर्तनशील होती है। अतः उनके आधार पर किया गया मूल्यांकन भी स्थिर एवं स्थायी सिद्ध नहीं हो सकता। उदाहरण के लिए चीन आक्रमण के समय लिखी गयी कविताएँ युगीन परिस्थितियों के सन्दर्भ में महत्वपूर्ण प्रतीत होती हैं किन्तु सन्दर्भ बदल जाने के बाद वे गौण हो जाती हैं। अतः वैयक्तिकता और ऐतिहासिकता—दोनों ही सीमित दृष्टिकोण पर आधारित हैं, एक व्यक्ति की सीमाओं पर तो दूसरी काल-विशेष की सीमाओं पर। ऐसी स्थिति में वे किसी व्यापक या यूनिवर्सल तथ्य या सत्य का अनुसन्धान नहीं कर सकतीं। इसीलिए आर्नल्ड ने इन दोनों प्रकार की आलोचनाओं का बहिष्कार करते हुए वैज्ञानिक पद्धति के आधार पर काव्य के यूनिवर्सल एवं मूल्यों की स्थापना का सुझाव दिया था। दुर्भाग्य से अंग्रेजी-समीक्षा के क्षेत्र में इस सुझाव का सदुपयोग नहीं हो सका, किन्तु हिन्दी के लिये यह गर्व की बात है कि 'साहित्य-विज्ञान' की स्थापना के द्वारा इसी लक्ष्य पूर्ति का सफल प्रयास हुआ है क्योंकि इसमें अरस्तू से लेकर रिचर्ड्स तक पाश्चात्य समीक्षा तथा भरतमुनि से लेकर डॉ० नगेन्द्र की समीक्षा के तुलनात्मक अध्ययन द्वारा साहित्य या काव्य के ऐसे यूनिवर्सल तत्वों एवं मूल्यों का अनुसन्धान किया गया है, जिनके आधार पर काव्य का मूल्यांकन भी आर्नल्ड के आदर्शों के अनुरूप निष्पक्ष एवं तटस्थ रूप में किया जा सके।

आदर्श आलोचक की अवधारणा—साहित्य से यूनिवर्सल मूल्यों की स्थापना के साथ-साथ आर्नल्ड ने एक आदर्श आलोचक के स्वरूप पर भी प्रकाश डाला है। उनके अनुसार आदर्श आलोचक वह है जो काव्य-रचना को केवल जीवन के लिये एक सन्दर्भ में ही रखकर ही न देखे अपितु वह जीवन की समग्रता एवं परिपूर्णता के परिप्रेक्ष्य में उसका मूल्यांकन करे। इसके लिए उसका वैयक्तिक पूर्वाग्रहों से युक्त होना तो आवश्यक है ही किन्तु साथ ही उसका चिंतन और बोध भी प्रौढ़ होना चाहिए। वह कोरा काव्य-शास्त्री न होकर एक ऐसा सांस्कृतिक चिंतक होना चाहिए जो कि अपने युग को सही दिशा दे सके। इस उद्देश्य की पूर्ति के लिए तीन बातें आवश्यक हैं—(१) उसे जीवन और काव्य की महान उपलब्धियों को आत्मसात् करना चाहिए। (२) उन उपलब्धियों को प्रभावशाली ढंग से व्यक्त करने की क्षमता प्राप्त करनी चाहिए। (३) उसे अपने उत्कृष्ट विचारों के संचार के द्वारा जीवन और समाज में एक ऐसे वातावरण का निर्माण करना होगा जो कि प्रतिभाशाली कवियों को महान् काव्य के सृजन की प्रेरणा दे सके।

अस्तु, मैथ्यू आर्नल्ड का आदर्श आलोचक साहित्य, समाज और संस्कृति—इन तीनों का अधिकारी विद्वान होना चाहिए। उसकी काव्य-चेतना अत्यन्त प्रबुद्ध, व्यापक एवं

गम्भीर होनी चाहिए। उसी स्थिति में वह आलोचना के महान् उत्तरदायित्व की पूर्ति करके अपने युग के साहित्य और समाज को स्वस्थ, संतुलित एवं सुचिंतित दिशा की ओर अग्रसर करने में सफल सिद्ध होगा। कहना न होगा कि महान् आलोचक के इन सभी आदर्शों की पूर्ति जितनी सफलता से स्वयं मैथ्यू आर्नल्ड करते हैं, उतना कोई अन्य नहीं। वस्तुतः वे केवल काव्य-चिंतक या काव्यशास्त्रीय विद्वान ही नहीं थे, उन्हें अपने युग के जीवन, समाज और संस्कृति का सम्यक् बोध था जिसके बल पर वे समकालीन साहित्य को नयी दृष्टि एवं नयी दिशा देने में सफल हो सके।

२२

टी० एस० इलियट के काव्य-सिद्धान्त

टी० एस० इलियट २०वीं शताब्दी के अंग्रेजी-साहित्य के सर्वश्रेष्ठ कवि एवं समीक्षक के रूप में ख्यात हैं। उन्होंने अपनी प्रतिभा, विद्वत्ता एवं चिन्तन क्षमता के बल पर अंग्रेजी-समीक्षा को एक नयी दृष्टि और नयी दिशा दी।

इलियट (Thomas Stearns Eliot) का जन्म अमेरिका के सेन्टलुई नगर में २२, सितम्बर सन् १८८८ में हुआ था। उन्होंने हार्वर्ड विश्वविद्यालय से सन् १९१० में एम० ए० किया तथा उसके पश्चात् वहीं उन्होंने संस्कृत एवं पालि भाषाओं के साहित्य का भी अध्ययन किया। तत्पश्चात् वे जर्मनी होते हुए लन्दन पहुँचे और वहीं बस गये। सन् १९२५ में लन्दन के प्रसिद्ध प्रकाशन-संस्थान "फेबर एण्ड फेबर" के निदेशक पद का कार्यभार संभालने के अतिरिक्त उन्होंने 'दी क्राइटीरियन ('The Criterian') त्रैमासिक पत्रिका का सम्पादन भी सन् १९२२ से १९३९ तक किया। इस पत्रिका के माध्यम से न केवल उनकी कविताएँ अपितु उनके समीक्षात्मक लेख भी समय-समय पर प्रकाशित होते रहे। सन् १९४८ में उन्हें साहित्य-सेवा के उपलक्ष्य में विश्व का सुप्रसिद्ध नोबल पुरस्कार प्राप्त हुआ तथा सन् १९६५ में उनकी जीवनलीला समाप्त हो गयी।

इलियट के जीवनवृत्त की उपर्युक्त संक्षिप्त रूप-रेखा से उनके बहुआयामी व्यक्तित्व का पता चलता है। उनका जन्म अमेरिका में हुआ, उनके साहित्यिक व्यक्तित्व का विकास क्रमशः जर्मनी, फ्रांस और इंग्लैंड में हुआ तथा वहीं से उन्होंने अंग्रेजी-भाषा और साहित्य की सर्वोच्च उपाधि प्राप्त की। इसके अतिरिक्त उन्होंने संस्कृत और पालि भाषा के साहित्य का भी अनुशीलन किया। इस प्रकार वे किसी एक देश, एक भाषा और एक साहित्य की सीमाओं में आबद्ध नहीं रहे। उनका दृष्टिकोण जीवन भर सतत् विकासोन्मुख एवं नव-नवोन्मेषकारी बना रहा। ऐसी स्थिति में कहा जा सकता है कि नोबल पुरस्कार-समिति ने उन्हें पुरस्कृत करके इलियट का ही नहीं स्वयं नोबल पुरस्कार के भी गौरव में अभिवृद्धि की।

आलोचक के रूप में—यद्यपि इलियट मूलतः कवि थे और उनकी कविताओं का २०वीं शताब्दी के काव्य में महत्वपूर्ण स्थान है, किन्तु यहाँ हम इसकी चर्चा मुख्यतः आलोचक के रूप में कर रहे है—अतः आगे उनकी आलोचनात्मक कृतियों का ही विवरण प्रस्तुत किया जाता है। उन्होंने आलोचना के क्षेत्र में मुख्यतः निबन्ध, व्याख्यान (लिखित रूप में) एवं पुस्तक-समीक्षाएँ प्रस्तुत कीं, जिनकी संख्या लगभग ५०० बतायी जाती है। वैसे उनके चुने हुए निबन्धों के संग्रह भी पुस्तकों के रूप में प्रकाशित हुए हैं; यथा—'Essays on Poetry and Criticism' (1920), 'The Use of Poetry and the Use of Criticism' (1933), 'The Selected Essays' (1932), 'What is a Classic' (1945), 'Essays : Ancient and Modern' (1951), On Poetry & Poets' (1957), आदि।

इस प्रकार हम देखते हैं कि इलियट ने व्यवस्थित रूप में कोई समीक्षा सम्बन्धी ग्रन्थ नहीं लिखा और न ही किसी विशेष साहित्य-सिद्धान्त का प्रतिपादन विधिवत् किया। उनके समीक्षा सम्बन्धी दृष्टिकोण एवं विचारों की अभिव्यक्ति अलग-अलग लेखों में विशृंखलित रूप में ही होती रही किन्तु फिर भी अपने दृष्टिकोण की नूतनता एवं विचारों की मौलिकता के कारण उन्होंने अपने युग के एक श्रेष्ठ समीक्षक का गौरव प्राप्त किया।

कला सम्बन्धी दृष्टिकोण—इलियट के समीक्षात्मक दृष्टिकोण को समझने के लिए सर्वप्रथम उनके कला सम्बन्धी दृष्टिकोण को हृदयंगम कर लेना आवश्यक है। कला के प्रति इलियट का दृष्टिकोण अत्यन्त स्वतंत्रतावादी है। वे कला और साहित्य को जीवन एवं समाज में स्वतंत्र रूप में प्रतिष्ठित करना चाहते थे। इसीलिये वे ऐसे किसी भी विचार या मत को स्वीकार करने के लिए तैयार नहीं थे जो कि कला को धर्म, नैतिकता, राजनीति आदि के बन्धन में बाँधता हो। वे कला का मूल्यांकन शुद्ध कलात्मक मूल्यों के आधार पर करने के पक्षपाती थे—धार्मिक, नैतिक या राजनीतिक तत्वों के आधार पर उनका मूल्यांकन करना उन्हें स्वीकार्य नहीं था। वे 'द यूज आफ पोइट्री एंड द यूज आफ क्रिटिसिज्म' में इसे स्पष्ट करते हुए लिखते हैं कि 'इस विश्व में कोई भी वस्तु दूसरी वस्तु की स्थानापन्न नहीं बन सकती।" यह बात कला और धर्म पर भी लागू होती है। इसलिए वे कला को धर्म, अध्यात्म, दर्शन, नीति या राजनीति की स्थानापन्न बनाना या उनके तत्वों की अभिव्यक्ति का माध्यम बनाना उचित नहीं समझते थे।

यहाँ यह प्रश्न उठना स्वाभाविक है कि यदि हम कला और साहित्य को धर्म, दर्शन, समाज आदि सभी से विच्छिन्न कर देंगे तो फिर उनका मानव जाति के लिए क्या महत्व रह जायेगा? उस स्थिति में उनका मूल्यांकन किस आधार पर किया जायेगा? या प्लेटो के शब्दों में यह भी पूछा जा सकता है कि ऐसी स्थिति में समाज के लिए कला और साहित्य की क्या उपयोगिता रह जायेगी? इन सभी प्रश्नों का उत्तर देते हुए इलियट ने स्पष्ट किया है कि कला का महत्व दो दृष्टियों से है—एक तो यह कि कलात्मक सृजन स्वयं हममें अनुशासन की भावना विकसित करता है। दूसरे, यह कि कला हमें उस भय और चिन्ता से मुक्त करती है जिनसे आज का जीवन भयाक्रांत होकर असह्य दुःख भोग रहा है।[१] जहाँ तक कला या कविता की उपयोगिता का प्रश्न है—इलियट का कथन है कि वह हमारी मानसिकता को विकसित एवं पुनर्जीवित करती है, हमारे अपने आत्मतत्व का गहराई से बोध प्रदान करती है और साथ ही वह हमें मूल्यांकन के 'रुढ़िगत विधि-विधानों से मुक्त होने में सहायता प्रदान करती है।[२] इन सभी तथ्यों को स्वीकार करते हुए भी

---

१. 'According to Eliot, the value of art is two fold : firstly artistic creation inculcates a sense of discipline in us; secondly it lifts that burden of fear and anxiety which in our daily lives presses upon us from all sides'.

—From 'T. S. Eliots, Tradition & Individual Talent' etc.
by Dr. K. N. Joshi & S. C. Agarwal, Page 31

२. 'In ' The Use of Poetry', Eliot says that art revolutionizes our sensibility, gives a deeper awareness of our own real selves, and helps us to free ourselves from the conventional modes of valuation.'

—Same ; Page 31

इलियट ने चेतावनी दी है कि इनके इन विचारों से यह न समझ लिया जाये कि वे 'कला कला के लिए' के सिद्धान्त के अनुयायी हैं। उनका लक्ष्य मानव-जीवन में कला और काव्य की प्रतिष्ठा स्वतंत्र रूप में करने का है। जहाँ 'कला कला के लिए' सिद्धान्त में मानव जीवन और कला के पारस्परिक सम्बन्धों को सर्वथा ठुकराया गया है, वहाँ इसके विपरीत इलियट यह सिद्ध करते हैं कि कला मानव जीवन के लिए एक स्वतंत्र इकाई के रूप में अत्यन्त महत्वपूर्ण एवं उपयोगी है, यह दूसरी बात है कि उसका उपयोग स्थूल रूप में नहीं अपितु मानव-भावनाओं, वृत्तियों एवं प्रवृत्तियों के संशोधन एवं विकास की सूक्ष्म प्रक्रिया के रूप में है।

इस प्रकार हम कह सकते हैं कि कला के प्रति इलियट का दृष्टिकोण अत्यन्त संतुलित एवं सुविचारित है। वे न तो 'कला कला के लिए'' के अनुयायियों की भांति कला को जीवन से सर्वथा विच्छिन्न घोषित करते हैं और न ही 'कला के लिए' का उद्घोष करने वालों की भाँति उसे नैतिकता, सामाजिकता एवं धार्मिकता के बन्धन में जकड़ देते हैं। वस्तुतः उनका दृष्टिकोण इन दोनों से भिन्न होता हुआ भी उनमें पारस्परिक समन्वय एवं सामंजस्य स्थापित करता है जो कि एक स्तुत्य प्रयास है।

आलोचना सम्बन्धी स्थापनाएँ—वैसे तो टी० एस० इलियट ने आलोचना के सम्बन्ध में अनेक महत्वपूर्ण बातें कही हैं किन्तु उनकी सर्वाधिक महत्वपूर्ण मौलिक स्थापनाएँ ये तीन मानी जाती हैं—(१) काव्य में आत्माभिव्यक्ति के विचार का विरोध (२) इतिहास एवं परम्परा को अत्यन्त महत्वपूर्ण मानते हुए उनके समक्ष व्यक्ति की प्रतिभा को गौण स्थान देना एवं (३) साहित्यिक कृति के मूल्यांकन में उसकी विषयवस्तु एवं उसकी संरचनात्मक व्यवस्था पर तटस्थ या वस्तुपरक दृष्टि से विचार करना।

यहाँ यह उल्लेखनीय है कि साहित्य के क्षेत्र में इलियट के आगमन से पूर्व अंग्रेजी समीक्षा में वैयक्तिकता, भावात्मकता एवं शैली के निजी प्रयोगों पर अधिक बल दिया जाता था। साथ ही, उस युग के स्वच्छन्दतावादी कवि एक ओर तो परम्परा को रूढ़ि मानते हुए उसकी खिल्ली उड़ाने में लगे हुए थे तो दूसरी ओर अपनी वैयक्तिकता को सर्वोपरि घोषित करते हुए सभी प्रकार की सामाजिक मर्यादाओं एवं नीतियों का अतिक्रमण कर रहे थे। शैली की वैयक्तिकता को वे सर्वोपरि महत्व देते हुए शैली ही स्वयं 'व्यक्ति' है—जैसी उद्घोषणा करने में लगे हुए थे। निश्चय ही ये सारी चेष्टाएँ एकांगी एवं अतिवादी दृष्टिकोण पर आधारित होने के कारण काव्य के क्षेत्र को दूषित करने के साथ-साथ अपने युग के पाठकों और विद्वानों को भी भ्रमित कर रही थीं। इलियट का आगमन ऐसे ही समय में हुआ। उन्होंने इन सभी प्रकार की एकांगी एवं अतिवादी भ्रान्त धारणाओं एवं भ्रामक उक्तियों का खंडन अत्यन्त सबल तर्कों एवं ठोस युक्तियों के आधार पर करते हुए साहित्य-क्षेत्र को उनके प्रभाव से मुक्त करने का सफल प्रयास किया। इस प्रकार इलियट ने अपने युग के काव्य-चिन्तन को भ्रामक धारणाओं से मुक्त करते हुए उसे स्वस्थ, संतुलित एवं सही दिशा प्रदान की, जिसके लिए उन्हें अपने युग का सर्वश्रेष्ठ साहित्य-चेता कहा जाये तो अत्युक्ति न होगी। इलियट की नूतन स्थापनाओं पर आगे क्रमशः विचार किया जाता है।

परम्परा और व्यक्तित्व—इलियट ने अपने युग के कतिपय अन्य कवियों एवं समीक्षकों की इस धारणा का खंडन किया कि काव्य में परम्परा की अपेक्षा कवि की वैयक्तिक

प्रतिभा का अधिक महत्व होता है। उनके मतानुसार कविता को व्यक्तित्व की अभिव्यक्ति मानना अनुचित है। यदि कविता व्यक्ति के व्यक्तित्व की अभिव्यक्ति हो जायेगी तो फिर उसे सामाजिक किस प्रकार ग्रहण कर सकेगा? इलियट से पूर्व स्वच्छंदतावादी कवि काव्य का लक्ष्य एकमात्र आत्माभिव्यंजना को मानते हुए परंपरा को बिलकुल ठुकरा चुके थे। इलियट ने इस प्रयास का विरोध करते हुए स्पष्ट किया कि 'परम्परा' का अर्थ 'रूढ़ि' नहीं है और न ही परम्परा का अर्थ काव्य के संदर्भ में, पूर्ववर्ती कवियों का अनुसरण या अंधानुकरण है। परम्परा से तात्पर्य है—पूर्ववर्ती इतिहास का बोध।[१]

किसी भी जाति और युग की सांस्कृतिक चेतना में दो प्रकार के तत्व होते हैं—एक वे जो देश और काल की सीमाओं में आबद्ध होते हैं तथा दूसरे वे जो शाश्वत एवं सनातन होते हैं। इन दोनों प्रकारों के तत्वों में से प्रथम के तत्व तो क्षणिक होते हैं इसलिए वे अपने युग के साथ ही लुप्त हो जाते हैं किन्तु दूसरे प्रकार के तत्व व्यापक एवं स्थायी होते हैं। जब हम परम्परा या इतिहास के बोध की बात करते हैं तो उसका तात्पर्य इन दूसरे प्रकार के स्थायी या शाश्वत तत्वों के बोध से है। यह शाश्वत तत्वों का बोध भले ही हमें अतीत की घटनाओं एवं रचनाओं के अनुशीलन से प्राप्त हुआ हो किन्तु इससे यह न समझना चाहिए कि वह वर्तमान से सर्वथा विच्छिन्न है। वस्तुतः वर्तमान अतीत से कटा हुआ कोई अलग टुकड़ा नहीं है। हमारे विचार से अतीत की यह व्याख्या सर्वथा संगत है। कोरे वर्तमान और आधुनिकता या अतिआधुनिकता अथवा समसामयिकता का ढिंढोरा पीटने वाले यह भूल जाते हैं कि जिन पुष्पों के रंग-रूप की वे प्रशंसा कर रहे हैं, वे अतीत के ही किसी महान् वृक्ष की शाखाओं से जुड़े हुए हैं और वे यह भी भूल जाते हैं कि वह महान् वृक्ष अतीत की ही परम्पराओं पर जीवित है। भले ही उसे जड़ कहकर हमारे नवीनतावादी उसे काट देने का प्रयास करें, पर हमें न भूलना चाहिए कि आधुनिकता के वृक्ष की सारी हरियाली उसकी परम्परा रूपी जड़ों की जीवन्तता पर ही आधारित है। इसलिए परम्परा का उच्छेदन करना अपने ही आधार को उच्छेदित करने के तुल्य है।

इलियट के विचार से परम्परा का सम्बन्ध प्रत्येक जाति की संस्कृति, धर्म, दर्शन एवं जीवन-दृष्टि से है। यह परंपरा कभी मरती नहीं अपितु सतत् विकासोन्मुख रहती है।

---

१. "Yet if the only form of tradition, of handing down, consisted in following the ways of the immediate generation before us in a blind or timid adherence to its successes, 'tradition should positively be discouraged......Tradition is a matter of much wider significance. It can not be inherited, and if you want it you must obtain it by great labour. It involves, in the first place. The historical sense,.....and the historical sense involves a perception, not only of the pastness of the past, but of its presence, the historical sense compels a man to write not merely with his own generation in his bones but with the feeling that the whole of the literature of Europe from Homer,....."

—Quoted from 'Tradition and the Individual Talent.'

किसी भी व्यक्ति को सफल कवि या कलाकार बनने के लिए परम्परा का बोध प्राप्त करना आवश्यक है। कुछ लोग इस भ्रांत धारणा से ग्रस्त हैं कि परंपरा की उपलब्धि उन्हें स्वतः ही हो जायेगी, किन्तु वास्तव में ऐसा नहीं है। इलियट ने स्पष्ट रूप में निर्देश किया है कि परंपरा को चेष्टापूर्वक अर्जित करना पड़ता है और इसके लिए उसे पूर्ववर्ती महान् कलाकारों एवं साहित्यकारों की कृतियों का गहन अध्ययन करना पड़ता है एवं साथ ही उसे अपने युग की सांस्कृतिक पृष्ठभूमि से भी अवगत होना पड़ता है।

परम्परा के सन्दर्भ में ही कवि की प्रतिभा की बात उठायी जाती है। यह मुहावरा सामान्यतः प्रचलित है कि कवि जन्म से होता है बनाया नहीं जाता। जिसका अर्थ है कि कवि की प्रतिभा जन्मजात होती है; उसका निर्माण या विकास नहीं होता। इलियट इस विचार को अमान्य घोषित करते हैं। यह ठीक है कि कुछ सीमा तक कवि की प्रतिभा को भी काव्य के एक महत्वपूर्ण तत्व के रूप में भी स्वीकार किया जा सकता है किन्तु वही सब कुछ नहीं है। दूसरे, उनके विचार से काव्य का व्यक्तित्व की अभिव्यंजना मानना भी अनुचित है। व्यक्तित्व काव्य का साध्य नहीं, अपितु वह एक साधन या माध्यम है। यदि कवि या कलाकार पर सृजन के क्षणों में उसका व्यक्तित्व हावी हो जाये तो वह निश्चय ही उत्कृष्ट रचना में सफल नहीं हो सकता। अतः इलियट के विचार से काव्य व्यक्तित्व की अभिव्यंजना नहीं है, अपितु व्यक्तित्व के माध्यम से अभिव्यंजना है। हमारे विचार से इसे और अधिक स्पष्ट करतें हुए कहा जा सकता है कि काव्य में व्यक्ति के माध्यम से उसके वे व्यापक संस्कार एवं शाश्वत तत्व अभिव्यक्त होंगे जो कि उसने परम्परा से अपनाये हैं। दूसरे शब्दों में, काव्य में व्यक्तित्व की अभिव्यंजना नहीं अपितु परंपरा की ही अभिव्यंजना नये रूप में होती है।

इलियट ने इस धारणा का भी खंडन किया कि कवि अपनी रचना में निजी व्यक्तित्व को स्थापित करता है। वस्तुतः इसी धारणा ने कविता के क्षेत्र में घोर व्यक्तिवाद को जन्म दिया। इलियट के मतानुसार कविता के द्वारा कवि अपने व्यक्तित्व की स्थापना नहीं अपितु विलयन अथवा उससे पलायन करता है। इलियट की अवधारणा को और अधिक स्पष्ट रूप में हृदयंगम करने के लिये उसके निर्वैयक्तिकता सम्बन्धी विचारों का अध्ययन आवश्यक है।

निर्वैयक्तिकता का सिद्धान्त—सामान्यतः यह समझा जाता है कि कवि अपने वैयक्तिक भावों एवं अनुभूतियों की अभिव्यक्ति करता है, किन्तु इलियट ने इन दोनों ही बातों का खंडन किया है। उसके विचार से न तो कविता में कवि की वैयक्तिकता रहती है और न ही भावों की अभिव्यक्ति।[१] इस तथ्य को स्पष्ट करने के लिये इलियट ने काव्य की सृजन-प्रक्रिया पर प्रकाश डालते हुए कहा है—"वस्तुतः कवि के मस्तिष्क में अनगिनत भाव, अनुभूतियाँ, शब्दावलियाँ, बिम्ब आदि भरे रहते हैं और जब तक वे काव्य में व्यक्त नहीं

---

१. "Poetry is not a turning loose of emotion, but an escape from emotion; it is not the expression of personality, but an escape from personality...The emotion of art is impersonal and the poet can not reach this impersonality without surrendering himself wholly to the work to be done."—'Tradition and Individual Talent' में से उद्धृत।

हो जाते, वहीं रहते हैं, किन्तु जब वे घुलमिल कर कविता के रूप में व्यक्त हो जाते हैं तो उसका स्वरूप कुछ और ही हो जाता है उन सब तत्वों के मिश्रण से जो नयी वस्तु सृजित होती है वह अपने सभी घटक तत्वों से भिन्न होती है। दूसरे शब्दों में कहा जा सकता है कि कवि के भाव, विचार, अनुभाव, अनुभूतियाँ, बिम्ब एवं प्रतीक आदि अपने मूल रूप में व्यक्त न होकर एक ऐसे नये रूप में व्यक्त होते हैं, जो कि किसी भी घटक तत्व के पूर्ववर्ती रूप से मेल नहीं खाता। जिस प्रकार एक स्वादिष्ट चटनी में नमक, मिर्च, खटाई, पुदीना आदि न जाने कितने पदार्थ मिश्रित रहते हैं किन्तु यदि हमसे पूछा जाये कि इस चटनी का स्वाद नमक जैसा है या मिर्च जैसा अथवा खटाई जैसा—तो इन सब प्रश्नों का एक ही उत्तर होगा—उसका स्वाद इन सभी से भिन्न है। वह एक ऐसा नया स्वाद है जो इन सब में से किसी भी एक में से नहीं मिलता। यही बात कविता पर लागू होती है। कविता के घटक तत्व—भाव, विचार, अनुभूति, अनुभाव, बिम्ब, प्रतीक आदि सब कवि के निजी या वैयक्तिक होते हैं किन्तु जब वे कविता के रूप में परिणत हो जाते हैं तो उनका न तो पिछला स्वाद ही रहता है और न ही पिछला सम्बन्ध। दूसरे शब्दों में, अब वे तत्व भाव आदि कवि से सम्बन्धित न रहकर सार्वजनीन हो जाते हैं। कवि उनके भार से मुक्त हो जाता है या कहिये कि वे तत्व कवि की वैयक्तिकता से बहुत दूर चले जाते हैं। इसीलिये इलियट ने कहा है—'कविता के माध्यम से हम भावों की अभिव्यक्ति नहीं करते, अपितु उनसे मुक्ति प्राप्त करते हैं या उनसे पलायन करते हैं। भाव ही नहीं कविता के माध्यम से कवि अपनी वैयक्तिकता की सीमाओं से भी मुक्त हो जाता है। उसका स्वर एक व्यक्ति का स्वर न रहकर विश्वमानव का सार्वजनीन स्वर बन जाता है।'

इलियट की उपर्युक्त धारणाएँ पाश्चात्य जगत में काफी चौंकाने वाली सिद्ध हुईं तथा उनके समकालीन अनेक विद्वान न तो भलीभाँति इनका अर्थ समझ सके और न ही इन्हें स्वीकार कर सके। इतना ही नहीं कुछ लोगों ने तो इन्हें असंगत, हास्यास्पद एवं स्वतो व्याघात दोष से युक्त भी घोषित किया। पश्चिम में साहित्य चिन्तन का जो स्तर है उसे देखते हुए ऐसा होना स्वाभाविक ही था क्योंकि इलियट के निर्वैयक्तिकता के सिद्धान्त को वही व्यक्ति अधिक गहराई से समझ सकता है जिसने भारतीय आचार्य भट्टनायक के साधारणीकरण एवं अभिनव गुप्त के अभिव्यक्तिवाद का अनुशीलन किया हो। सच पूछें तो रस-सिद्धान्त के अन्तर्गत जो बात साधारणीकरण की प्रक्रिया के अन्तर्गत कही गयी है, वही बात इलियट ने निर्वैयक्तिकता के सिद्धान्त के अन्तर्गत कही है। साधारणीकरण की अवधारणा या सिद्धान्त के अनुसार कवि के भाव एक व्यक्ति के भाव नहीं रहते, अपितु वे सर्वसाधारण व जनसामान्य के भावों में परिणत हो जाते हैं, इसीलिए कवि का प्रेम या विरह, सुख या दुःख, हर्ष या विषाद, हास्य या रुदन, सर्वसाधारण के दुःख-सुख एवं हास्य-रुदन में परिणत हो जाते हैं। यदि हम इलियट की शब्दावली में कहें तो कवि के भाव निर्वैयक्तिक हो जाते हैं।

भारतीय रस-सिद्धान्त के द्वारा इस तथ्य पर भी प्रकाश पड़ता है कि किस प्रकार सामान्य जीवन की भावानुभूतियों का आस्वाद काव्य में परिवर्तित हो जाता है। वस्तुतः रस-सिद्धान्त की मूल अवधारणा यही है कि सामान्य जीवन के भय, त्रास, घृणा, क्रोध और शोक जैसे स्थायी भाव भी काव्य के माध्यम से व्यक्त होकर साधारणीकरण की प्रक्रिया के द्वारा रसानुभूति या आनन्दानुभूति में परिणत हो जाते हैं। ऐसी स्थिति में इलियट की यह अवधारणा कि काव्य में व्यक्त भावों, अनुभावों,

बिम्बों और प्रतीकों का स्वाद उनके मूल रूप से सर्वथा भिन्न हो जाता है—किसी भी रस-सैद्धान्तिक आचार्य के लिए चौंकाने वाली नहीं है। वस्तुतः साधारणीकरण या निर्वैयक्तिकता की जो खोज भारतीय आचार्यों ने आठवीं-नवीं शताब्दी में कर ली थी उसी की खोज अंग्रेजी साहित्य के क्षेत्र में इलियट के द्वारा २०वीं शताब्दी में हो पायी। ऐसी स्थिति में यदि अंग्रेजी के प्रबुद्ध साहित्यकार भी इलियट की धारणाओं को असंगत या अस्पष्ट घोषित करें तो आश्चर्य नहीं। वस्तुतः अंग्रेजी-समीक्षा की अनेक अवधारणाओं को स्पष्ट एवं पुष्ट करने में भारतीय काव्य-शास्त्र का ज्ञान पर्याप्त सहायक सिद्ध हो सकता है—यहाँ तक कि इलियट द्वारा प्रतिपादित 'वस्तु परक सामंजस्य' (objective correlative) के स्पष्टीकरण में भी रस-पद्धति का बोध उपयोगी सिद्ध हो सकता है।[१]

क्लासिक या परिनिष्ठित की अवधारणा—इलियट ने अपने कुछ लेखों में 'क्लासिक' काव्य की भी विस्तार से मीमांसा की है। यहाँ यह उल्लेखनीय है कि हिन्दी में 'क्लासिक' (classic) के पर्यायवाची के रूप में कुछ विद्वानों ने 'अभिजात' का तो कुछ ने 'शास्त्रीय' शब्द का प्रयोग किया है। हमारे विचार से ये दोनों ही शब्द के अर्थ को सम्यक् रूप में व्यक्त नहीं करते। जहाँ 'अभिजात' शब्द आभिजात्य के गर्व का संकेत देता है, वहाँ 'शास्त्रीय' नियमों की रूढ़िवादिता को ध्वनित करता है। ऐसी स्थिति में या तो हमें 'क्लासिक' शब्द को ही अपना लेना चाहिए, अन्यथा हमारे विचार से 'परिनिष्ठित' शब्द पूर्व प्रचलित दोनों शब्दों की अपेक्षा 'क्लासिक' के अधिक निकट पड़ता है। वैसे हम आवश्यकतानुसार विभिन्न भाषाओं की शब्दावलियों को आत्मसात् करके हिन्दी की अभिव्यंजना-शक्ति की अभिवृद्धि के पक्ष में हैं। अतः हम आगे 'क्लासिक' शब्द का ही प्रयोग करेंगे।

क्लासिक काव्य के लक्षणों की व्याख्या करते हुए इलियट ने स्पष्ट किया कि क्लासिक की अवधारणा किसी वाद-विशेष से जुड़ी हुई नहीं है। यदि एक शब्द में इसका लक्षण दिया जाये तो कहा जा सकता है—'प्रौढ़ता' (परिनिष्ठित) अतः क्लासिक रचना का अर्थ हुआ—'प्रौढ़ या परिनिष्ठित रचना।

'क्लासिक' का अर्थ 'प्रौढ़ता' कर देने के अनन्तर एक नया प्रश्न उपस्थित होता है कि प्रौढ़ता अपने आप में क्या है। या प्रौढ़ता की पहचान क्या है ? इलियट का उत्तर है—

---

१. अपने निबन्ध 'Hamlet' में इलियट ने भावाभिव्यंजना की पद्धति को 'वस्तुपरक सामंजस्य' (objective correiative) का नाम देते हुए आलम्बन, उद्दीपन, अनुभाव एवं संचारी भाव का ही प्रतिपादन एक भिन्न शब्दावाली में किया है—"The only way of expressing emotion in the form of art is by finding an 'objective correlative'; in other words a set of objects, a situation, a chain of events which shall be the formula of that particular emotion." कहना न होगा कि यहाँ रस-सिद्धांत के ही अनुरूप प्रत्येक स्थायी भाव के लिए विशेष आलम्बन (objects), उद्दीपन (situation), अनुभाव (chain of events) आदि का प्रतिपादन किया गया है।

कोई भी कृति जब तक जीवन के विकसित एवं उच्च आदर्शों को व्यक्त नहीं करती, वह 'प्रौढ़' नहीं कहला सकती किन्तु ये उच्च आदर्श ऊपर से थोपे हुए नहीं होते; वे काव्य-कृति में सहज स्वाभाविक रूप में संचारित होते हैं।

काव्यगत प्रौढ़ता का मूल स्रोत क्या है? इस प्रश्न का उत्तर देते हुए इलियट ने बताया कि काव्य कृति में प्रौढता कृतिकार के मस्तिष्क की प्रौढ़ता से आती है और कृतिकार का मस्तिष्क प्रौढ़ता प्राप्त करता है—अपने समाज से और समाज भी कोई ऐसा-वैसा नहीं, वह भी उन्नत होना चाहिए, क्योंकि उन्नत मस्तिष्क के विकास के लिए उन्नत सामाजिक व्यवस्था होनी चाहिए। उन्नत मस्तिष्क की निर्मिति शून्य में नहीं होती अपितु विशिष्ट सामाजिक-ऐतिहासिक परिस्थितियों में होती है। अतः इलियट के मतानुसार अल्प-विकसित समाज में न तो प्रौढ़ मस्तिष्क का विकास हो सकता है और न ही उस स्थिति में किसी क्लासिक रचना का सृजन संभव है। इस प्रकार इलियट ने क्लासिक की अवधारणा को मस्तिष्क की प्रौढ़ता से और मस्तिष्क की प्रौढ़ता को सामाजिक स्थितियों की प्रौढ़ता से सम्बद्ध करते हुए अप्रत्यक्ष रूप में इस तथ्य की ओर संकेत किया है कि एक महान् कृति का सृजन महान् व्यक्तित्व के द्वारा एवं महान् व्यक्तित्व का आविर्भाव किसी महत्वपूर्ण समाज में ही संभव है।

उपर्युक्त लक्षणों के अतिरिक्त क्लासिक काव्य की कतिपय अन्य विशेषताओं का भी विवेचन इलियट ने किया है। वे हैं—(१) भाषा की प्रौढ़ता, (२) कृति का सार्वभौम प्रभाव, (३) जातीय या राष्ट्रीय चरित्र की अभिव्यक्ति। इस प्रकार क्लासिक काव्य अपने युग और समाज के प्रौढ़तम मस्तिष्क की सर्वश्रेष्ठ कृति होती है जो कि न केवल किसी एक देश या काल को प्रभावित करती है, अपितु वह हर युग और हर देश को अपने प्रभाव से अभिभूत करती है। उदाहरण के लिये वाल्मीकि, कालिदास, शेक्सपियर, तुलसीदास, टालस्टाय, रवीन्द्रनाथ टैगोर एवं प्रेमचंद की कृतियाँ क्लासिक रचनाओं में परिगणित की जा सकती हैं।

समीक्षा एवं समीक्षक का दायित्व—इलियट ने समीक्षा के लक्ष्य एवं समीक्षक के उत्तरदायित्व पर विचार करते हुए स्पष्ट किया है कि किसी भी रचना की निष्पक्ष एवं तटस्थ समीक्षा राग-द्वेष से मुक्त -निष्पक्ष समीक्षक ही कर सकता है, स्वयं कवि नहीं। कवि तो केवल अपनी कविता के सम्बन्ध में कुछ विचार व्यक्त कर सकता है जिनका मूल्य सीमित होता है। निष्पक्षता एवं तटस्थता के अतिरिक्त समीक्षक में सहृदयता अन्तर्दृष्टि, विवेक एवं बोध का होना भी आवश्यक है। जब तक समीक्षक में पर्याप्त संवेदनशीलता या अनुभूति की क्षमता न होगी तब तक वह कविता के मर्म का स्पर्श नहीं कर सकेगा। इसके अतिरिक्त समीक्षक का अध्ययन व्यापक और विवेकपूर्ण होना चाहिए। वह काव्य का मर्मज्ञ हो, साहित्य मूल्यों से अवगत हो, किसी प्रकार के पूर्वग्रह या दुराग्रह से मुक्त हो और साथ ही स्वतन्त्रचेता हो। उसमें अपनी बात स्पष्ट रूप में कहने का साहस भी होना चाहिए।

वस्तुतः इलियट के विचार से समीक्षक का कार्य बहुत ही उत्तरदायित्वपूर्ण है। अतः इसके लिए उसका व्यक्तित्व भी सुविकसित होना चाहिए। उसके लिए इतना ही पर्याप्त नहीं है कि वह कतिपय साहित्यिक कृतियों का अथवा साहित्यिक तत्वों, मूल्यों या

सिद्धान्तों का अध्ययन कर ले अपितु उसे उन विषयों का भी अपेक्षित रूप में ज्ञान होना चाहिए जो कि साहित्य से सम्बन्धित हैं; जैसे—दर्शन, मनोविज्ञान, समाजशास्त्र, मानवशास्त्र आदि। दूसरे शब्दों में, उसे अपने युग की संस्कृति का भी सम्यक् बोध होना चाहिए जिससे कि वह समीक्षा कार्य के उत्तरदायित्व को सम्यक् रूप में वहन कर सके। निश्चय ही समीक्षा और समीक्षक का यह उच्च आदर्श न केवल अंग्रेजी समीक्षा के स्तर को ऊँचा उठाने में योग देगा अपितु उन हिन्दी आलोचकों को भी सद्‌बुद्धि प्रदान कर सकेगा जो कि अपनी तुच्छ रचनाओं या अपने वर्ग एवं गुण विशेष की काव्यत्व शून्य रचनाओं के गुण-गान में ही अपनी प्रतिभा के अपव्यय में लगे हुए हैं।

२३
आई० ए० रिचड्र्स के काव्य-सिद्धान्त

आधुनिक युगीन पाश्चात्य समीक्षकों में डॉ० आई० ए० रिचड्र्स का स्थान अत्यन्त महत्वपूर्ण है। उन्होंने समीक्षा के क्षेत्र में नूतन दृष्टिकोण का परिचय देते हुए अनेक नवीन सिद्धान्तों की स्थापना की है। डॉ० रिचर्ड्स ने पहले मनोविज्ञान एवं अर्थविज्ञान के क्षेत्र में कार्य किया था, अतः साहित्य के क्षेत्र में भी उन्होंने मनोविज्ञान व अर्थ-विज्ञान को अपनी स्थापनाओं से आधार के रूप में ग्रहण किया। उनके समीक्षा-सिद्धान्तों को कतिपय शीर्षकों के अन्तर्गत यहाँ प्रस्तुत किया जाता है।

मूल्य का मनोवैज्ञानिक विवेचन

किसी भी वस्तु का मूल्यांकन करते समय हमारे मन में पहले ही मूल्य के सम्बन्ध में कोई निश्चित धारणा होती है, या यों कहिए कि हम किसी पूर्व निश्चित मानदंड के आधार पर ही वस्तु का मूल्य निर्धारित करते हैं। हम किसी वस्तु को अच्छी कह देते हैं और किसी को बुरी। प्रश्न है कि इस 'अच्छे होने' या 'बुरे होने' का मूलाधार क्या है? रिचड्र्स ने इसी समस्या को उठाते हुए बताया है कि प्रायः लोग नैतिक दृष्टि से ही अच्छे बुरे का निर्णय कर डालते हैं, किन्तु स्वयं नैतिक दृष्टि का मूलाधार क्या है—इस पर किसी ने स्पष्ट रूप में विचार नहीं किया। अतः सबसे पहले 'अच्छे' और 'बुरे' की धारणा का मनोविज्ञान के आधार पर सामान्य रूप में विश्लेषण किया जाना चाहिए।

डॉ० रिचड्र्स के विचार से हमारी मूल्यांकन सम्बन्धी धारणाओं का सम्बन्ध मानसिक उद्वेगों से है। जो वस्तु हमारे उद्वेगों को संतुष्ट करती है, उसी को सामान्यतः मूल्यवान कहा जाता है। ये उद्वेग (Impulses) भी दो प्रकर के होते हैं—(१) प्रवृत्ति-मूलक और (२) निवृत्ति-मूलक। उदाहरण के लिए प्रथम में आकांक्षाएँ आती हैं तो दूसरे वर्ग में घृणा निर्वेद आदि को ले सकते हैं। इन उद्वेगों में परस्पर संघर्ष भी हो सकता है। सम्भव है किसी एक उद्वेग की तुष्टि से दूसरे उद्वेग को ठेस पहुँचे। यदि हम अपना कीमती पेन किसी को दान कर दें तो हमारी उदारता की भावना तो तुष्ट होगी, किन्तु साथ ही हमारी अधिकार की भावना को ठेस भी लग सकती है। ऐसी स्थिति में हमारा प्रयास यह होता है कि हम अपने उद्वेगों को इस प्रकार शांत करें कि जिससे दूसरे उद्वेगों से विरोध न हो। इस लक्ष्य की पूर्ति तभी हो सकती है, जबकि हम प्रमुख उद्वेगों को अधिक महत्व देते हुए गौण उद्वेगों की उपेक्षा करें। प्रश्न है—प्रमुख उद्वेग कौन से हैं और क्यों? जिन उद्वेगों की सन्तुष्टि करने पर अधिकाधिक उद्वेग तुष्ट होते हों तथा कम से कम उद्वेगों का विरोध होता हो, वही प्रमुख उद्वेग हैं। इन्हीं को अर्थशास्त्रियों ने मूलभूत आवश्यकताओं का नाम दिया है।

प्रेरणाओं की संतुष्टि में न केवल व्यक्ति की अपनी प्रवृत्तियाँ अपितु अन्य व्यक्तियों की प्रेरणाएँ भी बाधक बन सकती हैं। इससे व्यक्तियों में विरोध एवं संघर्ष का आरम्भ

होता है। इसी विरोध एवं संघर्ष से बचने के लिए समाज में ऐसे नीति-नियमों का विकास हुआ है जिनमें बिना विरोध के ही अधिक से अधिक व्यक्तियों की संतुष्टि हो सके या उनकी आवश्यकताएँ पूरी हो सकें। अस्तु वह नियम जो समाज के अधिकांश व्यक्तियों को बिना किसी पारस्परिक विरोध के उनकी प्रमुख प्रेरणाओं को तुष्ट करने का विधान करता है—वहीं सबसे अच्छा नियम है, उसी को हम नैतिक नियम कहते हैं। संक्षेप में 'नैतिकता' अच्छा या 'मूल्यवान्' का अर्थ है जो 'प्रेरणाओं की तुष्टि में सर्वाधिक सहायक हो।' स्वयं रिचर्ड्स से शब्दों में Anything is valuable which will satisfy an appetency with our involving the frustration of some equal or more unimportant appetency in other words the only reason which can be given for not satisfying desire is that more important desires will thereby be thwarted: Thus morals become purely prudential and ethical codes merely the expression of the most general sceheme of expediency to which an individual or a race hasattained,' (Principles of Literary Criticism Page 48) अर्थात् कोई भी वस्तु जो किसी एक इच्छा को इस प्रकार शान्त करती है कि उसके समान या अधिक महत्वपूर्ण इच्छा का अवरोध नहीं होता—मूल्यवान है। यहाँ दूसरे शब्दों में किसी इच्छा को यदि तुष्ट नहीं करने दिया जाता तो उसका केवल यही आधार हो सकता है कि वैसा करने से उससे भी अधिक महत्वपूर्ण इच्छाएँ कुण्ठित हो जाएँगी। इसी प्रकार व्यक्ति या जाति के द्वारा अनुमोदित (इच्छा-पूर्ति की) प्राथमिकता पर आधारित सामान्य योजन की ही अभिव्यक्ति नैतिकता या नियमों के रूप में होती है।

मूल्य का सिद्धान्त और साहित्य

मूल्य के उपर्युक्त मनोवैज्ञानिक सिद्धान्त का नैतिकता से क्या सम्बन्ध है—इसकी व्याख्या ऊपर की जा चुकी है। इसी सिद्धान्त को डॉ॰ रिचर्ड्स साहित्य पर भी लागू करते हैं, किन्तु इसका यह तात्पर्य नहीं है कि वे सीधे नैतिकता के आधार पर साहित्य का मूल्यांकन करते हैं। इस सम्बन्ध में उनके दृष्टिकोण को अधिक ध्यान से समझना होगा। जैसा कि ऊपर कहा गया है, उनके विचार से समाज और धर्म के सभी नैतिक नियमों, प्रथाओं, अन्धविश्वासों आदि के पीछे मूलतः वही इच्छाओं की तुष्टि का लक्ष्य होता है। किन्तु फिर भी इसका यह तात्पर्य नहीं है कि हमें सभी नैतिक नियमों, प्रथाओं आदि को सर्वत्र महत्वपूर्ण समझना चाहिए। यद्यपि प्रारम्भ में इनका विकास समाज की किसी अवस्था एवं परिस्थिति की आवश्यकता के अनुसार होता है, किन्तु समय के साथ-साथ वे परिस्थितियाँ बदल जाती हैं। ऐसी स्थिति में उन नियमों एवं प्रथाओं को भी बदला जाना चाहिए, पर वास्तव में ऐसा नहीं होता। परिस्थितियाँ जिस तेजी से बदलती हैं, उस तेजी से हमारे नैतिक आदर्श एवं नियम नहीं बदलते। परिणाम यह होता है कि हम युग से पिछड़ जाते हैं, हमारी आन्तरिक एवं बाह्य व्यवस्था में व्याघात तथा हमारे जीवन में असंतोष उत्पन्न होता है।

समाज को अव्यवस्था एवं असंतोष की इस प्रचण्ड आग से बचाने के लिए परम्परागत आदर्शों एवं मान्यताओं में संशोधन एवं परिवर्तन की गहरी आवश्यकता का अनुभव होता है। यह परिवर्तन कैसे संभव है? इसका उत्तर है 'अन्य (महान्) व्यक्तियों के मस्तिष्क (या विचारों) के प्रभाव से।'' कला और साहित्य के द्वारा ऐसे प्रभाव उत्पन्न किये जाते हैं जिससे कि हम अव्यवस्था से व्यवस्था की ओर अग्रसर होते हैं। इस प्रकार

अप्रत्यक्ष रूप में साहित्य समाज की मान्यताओं के संशोधन में योग देता है। उसके शब्दों में—"कलाकार का काम तो उन अभूतियों को अंकित कर देना एवं चिर स्थायी बना देना होता है, जिन्हें वह सबसे अधिक मूल्यवान समझता है।...... कलाकार वह बिन्दु है, जहाँ मन का विकास सुव्यक्त हो उठता है। उसकी अनुभूतियों में—कम सामंजस्य लक्षित होता है जो अधिकांश लोगों के मन में अस्त-व्यस्त, परस्पर अन्तर्भूत तथा द्वन्द्वरत हुआ करते हैं। जो कुछ अधिकांश लोगों के मन में अव्यवस्थित रूप में विद्यमान होता है, उसकी कृति उसी को व्यवस्था देती है।"

(पाश्चात्य काव्यशास्त्र की परम्परा पृ० २९३)

प्रेषणीयता का सिद्धान्त

रिचर्ड्स का काव्य सम्बन्धी दूसरा महत्वपूर्ण सिद्धान्त 'प्रेषणीयता का सिद्धान्त' (a theory of communication) है। जैसा कि स्वयं रिचर्ड्स ने बताया है, किसी भी काव्य की समीक्षा के लिए मूल्य के वैज्ञानिक आधार एवं प्रेषणीयता—दोनों को आधार बनाना चाहिए। 'प्रेषणीयता' शब्द का प्रचार समीक्षा के क्षेत्र में रिचर्ड्स से बहुत पूर्व हो चुका था, किन्तु इसका अर्थ स्पष्ट नहीं था। इसके सम्बन्ध में अनेक रहस्यात्मक बातें प्रचलित थीं। कुछ लोग ऐसा समझते थे कि प्रेषणीयता में कवि की अनुभूति पाठक के हृदय में इस प्रकार संक्रमित की जाती है, जैसे कि एक सिक्का एक जेब से दूसरी जेब में चला जाता है। रिचर्ड्स ने इन धारणाओं का विरोध करते हुए स्पष्ट रूप में प्रतिपादित किया कि प्रेषणीयता कोई अद्‌भुत या रहस्यमय व्यापार नहीं है, अपितु मन की एक सामान्य क्रिया मात्र है। उनके शब्दों में—All that occurs is that under certain conditions, separate minds have closely similar experiences,' अर्थात् प्रेषणीयता में जो कुछ होता है, वह यह है कि कुछ विशेष परिस्थितियों में विभिन्न मस्तिष्क प्रायः एक जैसी अनुभूति प्राप्त करते हैं। यहाँ यह ध्यान देने की बात है कि रिचर्ड्स ने इन विभिन्न अनुभूतियों में आधार की ही एकता मानी है—उन अनुभूतियों का पारस्परिक ऐक्य उसने स्वीकार नहीं किया है। इसका और अधिक स्पष्टीकरण करते हुए उन्होंने लिखा है कि जब किसी वातावरण-विशेष से एक व्यक्ति का मस्तिष्क प्रभावित होता है तथा दूसरा उस व्यक्ति की क्रिया के प्रभाव से ऐसी अनुभूति प्राप्त करता है कि जो पहले व्यक्ति की अनुभूति के समान होती है तो उसे प्रेषणीयता कहते हैं। वस्तुतः किसी अन्य की अनुभूति को अनुभूत करना ही प्रेषणीयता है।

प्रेषणीयता के आधारभूत तथ्यों की मीमांसा करते हुए रिचर्ड्स महोदय ने इसका श्रेय मुख्यतः कवि की वर्णन-क्षमता एवं श्रोता या पाठक की ग्रहण-शक्ति को दिया है। किन्तु इन दोनों के अतिरिक्त और भी बहुत से कारण हैं। सामान्यतः (विषय का) दीर्घ एवं घनिष्ठ परिचय, व्यापक जानकारी, जीवन की परिस्थितियों एवं अनुभूतियों की समानता आदि के कारण भी प्रेषणीयता सम्भव है। कुछ विशिष्ट एवं जटिल विषयों में सफल प्रेषणीयता के लिए यह आवश्यक है कि सम्बन्धित व्यक्तियों के अतीत-कालीन संचित अनुभव (या कहिए-संस्कार) बहुत कुछ एक से हों। साथ ही किसी एक विषय की प्रेषणीयता पर इस बात का भी गहरा प्रभाव पड़ता है कि उसे कौन से दूसरे विषयों एवं तत्वों के साथ समन्वित करके प्रस्तुत किया गया है। यही कारण कि रिचर्ड्स के विचार से विचारात्मक एवं विश्लेषणात्मक निबन्धों के भावोद्दीप्ति का समन्वय नहीं होना चाहिए

अन्यथा वे अस्पष्ट हो जायेंगे।

कला के लिए प्रेषणीयता अत्यन्त आवश्यक है, किन्तु क्या इसके लिए कलाकार को विशेष प्रयत्न करना चाहिए? यदि कलाकार स्वयं अपनी कला को प्रेषणीय बनाने का प्रयत्न करने लगेगा तो इससे सम्भव है कि उसकी रचना में कृत्रिमता आ जाय, क्योंकि कला में स्वाभाविकता का गुण तभी सम्भव है; जब कि कलाकार उसमें किसी प्रकार का बाह्य प्रयत्न न करे। अतः रिचर्ड्स महोदय ने एक ओर तो यह माना है कि कला में प्रेषणीयता आवश्यक है, किन्तु कलाकार को इसके लिए, विशेष प्रयत्न नहीं करना चाहिए। सही बात तो यह है कि यदि कलाकार तल्लीनतापूर्वक कला की रचना करता है तो उसमें प्रेषणीयता स्वतः ही आ जायेगी।" कलाकार जितना अधिक सामान्य रूप से कार्य करेगा, अपनी अनुभूतियों के ठीक प्रकार से प्रस्तुतीकरण में वह उतना ही अधिक सफल होगा तथा उतने ही अधिक तदनुकूल भाव पाठकों के मन में उत्पन्न होंगे।"

प्रेषणीयता का सिद्धान्त कला के इस महत्व की ओर भी संकेत करता है कि उसमें मानव जाति के अतीतकालीन अनुभव संचित हैं या यों कहिए कि "हमारे अतीतकालीन अनुभव के मूल्यांकन सम्बन्धी महत्वपूर्ण निष्कर्ष हैं।" अतः कलाओं का महत्व कभी न्यून नहीं हो सकता।

काव्य की भाषा

काव्य में प्रेषणीयता की माध्यम मुख्यतः भाषा है, अतः रिचर्ड्स महोदय ने इसका भी सूक्ष्म विवेचन किया है। भाषा का उपयोग मुख्यतः अर्थ को सूचित करने के लिए होता है। रिचर्ड्स ने अपनी प्रसिद्ध पुस्तक "Practical Criticism". में अर्थ के चार भेद किये हैं—(१) वाच्यार्थ (Sense), (२) भाव (feeling), (३) वक्ता की वाणीगत चेष्टा (tone), और (४) अभिप्राय (Intention)। इन चारों की क्रमशः रिचर्ड्स के दृष्टिकोण से व्याख्या करते हुए कहा जा सकता है कि सेन्स अर्थात् वाच्यार्थ में किसी वस्तु विशेष या किसी विषय को शब्दों के द्वारा सूचित किया जाता है। हम किसी वस्तु की सूचना इसलिए देते हैं कि उससे हमारे किसी न किसी भाव से सम्बन्ध होते हैं। केवल गणित जैसे कुछ विषयों को अपवाद-स्वरूप छोड़कर यह कहा जा सकता है कि भाषा का प्रयोग ही भावों की प्रेरणा से होता है। टोन या लहजे के द्वारा हमारा श्रोता के प्रति दृष्टिकोण व्यक्त होता है। किसी से सम्मानपूर्वक बात करते समय हमारा लहजा विनम्रता पूर्ण होगा तो किसी के डाँटते समय वह दूसरे रूप में होगा। रिचर्ड्स के शब्दों में "The tone of his utter ance reflects awareness of this relation," अर्थात उद्‌गारों का लहजा (वक्ता और श्रोता के पारस्परिक) सम्बन्ध का सूचक है। इन तीनों के अतिरिक्त चौथा भेद अभिप्राय (Intention) है। सामान्यतः कोई भी व्यक्ति किसी प्रयोजन से कुछ कहता है, अतः इसका भी भाषा से महत्वपूर्ण सम्बन्ध है।

भाषा से सामान्यतः उपर्युक्त चारों प्रकार के अर्थ ही सूचित होते हैं, किन्तु विषय एवं परिस्थिति भेद से इनका अनुपात बदलता रहता है। विज्ञान की पुस्तकों एवं चर्चा में यदि पहले रूप—वाच्यार्थ (Sense) का अधिक प्रयोग होता है तो काव्य में दूसरे रूप या भाव की अतिशयता होती है। फिर भी ये अर्थ परस्पर सर्वथा असम्बद्ध नहीं हैं—वे एक दूसरे से जुड़े हुए हैं। काव्य में भाव (या भावार्थ) की इतनी अधिक महत्ता होती है कि वहाँ वाच्यार्थ या सूक्ष्म तथ्य गौण हो जाते हैं। वहाँ तथ्य साधन होते हैं साध्य नहीं, अतः जो

लोग केवल तथ्यों अथवा विचारों के आधार पर ही कविता का मूल्यांकन करते हैं, वे काव्य के साथ न्याय नहीं करते। ऐसे आलोचकों का विरोध करते हुए डॉ० रिचर्ड्स लिखते हैं—"The statements which appear in the poetry are there for the sake of their effects upon feelings, not for their own sake. Hence to challenge their truth or to question whether they deserve serious attention as statements claiming thelr truth, is to mistake thelr function. The point is that many, if not most, of the statements in poetry are there as a means to the manipulation and expression of feelings and attitudes not as contribution to any body of doctrine of any type whatever."(Practical Criticism, page 148) अर्थात् जब कविता में किसी प्रकार के विचारों की अभिव्यक्ति होती है तो वहाँ के भावों के प्रभाव के लिए होती है न कि स्वयं अपने के लिए। अतः उनकी सत्यता को ललकारना या उन्हें सत्य के प्रतिपादक मानकर उनकी गम्भीरता पर विचार करना, उनके मूल कार्य को गलत रूप देना। मूल बिन्दु यह है कि यदि अधिकतम नहीं तो अधिकांश विचार काव्य में भावों और दृष्टिकोणों की अभिव्यक्ति के निमित्त होते हैं—किसी सिद्धांत विशेष के प्रतिपादक के रूप में नहीं—यह सिद्धान्त चाहे कैसा ही क्यों न हो।"

अर्थ और भाव के पारस्परिक सम्बन्ध की विवेचना करते हुए रिचर्ड्स ने उसके तीन रूप माने हैं—प्रथम जहाँ अर्थ ही भाव का बोधक हो। द्वितीय, जहाँ अर्थ भाव की अनुभूति का सूचक हो। तृतीय, जहाँ प्रसंग-विशेष के कारण ही अर्थ आया हो, फिर भी इससे अर्थ और भाव के पारस्परिक सम्बन्ध की घनिष्टता पर प्रकाश अवश्य पड़ता है।

काव्यास्वादन की प्रक्रिया

काव्यास्वादन या काव्य-प्रेषण की प्रक्रिया का विश्लेषण करते हुए रिचर्ड्स ने उसे छह अवस्थाओं में बाँटा है—(१) मुद्रित शब्दों का नेत्रों के माध्यम से ग्रहण, (२) नेत्रों द्वारा प्राप्त संवेदनाओं से सम्बन्धित बिम्बों का ग्रहण, (३) स्वतन्त्र बिम्बों का ग्रहण, (४) विभिन्न वस्तुओं का बोध, (५) भावानुभूति, (६) दृष्टिकोण से सामंजस्य।

इनमें से प्रत्येक अवस्था का स्पष्टीकरण करते हुए डॉ० रिचर्ड्स ने बताया है कि सर्वप्रथम काव्य के पठन से उसके अक्षरों की छपाई, स्पष्टता, शुद्धता आदि का गहरा प्रभाव पड़ता है। इसी प्रकार मुद्रित अक्षरों के ऐन्द्रियक बोध में कविता के बाह्य-पक्ष या शैली-पक्ष का पर्याप्त महत्व होता है। बिम्बों की स्वतन्त्र कल्पना के सम्बन्ध में उन्होंने एक नवीन तथ्य का उद्‌घाटन किया है। उनके विचार से किसी कविता को पढ़कर दो पाठकों के मन में एक जैसे ही बिम्ब उत्पन्न नहीं होंगे। सम्भव है कि एक पंक्ति को पढ़कर पचास पाठकों के मन में पचास प्रकार की मूर्तियाँ उदित हों। अतः काव्य के मूर्तिविधान का बहुत अधिक महत्व नहीं है। डॉ० रिचर्ड्स के विचार से मूर्ति-विधानजन्य अनुभूति से भी अधिक महत्वपूर्ण तत्व वे हैं, जिनके कारण विभिन्न पाठकों के अनुभव में समानता आती है। वे तत्व भाव-सम्बन्धी हैं।

विभिन्न शब्दों के अर्थ-बोध एवं बिम्ब-ग्रहण से हमें काव्य की सूच्य वस्तु का या उसके अर्थ का बोध होता है। शिक्षा और अभ्यास के कारण ही हम सूच्य वस्तु का बोध कर पाते हैं। सूच्य वस्तु के बोध के फलस्वरूप भावों और भावात्मक दृष्टिकोणों (attitudes) की अनुभूति होती है। काव्यानुभूति के अन्तिम तथा सबसे अधिक महत्वपूर्ण अंग ये ही

हैं। डॉ० रिचड्‌र्स लिखते हैं—'Emotions are primarily signs of attitudes and owe their prominence in the theory of art to this For it is the attitudes evoked which are the all important parts of any experience Upon the texture and form of the attitudes Involved its value depends." (Principles of Literary Criticism page 132) अर्थात भाव दृष्टिकोण के चिह्न हैं तथा इसी कारण उनका कला-सम्बन्धी सिद्धान्तों में बहुत महत्व है। किसी की अनुभूति का महत्व उसमें जाग्रत होने वाले दृष्टिकोणों पर निर्भर है। दृष्टिकोणों के आयोजन और उनका रूप ही उनके मूल्यांकन का आधार है।'' यहाँ 'दृष्टिकोण' शब्द का प्रयोग वस्तुतः भावना (Sentiment) के अर्थ में किया गया है, जिसे भारतीय रस-सिद्धान्त की शब्दावली में 'स्थायी-भाव' कह सकते हैं। 'इमोशन' और एटीच्यूड' के बीच रिचड्‌र्स ने वही सम्बन्ध माना है, जो संचारी भाव और स्थायी भाव के मध्य है। अतः स्थायी भाव की उद्दीप्ति को ही काव्य का लक्ष्य मानना रस-सिद्धान्त के अनुकूल है। किन्तु स्वयं स्थायी भाव की उद्दीप्ति का लक्ष्य क्या है—इसके उत्तर के सम्बन्ध में भारतीय आचार्यों एवं रिचड्‌र्स के विचारों में पर्याप्त मतभेद है। भारतीय आचार्य रस या आनन्द की निष्पत्ति को ही लक्ष्य मानते हैं, जबकि रिचड्‌र्स इसे सर्वथा गौण मानते हैं। उनके विचार से "It is not the intensity of the conscious experience, its thrill, its pleasure or its poignancy which gives its value, but the organisation of its impluses for freedom and fullness of life." अर्थात् अनुभूति की गहराई या इसकी उत्तेजना या इससे प्राप्त होने वाली प्रसन्नता या इससे प्राप्त होने वाली वेदना—आदि पर इसका (काव्यानुभूति का) मूल्य निर्भर नहीं है। अपितु, इससे सम्पन्न होने वाली आवेगों की व्यवस्था, जिससे कि जीवन में मुक्तावस्था एवं परिपूर्णता आती है, ही (मूल्य का) आधार है।

अस्तु, रिचड्‌र्स महोदय काव्यानुभूति में भावोद्दीप्ति को लक्ष्य मानते हुए भी उसका उद्देश्य हमारे स्थायी आवेगों को सुव्यवस्थित करना बताते हैं। प्रसन्नता या आनन्द को काव्य का उद्देश्य मानना उन्हें स्वीकार्य नहीं है।

रिचड्‌र्स के सिद्धान्तों का महत्व

'रिचड्‌र्स के सिद्धान्तों का संक्षेप में अध्ययन कर लेने के अनन्तर अब हम उनकी अपने दृष्टिकोण से समीक्षा कर सकते हैं। सबसे पूर्व उनके मूल्य के मनोवैज्ञानिक आधार सम्बन्धी सिद्धान्त को ही लीजिए। उन्होंने किसी भी वस्तु या कार्य के मूल्य का आधार हमारी प्रमुख प्रेरणाओं, इच्छाओं या प्रवृत्तियों की तुष्टि को ही माना है। इस तुष्टि के लिए यह अपेक्षित है कि हमारी विभिन्न प्रवृत्तियों में परस्पर ऐसा समन्वय हो कि जिससे एक की तुष्टि से दूसरों का विरोध न हो। साहित्य का मूल्यांकन वे इसी आधार पर करते हैं। कहने के लिए इसे रिचड्‌र्स की बहुत बड़ी देन माना जा सकता है, किन्तु इसमें शब्दावली की जितनी नवीनता है, उतनी विचारों की नवीनता नहीं है। इच्छाओं की पूर्ति ही सुख है, आनन्द है—यह तथ्य प्राचीन युग से ही हमें ज्ञात है, जिसे रिचड्‌र्स ने नये शब्दों में प्रस्तुत किया है। किन्तु अपने इस सिद्धान्त को काव्य पर लागू करते समय वे यह स्पष्ट नहीं कर पाये कि काव्य में ''प्रमुख प्रवृत्तियों की व्यवस्था'' की पहचान क्या है। सामान्यतः किसी भी काव्य के अध्ययन से दो प्रकार के प्रभाव उत्पन्न होते हैं—एक जो उसके पढ़ने के साथ-साथ प्रसन्नतादायक प्रभाव, दूसरे, वे प्रभाव जो हमारे विचारों का परिष्कार करते हुए हमारे व्यक्तित्व के स्थायी अंग बन जाते हैं। रिचड्‌र्स महोदय इनमें से

प्रथम को गौण मानकर द्वितीय को ही प्रमुख मानते हैं। काव्य से प्राप्त होने वाले तात्कालिक आनन्द के स्थान पर दृष्टिकोण के स्थायी परिष्कार को महत्व प्रदान करने का प्रयास नैतिक दृष्टि से महत्वपूर्ण है, किन्तु इसे व्यावहारिक समीक्षा का रूप कैसे दिया जाय, इस पर उन्होंने कोई प्रकाश नहीं डाला। प्रेषणीयता का सिद्धान्त कला के स्वतन्त्र महत्व की दृष्टि से प्रतिपादित है, किन्तु इसका वे मूल्य के मनोवैज्ञानिक सिद्धान्त से कोई सम्बन्ध स्थापित नहीं कर सके। इन दोनों सिद्धान्तों में परस्पर ऐसी संगति नहीं बिठाई जा सकी जिससे कि यह कहा जा सके कि ये दोनों एक ही व्यक्ति या एक दृष्टिकोण की देनें हैं। मूल्य के मनोविज्ञान सम्बन्धी सिद्धान्त में जहाँ वे काव्य के वस्तु पक्ष को अधिक महत्ता प्रदान करते हैं, वहाँ प्रेषणीयता में उसके शैली-पक्ष को प्रमुखता प्राप्त हो जाती है—अतः इन दोनों सिद्धान्तों में हमें सामंजस्य का अभाव दृष्टिगोचर होता है।

काव्य की भाषा को उन्होंने अर्थ की दृष्टि से चार भेदों—वाच्यार्थ, भाव, चेष्टा (लहजा) और अभिप्राय में बाँटा है, किन्तु यह विभाजन वैज्ञानिक एवं सुसंगत नहीं है। एक स्थान पर वे लिखते हैं—भाषा का प्रयोग भाव की प्रेरणा से होता है, आगे चलकर वे प्रतिपादित करते हैं कि वह अपनी 'बात का अभिप्राय' से कहते हैं। ऐसी स्थिति में 'भाव की प्रेरणा' और 'बात का अभिप्राय' दोनों अलग-अलग नहीं माने जा सकते। वाणीगत चेष्टा (tone) को उन्होंने वक्ता और श्रोता के पारस्परिक सम्बन्ध पर आधारित माना है, किन्तु वास्तविकता यह नहीं है। सामान्तयः एक ही वक्ता एक ही श्रोता से विभिन्न अवसरों पर विभिन्न लहजों में बात कर सकता है, जबकि उसका सम्बन्ध वही रहता है। पिता अपने पुत्र को कभी प्यार से कोमल स्वर में पुचकारता है तो कभी क्रोध में जोर से डाँटता भी है। यहाँ दोनों का सम्बन्ध वही है, किन्तु वक्ता की मनोदशा या भावदशा के परिणामस्वरूप ही उसका लहजा परिवर्तित हो जाता है। अतः लहजे (tone) का आधार सम्बन्ध न होकर भाव-दशा है। सही बात तो यह है कि रिचर्ड्स के भाव, लहजा और अभिप्राय—अर्थ के तीन भेद, भेद न होकर एक दूसरे के अंग हैं। अर्थों के इस वर्गीकरण की अपेक्षा भारतीय आचार्यों का वर्गीकरण—अभिधा, लक्षणा, व्यंजना सम्बन्धी—अधिक वैज्ञानिक एवं तर्कसंगत है। किन्तु रिचर्ड्स महोदय इस वर्गीकरण से परिचित न होने के कारण लाभ नहीं उठा सके।

काव्यास्वादन की प्रक्रिया के विश्लेषण में भी डॉ० रिचर्ड्स को अधिक सफलता नहीं मिली। उनके द्वारा छह अवस्थाओं का निरूपण अत्यधिक जटिल एवं दुर्बोध है। फिर भी इतना अवश्य है कि उनके इस निरूपण में तथ्यों की वास्तविकता मिलती है। पहले हम किसी रचना में शब्दों को पढ़ते हैं, उनका अर्थ ग्रहण करते हैं, उस अर्थ से सम्बन्धित वस्तु की कल्पना उदित होती है, उस कल्पना से संचारीभाव की अनुभूति होती है और उन संचारी भावों से स्थायी भाव की पुष्टि या उद्दीप्ति होती है—इन्हीं तथ्यों को रिचर्ड्स ने ऐसे-ऐसे शीर्षकों में प्रस्तुत किया है, जो कि नये पाठक को विचित्र से लगते हैं। जैसा कि हमने पीछे स्पष्ट किया है, काव्यास्वादन की प्रक्रिया रस-सिद्धान्त की मान्यताओं से मिलती-जुलती है। किन्तु रस-सिद्धान्त में भाव की उद्दीप्ति के द्वारा स्थायीभाव की अभिव्यक्ति के सिद्धान्त को प्रमुखता दी गई है, जबकि रिचर्ड्स संचारी भावों और स्थायीभाव दोनों के लिये ही 'उद्दीप्त' की ही बात कहते हैं। इसके अतिरिक्त रिचर्ड्स की यह भी एक विचित्र कल्पना है कि काव्य से प्राप्त होने वाला तात्कालिक आनन्द सर्वथा गौण है। यह मान्यता स्वयं उनके प्रेषणीयता के सिद्धान्त के ही विपरीत पड़ती है।

प्रेषणीयता का प्रमुख लक्षण प्राप्त होने वाला आनन्द ही है। इस लक्षण के बिना प्रेषणीयता का निर्णय करना कठिन है, किन्तु रिचड्‌र्स इसी लक्षण की बिलकुल उपेक्षा कर देते हैं। साथ ही प्रवृत्तियों की तुष्टि का भी बोध रस-दशा या आनन्द की निष्पत्ति से ही होता है—किन्तु उन्होंने काव्य से पड़ने वाले स्थायी संस्कारों के आगे इस रस-दशा को हेय एवं उपेक्षणीय घोषित करके कला के लिए एक ऐसा मानदंड प्रस्तुत किया है, जो कि अव्यावहारिक है। अस्तु, हमारे विचार से रिचड्‌र्स के सिद्धान्त भाषा की दृष्टि से मौलिक, विचारों की दृष्टि से गम्भीर एवं क्षेत्र की दृष्टि से व्यापक होते हुए भी परस्पर सुसम्बद्ध एवं व्यवस्थित नहीं हैं। वे अपने सभी सिद्धान्तों को लक्ष्य के किसी एक सूत्र में भलीभाँति गूँथकर प्रस्तुत करने में सफल नहीं हो सके। उनकी आधारभूत धारणाएँ महत्वपूर्ण हैं, किन्तु उनकी व्याख्या करते-करते वे उनसे बहुत दूर निकल जाते हैं। फिर भी उन्होंने अपने युग के विद्वानों एवं कलाकारों का ध्यान कुछ महत्वपूर्ण तत्वों की ओर आकर्षित किया है तथा उनके दृष्टिकोण को पर्याप्त प्रभावित भी किया है। सम्भवतः वे पहले व्यक्ति हैं जिन्होंने साहित्य का एक ऐसा मानदंड खोजने का प्रयास किया, जो भाषा-विज्ञान, मनोविज्ञान और नीति-शास्त्र के आधार-भूत तत्वों से समन्वित हो। यह प्रयास यद्यपि पूर्णतः सफल नहीं हो सका, फिर भी इसका महत्व कम नहीं है। अतः निश्चित ही आधुनिक युग के साहित्य-चिन्तकों में उनका स्थान बहुत ऊँचा है।

२४

साहित्येतिहास या साहित्य की विकास-प्रक्रिया के सिद्धान्त

साहित्य के इतिहास के अध्ययन, विवेचन एवं विश्लेषण के लिए भी इतिहासकार किसी न किसी दृष्टिकोण, विचार या सिद्धांत को प्रयुक्त करता है, जिसे हम उस इतिहासकार का इतिहास लेखन सम्बन्धी दृष्टिकोण या सिद्धान्त कह सकते हैं। पिछली शताब्दी में साहित्य के इतिहास लिखते समय ऐसे सिद्धांतों का विवेचन नहीं किया जाता था, किन्तु विगत कई दशाब्दियों में इन पर बहुत अधिक बल दिया जाता रहा है। वस्तुतः किसी भी इतिहासकार को समझने एवं उसके कृतित्व को विवेचित करने के लिए यह आवश्यक है कि उसके आधार रूप दृष्टिकोण या सिद्धान्त को समझा जाये।

वैसे तो अलग-अलग इतिहासकार ने अलग-अलग दृष्टिकोणों या सिद्धांतों का प्रयोग किया है, किन्तु इस क्षेत्र में कतिपय सामान्य सिद्धांतों की भी स्थापना का विकास हुआ है जिनके आधार पर निम्नांकित बिन्दुओं पर प्रकाश डाला जाता है—

इतिहास का स्वरूप—सबसे पहला प्रश्न यही उपस्थित होता है कि साहित्य का इतिहास क्या है? क्या इसे हम साहित्य में स्थान दें या कला में अथवा विज्ञान में? साहित्य के इतिहास को साहित्य माना जाए या विज्ञान, इस बात को लेकर पर्याप्त मतभेद हैं, किन्तु सामान्य रूप में यह स्वीकार किया जा सकता है कि यदि इतिहास का प्रयोजन घटनाओं एवं परिस्थितियों की विवेचना किसी तार्किक दृष्टि एवं वैज्ञानिक पद्धति से किया जाता है तो उस स्थिति में इतिहास विज्ञान की श्रेणी में आता है। जहाँ साहित्य में भावना अनुभूति एवं शैली के वैशिष्ट्य की प्रधानता रहती है वहाँ विज्ञान में तथ्य, तर्क एवं प्रमाण का आश्रय ग्रहण किया जाता है। इतिहास चाहे किसी देश का लिखा जाए, जाति का लिखा जाए या साहित्य का लिखा जाए, उसमें भावना, अनुभूति और शैली की अपेक्षा तथ्य, विचार, तर्क और प्रमाण का प्रयोग किया जाता है। इससे स्पष्ट है कि साहित्य का इतिहास भी अन्य प्रकार के इतिहास की भाँति विज्ञान की श्रेणी में आता है। यदि कोई व्यक्ति भावुकतापूर्ण शैली में इतिहास की किसी घटना या प्रसंग का विवरण प्रस्तुत करने की चेष्टा करता है तो उसकी रचना ऐतिहासिक काव्य, ऐतिहासिक कहानी, ऐतिहासिक उपन्यास या ऐतिहासिक नाटक की संज्ञा प्राप्त कर सकती है, किन्तु उसे शुद्ध इतिहास नहीं कहा जा सकता। यह दूसरी बात है कि दुर्भाग्य से हिन्दी में अभी तक यह धारणा भलीभाँति स्पष्ट नहीं हो पायी जिससे कई विद्वान् इतिहास के स्थान पर ऐतिहासिक गद्य-काव्य की रचना में संलग्न हैं।

इतिहास का अर्थ—वैज्ञानिक दृष्टि से इतिहास में घटनाओं, परिस्थितियों या क्रिया-कलापों और रचनाओं की व्याख्या काल-क्रमानुसार होती है, किन्तु इसका अर्थ यह भी नहीं है कि यदि हम किसी भी विषय की घटनाओं या रचनाओं का विवरण काल

क्रमानुसार प्रस्तुत कर दें तो वह 'इतिहास' की संज्ञा का अधिकारी हो जायेगा। वस्तुतः इतिहास का लक्ष्य घटनाओं या रचनाओं का विवरण प्रस्तुत करना मात्र नहीं होता अपितु वह उनमें घटित या रचित होने के कारणों एवं आधारभूत तथ्यों की खोज करता है। दूसरे शब्दों में वह ऐतिहासिक घटनाओं या रचनाओं के उद्‌गम स्रोतों या प्रेरणा स्रोतों की व्याख्या तर्कसम्मत ढंग से करता है। विज्ञान की शब्दावली में कहा जा सकता है कि वह विवेच्य विषय के विकासक्रम की व्याख्या करता है, इसलिए इतिहास का अर्थ यदि विकास भी किया जाये तो अनुचित नहीं होगा।

उपर्युक्त तथ्यों को ध्यान में रखते हुए भी यह कहा गया है कि साहित्य के इतिहास में भी सम्यक् व्याख्या करने के लिए वैज्ञानिक दृष्टि एवं पद्धति को आधार बनाया जाना चाहिए। इसके लिए साहित्य के क्षेत्र में विकसित विभिन्न काव्य-परम्पराओं, साहित्यिक आन्दोलनों एवं साहित्यिक प्रवृत्तियों की व्याख्या विकासवादी सिद्धांत के आधार पर की जानी चाहिए। इसके लिए साहित्य के विकासवादी सिद्धांत की समीक्षा यहाँ संक्षेप में प्रस्तुत की जाती है।

साहित्य का विकासवादी सिद्धान्त—वैसे तो विभिन्न क्षेत्रों में विकास के विभिन्न सिद्धांत प्रचलित हैं, जैसे कि डार्विन, स्पेन्सर, मार्क्स बर्गसाँ आदि के विकासवादी सिद्धांत। ये सिद्धांत अलग-अलग क्षेत्रों को ध्यान में रखकर प्रतिपादित किये गये हैं, जैसे डार्विन का सिद्धांत प्राणियों के विकास पर लागू होता है, स्पेन्सर का सिद्धांत भौतिक पिण्डों के संघटन एवं विघटन की प्रक्रियाओं के आधार पर, मार्क्स का सिद्धांत अर्थव्यवस्था पर, बर्गसाँ का सिद्धान्त मानसिक विकास पर, स्पेंग्लर व ट्यावनबी का मानव सभ्यता के विकास पर लागू होता है। इस प्रकार हर क्षेत्र के विकास के सिद्धांत अलग-अलग हैं। इन सभी सिद्धांतों के तुलनात्मक अध्ययन के आधार पर साहित्य के विकास का सिद्धांत प्रतिपादित किया गया है,[१] जो पाँच सूत्रों में विभक्त है—

१. नैसर्गिक सर्जन शक्ति
२. परम्परा
३. वातावरण
४. द्वन्द्व
५. संतुलन

इनकी व्याख्या यहाँ अलग-अलग की जाती है—

नैसर्गिक सर्जन शक्ति—प्रकृति के प्रत्येक क्षेत्र में विकास का आधार नैसर्गिक सर्जन शक्ति या उत्पादन-क्षमता है। यदि विभिन्न प्राणियों, पेड़-पौधों या अन्य जीवधारियों में सर्जन शक्ति ही न होती तो सृष्टि का विकास सम्भव ही नहीं था। इसी प्रकार साहित्य के क्षेत्र में भी यदि सर्जन शक्ति से युक्त प्रतिभाशाली साहित्यकार न होते तो साहित्य का विकास भी सम्भव न था। अतः साहित्य के विकास का मूल कारण साहित्यकार की सर्जन-शक्ति को ही मानना चाहिए। सर्जन-शक्ति को ही काव्यशास्त्र में प्रतिभा, कल्पना, रचना-शक्ति आदि की संज्ञाएँ दी गयी हैं। हमारे विचार से सर्जन-शक्ति के अन्तर्गत न केवल साहित्यकार की प्रतिभा का समावेश होता है; अपितु उसके व्यक्तित्व से सम्बन्धित

---

१. **द्रष्टव्य—'हिन्दी साहित्य का वैज्ञानिक इतिहास : प्रथम खंड।**

उन सारी क्षमताओं का समाहार होता है जो कि उसके साहित्य-सर्जन में योग देती हैं। दूसरे शब्दों में यह भी कहा जा सकता है कि इतिहास की व्याख्या में सर्वप्रथम साहित्यकारों के व्यक्तित्व के उन पक्षों का अध्ययन होना चाहिए जिनका उनकी सर्जना से सम्बन्ध है। कई बार ऐसा देखा गया है कि एक ही देश, एक ही समय और एक ही वातावरण में रहते हुए भी दो साहित्यकारों की रचना में बहुत अन्तर होता है। उदाहरण के लिए, जयशंकर प्रसाद और प्रेमचन्द्र दोनों ही एक ही युग के कलाकार हैं। दोनों का ही जीवन उस युग में व्यतीत हुआ जिसे हम राष्ट्रीय आन्दोलन का युग या गाँधी-युग कह सकते हैं, किन्तु जयशंकर प्रसाद के समस्त काव्य एवं साहित्य में गाँधी-युग की प्रत्यक्ष अभिव्यक्ति कहीं दृष्टिगोचर नहीं होती, जबकि प्रेमचन्द्र के साहित्य में सर्वत्र ही गाँधी-युग मुखरित है। गाँधी का सत्याग्रह, हरिजन-उद्धार, हिन्दू-मुस्लिम एकता, स्वराज्य आंदोलन नारी-शिक्षा आदि के कार्यक्रम किसी न किसी रूप में प्रेमचन्द के इतिहास में अंकित हैं, किन्तु प्रसाद के साहित्य में नहीं; ऐसा क्यों? इसका क्या कारण है? इसके उत्तर में यही कह सकते हैं कि यद्यपि प्रसाद एवं प्रेमचन्द दोनों एक ही शहर, एक ही युग के व्यक्ति थे, किन्तु दोनों के व्यक्तित्व में गहरा अन्तर था। प्रसाद अन्तर्मुखी थे और प्रेमचन्द बहिर्मुखी। इसलिये जयशंकर प्रसाद ने अपने युग की चेतना को अतीत के माध्यम से अत्यन्त सूक्ष्म रूप से अभिव्यक्त किया, जबकि प्रेमचन्द्र ने उसे अपने साहित्य में अत्यन्त स्पष्ट रूप में वर्तमान के माध्यम से चित्रित किया। अस्तु, कहने का अभिप्राय यही है कि साहित्य की रचनाओं को समझने के लिए साहित्यकार की सर्जन-शक्ति व उसके व्यक्तित्व की विशेषताओं का अध्ययन आवश्यक है।

परम्परा—जिस प्रकार जीवों की उत्पत्ति एवं विकास में उनकी पूर्व वंश-परम्परा का आधार होता है, उसी प्रकार साहित्य की रचनाओं, धाराओं एवं कृतियों के विकास में साहित्य की पूर्ववर्ती परम्पराओं का योगदान रहता है। इसलिए किसी भी देशकाल के साहित्य की सम्यक व्याख्या उससे सम्बन्धित पूर्ववर्ती परम्पराओं के अध्ययन के बिना सम्भव नहीं है। कुछ इतिहासकार पूर्ववर्ती परम्पराओं को भूलकर केवल युगीन परिस्थितियों के आधार पर ही साहित्य के इतिहास की व्याख्या करने की चेष्टा करते हैं, किन्तु इसमें उन्हें सफलता नहीं मिलती। उदाहरण के लिए, आचार्य रामचन्द्र शुक्ल ने हिन्दी के भक्ति आन्दोलन के प्रवर्तन का कारण उस युग के मुस्लिम प्रभाव को माना। उनका विचार था कि मुस्लिम राज्य स्थापित होने के कारण हिन्दू जाति निराश होकर भगवान की शरण में चली गयी, उसी का परिणाम भक्ति-आन्दोलन है। आचार्य रामचन्द्र शुक्ल की इस धारणा का खण्डन करते हुए आचार्य हजारी प्रसाद द्विवेदी ने स्पष्ट किया कि हिन्दी का भक्ति आन्दोलन मुस्लिम राज्य की स्थापना से न तो प्रेरित ही है और न ही प्रभावित। उनका विश्वास है कि यदि भारत में मुसलमान न आये होते तो भी भक्ति आन्दोलन अवश्यम्भावी था, क्योंकि भारत में भक्ति की परम्परा सातवीं-आठवीं शताब्दी से ही चलती आ रही थी, जबकि इस्लाम धर्म का भारत में प्रवेश भी नहीं हुआ था। वस्तुतः इस्लाम उत्तर से दक्षिण की ओर आया, जबकि भक्ति आन्दोलन की परम्परा दक्षिण के आलवार भक्तों से महाराष्ट्र में होती हुई उत्तर में आयी। अस्तु, यह स्वीकार किया जाने लगा कि भक्ति आंदोलन के प्रवर्तन में मुस्लिम साम्राज्य की अपेक्षा पूर्ववर्ती परम्पराओं का योगदान अधिक है। इससे स्पष्ट है कि साहित्य की धाराओं का उद्गम स्रोत खोजने के लिए इतिहासकार को केवल तत्कालीन परिस्थितियों पर ही नहीं, पूर्ववर्ती

परम्पराओं पर भी विचार करना चाहिए, अन्यथा उसके निष्कर्ष एकांगी एवं अप्रामाणिक सिद्ध हो जायेंगे।

वातावरण—वातावरण से अभिप्राय है युग-विशेष की राजनीतिक, सामाजिक, आर्थिक, सांस्कृतिक परिस्थितियाँ जो कि साहित्यकार को प्रत्यक्ष या अप्रत्यक्ष रूप में प्रभावित करती रहती हैं। इसके अन्तर्गत साहित्यकार की व्यक्तिगत एवं पारिवारिक परिस्थितियाँ भी आ जाती हैं जिनसे वह प्रभावित होता है। कहने का तात्पर्य यह है कि वातावरण के अन्तर्गत उन सारी परिस्थितियों का विवेचन होना चाहिए जो किसी न किसी रूप में विवेच्य साहित्य से सम्बन्धित है, अन्यथा हम रचना के प्रेरणा-स्रोतों की व्याख्या नहीं कर सकेंगे। उदाहरण के लिए, महाकवि भूषण ने राष्ट्रीय काव्य क्यों लिखा? या बिहारी ने शृङ्गार-रस की रचनाएँ क्यों रचीं? अथवा छायावादी कवियों ने प्रणय-गीतों की रचना क्यों की? इन सब प्रश्नों का उत्तर इन कवियों की व्यक्तिगत, पारिवारिक, सामाजिक एवं राजनीतिक परिस्थितियों का विश्लेषण किये बिना देना सम्भव नहीं है।

यहाँ यह भी उल्लेखनीय है कि कुछ इतिहासकार साहित्य के इतिहास की रचना करते समय केवल वातावरण पर ही ध्यान देते हैं, परम्परा की उपेक्षा कर देते हैं, तो कुछ केवल परम्परा को ध्यान में रखते हैं, वातावरण की उपेक्षा कर देते हैं। उदाहरण के लिए क्रमशः आचार्य रामचन्द्र शुक्ल और हजारी प्रसाद द्विवेदी इन स्थितियों के द्योतक हैं। जहाँ आचार्य द्विवेदी ने सर्वत्र परम्परा को महत्व दिया है, वहीं आचार्य शुक्ल नें वातावरण या युगीन परिस्थितियों को महत्व दिया है। हमारे विचार से ये दोनों ही दृष्टिकोण एकांगी हैं, इसलिए इतिहास के अनेक क्षेत्रों में दोनों की व्याख्याओं में समन्वय स्थापित नहीं हो पाता। इस स्थिति से बचने के लिए यदि इतिहासकार अपने निष्कर्षों को सर्वथा प्रामाणिक तथा वैज्ञानिक रूप देना चाहता है तो यह आवश्यक है कि वह परम्परा और वातावरण दोनों को ध्यान में रखकर अपना कार्य सम्पन्न करे। इनके अतिरिक्त अन्य तीन तत्वों—जिनका उल्लेख पीछे किया जा चुका है—पर भी विचार करना आवश्यक है।

द्वन्द्व—साहित्य के विकास सिद्धान्त का चौथा तत्व या सूत्र द्वन्द्व है। द्वन्द्व से हमारा अभिप्राय दो स्थितियों के पारस्परिक संघर्ष या वैषम्य से है। व्यक्ति, परिवार, समाज एवं राष्ट्र के जीवन में अनेक बार ऐसी द्वन्द्वात्मक स्थितियाँ उत्पन्न हो जाती हैं, जो कि उनका सारा ध्यान आकर्षित कर लेती हैं। वस्तुतः इस द्वन्द्व से प्रेरित होकर ही व्यक्ति कई प्रकार के कार्यों में प्रवृत्त होता है। कवि या साहित्यकार भी किसी न किसी द्वन्द्व से प्रेरित होकर साहित्य-रचना में प्रवृत्त होता है। यह द्वन्द्व भी कई प्रकार का हो सकता है, जैसे कि मानसिक द्वन्द्व, आर्थिक द्वन्द्व, पारिवारिक द्वन्द्व, सामाजिक द्वन्द्व, राष्ट्रीय द्वन्द्व आदि। किसी भी काव्यधारा या साहित्य की प्रवृति को समझने के लिए इस बात को जानना भी आवश्यक है कि वह किस प्रकार द्वन्द्व से प्रेरित या प्रभावित है? उदाहरण के लिए कबीर के समग्र साहित्य में उस युग का हिन्दू-मुस्लिम द्वन्द्व कार्य करता दृष्टिगोचर होता है। यह बात केवल कबीर पर ही नहीं, अन्य संतों पर भी लागू होती है। भक्ति-आन्दोलन की तात्कालिक प्रेरणा का स्रोत तद्‌युगीन धार्मिक द्वन्द्व को माना जा सकता है। इसमें कोई सन्देह नहीं कि भारत में भक्ति की परम्परा बहुत पहले से चली आ रही थी, किन्तु जब इस्लाम ने हिन्दू धर्म पर आक्रमण किया तो इसके फलस्वरूप भक्ति की परम्परा नये रूप में सक्रिय हुई। इसी प्रकार १८वीं-१९वीं शताब्दी में जब ईसाइयों ने हिन्दू मत पर आक्रमण किया तो उसी के फलस्वरूप 'आर्य समाज एवं ब्राह्म समाज जैसे

आन्दोलनों का सूत्रपात हुआ। स्वतंत्रता प्राप्ति से पूर्व देश-भक्ति एवं राष्ट्र-प्रेम की जो कविताएँ लिखी गयीं, उनके मूल में भी राजनीतिक द्वन्द्व कार्य कर रहा था। इस प्रकार हम देखते हैं कि साहित्य के इतिहास की सम्यक् व्याख्या के लिए और उसकी विभिन्न धाराओं व प्रवृत्तियों के विकास को समझने के लिए तत्सम्बन्धी द्वन्द्व पर विचार करना आवश्यक है।

सन्तुलन—सन्तुलन या सामंजस्य विकास सिद्धान्त का अंतिम सूत्र है। कोई भी साहित्य की परम्परा या धारा जिस द्वन्द्व से प्रेरित होकर विकसित होती है, वही उस द्वन्द्व के शांत हो जाने पर समाप्त हो जाती है। दूसरे शब्दों में, प्रत्येक द्वन्द्व की परिणति अंत में संतुलन या सामंजस्य में होती है। द्वन्द्व जहाँ दो स्थितियों या दो वस्तुओं के पारस्परिक विरोध का सूचक है, वहीं संतुलन उनके सामंजस्य का सूचक है। कई बार किसी द्वन्द्वात्मक स्थिति में सामंजस्य स्थापित हो जाने के बाद भी पुरानी परम्परा चलती रहती है, किन्तु उस स्थिति में वह प्रभाव-शून्य होकर रूढ़ि मात्र बन जाती है। उसका आकर्षण समाप्त हो जाता है। उदाहरण के लिए, स्वतंत्रता प्राप्ति से पूर्व जब भारत में अंग्रेजों का आधिपत्य था और स्वराज्य आन्दोलन चल रहा था, तो उस समय अंग्रेजों के विरोध में तथा भारत की स्वतंत्रता के पक्ष में बहुत सी रचनायें रची जाती थीं और वे बहुत लोकप्रिय थीं, किन्तु अब जबकि भारत स्वतंत्र हो गया है, इस प्रकार की रचनाओं की रचना भी शिथिल हो गई है। इस सम्बन्ध में एक उदाहरण और लिया जा सकता है, जब भारत पर चीन का आक्रमण हुआ तो उस समय प्रायः सभी कवि वीर रस की रचनाओं में प्रवृत्त हो गये। उस समय वे कविताएँ बहुत ही आकर्षक प्रतीत होती थीं, किन्तु आगे चल कर जब भारत-चीन द्वन्द्व शान्त हो गया तो उसके साथ ही वीर रस प्रधान ओजस्वी कविताओं की परम्परा भी लगभग समाप्त हो गई। जब एक परम्परा समाप्त हो जाती है तो उसके स्थान पर कोई अन्य परम्परा नये द्वन्द्वों से प्रेरित होकर विकसित होती है।

इस प्रकार हम देखते हैं कि साहित्य के विकास की प्रक्रिया उपर्युक्त पाँचों सूत्रों या तत्वों पर आधारित है। इनमें से किस सूत्र का महत्व अधिक है और किसका कम ?—इसका निर्णय करना कठिन है। जिस प्रकार एक पौधे के विकास के लिए बीज रूपी सृजन शक्ति, भूमि रूपी परम्परा, जलवायु रूपी वातावरण, जल रूपी द्वन्द्व आवश्यक है तथा जब वह पौधा अपने चरम विकास की स्थिति को प्राप्त कर लेता है या यों कहिये अपने सभी अंगों में सामंजस्य या संतुलन स्थापित कर लेता है तो धीरे-धीरे अवसान को प्राप्त कर लेता है। साहित्य के विकास की भी यही स्थिति है।

साहित्य की प्रवृत्तियों का विकास—ऊपर हमने साहित्य के विकास सम्बन्धी सामान्य सिद्धान्त का निरूपण किया है, किन्तु साहित्य की विभिन्न प्रवृत्तियों का विवेचन-विश्लेषण करने के लिए एक अन्य सिद्धान्त का भी उपयोग किया जा सकता है, जो मानव मनोविज्ञान पर आधारित है। मनोविज्ञान के अनुसार हमारी सभी मानसिक प्रक्रियाएँ तीन तत्वों में विभक्त की जा सकती हैं—ज्ञान; भावना और क्रिया। वैसे तो सभी व्यक्तियों में ये तीनों प्रक्रियाएँ निरंतर सक्रिय रहती हैं, किन्तु फिर भी सूक्ष्म दृष्टि से विभिन्न व्यक्तियों की प्रकृति में परस्पर थोड़ा अन्तर रहता है। कुछ व्यक्तियों में ज्ञान की प्रवृत्ति अधिक होती है तो कुछ में भावना की अर्थात् कुछ में ज्ञान प्रमुख होता है और भावना गौण, तो अन्य

में भावना प्रमुख तथा ज्ञान गौण। इनके अतिरिक्त तीसरी श्रेणी में वे व्यक्ति आते हैं जिनमें क्रिया या कर्म की प्रधानता होती है। इस प्रकार हम कह सकते हैं कि स्थूल रूप से तीन प्रकार के व्यक्तित्व होते हैं—ज्ञान प्रधान, भावना प्रधान और कर्म प्रधान। यह भेद विभिन्न साहित्यकारों के व्यक्तित्व पर भी लागू होता है और उसी के अनुरूप उनके साहित्य में भी किसी एक तत्व की प्रमुखता रहती है। ज्ञान प्रधान साहित्यकार प्रमुखतः आदर्शवादी होता है और वह महापुरुषों के जीवन को लेकर या विश्व की महान् घटनाओं को आधार बनाकर अपने साहित्य की रचना करता है। उसके साहित्य में 'स्व' की अपेक्षा 'पर' का महत्व अधिक होता है। उसका स्वर व्यष्टिमूलक न रहकर समष्टिमूलक होता है। वह साहित्य-रचना केवल रचना के लिए नहीं करता, अपितु अपने युग व समाज को नया दृष्टिकोण या नया संदेश देने के लिए करता है। इसी लक्ष्य की पूर्ति के लिए वह प्रायः निबन्धात्मक या महाकाव्यात्मक शैली का अनुसरण करता है। उसकी रचनाएँ क्लासिक या परिनिष्ठित श्रेणी में आती हैं।

दूसरे वर्ग में हम उन साहित्यकारों को स्थान दे सकते हैं जिनमें भावना की प्रमुखता होती है। इस वर्ग के साहित्यकार सत्य की अपेक्षा सौन्दर्य को और ज्ञान की अपेक्षा भावना को तथा नीति की अपेक्षा शृङ्गार को अधिक महत्व देते हैं। वे समाज की परम्परागत मान्यताओं और रूढ़ियों का विरोध करते हैं तथा परम्परागत व्यवस्था के प्रति असंतोष एवं विद्रोह की अभिव्यक्ति करते हैं। उनका स्वर प्रायः व्यक्तिवादी होता है। उनके काव्य में दूसरों की गाथा कम अपनी व्यथा अधिक रहती है। इस वर्ग के प्रति प्रबन्ध या महाकाव्य न लिखकर गीतों की शैली अपनाते हैं। अंग्रेजी में इन्हें रोमांटिक तथा हिन्दी में स्वच्छन्दतावादी कहा जाता है। मध्यकाल के स्वच्छंद प्रेम के प्रमुख कवि घनानन्द, बोधा आदि तथा आधुनिक काल के छायावादी कवि इसी वर्ग में आते हैं।

तीसरे वर्ग में हम ऐसे साहित्यकारों को स्थान दे सकते हैं जिनमें ज्ञान, भावना की अपेक्षा क्रिया की प्रधानता होती है। वैसे तो कोई साहित्य-रचना ज्ञान, भावना से शून्य नहीं होती, किन्तु यहाँ हमारा अभिप्राय यह है कि इस वर्ग के कवियों में अपेक्षाकृत क्रिया या कर्म की अधिकता रहती है। इसलिए इनका लक्ष्य न तो ज्ञान प्रधान आदर्शवादी कवियों की भाँति महान् पुरुषों के जीवन का चित्रण करना होता है और न ही भावना प्रधान स्वच्छन्दतावादी कवियों की भाँति अपने सुख-दुख या प्रेम-विरह को लेकर आँसू बहाना होता है, अपितु वे वर्तमान जीवन को लेकर सामान्य व्यक्तियों के क्रिया-कलापों का चित्रण करते हैं। साहित्य में इन्हें यथार्थवादी कहा जाता है। यद्यपि यथार्थवादियों के भी कई वर्ग हैं, किन्तु इन सभी में जीवन और समाज की यथार्थ गतिविधियों के अंकन की प्रमुखता रहती है। काव्य में ये प्रायः मुक्तक शैली एवं लोकप्रचलित भाषा को अपनाते हैं।

इस प्रकार हम देखते हैं कि ज्ञान, भावना और क्रिया के आधार पर साहित्यकारों के भी तीन वर्ग आदर्शवादी, स्वच्छन्दतावादी एवं यथार्थवादी स्थापित हो जाते हैं। उसी के अनुसार उनके साहित्य की मूल प्रवृत्ति, उनका विषय क्षेत्र और उनकी अभिव्यंजना शक्ति अपना रूप ग्रहण करती है। यहाँ यह भी उल्लेखनीय है कि साहित्य के क्षेत्र में समय-समय पर आदर्शवादी, स्वच्छन्दतावादी एवं यथार्थवादी आन्दोलन भी चक्रवत् घूमते रहते हैं। जब आदर्शवाद अपनी चरम सीमा पर पहुँच जाता है तो उसकी प्रतिक्रिया स्वरूप स्वच्छन्दतावाद का उन्मीलन होता है और जब स्वच्छन्दतावाद चरम सीमा पर पहुँच जाता है तो उसकी प्रतिक्रिया स्वरूप यथार्थवाद का प्रादुर्भाव होता है। उदाहरण के लिए,

आधुनिक हिन्दी काव्य के क्षेत्र में द्विवेदी युग आदर्शवाद का सूचक है। जब द्विवेदी युग का आदर्शवाद चरम सीमा पर पहुँच गया तो उसकी प्रतिक्रिया स्वरूप स्वच्छन्दतावादी छायावादी कविता के रूप में प्रकट हुआ और इसी प्रकार छायावाद भी स्वच्छन्दतावाद की चरम सीमा पहुँच गया तो प्रगतिवाद एवं प्रयोगवाद (नई कविता) ययार्थवाद या अतियथार्थवाद के रूप में अवतरित हुआ।

इस प्रकार इन सिद्धान्तों के आधार पर साहित्य के इतिहास की वैज्ञानिक एवं प्रामाणिक विवेचना की जा सकती है। इसलिए साहित्य के इतिहास क़े अध्येता के लिए इनकी जानकारी परम आवश्यक है।

२५

यथार्थवाद : स्वरूप एवं प्रवृत्तियाँ

'यथार्थवाद' का शाब्दिक अर्थ है—जो वस्तु जैसी हो, उसे उसी अर्थ में ग्रहण करना है। दर्शन, मनोविज्ञान, सौन्दर्य-शास्त्र, कला एवं साहित्य के क्षेत्र में वह विशेष दृष्टिकोण, जो सूक्ष्म की अपेक्षा स्थूल को, काल्पनिक की अपेक्षा वास्तविक को, भविष्य की अपेक्षा वर्तमान को, सुन्दर के स्थान पर कुरूप को, आादर्श के स्थान पर यथार्थ को ग्रहण करता है—यथार्थवादी दृष्टिकोण कहलाता है। दर्शन के क्षेत्र में जहाँ एक आदर्शवादी किसी अप्रत्यक्ष सत्ता, अलौकिक शक्ति, सूक्ष्म जगत् और मरणोत्तर जीवन के अस्तित्व में विश्वास करता है, वहाँ यथार्थवादी स्थूल, भौतिक एवं प्रत्यक्ष जगत् में ही जीवन की इतिश्री मानता है, भारतीय और अभारतीय—सभी दार्शनिकों में आदर्शवादी और यथार्थवादी—दोनों दृष्टिकोण मिलते हैं। जहाँ हमारे उपनिषद्कारों ने और पाश्चात्य विद्वान प्लेटो ने स्थूल जगत् को मिथ्या बताते हुए सूक्ष्म आध्यात्मिक लोक को ही सत्य घोषित किया, वहाँ भारतीय सांख्य, वैशेषिक, चार्वाक आदि दर्शनों में तथा पश्चिम के भौतिक विकासवाद में यथार्थवादी दृष्टिकोण के अनुसार भौतिकता को महत्व प्रदान किया गया है।

यथार्थवादी दृष्टिकोण को अपनाते हुए भी प्रत्येक धर्म और दर्शन के आदर्श का थोड़ा-बहुत स्थान अवश्य है, किन्तु इसके विपरीत विज्ञान और मनोविज्ञान में विशुद्ध यथार्थवादिता का बोलबाला होता है। राजनीति के क्षेत्र में आदर्श और यथार्थ दोनों को स्थान प्राप्त है। जहाँ गांधीजी का 'राम-राज्य' आदर्शवादिता का प्रतीक है, वहाँ मार्क्स की साम्यवादी व्यवस्था विशुद्ध यथार्थवादी दृष्टिकोण को लेकर चलती है। सौन्दर्य-शास्त्र के क्षेत्र में दोनों वर्ग के विद्वान् मिलते हैं। आदर्शवादी चिन्तक सौन्दर्य को विषयगत न मानकर विषयीगत मानते हैं, जबकि यथार्थवादी विषय-वस्तु की स्थूल विशेषताओं में सौन्दर्य के उत्पादानों की खोज करते हैं। आदर्शवादी आलोचकों ने सौन्दर्य पर सामाजिकता, नैतिकता, एवं उपयोगिता का अंकुश लगाया, तो यथार्थवादिता ने उसे वैयक्तिकता, उच्छृङ्खलता एवं कलात्मकता के उन्मुक्त प्रांगण में खेलने की पूरी छूट दी।

साहित्य के क्षेत्र में भी दोनों दृष्टिकोणों का विकास हुआ है। जहाँ आदर्शवादी आदर्श व्यक्तियों के आदर्श क्रिया-कलापों एवं उच्च भावनाओं का चित्रण आदर्श शैली में करता है, वहाँ यथार्थवादी मानव-जीवन की वास्तविक परिस्थितियों का चित्रण सहज-स्वाभाविक माध्यम में प्रस्तुत करता है। ऐसी स्थिति में यह प्रश्न उठना स्वाभाविक है कि हम दोनों में से किसे ग्रहण करें। आदर्शवादी साहित्य को अधिक सम्मानित करें या यथार्थवादी को? या यथार्थ पर? इसी प्रश्न के साथ एक दूसरा प्रश्न उपस्थित होता है कि साहित्य की साहित्यिकता किस पर निर्भर है—आदर्श पर यथार्थ पर? साहित्य के मूल तत्त्व चार माने गये हैं—भाव, कल्पना, बुद्धि और

शैली। इनमें से भाव और कल्पना का सम्बन्ध आदर्श से है, जब कि शेष दो का यथार्थ से। कोई भी साहित्यकार चाहे वह कितना यथार्थवादी क्यों न हो, बिना कल्पना के पंखों पर सवार हुए भाव-जगत् का भ्रमण नहीं कर सकता। अतः किसी-न-किसी स्तर पर यथार्थवादी साहित्यकारों को भी आदर्शवादिता से सम्बन्धित तत्त्वों का आश्रय लेना पड़ता है। दूसरी ओर कोरे आदर्शों की सृष्टि करने-वाला साहित्य, जो मानव को देवता के रूप में उपस्थित करता है, धरती को स्वर्ग में परिणत कर देता है, वह अस्वाभाविकता और असाधारणता से इस प्रकार युक्त हो जाता है कि उसका साधारणीकरण होना ही असम्भव हो जाता है। अतः साहित्यकार का मार्ग आदर्श और यथार्थ की पटरियों को छूते हुए आगे बढ़ना है। जो इनमें से एक की उपेक्षा कर देता है, वह एकांगी हो जाता है। किसी एक को ही आधार मानकर रचित साहित्य भी 'साहित्य' तो कहलाता है, किन्तु उसकी स्थिति उस व्यक्ति की भाँति रहती है, जो एक पैर के अभाव में पंगु हो जाता है—जीवित वह रहता है, किन्तु उसकी गति में तीव्रता और संतुलन न्हीं रहता।

काव्य में दोनों का उचित समन्वय हो—यह भी एक आदर्श है; यथार्थ यह है कि ऐसा नहीं हो पाता। कवि को निजी दृष्टिकोण और परिस्थितियों के प्रभाव से किसी एक की ओर झुक जाना पड़ता है। यद्यपि थोड़ी-बहुत आदर्शवादिता और यथार्थवादिता प्रत्येक काव्य में उपलब्ध होगी, किन्तु उनमें प्रमुखता किसी एक की ही रहती है। अतः इसी आधार पर साहित्य को दो वर्गों—(१) आदर्शवादी और (२) यथार्थवादी—में विभाजित किया जा सकता है।

यथार्थवादी साहित्य की प्रवृत्तियाँ

किसी भी रचना को 'आदर्शवादी' श्रेणी में रक्खा जाय या यथार्थवाद की कोटि में—इसका निर्णय करने के लिए उसकी प्रवृत्तियों का अध्ययन करना आवश्यक है। हमारे दृष्टिकोण से एक यथार्थवादी रचना में निम्नलिखित प्रवृतियाँ सामान्यतः होती हैं:—

(क) यथार्थवादी कलाकार—'जीवन क्या है?' का उत्तर देता है। वह 'क्या होना चाहिए?' की सगस्या में नहीं पड़ता।

(ख) यथार्थवादी रचना में अतीत और भविष्य की अपेक्षा वर्तमान का चित्रण अधिक होता है।

(ग) यथार्थवादी रचना में जीवन असंगतियों, कटुताओं एवं विषमताओं का चित्रण होता है।

(घ) यथार्थवादी रचना में परिस्थितियों का मानव पर प्रभाव बताया जाता है, जबकि आदर्शवादी में मानव परिस्थितियों पर विजय प्राप्त कर लेता है।

(ङ) यथार्थवादी केवल समस्या प्रस्तुत करा है, उसका समाधान आदर्शवादी करता है।

(च) यथार्थवादी में वैयक्तिकता अधिक होती है, जबकि आदर्शवादी में सामाजिकता।

(छ) यथार्थवदी शैली में स्वाभाविकता, तीव्रता, व्यंग्यात्मकता अधिक होती है, जबकि आदर्शवादी में काल्पनिक , शिथिलता और कोमलता का वेग होता है।

(ज) यथार्थवादी साहित्य में रौद्र, वीभत्स एवं श्रृंगार की अभिव्यक्ति अधिक होती है, जबकि आदर्शवादी में करुण, वीर और शान्त की।

ये प्रवृत्तियाँ सामान्य रूप में ही बताई गई हैं, किन्तु अनेक स्थानों पर इनका अपवाद भी मिलता है। ऐसी स्थिति से प्रवृत्तियों की बहुलता के आधार पर दोनों का निर्णय करना उचित होगा।

भारतीय साहित्य में यथार्थवाद

प्रायः सर्वसधारण की धारणा है कि प्राचीन भारतीय जीवन एवं साहित्य में आदर्शोन्मुखता की ही प्रधानता रही है, किन्तु वास्तविकता यह नहीं है। जहाँ रामायण युगीन समाज में हम आदर्श के लिये यथार्थ की बलि होते देखते हैं, वहाँ महाभारतीय जीवन में यथार्थ की पूर्ति के निमित्त आदर्शों का पतन दृष्टिगोचर होता है। समाज की मर्यादाएँ क्या हैं—आदर्श क्या है—इन प्रश्नों का उत्तर महाभारतीय नेताओं ने यथार्थवादी ढंग से दिया है। युधिष्ठिर ने एक स्थान पर स्वीकार किया है कि समाज की मर्यादाएँ एवं नियम देश-काल सापेक्ष हैं, अतः उनमें आवश्यकतानुसार परिवर्तन किया जा सकता है। महाभारत की अनेक घटनाओं में भी हम आदर्शवादिता के विरुद्ध कूटनीति व कपट-कौशल का प्रयोग देखते हैं। महाभारत-परवर्ती युग में भी इस यथार्थवादी दृष्टिकोण का पर्याप्त विकास हुआ था, जिसका प्रमाण कौटिल्य के 'अर्थशास्त्र' व वात्स्यायन के 'काम-सूत्र' में मिलता है। प्राचीन आदर्श के विपरीत कौटिल्य स्त्रियों के लिए आवश्यकतानुसार अपने पति से सम्बन्ध-विच्छेद करने व पुरुषों से विवाह करने की अनुमति देता है। कामसूत्रकार मनोरंजन के निमित्त परकीयाओं व वेश्याओं तक से गुप्त सम्बन्ध स्थापित करने का समर्थन करता है। 'नाट्य-शास्त्र' के रचयिता भरत मुनि ने नाटक की नायिकाओं की सूची में परकीया को भी स्थान दिया है। वस्तुतः ये उदाहरण इस तथ्य के द्योतक हैं कि प्रथम द्वितीय शती तक भारतीय समाज के दृष्टिकोण में पर्याप्त यथार्थवादिता आ गई थी जिसका प्रभाव साहित्य पर भी आवश्यक था।

महाकवि कालिदास के दृष्टिकोण में हमें स्थान-स्थान पर यथार्थवादिता का परिचय मिलता है। 'मेघदूत' में वे एक ओर पत्नी-वियुक्त अपराधी के प्रति सहानुभूति व्यक्त करते हैं तो दूसरी ओर वे मानव दुर्बलताओं को स्वीकार करते हुए पूछते हैं—"कौन है जो विवृत्त जधनाओं के स्वाद से परिचित होकर उन्हें ठुकरा सके?" उन्होंने 'कुमार-संभव' में शिव-पार्वती के प्रथम समागम का वर्णन यथार्थानुमोदित शैली में किया, यद्यपि इसके लिए उन्हें लोकापवाद का भी कम सामना नहीं करना पड़ा आगे चलकर शूद्रक ने 'मृच्छकटिक' (मिट्टी की गाड़ी) में एक वेश्या-पुत्री को नायिका का पद देकर तथा चोर-जुआरियों के जीवन का चित्रण सहानुभूति से करके अपने यथार्थवादी दृष्टि कोण का परिचय दिया। संस्कृति के अन्य नाटकों में भी यथार्थवादिता का आग्रह इतना अधिक है कि उन्होंने निम्न-वर्ग के पात्रों के सम्भाषण में प्राकृत भाषा तक का प्रयोग किया है।

साहित्य में संस्कृत के स्थान पर जब प्राकृत की प्रतिष्ठा हुई तो यथार्थवादी प्रकृति का और भी अधिक विकास हुआ। हाल की 'गाथा-सप्तशती' विशुद्ध यथार्थवादी दृष्टिकोण से रचित है। इसमें रचचिता ने स्वर्ग या मोक्ष प्रदान करने का आडम्बर न रचकर अपना उद्देश्य—पाठकों को काम –कला की व्यावहारिक शिक्षा देना—स्पष्ट रूप में स्वीकार कर लिया है। इस ग्रन्थ में देवताओं के स्थान पर जनसाधारण को, अलौकिक क्रिया-कलापों के स्थान पर दैनिक जीवन के क्रिया-कलापों को नैतिकता से झुकी हुई आकांक्षाओं के स्थान पर मानव-हृदय की सहज-स्वाभाविक वृत्तियों के चित्रण को प्रमुखता प्राप्त हुई है। प्रेम की विभिन्न परिस्थितियों का निरूपण 'गाथा-सप्तशती' में अत्यन्त स्वाभाविक शैली में हुआ है। यहाँ प्रणयोद्भव के लिए कल्पना के बड़े-बड़े करतब नहीं दिखाये जाते और न ही मानवेतर प्राणियों को प्रेम-सन्देश पहुँचाने के लिए आमन्त्रित किया जाता है। स्वप्न-दर्शन या चित्र-दर्शन की आयोजना भी यहाँ नहीं होती। कोई अहीर कुल की बाला अपनी मौसी के यहाँ आई हुई है, वह गाँव के सब लोगों के मुँह से एक

विशेष युवक की ही बार-बार चर्चा सुनकर उसकी ओर आकर्षित हो जाती है। प्रेम का अंकुर इसी आकर्षण में निहित है, कवि इसी तथ्य को व्यंजित करता है—

उसी की कथाएँ होती है, विकसती हैं, फिर उसी तक समाप्त होती हैं!
क्या मैं !ह समझ लूँ, मौसी! कि वही एक युवक है इस गाँव में !!

(अनुवाद)

'गाथा-सप्तशती' का नायक व्यभिचारी है, अत; उसकी विवाहिता पत्नी का दु:खी रहना स्वाभाविक है। हाल ने इस उपेक्षित पत्नी की व्यथा का चित्रण मार्मिक शब्दों में किया है—जब उसका पति उसी के सम्मुख अपनी किसी प्रेमिका के सौन्दर्य की प्रशंसा करता है तो वह उत्तर देती है—" सचमुच ही वह सुन्दर है, रूप-गुण-शील है और यह भी मानती हूँ कि हममें कोई भी गुण नहीं, पर क्या जो उसके समान सुन्दर नहीं उसे मर ही जाना चाहिए।" वस्तुतः गाथा-सप्तशती इस प्रकार की यथार्थपूर्ण उक्तियों से भरी हुई है।

आगे चलकर अमरुक-शतक', 'शृगार-शतक', 'गोबर्धन-सप्तशती, 'चोर-पंचाशिका' आदि मुक्त रचनाओं ने गाथा-सप्तशती की यथार्थवादी परम्परा को आगे बढ़ाया। यही परम्परा अपभ्रंश मुक्तककारों में होती हुई हिन्दी से मुक्तक कवियों—देव, बिहारी, पद्माकर आदि तक पहुँची, जिसकी चर्चा आगे की जायेगी। उपर्युक्त पर्यालोचन से हम इस निष्कर्ष तक पहुँचते हैं कि प्राचीन भारत के नाटक एवं मुक्तक साहित्य में यथार्थवादिता को पर्याप्त प्रश्रय मिला है।

हिन्दी-काव्य में यथार्थवाद

हिन्दी काव्य के प्रारभ्भिक काल से ही उसमें यथार्थवादी दृष्टिकोण का प्रस्फुरण मिलता है। अमीर खुसरों, विद्यापति, नरपति नाल्ह आदि कवि राज्याश्रित थे, जिनका उद्देश्य शिक्षा देना न होकर मनोरंजन करना था, अतः उनमें यथार्थवादी दृष्टिकोण का मिलना स्वाभाविक है। खुसरों की निम्नांकित पंक्तियों में यथार्थवादिता का ही रंग दृष्टिगोचर होता है।-

गोरी सोवे सेज पर मुख पर डारे केस।
चल खुसरो घर आपने, रैन भई चहुँ देस।।

X X X

मोरा जोबना नबेलरा भयो है गुलाम।
कैसे गर दीनी बकस मोरी माल ।।

X X X

सखि ! पिया को जो मैं न देखूँ,
तो कैसे काटूँ अँधेरी रतियाँ।

यहाँ सौन्दर्य और यौवन की तरंगों का चित्रण उद्दाम रूप में है, किसी प्रकार की आदर्शवादिता या नैतिकता का नियन्त्रण इन पर दृष्टिगोचर नहीं होता।

प्रणय के उन्मुक्त कवि विद्यापति से तो किसी आदर्श की आशा करना ही व्यर्थ है! सौन्दर्य की प्रथम झलक देखकर ही उनकी समस्त आदर्शवादिता मूर्च्छित होकर गिर पड़ती है; और फिर जब हृदय में प्रेम का महोदधि उछलने लगता है तो समाज के सारे रीति-नियम उसमें डूब जाते है; उन्हीं के शब्दों में—

मनमधि मदन महोदधि उछलल
बूडल कुल मरजादे !!

प्रेम और धर्म में से किसे स्वीकार करना चाहिए—एक आदर्शवादी इसके उत्तर में कहेगा कि धर्म की रक्षा के लिए प्रणय का गला घोंट देना उचित है, किन्तु यथार्थवादी कवि विद्यापति अपनी प्रणय विह्वल नायिकाओं को सलाह देते हुए प्रेम को 'नीलमणि हार' तथा धर्म को काँच या शीशे के सदृश बताते हैं—

कुलबति धरम कांच समतूल। मदन भेल दलाल अनुकूल।।
आनल बेचि नीलमनि हार। से तुहू पहिरबि करि अभिसार।।

आदर्शवादियों के प्रेम का अन्त भी आदर्शमय होता है, या तो प्रेमी-प्रेमिका अनेक कठिनाइयों के अनन्तर एक सूत्र में बँधने में सफल हो जाते हैं, या दोनों अपने सपनों की पूर्ति के निमित प्राणों की बलि दे देते हैं; किन्तु विद्यापति के प्रणय-लोक में यह कुछ नहीं होता। रस-लोलुक नायक-भ्रमर कुछ दिनों के रस-पान के अनन्तर विमुख हो जाता है और अर्द्ध-विकसित म्लान कलिका-सी नायिका के पास केवल वेदना, निराशा, ग्लानि और अमर्ष से परिपूर्ण कुछ दाहक-स्मृतियाँ शेष रह जाती हैं। वह सोचता है—

कुल-कामिनी छलौं, कुलटा भए गेलौं तिन कर वचन लोभाई।
अपने कर हम मूड मुड़ाएल कानु से प्रेम बढ़ाई।।
चोर रमनि जनि मन मन रोअई अम्बर बदन छिपाई।
दीपक लो सलभ जनि घाएल से फल भुजइत चाई।।

अपने विगत प्रेम पर किया गया यह पश्चात्ताप कवि के यथार्थवादी दृष्टिकोण को स्पष्ट करने के लिए पर्याप्त है।

'बीसलदेव-रासो' सामन्तवादी व्यवस्था में जकड़ी हुई पराधीन नारी की यथार्थ गाथा है। यह प्रेयसी या पत्नी न होकर अपने पति की दासी मात्र है। यही कारण है कि बीसलदेव की इस गर्वोक्ति का—"मेरे समान और राजा कौन है? मेरे यहाँ नमक की झील है!"—सीधा और स्पष्ट उत्तर देने-मात्र के अपराध में उसकी रानी को बारह वर्ष का वियोग का दण्ड भुगतना पड़ता है। नारी-जीवन के प्रति कवि की सहानुभूति रानी राजभती के शब्दों में व्यक्त हुई है—

त्रिय जनम कांई दियो हो महेस।
अवर जनम थारै घणां हो नरेस।।

मध्यकालीन भारत की नारी मनुष्य-जीवन की अपेक्षा वन की काली कोयल, जंगल की हरिणी या घर की गाय का जन्म प्राप्त करना अधिक श्रेयस्कर समझती है—पशु-पक्षियों का जीवन मानव के लिए स्पृहणीय बन गया है। तत्कालीन परिस्थितियों को देखते हुए यह तथ्य वास्तविकता पर आधारित है।

मध्यकालीन हिन्दी कवि

मध्यकालीन भक्त कवियों का दृष्टिकोण आदर्शवादी था, किन्तु उन्होंने उसमें यथार्थ का भी कही-कहीं समन्वय किया है। विशेषतः सूरदास के काव्य में यथार्थ चित्रण सर्वाधिक मात्रा में हुआ है। उनके कृष्ण अवतार-पुरुष होते हुए भी साधारण बालक की भाँति माँ से चोटी बढ़ाने की बात पूछते है। गोपी-जीवन के विभिन्न दृष्यों में तत्कालीन ग्रामीण जीवन की झाँकी मिलती है। इसी प्रकार गोपियों की विरहाग्नि की व्यंजना भी सर्वथा यथार्थात्मक शैली का प्रयोग हुआ है।

उद्धव ज्ञान की जिस गठरी को लेकर गोकुल पहुँचे थे, वह आदर्शवादिता का ही दूसरा रूप था; उसे ठुकराकर मानों सूर ने आदर्शवादिता को ठुकरा दिया हो। गोपियाँ यह नहीं कहतीं कि उद्धव के ज्ञान का आदर्श मिथ्या है, अपितु उनका निवेदन तो यह है कि उनके वश की बात नहीं है—

मधुकर, मन नांही दस बीस।
एक हुतो सो गयो स्याम संग, को आराधै ईस!!

आगे चलकर रीतिकालीन श्रृंगारी कवियों में तो यथार्थवाद अपनी चरम सीमा तक पहुँचा हुआ है। वे सामाजिक आदर्शों के विरुद्ध परकीया की गुप्त क्रीड़ाओं का चित्रण रुचिपूर्वक करते हैं, अभिसारिकाओं की छद्म-लीला के वर्णन में वे नीति और नियम को भुला बैठते है; और इतना ही नहीं, वे सिद्धान्त रूप में भी स्वीकार कर लेते हैं—

कौन गनै, पुर बन नगर, कामनि एकै रीति।
देखत हरै विवेक लो, चित्त हरै करि प्रीति ।।

— देव

इन श्रृंगारी कवियों में यथार्थवादिता का आग्रह सबसे अधिक बिहारी में मिलता है। एक ओर तो वे श्रृंगारिकता को ही जीवन का चरम रक्ष्य घोषित कर देते हैं—"तन्त्री नाद, कवित्त, रस, सरस राग, रति रंग,"—दूसरी ओर आदर्शवादिता की डींग हाँकनेवालों को वे ललकारते हैं—

इक भीजै, चहलैं, परैं, बूढ़ैं, बहैं हजार।
कितने न औगुन जग करैं, बै नै चढ़ाती बार।।

प्रेम के क्षेत्र में नीति-नियम और मर्यादाओं का उल्लंघन हो जाता है, इस कटु यथार्थ को वे निःसंकोच रूप में स्वीकार कर लेते हैं—

क्यों बसियै, क्यों निबहियै, नीति-नेह-पुर नांहि!

X X X

किसी सुन्दरी के सौन्दर्य को देखकर मन को वश में रखना चाहिए, उसे कुपथ पर नहीं जाने देना चाहिए--आदर्शवादियों की इस सीख से बिहारी भी परिचित हैं, किन्तु—

गनतु न मनु पथु-अपथु, लखि बिथुरे सुथरे बार।।

कदाचित् ऐसे कुपथ-गामियों को 'निर्लज्ज' घोषित किया जायगा, पर बिहारी पहले ही अपनी निर्लज्जता स्वीकार कर लेते हैं—

फिरि-फिरि चितु, उतहीं रहतु टूटी लाज की नाव।।

सौन्दर्य क्या है? इस प्रश्न का उत्तर भी बिहारी ने यथार्थवादी ढंग से दिया है—

समै-समै सुन्दर सबै, रूप कुरूप न कोइ।
मन की रुचि जेती जितै, तित तेती रुचि होइ।।

यह तो सिद्धान्त की बात हुई। व्यावहारिक दृष्टि से भी बिहारी ने अपने युग के उन दृश्यों का अंकन किया है,जिन्हें एक आदर्शवादी सर्वथा उपेक्षित कर देता। देवर-भाभी के गुप्त सम्बन्ध, पड़ोसी एवं पड़ोसिनों की व्यभिचारिता, मन्दिरों के कथा-वाचकों एवं श्रद्धालु महिलाओं के

दुराचार, ठगी, वैद्यों एवं ज्योतिषियों आदि का चित्रण बिहारी ने निःसकोच रूप में किया है। वस्तुतः बिहारी को रीतिकाल का सबसे बड़ा यथार्थवादी कवि कहा जा सकता है।

आधुनिक युग

भारतेन्दु हरिश्चन्द्र का दृष्टिकोण आदर्शोन्मुख यथार्थवादी था, अर्थात् उन्होंने यथार्थ का चित्रण तो किया है, किन्तु उसमें रस लेते हुए नहीं, अपितु उसे व्यंग्यात्मक ढंग से प्रस्तुत किया है। तत्कालीन भारत की दुर्दशा, विदेशी शासकों का शोषण, सरकारी कर्मचारियों के अनाचार, धार्मिक एवं सामाजिक रूढ़ियों आदि का नग्न चित्रण भारतेन्दु और उनके सहयोगी कवियों द्वारा भरपूर हुआ है। उदाहरण के लिए भारतेन्दु की कुछ कह-मुकरनियाँ देखिए—

भीतर भीतर सब रस चूसै। हँसि-हँसि से तन-मन-धन मूसै।
जाहिर बातन में अति तेज। क्यों सखि साजन, नहिं अँगरेज।।

X X X

इनकी उनकी खिदमत करो, रुपया देते देते मरो।
तब आवे मोहि करन खराब, क्यों सखि साजन, नहीं खिताब।।

द्विवेदी युग और छायावाद युग में कवियों का दृष्टिकोण आदर्शात्मक ही रहा, यद्यपि दोनों की आदर्शवादिता में सूक्ष्म अन्तर था। द्विवेदी युग की आदर्शवादिता धर्म और संस्कृति के स्थूल रूप को ग्रहण करके आगे बढ़ी थी, जबकि छायावादी कवियों ने आध्यात्मिकता और दर्शन के सूक्ष्म तत्त्वों को अपनाया; किन्तु यथार्थवादिता का सर्वथा अभाव दोनों में ही है। जहाँ गुप्तजी की 'भारत–भारती' में यथार्थ का चित्रण हुआ है,वहाँ छायावादियों के असफल प्रणय की परिणति में तत्कालीन समाज की वास्तविकता निहित है। आगे चलकर प्रगतिवाद और प्रयोगवाद में तो यथार्थवाद को ही लक्ष्य मानकर चला गया है, अतः उनमें इसका चित्रण अत्यधिक मात्रा में मिलना स्वाभाविक है। प्रगतिवादियों ने जहाँ समाज की यथार्थ परिस्थितियों के अंकन का प्रयास किया है, वहाँ प्रयोगवादियों ने व्यक्ति की यथार्थ अनुभूतियों का। इसका विवेचन पीछे दो निबन्धों में किया जा चुका है (देखिए—'प्रगतिवाद और हिन्दी काव्य' तथा 'प्रयोगवाद और नई कविता' शीर्षक निबन्ध), अतः हम पुनरावृत्ति से बचने के लिए उनके सम्बन्ध में अधिक नहीं लिखेंगे।

उपर्युक्त विवेचन से स्पष्ट है कि हिन्दी –कविता का कोई भी युग ऐसा नहीं है जिसमें यथार्थ को स्थान न मिला हो। वस्तुत; हिन्दी काव्य में आदर्श की अपेक्षा यथार्थ का ही अधिक बोलबाला रहा। हाँ, इतना अवश्य है कि परिस्थिति-भेद से इस यथार्थ के रूप विभिन्न रहे हैं। जहाँ रीतिकाल में दाम्पत्य-जीवन एवं समाज की श‍ृङ्गारिक प्रवृतियों का यथार्थ चित्रण रुचिपूर्वक हुआ, वहाँ भारतेन्दु युग में समाज की व्यापक परिस्थितियों का अंकन व्यंग्यात्मक दृष्टिकोण से हुआ है। प्रगतिवाद इस दृष्टि से भारतेन्दु युग की यथार्थवादिता के निकट है, जबकि प्रयोगवादी रीतिकालीन वैयक्तिक श‍ृङ्गारिकता से भी आगे बढ़े हुए हैं। अस्तु, यथार्थ यथार्थ ही है, उससे आदर्श की आशा रखना दुराशामात्र ही सिद्ध होगी।

●

२६
प्रतीकवाद : स्वरूप और प्रवृत्तियाँ

श्री रामचन्द्र वर्मा ने 'प्रामाणिक हिन्दी (शब्द) कोष' में 'प्रतीक' शब्द के ये अर्थ दिये हैं– (१) चिह्न, लक्षण, निशान; (२) मुख मुँह; (३) आकृति या रूप या सूरत; (४) किसी के स्थान पर या बदले में रखी हुई या काम आने वाली वस्तु; (५) प्रतिमा, मूर्ति; (६) वह जो किसी समष्टि के प्रतिनिधि के रूप में और उसकी सब बातों का सूचक या प्रतिनिधि हो (सिम्बल symbol)। अर्थों की यह विविधता ही 'प्रतीक' शब्द की व्यापकता सिद्ध करती है। हमारे जीवन के विभिन्न क्षेत्रों में 'प्रतीक' शब्द का प्रयोग भी विभिन्न प्रकार से होता है। हमारे सामाजिक या राष्ट्रीय जीवन में हमारे गौरव का सूचक कोई रंग, आकृति या चिह्न प्रतीक कहलाता है; जैसे किसी संस्था का व्यापारिक चिह्न, किसी समाज को कोई मुद्रा या किसी राष्ट्र की ध्वजापताका, कोई रंग या आकार। धार्मिक क्षेत्र में पत्थर या धातु-मूर्तियों किसी परम सत्ता की प्रतीक के रूप में पूजी जाती हैं। इसी प्रकार साहित्य-क्षेत्र में किसी भाव या विचार का प्रतिनिधित्व करने वाले शब्द 'प्रतीक' कहलाते हैं। वैसे तो हमारी भाषा का प्रत्येक शब्द ही सामान्यत; प्रतीक है। हम 'गाय' को 'गाय' क्यों कहते हैं? इसलिए कि इस ध्वनि को हमने पशु-विशेष का प्रतीक मान लिया है। दूसरी भाषाओं में 'गाय' को 'गाय' न कहकर और कुछ कहा जाता है, क्योंकि उन्होंने किसी दूसरी ध्वनि को प्रतीक माना है। इस स्थिति में तो भाषा का प्रत्येक शब्द प्रतीक सिद्ध होता है, किन्तु प्रतीकवाद का सम्बन्ध इस रूप से नहीं है। वस्तुतः किसी भी शब्द के प्रचलित अभिधेय अर्थ को ग्रहण करते हुए भी जब उसके द्वारा किसी अन्य अर्थ की सूचना दी जाय तो उसे प्रतीक कहते हैं। यदि किसी मृत शरीर को देखकर कहा जाय कि "पक्षी उड़ गया, खाली पिंजरा पड़ा है।" तो यहाँ पक्षी प्राणों का प्रतीक तथा पिंजरा शरीर का प्रतीक कहलायेगा।

प्रश्न है प्रतीकों का काव्य या साहित्य में प्रयोग क्यों किया जाता है? इसका उत्तर है कि काव्य में उन सभी साधनों का प्रयोग किया जाता है, जो हमारी भावनाओं को अधिक स्पष्टता से, अधिक प्रभावशाली रूप में प्रकट करने में सहायक हो सकें। काव्य में विभिन्न अलंकारों का प्रयोग इसी उद्देश्य से किया जाता है–यह दूसरी बात है कि कुछ कवि चमत्कार-प्रदर्शन के लिए भी ऐसा करते हैं; किन्तु अलंकारों का मूल लक्ष्य तो भावाभिव्यक्ति को अधिक स्पष्ट और प्रभावशाली बनाना ही है। इसी प्रकार प्रतीकात्मकता का भी यही उद्देश्य है। प्रतीकों के प्रयोग से मुख्यतः इन लक्ष्यों की पूर्ति होती है–(१) सूक्ष्म भाव, विचार या कल्पना को स्थूल रूप में प्रस्तुत करना। इससे अगोचर रूप में तथा अप्रत्यक्ष प्रत्यक्ष रूप में उपस्थित हो जाता है जिससे पाठक को 'बिम्ब-ग्रहण' में सहायता मिलती है। जैसे–'निराशा' को 'अंधकार' का प्रतीक बताना, या 'ज्ञान' को 'प्रकाश' का। (२) अपरिचित वस्तु का परिचय किसी परिचित आधार पर देना। इससे पाठक

सुगमतापूर्वक अपरिचित का ज्ञान प्राप्त कर सकता है। जैसे, तुलसीदासजी ज्ञान और भक्ति का भेद बताते हुए एक को 'दीपक' के रूप में और दूसरी को 'चिन्तामणि' के रूप में प्रस्तुत करते हैं। (३) अप्रस्तुत का वर्णन करके पाठक के हृदय में प्रस्तुत विषय में जिज्ञासा जागृत करना; जैसे कबीर का यह कथन—'ठाढा सिंह चरार्व गाई' (४) विषय-वस्तु की व्यंजना अभिधा में न करके ध्वनि या व्यंग्य रूप में करना, जैसे, बिहारी के इस दोहे—'नहिं पराग नहिं मधुर रस, नहिं विकास इहि काल' में कमल की कली अस्फुटयौवना बाला की प्रतीक है। (५) एक ही शब्द, वाक्य, प्रसंग, कहानी या काव्य के द्वारा दो विषयों का प्रतिपादन एक साथ करना; जैसे पद्मावत और कामायनी में रत्नसेन-पद्मिनी या मनु-श्रद्धा के प्रतीकार्थों के द्वारा लौकिक और आध्यात्मिक विचारों की अभिव्यक्ति एक साथ की गई है। कुछ विद्वानों का विचार है कि प्रतीकों का प्रयोग उस समय ही किया जाता है, जबकि व्यक्ति भावाभिव्यक्ति में सर्वथा असमर्थ हो जाता है या भाषा की अभिधा शक्ति कुंठित हो जाती है। हमारी दृष्टि में यह विचार ठीक नहीं। कभी-कभी ऐसा हो सकता है, किन्तु सर्वत्र ऐसा नहीं होता। जिस प्रकार अलंकारों के प्रयोग बिना भाषा का काम चल सकता है, वैसे ही प्रतीकों के प्रयोग के बिना भी चल सकता है; किन्तु भावाभिव्यक्ति को और अधिक स्पष्ट, आकर्षक एवं प्रभावशाली बनाने के लिए तो अंलकारों और प्रतीकों का प्रयेाग होना चाहिए। ध्यान रहे, प्रतीकों का अति प्रयोग या अस्पष्ट रूप में प्रयोग भाषा को दुर्बोध एवं अभिव्यक्ति को अस्पष्ट भी बना देता है।

प्रतीक और अलंकार

यहाँ हमे प्रतीक के स्वरूप का स्पष्टीकरण करते हुए यह जान लेना चाहिए कि अंलकारों और प्रतीकों में क्या अन्तर है। जैसा कि ऊपर स्पष्ट किया गया है, प्रतीकों के प्रयोग का लक्ष्य भी वही है जो अलंकारों के प्रयोग का है। प्रतीक का स्वरूप भी हमारे अन्योक्ति अलंकार से गहरा मिलता-जुलता हैं। प्रतीक का प्रयोग मूल वस्तु, भाव या विचार के रूप-साम्य, क्रिया-साम्य या प्रभाव-साम्य के आधार पर किया जाता है, यही बात निरंग रूपक, अन्योक्ति और समासोक्ति अलंकारों में मिलती है। उदाहरण के लिए यहाँ कुछ पंक्तियाँ देखिए—

(१) *माली आवत देखि कै कलियाँ करैं पुकारि।*
फूले फूले चुनि लिये, कालि हमारी बारि।। —कबीर

(२) *नहिं पराग, नहिं मधुर मधु, नहिं विकास इहि काल।*
अली कली ही सौं बंध्यो, आगे कौन हवाल।। —बिहारी

(३) *कहाँ छिपा ए चाँद हमारा।*
जेहि बिनु रैनि जगत अँधियारा। —जायसी

(४) *कवंल जो बिगसा मानसर, बिनु जल गयउ सुखाइ।*
अबहुँ बेलि फिर पलुहै, जों पिय सींचै आइ।। —जायसी

(५) *सौ दिल्ली अस निबहुर देसू।*
केहि पूछहूँ को कहै सन्देसू।। —जायसी

(६) *उन्ह बानन्ह अस को जो न मारा।*
बेधि रहा सगरौ संसारा।। —जायसी

यहाँ पहले दोहे में 'माली' मृत्यु का प्रतीक है तथा दोनों में क्रिया-साम्य है। दूसरे दोहे में मधु, पराग एवं विकासहीन कलिका अविकसित-यौवना बाला की प्रतीक है, दोनों में गुण-साम्य है। तीसरे में चाँद भी प्रिय का प्रतीक है, तथा दोनों में प्रभाव-साम्य है। इसी प्रकार अन्य उदाहरणों में भी कमल-बेलि, दिल्ली, बाण आदि क्रमशः नायिका, परलोक एवं वरुणियों की प्रतीक हैं। किन्तु प्रतीक में और इन अलंकारों में थोड़ा-सा अन्तर है। उपर्युक्त अलंकारों—अन्योक्ति, विनोक्ति, समासोक्ति आदि—में प्रस्तुत और अप्रस्तुत दोनों अर्थ चमत्कारपूर्ण हैं, जबकि प्रतीकात्मकता में कभी-कभी केवल अप्रस्तुत अर्थ ही चमत्कारपूर्ण होता है। अतः भले ही प्रतीक को इनमे से किसी प्रचलित अलंकार का पूरा पर्यायवाची न मानें, किन्तु उसे एक स्वतंत्र अलंकार—जिसमें उपमेय का वर्णन उपमान के द्वारा इस प्रकार किया जाता है, कि जिससे उपमेय का उल्लेख बिल्कुल नहीं हो—कहा जा सकता है। वस्तुतः संस्कृत-हिन्दी के निरंग-रूपक; अन्योक्ति, समासोक्ति आदि में जिसे उपमा कहते हैं वही 'प्रतीक' का पर्यायवाची है, केवल उसके वर्णन की पद्धति में थोड़ा अन्तर होता है। अतः ऐसा कोई कारण नहीं कि जिससे प्रतीक एक प्रकार का अलंकार नहीं माना जाय।

प्रतीकवाद का आविर्भाव और विकास

जिस प्रकार भारत के कुछ काव्य-शास्त्रियों ने अलंकार, वक्रोक्ति और ध्वनि आदि में से प्रत्येक को ही काव्यगत सौन्दर्य का मूलाधार सिद्ध करने का प्रयत्न किया, वैसे ही यूरोप के कुछ विद्वानों ने प्रतीकों के प्रयोग को काव्य-सौन्दर्य का समस्त महत्त्व प्रदान करने का प्रयास किया। फ्राँस के एक प्रसिद्ध कवि जीन मोरे ने अपनी पत्रिका 'फिगारो' के १८ सितम्बर, सन् १८८६ के अंक में सर्वप्रथम 'प्रतीकवाद' की घोषणा की। इसकी स्थापना तत्कालीन साहित्य में प्रचलित प्राकृतवाद (Naturalism) के विरोध में हुई। प्राकृतवाद के अनुसार मानवीय मस्तिष्क की समस्त प्रक्रियाएँ इन्द्रियजन्य हैं। फलतः प्राकृतवाद में अध्यात्म के स्थान पर भौतिकता की, आदर्श के स्थान पर यथार्थ की, सौन्दर्य के स्थान पर कुरुपता की और अलंकारिकता के स्थान पर स्वाभाविकता की प्रतिष्ठा की गई। प्राकृतवाद का प्रमुख उन्नायक फ्रेंच उपन्यासकार एमिल जोला (१८४०-१९०२) माना जाता है प्राकृतवादी लेखक अपनी समस्त अनुभूतियों तथा मान्यताओं को बिना किसी बन्धन तथा सामाजिक नियमों को मानते हुए प्रकृत रूप में अभिव्यक्त करने लगे। इस प्रकार प्राकृतवाद के विरोध में प्रतीकवादियों ने काव्य में आध्यात्मिकता, अलौकिकता, अलंकारिता एवं अस्पष्ट अभिव्यक्त पर बल दिया।

कवि जीन मोरे की प्रतीकवाद-सम्बन्धी घोषणा के कुछ समय पश्चात् इसका प्रचार विभिन्न क्षेत्रों में हो गया। श्री अलबर्ट औरिएट महोदय ने सन् १८९१ में एक लेख प्रकाशित करके प्रतीकवाद की व्याख्या अधिक स्पष्ट रूप में की। उन्होंने बताया कि प्रतीकवादी दृष्टिकोण से प्रत्येक कला-कृति में ये विशेषताएँ होनी चाहिए—(१) वह भावात्मक हो, क्योंकि कला का लक्ष्य भावों की व्यंजना करना ही है। (२) भावों को स्थूल रूप और आकार प्रदान करने के लिए प्रतीकों

का प्रयोग आवश्यक है। (३) वह संश्लेषणात्मक हो। (४) विषयी परक हो, अर्थात् उसमें कवि के व्यक्तित्व को प्रमुखता प्राप्त हो। (५) वह अलंकृत हो या उसमें अलंकारिकता हो। काव्य के अतिरिक्त चित्रकला के क्षेत्र में भी प्रतीकवाद की प्रतिष्ठा हुई। प्रतीकवाद आन्दोलन के प्रसार में रहस्यवादी विचारधारा ने भी पर्याप्त योग दिया। प्रतीकवादी आन्दोलन से यूरोप के अनेक प्रमुख कवि, लेखक एवं आलोचक प्रभावित हुए, जिनमें कीट्स, जैम्स ज्वायस, गूर्टन स्टीन, वेलेरी रिल्के, ह्विटमैन, अलेग्जेण्डर, ब्लॉक, सैंड वर्ग आदि का नाम लिया जाता है।

प्रतीकवादी विचारधारा

श्री राजनारायण बिसारिया ने अपने एक लेख—'प्रतीकवाद की स्थापना' (आलोचना, अंक ९) में प्रतीकवादी विचारधारा पर प्रकाश डालते हुए लिखा है—"कुछ प्रतीकवादियों के अनुसार ऐसे सभी भाव, जो कि हमारे हृदय में उठते हैं, प्रत्येक अनुभव जो कि शब्द, स्पर्श, रूप, रस, गन्ध, के माध्यम से हमें मिलते हैं और प्रत्येक क्षण, जो कि हमारी मनस्-चेतना को एक विशिष्ट तरंग में झंकृत कर जाते हैं, एक दूसरे से सटे रहकर भी विलग, इतने अछूते, इतने गतिशील और इतने अग्राह्य होते हैं कि न तो हमारी अभिव्यक्ति उन्हें यथावत् पकड़ पाती है और न स्मरण-शक्ति ही उनके वास्तविक रूप को सहेजकर रख पाती है। प्रत्येक कलाकार अपने इन अनुभवों को अपने दृष्टिकोण की विशिष्टता से देखता और अपनी रुझान के अनुरूप अभिव्यक्ति में रंग-प्रकाश की नियोजना करता है।" उनके इस कथन का तात्पर्य यह है कि प्रतीकवाद का प्रयोजन हमारी अस्पष्ट एवं अनिर्दिष्ट भावनाओं एवं अनुभूतियों को निजी दृष्टिकोण से चित्रित करता है एक कवि की अनुभूति में दूसरे कवि की अनुभूति से सूक्ष्म अन्तर रहता है, अतः सभी कवि एक-जैसे शब्दों का प्रयोग नहीं कर सकते, अतः अपने-अपने दृष्टिकोण से नये-नये प्रतीकों का प्रयोग करते हैं। प्रतीकवादी केवल विचारों या भावों की अभिव्यक्ति करके ही संतुष्ट नहीं हो जाता, अपितु वह सूक्ष्मातिसूक्ष्म ध्वनियों, अनुभूतियों, सुगन्धियों आदि की भी व्यक्त करता है। उन्होंने अन्तर्मन की सूक्ष्म स्मृतियों, ध्वनियों-प्रतिध्वनियों और रहस्यपूर्ण संकेतों पर कविताएँ लिखी।

प्रतीकवादी काव्य का विषय सूक्ष्मातिसूक्ष्म होने के कारण और उसकी शैली—प्रतीकात्मकता—की अस्वाभाविकता, कृत्रिमता एवं नवीनता के कारण उसमें अस्वाभाविकता और अस्पष्टता का आना स्वाभाविक था, किन्तु इस वाद के समर्थकों ने अस्पष्टता को काव्य का एक गुण माना है। इस सम्बन्ध में मलार्मे का कथन है—कविता का आनन्द तभी मिलता है जबकि हमें संतोष हो कि हम उसकी वस्तु का थोड़ा-थोड़ा करके अनुमान लगा रहे हैं, परन्तु स्पष्ट रूप में वर्णन कर देने से कविता का तीन-चौथाई आनन्द नष्ट हो जाता है। हमारी मनस्—चेतना को वही प्रिय है, जो संकेत करता हो, सचेत करता हो।"

सम्भवतः प्रतीकवादी अभिधा के स्थान पर लक्षणा और व्यंजना के महत्व की प्रतिष्ठा करना चाहते थे, किन्तु वे अपने लक्ष्य से भटक गये। लाक्षणिकता और व्यंग्यात्मकता के स्थान पर उन्होंने दुर्बोधता एवं अस्पष्टता को अपना लिया।

पाश्चात्य प्रतीकवाद के गुण-दोष

काव्य में प्रतीक के महत्व को कोई अस्वीकार नहीं कर सकता—वे साहित्यकार जो कि प्रतीकवाद के अनुयायी नहीं थे, उन्होंने भी अपनी रचनाओं में प्रतीकों का प्रयोग किया है।

सामान्य रूप से प्रतीकों का प्रयोग प्रायः सभी देशों के, सभी युगों के साहित्य में न्यूनाधिक मात्रा में सर्वत्र हुआ है, किन्तु काव्य के अन्य गुणों की अपेक्षा प्रतीकात्मकता को ही सर्वोच्च स्थान प्रदान करने का श्रेय पाश्चात्य प्रतीकवादियों को ही है। प्रतीकों के महत्त्व की तथा उनके प्रयोग की जैसी सूक्ष्म व्याख्या इस वाद के अनुयायियों द्वारा हुई है, वैसी अन्यत्र नहीं मिलती।

प्रतीकवाद के पक्ष में सबसे बड़ा तर्क तो यह है, कि इसने प्राकृतवादियों एवं यथार्थवादियों के आंदोलन का दृढ़ता से सामना किया। जहाँ प्राकृतवादियों ने काव्य में से अलंकारिकता का पूर्णतः निष्कासन कर दिया था, वहाँ इन्होंने अलंकारिकता—प्रतीकात्मकता—को ही काव्य का सर्वोच्च गुण सिद्ध किया। दूसरे, प्रतीकवादियों ने सूक्ष्मातिसूक्ष्म भावों की अभिव्यक्ति को लक्ष्य बनाकर काव्य को गंभीर स्वरूप प्रदान किया। तीसरे, उन्होंने साहित्य में सौन्दर्य की प्रतिष्ठा की। चौथे, उन्होंने शैली और अभिव्यंजना-सम्बन्धी नवीन प्रयोगों के द्वारा कविता को रूढ़िग्रस्त भाषा से मुक्त किया। पाँचवे, उन्होंने काव्य और संगीत में सामंजस्य स्थापित किया। इसके अतिरिक्त उन्होंने साहित्य को राजनीति के प्रभाव से बचाया है। किन्तु प्रतीकवाद में दोष भी कम नहीं हैं। अन्ततः प्रतीकात्कता एक अलङ्कार ही है, उसे आवश्यकता से अधिक महत्त्व देना अनुचित है। प्रतीकात्मकता अभिव्यक्ति का साधन-मात्र है, साध्य नहीं किन्तु प्रतीकवादियों ने उसे साध्य ही मान लिया। स्पष्ट अभिव्यक्ति के नाम पर इन्होंने ऐसे प्रतीकों का समर्थन किया, जो कि कविता और चित्र का अस्पष्ट एवं दुर्बोध बना देते हैं कला के सहज-स्वाभाविक रूप के स्थान पर उसे कृत्रिम एवं जटिल रूप से आच्छादित कर दिया गया। प्रतीकात्मकता शैली है, उसे भाव पक्ष से अधिक महत्व नहीं दिया जाना चाहिए था। प्रतीकावादियों के प्रभाव से काव्य-कला भी भाँति चित्रकला में भी अस्पष्ट एवं दुर्बोधता का प्रचार हुआ। अतः प्रतीकवाद की इस अतिवादिता का समर्थन किसी भी प्रकार से नहीं किया जा सकता। काव्य में प्रतीक ही नहीं, अन्य अलङ्कारों का प्रयोग भी एक सीमित एवं साधन रूप में ही होना चाहिए। सभी स्थानों पर प्रतीकों की भाषा में बोलना पशु-पक्षियों की वाणी में बातचीत करने के तुल्य है।

भारतीय काव्य में प्रतीकात्मकता

भारतीय काव्य में प्रतीकों का प्रयोग चिरकाल से होता रहा है; किन्तु पाश्चात्य प्रतीकवादियों की भाँति उसमें अस्वाभाविकता एवं अतिवादिता को स्थान नहीं दिया गया। वैदिक साहित्य में जीव और ब्रह्म की व्याख्या प्रतीकों के माध्यम से की गई है—'दो पक्षी मित्रता के साथ एक वृक्ष (शरीर) पर रहते हैं। उनमें से एक (जीव) सुस्वादु पिप्पल का भक्षण करता है, जबकि दूसरा (परमात्मा) कुछ भी भक्षण नहीं करता।' आगे चलकर संस्कृत और प्राकृत के कवियों ने भी प्रतीकों का प्रयोग किया है महाकवि कालिदास ने तरंगों से उद्वेलित सरिताओं को मद-विह्वल कामिनियों के प्रतीकार्य में, पर्वतों को पृथ्वी-रूपी नारी के उन्नत स्तनों के रूप में, लता और विटप के मिलन को प्रेयसी-प्रिय के मिलन सदृश किया है। दूसरी और प्राकृत और अपभ्रंश के जैन बौद्ध कवियों ने प्रतीकों के माध्यम से ही उपदेश देने की शैली का आविष्कार किया। यही शैली सिद्ध और नाथपंथी कवियों में होती हुई हिन्दी के संत कवियों तक पहुँची। महात्मा कबीर ने योगिक शब्दों एवं नाथ-पंथी साधना-पद्धतियों को सहज-भक्ति-भावना के विभिन्न अंगों के प्रतीक के रूप में प्रयुक्त किया है। कबीर की उलटबासियाँ और सूर के कूटपदों में प्रतीकात्मकता

का ही विशेष ढंग से प्रयोग है। उधर प्रेमाख्यानक कवियों ने तो पूरे-के-पूरे काव्य प्रतीकों के आधार पर निर्मित किये। पद्मावत में रत्नसेन मन का, तोता गुरु का तथा पद्मिनी बुद्धि की प्रतीक है—इस बात का उल्लेख कवि ने स्पष्ट किया है। मध्यकालीन शृंङ्गारी कवियों ने भी यत्र-तत्र अन्योक्ति के रूप में प्रतीकों की आलोचना की है।

आधुनिक हिन्दी-काव्य और प्रतीकवाद

प्राचीन हिन्दी-काव्य में तो प्रतीकों का प्रयोग सामान्य रूप से ही हुआ है, किंतु आधुनिक छायावादी और प्रयोगवादी काव्य में इनका प्रयोग इतना अधिक हुआ है कि इन्हें 'प्रतीकवाद' तक की संज्ञा देने का प्रयत्न किया गया है। यहाँ छायावादी कवियों की प्रतीक-योजना के कुछ उदाहरण द्रष्टव्य है—

झंझा झकोर गर्जन है, बिजली है, नीरदमाला।
पाकर इस शून्य हृदय को, सबने आ घेरा डाला।

—प्रसाद

झर गई कली।
निज वृन्त पर उसे खिलना था,
नव-नव लहारों से मिलना था,
निज सुख-दुख सहज बदलना था,
रे गेह छोड़ वह बह निकली।

—पंत

आग हूँ, जिससे ढुकलते बिन्दु हिम-जल के
शून्य हूँ जिसको बिछे है पाँवड़े पल के।

× × × ×

नील घन भी हूँ सुनहरी दामिनी भी हूँ।

—महादेवी

उपर्युक्त अंशों में प्रतीकों का प्रयोग अतिशय मात्रा में हुआ है। वस्तुतः छायावादी काव्य में सूक्ष्मातिसूक्ष्म भावनाओं की अभिव्यक्ति प्रकृत्ति के उपादानों को प्रतीक बनाकर की गई है। आचार्य रामचन्द्र शुक्ल ने भी छायावादी काव्य की सर्वप्रमुख विशेषता प्रतीकात्मकता ही मानते हुए लिखा था—"हिन्दी में छायावाद शब्द का जो व्यापक अर्थ रहस्यवादी रचनाओं के अतिरिक्त और प्रकार की रचनाओं के संबंध में भी ग्रहण हुआ है, वह इसी प्रतीक शैली के अर्थ में । छायावाद का सामान्यतः अर्थ हुआ प्रस्तुत के स्थान पर उसकी व्यंजना करनेवाला छाया के रूप में अप्रस्तुत का कथन।" प्रतीकवाद की अन्य अनेक प्रवृत्तियाँ भी छायावादी काव्य में दृष्टिगोचर होती हैं। पाश्चात्य प्रतीकवादियों की भाँति छायावादी कवियों ने भी स्थूल के स्थान पर सूक्ष्म की, यथार्थ के स्थान पर आदर्श की, लौकिक के स्थान पर अलौकिक की, प्रत्यक्ष के स्थान पर अप्रत्यक्ष की प्रतीक्षा की। प्रतीकवादियों की दोनों प्रमुख विशेषताएँ—रहस्यवृत्ति एवं अस्पष्टता—

छायावादियों में मिलती हैं। दोनों ही छन्दों के स्थान पर लय और संगीत के सामंजस्य पर बल देते हैं, दोनों ही कला में सौंदर्य को महत्त्व देते हैं और दोनों ही साहित्य को राजनीति से दूर रखते हैं। अतः यदि छायावादी काव्य को 'प्रतीकवादी' कह दिया जाय तो किसी सीमा तक अनुचित नहीं होगा। किन्तु स्वयं छायावादी ने प्रतीकात्मकता को ही काव्य का सर्वप्रमुख गुण घोषित करके प्रतीकवादियों में अपना नाम ही नहीं लिखवाया, अतः उन्हें प्रतीकवादी संज्ञा से विभूषित करना व्यावहारिक दृष्टि से ठीक नहीं रहेगा।

श्री शिवदानसिंह चौहान ने हिन्दी प्रयोगवादियों को छद्मवंशी प्रतीकवादी बताया है। इसमें कोई सन्देह नहीं, कि हिन्दी के प्रयोगवादी कवियों ने प्रतीकों के द्वारा अपनी दमित वासनाओं की अभिव्यक्ति का प्रयास किया है किन्तु फिर भी उसमें पाश्चात्य प्रतीकवाद की मूल भावना नहीं मिलती। जैसा कि स्वयं अज्ञेय ने स्वीकार किया है—"आज के मानव का मन यौन-परिकल्पनाओं से लदा हुआ है और वे कल्पनाएँ सब दमित और कुण्ठित हैं। उसकी सौंदर्य-चेतना भी इससे आक्रान्त है। उसके उपमान सब यौन प्रतीकार्थ रखते हैं।"—प्रयोगवादियों की कविता में यौन-प्रतीकों की प्रचुरता है। पाश्चात्य प्रतीकवादियों की सी रहस्यवृत्ति, धार्मिकता, संगीतात्मकता, रोमांच का मोह और अलौकिक सौन्दर्य-सृष्टि का आग्रह इसमें नहीं मिलता। प्रतीकवादियों ने बुद्धि का तिरस्कार किया था, जब कि इन्होंने इलियट के प्रभाव में बौद्धिकता को ही काव्य का प्रमुख गुण स्वीकार किया है। वस्तुतः प्रतीकात्मकता और प्रतीकवाद में जो अन्तर है, वही प्रयोगवाद और प्रतीक वाद में है। श्री रामनारायण के शब्दों में—"प्रतीकवादी कवियों और अज्ञेय में यदि कोई सम्बन्ध है, तो वह यह कि दोनों ने नये प्रतीकों की योजना पर बल दिया है, नये उपमान ढूँढ़ने की बात कही है। परन्तु फ्रेंच कवियों के प्रतीक-सम्बन्धी सिद्धान्तों रहस्यों, अन्तर्विरोधों और अस्पष्टताओं से भरे थे, अज्ञेय में यह बात नहीं है।"

पिछले कुछ वर्षों से हिन्दी कविता में प्रतीकात्मकता की प्रवृत्ति और भी तेजी से बढ़ रही है। विशेषतः नई कविता के क्षेत्र में अनेक व्यक्तियों ने फ्रायडियन प्रतीकों का प्रयोग बिना सोचे-समझे किया है, जिससे उनकी रचनाएँ अस्पष्ट, दुरुह एवं जटिल बन गई है। वस्तुतः इन कविताओं में प्रतीकात्मक शब्द उस बन्द ताल के समान है, जिनकी कुंजी कवि की जेब में रहती है—कवि महोदय जब कुंजी निकाल कर दे देते हैं, तो ताला खुल जाता है, वरना अर्थ का इन्तजार कीजिए।

हमारे विचार से प्रतीकों का ऐसा प्रयोग, जहाँ यह प्रेषणीयता के साधक के स्थान पर बाधक बन जाता है, उचित नहीं कहा जा सकता। आशा है, हमारे कविगण इस ओर ध्यान देंगे।

२७

अस्तित्ववाद : स्वरूप और प्रवृत्तियाँ

प्रकृति का यह नियम है कि प्रत्येक सकारात्मक (positive) वस्तु के साथ किसी न किसी नकारात्मक (Negative) वस्तु का द्वन्द्व चलता रहता है, जिसके परिणामस्वरूप एक नयी वस्तु का आविर्भाव या विकास होता है, जो प्रथम दोनों की स्थानापन्न होती है। इसी सिद्धान्त को हीगल ने दर्शन की शब्दावली में प्रस्तुत करते हुआ कहा था कि प्रत्येक वाद (Thesis) के साथ किसी प्रतिवाद (Antithesis) का संघर्ष होता है जिससे एक नये समवाद (synthesis) का विकास होता है, जो कि प्रथम दोनों का समन्वित रूप होता है 'अस्तित्ववाद' भी कदाचित् इसी प्राकृतिक प्रक्रिया का परिणाम है। जब उन्नीसवीं शताब्दी में विभिन्न प्रकार के आविष्कारों एवं सिद्धान्तों के प्रचलन के कारण मानव-जीवन पर वैज्ञानिकता एवं सामाजिकता का प्रभाव अधिक बढ़ने लगा, जिसके सम्मुख व्यक्ति की वैयक्तिकता एवं स्वतन्त्रता उपेक्षित होने लगी, तो उसकी प्रतिक्रियास्वरूप एक ऐसे वाद का विकास हुआ, जो कि वैयक्तिक स्वतन्त्रता को सर्वाधिक महत्त्व देता हुआ वैज्ञानिकता एवं सामाजिकता का तीव्र विरोध करता है। यही वाद दर्शन एवं कला के क्षेत्र में 'अस्तित्ववाद' के नाम से प्रसिद्ध है।

प्रवर्त्तक

अस्तित्ववादी विचारों के मूल प्रवर्त्तक एव डेनिश विद्वान् सारन कीर्केगार्ड (१८१३-१८५५) थे, जिन्होंने अपने ग्रन्थों की रचना डेनिश भाषा में की थी। आगे चलकर प्रथम महायुद्ध के आसपास उनसे ग्रन्थों का अनुवाद जर्मन भाषा में हुआ तथा इसी समय इनका प्रचलन अन्तर्राष्ट्रीय क्षेत्र में आरम्भ हुआ। विशेषतः जर्मन एवं फ्रांस के अनेक चिन्तकों एवं साहित्यकारों ने अस्तित्ववादी विचारों को अपनाते हुए उनकी अपनी-अपनी दृष्टि से व्याख्याएँ की। इन विद्वानों में जर्मन के फ्रेडरिक नीत्शे (१८४४-१९००), मार्टिनहेडेगर (१८९९ ई०), कार्ल जेस्पर्स (१८८३ई०) तथा फ्रांस के गेब्रियल मार्शल (१८८९), ज्यॉ पॉल सार्त्र (१९०५) व अलबर्ट कामू (१९१३-१९६० ई०) विशेष रूप से उल्लेखनीय हैं। इन विचारकों के भी आस्था की दृष्टि से दो वर्ग किये जा सकते है—एक आस्तिक विचारकों का वर्ग, एवं दूसरा नास्तिकों का। प्रथम वर्ग में कीर्केगार्ड एवं मार्शल को तथा शेष सभी को द्वितीय वर्ग में स्थान दिया जा सकता है। वस्तुतः अस्तित्ववादी विचारकों में संप्रति सर्वाधिक महत्व जे० पी० सार्त्र का ही स्वीकार किया जाता है, तथा उन्हीं की व्याख्याओं को इस वाद की प्रामाणिक व्याख्या के रूप में ग्रहण किया जाता है, अतः हम भी यहाँ अस्तित्ववाद के विवेचन में इन्हीं के मतों को ध्यान में रखते हुए आगे बढ़ेंगे।

अस्तित्ववाद की आधारभूत धारणाएँ

अस्तित्ववादी विचारधारा का आधारभूत शब्द 'अस्तित्व' है, जो अंग्रेजी के Existence का पर्याय है। इस वाद के अनुयायी विचार या प्रत्यय की अपेक्षा व्यक्ति के अस्तित्व को अधिक महत्त्व देते हैं—इसी से अस्तित्ववादी कहलाते हैं। परम्परागत विचारधारा के अनुसार सृष्टि में पहले विचार (Idea) का उदय हुआ। फिर उसके अनुसार वस्तु का आविर्भाव हुआ—प्लेटो इसी विचारधारा को मानते थे। इस से उन्हें विचारवादी या तत्त्ववादी (Idealist) कहा जाता है। मध्यकाल में भी तत्त्व सार (Essence) को पदार्थ या व्यक्ति की अपेक्षा अधिक महत्त्व दिया गया, जबकि अस्तित्ववादियों के दृष्टिकोण इसके विपरीत है। संक्षेप में परम्परागत आदर्शवादियों के अनुसार विचार, तत्त्व, सार, सिद्धान्त या सामान्य निष्कर्ष ही सर्वांगीण सत्य एवं शाश्वत सत्ता के प्रतिनिधि हैं, जबकि भौतिक पदार्थों एवं विशिष्ट प्राणियों की सत्ता (= अस्तित्व) क्षणभंगुर होने के कारण मिथ्या है। अस्तित्ववादी इस धारणा का खण्डन करते हुए तर्क देते हैं कि जब वस्तु ही नहीं तो उसका विचार या सार कैसे संभव है? पहले वस्तु का अस्तित्व होगा, तदन्तर उसके सम्बन्ध में विचारों या सिद्धान्तों का निरूपण होगा। वस्तुतः सारे विचार या सिद्धान्त व्यक्ति की चिन्तन के परिणाम हैं, क्योंकि मनुष्य के अतिरिक्त अन्य पदार्थ एवं प्राणी तो चिंतन-मनन करते नहीं—अत; कहना चाहिए, कि पहले चिंतन करनेवाला मानव या व्यक्ति अस्तित्व में आया, तथा उसके पश्चात् उसके द्वारा विभिन्न विचारों या सिद्धान्तों का निरूपण हुआ। अतः व्यक्ति का अस्तित्व ही प्रमुख है जबकि विचार या सिद्धान्त गौण हैं।

व्यक्ति के अस्तित्व को ही प्रमुखता देने के अतिरिक्त अस्तित्ववादियों की 'अस्तित्व' के सम्बन्ध में कुछ धारणाएँ और भी है। एक तो जैसा कि उपर्युक्त धारणा से सूचित होता है, उनकी सामान्य विचारों, तत्त्वों, सिद्धान्तों या नियमों में कोई आस्था नहीं है उसके विचार से प्रत्येक सिद्धान्त व्यक्ति की अपनी दृष्टि की उपज है, अतः वह व्यक्ति-सापेक्ष्य है; ऐसी स्थिति में किसी भी सिद्धान्त को सर्वाङ्गीण, सार्वभौमिक या सार्वजनिक नहीं माना जा सकता। दूसरे शब्दों में, उसके विचार से हर व्यक्ति को अपना सिद्धान्त स्वयं खोजना या बनाना चाहिए, दूसरों के द्वारा प्रतिपादित या निर्मित सिद्धान्तों को स्वीकार करना उसके लिए आवश्यक नहीं। इसी दृष्टिकोण के कारण अस्तित्ववादी के लिए सभी परम्परागत सामाजिक, नैतिक , शास्त्रीय एवं वैज्ञानिक सिद्धान्त, जो कि व्यक्ति के जीवन से सम्बद्ध है, अमान्य एवं अव्यावहारिक सिद्ध हो जाते हैं। दूसरे, वह व्यक्ति के अस्तित्व को भी स्वयं व्यक्ति की इच्छा पर निर्भर मानता है। यह कहना कि व्यक्ति का अस्तित्व किसी बाह्य सत्ता एवं परिस्थितियों पर अथवा उसके पूर्व कर्म फल पर आधारित है, उसकी दृष्टि में उचित नहीं है। उसके विचार से प्रत्येक व्यक्ति अपने भाग्य का निर्माता है। व्यक्ति अपने लिए जो चुनता है, वही उसे मिलता है, या यों कहिये कि व्यक्ति जैसा अपने को बनाना चाहता है, वैसा ही वह बनता है। अतः कोई व्यक्ति क्या बनता है या क्या नहीं—यह उसी की अपनी पसन्द पर निर्भर है—यह कहना कि परिस्थितियों और भाग्य ने उसे बना दिया है, अस्तित्ववादी के अनुसार ठीक नहीं। परिस्थितियों के बन्धन को स्वीकार करना या न करना व्यक्ति की ही इच्छा पर निर्भर है—अतः परिस्थितियों के अनुसार ढल जाने के लिए स्वयं व्यक्ति ही उत्तरदायी है। एक व्यक्ति परिस्थितियों के आगे घुटने टेक देता है, इसका अर्थ यह है कि उसने परिस्थितियों की देन को स्वीकार कर लिया है या यों कहिए कि उसने

परिस्थितियों के अनुसार ही अपने भाग्य का चुनाव किया, जबकि वह दूसरे प्रकार का चुनाव करने के लिए भी स्वतन्त्र था। अस्तु, प्रत्येक स्थिति में यह व्यक्ति का ही चुनाव है कि वह परिस्थितियों के अनुकूल बनता है या प्रतिकूल—इसके लिए किसी अन्य को दोष देना व्यर्थ है।

यहाँ प्रश्न उठ सकता है, कि यह व्यक्ति के हाथ में है कि वह जो चाहे बन सके? क्या वह जैसा चुनता है, वैसा ही बन सकता है? क्या यह ठीक नहीं है कि एक व्यक्ति जो कि बहुत बड़ा अधिकारी बनना चाहता है, कहीं क्लर्क बनने को मजबूर होता है। इन प्रश्नों का अस्तित्ववादी के पास एक ही उत्तर है कि यदि तुम जो चाहो, वह नहीं बनते हो तो कुछ और बनना क्यों स्वीकार करते हो! हम अपने दुःख, संकट या मृत्यु के भय के कारण ही तो अप्रिय या अवांछित को स्वीकार करने को विवश होते हैं। पर यदि हम दुःख एवं मृत्यु की अनिवार्यता को स्वीकार कर लें तो यह भय कहाँ रह जाता है? दूसरे, शब्दों में हम जो चाहें, वह नहीं बन सके तो बदले में प्रत्येक प्रकर का दुःख—यहाँ तक कि मृत्यु को भी स्वीकार करने के लिए प्रस्तुत रहें। यदि हम इतने साहसी हो सकते हैं तो फिर हमें कोई नहीं झुका सकता। सच पूछें तो अस्तित्ववादी के अनुसार व्यक्ति को अपने अस्तित्व का बोध दुःख या त्रास की स्थिति में ही होता है, अतः उसे इस स्थिति का स्वागत करने के लिए प्रस्तुत रहना चाहिए। अपनी व्यक्तिगत इच्छाओं एवं वैयक्तिक स्वतन्त्रता को कुचलकर तथा परिस्थितियों के सम्मुख नत-मस्तक होकर प्राप्त किए हुए सुख की अपेक्षा उस दुःख—या मृत्यु का कारण भी श्रेयस्कर है, जो चयन की स्वतन्त्रता या निजी इच्छाओं व वैयक्तिक स्वच्छन्दता की सुरक्षा करते हुए प्राप्त हो। वस्तुतः आत्मस्वातन्त्र्य की रक्षा के हित प्राप्त दुःख, चाहे वह कितना ही दारुण क्यों न हो, दासता एवं परतन्त्र्य की छाया में प्राप्त सुख से हजार गुना अच्छा होता है—वह अस्तित्ववादियों का अटल विश्वास है।

इस प्रकार अस्तित्ववादी के लिए अपना अस्तित्व, वैयक्तिक स्वतन्त्रता एवं निजी लक्ष्य का चुनाव जितना महत्त्वपूर्ण है, उतना ही दुःख या वेदना का भोग भी रुचिकर है। इस वेदना के भोग के बिना न तो व्यक्ति को अपनी सत्ता का बोध होता है और न ही वह अपनी इच्छाओं की पूर्ति में सफल हो सकता है। सच्चा अस्तित्व उसी व्यक्ति का है, जो परिस्थितियों को कुचलता हुआ अपने द्वारा चुनी हुई दिशा में निरन्तर आगे बढ़ता जाता है, पर ऐसा वही कर सकता है, जो वेदना के भोग को स्वीकार करता है; अतः वेदना का भोग अस्तित्ववाद का दूसरा प्रमुख सिद्धान्त है, जिस पर अस्तित्व-बोध का प्रथम सिद्धान्त निर्भर है।

धर्म और अध्यात्म के प्रति दृष्टिकोण

जैसा कि पीछे बताया जा चुका है, अस्तित्ववादियों के दो वर्ग हैं—एक वर्ग आस्तिक होने के कारण ईश्वर की सत्ता स्वीकार करता है, जबकि दूसरा वर्ग नास्तिक है तथा वह ईश्वर, धर्म, अध्यात्म आदि का पूर्णतः विरोध करता है। वस्तुतः प्रमुखता दूसरे वर्ग की ही है। अधिकांश अस्तित्ववादियों के अनुसार ईश्वर व्यक्ति के मन की कल्पना मात्र है। जिस प्रकार उसने धार्मिक, नैतिक एवं चारित्रिक सिद्धान्तों एवं विचारों की कल्पना अपनी निजी रुचि एवं प्रवृत्ति के अनुसार कर ली है, उसी प्रकार उनकी रक्षा के लिए ईश्वर, धर्म एवं अध्यात्म की सृष्टि कर डाली है। कुछ लोग नास्तिक होते हुए भी नैतिक एवं चारित्रिक सिद्धान्तों को स्वीकार करते हैं, किन्तु अस्तित्ववादी इस सिद्धान्त को भी पसन्द नहीं करते। वस्तुतः अस्तित्ववादियों का विरोध ईश्वर से

कम एवं धार्मिक, नैतिक, एवं चारित्रिक मूल्यों एवं नियमों से अधिक है, क्योंकि ये ही वे तत्त्व हैं जो व्यक्ति की स्वतन्त्रता, स्वच्छन्दता–को नियमित एवं नियंत्रित करते हैं। ईश्वर, परलोक, स्वर्ग-नरक, पाप-पुण्य, पूर्वजन्म, भाग्य, कर्म-फल, आदि से सम्बन्धित विचार-तत्त्व इस बात के द्योतक हैं कि मनुष्य का भाग्य किसी अन्य वस्तु पर निर्भर है, या यों कहिए कि व्यक्ति किसी पूर्व निर्धारित तत्त्व या व्याख्या पर निर्भर है; ऐसी स्थिति में व्यक्ति की अपने स्वतन्त्र चुनाव या स्वेच्छा के अनुसार आगे बढ़ने की छूट कहाँ रह जायेगी? इसीलिए वे इन सभी आध्यात्मिक, धार्मिक, नैतिक एवं चारित्रिक तत्त्वों का विरोध करते हैं दास्ताएवस्की ने कहा था–"यदि ईश्वर के अस्तित्व को मिटा दें तो फिर सब कुछ (करना) सम्भव है" इसी कथन का अनुमोदन करते हुए जे०पी० सार्त्र ने लिखा है–

Indeed, everything is permissible if God does not exist, and as a result man is forlorn, because neither within him nor without does he find anything to cling to. If existence really does precede essence there is no explaining things away be reference to a fixed and given human nature. In other words, there is no determinism, man is free, man is freedom. On the other hand, if God does not exist, we find no values or commands to turn to which legitimize our counduct," (Existentialism and Human Emotions : page 22-23 अर्थात् 'वस्तुतः यदि ईश्वर का अस्तित्व न हो (न माना जाय) तो सब कुछ सम्भव है, क्योंकि (उस स्थिति में) मनुष्य निराश्रित होकर किसी भी आन्तरिक या बाह्य वस्तु से नहीं बँध सकेगा। यदि 'अस्तित्व' सचमुच 'सार-तत्त्व' का पूर्ववर्ती है तो फिर किसी से पूर्वप्रदत्त या निर्धारित मानव-प्रकृति के आधार पर वस्तुओं की व्याख्या अपेक्षित नहीं। दूसरे शब्दों में मनुष्य के लिए कुछ भी पूर्वनिर्धारित नहीं है, वह स्वतन्त्र है, स्वतन्त्रता है। साथ ही यदि ईश्वर का अस्तित्व न रहे तो ऐसा कोई भी मूल्य का आदेश भी न रहेगा, जिसे मानना या जिसके अनुसार अपने चरित्र को अनुशासित करना आवश्यक हो।'

वस्तुतः अस्तित्ववादियों का झगड़ा ईश्वर से इतना नहीं है, जितना कि उन आस्थाओं, विश्वासों, धारणाओं एवं नीति-नियमों से है, जो ईश्वर के कारण बने हुए हैं। यदि ईश्वर मनुष्य के व्यक्तिगत मामलों में हस्तक्षेप न करे तो, उसे भी बने रहने की छूट देने के लिए अस्तित्ववादी तैयार हैं, इसीलिए सार्त्र ने एक स्थान पर लिखा है–"अस्तित्ववाद इतना नास्तिक नहीं है कि वह ईश्वर का विरोध करने में ही अपनी शक्तियों का अपव्यय करता रहे, अपितु वह तो इस बात को स्पष्ट कर देना चाहता है कि अगर ईश्वर है भी, तो उसमें मनुष्य का कुछ बनता बिगड़ता नहीं।' इस प्रकार हम देखते हैं कि अस्तित्त्व ईश्वर को स्वीकार नहीं करता, जो व्यक्ति की स्वच्छन्दता एवं आत्मनिर्भरता में बाधक बनता है। ईश्वर से सम्बन्धित अन्य पारलौकिक एवं आध्यात्मिक धारणाओं को भी अस्वीकार करने का मूल कारण यही है।

ज्ञान-विज्ञान के प्रति दृष्टिकोण

ईश्वर, धर्म और अध्यात्म की ही भाँति ज्ञान-विज्ञान के प्रति भी अस्तित्ववादियों का दृष्टिकोण विरोधमूलक है । हेडेगर की मान्यता है कि प्राकृतिक जगत् के बौद्धिक ज्ञान की अपेक्षा

व्यक्ति के आन्तरिक अनुभवों का अधिक महत्त्व है, अतः हमें प्रकृति के बौद्धिक या वैज्ञानिक अध्ययन से अपना ध्यान हटा लेना चाहिए। गैब्रियल मार्शल ने भी तथ्यों एवं विचारों के सामान्यीकरण एवं सिद्धान्त-स्थापन की प्रक्रिया का घोर विरोध किया है। उसके विचार से संसार में सारे झगड़ों की जड़ विभिन्न सिद्धान्त, मत, सम्प्रदाय एवं वाद ही है। यदि आज हम अपने शब्द-कोष में से 'प्रजातंत्रवाद' 'साम्यवाद' 'समाजवाद' 'पूँजीवाद' आदि शब्दों को निकाल दें, तो विश्वयुद्ध की आशंका कम हो सकती है। अतः उसके विचार से आज के मानव को वैज्ञानिक विवेचन और सैद्धान्तीकरण से बचना चाहिए।

वस्तुतः बौद्धिकता एवं वैज्ञानिकता से अस्तित्ववादियों के विरोध का मूल कारण यह नहीं है कि इससे संघर्ष, युद्ध एवं अशान्ति का जन्म होता है, अपितु यह है कि इस प्रकार के ज्ञान-विज्ञान की व्यक्ति के लिए कोई उपयोगिता या महत्ता नहीं है। संघर्षों, संकटों एवं युद्धों से अस्तित्ववादी घृणा नहीं करता; अपितु उन्हें पसन्द करता है; क्योंकि इन्हीं से तो संत्रास की वह स्थिति उत्पन्न होती है, जो कि व्यक्ति के अस्तित्व-बोध एवं उसकी सार्थकता-सिद्धि में सहायक सिद्ध होती है। अतः हमें इस भ्रम में न पड़ना चाहिए कि अस्तित्ववादी संघर्षों या युद्धों के भय से विज्ञान का विरोध करता है। वास्तव में इस विरोध का मूल कारण यह है कि वह बौद्धिक ज्ञान-विज्ञान की उपलब्धियों को व्यक्ति के लिये अनावश्यक समझता है। उसकी दृष्टि में इतिहास, भूगोल, समाज-शास्त्र,दर्शन, मनोविज्ञान आदि की जानकारी का कोई महत्त्व नहीं है, क्योंकि इनसे व्यक्ति के अस्तित्व-बोध में कोई स्हायता नहीं मिलती । जानने की वस्तु व्यक्ति के लिए एक ही है–वह मानव-स्थिति (Human Conditions) जिससे अस्तित्व-बोध में सहायता मिले। पर इस स्थिति का ज्ञान, बुद्धि या तर्क द्वारा नहीं, अपितु घोर वेदना के द्वारा प्राप्त आन्तरिक सहजानुभूति से ही हो सकता है। ऐसी स्थिति में दर्शन और विज्ञान की प्रचलित अध्ययन-पद्धतियाँ अस्तित्ववादी की दृष्टि में बेकार हैं।

बौद्धिक विवेचना एवं वैज्ञानिक नियमों का विरोध एक अन्य दृष्टि से भी किया जाता है। बौद्धिकता एवं वैज्ञानिकता के क्षेत्र में सभी व्यक्तियों को समान रूप में ग्रहण करते हुए उनके बारे में सामान्य निष्कर्ष प्रस्तुत किए जाते हैं, जो व्यक्ति की वैयक्तिकता के स्वतन्त्र एवं स्वच्छन्द निर्णय के विरुद्ध पड़ते हैं। अस्तित्ववादी प्रत्येक व्यक्ति की स्वतन्त्र सत्ता में विश्वास करता है,अत; उस पर समूह के सामान्य निष्कर्षों को लागू करना अन्याय है। उदाहरण के लिए मनोविज्ञान हमें यह बताता है कि एक प्रेमी निराश होकर हतोत्साही या पलायनवादी बन जाता है। इसका तात्पर्य हुआ कि सभी एक जैसा व्यवहार करते हैं, जबकि अस्तित्ववादी के अनुसार हर प्रेमी पर निराशा की प्रतिक्रिया अलग-अलग हो सकती है–होनी चाहिए। इस प्रकार किसी भी प्रकार का सामान्य नियम का निष्कर्ष वैयक्तिकता का विरोधी सिद्ध होता है। दूसरी ओर अस्तित्ववादी विचार, प्रत्यय, पूर्व-निर्धारण, सामान्यीकरण, सिद्धान्त-स्थापन, नियम-निर्धारण, संविधान-निर्माण, अनुशासन आदि का जन्मजात शत्रु है, क्योंकि उसका पहला सूत्र ही अस्तित्व को सत्य एवं तत्त्व को मिथ्या मानता है।

अस्तु, श्री राबर्ट जी० आल्सन महोदय के शब्दों में कहा जा सकता है–

"In sum, the proper object of human conern for the existentialists is not God, abstract ideas, laws of nature, or empirical knowledge of human beings. What man should strive to know is the human condition. And by an understanding of the human condition the existentialists do not mean knowledge of human history, of man's natural and social environment or of the socalled laws of human behaviour. An understanding of the human condition is rather a knowledge of certain general traits of human existence which remain the same in all ages; of man's contingency, particularity, and freedom; of man's fundamental aspirations; and of the basic ways in which the individual can relate to the world and to other human beings." (An Introduction to Existentialism: Page 89) अर्थात् 'समग्र रूप में अस्तित्ववादी के लिए मानव-रुचि का उपयुक्त विषय ईश्वर, सूक्ष्म विचार, प्राकृतिक नियम या मनुष्य सम्बन्धी बौद्धिक ज्ञान नहीं है, अपितु उसकी दृष्टि में मनुष्य के जानने की वस्तु है–मानव-स्थिति। मानव-स्थितियों के बोध से अस्तित्ववादी का आशय मानव-जाति के इतिहास, उसके भौतिक एवं सामाजिक वातावरण अथवा तथाकथित मानव-व्यवहार की पद्धतियों के ज्ञान से नहीं है, अपितु मानव-स्थिति के बोध से उसका अभिप्राय मानव के अस्तित्व सम्बन्धी उन सामान्य लक्षणों से है, जो कभी युगों में एक जैसे रहते हैं; या फिर उसकी उस अनिश्चितता, विशिष्टता व स्वतन्त्रता तथा उन मूलभूत आकांक्षाओं व सम्बन्धों के ज्ञान से है, जो व्यक्ति को दूसरे व्यक्तियों व दुनिया से जोड़ते हैं।'

मानव-मूल्य एवं जीवन दर्शन

परम्परागत विचारों के अनुसार सामान्यतः स्वीकार किया जाता है कि व्यक्ति के जीवन का लक्ष्य मूलतः सुख, वैभव एवं सम्मान प्राप्त करना होता है तथा साथ ही दूसरों को सुख पहुँचाना भी व्यक्ति के लिए आदर्श माना जाता है। मानव जाति के इतिहास में जिन महान् चिन्तकों, साधकों एवं समाज-सेवियों को प्रतिष्ठा प्राप्त है, उन सबने किसी न किसी रूप में मानव जाति को सुखी बनाने का प्रयास किया था। इसलिए कहा जा सकता है कि व्यक्ति एवं समाज को सुखी बनाना ही अब तक महान पुरुषों का मूल लक्ष्य रहा है तथा किसी भी व्यक्ति के क्रिया-कलापों के मूल्यांकन का आधार भी एक सीमा तक यही रहा है कि उसने मानवता को सुखी एवं समृद्ध बनाने या ऊँचा उठाने में कितना योग दिया है। पर अस्तित्ववादी इन लक्ष्यों एवं मूल्यों को स्वीकार नहीं करता। उसके विचार में सुख की लालसा या धारणा मिथ्या है। मनुष्य चाहे कितनी ही उन्नति और सुधार क्यों न कर ले, वह कभी पूर्णतः सुखी नहीं हो सकता। व्यक्ति की कोई भी उपलब्धि, समाज का कोई भी सुधार, राजनीति का कोई भी तंत्र, नैतिकता का कोई भी आदर्श और विज्ञान का कोई भी आविष्कार मानवता को पूर्ण सुखी नहीं बना सकता; वस्तुतः पूर्णतः संतुष्ट और सुखी होना मानव की प्रकृति में ही नहीं है, अतः कहा जा सकता है कि जब तक मनुष्य मनुष्य है, तब तक वह कभी सुखी नहीं हो सकता। या तो वह मनुष्यता को त्यागे या फिर सुखी होने की आशा को!

अस्तित्ववादी दूसरे विकल्प को स्वीकार करता है। इसलिए उसकी दृष्टि में मानव-जीवन को सुखी बनाने के सभी वैयक्तिक एवं सामाजिक प्रयास निरर्थक हैं। साथ ही इसी दृष्टि से व्यक्तियों

या तथाकथित 'महापुरुषों 'का मूल्यांकन करना भी व्यर्थ है! सच पूछें तो उसकी दृष्टि में आज तक कोई भी मानव को सुखी बनाने में सफल सिद्ध नहीं हो सका। ऐसी स्थिति में इस प्रकार के प्रयासों, कार्यों एवं उनके मूल्यांकन का क्या मूल्य है!

यहाँ कहा जा सकता है कि मानव-हितैषियों एवं समाज सुधारकों को अपने लक्ष्य में पूर्ण सफलता भले ही न मिली हो, पर उसकी प्रेरणाओं, प्रयोजनों एवं प्रयासों को महानता के आधार पर तो उनका महत्त्व स्वीकार किया जाना चाहिए। पर अस्तित्ववादी इसे स्वीकार नहीं करता। उसके विचारानुसार एक तो प्रत्येक मानवतावादी समाज-सुधारक ने किसी-न-किसी सिद्धान्त, नियम या व्यवस्था का आविष्कार करके मानव की व्यक्तिगत स्वतन्त्रता को कम कर देने का अपराध किया है—अच्छा होता कि यह सब कुछ न करते। दूसरे, उनकी महानता को मानने का अर्थ है दूसरे व्यक्तियों की महत्ता को कम करना; व्यक्ति पर व्यक्ति की प्रभुता को स्वीकार करना—यह स्थिति भी अस्तित्ववादी के लिए असह्य है। अतः किसी भी दृष्टि से वह न तो अतीत के समाज-सुधारकों की देन को स्वीकारने के लिए प्रस्तुत है और न ही भविष्य में स्वयं को इस खोटे धन्धे में डालने को उत्सुक है! यदि उसका वश चले तो वह इन सभी तथाकथित मानव-हितैषियों एवं समाज-सेवकों को धरती से परे धकेलकर इसे एक ऐसी साफ-सुथरी एवं स्वतन्त्र भूमि का रूप दे दे, जिसमें हर व्यक्ति को अपनी मनचाही करने की पूरी छूट हो; हर कार्य के लिए स्वच्छन्दता हो और कहीं भी कोई भी किसी को टोकने वाला न हो। हो सकता है इसका परिणाम अव्यवस्था, अशान्ति, संघर्ष एवं मृत्यु हो—पर इसकी क्या चिन्ता है! मृत्यु तो अन्ततः होनी ही है; क्यों न डर-डरकर अन्त में मरने के स्थान पर पूर्ण स्वतन्त्रता एवं स्वच्छन्दता से जीते हुए साहस-पूर्वक उसका वरण करें!! मृत्यु हमें आकर ग्रसित करे, इससे अच्छा यह है कि हम मृत्यु के द्वारा मारे नहीं गए, अपितु हमने स्वेच्छा से मृत्यु का वरण किया है! वस्तुतः इस प्रकार का मरना भी हमारी वैयक्तिक स्वच्छन्दता का प्रमाण होगा—और सच पूछें तो अस्तित्ववादी की दृष्टि में इस वैयक्तिक स्वच्छन्दता से बढ़कर जीवन का और कोई मूल्य नहीं है।

वस्तुतः, मानव जाति की सेवा, समाज सुधार या राजनीतिक परिवर्तन से प्राप्त होने वाले सुखों में अस्तित्ववादी का कोई विश्वास नहीं है। इसकी अपेक्षा वह दुःख और अवसाद को जीवन के अनिवार्य एवं काम्य तत्त्वों के रूप में स्वीकार करना है। दुःख को विवशता के रूप में नहीं, अपितु एक उपलब्धि के रूप में स्वीकार करना उसकी दृष्टि से आवश्यक है, क्योंकि दुःख में ही व्यक्ति की अन्तश्चेतना का पूर्णजागरण होता है, उसी में उसकी सारी शक्तियों का उद्बोधन, अभिव्यंजना एक अभियोजन होता है तथा वही तो स्थिति है, जिसमें व्यक्ति को अपने अस्तित्व का बोध होता है। यदि आप मेरा हाथ बिना मुझे पीड़ा पहुँचाये, उसे चेतना-शून्य करके काट देंगे तो मुझे क्या पता चलेगा कि मेरा हाथ कट रहा है, जबकि दूसरी स्थिति में यह अनुभव होने पर कि मेरा हाथ कट रहा है, मुझे अपने अस्तित्व का बोध होगा। इतना ही नहीं, वेदना जितनी गहरी होगी, अपने अस्तित्व का बोध भी उतना ही गम्भीर होगा। अतः पीड़ा (anguish) इनके यहाँ एक महत्त्वपूर्ण मूल्य या वांछनीय तत्त्व के रूप में स्वीकृत है। इस पीड़ा के आधार पर ही इनका पीड़ा-दर्शन आधारित है, जिसकी तीन प्रमुख प्रवृत्तियाँ स्वीकार की जाती हैं—(१) पीड़ा या संत्रास को मनुष्य के लिए अनिवार्य मानना चाहिए। (२) पीड़ा या संत्रास के भय को हृदय से

निकाल देना चाहिए—उससे पूर्ण मुक्ति पा लेनी चाहिए, (३) पीड़ा या संत्रास के प्रति अपनी चेतना को सदा जागरूक रखते हुए अपनी समग्रशक्तियों के उद्‌बोधन एवं उपयोग के द्वारा अपने अस्तित्व को सार्थक करना चाहिए। संक्षेप में पीड़ा ही अस्तित्वबोध की साधिका है।

यदि स्थिति ऐसी ही है तो क्यों नहीं अस्तित्ववादी सीधे यंत्रणा-प्राप्ति के मार्ग पर अग्रसर हो जाते? यंत्रणा-प्राप्ति के लिए तो किसी बड़े साधन की आवश्यकता नहीं—एक छोटी सी आलपिन, या वह भी न मिले तो सूखी घास का एक तिनका भी पर्याप्त है, फिर वे किस बात की प्रतीक्षा में हैं? इसका उत्तर यह है कि पीड़ा उनका साध्य नहीं, साधन है! उनका साध्य तो कुछ और है, जिसे उनके चरम सत्य या सर्वोच्च मूल्य के रूप में स्वीकार किया जा सकता है। वैसे विभिन्न अस्तित्व-वादियों में इसके सम्बन्ध में किंचित मत-भेद भी है, पर सामान्यतः कहा जा सकता है कि चयन की स्वतन्त्रता (Freedom of choice) अथवा व्यक्ति की पूर्ण स्वच्छन्दता ही उनका सबसे बड़ा मूल्य है। इसी को वे जीवन का सार या अस्तित्व का आधार मानते हैं। जिसे चयन की पूर्ण स्वच्छन्दता है—या यों कहिए कि जो स्वेच्छानुसार परम्पराओं, मर्यादाओं परिस्थितियों एवं नियमों की सर्वथा उपेक्षा करता हुआ अपने जीवन का मार्ग स्वयं चुनता है तथा इस मार्ग को अपनाने के बदले में प्राप्त सभी प्रकार के कष्टों को सहर्ष भोगता है, वही सच्चा अस्तित्ववादी है अपने या दूसरों के सुखों की चिन्ता करना व्यर्थ है।

चयन की वह स्वच्छन्दता प्रायः उन्मुक्त भोग एवं अनियमित क्रिया-कलापों में ही व्यक्त होती है, अत; कुछ विचारकों के अनुसार वैयक्तिक प्रेम एवं सृजनात्मक चेष्टा को भी अस्तित्ववादी मूल्यों के अन्तर्गत गिना जाना चाहिए, पर वस्तुतः ये दोनों प्रवृत्तियाँ चयन की स्वछन्दता के ही अन्तर्गत आ जाती हैं! वैयक्तिक प्रेम ही एक मात्र चयन की वस्तु है, या सभी के लिए सर्वोपरि तत्त्व है, ऐसा आग्रह अस्तित्ववादी नहीं करता। अतः सारांश में इतना ही कहना पर्याप्त होगा कि चयन की स्वतन्त्रता या वैयक्तिक स्वच्छन्दता ही अस्तित्ववाद का सर्वोपरि मूल्य या अस्तित्ववादी जीवन दर्शन का मूलाधार है; अन्य सब धारणाएँ—अस्तित्व-बोध, नास्तिकता, असामाजिकता, विज्ञान-विरोधिता पीड़ा की महत्ता आदि इसी की पूरक एवं साधिका मात्र हैं।

हिन्दी की नयी कविता और अस्तित्ववादी प्रवृत्तियाँ

अस्तित्ववाद के प्रचारकों ने साहित्य के विभिन्न रूपों—मुख्यतः उपन्यास कहानी आदि—के माध्यम से अपने विचारों का प्रतिपादन किया है। इसका प्रत्यक्ष या अप्रत्यक्ष प्रभाव हिन्दी के नये कवियों पर भी पड़ा। हिन्दी का साहित्यकार, भले हो राजनीतिक दृष्टि से स्वतन्त्र हो गया हो, पर मानसिक दृष्टि में अभी पश्चिम का गुलाम ही है। उसके पास अपनी दृष्टि, अपने चिन्तन एवं अपने आदर्शों का अभाव है, पर फिर भी विश्व के बहुचर्चित साहित्यकारों की श्रेणी में अपने को प्रतिष्ठित देखने की आकांक्षा से वह पीड़ित है। वैयक्तिकता एवं आत्मीयता को छोड़कर दूसरों के अन्धानुकरण द्वारा अपने को प्रतिष्ठित करने की प्रवृत्ति हीनता की ग्रन्थि की द्योतक है; यह प्रवृत्ति भले ही उसे दूसरों की दृष्टि से ऊँचा न उठाए, किन्तु वह इसके द्वारा आत्म-तुष्टि तो प्राप्त करता ही है। अपने साहब के उतरे हुए सूट को पहनकर एक चपरासी भले ही दफ्तर में साहब का सम्मान न पा सके, पर साहब की सी ऐक्टिंग करके घर में तो रोब जमा ही सकता है। यही स्थिति हिन्दी के कतिपय नये साहित्यकारों की है।

अस्तु, इसी अनुकरण की प्रवृत्ति के फलस्वरूप हिन्दी की नयी कविता में भी अस्तित्ववादी प्रकृत्तियों का प्रतिफलन दृष्टिगोचर होता है। यहाँ कतिपय प्रवृत्तियों के कुछ उदाहरण प्रस्तुत हैं—

(१) **अनास्था**—अस्तित्वाद के अनुसार ईश्वर, धर्म, नैतिकता, सामाजिक मूल्यों आदि से सम्बन्धित सभी परम्परागत धारणाएँ अस्वीकार्य हैं, अतः वह अनास्था मूलक दृष्टिकोण को स्वीकार करता है। हिन्दी के नये कवियों में से भी अनेक ने इसी अनास्थामूलक स्वर को अभिव्यक्ति दी है—

(क) *मेरे जन्म से पहले मर गई थी,*
देवताओं की बूढ़ी दुनिया!

—अशोक वाजपेयी

(ख) *जिनको तुम कहते हो प्रभु*
उसने जब चाहा
मर्यादा को अपने ही हित में बदल लिया,
वंचक है

—धर्मवीर भारती

इसी अनास्था के कारण ही भारतभूषण अग्रवाल को सभी परम्परागत पथ अंधकार की ओर से जानेवाले दृष्टिगोचर होते हैं—

जितने भी पथ थे
सबकी परिणति होती है अँधियारे में।
प्राणों के पंथी
सहमें सिमटे बैठे हैं गलियारे में।

वस्तुतः इन कवियों ने अनास्था की अभिव्यक्ति अनेक रूपों में की है। अतीत की परम्पराओं के प्रति विद्रोह एवं सामाजिक मर्यादाओं के प्रति वितृष्णा का भाव भी इसी अनास्था का सूचक है:

दीवार दरारें पड़ती जाती हैं इसमें
दीवार दरारें बढ़ती जाती हैं इसमें
× × ×
दीवार भला कब तक रह पायेगी रक्षित
यह पानी नभ से नहीं धरा से आता है!

—दुष्यन्तकुमार

यहाँ दीवार परम्परा की प्रतीक है, जिसे गिरा देने के लिए कवि उत्सुक है। निम्नांकित पंक्तियों में सामाजिक मर्यादाओं एवं नैतिक बन्धनों से अवरुद्ध जीवन के प्रति घृणा व्यक्त करते हुए अनास्थामूलक दृष्टि का परिचय दिया गया है—

अवरुद्ध आज जीवन-प्रवाह
जड़ता की जंजीरों में जकड़ा भीत हृदय

हिमशीत मृत्यु के क्षुण्ण स्पर्श से
आज बना निर्जीव।

—भारतभूषण अग्रवाल

(२) **अस्तित्व-बोध**—अस्तित्ववादी के अनुसार व्यक्ति चयन की स्वतन्त्रता (Freedom of choice) का वरण करके ही अपना अस्तित्व सिद्ध कर पाता है। दूसरे शब्दों में वह धर्म, समाज एवं परम्परा द्वारा अनुमोदित एवं आरोपित पथ को त्याग करके स्वेच्छा का जीवन अपनाता है—यही 'अस्तित्वबोध' है। अस्तित्वबोध जीवन भी बनी रहनेवाली स्थिति नहीं है, अपितु वह तो क्षणविशेष पर ही आधारित है, क्योंकि अस्तित्ववादी के लिए स्वेच्छापूर्वक जिया हुआ या भोगा हुआ एक क्षण परतन्त्रता के सौ वर्षों से अधिक महत्वपूर्ण है, इसीलिए गुरुवर अज्ञेय अपने शिष्यों के साथ ऋषि अगस्त्य का रूप धारण करते हुए क्षण-विशेष के समुद्र का आचमन करते हुए दिखाई पड़ते हैं—

एक क्षण होने का
अस्तित्व का अजस्र अद्वितीय क्षण।
होने के सत्य का
सत्य के साक्षात् का
साक्षात् के क्षण का
क्षण के अखण्ड परावार का
आज हम आचमन करते हैं!

इसी क्षण-विशेष के अस्तित्व-बोध को सार्त्र आदि ने व्यक्ति का विस्तार या मनुष्य का मुक्ति-लाभ या मुक्तिबोध कहा हैः सार्त्र की इसी विचारगंगा को हिन्दी पद्य की धरती पर अवतरित करते हुए अज्ञेयजी अपने भगीरथ-प्रयास का परिचय देते हैं—

केवल बना रहे विस्तार—हमारा बोध
मुक्ति का
सीमा-हीन खुलेपन का!

अज्ञेय की उपर्युक्त उक्तियों में सार्त्र, कामू आदि के शब्दों की अनुगूँज इतनी स्पष्ट है कि इस बात में कोई सन्देह नहीं रह जाता कि अज्ञेय ने अस्तित्ववाद की शब्दावली को भली भाँति रटकर के ही इन पंक्तियों का निर्माण किया था। फिर भी अपनी मौलिकता सिद्ध करने के लिए ये कवि अपने-आपको अस्तित्ववाद में प्रभावित न मानें तो इसे शुद्ध मिथ्यावाद ही कहना पड़ेगा।

(३) **वैयक्तिकता की स्थापना**—व्यक्ति-स्वच्छन्दता का प्रतिपादन होने के कारण अस्तित्ववादी स्वयं को समाज के विकासोन्मुख धारा की प्रवाह से अलग रखता है, यह सभ्यता एवं संस्कृति की गतिशील धारा के प्रवाह में योग देने की अपेक्षा उसके मार्ग का बाधक द्वीप बनना अधिक अच्छा समझता है, इसीलिए अज्ञेय स्वयं को 'द्वीप' के रूप में प्रस्तुत करते हैं—

किन्तु
हम हैं द्वीप
हम धारा नहीं हैं
स्थिर समर्पण है हमारा,
हम सदा से द्वीप हैं स्रोतस्विनी के।
किन्तु बहते नहीं हैं,
क्योंकि बहना रेत होना है।

—'नदी के द्वीप'

इसी प्रकार भारतभूषण अग्रवाल अपने व्यक्तित्व को मनचाहा रूप देने को घोषणा करते हुए उग्र व्यक्तिवाद की स्थापना करते हैं—

मैं नहीं हूँ कागज की लुग्दी
या कि निरा पिण्ड प्लास्टिक का
मिट्टी का लौंदा नहीं,
नहीं गले राँगे की धार हूँ,
जिसे तुम साँचे में ढाल दो
मनमाना रूप दो, मनमानी चाल दो!

(४) **पीड़ा की स्वीकृति**—जैसा कि अन्यत्र स्पष्ट किया जा चुका है, अस्तित्ववाद में व्यक्ति-स्वच्छन्दता का जितना महत्व है, उतना ही पीड़ा की स्वीकृति का है, क्योंकि स्वच्छन्दता के लिए—मनमानी करने के लिए उसका परिणाम भुगतान आवश्यक है। इसलिए व्यक्तिगत जीवन में भले ही हिन्दी के ये कवि पीडा न भोगकर ऊँचे-ऊँचे पदों, भारी वेतन एवं येन केन प्रकारेण प्राप्त पुरस्कार का उपयोग करें, किन्तु कविता में तो उन्होंने वेदनावाद को स्वीकृति देकर अपनी सामयिकता एवं समकालीनता को प्रमाणित कर ही दिया है। एक-दो उदाहरण प्रस्तुत हैं—

वहन करो,
ओ मन! वहन करो पीड़ा।
यह अंकुर है उस विशाल वेदना की,
तुम में भी जन्मजात
आत्मज है स्वीकार करो
आँचल से ढँक कर रक्षण दो।
वहन करो, वहन करो पीड़ा!!
सृष्टि प्रिया पीड़ा है, कल्पवृक्ष,
दान समझ,

शीश झुका स्वीकारो
ओ मन! करपात्री स्वीकारो
मधुकरि स्वीकारो
वहन करो, वहन करो पीड़ा!!

—नरेश मेहता

पीड़ा सम्बन्धी उपर्युक्त व्याख्यान में कई बातें परस्पर-विरुद्ध कही गयी है—(१) पीड़ा को इसलिए सहन करो, क्योंकि वह जन्मजात है, जन्म से तुम्हारे साथ है! (२) पीड़ा को इसलिए सहन करो कि तुम्हारी आत्मज—बेटी है! इसलिए उसकी माँ बनकर आँचल में ढककर उसे बचाओ! –हम 'माँ' इसलिए कह रहे हैं, क्योंकि बेचारे पिता के पास तो 'आँचल' होगा नहीं! (३) पीड़ा सारी सृष्टि की प्रिया है, वह कल्पवृक्ष है—मनचाही मुरादें पूरी करनेवाली है! (४) वह भीख है—इसलिए उसे शीश झुकाकर स्वीकार करो!

अवश्य ही यहाँ चारों बातों में परस्पर कोई तुक नहीं है! भला जन्म के साथ अवतरित होनेवाली पीड़ा बेटी कैसे बन सकती है, और फिर बेटी से वह प्रिया कैसे बन गई और जो जन्म के साथ थी, आत्मज थी, प्रिया थी, वह एकाएक भीख कैसे बन गई? फिर भीख को शीश झुकाकर स्वीकारने की क्या आवश्यकता पड़ गई?..भला भीख को भी कोई शीश झुकाता है!! हाँ, भीख देनेवाले को भले ही कोई झुकाए! पर यहाँ पीड़ा भीख से ही भीख देनेवाली बन गई है?

शायद ये सारी बातें हिन्दी के साधारण पाठक की समझ में न आएँ, पर इसमें बेचारे कवि का भी क्या दोष है? उसके अस्तित्ववादी गुरुओं ने जो बातें अलग-अलग संदर्भों में कही थी, उन्हीं सबको इकट्ठी करके पद्य के रूप दे दिया गया है। क्या यह कम उपलब्धि है कि कीर्केगार्ड, जैस्पर्स, हेडेगर एवं सार्त्र ने वेदना के सम्बन्ध में जो अलग-अलग मत दिये थे, वे सब मेहताजी की कृपा से हिन्दी के पाठक को एक ही जगह एकत्रित मिल गये!! हिन्दी के कवि की तर्कशून्यता की न सही, उसकी ईमानदारी की दाद तो दी ही जा सकती है! किस ईमानदारी से उसने सारे अस्तित्ववाद का सार एक ही कविता में प्रस्तुत कर दिया है।

कुछ अन्य कवियों ने भी सार्त्र के वेदना सम्बन्धी विचार को मूल रूप में प्रस्तुत करने का प्रयास किया है। यहाँ भारतभूषण अग्रवाल की कुछ पंक्तियाँ उद्धृत हैं—

चुक गया जब नेह, बाती जर गइ
मत करो चीत्कार
पगले

× × ×

प्रज्जवलित है प्राण में अब भी व्यथा का दीप
ढाल उसमें शक्ति अपनी
लौ उठा!

× × ×

मुक्ति का बस है यही पथ एक!

अवश्य ही यहाँ सार्त्र के ही इस उद्घोष को कि वेदना की पूर्ण स्वीकृति ही अस्तित्वबोध या व्यक्ति की मुक्ति का एकमात्र उपाय है—ही प्रतिध्वनित किया गया, पर फिर भी वह पूर्वोक्त उद्धरण की भाँति तर्क-बुद्धि एवं अनुभूति से शून्य नहीं है। वस्तुतः कवि ने यहाँ जो कुछ कहा है, वह स्वानुभूति से परिपूर्ण है, जिससे प्रमाणित होता है कि उसने सार्त्र के शब्दों को केवल रटा नहीं है, उन्हें समझा भी है।

अन्त में वेदना के सम्बन्ध में दीक्षा-गुरु का प्रवचन भी सुनने योग्य है—

दुःख सबको माँजता है।
और.....
चाहे स्वयं सबको मुक्ति देना वह न जाने, किन्तु
जिनको माँजता है
उन्हें यह सीख देता है कि सबको मुक्त रखें!

इस उक्ति को पढ़कर हमें सुकरात का एक कथन याद आ गया—उसने कहा था जब ईश्वर धरती के प्राणियों को कुछ कहना चाहता है तो वह कवि के माध्यम से बोलता है। श्री अज्ञेय के बारे में भी हम कह सकते हैं कि कामू के प्रेत तथा सार्त्र की आत्मा को जब भारतीय पाठकों के लिए कुछ कहना होता है तो वे अज्ञेयजी के कलकंठों का माध्यम अपनाते हैं अतः उपर्युक्त पंक्तिययों की प्रशंसा से हम सार्त्रभक्तों की ओर से उन्हें साधुवाद देते हुए कह सकते हैं—"धन्य है प्रभो! धन्य है!! यही महर्षि सार्त्र ने कहा था, यही आप कह रहे हैं!! धन्य हैं आप! धन्य हैं हम!! और धन्य हैं भारत की यह राष्ट्रभाषा जो गुरुवर सार्त्र के सद्वचनों से पवित्र हुई!!

(५) **भोग, प्यार, निराशा और मृत्यु**—ये सभी तत्त्व अस्तित्ववादी प्रवृत्तियों के विकास-क्रम को सूचित करते हैं। व्यक्ति पूर्ण स्वतन्त्रता या स्वच्छन्दता का उपयोग प्रायः भोग और प्यार में करता है, उसका परिणाम निराशा और मृत्यु में होता है। यह ध्यान रहे कि इनका भोग और प्यार वस्तुतः शुद्ध शारीरिक विलास का द्योतक है, जो असंयमित एवं अनियंत्रित होने के कारण निराशा और मुत्यु में परिणत होकर ही समाप्त होता है। अतः इन सभी तत्त्वों की व्यंजना हिन्दी के नये कवियों में भी उपलब्ध होती है—

(क) उन्मुक्त भोग

आमाशय,
यौनाशय,
गर्भाशय,
जिसकी जिन्दगी का यही आशय
यही इतना भोग्य
कितना सुखी है वह
भाग्य उसका ईर्ष्या के योग्य। —कुँवरनारायण

उपर्युक्त उद्धरण से स्पष्ट है कि इनके जीवन के तीन महान् आयाम ये तीन आशय ही हैं। इनके जीवन का आशय ही तीन आयामों की पूर्ति तक सीमित है। सचमुच ये भाग्यशाली हैं—जीवन के शेष सारे उत्तरदायित्वों और क्रिया-कलापों से मुक्ति पाकर केवल तीन सुखागारों में ही अपने जीवन को समेट लिया!! क्या आप नहीं मानते कि इनका भाग्य सचमुच ईर्ष्या के योग्य नहीं है! और सच पूछें तो इन तीन आशयों में से भी मुख्य एक ही रह गया है—शेष दो तो वैसे ही हैं!

कुँवरनारायण के ही स्वर में स्वर मिलाती हुई कुमारी (?) शान्ता सिन्हा उन्मुक्त भोग का खुला निमंत्रण देती हुई दिखाई पड़ती हैं—

फैल रही है परिधि स्तनों की
हसरतें अब जवान हैं।
आओ दोस्तों और साथियों
आओ मेरे झंडे के नीचे,
उँगलियों से कह दो
आज रियायत न करे तनिक भी
किन्तु पेश आयें
मुनासिब बेरहमी से!

सिन्हाजी की इन उक्तियों के सम्बन्ध में क्या कहें! अवश्य ही उनका निमंत्रण अनेक साथियों को आकर्षक एवं आह्लादक प्रतीत हुआ होगा, यह दूसरी बात है कि उसमें कौमार्य की शिष्टता, नारीत्व के संकोच एवं काव्यतत्व की आभा का सर्वथा अभाव है।

यही उन्मुक्त भोग आगे चलकर निराशा, आत्मग्लानि एवं जीवन की निरर्थकता के बोध में परिणत हो जाता है—

हम में से किसी के पास टार्च नहीं है
और अँधेरे में
हम सभी गिरफ्तार हो गये हैं।

या—

लगता है सारा अस्तित्व किसी झूठ पर
टिका हुआ, जाता है आप ही बिखर-बिखर
केवल रव अर्थहीन—साँसों के क्षीण स्वर!

और अन्त में उदित होता है आत्म-लघुता का यह भाव—

हम सब के दामन पर दाग हैं!
हम सब की आत्मा में झूठ,
हम सब के माथे पर शर्म,
हम सब के हाथों में टूटी तलवारें!

—धर्मवीर भारती

ऐसी स्थिति में आत्म-तोष के लिए वे 'पराजय' को ही, जीत से बढ़कर और पलायन को ही संघर्ष से महत्त्वपूर्ण सिद्ध करने लग जायँ तो क्या आश्चर्य। देखिए–

लड़ना ही क्या है चरित्र ? यश जय हो?
धैर्य पराजय में यह भी गौरव है!

—अज्ञेय

सचमुच गौरव है! अब अज्ञेयजी को चाहिए कि दुनिया का इतिहास नये सिरे से लिखें और उनमें हारे हुए व्यक्तितयों व भगोड़े सैनिकों की गुण-गाथा का अंकन करें! सचमुच यह अज्ञेय जी की सर्वथा नूतन उपलब्धि सिद्ध होगी।

उपसंहार

अन्त में हम अस्तित्ववादी विचारकों एवं कवियों के सम्बन्ध में क्या लिखें। जैसा कि स्पैंगलर ने अपने ग्रन्थ The Decline of West (पश्चिम का पतन) में प्रतिपादन किया है–जब कोई सभ्यता अपने मरणोन्मुखी बिन्दु पर पहुँच जाती है तो उसमें इसी प्रकार की सर्वथा वैयक्तिक, आत्मघाती, उच्छ्रृङ्खल एवं विलासिता की प्रवृत्तियाँ उन्मीलित होने लगती हैं। आसुरी सभ्यता, देव-सभ्यता, महाभारतीय आर्यों की सभ्यता, उत्तर-बौद्ध युग की भारतीय सभ्यता, हिन्दू-साम्राज्य के पतन से पूर्व की राजपूती सभ्यता, औरंगजेब परवर्ती मुगल सभ्यता–इसी तथ्य को प्रमाणित करती हैं। अस्तु, यदि हमने अपने को संयमित न किया तो वर्तमान सभ्यता का भी नाश संभव है। विनाश से बच भी सकते हैं, यदि समय की गति को समझें तो ही जो अतीत और वर्तमान से सारे सम्बन्धों को तोड़कर वैगक्तिकता के उन्माद से ग्रस्त है, उन्हें भला कौन समझा-बुझा सकता है! ऐसी स्थिति में श्रीमती विजय चौहान के शब्दों में ही उनकी स्थिति को समझा जा सकता है–

हम हैं नये नकारे कवि
हम लघु मानव हैं!
हमारे पुरुखे भीमकाय थे
लेकिन हम किसी को अपना पुरखा नहीं मानते।
हम ओडिपस हैं
पितृघाती हैं
हमारा कोई अतीत नहीं,
कोई भविष्य नहीं,
हम क्षणवादी हैं
हमारी आँखों में मायोपिया है।
मोतियाबिन्द है
लेकिन हम आपरेशन नहीं करायेंगे
दुनिया को हमारी नज़र के दायरे में सिकुड़ना पड़ेगा।

उपर्युक्त पंक्तियाँ नये कवियों के जीवन-दर्शन को यथार्थ रूप में प्रस्तुत करती हैं तथा यह निस्संकोच कहा जा सकता है कि यह जीवन-दर्शन अस्तित्ववादी धारणाओं पर ही आधारित है! अस्तित्ववादियों की सीमित वैयक्तिकता, उच्छृङ्खलता, स्वतंत्रता, अतीत एवं भविष्य की अस्वीकृति एवं दृष्टि की संकीर्णता ने सचमुच आज के व्यक्ति को एक ऐसे बिन्दु पर खड़ा कर दिया है, जहाँ से वह न पीछे लौट सकता है और न ही आगे बढ़ सकता है। अतीत की सम्पदा को उसने ठुकरा दिया है और भविष्य की कल्पना को वह स्वीकार नहीं करता तथा वर्तमान उसका सिकुड़कर इतना छोटा हो गया है कि उसे 'क्षण' कहना पर्याप्त होगा। फिर भी दुर्भाग्य यह है कि वह अपनी सीमाओं को मानने को तैयार नहीं है, अपितु वह अपनी सीमित दृष्टि के अनुसार दुनिया को ही छोटी कर देना चाहता है। वैसे मनोवैज्ञानिक दृष्टि से यह ठीक भी है— यदि चक्षुविहीन व्यक्ति सारे संसार को प्रकाश-शून्य घोषित करते हुए सूर्य, चाँद और नक्षत्रों को व्यर्थ घोषित करे तो इसमें क्या आश्चर्य है।

२८

कविता के भेद : महाकाव्य, मुक्तक एवं गीति

साहित्य के पद्यबद्ध रूप को सामान्यतः 'कविता' या 'काव्य' की संज्ञा दी जाती है। वैसे अब 'काव्य' की अपेक्षा 'कविता' शब्द ही अधिक प्रचलित है। कविता या काव्य में गद्य-साहित्य की अपेक्षा अधिक भावात्मकता एवं लय होती है। कवि के व्यक्तित्व एवं उसकी विषय-वस्तु के अनुसार कविता के भी अनेक भेद हो जाते हैं, जो मुख्यतः तीन प्रकार के माने जाते हैं–(१) प्रबंध-काव्य (महाकाव्य) (२) मुक्तककाव्य और (३) गीति-काव्य। प्रबन्ध-काव्य में कवि प्रायः किसी इतिवृत्तात्मक वस्तु या किसी व्यक्ति की गाथा को लेकर चलता है, जबकि मुक्तक किसी प्रसंग-विशेष का ही चित्रण या निरूपण होता है। गीतिकाव्य में प्रायः वैयक्तिक भावों की अभिव्यक्ति संगीत के स्वर में होती है। प्रबन्ध-काव्य का सफल एवं सर्वोत्तम रूप ही महाकाव्य है। अतः यहाँ क्रमशः काव्य के इन तीनों रूपों–महाकाव्य, मुक्तक और गीति के स्वरूप की विवेचना प्रस्तुत की जाती है।

महाकाव्य

'महाकाव्य' शब्द ही 'महत' और 'काव्य' इन दो शब्दों के समास से व्युत्पन्न है। भारतीय साहित्य में काव्य के साथ 'महत् ' विशेषण का प्रयोग सर्वप्रथम वाल्मीकिकृत रामायण के उत्तरकाण्ड में मिलता है, जहाँ राम ने लव-कुश से प्रश्न किया था–

किंप्रमाणमिदं काव्यं का प्रतिष्ठा महात्मनः।
कर्त्ता काव्यस्य महतः क्व चासौ मुनिपुंगवाः।।

अर्थात् 'यह काव्य कितना बड़ा है और किस महात्मा की प्रतिष्ठा है? इस महत् काव्य के रचयिता श्रेष्ठ मुनि कहाँ हैं?' 'यहाँ कर्त्ता काव्यस्य महतः' 'महाकाव्य' शब्द की ओर संकेत करता है। साथ ही इसमें महाकाव्य के तीन मूल लक्षणों की भी ध्वनि मिलती है–(१) महाकाव्य आकार-प्रकार में बड़ा होता है। (२) उसमें किसी महात्मा या महापुरुष की प्रतिष्ठा का चित्रण किया जाता है। और (३) उसका रचयिता कोई श्रेष्ठ मुनि या उच्चकोटि का साधक कवि होता है।

भारतीय दृष्टिकोण–संस्कृत आचार्यों में महाकाव्य के स्वरूप की सर्वप्रथम विस्तृत व्याख्या करने का श्रेय आचार्य भामह को है, जिन्होंने 'काव्यालंकार' में बन्ध की दृष्टि से काव्य के पाँच भेद किये हैं–१. सर्गबद्ध , २, नाटक, ३. आख्यायिका, ४. कथा और ५. अनिबद्ध (मुक्तक) काव्य। सर्गबद्ध काव्य का ही दूसरा नाम महा काव्य है। उनके मतानुसार इसमें किसी महान् विषय का निरूपण होना चाहिए। उसमें ग्राम्य शब्दों का परिहार, अर्थ का सौन्दर्य, अलंकारों का

प्रयोग और सच्ची या उच्चकोटि की कहानी का वर्णन होना आवश्यक है। उसमें राजदरबार, दूत, आक्रमण, युद्ध आदि का चित्रण होता है तथा अन्त में नायक का अभ्युदय दिखाया जाता है। नाटक की पाँचों संधियों का आयोजन भी उसमें किया जाता है। साथ ही उसका कथानक उत्कर्षपूर्ण होते हुए भी अधिक व्याख्या की अपेक्षा नहीं करता। उसमें काव्यगत सौन्दर्य के साथ चारों वर्गों—धर्म, अर्थ, काम और मोक्ष, का निरूपण होता है, फिर भी प्रधानता अर्थ को दी जाती है। उसके वर्णन में 'लोक-स्वभाव' या स्वाभाविकता का गुण विद्यमान रहता है तथा उसमें सभी रसों का पृथक्-पृथक् निरूपण होता है। प्रारम्भ में नायक का कुल, शक्ति, प्रतिभा या विद्वत्ता के आधार पर उत्कर्ष दिखाकर अन्त में किसी अन्य पात्र की सफलता के निमित्त उसका वध दिखाना अनुचित है। यदि नायक को सर्वाधिक प्रभावशाली या अन्त में उसे सफल सिद्ध नहीं किया गया तो उसके प्रारम्भिक अभ्युदय का कोई महत्त्व नहीं है। अतः महाकाव्य के अन्त में नायक को विजयी दिखाना आवश्यक है। (काव्यालंकार—१. १८-२३)।

भामह के परवर्ती आचार्यों में से अनेक ने महाकाव्य के स्वरूप पर प्रकाश डाला है, किन्तु उसमें अधिक मौलिकता नहीं मिलती। प्रायः सभी ने भामह के ही लक्षणों का पिष्टपेषण किया है। दंडी ने अपने 'काव्यादर्श' में महाकाव्य के आरम्भ में आशीर्वाद, नमस्क्रिया और वस्तु-निर्देश की ओर संकेत करने की नई बात कही है। आगे चलकर साहित्य-दर्पणकार विश्वनाथ ने अवश्य भामह की व्याख्या को आगे बढ़ाते हुए इसके लक्षणों की लम्बी सूची प्रस्तुत की है—"जिसमें सर्गों का निबन्धन हो, वह महाकाव्य कहलाता है। इसमें एक देवता या सद्वंश क्षत्रिय—जिसमें धीरोदात्तत्वादि गुण हों—नायक होता है। कहीं एक वंश के सत्कुलीन अनेक भूप भी नायक होते हैं। शृङ्गार, वीर और शान्त में से कोई एक रस अंगी होता है, अन्य रस गौण होते है। सबसे नाटक-संधियाँ रहती हैं। इसकी कथा ऐतिहासिक या किसी लोक-प्रसिद्ध सज्जन से सम्बन्ध रखने वाली होती है। धर्म, अर्थ, काम और मोक्ष इनमें से कोई एक उसका फल होता है। आरम्भ में आशीर्वाद, नमस्कार या वर्ण्य वस्तु का निर्देश होता है। कहीं खलों की निन्दा और सज्जनों के गुणों का वर्णन होता है। कहीं-कहीं सर्ग में अनेक छन्द मिलते हैं। सर्ग के अन्त में अगली कथा की सूचना होनी चाहिये। इसमें संध्या, सूर्य, चन्द्रमा, रात्रि, प्रदोष, अन्धकार, दिन, प्रातःकाल, मध्याह्न, मृगया, पर्वत, षड्ऋतु, वन, समुद्र, संयोग, वियोग, मुनि, स्वर्ग, नगर, यज्ञ, संग्राम, यात्रा, विवाह, मंत्र, पुत्र और अभ्युदय आदि का यथासंभव सांगोपांग वर्णन होना चाहिए। इसका नामकरण कवि के नाम या चरित्र के नाम अथवा चरित्र-नायक के नाम के आधार पर होना चाहिए। कहीं इनके अतिरिक्त भी नामकरण होता है, जैसा भट्टि। सर्ग की वर्णनीय कथा के आधार पर सर्ग का नाम रखा जाता है। संधियों के अंग यहाँ यथासंभव रखे जाने चाहिए। यदि एक या दो भिन्न वृत हों तो भी कोई हर्ज नहीं है। जलक्रीड़ा, मधुपानादिक सांगोपांग होने चाहिए। महाकाव्य के उदाहरण जैसे 'रघुवंशादि।' (साहित्य-दर्पण, अध्याय ६। ३१५—३२४) भामह और विश्वनाथ के महाकाव्य सम्बन्धी लक्षणों की तुलना से स्पष्ट होगा कि परवर्ती आचार्य ने केवल संख्या-विस्तार कर दिया है, महाकाव्य की मूल प्रकृति के सम्बन्ध में दोनों के दृष्टिकोणों में विशेष अन्तर नहीं मिलता? अस्तु, दोनों की व्याख्याओं का निष्कर्ष संक्षेप में इस प्रकार प्रस्तुत किया जा सकता है:—

(१) महाकाव्य की कथावस्तु का आधार व्यापक होता है, जिससे उसमें जीवन, जगत् और प्रकृति के विभिन्न अंगों का विस्तृत रूप में चित्रण सम्भव हो सके।

(२) उसका नायक एक ऐसा आदर्श और महान् व्यक्ति होता है, जिससे वह पाठकों की श्रद्धा प्राप्त कर सके तथा उन्हें कोई सन्देश दे सके।

(३) उसमें मानव-हृदय की सभी प्रमुख चित्त-वृत्तियों, भावनाओं वा रसों का चित्रण होना चाहिए।

(४) सारा कथानक सर्गों में विभाजित तथा संधियों से युक्त हो जिससे उसमें प्रबन्धत्व का गुण आ सके।

(५) उसकी शैली में काव्य-सौष्ठव व काव्य के सभी प्रमुख गुणों का विकास होना चाहिए।

पाश्चात्य दृष्टिकोण—पाश्चात्य विद्वानों ने भी महाकाव्य (Epic) को गौरव पूर्ण स्थान देते हुए उसके स्वरूप की विभिन्न प्रकार से व्याख्या की है। प्रसिद्ध यूनानी आलोचक अरस्तू (Aristotle) ने अपने काव्य–शास्त्र (Aristotle) में लिखा है कि "महा काव्य ऐसे उदात्त व्यापार का काव्यमय अनुकरण है, जो स्वतः गम्भीर एवं पूर्ण हो, वर्णनात्मक हो, सुन्दर शैली में रचा गया हो, जिसमें आद्यन्त एक छन्द हो, जिसमें एक ही कार्य हो जो पूर्ण हो, जिसमें प्रारम्भ, मध्य और अन्त हो, जिसके आदि और अन्त एक दृष्टि में समा सकें, जिसके चरित्र श्रेष्ठ हों, कथा संभावनीय हो और जीवन के किसी एक सार्वभौम सत्य का प्रतिपादन करती हो।" (काव्य-रूपों के मूल स्रोत और उनका विकास—डॉ० शकुन्तला दुबे; पृष्ठ ८३)।

यद्यपि स्थूल दृष्टि से भारतीय तथा यूरोपीय महाकाव्य के लक्षणों में गहरा साम्य दृष्टिगोचर होता है, किन्तु मूल प्रकृति की दृष्टि से दोनों में गहरा अन्तर भी है। भारतीय महाकवियों ने जहाँ जीवन को समष्टि रूप में ग्रंहण करते हुए तथा मंगलमयी भावनाओं का प्राधान्य दर्शाते हुए महाकाव्य का अन्त सत्यं, शिवं तथा सुन्दरम् में किया है, वहाँ पाश्चात्य काव्य-रचयिताओं ने अपने दृष्टिकोण को इहलोक की विभूति तक ही सीमित रखते हुए उसमें अनिवार्य रूप से उपस्थित होने वाले दैवी क्लेशों में ही जीवन का पटाक्षेप किया है। भारतीय जीवन में आध्यात्मिकता, आदर्शवादिता एवं समन्वयात्मकता की प्रधानता रही है, जबकि पाश्चात्य जीवन में भौतिकता, यथार्थवादिता एवं विश्लेषणात्मकता को प्रमुखता प्राप्त है, अतः इसी के अनुरूप उनके महाकाव्यों में अन्तर मिलना स्वाभाविक है। भारतीय महाकाव्यों में सत् की असत् पर विजय, पवित्र भावनाओं का विकास व नायक के उत्कर्ष तथा कथा की सुखमय परिणति पर बल दिया गया है, जबकि पाश्चात्य महाकाव्यों में इनसे विरोधी तत्त्वों का चित्रण मिलता है। पाश्चात्य महाकाव्यों में नायक के व्यक्तित्व की अपेक्षा जातीयता पर अधिक बल दिया गया है। पश्चिम में दैव को क्रूर माना गया है, जो मानव के उत्पीड़न में प्रसन्न होते हैं; भारतीय महाकाव्यों में उत्पीड़न केवल चरित्र की परीक्षा के लिए होता है, अकारण नहीं। अस्तु, यूरोपीय महाकाव्य की प्रकृति का पता महाकवि होमर में दिये गये इस संदेश से भलीभाँति चल जाता है—' निर्बल मनुष्य के लिए देवताओं ने भाग्य का यही पट बुना है; उनकी इच्छा है कि मनुष्य सदा क्लेश में जियें और वे स्वयं (देवता) सदा आनन्द में रहें।"

आधुनिक दृष्टिकोण—आधुनिक युग में महाकाव्य के स्वरूप एवं लक्षणों के सम्बन्ध में हमारे आलोचकों एवं कवियों के दृष्टिकोण में पर्याप्त विकास हुआ है। आचार्य रामचन्द्र शुक्ल ने

पूर्ववर्ती संस्कृत आचार्यों के निर्धारित लक्षणों की उपेक्षा करते हुए उसके केवल चार तत्त्वों को महत्त्व दिया है–(१) इतिवृत्त (२) वस्तु व्यापार वर्णन (३) भावव्यंजना और (४) संवाद। शुक्लजी के विचारानुसार महाकाव्य का इतिवृत्त व्यापक होने के साथ-साथ सुसंगठित भी होना चाहिए। उसमें ऐसी वस्तुओं और व्यापारों का वर्णन होना चाहिए, जो हमारी भावनाओं को तरंगित कर सकें कवि की भाव-व्यंजना में हृदय को आन्दोलित कर सकने की क्षमता होनी चाहिए। महाकाव्य के संवादों में रोचकता, नाटकीयता और औचित्य का गुण होना अनिवार्य है। इनके अतिरिक्त सन्देश की महानता और शैली की प्रौढ़ता भी महाकाव्य के दो आवश्यक तत्व हैं–यद्यपि शुक्लजी ने इनका स्पष्ट रूप से उल्लेख नहीं किया है, किन्तु उनके द्वारा की गई विभिन्न महाकाव्यों की समीक्षा से यह तथ्य प्रमाणित हो जाता है।

शुक्लजी का महाकाव्य-सम्बन्धी मानदण्ड मुख्यतः तुलसीकृत 'रामचरितमानस' पर आधारित है, जो द्विवेदी युगीन रचनाओं पर भी लागू हो जाता है; किन्तु परवर्ती युगों के महाकाव्य के लिए उनका मान-दंड उपयुक्त नहीं रहता। छायावादी युग की रचनाओं में कामायनी आदि ग्रंथ ऐसे हैं, जिन्हें हम महाकाव्य के नवीनतम स्वरूप के प्रतिनिधि के रूप में ग्रहण कर सकते हैं। इन ग्रन्थों में इतिवृत्त बिलकुल संक्षिप्त और सूक्ष्म है, स्थूल घटनाओं का प्रायः अभाव-सा है; पात्रों के सूक्ष्म मनोविश्लेषण एवं उनकी हृदयगत भावनाओं की अभिव्यंजना की प्रमुखता है; बाह्य संघर्ष का चित्रण है; तथा प्राचीन कथानकों के आधार पर वर्तमान युग की समस्याओं पर प्रकाश डालते हुए महान् सन्देश दिया गया है। अतः इसमें कोई सन्देह नहीं कि स्थूल विशेषताओं एवं शास्त्रीय लक्षणों की दृष्टि से महाकाव्य का नवीनतम रूप अपने मूल रूप से बहुत कुछ परिवर्तित हो गया है, किन्तु उसकी प्रकृति का मूल गुण–महाकवि द्वारा महान् पात्र या संदेश को प्रस्फुटित करने वाली महान् काव्य रचना–अब भी सुरक्षित है। इसी को ध्यान में रखकर डॉ० नगेन्द्र ने महाकाव्य के पाँच लक्षण निर्धारित किये हैं, जो हमें भी स्वीकार्य हैं–(१) उदात्त कथानक (२) उदात्त कार्य (३) उदात्त चरित्र (४) उदात्त भाव और (५) उदात्त शैली। वस्तुतः यहाँ 'उदात्त' विशेषण महान् का ही पर्याय है, अतः महाकाव्य के लिए उसके सभी अंगों का महत्वपूर्ण या उदात्त होना अनिवार्य।

मुक्तक काव्य

प्राचीन भारतीय आचार्यों ने प्रबन्ध-काव्य के विपरीत रूप अर्थात् प्रबन्ध-काव्य के लिए मुक्तक शब्द का व्यवहार किया है। अग्निपुराण ने ऐसे श्लोकों को मुक्तकों की संज्ञा दी है, जो अपने अर्थद्योतन में स्वतः समर्थ हों–"मुक्तक श्लोक एकैकश्चमत्कारक्षमः सताम्।" आगे चलकर ध्वन्यालोक के लोचनकार अभिनवगुप्त ने इसकी विस्तृत व्याख्या करते हुए लिखा है, कि ऐसे पद्य को, जिसका अगले-पिछले पद्यों में कोई सम्बन्ध न हो तथा जो अपने विषय को प्रकट करने में अकेला समर्थ हो, मुक्तक कहते हैं। साथ ही स्वतन्त्र और निरपेक्ष रूप में अर्थ-द्योतन में समर्थ होते हुए भी वह प्रबन्ध के बीच समाविष्ट हो सकता है। अभिनवगुप्त ने इसकी एक विशेषता और बताई है कि उसमें विभाव, अनुभावादि से परिपुष्ट इतना रस भरा होता है कि वह पाठक को रसानुभूति प्रदान कर सकता है आनन्दवर्धनाचार्य का कथन है कि प्रबन्ध के अन्तर्गत जितने भावों या रसों का परिपाक सम्भव है, उतने ही भावों या रसों की व्यंजना मुक्तक में भी सम्भव है।

आचार्य रामचन्द्र शुक्ल ने मुक्तक के स्वरूप का अधिक स्पष्टीकरण करते हुए लिखा है कि "मुक्तक में प्रबन्ध के समान रस की धारा नहीं रहती, जिसमें कथा-प्रसंग की परिस्थिति में अपने को भूला हुआ पाठक मग्न हो जाता है और हृदय में एक स्थायी प्रभाव ग्रहण करता है। इसमें तो रस के ऐसे छींटे पड़ते हैं, जिनसे हृदय कलिका थोड़ी देर के लिए खिल उठती है। यदि प्रबन्ध-काव्य एक विस्तृत वनस्थली है तो मुक्तक एक चुना हुआ गुलदस्ता है, इसी से यह सभा-समाजों के लिए अधिक उपयुक्त होता है।" यद्यपि यहाँ मुक्तक के स्वरूप की रूप-रेखा बहुत ही आकर्षक शब्दावली में प्रस्तुत की गई है जिससे प्रबन्ध और मुक्तक के अन्तर पर प्रकाश पड़ता है, किन्तु हमारे प्राचीन और आधुनिक आचार्यों ने कहीं भी इस प्रश्न पर विचार नहीं किया कि मुक्तक रचना में रस-निष्पत्ति किस प्रकार होती है? रस-निष्पत्ति के लिए भाव, विभाव, अनुभाव एवं संचारी आदि का चित्रण अपेक्षित होता है; किन्तु मुक्तक का क्षेत्र संकीर्ण होता है, उसमें इन सबके लिए स्थान नहीं होता—किसी एक अंग का ही चित्रण हो पाता है, अतः उससे रसानुभूति की अपेक्षा कैसे की जा सकती है? और यदि किसी एक अवयव से ही रस-निष्पत्ति हो सकती है, तो फिर प्रबन्ध में सभी अवयवों के विकास पर क्यों बल दिया जाता है?

यह तो स्वयं आचार्य शुक्ल ने ही स्वीकार कर लिया है कि प्रबन्ध में जहाँ हृदय को रस-मग्न करने की क्षमता होती है, वहाँ मुक्तक के रस के छींटे ही पड़ते हैं, जिनसे हृदय-कालिका खिल उठती है (उसमें मग्न नहीं हो पाती)। इसका तात्पर्य हुआ कि रसानुभूति की दृष्टि से मुक्तक-काव्य में प्रबन्ध की अपेक्षा न्यून शक्ति होती है। फिर भी हमारी मूलभूत समस्या—कि मुक्तक से रस-निष्पत्ति (भले ही रस की धारा न होकर छींटे ही सही) किस प्रकार होती है—का समाधान नहीं होता।

हमारे विचार से उत्कृष्ट कोटि का मुक्तक-काव्य-प्रबन्ध काव्य में से चुनकर अलग किया हुआ कोई ऐसा अंश नहीं होता, जो कि वाटिका में से चुनकर तैयार किए हुए गुलदस्तों के समान हो और न ही वह प्रबन्ध का एक लघु-संस्करण होता है। प्रबन्ध और मुक्तक का सम्बन्ध पूरे शरीर और उसके एक अंग (हाथ, पैर आदि) का सा नहीं होता, और न ही दीर्घकाय मनुष्य और लघुकाय शिशु का-सा होता है। एक बार डॉ० गुलाबराय जी ने उपन्यास और कहानी का अन्तर स्पष्ट करते हुए बैल और मेंढक का उदाहरण दिया था, वही बात हम प्रबन्ध और मुक्तक के सम्बन्ध में कह सकते हैं। वस्तुतः दोनों की स्वतन्त्र सत्ता है और स्वतन्त्र विधा है एक मुक्तकार रस के सारे अवयवों को पाठकों के सम्मुख प्रस्तुत करता, जिससे कि वे उन सबका चर्वण करके रस की उपलब्धि कर सकें, अपितु कवि स्वयं अपने मानस में ही उन सबका आलोडन-विलोडन कर लेता है और उससे प्राप्त अनुभूति-मात्र को अपने काव्य में प्रस्तुत नहीं करता है। कहना चाहिए, कि प्रबन्ध में वह सारी स्थूल सामग्री उपस्थित होती है, जिससे रस की निष्पत्ति सम्भव होती है, जबकि मुक्तककार सामाग्री प्रस्तुत न करके उसका केवल सार या रस-मात्र प्रस्तुत करता है। प्रबन्धकार, मैदा, चीनी घृत आदि सब कुछ प्रस्तुत करता है जिससे हलुआ तैयार हो सके, जबकि मुक्तककार केवल बना-बनाया हलुआ ही उपस्थित कर देता है, भले ही आकार-परिमाण की दृष्टि से वह न्यून ही क्यों न हो।

मुक्तक-काव्य में रस के सभी स्थल अवयवों का चित्रण नहीं होता, उसमें किसी एक अवयव या भाव-दशा का निरूपण होता है, किन्तु इसमें कुछ ऐसे संकेत होते हैं, जिससे शेष

अवयवों की कल्पना करने में पाठक स्वयं समर्थ हो सके। उदाहरण के लिए निम्नांकित सवैया द्रष्टव्य है—

पर कारज देह को धारे फिरौ, परजन्य! जथारथ ह्वै दरसौ।
निधि नीर सुधा के समान करौ, सबही विधि सुन्दरता सरसौ।।
'घन आनन्द' जीवनदायक हौ, कबौ मेरियौ पीर हिए परसौ।
कबहूँ व बिसासी सुजान के आँगन मो अंसुवान को ले बरसौ।।

यहाँ आलम्बन और आश्रय का स्पष्ट रूप से कोई उल्लेख नहीं है, उनकी परिस्थितियों व भाव-दशा का भी अंकन नहीं है, किन्तु प्रणयी हृदय के व्याकुल उद्‌गारों द्वारा ही सारी स्थिति की व्यंजना हो जाती है। वस्तुतः यहाँ स्थायीभाव के विभिन्न अवयव न होकर स्वयं स्थायीभाव ही द्रवीभूत होकर प्रवाहित हो रहा है।

मुक्तक के भेदोपभेद—संस्कृत के विद्वानों एवं आचार्यों ने मुक्तक के कई भेदोपभेद किए हैं। दंडी ने उसके मुख्य तीन भेद किए हैं—मुक्तक, कुलक कोष और संघात। आगे चलकर भेदों की संख्या में वृद्धि हो गई। ये भेदोपभेद मुख्यतः श्लोक संख्या व विषय-भेद पर ही आधारित हैं। विभिन्न विद्वानों द्वारा मुक्तक के ये ९ भेद स्वीकृत किए गए हैं--(१) मुक्तक—एक श्लोक में पूर्ण होने वाली रचना (२) युग्मक—दो श्लोकों में समाप्त होनेवाली (३) विशेषक—तीन श्लोक वाली रचना (४) कलापक-चार श्लोकों वाली रचना, (५) कुलक—पाँच श्लोकों वाली रचना (६) कोश—ऐसे श्लोकों का संग्रह जो परस्पर सम्बन्ध न हो, (७) प्रघट्टक—एक ही कवि द्वारा रचित श्लोकों का समूह , (८) विकीर्णक—अनेक कवियों द्वारा रचित श्लोकों का संग्रह, (९) संघात या पर्यायबन्ध—एक कवि द्वारा एक विषय पर रचित छन्दों का संग्रह ।

उपयुर्क्त वर्गीकरण न तो वैज्ञानिक है और न ही विशेष उपयोगी। सामान्यतः आजकल मुक्तक के प्रथम भेद मुक्तक (एक श्लोकवाली रचना) को मुक्तक कहा जाता है। शेष भेदों का प्रचलन नहीं है। डॉ० शम्भूनाथ सिंह ने हिन्दी में प्रचलित मुक्तकों का वर्गीकरण बहुत ही सुन्दर ढंग से किया है जो इस प्रकार है—

(१) संख्याश्रित मुक्तक काव्य—जैसे 'हजारा', 'सतसई', शतक, 'पचासा', 'बावनी', 'चालीसा', 'पचीसी', 'बाईसी' आदि।

(२) वर्णमालाश्रित मुक्तक काव्य –जैसे मातृका संज्ञक (दोहा मातृका), कक्क संज्ञक, ककहरा, अखरावट, बारहखड़ी आदि।

(३) छन्दाश्रित—दोहावली, कवितावली।

(४) रागाश्रित—जैसे राम लावनी, रेखता आदि।

(५) ऋतु-आश्रित—चर्चरी, फागु, होरी, बारहमासा, षड्ऋतु आदि।

(६) पूजा-धर्म आश्रित—स्तोत्र, स्तुति, स्तवन, आदि।

यह सूक्ष्म दृष्टि से देखा जाय, तो यह वर्गीकरण भी विशुद्ध वैज्ञानिक दृष्टि पर आधारित नहीं है। इसमें विभिन्न मुक्तक-संग्रहों के नामकरण को सही आधार माना गया है, उसकी विषय-वस्तु या शैली का ध्यान नहीं रखा गया। वस्तुतः मुक्तककाव्य भेदोपभेद के पचड़े एवं वर्गीकरण

की सीमाओं से भी मुक्त रहना अधिक पसन्द करता है, अतः उसे बलात् भेदों के कटघरे में जकड़ना उचित नहीं होगा। मुक्तक काव्य का कोई निश्चित विषय, निश्चित रूप या निश्चित शैली नहीं है, अतः उसके रूप भेद-भेदों की संख्या अगणित है।

गीति-काव्य

यद्यपि प्राचीन युग से ही हमारे यहाँ लोक-साहित्य के रूप में गीति-काव्य की परम्परा रही है,किन्तु आधुनिक युग में इसे अंग्रेज़ी के 'लिरिक' (Lyric) के पर्यायवाची के रूप में ग्रहण किया जाता है। 'लिरिक' की व्युत्पत्ति 'लायर' (Lyer) नामक वाद्य-यन्त्र से हुई, जिसके सहारे जिन गीतों का गान होता था, उन्हें 'लिरिक' कहा जाने लगा। हमारे यहाँ 'गीति' शब्द से केवल गाने की क्रिया का बोध होता है, उसके साथ किसी वाद्य-विशेष का आश्रय ग्रहण किया जाना आवश्यक नहीं। वस्तुतः 'गीति' शब्द हमारा अपना है, यह 'लिरिक' के अनुकरण पर गढ़ा हुआ नहीं है तथा अर्थ की दृष्टि को यह लिरिक से अधिक व्यापक है।

काव्य या कविता का प्रमुख तत्त्व भाव माना जाता है और सबसे अधिक भावात्मक कविता 'गीति' रूप में मानी जा सकती है। फूल में सुगन्ध होती है, किन्तु इत्र तो एकमात्र सुगन्ध ही का संचयन होता है; ठीक इसी प्रकार कविता है भाव होते हैं, पर एकमात्र भावों का संचयन ही गीति-काव्य है। पाश्चात्य विद्वानों में से अनेक–जाफ्राय (Jouffroy) हीगल (Hegal), अर्नेस्ट रिस (Eraest Rhys) जान ड्रिंक वाटर (John Drink Water) गमर (Gummere) और हड्सन (Hudson) आदि ने गीति-काव्य की विभिन्न प्रकार से परिभाषा करने का प्रयत्न किया है, किन्तु पूर्ण सफलता उनमें से किसी को नहीं मिली। जाफ्राय ने अस्पष्ट-सी भाषा में प्रतिपादित किया कि गीति-काव्य और काव्य पर्यायवाची शब्द हैं और उनमें सभी तत्त्वों का अन्तर्भाव होता है, जो निजी आह्लादजनक एवं सजीव होते हैं। हीगल ने गीति-काव्य का स्वरूप स्पष्ट करते हुए लिखा है कि "गीति-काव्य में किसी ऐसे व्यापक कार्य का चित्रण नहीं होता जिससे बाह्य संसार के विभिन्न रूपों एवं ऐश्वर्य का उद्घाटन हो, उसमें तो कवि की निजी आत्मा के ही किसी एक रूप-विशेष के के प्रतिबिम्ब का निदर्शन होता है। उसका एकमात्र उद्देश्य शुद्ध कलात्मक शैली में आन्तरिक जीवन की विभिन्न अवस्थाओं, उसकी आशाओं, उसके आह्लाद की तरंगों और उसकी वेदना के चीत्कारों का उद्घाटन करना ही है।" अर्नेस्ट रिस के विचारानुसार "गीति-काव्य एक ऐसी संगीतमय अभिव्यक्ति है, जिसके शब्दों पर भावों का पूर्ण आधिपत्य होता है, किन्तु जिसकी प्रभावशालिनी लय में सर्वत्र उन्मुक्तता रहती है।" इसी प्रकार 'जान ड्रिंक वाटर' के कथनानुसार "गीति-काव्य एक ऐसी अभिव्यजना है, जो विशुद्ध काव्यात्मक (भावात्मक) प्रेरणा से व्यक्त होती है तथा जिसमें किसी अन्य प्रेरणा के सहयोग की अपेक्षा नहीं रहती।" कॉलरिज ने एक स्थान पर लिखा था "कविता श्रेष्ठतम क्रम है"–ड्रिंक वाटर ने इस परिभाषा को गीति-काव्य के अनुरूप स्वीकार किया है। प्रो० गमर और हड्सन महोदय ने अपनी परिभाषाओं में गीति-काव्य के स्वरूप को अधिक स्पष्ट करने का प्रयत्न किया है। प्रो० गमर ने लिखा है कि "गीति-काव्य वह अन्तर्वृति-निरूपिणी कविता है, जो वैयक्तिक अनुभूतियों से पोषित होती है, जिसका सम्बन्ध घटनाओं से नहीं; अपितु भावनाओं से होता है, तथा जो किसी समाज की परिष्कृत अवस्था में निर्मित होती है।" हड्सन के विचारानुसार 'वैयक्तिकता की छाप

गीति-काव्य की सबसे बड़ी कसौटी है, किन्तु वह व्यक्ति-वैचित्र्य में सीमित न रहकर मानवीय भावनाओं पर आधारित होता है, जिससे प्रत्येक पाठक उसमें अभिव्यक्त भावनाओं एवं अनुभूतियों से तादात्म्य स्थापित कर सके।"

उपर्युक्त परिभाषाओं के अवलोकन से स्पष्ट है कि यहाँ विभिन्न विद्वानों ने अन्धगज-न्याय के अनुसार ही गीति-काव्य रूपी हाथी के किसी एक अंग को ही उसका पूर्ण स्वरूप मान लिया है। किसी ने भावनात्मकता पर अधिक बल दिया है तो किसी ने संगीतात्मकता और वैयक्तिकता को ही गीति-काव्य का प्राण समझ लिया। हमारे विचार से गीति-काव्य की परिपूर्ण परिभाषा इस प्रकार की जा सकती है—"गीतिकाव्य एक ऐसी लघु आकार एवं मुक्तक शैली में रचित रचना होती है, जिसमें कवि निजी अनुभूतियों या किसी एक भाव-दशा का प्रकाशन संगीत या लयपूर्ण कोमल शब्दावली में करता है।" ध्यान रहे,कुछ विद्वानों ने प्रबन्ध शैली में रचित गीतिकाव्यों को भी 'गीति' कहा है, किन्तु हमारे विचार से गीति-काव्य की मूल आत्मा का निर्वाह भी अवश्य रहेगा, और जहाँ इति-वृत्तात्मकता होगी, वहाँ भावात्मकता जो कि गीति-काव्य की आत्मा है—का एकमात्र आधिपत्य नहीं रह सकता। 'सूरसागर' को भले ही हम 'प्रबन्ध-काव्य' कहें, किन्तु उसके गीतों का आस्वादन मुक्तक रूप में ही किया जाता है। वस्तुतः 'सूर-सागर' में प्रबन्धत्व कम है, मुक्तकता अधिक है।

उपर्युक्त परिभाषा के अनुसार गीति-काव्य के छः तत्त्व निर्धारित किए जा सकते हैं—(१) भावनाओं का चित्रण या भावात्मकता, (२) वैयक्तिकता अर्थात् निजी अनुभूतियों का प्रकाशन, (३) संगीतात्मकता या लय का प्रवाह, (४) शैली की कोमलता व मधुरता, (५) संक्षिप्तता और मुक्तक शैली। इनमें से एकाध तत्त्व के अभाव में भी में शी किसी रचना को गीति-काव्य की संज्ञा दी जा सकती जा सकती है, किन्तु एक सर्वोत्कृष्ट गीति में इन सभी तत्त्वों का समाहार होना परमावश्यक है।

वर्गीकरण—सामान्यतः हम गीति-काव्य को दो वर्गों में विभाजित कर सकते हैं—(१) लोक-गीति और (२) साहित्यिक गीति। किन्तु पाश्चात्य विद्वानों ने इसे विभिन्न वर्गों में वर्गीकृत किया है जिनमें उल्लेखनीय ये हैं—सोनेट (Sonnet) ओड (Ode) एलिजी (Elegy) साँग (Song) इपिसिल (Epistle) ईडिल (Edyll) आदि। हमारे हिन्दी के आलोचकों में से भी कुछ ने इनका अन्धानुकरण करते हुए इस प्रकार का वर्गीकरण किया है। डॉ० दुबे ने भेद किए है—(१) प्रेम-प्रधान गीत,(२) देश-प्रेम के गीत, (३) भक्ति-प्रधान गीत (४) विचारात्मक गीत, (५) बुद्धिप्रधान गीत, (६) प्रकृति के गीत (७) सामाजिक गीत। इस प्रकार तो मानव-हृदय में जितने भाव हैं, उतने ही गीति-काव्य के भेद किये जा सकते हैं; फिर डॉ० दुबे ने प्रेम और देश-प्रेम को तो ले लिया, किन्तु वात्सल्य और करुण रस को वे कहाँ स्थान देंगी? क्या सूर के बाल-लीला सम्बन्धी पदों का उन्हें कोई ध्यान नहीं रहा कोई ध्यान नहीं रहा? खैर, उनकी मौलिकता का एक बहुत बड़ा प्रमाण है, विचारात्मक गति के अतिरिक्त एक और भेद करना—'बुद्धिप्रधान गीति!' क्या विचारात्मक' गीति में,बुद्धि-प्रधान गीति में विचार नहीं होते! वस्तुतः यह वर्गीकरण पर्याप्त असंगत है।

अब आकारगत वर्गीकरण को लीजिए। डॉ० दुबे ने यहाँ मौलिकता को भूलकर अंधानुकरण की प्रवृत्ति का परिचय दिया है। देखिए—(१) चतुर्दशपदी, (२) सम्बन्ध गीति, (३) शोक गीति

(४) गीत, (५) संगीत-प्रधान (६) पत्रगीति। यदि सोचने का थोड़ा-सा कष्ट किया जाय, तो यह भली प्रकार स्पष्ट हो जाता है, कि 'शोक गीति' का सम्बन्ध आकार से नहीं, विषय से है; पत्र-गीति और सम्बोध-गीति का सम्बन्ध भी आकार से नहीं शैली से है; और 'चतुर्दशपदी' है तो चतुष्पदी या द्वादशपदियों को भी स्थान मिलना चाहिए था।

हमारे विचार से गीति-काव्य का यह वर्गीकरण अनावश्यक एवं अनुपयोगी है! मानव-अनुभूतियों के विस्तार की कोई सीमा नहीं—अतः विषय या आकार के आधार पर गीतों का वर्गीकरण करना अनावश्यक है।

उपसंहार

अन्त में हम तीनों काव्य-रूपों के लक्षणों का अध्ययन कर लेने के अनन्तर कह सकते हैं, कि साहित्य में वैसे तो इन तीनों ही रूपों का महत्त्व है, फिर भी आदर्शवादी, दृष्टिकोण से महाकाव्य का, यथार्थवादी से मुक्तक का तथा स्वच्छन्दतावादी से गीति काव्य का अधिक महत्त्व है; इसीलिए जब युग-विशेष के साहित्यकारों एवं सामाजिकों में क्रमशः आदर्श, यथार्थ एवं स्वच्छन्द दृष्टियों की प्रमुखता होती है, तो उसी के अनुरूप महाकाव्य, मुक्तक एवं गीति की ही सर्जना को विशेष गति मिलती है। यही कारण है कि आज के यथार्थोन्मुख युग में महाकाव्य और गीति का ह्रास होता है और उनका स्थान मुक्तक को प्राप्त होता जा रहा है।

●

२९

गद्य की प्रमुख विधाएँ : स्वरूप-विवेचन

साहित्य का वर्गीकरण करते हुए उसके मुख्यतः तीन प्रमुख भेद किये जाते है—(१) गद्य (२) पद्य और (३) चम्पू (मिश्रित)। गद्य के भी अनेक उपभेद किये जाते हैं,—यथा-उपन्यास, कहानी, एकांकी, निबन्ध, आलोचना, जीवनी,संस्मरण, रेखाचित्र, आत्मकथा आदि। किन्तु इनमें प्रथम पाँच भेदों का प्रचलन एवं महत्त्व अधिक है, अतः यहाँ इनका परिचय क्रमशः दिया जाता है।

उपन्यास

'उपन्यास' शब्द का मूल अर्थ है—'निकट रखी हुई वस्तु' (उप—निकट, न्यास—रखी हुई), किन्तु आधुनिक युग में इसका प्रयोग साहित्य के एक ऐसे रूपविशेष के लिए होता है, जिनमें एक दीर्घ कथा का वर्णन गद्य में किया जाता है। यद्यपि मूल अर्थ से प्रचलित अर्थ का कोई सम्बन्ध नहीं है, फिर भी कुछ विद्वानों ने दोनों में संगति बैठाने का प्रयत्न किया है। एक लेखक महोदय का विचार है, कि उपन्यास में जीवन को बहुत निकट प्रस्तुत कर दिया जाता है, अतः इसका यह नाम सर्वथा उचित है, किन्तु वे भूल गये हैं कि साहित्य के कुछ अन्य अंगों—जैसे कहानी, नाटक, एकांकी आदि—में भी जीवन को उपन्यास की ही भाँति बहुत समीप उपस्थित कर दिया जाता है। प्राचीन-काव्य शास्त्र में इस शब्द का प्रयोग नाटक की 'प्रतिमुखसंधि' के एक उपभेद के रूप में किया गया है। भरतमुनि ने इसके लिए 'उपपत्ति कृत्तो ह्यर्थः' तथा 'प्रसादनम्' आदि विशेषण प्रस्तुत किये हैं, जिनका अर्थ होता है—'किसी अर्थ को युक्तिपूर्ण ढंग से प्रस्तुत करने वाला तथा प्रसन्नता प्रदान करने वाला किन्तु यह बात साहित्य के अन्य अंगों पर भी लागू होती है। अस्तु, 'उपन्यास' शब्द का कथा-साहित्य के अंग-विशेष के लिए क्यों प्रयोग होने लग गया, तथा सबसे पूर्व किस व्यक्ति ने ऐसा किया—यह एक अनुसन्धान का विषय है।

आधुनिक युग में 'उपन्यास' शब्द अंगेजी का 'नॉवल' (Novel) के अर्थ में प्रयुक्त होता है, जिसका अर्थ, जैसा कि ऊपर संकेत किया गया है, एक दीर्घ कथात्मक गद्य रचना है। 'वह वृहत् आकार का गद्य आख्यान या वृत्तान्त' जिसके अन्तर्गत वास्तविक जीवन के प्रतिनिधित्व का दावा करने वाले पात्रों और कार्यों का चित्रण किया जाता है।' गुजराती में 'नवल कथा' मराठी में 'कादम्बरी एवं बँगला में 'उपन्यास' शब्द का प्रयोग भी अंग्रेजी के 'नॉवल' के अर्थ में ही किया जाता है। सम्भवतः हिन्दी में भी इस शब्द का प्रयोग बँगला के अनुकरण पर ही होने लगा है। खैर, यह अनुकरण चाहे ठीक-ठीक हो या न हो, किन्तु अब इसका प्रचलन इतना अधिक हो गया है कि इसे हटाना, परिवर्तित करना या संशोधित करना सम्भव नहीं।

उपन्यास के तत्त्व—पाश्चात्य विद्वानों ने उपन्यास के मुख्यतः में छः तत्त्व निर्धारित किये हैं। (१) कथा-वस्तु, (२) पात्र या चरित्र-चित्रण, (३) कथोपकथन, (४) देशकाल (५) शैली

और (६) उद्देश्य। हमारे विचार से इस विश्लेषण में उपन्यास के एक बढ़े महत्त्वपूर्ण तत्त्व की उपेक्षा की गई है और वह तत्त्व है—भाव या रस। साहित्य का सबसे महत्त्वपूर्ण तत्त्व—भाव माना गया है तथा साहित्य और दर्शन, साहित्य और विज्ञान को पृथक करने वाला तत्त्व भाव ही है। साहित्य का कोई भी अंग या कोई भी रूप—कविता, नाटक, उपन्यास—इस भाव-तत्त्व से शून्य नहीं रह सकता, वह साहित्य की श्रेणी में ही नहीं आ सकता। वृन्दावनलाल के उपन्यासों में से भाव-तत्त्व को निकाल दीजिए, वे उपन्यास न रहकर इतिहास बन जायेंगे; जैनेन्द्र, अज्ञेय, जोशी के उपन्यासों को मनोविज्ञान और मनोविश्लेषण से पृथक् करनेवाला तत्त्व, भावनाओं का चित्रण ही है। आचार्य गुलाबराय ने एक बार इस तत्त्व की ओर संकेत भी किया था, किन्तु विदेशी विद्वानों की विचार-शक्ति से हमारा दिमाग इस तरह अवरुद्ध रहता है, कि उसमें स्वदेशी आचार्यों की मौलिक धारणाएँ कठिनता से प्रवेश पा सकती है।

उपन्यास की कथावस्तु में प्रमुख कथानक के साथ-साथ कुछ प्रासंगिक कथाएँ भी चल सकती हैं; किन्तु दोनों परस्पर सुसम्बन्ध होनी चाहिए। उसके कथानक का आधार वास्तविक जीवन होना चाहिए जिससे कि उसमें स्वाभाविकता रहे, किन्तु जिन उपन्यासों का लक्ष्य ही विचित्र घटनाओं द्वारा आश्चर्यजनक बातों का निरूपण करना हो, वहाँ यह नियम लागू नहीं किया जा सकता। उदाहरण के लिए अंग्रेजी के एच जी० वेल्स ने अपने कथा-साहित्य में जान बूझकर ही काल्पनिक चमत्कारपूर्ण घटनाओं का वर्णन किया है, अतः यदि इस ढंग से उपन्यास लिखे जायँ तो उनमें ऐसा होना स्वाभाविक है श्री प्रेमचन्द्र जी ने अपने 'काव्य-कल्प' में पुनर्जन्म' को ही उद्देश्य माना है, अतः उसमें एक ही पात्र के तीन जीवनों की घटनाओं का समावेश होना स्वाभाविक है, भले ही वे पाठक जो पुनर्जन्म के सिद्धान्त में विश्वास नहीं रखते, इसे एक दोष बतावें।

उपन्यास के कथानक के तीन आवश्यक गुण हैं—रोचकता, स्वाभाविकता एवं प्रवाह या गतिशीलता। उपन्यास के प्रथम पृष्ठ में ही ऐसी शक्ति होनी चाहिए, कि पाठक हृदय में ऐसा कौतूहल जागृत कर दे, कि वह पूरी रचना को पढ़ने के लिए विवश हो जाय। यदि कोई पाठक किसी उपन्यास को जान-बूझकर अधूरा छोड़ देता है, तो यह दोष पाठक का नहीं, अपितु लेखक का है, जो अपने उपन्यास के कथानक में प्राण नहीं फूँक सका।

पात्रों के चरित्र-चित्रण में भी स्वाभाविकता, सजीवता एवं क्रमिक विकास का होना आवश्यक है। प्राचीन महाकाव्यों की भाँति उपन्यास के पात्र न तो अति मानवीय होते हैं और न ही उनका चरित्र प्रारम्भ से लेकर अन्त तक एक जैसा होता है। पात्रों में वर्गगत विशिष्टताओं के साथ-साथ वैयक्तिक विशेषताओं का भी समन्वय होना चाहिए, अन्यथा उनके व्यक्तित्व का विकास नहीं हो पायेगा। 'गोदान' में होरी, हीरा और शोभा—तीनों एक ही परिवार और एक ही वर्ग से सम्बन्धित हैं, किन्तु फिर भी तीनों में इतना सूक्ष्म अन्तर रखा गया गया है, जिससे हम एक-दूसरे को पहचान सकें, अलग कर सकें पात्रों के चरित्र में परिवर्तन या विकास परिस्थितियों व वातावरण के प्रभाव से क्रमशः दिखाया जाना चाहिए। कथोपकथन, देश-काल और शैली पर भी स्वाभाविकता और सजीवता की बात लागू होती है। विचार, समस्या और उद्देश्य की व्यंजना इस ढंग से होनी चाहिए, कि वह रचना की स्वाभाविकता एवं रोचकता में बाधक सिध्य न हो।

इन सभी तत्त्वों का लक्ष्य मुख्यतः पाठक को भावानुभूति प्रदान करना है, अतः इनका समन्वय भाव-तत्त्व के अनुकूल होना चाहिए, न कि भाव-तत्त्व का इनके अनुकूल। प्रत्येक उपन्यास में किसी एक भावना की प्रमुखता होती है; जैसे—प्रेमचन्दजी के 'निर्मला' और 'गोदान' में करुणा की; वर्मा जी के 'मृगनयनी' में शौर्य्य या उत्साह की; जोशीजी के 'सन्यासी' में रति या प्रेम की उपन्यास के भाव-तत्त्व की आयोजना एवं उसका विश्लेषण रस-सिद्धान्त के आधार पर किया जाना उचित है। यदि हमारे लेखक और आलोचक इस ओर ध्यान दें तो नवीनतम उपन्यास-साहित्य में विकसित होने वाली अति बौद्धिकता व शुष्कता की प्रवृत्ति को नियन्त्रित किया जा सकता है। जो विद्वान विशुद्ध विचारात्मक या शुष्क सिद्धान्त-प्रतिपादन में रुचि रखते हैं, उन्हें चाहिए कि वे उपन्यास को छोड़कर 'दर्शन', 'मनोविज्ञान' या 'तर्कशास्त्र' के ग्रंथों में प्रवृत्त हों अन्यथा उपन्यास साहित्य, उपन्यास-साहित्य न रहकर, 'उपन्यास-शास्त्र' बन जायगा।

भेद—हिन्दी के आलोचकों ने उपन्यास के अनेक भेद किए हैं, जैसे घटनाप्रधान, चरित्र-प्रधान, सामाजिक, ऐतिहासिक, मनोविश्लेषणात्मक आदि। यह वर्गोकरण वैज्ञानिक दृष्टि से सर्वथा असंगत एवं अव्यावहारिक है। क्या समाजिक उपन्यासों में घटनाओं की प्रधानता नहीं होती? अथवा मनोविश्लेषणात्मक में चरित्र की प्रधानता नहीं होती? पहले दो वर्गों का सम्बन्ध उपन्यास के तत्त्वों से है, जब कि सामाजिक और ऐतिहासिक का सम्बन्ध उनकी विषय-वस्तु से है। उपन्यासों का वर्गीकरण या तो उसके विषय के आधार पर अथवा तात्त्विक या शैलीगत विशेषताओं के अनुसार होना चाहिए, किन्तु उपर्युक्त वर्गीकरण में दोनों को अनुचित ढंग से मिला दिया गया है। विषय-वस्तु की दृष्टि से उपन्यास के भेदों की कोई सीमा निर्धारित नहीं की जा सकती है—वैयक्तिक पारिवारिक, सामाजिक, राष्ट्रीय, ऐतिहासिक, मनोवैज्ञानिक, राजनीतिक आदि अनेक विषयों का समावेश उपन्यासों में किया जा सकता है। ज्यों-ज्यों देश और काल के अनुसार मानव-जाति की रुचि में परिवर्तन होता रहेगा, त्यों-त्यों उपन्यास का विषय भी बदलता रहेगा, अतः विषय-वस्तु के आधार पर किये गये वर्गीकरण को भी प्रत्येक युग में परिवर्धित करना पड़ेगा। इसी प्रकार उपन्यास-साहित्य के विकास के साथ-साथ उनमें नई-नई शैलियों का प्रयोग तथा नवीन शिल्पगत प्रवृत्तियों का विकास भी सदा होता रहेगा, अतः इनके आधार पर भी उपन्यास के भेदोपभेदों को स्थायी रूप से निर्धारित नहीं किया जा सकता हम उपन्यास के तत्त्वों की प्रमुखता के आधार पर ही उसे इन सात वर्गों में विभाजित करना अधिक उचित समझते है—(१) कथावस्तु-प्रधान या घटना-प्रधान, (२) चरित्र-प्रधान (३) कथोपकथन-प्रधान या संवादात्मक (४) देशकाल-प्रधान या वातावरण-प्रधान, (५) शैली-प्रधान (६) उद्देश्य-प्रधान या विचारात्मक अथवा समस्या प्रधान और (७) रस प्रधान अथवा भावात्मक। यद्यपि प्रत्येक उपन्यास में उपर्युक्त सभी तत्त्व किसी न किसी मात्रा में विद्यमान रहते हैं, किन्तु फिर भी लेखक के दृष्टिकोण, युग की प्रवृत्ति, आधारभूत विषय के अनुसार प्रत्येक उपन्यास में कोई एक तत्त्व प्रमुखता प्राप्त कर लेता है। हिन्दी के प्रारम्भिक तिलस्मी, ऐयारी एवं जासूसी उपन्यासों में घटनाओ की प्रधानता थी,तो अयोध्यासिंह उपाध्याय के 'ठेठ हिन्दी का ठाठ' में कोरी शैली का ठाठ था। प्रेमचन्दजी के उपन्यासों में समस्याओं में समस्याओं की प्रमुखताथी, तो वृन्दावन लाल वर्मा की रचनाओं में वातावरण या देश-काल की प्रमुखता है। इसी प्रकार जैनेन्द्र, इलाचन्द्र जोशी आदि लेखकों की रचनाओं में जिन्हें 'मनोविश्लेषणात्मक कहा गया है, मुख्यतः पात्रों के चरित्र के

विश्लेषण को सर्वाधिक महत्त्व दिया जाता है। कुछ ऐसे उपन्यास रचे गए हैं और रचे जा सकते हैं, जिनमें कथोपकथन का बाहुल्य हो या जिनमें विचारात्मकता की अपेक्षा भावात्मक उद्गारों की प्रधानता हो। अतः हम समझते हैं कि इस प्रकार का वर्गीकरण उपन्यास-कला के स्वरूप एवं उसकी प्रवृत्तियों को स्पष्ट करने में भी सहायक सिद्ध होगा।

कहानी

'कहानी' या 'कथा' शब्द का शाब्दिक अर्थ है—कहना। इस अर्थ के अनुसार जो कुछ भी कहा जाय, कहानी है; किन्तु विशिष्ट अर्थ में हम किसी विशेष घटना के रोचक ढंग से वर्णन को 'कहानी' कहते हैं। 'कथा' और 'कहानी' पर्यायवाची होते हुए भी अब दोनों के अर्थ में सूक्ष्म अन्तर आ गया है 'कथा' व्यापक है, इसमें सभी प्रकार की कहानियाँ तथा उपन्यासों का समावेश किया जाता है, जबकि कहानी के अन्तर्गत लघु कथाओं को ही लिया जाता है। कहानी के अनिवार्य लक्षण हैं—(१) गद्य में रचित होना। (२) मनोरंजन या कौतूहलवर्द्धक होना। (३) अन्त में किसी चमत्कारपूर्ण घटना की योजना। हिन्दी के एक प्राध्यापक महोदय लिखते हैं—"कहानी में कथानक का होना आवश्यक तो है लेकिन अनिवार्य नहीं।" हमारे विचार से कहानी में किसी कथानक या घटना का होंना अनिवार्य है, अन्यथा रेखा-चित्र और कहानी में कोई अन्तर नहीं रह जायगा।

कहानी के तत्त्वों की विवेचना करते समय प्रायः उन्हीं छः तत्त्वों का उल्लेख किया जाता है, जो उपन्यास के माने गये हैं; जैसे—कथावस्तु चरित्र-चित्रण, कथोपकथन, देश-काल, शैली और उद्देश्य। इसका तात्पर्य है कि तात्विक दृष्टि से कहानी और उपन्यास में कोई अन्तर नहीं है, किन्तु ऐसी बात नहीं है। उपन्यास में इन सभी तत्त्वों का प्रयोग किसी न किसी मात्रा में किया जाता है, किन्तु कहानी का क्षेत्र इतना सीमित होता है कि उसमें कुछ तत्त्वों का छूट जाना स्वाभाविक है। दूसरे, उपन्यास और कहानी में तत्त्वों की प्रयोग-विधि में अन्तर है। सभी प्रकार के मिष्ठानों में मैदा, चीनी, घृत आदि का प्रयोग सामान्यतः किया जाता है, किन्तु प्रयोग की मात्रा एवं विधि में अन्तर होता है, ठीक यही अन्तर उपन्यास और कहानी में है। उपन्यास की कथावस्तु में एक से अधिक कथानकों का गुम्फन किया जाता है, किन्तु कहानी में केवल एक ही कथानक रहता है। उपन्यासकार के कथानक का मार्ग लम्बा होता है, उसके बीच-बीच में अनेक मोड़, अनेक विश्रामस्थल एवं अनेक घटना-स्थल उपस्थित होते हैं, जबकि कहानीकार की यात्रा छोटी-सी होती है, जिसमें विभिन्न मोड़ों, विश्राम स्थलों और घटना-स्थलों की सम्भावना ही नहीं होती। इसके अतिरिक्त उपन्यासकार की गति शिथिल होती है; बैलगाड़ी में बैठे हुए राहगीर की भाँति वह अपने दाएँ-बाएँ झाँकता हुआ धीरे-धीरे आगे बढ़ता है, जबकि कहानीकार वायुयान की चाल से अपने लक्ष्य की ओर सीधा दौड़ता है; उसके दाएँ-बाएँ क्या हो रहा है, इसे देखने का अवकाश उसे नहीं रहता। उपन्यास में पात्रों की संख्या-कहानी से कई गुणा अधिक होती है और वह सभी के व्यक्तित्व की प्रायः सभी विशेषताओं का चित्रण करता है, जबकि कहानीकार कुछ पात्रों को लेकर उनकी कुछ विशेषताओं का या किसी एक प्रमुख प्रवृत्ति का ही उद्घाटन कर पाता है। कहानी के कथोपकथन में लम्बे-लम्बे व्याख्यानों या दीर्घ बहसबाजी के लिए स्थान नहीं होता। सभी कहानीकार अपने देश-काल के समस्त वातावरण को प्रस्तुत करना आवश्यक नहीं

समझते। उपन्यासकार की भाँति कहानीकार अपनी रचना में अनेक समस्याओं का या अनेक सिद्धान्तों का चित्रण नहीं करता, अपितु वह अपना सारा ध्यान किसी एक विचार सिद्धान्त या समस्या पर ही केन्द्रित करता है।

इनके अतिरिक्त कहानी में भाव-तत्व की भी स्थिति होती है। पीछे हमने उपन्यास के प्रसंग में प्रमाणित किया है कि साहित्य के प्रत्येक अंग में भाव-तत्त्व का होना अनिवार्य है, यह बात कहानी पर भी लागू होती है। कहानी में अनेक स्थायी भावों एवं संचारियों का ही प्रस्फुटन हो पाता है। मुक्तककार की भाँति कहानीकार भी रस के सभी अवयवों का प्रत्यय रूप में चित्रण न करके उन्हें व्यंजना के द्वारा व्यक्त करता है। जिन कहानियों में शुष्क इतिवृत्त या कोरा मनोविश्लेषण होता है, जिनमें मानवीय भावनाओं को उद्वेलन करने की क्षमता नहीं होती, वे चौपड़, ताश या शंतरंज के खेल की भाँति पाठक के मस्तिष्क को थोड़ी देर तक उलझाये रखने में तो समर्थ होती है, किन्तु हृदय को सच्ची भावानुभूति उनसे प्राप्त नहीं हो सकती। ऐसी कहानियों का स्थान साहित्य में वृन्द, गिरधर, वैताल जैसे मुक्तकारों की सूक्तियों के तुल्य ही है।

कहानी के स्वरूप का परिचय देने वाली एक पुस्तक हिन्दी में बहुत सुन्दर आवरण पृष्ठ के साथ प्रकाशित हुई है, जिसमें कहानी के छः उपकरण निर्धारित किये गये हैं—(१) कल्पना और भाव, (२) प्रेम, (३) सौन्दर्य, (४) कथानक का आधार (५) करुणा और (६) हास्य। यहाँ लेखक के दृष्टिकोण की मौलिकता का तो परिचय मिलता है—क्योंकि हमारा विश्वास है, कि किसी भी अन्य स्वदेशी या विदेशी लेखन ने ऐसा विवेचन नहीं किया होगा, किन्तु साथ ही उसमें अनेक असंगतियाँ भी विद्यमान है। क्या प्रेम, करुणा और हास्य का समावेश प्रथम उपकरण 'भाव' में नहीं हो जाता? इसके अतिरिक्त यह भी प्रश्न उठता है, कि क्या कहानी में प्रेम, करुणा और हास्य के अतिरिक्त अन्य मानवीय भावनाओं का चित्रण सम्भव नहीं? कहानी के उपकरणों में 'कथानक के आधार' को तो स्थान दिया गया है, किन्तु स्वयं कथानक को नहीं, और यदि कथानक के आधार को लिया जाता है, तो सौन्दर्य और प्रेम के आधार की उपेक्षा क्यों? वस्तुतः कहानी के तत्त्वों का यह विवेचन सर्वथा अनुपयुक्त एवं असंगत है।

एकांकी

'एकांकी' शब्द का अर्थ है—एक अंक वाला। दृश्य काव्य का वह विशेष भेद जिसमें केवल एक अंक होता है, 'एकांकी' कहलाता है। आधुनिक हिन्दी साहित्य में इस शब्द का प्रचलन अंग्रेजी के 'वन एक्ट प्ले' के अर्थ में हुआ। हिन्दी के विभिन्न विद्वानों ने एकांकी की व्याख्या अपने-अपने ढंग से की है। प्रो० सद्‌गुरुशरण अवस्थी की मान्यता है कि एकांकी में एक सुनिश्चित-सुकल्पित लक्ष्य, एक ही घटना, परिस्थिति अथवा समस्या, वेग-सम्पन्न प्रवाह और निदर्शन में चातुरी आवश्यक है। वे एकांकियों में लम्बे कथोपकथनों, दृश्यों की अतिशयता, विषयान्तरता, वर्णनबाहुल्य, चरित्र-विकास के लम्बे प्रयोगों और उलझी कल्पनाओं की पसन्द नहीं करते। सेठ गोविन्दासजी का मत भी अवस्थीजी से मिलता-जुलता है। वे सर्वप्रथम किसी एक मूल विचार या समस्या को आवश्यक मानते हैं। इसके अनन्तर विचार के विकास के लिए संघर्ष की आवश्यकता बताई गई है तथा विचार और संघर्ष दोनों के लिए कथानक, पात्र,कथोपकथन आदि की आयोजना होती है। प्रसिद्ध एकांकीकार श्री उपेन्द्रनाथ 'अश्क' ने 'एकांकी' की तीन

आवश्यक बातें बताई हैं–(१) आकार तथा समय की लघुता (३५ मिनट से ४५ मिनट तक की अवधि) (२) अभिनयशीलता और (३) रंग-संकेतों की स्पष्टता। वे एकांकी में संकलन-त्रय को भी बहुत महत्व देते हैं।

डॉ० रामकुमार वर्मा ने एकांकी के स्वरूप पर विस्तार से प्रकाश डाला है। डॉक्टर साहब के विवेचन को प्रो० रामचरण महेन्द्र ने निम्नांकित निष्कर्षों में प्रस्तुत किया है।-

१. एकांकी में मुख्यतः किसी एक ही घटना या जीवन की कोई एक प्रमुख संवेदना होनी चाहिए, उसका विकास कौतूहलवर्द्धक नाटकीय शैली से होना चाहिए तथा चरम सीमा पर पहुँचकर एकांकी का अन्त होना चाहिए।

२. एकांकी में अभिव्यंजित घटनाओं का चुनाव जीवन की दैनिक घटनाओं में से होना चाहिए, जिससे उसमें यथार्थता एवं मनोरंजन का समावेश हो सके।

३. दो विरोधी पात्रों या वर्गों के विरोधी भावों में संघर्ष दिखाया जाना चाहिए। संघर्ष ही एकांकी का प्राण है।

४. एकांकी के कथन में कौतूहल, जिज्ञासा, गति की तीव्रता एवं चरम-सीमा में परिणति होनी चाहिए।

(५) यथार्थवाद को स्थान देते हुए आदर्शवाद की ओर संकेत किया जा सकता है।

(६) एकांकी में स्वाभाविकता एवं जीवन से निकटता बनाये रखने के लिए संकलन का पालन कठोरता से होना चाहिए। संकलन-त्रय से तात्पर्य है—समय की एकता, स्थान की एकता और कार्य की एकता।

उपर्युक्त सभी विद्वानों के विचारों का गहरा मन्थन करते हुए डॉ० रामचरण महेन्द्र ने अन्त में एकांकी के आठ तत्त्व निर्धारित किये हैं–(१) कथावस्तु (२) संघर्ष या द्वन्द्व (३) संकलन-त्रय (४) पात्र और चरित्र-चित्रण (५) कथोपकथन, (६) अभिनयशीलता (७) रंगमंच निर्देश, और (८) प्रभाव-ऐक्य। हमारे विचार से इस संख्या में थोड़ी बहुत घटा-बढ़ी की जा सकती है। अभिनय-शीलता और रंगमंच निर्देश दोनों का समावेश एक ही तत्व 'अभिनय' में किया जा सकता है। इसी प्रकार प्रभाव-ऐक्य का समावेश भी संकलन-त्रय में हो जाता है—जब कार्य की एकता होगी तो प्रभाव-ऐक्य होना स्वाभाविक है। साहित्य का सबसे प्रमुख तत्त्व है—भाव। साहित्य का चाहे कोई भी भेद हो, उसमें भाव तत्त्व का होना आवश्यक है। किन्तु डॉ० महेन्द्र ने पाश्चात्य विद्वानों की ही भाँति इस तत्त्व की ओर ध्यान नहीं दिया। संघर्ष या द्वन्द्व तथा संकलन-त्रय, पात्र और कथा-वस्तु के आवश्यक लक्षण हैं, अतः इन तत्त्वों की अलग स्थिति स्वीकार नहीं की जा सकती। वस्तुतः डॉ० महेन्द्र ने तत्त्वों और विशेषताओं को घुला-मिला दिया है। हमारे दृष्टिकोण से एकांकी के ये सात तत्त्व माने जा सकते हैं—कथावस्तु, पात्र, कथोपकथन, देशकाल, शैली, उद्देश्य (विचार) और भावना तथा एकांकी की विशेषताओं के अन्तर्गत संकलन-त्रय स्वाभाविकता, संक्षिप्तता, रोचकता, गतिशीलता एवं अभिनयशीलता का उल्लेख होना चाहिए।

एकांकी का नाटक से सम्बन्ध—एकांकी और नाटक दोनों ही दृश्य - काव्य के अंग हैं, किन्तु फिर भी दोनों में पर्याप्त अन्तर है। 'एकांकी' में एक अंक, एक घटना, एक कार्य और एक समस्या होती है, जबकि नाटक में कई अंकों, घटनाओं, कार्यों, और समस्याओं का आयोजन हो

सकता है। अतः स्थूल दृष्टि से एकांकी नाटक बहुत लघु और सीमित होता है, किन्तु फिर भी किसी छोटे नाटक को एकांकी या बड़े एकांकी को छोटा नाटक नहीं कह सकते। नाटक से निकालकर अलग किये गये एक अंक का भी एकांकी नहीं कहा जा सकता। एकांकी अपने आप से पूर्ण होता है तथा उसकी सत्ता,उसका व्यक्तित्व एवं उसकी चाल-ढाल नाटक से बहुत कुछ भिन्न होती है। एकांकीकार अपने लक्ष्य की ओर सीधा दौड़ता है, जबकि नाटककार धीरे-धीरे आगे बढ़ता है। एकांकी की शैली में संक्षिप्तता एवं गतिशीलता होती है।

डॉ० महेन्द्र ने दोनों के अन्तर को स्पष्ट करते हुए लिखा है—"एकांकी का नाटक से वही सम्बन्ध है, जो कहानी का उपन्यास से अथवा खंडकाव्य का महाकाव्य से। नाटक में जीवन का विस्तार, लम्बाई और परिधि का विस्तार है, उसका क्षेत्र जीवन की भाँति सुविस्तृत है। एकांकी का क्षेत्र सीमित है, परिधि संकुचित है और जीवन का एक पहलू ही चित्रित करने का अल्प कार्य है। एकांकी में केवल एक ही घटना, एक महत्त्वपूर्ण पहलू या परिस्थिति रह सकती है। नाटक में कथानक के चारों भाग स्पष्ट रहते हैं। एकांकी प्रायः सघर्ष-स्थल से प्रारम्भ होता है और शीघ्र ही गति पकड़कर चरम सीमा की ओर अग्रसर होता है। नाटक की गति धीमी होती है, एकांकी में वेग-सम्पन्न प्रवाह है। "एकांकी में संकलन-त्रय का होना महत्त्वपूर्ण है; यही उसे जीवन का यथार्थवादी चित्र बनाता है। बड़े नाटक में संकलन त्रय का निर्वाह आवश्यक नहीं है।" (हिन्दी एकांकी : उद्भव और विकास ; पृ० (३७-३८)।

क्या एकांकी को नाटक का लघु-संस्करण कह सकते हैं? इसका निषेधात्मक उत्तर देते हुए प्रो० सद्गुरुशरण अवस्थी लिखते हैं—"वह बलि को छलने वाला बावन अंगुल का मनुष्य नहीं और न चक्र सुदर्शन सहित विष्णु का हाथ है। वह न किसी का लघु संस्करण है और न किसी का खण्ड अवतार। वह अपनी निजी सत्ता रखनेवाला साहित्य का एक अंग है।" (नाटक और नाटक; १०) वस्तुतः जिस प्रकार मेंढक को न तो बैल का लघु संस्करण कह सकते हैं और न ही उसका एक अंग, उसी प्रकार एकांकी को नाटक का लघु-संस्करण या उसका कोई एक भाग नहीं कहा जा सकता।

एकांकी के भेद—मूल-प्रवृत्तियों, विषयों एवं शैलियों के आधार पर एकांकी के विभिन्न भेद किये गये हैं। डॉ० सत्येन्द्र ने मूल वृत्तियों के आधार पर एक एकांकी के आठ भेद किये हैं—(१) आलोचक एकांकी, जो हमारी त्रुटियों की आलोचना करते हैं। (२) विवेकवान एकांकी, जिसमें वाद-विवाद रहता है। (३) भावुक एकांकी, जिसमें भावात्मकता आदि होती है। (४) समस्या एकांकी, जिसमें समस्या का चित्रण होता है। (५) अनुभूतिमय एकांकी। (६) व्याख्यामूलक एकांकी। (७) आदर्शमूलक एकांकी और (८) प्रगतिवादी एकांकी। हमारी दृष्टि में एकांकियों का यह वर्गीकरण ठीक प्रतीत नहीं होता। भावुक एकांकी और अनुभूतिमय एकांकी में, आलोचक एकांकी और व्याख्या मूलक एकांकी में, विवेकवान एकांकी और आदर्श एकांकी में कोई विशेष अन्तर नहीं है। फिर जब प्रगतिवादी एकांकी है, तो छायावादी, रहस्यवादी और प्रयोगवादी एकांकी भी हो सकते हैं।

विषयों के आधार पर एकांकी के पाँच भेद किये गये हैं—(१) सामाजिक (२) पौराणिक, (३) ऐतिहासिक, (४) राजनीतिक और (५) साहित्यिक। किन्तु इनके अतिरिक्त भी एकांकी के

विषय हो सकते हैं, जैसे, मनोवैज्ञानिक या मनोविश्लेषणात्मक, आत्माभिव्यंजनात्मक, काल्पनिक आदि। अतः विषयों की संख्या निश्चित करना संभव नहीं। डॉ० रामचरण महेन्द्र ने दूसरे दृष्टिकोण से नौ प्रकार के एकांकियों की गणना की है—(१) सुखान्त, (२) दुःखान्त, (३) प्रहसन, (४) फैंटेसी, (५) गीतिनाट्य या औपेरा, (६) झाँकी, (७) संवाद या भाषण, (८) स्वोक्ति रूपक या मोनोड्रामा, (१) रेडियो-प्ले। ये भेद सम्भवतः पाश्चात्य आलोचकों के मतानुसार किये गये हैं। प्रत्येक नाटक या एकांकी या दुःखान्त होगा या सुखान्त या समन्वयात्मक (प्रसादान्त)। अतः 'अन्त' के आधार पर उसके तीन ही भेद किये जा सकते हैं। 'प्रहसन' से तात्पर्य हास्य-प्रधान एकांकी से है फैंटेसी में रोमांस और कल्पना की अधिकता होती है। गीति-नाट्य में काव्यात्मकता अधिक होती है। झाँकी में केवल एक छोटा-सा दृश्य प्रस्तुत कर दिया जाता है। 'संभाषण' में केवल दो पात्रों की बात-चीत का आयोजन होता है। मनोड्रामा या स्वोक्तिरूपक में केवल एक पात्र स्वगत-कथन के रूप में किसी पूर्व घटना या आप-बीती को व्यक्त करता है। रेडियो-प्ले में ध्वनि के उतार-चढ़ाव आदि को प्रमुखता दी जाती है।

वस्तुतः समय के साथ-साथ एकांकी के स्वरूप, विषयों और शैलियों में जो विकस होगा, उसके अनुसार उसके भेदोपभेदों की संख्या में भी विस्तार और परिवर्तन होता रहेगा, अतः किसी भी वर्गीकरण को स्थायी और अन्तिम नहीं कहा जा सकता। वर्तमान में हम एकांकी के दो प्रमुख भेद कर सकते हैं—(१) प्राचीन एकांकी—प्राचीन संस्कृति में प्रचलित और (२) आधुनिक एकांकी—पाश्चात्य साहित्य में विकसित।

निबन्ध

मूलतः 'निबन्ध' शब्द का अर्थ 'रोकना' या बाँधना है तथा इसके पर्यायवाची के रूप में 'लेख', 'सन्दर्भ', 'रचना', 'प्रस्ताव' आदि का उल्लेख किया जाता है, किन्तु आजकल इसका प्रयोग लैटिन के 'एग्जीजिर' (निश्चितापूर्वक परीक्षण करना) से व्युत्पन्न 'ऐसाई' (फ्रेंच) व 'ऐसे' (अंग्रेजी Essay) के अर्थ में होता है। आधुनिक साहित्य में 'निबन्ध' की विधा का विकास भी बहुत कुछ पाश्चात्य साहित्य की प्रेरणा से हुआ है, अतः इसके स्वरूप को स्पष्ट रूप में हृदयंगम करने के लिए पाश्चात्य विद्वानों द्वारा प्रस्तुत की गई विभिन्न परिभाषाओं पर दृष्टिपात कर लेना उपयोगी सिद्ध होगा। आधुनिक निबन्ध के जन्मदाता मौनतैन् महोदय का कथन है—" निबन्ध विचारों, उद्धरणों और कथाओं का मिश्रण है।" दूसरी ओर जानसन महोदय के मत में " निबन्ध मन का आकस्मिक और उच्छृङ्खल आवेग—असम्बद्ध और चिन्तनहीन बुद्धि-विलास मात्र" है। केवल नामक एक पाश्चात्य विद्वान, ने निबन्ध को उपहासपूर्ण ढंग से व्याख्या करते हुए लिखा है—" निबन्ध लेखन-कला का बहुत प्रिय साधन है। जिस लेखक में न प्रतिभा है और न ज्ञान-वृद्धि की जिज्ञासा, वही निबन्ध लेखन में प्रवृत्त होता है तथा विविधता हल्की रचनाओं में आनन्द लेने वाला पाठक ही उसे पढ़ता है।" वस्तुतः प्रारम्भिक निबन्धों में असम्बद्धता, उच्छृङ्खलता एवं हल्कापन होता था, जिसका उल्लेख इन परिभाषाओं में किया गया है, किन्तु आगे चलकर निबन्ध भी एक विचार-प्रधान, सुसम्बद्ध एवं प्रौढ़ रचना के रूप में विकसित हो गया; इसीलिए बेकन, लौक्स व आचार्य रामचन्द्र शुक्ल ने इसे विचार-प्रकाशन का एक गम्भीर साधन माना है।

उपर्युक्त विवेचन से सिद्ध है कि निबन्ध में दो रूप मिलते हैं— एक असम्बद्ध और चिन्तनहीन विचारों से समन्वित और दूसरा गम्भीर विचारों की प्रौढ़ अभिव्यक्ति के रूप में, अतः

इनमें से किस रूप को स्वीकार किया जाय—यह विचारणीय है। हमारे विचार से उपर्युक्त दोनों ही दृष्टिकोण अतिवादी हैं। यदि निबन्ध सर्वथा असम्बद्ध और उच्छृङ्खल विचारों से समन्वित हुआ, तो पागल के प्रलाप में और उसमें कोई अन्तर नहीं रह जायगा; दूसरी ओर गूढ़ विचारों का लेखा होने की स्थिति में निबन्ध और दर्शन-शास्त्र में भी कोई भेद न रह जायगा। व्यापक अर्थ में राजनैतिक, सामाजिक, अर्थ-शास्त्रीय एवं वैज्ञानिक विषयों के प्रतिपादक लेख को भी निबन्ध कहते हैं, किन्तु क्या उन्हें निबन्ध के संकुचित अर्थ—साहित्यिक निबन्ध—के अन्तर्गत स्थान दे सकते थे? निबन्ध को हम साहित्य (संकुचित अर्थ में काव्य) का एक अंग मानते हैं और साहित्य का एक अनिवार्य तत्त्व है—भाव तत्त्व। इसी भाव तत्त्व के आधार पर ही हम इतिहास और साहित्य में अन्तर मानते हैं। अतः साहित्यिक निबन्ध में विचारों का प्रतिपादन करते हुए भी उनमें भावोत्तेजना की क्षमता होनी आवश्यक है। निबन्धों में भावोत्तेजना का वह गुण तभी आ सकता है, जबकि इनमें रचयिता के व्यक्तित्व का जीवित स्पर्श हो, उनमें उनकी अनुभूतियों का प्रकाशन हो और उनकी शैली में रोचकता हो। निबन्ध में विचार होते हैं, किन्तु वे मस्तिष्क के शुष्क चिन्तन पर ही आधारित नहीं होते। उनके पीछे हृदय की तरल रागात्मकता भी होती है। अस्तु,साहित्यिक निबन्ध के लिए तीन बातों का होना आवश्यक है—(१) वैयक्तिक अनुभूतियों से समन्वित विचारों का प्रतिपादन, (२) पाठक के मस्तिष्क को ही नहीं, उसके हृदय को गुदगुदाने की क्षमता, (३) साहित्यिक गुणों से समन्वित शैली। कुछ लोगों का विचार है कि गम्भीर निबन्ध केवल मस्तिष्क को ही छूते हैं, हृदय को नहीं, किन्तु ऐसी बात नहीं। साहित्य की श्रेणी में आने वाले निबन्ध चाहे कितने ही गम्भीर या गम्भीर विषय पर क्यों न हों, वे हमारे हृदय की भाववीचियों को अवश्य उद्वेलित करते हैं। वे औत्सुक्य, चिन्ता, वितर्क, विबोध, हर्ष आदि संचारियों को उद्दीप्त करते हुए उस भाव-दशा का विकास करते हैं, जिसे रस सिद्धान्त के आचार्यों ने 'शांत-रस' कहा है। बौद्धिक विषयों को भावात्मक अनुभूति या पूर्ण तन्मयता का नाम ही शान्त-रस है, जो उत्कृष्ट साहित्यिक नियमों के द्वारा प्राप्य है।

प्रश्न है, क्या साहित्यिक निबन्धों का विषय भी साहित्यिक होना आवश्यक है? इसके उत्तर में हम कहेंगे कि यदि निबन्ध-लेखक विषय का प्रतिपादन साहित्यिक ढंग से करता है, तो साहित्येतर विषयों पर लिखे गये निबन्ध भी साहित्यिक बन सकते हैं, जबकि शुष्क वैज्ञानिक शैली में लिखे गये साहित्यिक विषयों के लेख भी साहित्यिक नहीं कहे जा सकते। स्वर्गीय बालमुकुन्द गुप्त द्वारा लिखे गये 'शिव-शंभु के चिट्ठों' की मूल प्रेरणा राजनीति होते भी विशुद्ध साहित्य के अन्तर्गत लिये जा सकते हैं, जबकि हमारे कुछ विद्वानों द्वारा शुष्क शैली में लिखे गये अनेक जटिल साहित्यिक निबन्ध भी साहित्यिकता से शून्य है।

यद्यपि निबन्ध को किसी परिभाषा में बाँधना या उसके लिए कुछ नियमों का निर्धारित करना संभव नहीं, फिर भी विद्वानों ने उसके सामान्य लक्षण निश्चित करने का प्रयास किया है। डॉक्टर गुलाबरायजी ने निबन्ध के ये पाँच लक्षण निश्चित किये हैं—(१) निबन्ध एक गद्य रचना के रूप में लिखा जाता है। (२) निबन्ध में लेखक के निजीपन और व्यक्तिगत की झलक होती है। (३) निबन्ध में अपूर्णता और स्वच्छन्दता के होते हुए भी वह स्वतः पूर्ण होता है। (४) निबन्ध में व्यक्ति के एक दृष्टिकोण का प्रतिपादन होता है। (५) निबन्ध साधारण गद्य की अपेक्षा अधिक रोचक और सजीव होता है। निबन्ध के स्वरूप का स्पष्टीकरण करते हुए प्रो० जयनाथ 'नलिन' ने

अपने ग्रन्थ 'हिन्दी निबन्धकार' में लिखा है कि निबन्ध का कोई निश्चित विषय नहीं होता। सभी स्थानों पर निबन्ध स्वतन्त्रता से विचरण कर सकता है। 'राबै भूमि गोपाल की जा में अटक कहा' वाली बात निबन्ध के विषय में स्वतः सिद्ध है। निबन्ध में महत्त्व विषय का नहीं, उस आत्मा का है जो बोल रही है, उन प्राणों का है जो उसमें सक्रिय है। निबन्ध नमक-मिर्च पर भी लिखा जा सकता है और कृष्ण महाराज की कपड़े की कंगाली पर भी, जो फुटपाथों पर पड़ी अनेक द्रोपदियों को एक इंच कपड़ा भी नहीं दे सकता। निबन्ध के स्वरूप की दूसरी विशेषता है— आकार-लघुता । निबन्ध सामान्यतः पन्द्रह-बीस पृष्ठों के आकार का होता है। अधिक बड़ा निबन्ध, निबन्ध न होकर प्रबन्ध हो जायगा। तीसरी विशेषता है—निबन्ध मन के स्वाधीन विचरण एवं चिन्तन पर आधारित होता है। इसी को दूसरे शब्दों में लेखक के व्यक्तित्व की अभिव्यंजना कह सकते हैं। चौथी विशेषता है—निबन्ध की शैली में संक्षिप्तता रोचकता एवं व्यंग्यात्मकता का होना वस्तुतः डॉ० गुलाबरायजी के निर्धारित लक्षणों व प्रो० नलिन द्वारा उल्लिखित विशेषताओं में अन्तर नहीं है। अतः निबन्ध की ये विशेषताएँ बहुमत से स्वीकृत मानी जा सकती हैं।

निबन्ध की विषय-वस्तु के वर्णन, विवेचन, प्रकटीकरण आदि के आधार पर उसके सामान्यतः चार भेद किये जाते हैं (१) वर्णनात्मक (२) विवरणात्मक (३) विचारात्मक और (४) भावात्मक। वर्णनात्मक निबन्धों में प्रायः भूगोल, यात्रा, वातावरण, ऋतु, तीर्थ; दर्शनीय स्थान, मेले-तमाशे, पर्व-त्योहार, सभा-सम्मेलन आदि विषयों का वर्णन होता है, जबकि विवरणात्मक में किसी वृत्तान्त या घटना का विवरण प्रस्तुत किया जाता है। वर्णनात्मक निबन्धों में दृश्यों का चित्रण अधिक होता है, जबकि विवरणात्मक में घटनाओं का। वर्णनात्मक में स्थानगत वर्णन होता है, जब कि विवरणात्मक में कालगत, दूसरे शब्दों में वर्णनात्मक निबन्ध में अधिकतर स्थिर क्रियाहीन पदार्थ का चित्र रहेगा, जबकि विवरणात्मक में क्रियाशीलता का। अतः वर्णनात्मक और विवरणात्मक में मोटा भेद घटनात्मकता या कथात्मकता का होता है। विचारात्मक निबन्धों में किसी विचारधारा, सामाजिक, साहित्यिक या राजनीतिक समस्या अथवा किसी नवीन तथ्य आदि का प्रतिपादन विवेचन, विश्लेषण या स्पष्टीकरण होता है। भावात्मक निबन्धों में लेखक की शैली में भावुकता अधिक होती है। वैसे विचारात्मक एवं भावात्मक दोनों में ही विचार और भावना का अंश किसी न किसी रूप में अवश्य होता है, किन्तु एक में बौद्धिकता आधिक होती है, जबकि दूसरे में उसकी हार्दिकता की प्रमुखता प्राप्त होती है। इन चारों प्रकार के ही निबन्धों में क्रमशः लेखक से सम्बन्धित किसी दृश्य, घटना, विचार या भावना का चित्रण होता है और यही विशेषता इन सबको एक ही शीर्षक के नीचे बँधे रखने के लिए विवश करती है।

निबन्धों में प्रयुक्त की जाने वाली शैली के भी अनेक भेद किये गये हैं, जैसे समास शैली, व्यास शैली, धारा शैली, तरंग-शैली, विक्षेप-शैली आदि। सामान्यतः वर्णनात्मक एवं विवरणात्मक निबन्धों में व्यास शैली का, विचारात्मक में समास शैली का तथा भावात्मक में धारा शैली, तरंग शैली एवं विक्षेप शैली का प्रयोग होता है। किन्तु यह नियम दृढ़ता से नहीं लागू होता।

आलोचना

'आलोचना' शब्द 'लोचृ' धातु से बना है, 'लोचृ' का अर्थ है देखना—अतः आलोचना का अर्थ है 'देखना'। किसी वस्तु या कृति की सम्यक् व्याख्या उसका मूल्यांकन आदि करना ही

आलोचना है। डॉ० श्यामसुन्दरदास के शब्दों में "साहित्य-क्षेत्र में ग्रंथ को पढ़कर उसके गुणों और दोषों का विवेचन करना और उनके सम्बन्ध में अपना मत प्रकट करना आलोचना कहलाता है।..... यदि हम साहित्य को जीवन की व्याख्या मानें तो आलोचना को उस व्याख्या की व्याख्या मानना पड़ेगा।" आलोचना का उद्देश्य स्पष्ट करते हुए डॉ० गुलाबरायजी लिखते हैं कि - आलोचना का मूल उद्देश्य कवि की कृति का सभी दृष्टिकोणों से आस्वाद कर पाठकों को इस प्रकार के आस्वादन में सहायता देना तथा उसकी रुचि को परिमार्जित करना साहित्य की गति निर्धारित करने में योग देना है।"

विभिन्न दृष्टिकोणों, प्रयोजनों एवं पद्धतियों की दृष्टि से आलोचना के मूलतः दो भेद किये जा सकते हैं–(१) साहित्यिक समीक्षा एवं (२) वैज्ञानिक समीक्षा। साहित्यिक समीक्षा में समीक्षक का लक्ष्य व्यक्तिगत दृष्टि (Subjective) से कृति के सम्बन्ध में जबकि वैज्ञानिक समीक्षा में वस्तुगत (Objective) दृष्टि से कृति का प्रामाणिक विवेचन, विश्लेषण करते हुए उसके सम्बन्ध में सुनिश्चित एवं संतुलित निर्णय देने का होता है। वैज्ञानिक समीक्षा में शैली या पद्धति भी भावात्मक न होकर विचारात्मक होती है। वस्तुतः साहित्यिक समीक्षा जहाँ कला या साहित्य की कोटि में आती है, वहाँ वैज्ञानिक समीक्षा विज्ञान या अनुसंधान की श्रेणी में रखी जा सकती है। इनमें से भी प्रत्येक के तीन-तीन उपभेद होते हैं–ऐतिहासिक, सैद्धान्तिक एवं व्यावहारिक। ऐतिहासिक में जहाँ इतिहास के उद्‌भव एवं विकास की व्याख्या की जाती है। वहाँ सैद्धान्तिक में सिद्धान्तों एवं मूल्यों की स्थापना की जाती है। व्यावहारिक समीक्षा में पूर्वनिश्चित सिद्धान्तों के आधार पर कृति का विवेचन एवं मूल्यांकन प्रस्तुत किया जाता है। समीक्षक के द्वारा प्रयुक्त दृष्टिकोण के आधार पर इन सबके तीन-तीन उपभेद और किये जा सकते हैं–(१) शास्त्रीय (२) मनोविश्लेषणात्मक (३) समाजवादी। इनमें क्रमशः परम्परागत साहित्य-शास्त्र, आधुनिक मनोविज्ञान एवं मनोविश्लेषण, समाजवादी या प्रगतिवादी दृष्टिकोण को अपनाया जाता है। इसी प्रकार समीक्षा के दो निम्नस्तरीय भेद और भी हैं–(१) भावाभिव्यंजक (२) पत्र कारक (पत्र-पत्रिकाओं में निकलवाले रोचक परिचय)। वस्तुतः ये दोनों भेद शुद्ध समीक्षा के अन्तर्गत नहीं आते, अतः इन्हें समीक्षाभास ही मानना चाहिए। इस प्रकार समीक्षा के अनेक भेद प्रचलित हैं।